SIPRI 年鉴 2013

军备·裁军和国际安全

中国军控与裁军协会　译

时事出版社

中国军控与裁军协会

《SIPRI 年鉴》项目

主 任 陈 凯

参与本卷翻译的单位

中国国际战略学会

中国国际问题研究所

中国国防科技信息中心

北京应用物理与计算数学研究所

中国军控与裁军协会秘书处

本卷翻译人员（以姓氏笔划为序）

王 正 王 羽 孔 君 田景梅 朱肖晶 牟长林

庄茂成 邢海燕 孟 君 谷景书 何一剑 何毅丹

陈 戎 杨 暖 陆建新 吴 翔 沈 桦 赵 莉

唐寅初 高俊敏 费肖俊 徐家雄 蒋振西 琦 灵

翟玉成

译 审 庄茂成 龚显福

斯德哥尔摩国际和平研究所（SIPRI）

SIPRI 是一家独立的国际性研究机构，致力于研究冲突、军备、军备控制与裁军问题。它建于1966年，利用公开资料为各国决策者、研究人员、媒体及有兴趣的公众提供上述领域的数据、分析和建议。

董事会对研究所的出版物中表述的观点不负责任。

年鉴主编和出版人：蒂尔曼·布吕克（Tilman Bruck）所长

执行编辑：伊恩·安东尼（Ian Anthony）

责任编辑：D. A. 克鲁克香克（D. A. Cruickshank）

编　　辑：D. A. 克鲁克香克（D. A. Cruickshank）

乔伊·福克斯（Joey Fox）

耶塔·吉利根·博格（Jetta Gilligan Borg）

戴维·普拉特（David Prater）

卡斯珀·特里默尔（Caspar Trimmer）

斯德哥尔摩国际和平研究所（SIPRI）

地　　址：Signalistgatan 9，SE－169 70 Solna，Sweden

电　　话：+4686559700

传　　真：+4686559733

电子信箱：sipri@ sipri. org

网　　址：http：//www. sipri. org

目录

第二部分 2012 年军费开支和军备

第五章 国际武器转让

第三部分　2012 年不扩散、军控与裁军

附 件

序言

我于2013年1月开始担任SIPRI研究所的第八任所长。我为自己能首次推出今年的《SIPRI年鉴》深感荣幸。SIPRI研究所是当今世界上研究国际安全、冲突与和平的最主要的思想库之一。它拥有一个卓越的专职研究团队，因而使我有幸能在这个新的岗位上同这批最杰出的专家相识并一起工作。他们都是在竭尽全力帮助人们，包括年鉴的读者们了解世界不安全的根源，寻找预防和解决冲突及维持和平的途径。

这种对和平与安全的关切正是对SIPRI研究所人员的激励，并促使我们相互联手共同研究。这也正是我们许多朋友和支持者们的关切，他们期待着我们研究所能提供不偏不倚、可靠和及时的信息及分析。SIPRI研究所拥有一个庞大的全球朋友网，他们中有该领域的实践者、专家、记者以及不少公众人物。过去几个月同他们之间的接触使我深受鼓舞，颇有教益。我认识到作为研究所的所长，自己的责任应该是帮助扩大这个圈子，这不仅有利于SIPRI研究所本身和我们的合作伙伴，而且也有利于营造一个更安全、更和平的世界。

这是我们的第44卷年鉴。它先出英文的纸质版和网络版，随后不久将被全文翻译成阿拉伯文、中文、俄文和乌克兰文，以及摘要翻译成许多其他文字。它依次论述安全、冲突、军事开支、军备、不扩散、军备控制和裁军等方面的各种问题。

在安全与冲突方面，本卷的第一部分记述了2012年武装冲突（第一章）及和平行动与冲突控制（第二章）的情况发展。第一章研究了“阿拉伯之春”之后的武装冲突（诠释了政局不稳和暴力活动是如何超越国界扩散的）和东亚及东南亚虽长期得以维持但又十分脆弱的和平。该章还介绍了各种有组织暴力形式的全面数据，包括由“乌普萨拉冲突数据项目”收集的 2002—2011 年这十年间有组织的国家冲突、非国家冲突和单边暴力的各种数据。第二章（和平行动与冲突控制）不仅提供了 2012 年所有多边和平行动的全面细节，介绍了 2003—2012 年这十年间的维和行动发展趋势，而且详细介绍了 2012 年在几内亚比绍、尼日尔和叙利亚新启动的三项行动及世界各地行动的其他情况发展。

在关于军事开支和军备的第二部分内容中，本卷再次详细提供了全球、地区和各国的军费数额、世界 100 强军火生产和军事服务公司的销售情况、主要常规武器的所有国际转让数据，以及核武器库存情况。第三章（军事开支）详述了西方国家（不只是美国）预算紧缩所带来的持续效应和西方国家军队撤离阿富汗对相关各国国防预算的影响。该章还就中美洲国家在暴力犯罪增加的背景下扩大安全领域的开支以及哥伦比亚和印度尼西亚在改善军事预算透明度、实施良政方面畏缩不前等问题进行了深刻分析。第四章（军工生产）展示了军火公司是如何采取种种战略来适应各自国家军事预算削减的趋势的，包括寻找诸如网络安全方面的新市场。第五章（武器转让）重点阐述了中国已成为一个主要的武器供应国、西欧和中欧国家武器进口量的不断减少，以及叙利亚冲突各方获取武器的主要来源等问题。第六章介绍了各核武器拥有国的核力量情况，并提供了由国际裂变材料研究小组收集到的全球裂变材料库存情况。

关于不扩散、军控与裁军的第三部分，涉及对核武器（第七章）、生化材料（第八章）、常规武器（第九章）和武器及两用品贸易（第十章）的控制问题。第七章着重阐述了伊朗、朝鲜和北约的核武器发展情况，以及国际上为防止核恐怖主义行为所做的各种努力。第八章除了跟踪生化武器两个公约的履约情况外，还论述了叙利亚被指拥有化学武器以及关于禽流感传播的学术研究中发现的安全威胁等问题。第九章先介绍了对于地雷、集束炸弹、战争遗留爆炸物等武器的人道主义军备控制问题，然后阐述了非洲次地区层次在控制小武器方面所做的努力以及欧洲在武器控制方面出现曲折的情况。该章最后论述了亚洲和南北美洲在建立信任与安全措施方面的进展情况。第十章前面部分阐述了对 2012 年武器贸易条约的讨论尚有意见分歧，接着介绍了多边武器禁运及其他限制武器贸易的措施、各种非正式出口控制机制以及欧盟相关机制的进展情况。

本卷年鉴由来自14个国家的39位作者就国际安全、冲突及和平问题提供了他们全面的年度情况概括。但是，我们也不能不承认，我们的论述不可能是完美无缺的，因为我们还有许多不了解的地方。因此，作为一位经济学家，我在本卷年鉴的引言中提到了自己对于当前研究中所用的数据和知识领域的一些看法。从一个经济学家的角度，我感到需要有一个如何衡量和平与安全动向的综合性框架，而且目前也已出现了确立这样一种框架的机会。和平与安全的各种行为体之间的关系可同它们相互间的互动行为相联系，而这些互动行为是可以衡量出来的，在许多情况下甚至还可以进行量化对比。类似于各国的经济报告那样，一个衡量冲突、和平与安全的“全球安全记述系统”也可以设法设计出来，该系统可将SIPRI研究所收集到的数据，例如军事开支、武器转让及和平行动等数据列入一个综合性、有逻辑的框架里，并不断填补各种欠缺的数据。当然，这是一项很艰难的工作，但SIPRI研究所一直在努力满足广大读者的殷切期望。我相信，我们今后仍会在对安全、冲突与和平的衡量和分析方面继续作出新的、富有创造性的贡献。

我要感谢为本卷年鉴投入大量精力和心血的整个团队，因为他们的努力才使本卷得以出版。我对所有作者，无论是身在SIPRI研究所所内还是在其他什么地方，表示我的感激之情，他们为本卷年鉴写出了许多精彩的章节。我还要向研究所外的许多审阅者们表示谢意，十分感谢他们的支持和提供的反馈意见。此外，伊恩·安东尼博士作为研究所的研究协调员和年鉴的执行编辑，对本卷年鉴的出版作出了极其宝贵的贡献。我十分赞赏各位编辑的出色工作，他们是：戴维·克鲁克香克博士、乔伊·福克斯、耶塔·吉利根·博格、戴维·普拉特博士和卡斯珀·特里默尔。所内许多其他同事也为本卷年鉴的出版和研究所的出色工作作出了贡献，他们包括董事会主席约兰·伦马尔克以及所有董事、SIPRI首席财会师埃里斯贝·伦德特、图书资料部主任南尼·博德尔、通讯联络部主任斯特芬尼·布伦克奈尔、信息技术部主任格尔德·哈格米尔—加弗鲁斯、高级行政助理辛西娅·洛以及SIPRI全体卓越的行政和研究人员。我还要感谢2012年9月来到

SIPRI 研究所的新任副所长耶科布·霍尔格兰所给予的支持。他是来接替为 SIPRI 作出巨大贡献、任期最长的副所长丹尼尔·诺德的。

最后，我还要感谢我的前任——季北慈博士，他为 SIPRI 掌舵五年，为我们这个令人赞叹的研究所作出了杰出贡献。我怀着强烈的求知欲望同大家一起来探索我们今后将走向何处。

蒂尔曼·布吕克教授
SIPRI 研究所所长
2013 年 5 月，斯德哥尔摩

缩略语

ABM **Anti-ballistic missile**
反弹道导弹

ACV **Armoured combat vehicle**
装甲战车

AG **Australia Group**
澳大利亚集团

ALCM **Air-launched cruise missle**
空中发射巡航导弹

APC **Armoured personnel carrier**
装甲运兵车

APEC **Asia-Pacific Economic Cooperation**
亚太经合组织

APM **Anti-personnel mine**
杀伤人员地雷

APT **ASEAN Plus Three**
“东南亚国家联盟 +3”

ARF **ASEAN Regional Forum**
东盟地区论坛

ASAT **Anti-satellite**
反卫星

ASEAN **Association of South-East Asian Nations**
东南亚国家联盟

ATT **Arms trade treaty**
武器贸易条约

ATTU **Atlantic-to-the Urals（zone）**
大西洋到乌拉尔（地区）

AU **African Union**
非洲联盟

BCC **BilateralConsultative Commission（of the Russian-US New START treaty）**
（美俄新 START 条约）双边磋商委员会

BMD **Ballistic missile defence**
弹道导弹防御

BSEC **Organization ofBlack Sea Economic Cooperation**
黑海经济合作组织

BTWC **Biological and Toxin Weapons Convention**
禁止生物武器公约

BW **Biological weapon/warfare**
生物武器/战

CADSP **Common African Defence and Security Policy**
非洲共同防务与安全政策

CAR **Central African Republic**
中非共和国

CBM **Confidence-building measure**
建立信任措施

CBRN **Chemical, biological, radiological and nuclear**
化学、生物、放射性和核材料

CBSS **Council of the Baltic Sea States**
波罗的海国家委员会

CBW **Chemical and biological weapon/warfare**
化学和生物武器/战

CCM **Convention on Cluster Munitions**

集束弹药公约

CCW **Certain Conventional Weapons（Convention）**
特定常规武器（公约）

CD **Conference on Disarmament**
裁军谈判会议（裁谈会）

CDS **Consejo de Defensa Suramericano（South American Defence Council）**
南美防务理事会

CEEAC **Communauté Economique des Etats de l'Afrique Centrale（Economic Community of Central African States，ECCAS）**
中非国家经济共同体

CFE **Conventional Armed Forces in Europe（Treaty）**
欧洲常规武装力量（条约）

CFSP **Common Foreign and Security Policy**
共同外交和安全政策

CICA **Conference on Interaction and Confidence-Building Measures inAsia**
亚洲相互协作与建立信任措施会议（亚信会议）

CIS **Commonwealth of Independent States**
独立国家联合体（独联体）

COPAX **Conseil de Pais et de Securite de l'Afrique Centrale（Central Africa Peace and Security Coucil）**
中部非洲和平安全理事会

CSBM **Confidence-and security-building measure**
建立信任与安全措施

CSDP **Common Security and Defence Policy**
共同安全和防务政策

CSTO **Collective Security Treaty Organization**
集体安全条约组织

CTBT **Comprehensive Nuclear Test-Ban Treaty**
全面禁止核试验条约

CTBTO **Comprehensive Nuclear Test-Ban Treaty Organization**
全面禁止核试验条约组织

CTR **Co-operative Threat Reduction**
合作减少威胁

CW **Chemical weapon/warfare**
化学武器/战

CWC **Chemical Weapons Convention**
禁止化学武器公约

DDR **Demobilization，disarmament and reintegration**
复员遣散、解除武装和重新安置

DPKO **Department of Peacekeeping Operations**
（联合国）维和行动部

DPRK **Democratic People's Republic of Korea（North Korea）**
朝鲜民主共和国（朝鲜）

DRC **Democratic Republic of the Congo**
刚果民主共和国

EAEC **European Atomic Energy Community（*also* Euratom）**
欧洲原子能联营

EAPC **Euro-Atlantic Partnership Council**
欧洲—大西洋伙伴关系委员会

ECOWAS **Economic Community of West African States**
西非国家经济共同体

EDA **European Defence Agency**
欧洲防务局

ENP **European Neighbourhood Policy**
欧洲睦邻政策

ERW **Explosive remnants of war**
战争遗留爆炸物

EU **European Union**
欧洲联盟

FATF **Financial Action Task Force**
反金融洗钱特别工作小组

FMCT Fissile material cut-off treaty
禁止生产核武器裂变材料条约（禁产条约）

FSC Forum for Security Co-operation
安全合作论坛

FY Fiscal year
财政年度

FYROM Former Yugoslav Republic of Macedonia
前南斯拉夫马其顿共和国

G8 Group of Eight
八国集团

GCC Gulf Cooperation Council
海湾国家合作委员会

GDP Gross domestic product
国内生产总值

GGE Group of government experts
政府专家小组

GLCM Ground-launched cruise missile
地面发射巡航导弹

GNEP Global Nuclear Energy Partnership
全球核能伙伴计划

GTRI Global Threat Reduce Initiative
全球减少威胁倡议

GUAM Georgia，Ukraine，Azerbaijan and Moldova
古阿姆集团

HCOC Hague Code of Conduct
海牙行为准则

HEU Highly enriched uranium
高浓缩铀

IAEA International Atomic Energy Agency
国际原子能机构

ICBM Intercontinental ballistic missile
洲际弹道导弹

ICC **International Criminal Court**
国际刑事法院

ICJ **International Court of Justice**
国际法院

ICTR **International Criminal Tribunal for Rwanda**
卢旺达国际刑事法庭

ICTY **International Criminal Tribunal for former Yugoslavia**
前南斯拉夫国际刑事法庭

IED **Improvised explosive device**
简易爆炸装置

IFS **Instrument for Stability**
稳定工具

IGAD **Intergovernmental Authority on Development**
政府间发展组织

IGC **Intergovernmental Conference**
政府间会议

INDA **International non-proliferation and disarmament assistance**
国际防扩散和裁军援助

INF **Intermediate-range Nuclear Forces（Treaty）**
中程核力量（条约）

IRBM **Intermediate-range ballistic missile**
中远程弹道导弹

ISAF **International Security Assistance Force**
国际安全支援部队

JCG **Joint Consultative Group**
联合协商小组

LEU **Low-enriched uranium**
低浓缩铀

MANPADS **Man-portable air defence system**
便携式防空系统

MDGs **Millennium Development Goals**
千年发展目标

MIRV **Multiple independently targetable re-entry vehicle**
多个、可独立命中目标的再入飞行器

MOTAPM **Mines other than antipersonnel mines**
非杀伤人员地雷

MTCR **Missile Technology Control Regime**
导弹及其技术控制制度

NAM **Non-Aligned Movement**
不结盟运动

NATONorth **Atlantic Treaty Organization**
北大西洋公约组织（北约）

NBC **Nuclear, biological and chemical（weapons）**
核、生物和化学（武器）

NGO **Non-governmental organization**
非政府组织

NNWS **Non-nuclear weapon state**
无核武器国家

NPT **Non-Proliferation Treaty**
不扩散核武器条约

NRF **NATO Response Force**
北约快速反应部队

NSG **Nuclear Suppliers Group**
核供应国集团

NWFZ **Nuclear weapon-free zone**
无核武器区

NWS **Nuclear weapon state**
核武器国家

OAS **Organization of American States**
美洲国家组织

OCCAR **Organisation Conjointe de Cooperation en Matiere d'Armement（Organisation for Joint Armament Cooperation）**
军备合作联合组织

ODA **Official Development Assistance**
官方发展援助

OECD **Organisation for Economic Co-operation and Development**
经济合作与发展组织

OHCHR **Office of the UN High Commissioner for Human Rights**
联合国人权高级专员办公室

OIC **Organization of the Islamic Conference**
伊斯兰会议组织

OPANAL **Agency for the Prohibition of Nuclear Weapons in Latin America and the Caribbean**
拉丁美洲和加勒比地区禁止核武器组织

OPCW **Organisation for the Prohibition of Chemical Weapons**
禁止化学武器组织

OPEC **Organization of the Petroleum Exporting Countries**
石油输出国组织

OSCC **Open Skies Consultative Commission**
开放天空协商委员会

OSCE **Organization for Security and Co-operation inEurope**
欧洲安全与合作组织

P5 **5 permanent members of the UN Security Council**
安理会五个常任理事国（五常）

PFP **Partnership for Peace**
和平伙伴关系

PRT **Provincial reconstruction team**
（阿富汗）省重建工作队

PSC **Peace and Security Council（of the African Union）**
（非盟）和平与安全理事会

PSC **Private security company**
私人安保公司

PSI **Proliferation Security Initiative**
防扩散安全倡议

R&D **Research and development**
研究与开发

SAARC **South Asian Association for Regional Co-operation**
南亚区域合作联盟

SADC **Southern African Development Community**
南部非洲发展共同体

SALW **Small arms and light weapons**
小武器轻武器

SAM **Surface-to-air missile**
地对空导弹

SCO **Shanghai Cooperation Organization**
上海合作组织

SCSL **Special Court for Sierra Leone**
塞拉利昂特别法庭

SICA **Sistema de la Integración Centroamericana（Central American Integration System）**
中美洲一体化体系

SLBM **Submarine-launched ballistic missile**
潜射弹道导弹

SLCM **Sea-launched cruise missile**
海上发射巡航导弹

SORT **Strategic Offensive Reductions Treaty**
削减进攻性战略武器条约

SRBM **Short-range ballistic missile**
短程弹道导弹

SRCC **Sub-Regional Consultative Commission**
次地区磋商委员会

SSM **Surface-to surface missile**
地对地导弹

SSR **Security sector reform**
安全部门改革

START **Strategic Arms Reduction Treaty**
削减战略武器条约

TLE **Treaty-limited equipment**
受条约限制的装备

UAE **United Arab Emirates**
阿拉伯联合酋长国

UNASUR **Union de Naciones Suramericanas (Union of South American Nations)**
南美洲国家联盟

UAS **Unmanned aerial system**
无人驾驶航空系统

UAV **Unmanned air/aerial vehicle**
无人驾驶飞行器（无人机）

UCAV **Unmanned combat air vehicle**
无人驾驶作战飞行器

UN **United Nations**
联合国

UNDP **UN Development Programme**
联合国开发计划署

UNHCR **UN High Commissioner for Refugees**
联合国难民事务高级专员公署

UNODA **UN Office for Disarmament Affairs**
联合国裁军事务办公室

UNROCA **UN Register of Conventional Arms**
联合国常规武器登记制度

WA **Wassenaar Arrangement**
瓦森纳安排

WMD **Weapon of mass destruction**
大规模杀伤性武器

WMDFZ **WMD-free zone**
无大规模杀伤性武器区域

常用符号

..	未掌握或不适合使用的数据
–	零或可以忽略的数字
( )	不确定的数据
b.	十亿（一千个百万）
Kg	公斤
km	公里（一千米）
m.	百万
th.	千
tr.	万亿（一百万个百万）
$	美元（除非另有注明）
€	欧元

地理区域和次区域

非洲 包括北非（阿尔及利亚、利比亚、摩洛哥和突尼斯，埃及除外）和撒哈拉以南非洲。

美洲 包括北美（加拿大和美国）、中美洲、加勒比地区（包括墨西哥）和南美。

亚洲和大洋洲 包括中亚、东亚、大洋洲、南亚（包括阿富汗）和东南亚。

欧洲 包括东欧（亚美尼亚、阿塞拜疆、白俄罗斯、格鲁吉亚、摩尔多瓦、俄罗斯和乌克兰）、中西欧（含东南欧）；在论述军费开支时，土耳其包括在中西欧地区。

中东 包括埃及、伊朗、伊拉克、以色列、约旦、科威特、黎巴嫩、叙利亚、土耳其和阿拉伯半岛的国家。

（琦　灵　译）

《SIPRI 年鉴》网络版

www. sipriyearbook. org

凡购买了《SIPRI 年鉴》书面版本的个人，都可以免费阅读相应年鉴的网络版。这适用于2010 年以来的各卷年鉴。

阅读网络版的好处是：可以利用台式电脑或手提电脑读到《SIPRI 年鉴》的全文；拥有一个简单而强大的搜索功能；可对权威的因特网资源进行大量深度链接；无论何时何地上网均可得到 SIPRI 的授权。

如果你已购买本卷年鉴，你可使用书中附有的一张可卸卡标印的代码设置一个账户，随即就可登录阅读本卷《SIPRI 年鉴》的网络版。

更多信息可在网址〈http：//www. sipriyearbook. org/〉上查找。

引言 一位经济学者对安全、冲突与和平研究的看法

蒂尔曼·布吕克

不幸的是，动辄诉诸肢体暴力乃是人类总体行为习性的一个主要元素。鉴于在人类互动、群体行为和国家行动中蓄意动武或者诉诸暴力始终存在并且触目惊心，迄今对此问题认知之浅薄程度令人惊讶。正因如此，诸多针对可能会发生或者实际上已发生在群体间的暴力行为所制定的政策仍然很不完善。例如，千年发展目标（MDGs）影响了2000年以来关于发展援助的言论，但各项目标却无一提及和平与安全。[1] 全球发展论述中只字不提安全、冲突及和平的现象本可避免，而且早该予以纠正，特别是在迄今尚未有一个受冲突之苦的国家达到任何一项千年发展目标的情况下，尤为如此。[2]

本卷SIPRI年鉴旨在补苴上述认识罅漏，即为增进对安全、冲突与和平的认知提供材料和情况以及尽微薄之力，由此能为寻求一个更加和平、安全和公平的世界制定出更完善的政策。正是本着这种精神，本文将确定和论述一些对相关工作人员更好地了解暴力冲突会带来“红利”的研究领域。暴力会使人们对它产生通常难以摆脱的依赖性，或者形成暴力循环。要想摆脱这种暴力循环，就需要建立增进和平与安全的机制。然而，要建立所说机制，又需要有高度一致和密切协调的政策。

冷战结束后，经济学界才开始承认暴力或许是人类行为以及人类

〔1〕联合国大会的“联合国千年宣言”，2000年9月8日第55/2号决议。

〔2〕《世界发展报告2011：冲突、安全和发展》（世界银行，华盛顿特区，2011年），第5页。

互动的一部分。[3] 在其他社会科学范畴，相关的研究领域涵盖攻击性和暴力行为心理学，可能会发展成暴力行动的抗议活动的社会学，以及政治学和国际关系。就后者而言，研究国家间使用武力的工作早已开始。相比之下，在经济学领域，此前唯一涉足暴力的分析研究可能是仿效冷战模式的演练理论研究以及在犯罪经济学领域所做的研究。

人类时不时会在日常活动中使用武力或者胁迫手段，这样做时或手持家伙，或赤手空拳。一些此类使用武力达不到在道义上受到严责的程度。毋庸赘言，有些使用暴力当然是非法的。例如，谋杀、抢劫或者家庭暴力。还有一些情况，是作为群体武力行动的一部分或者是针对另一个群体而有意使用武力的行为，而这种情况则并不被视为非法，或者是被事后通过的法律定为合法行为（例如在战后或者政变成功后）。而在另一种情况下，即便只是为了政治目的而筹划暴力也可能是非法的（例如组建恐怖组织）。有些暴力行为明显带有多种和重叠性质，其合法性受到质疑，从而引起颇强烈的机构反应。

民主政府的一个主要责任是对暴力进行界定并确保对其实施完全控制以便防止非国家行为者使用暴力。任何导致出现竞相使用暴力或者断断续续诉诸暴力行为的现象都是治理不力的表现，代表某种程度的脆弱性。在这种情况下，很可能出现多种形式、针对不同行为者或团体的暴力，其动机各式各样，有为了政治目的的，有宗教原因的，有地理原因的，也有性别原因的。竞相使用暴力的典型形式包括墨西哥有组织的犯罪、在印度尼西亚的亚齐出现的分裂主义运动，或者是基地组织那样的恐怖主义组织。这是政府无力或者不愿意采用合法手段对暴力实施完全管控的表现，而这也正是一个脆弱的国家或者领地所具备的特点。当事态发展到极端时，整个国家会变得无能为力，政

〔3〕 F. 斯图尔特和 V. 菲茨杰拉德（编辑）的《战争与不发达现象》，第一卷“冲突的经济及社会后果（牛津大学出版社，2000 年）；T. 艾迪生和 T. 布鲁克的《促成和平：社会和经济重建所面临的挑战》（帕尔格雷夫·麦克米伦：贝辛斯托克，2009 年）；2011 年世界发展报告（同注释〔2〕）；M. 卡尔多的《新旧战争：全球化时代有组织的暴力活动》，第三版（波利蒂出版社：剑桥，2012 年）；以及 P. 贾斯蒂诺、T. 布鲁克和 P. 弗维姆波（编辑）的《从宏观角度看冲突、暴力和发展的动态》（牛津大学出版社：牛津，即将出版）。

府陷入瘫痪或者干脆就不存在了（因此成为失败国家），如阿富汗、马里和索马里等国。

和平与安全不仅要求不存在有组织的暴力，而且要求有能够界定和保护本国人民产权以及由此规范暴力表达方式的合法政府。因此，一种持久与公正的和平与没有非国家暴力行为和存在对国家暴力行为有效和合法的治理紧密相连——这两方面都反映出完善的程度。另外，这两方面的情况好坏又都是可以衡量的，既可以用量化的方式，又可以通过运用适当的分析框架反复进行质的分析。

社会科学已经确定了至少四个重要领域，这些领域在不同程度上显示了对暴力团体在那些国家机体薄弱的领域（包括非民主国家）有策略的使用武力的了解存在着种种差异。按照对情况掌握和了解的多少，这四个方面依次排序如下：

1. **促成不安全、冲突以及国家脆弱的因素**。对促成暴力、冲突和国家机体失败（或者治国不力并因此导致国家脆弱）的因素已经有诸多了解，但仍存在重大差距。

2. **安全、冲突及和平的趋势**。将某一年内卷入武装冲突的国家列举出来相对容易，然而了解某一具体冲突的性质却是一件颇具挑战性的工作。

3. **暴力冲突和不安全的后果**。对暴力如何影响社经和政治结果，人们了解甚少。这种情况在个人、家庭和团体层面尤为如此。但有一点是可以肯定的，其结果通常都是不利（有代价）的。当然，有些人、团体或者国家会从中获益。

4. **干预以及安全与和平机制**。对在发生何种冲突的情况下选择干预行动，或者在何种情况下选择采取更为普遍的营造和平与建设的行动，尚未形成一种全面的意见。

总的说来，这些差距意味着还缺少一个将不同的和平研究结合在一起的综合安全数据系统，这也许是迄今为止最基本和最为系统的认知差距。这一认知缺失极大增加了营造和平和防止冲突行动的复杂性。这使对冲突的干预更加意识形态化（从而被视为是为了自身利益），而不是为了事实上的共同利益，因此最终注定不会非常成功。最后的结果要么是对自己一种预测的自我实现，要么是成为干预失败的“纪实”，似乎表明了这种行动的局限性。它甚至减少了对在这些地区采取干预行动后出现的结果进行系统和有益评估的机会。在情况不明的情况下作出的决定收到好结果的几率很低。虽然相反的做法（即非常了解情况的辩论会导致明智的政治结果）可能并不正确，但是在作出生死攸关的决定之前，或许值得努力尝试着为此提供真实依据。

文章的第一节至第四节对上述四种差距的每一种都分别予以了阐述，概括性地介绍了未知方面的性质、最近掌握的情况以及仍有待探讨的问题。每一节都确定了一些方法，用于增进在这些方面的进一步了解，能够有助于对政策讨论和决策提供情况、进行评估和指导。无论是哪一种情况，文中都对 SIPRI 最近从事的研究以何种方式一直在，并将继续引导有关和平研究中这些重要问题的讨论进行了阐述。当然，在安全、冲突以及和平研究方面还有其他研究差距需要解决。本文谈到了一部分这些差距，今后的 SIPRI 年鉴也许将找出其他差距。

第一节 促成不安全、冲突和国家脆弱的因素

军费开支、武器生产和武器转让都在导致不安全、冲突以及国家脆弱的因素之列。

政府用于军事的开支是传统武装冲突的必要先决条件。因此，对在一段时间内和对各国的军事开支进行监测（像 SIPRI 那样）就能够对军备竞赛或者军事潜力的增强以及其他问题进行真实和带有比较性的分析，从而为根据发生的实际冲突或者处于萌芽状态的冲突采取应对之策作出有益提示。[4] 然而，新的军事技术不断涌现，可能需要对诸如因宗教原因而产生的恐怖组织或者是在那些潜在脆弱的国家寻求改变政权之类的非国家对象发动战争。与此同时，在诸如中非等地区的低技术、地区性和无休无止的国家内部战争仍在此起彼伏、持续

〔4〕 参见本书关于军费开支的第三章和 SIPRI 的军费开支数据库，网址：〈http://www.sipri.org/database/milex/〉。

不断。这样一来，只是计算传统意义上的武装力量的经费恐怕不足以跟踪未来可能的不安全状况。相反，要了解军事能力和未来21世纪会出现的冲突，可能需要从更广的范围了解安全开支或者用于治理国家和法治的经费，以及了解各种传统军事开销组成部分的价值。[5]

造成不安全的因素不仅限于军费，还有武器的生产和武器交易（既包括合法的也包括不合法的）。[6] 在武器生产方面，摆在我们面前的至少有四大研究挑战。第一个挑战是研究多极世界经济和安全对全球与安全有关的物资和服务配置的影响。特别是很难弄到有关诸如中国这样的国家的武器生产厂家的情况，而这些国家又逐渐变成了重要的武器出口国，与西方国家的武器生产商相比，它们又不受市场的监督。第二，对军事服务更加依赖的倾向（例如对复杂武器系统的维修）改变了武器购置和安全公司业务的性质。[7] 不仅是在提供硬件方面有利可图，而且参与正在发生的冲突。例如，提供信息和通讯技术服务以及按合同提供私人武装保安人员，美国是最先这样做的，并在阿富汗和伊拉克战争期间就是这么做的。这样做改变了私营公司行为动机的结构。这表明私营部门涉足提供（或者破坏）安全的行为发生了巨大转变。这是个值得进一步研究的问题。第三，一些大型且知名公司的垄断致使诸多小公司默默无闻，特别是刚刚出现在地平线上的军事技术领域更是如此。然而，这些小公司和技术可能是相当重要的。鉴于军事技术愈来愈基于网络以及军事服务的重要性在增强，因此注意小生产商和供应商动向的重要性可能不亚于注视大公司。[8] 第四，另一种日益增长的重要性是，技术变革改变了武器的概念。像以前的化学武器和后来的核武器发展一样，近年来网络战能力的发展对安全形成了源自技术变化的新挑战。

为了跟踪国家间武器流动的情况，SIPRI 设法估算了官方和非官

[5] 参见本书第三章第四节有关中美洲用于安全方面的花费。

[6] 参见本书第四章关于武器生产和军队以及第五章关于国际武器转让的阐述。

[7] 参阅 S. T. 杰克逊的文章“军事工业”，《SIPRI 年鉴 2012》。

[8] 参见本书第四章第二节有关网络安全工业的例子。

方国际武器转让的情况。[9] 当然，考虑到连官方武器出口是如何交易的都不透明，在改善透明度问题上所做的努力结果很可能是不完整的和缺乏连贯性的。例如，在有些情况下，交易数值是多少、运送的确切装备是什么或者协议中包括的其他条件（或者贿赂）是什么，均是未知数。不过，SIPRI 不仅提供了国际武器交易的资金价值，还包括交易量的对比数据。这种方法一方面造成了范围广泛的意见不统一和批评，另一方面它又可能是这个极富挑战性研究领域里的最好方法。在国际武器转让领域里有待进一步研究的方面包括测算在当地购买的（而不是进口）武器的数量和装备的使用寿命。[10]

造成冲突和国家脆弱的另一个重要因素是武器、人、钱或者冲突物品和资源（例如毒品、木材、钻石和稀有金属等）的走私活动，尤其是通过海运或者空运方式进行这方面走私的活动。[11] SIPRI 对有可能破坏安全和良好治国的物品流量进行了跟踪。[12] 例如，通过确定某特定的走私模式，SIPRI 能成功地发现哪些船只可能会不断参与非法转运活动。又如，它能显示，在 1991 年至 2011 年期间，大部分参与引起不稳定或者与贩毒有关的海上运输活动的船只属于经济合作与发展组织的成员国拥有的公司。[13] 这给发达国家在加剧其他国家脆弱性方面所起作用（即使是盲目的）的政策提出含蓄的批评。

---

〔9〕 参见 SIPRI 武器交易数据库，网址：〈http://www.sipri.org/database/armstransfers/〉。

〔10〕 SIPRI 跟踪了持有核武器和化学武器的现状、销毁活动以及战略交易管控措施，以便确保两用材料、技术和专业技术没有被滥用于化学、生物与核武器活动。参见本书第六章关于世界核力量、第八章关于来自化学和生物材料的威胁以及第十章关于两用材料和武器交易管控等方面的内容。

〔11〕 关于在控制金融流动方面所做的努力，参见本书第十章第三节；和参阅 A. 邓恩、S. 鲍尔和 I. 米奇奇合著的“战略交易管控：防止大规模杀伤核武器的扩散”，《SIPRI 年鉴 2011 年》，第 441—443 页。

〔12〕 参阅 H. 格里菲斯和 M. 布朗利合著的“空中运输和引起不稳定的商品流通”，刊载在 SIPRI 的政策文件汇编第 24 期（SIPRI：斯德哥尔摩，2009 年 5 月）；以及 H. 格里菲斯和 M. 詹克斯合著的“海上运输和引起不稳定的商品流通”，SIPRI 政策文件第 32 期（SIPRI：斯德哥尔摩，2012 年 1 月）。

〔13〕 参阅 H. 格里菲斯和詹克斯合著的文章（同注释〔12〕），第 20 页。

第二节　安全、冲突及和平的趋势

和平研究的一个重要趋势是对国家层面以下引起冲突的因素进行深挖细究。这已部分地通过收集冲突事件的数据达到了目的。首先跟踪事件的原委，例如在战争中交战一方或者另一方开枪的情况，然后再将它们分类，记录每个细节发生的确切日期和地点（即把它们发生时间和地点弄得确凿无疑并记录在案）。通常情况下所产生的事件结果数据资料——如乌普萨拉冲突数据项目汇编的冲突大全和武装冲突地点和事件数据集——偏重于记载暴力事件本身，并且通常采用当地或者国际媒体的新闻报道，故而可能存在各种偏颇。[14]

关于事件资料的消息来源有两个，一个是真相与调停委员会，另一个则是诸如电文或者社会媒体的数字技术，两者既类似，但又不同。[15] 在很多情况下，这些方式的任何一种都存在一贯的漏掉某些事件的危险。例如，在那些不能用手机的地区，武装组织觉得对其制造暴行少了不少制约。因此，面临的一个挑战是，如何使这种情况下产生的事件数据库的质量是可信的（例如，可以通过把多种数据收集办法所收集的数据归为一种单一的总数据库的办法）。

此外，什么是冲突事件，冲突事件数据库使用的是限制性定义，常常主要关注人与人之间发生的暴力事件。鉴此，把传统的冲突事件数据和与诸如制裁之类的干预事件或者像武器转让之类的会引起冲突的更广范围的因素结合起来考虑可能是有益的。这样可以打开更加详

〔14〕 参阅本书第一章第三节有关乌普萨拉冲突数据汇编的关于武装冲突、数据收集和收集方法的内容。

〔15〕 关于使用设在秘鲁的真相与调停委员会的资料的情况见 D. 菲尔丁和 A. 肖特兰德合著的“秘鲁内战期间摧残平民的程度发生改变的原因何在?”，刊登在奥塔哥大学经济研讨论文集 2010 年 5 月第 1003 期，网址：〈http：//www. business. otago. ac. nz/econ/research/discussionpapers/〉；和 K. 西贝利、A. 胡佛与 J. 克鲁格合著的“写给利比里亚真相与调停委员会的报告中带有说明的统计”，利比里亚真相与调停委员会的贝内特奇人权计划，2009 年 6 月，网址：〈http：//hrdag. org/publications/〉。有关使用现代技术监视暴力的情况参阅 D. 马西森和 S. 艾伦合著的《数字化战争报道》（波利蒂出版社，剑桥，2009 年）。

尽和细致研究冲突因素的大门，了解诸如向叙利亚的叛乱分子输送武器或者在这场战争中的平民流离失所如何影响冲突动态等情况。[16]

冲突事件数据可以帮助跟踪暴力冲突的具体例子，但是不能真正帮助评估社会安全的程度。社会安全可以界定为包括在低冲突事件和暴力威胁之间寻求一种平衡，针对这种层面的威胁实施适当保护以及对安全的一种主观认识（所说认识可能与真实水平的暴力和由此导致的保护无关）。[17] 个人生活的很多方面，既包括经济也包括社会领域，都已经以各种方式量化了。通货膨胀、汇率和增长率已经被记录在案，贫困、文化水平、出生率以及关于天气的无穷无尽的数据也不例外。然而，却没有在建立一个衡量国家安全情况单一标准方面做过尝试，可以表示索马里、斯里兰卡以及瑞典安全状况为何。诚然，对于每个国家在战争期间死了多少人以及各国花在军事方面的费用是多少，大体上是了解的。然而，这与了解这些国家的安全状况如何并非一回事。倘若了解国家间相对安全的程度就可以了解安全趋势的许多情况，甚至可以了解其中的因果关系，那样的话，安全政策也会因此得到进一步改进。

那么，人们所需要的是有一个反映各国不同安全情况的指标，它所反映的情况如果不能细到具体地点、数月甚至数日的话，至少若干年的情况。[18] 所说的安全指标必须把各种潜在的有意为之的威胁或者由人类造成的危险（如恐怖组织、好战分子或有组织的犯罪）以及政府和私人部门（如公司和个人）所采取的保护和防御措施区别开来。威胁的严重程度越高，保护的手段也必须越得力。反之，假如威胁的严重程度较低，那么保护的手段也需相应地降低。它遵循的是安全既不是最低的威胁也不是最高的保护，而是在两者之间寻求一种恰当的平衡。这也意味着，可能存在对一个国家的过度保护，那样会

〔16〕 有关向叙利亚输送武器的情况，请参阅本书第五章第三节。有关冲突造成的人们流离失所的情况，请参阅 R. 科恩和 F. M. 邓合著的“冲突造成的大规模平民迁移和单边暴力：国家和国际反应”，《SIPRI 年鉴 2009》。

〔17〕 参阅 T. 布吕克、O. J. 格鲁特和 N. 弗格森合著的“衡量安全”，由 R. 卡鲁索和 A. 洛克特利编辑的《认识恐怖主义：一种社经视角》（绿宝石出版社：宾利，即将出版，2013 年）。

〔18〕 参阅布吕克和其他人合著的文章（同注释〔17〕）。

造成经济上的浪费，甚至可能会产生相反的效果。

于是就提出了这样一个问题：2001 年 9 月之后的欧洲是否因在防止恐怖主义方面采取了过度保护的措施使其深受其害，而其维护公共利益的政策却忽略了其他更加致命和更加可以预防的危险。[19] 假如对不安全的看法出现不平衡就有可能出现这样一种局面。换言之，只注意在威胁和保护之间维持一种平衡，很难使社会达到最佳的状态；对两个因素的认知也需要调整。一个很少或者没有发生过恐怖暴力事件的国家可能会经受不成比例的高度恐怖威胁。[20] 很显然，在一个恐怖主义威胁不很严重或者没有威胁的国家，反恐行动实际上可能会增加恐惧。因此，在反对恐怖主义方面，一项重要的公共政策可能是处理好恐惧心理和对公众进行危险教育。

第三节　暴力冲突与不安全的后果

群体暴力冲突可以被看作是对国家明确规定公民产权和强制保护公民产权的权利和能力的一种有组织的挑战。暴力冲突旨在改变一个国家的机制。这里的机制广义地定为既包括正式的机构也包含非正式的规则和准则。例如，在西班牙巴斯克人居住区的反叛分子发动的是一场脱离西班牙的战争。他们反对西班牙政府强行行使主权的权利。这种纷争所涉及的可能是在学校使用的语言问题或者是关于警察的组成问题，也有可能是关于一个地区的地位问题以及该地区居民的认同感问题——有关非正式的传统问题，但它可能没有直接的法律或者经济影响。[21] 有些暴力冲突的行为者——“不安全的人类因素”——如恐怖主义组织，可能希望直接削弱中央政府机制。另外一些暴力冲突的行为者，例如有组织的犯罪集团，渴望有一个容易顺从他们意志

〔19〕 关于这方面的危险请参阅 E. 申斯的“对危及人类生命的威胁的分析”，《SIPRI 年鉴 2007》，第 252—256 页。

〔20〕 参阅 T. 布吕克和 C. 缪勒合著的“将关注恐怖主义和犯罪的决定因素进行对比”，刊登在《全球犯罪》的第 11 卷，第 1 期（2010 年）。

〔21〕 参阅 P. 贾斯特诺、T. 布鲁克和 C. 缪勒合著的“冲突、暴力和发展的微观层面的动力：一种新的分析框架”，由贾斯特诺等人编辑（同注释〔3〕）。

的政府，一个容忍他们或者至少不有效地追捕犯罪分子的政府。他们希望削弱中央政府作为实现目的的一种手段。[22]

群体暴力冲突，依据其产生的背景，可以解读为一个被削弱了的国家机制框架下出现的一种情况。在这种情况下，人们需要在不完全诉诸法律制度的情况下作出决断，来强制执行某种契约；或者不诉诸社会网来非正规地强制执行某些准则或协议。出现极端情况时，这种暴力可能会导致国家机制的完全瘫痪，并最终使该国成为一个失败的国家。在这种情况下，人们只能依靠自己来应对局势，可能会依靠暴力或者是临时见机行事，亦或采用临时协议和同盟的办法。

这里提出的关于冲突的观点是重要的，因为决定战争效果的并不是发生的暴力本身（例如战争行为造成的死亡），而是变化了的机构框架。当然可能有暴力产生的直接影响，例如对目睹残暴行为的人以及对在战争中被杀人员的家属所产生的心理创伤。暴力通过削弱机构对经济和社会所产生的间接影响可能与暴力本身所产生的直接影响相比有着不同且大得多的影响。

最近部分研究人员对暴力冲突的后果进行了微观层面研究。[23]在大约十年的时间里，“冲突网络家庭”为此项研究提供了一个平台。该研究发表的140篇左右的文章显示了已经取得的进步和仍旧存在的差距。该研究开始不断罗列强有力的证据，显示战争对诸如儿童的身心健康所产生的负面作用，以及群体暴力对捐赠资产所产生的破坏性影响。该研究还开始率先在家庭调查中推出改进现有评估冲突方式的方法。[24] 这里富有挑战性的具体问题是评估每个个人经受冲突的经历以及了解人们如何客观和主观地评价亲历的破坏、流离失所和绝望。取决于性别、年龄以及政治、经济和社会地位，人们的经历会大相径庭，即使他们可能来自同一个地方甚至同一个家庭。最突出的问题是，没有收集有关个人对横跨时间与空间的和平的认知方面的资料，而这方面的资料恰恰可为研究和决策提供一个富有成果的途径。

---

〔22〕 请参阅 E. 斯蒂帕诺娃的“武装冲突、犯罪和刑事暴力”，《SIPRI 年鉴 2010》。

〔23〕 由贾斯特诺等人编辑的文章（同注释〔3〕）。

〔24〕 参阅 T. 布吕克、P. 贾斯特诺、P. 弗温柏和 A. 阿弗丁克合著的文章“微观层面的调查对冲突和暴力的识别”，冲突网络家庭工作文件，第 79 期，2010 年 7 月。网址：〈http://www.hicn.org/〉。

同样不幸的是，对私人部门在营造和平社会方面的作用也没有足够研究。[25] 因此，在如何评价暴力冲突对生计、迁移和贫困的影响方面，既缺乏足够的合适资料，也没有出现一个一致意见。

最后，对冲突中微观和宏观层面的进程如何相互作用的情况了解也不多。这给人们的提示是，与其将所有财政资源用于宏观或者微观层面，倒不如花费一些精力设计出一种可以弥合这种二分法的模式，或者至少产生一种可以照顾多个层面的记事方式。有意思的是，虽然在冷战结束后本出版物始于关于冲突宏观层面的研究，但是至今在这方面仍有重大差距。例如，关于冲突总体宏观经济代价的评估方面的研究就少之又少。假如知道这一数字，可能会给予决策者强有力的激励，以努力减少世界上暴力冲突的发生。[26]

第四节　干预以及安全与和平机构

需要审议的最后一个领域是研究对通过干预制伏冲突和营造（或者维护）和平方面情况的了解，以及机构在这方面可以起到的作用。本版 SIPRI 年鉴将列举大量证据，显示在达成和履行削减武器的库存和使用或者军火交易——主要常规武器、小武器和轻武器、核武器、生物和化学武器——协议方面所做的努力。[27] 一方面，近年来在控制某些种类武器的生产和使用方面取得了一些进展（尤其是杀

〔25〕 请参阅 T. 布吕克、W. 诺德和 P. 弗温柏合著的“在战火下做生意：发展中国家的企业家精神和暴力冲突”，《冲突解决之道杂志》，第 57 卷，第 1 期（2013 年 2 月）；和 W. 诺德、T. 布吕克和 P. 弗温柏合著的“生意与火药桶：了解发展中国家的企业家精神和暴力冲突”，UNU-WIDER 政策简报，第 4 期，2013 年。网址：〈http://www.wider.unu/publications/policy-briefs?〉。

〔26〕 有关进行两场战争的经济代价方面为数不多的例子，请参阅 S. 珀洛—弗里曼和 C. 索尔米拉诺合著的文章“阿富汗和伊拉克战争的经济代价”，《SIPRI 年鉴 2012》；和 T. 布吕克、O. J. 格鲁特和 F. 施耐德合著的“德国参与阿富汗战争的经济代价”，《和平研究杂志》，第 48 卷，第 6 期（2011 年 11 月）。

〔27〕 请参阅本书第六和七章有关核武器和军备军控方面的情况、第八章关于化学和生物材料的威胁方面的情况、第九章关于常规军控方面的情况、第十章关于武器交易控制方面的情况、附件 A 关于军控协议方面的情况，以及附件 B 关于安全合作机构方面的情况。

伤人员地雷)，另一方面，尽管在调整武器生产国和使用国的利益以便就其他常规武器（如杀伤人员以外的地雷和集束弹药）形成一些有较强法律约束力的规定方面付出了颇多努力，却很难达到目的。结果是人们可能为之付出了重大但大多没有文字记载的人道主义代价。[28] 在人道主义军控方面的其他挑战，尤其是对非洲而言，是有效和运作正常的国家需要履行最终达成的国际公约，在某种程度上是控制边界和防止跨国武装组织规避已经得到确认的规则。[29] 因此，有效的人道主义军控不只是形成更多一纸空文的协议，而是需要有效的国家政府。

摆在国际社会面前的选择看起来似乎要么重点放在达成区域性多边（例如北大西洋公约组织）或者双边安全安排上（例如美国和俄罗斯之间的那些安排)，要么通过谈判达成真正国际协议的最低共同标准（例如关于武器贸易条约的谈判)，其实还有在全面多边军控协议方面所做的令人鼓舞的努力。[30] 1972 年的《禁止生物武器公约》和 1993 年的《禁止化学武器公约》都属于全面裁军的条约，1968 年的《不扩散核武器条约》旨在禁止任何核武器扩散并要求为此付出真诚的裁军努力。[31] 并非每个国家都加入了这些不扩散条约，也并非每个缔约国都认真履行了这些条约，不过在参与和履行条约方面总的情况是好的。至少比其它多数类似性质的条约的情况要好得多。

与此同时，在 2012 年，国际社会在防止叙利亚国内出现大规模战争方面屡屡遭遇失败。究其原因主要在于缺乏现成的控制冲突的法律和机制框架。[32] 不过，这并不是说其他政策领域的国际政策协调就一定更好一些（例如马上想到的、关于宏观经济不平衡的处理问题和气候变暖问题)，而是说在出现爆发国内战争的危险时，当今国际安全秩序的缺陷显得异常尖锐而且因此付出的代价昂贵。低于暴力

〔28〕 参阅本书第九章第一节关于人道主义军控的内容。

〔29〕 参阅本书第九章第二节关于在非洲控制小武器的案例。

〔30〕 有关武器贸易条约的谈判请参阅本书第十章第一节。

〔31〕 关于所说三个条约的更多情况，请参阅本书第七和八章以及附件 A。

〔32〕 关于叙利亚国内冲突方面的更多情况请参阅本书第一章第一节、第二章第二节、第五章第三节、第八章第三节和第十章第二节。关于控制冲突的更广泛的事态请参阅本书第二章。

门槛时，不论从道德的角度看是多么可悲，人们往往可以接受该国实际上在随意压制自己人民的现实，就像朝鲜表现出的这种情况。远高于这个门槛时，则不允许任何国家成为国际安全的危险，如卡扎非统治时期的利比亚和萨达姆·侯赛因统治时期的伊拉克一度被视为是这种情况。然而，在应对某些国家用近似战争的方法压制国内政治不满的情况时，国际社会却显得是那样的麻木。但愿这只是因为第二次世界大战遗留下来的机制问题，如联合国安全理事会的否决权问题。[33]

随着时间的流逝，似乎有些干预手段变得备受青睐，而另一些则逐渐失宠了。例如，实施制裁成为国际社会表达外交不满的一种具有代表性的干预手段，而人道主义援助以及和平行动则常常用来向国内民众展示其活动。不过，这些政策工具的应用越来越成为一种事后作出反应的形式了，以欧盟对叙利亚实施的制裁为例，就是针对那里发生的暴行而一次又一次采取的事后反应行动，而不是事先采取的外交防范措施。[34]

虽然筹划某些干预行动的工作已经取得进展，但需加强有关了解干预行动的效果及其影响的知识基础。[35] 有趣的是，这样做可以有机会把关于冲突因素、非法运输或和平行动等方面的数据库结合起来。制裁如何对冲突因素产生影响？和平行动与非法武器转手如何改变安全？和平行动又如何影响私营部门的重建？对这些大的问题常常很难凭经验进行研究，其原因是缺少有价值的资料，在现场调查工作方面存在实际和道德挑战，以及在为支持这种研究筹措资金方面有困难。

在很多情况下，研究界均在事后记载了干预成功或者失败的情况。[36] 然而，在暴力冲突发生之前、期间和之后，从有利于人民和增强和平机制出发，在为如何更加成功进行干预提供值得重视和信得

〔33〕 请参阅G. 伊文思的文章“应对暴行：新的干预地缘政治”，《SIPRI年鉴2012》。

〔34〕 关于武器禁运的情况和其他制裁措施，请参见本书第十章第二节和第三节。有关和平行动的情况请参见本书第二章。

〔35〕 例如，SIPRI研究所的T. B. 西博尔德所著的《人道主义军事干涉：成功与失败的条件》（牛津大学出版社：牛津，2007年）；S. 威哈塔等人编写的“在应对自然灾害方面外国军事资源的效能”（SIPRI：斯德哥尔摩，2008年）；和D. 弗鲁查德等人所著的“联合国武器禁运：它们对武器流动以及目标行为的影响”（SIPRI/乌普萨拉大学：斯德哥尔摩/乌普萨拉，2007年）。

〔36〕 例如，西博尔德的文章（同注释〔35〕）。

过的建言方面仍存在很大差距。换言之，在如何营造和平方面，缺少基于科学证据基础上的代表大多数意见的看法。与医学科学相比，和平研究今后要走的路还很长，即尚待建立一个足以帮助在安全、冲突与和平领域制定政策的知识库，而所制定的政策又必须是真正基于证据基础上的。

有助于学习过去经验的一个办法是像医学科学那样，针对受冲突影响和脆弱政府的环境下进行和平与安全干预或者单单针对规范的发展干预（像加强教育或者就业），设计出随机化管控实验。[37] 在国泰民安的发展中国家，决策者要想制订治理贫困计划是有足够实际经验和更广义的一般规则可循的。然而在实施干预与设计和平机制方面，情况就完全不是那样一回事了——可能需要 10 年甚至 20 年才能达到像对上述情况那种深入了解的程度。它需要确确实实地对数十种不同情况进行数百次研究才能有信心地说知道如何促进永久和平。因此，在这方面研究人员尚需做大量工作。这一情况发人深省，而同时又是令人鼓舞的。

如果将上面第三节提到的数字模式用于促进评估各种类型干预的代价和好处，这种数字政策模式在其他政策领域很常见，但在安全与和平研究领域则凤毛麟角。将各种现有的或者为了便于从事资料丰富和有益的政策模拟而需要建立的数据来源结合起来或许是今后指导决策者的一个努力方向。

第五节　对 2015 年之后的展望：建立新数据和一个全球安全记述系统

前面对一些有关安全、冲突与和平的最新动向的论述始终假定这些问题的有些方面是可以采取有意义的方式进行估量的（即与政策和行动有关）。假如个人生活中和社会上有诸多其他问题可以估量，那么就有可能为和平与安全形成一些衡量标准，不论在个人还是在总

〔37〕 参阅 C. 博佐利、T. 布吕克和 N. 沃尔德合著，由贾斯蒂诺等人编辑的文章“评估受冲突影响地区的项目”（同注释〔3〕）。

体、国家层面均如此。正如上面论及的那样，其中一个例子将列举个人所经历的冲突。[38] 另一个有关国家层面的例子是开拓性的全球和平指数。[39] 然而，不论是对不安全的估量观念、计算战争死亡人数、统计武器走私事件和培养和平代理人，还是对安全指数的估计本身都不够理想。尽管多年来《SIPRI 年鉴》谈到过这些和其他很多进展，至少还存在两大挑战。

第一个挑战是确定推动安全、冲突与和平研究所需要的其他数据。与诸多其他科学学科相比，在这方面的数据和情况了解的进展要慢很多，并且受到国家和国际研究机构的支持也少得多。正如基因组排列极大改变了关于生命的认知并且帮助提高了医疗诊治效果那样，生成更多有关和平与安全的强有力数据将会提高对它的认知和决策水平。值此国际社会对 2015 年的千年发展目标的前途的争论莫衷一是之际，研究人员、决策人员和赞助者一起共同努力，并确定哪种衡量标准能有助于未来减少国家脆弱性和冲突，这正是时候。

第二个挑战是建立一个“全球安全记述系统”，将评估安全与和平演变情况的各种变量汇聚于一个连贯的框架之中。经济上，建立一个“国家账户”系统可以帮助提出并正确回答研究问题以及帮助决策，因为关于经济的不同部分在运作时如何相互作用有了了解。在国际和平与安全领域，目前还缺少一个类似的、起支配地位的“全球安全记述系统”，这种情况既削弱了分析效能又影响了决策。近 50 年来，《SIPRI 年鉴》靠着其收集、核对和说明相关发展趋势的独特能力，一直对全球安全的发展作出报告，也许现在正是时候提出这样一个问题：如何使前面所说的报告能够格式化，以进一步提高对安全与和平的认识以及改进安全与和平政策。

（谷景书　译）

〔38〕 参阅布吕克等人的文章（同注释〔24〕）。

〔39〕 参阅例如 C. 斯基帕和 T. 摩根合著的文章“2012 年全球和平指数”，《SIPRI 年鉴 2012》。

第一部分

2012年的安全与冲突

第一章 武装冲突

概 述

尼尔·梅文

2011—2012 年，国际社会的主要关切依然是冲突，而最引人注目的冲突发生在中东、西亚和非洲。在东亚，国家之际的紧张局势也有所上升。然而，由大规模有组织暴力引起的全球死亡人数却维持在历史的低水平。

与此同时，冲突次数和死亡人数下降构成了冷战后的国际安全特征，其在很大程度上已趋于平稳，虽然在某些年份骤然增加（见本章第三节）。事实上，虽然要确定一种趋势还为期太早，但有迹象显示，近数十年的一些关键趋势有可能会发生逆转，包括在 2011 年，基于国家和非国家的冲突和死亡数量上升。

要了解最近几十年的不断变化的冲突模式及其可能的演变，关键问题在于武装冲突中的国家关系，特别是大国关系。冷战时期超级大国对抗局面结束以来，全球武装冲突的数量和伤亡率显著下降。究其原因，也许最大的因素是大国从事代理人冲突的事件大幅减少。

然而，国家之间的关系和冲突可能会再次发生改变。近几年来，国家内部的冲突在增加，并趋向国际化，就是说，有另外一国支持冲突的一方或另一方。这种卷入往往会使伤亡率增加，冲突延长。

2011 年，特别是在非洲，发生了一些重大的国际化的国内冲突，有些是长期性冲突。但在中东，叙利亚内战越来越多地显示出地区性冲突的特点，一些邻国卷入其中，成为冲突方（见第一节），从而显现出一个最具挑战性的环境。与此同时，在担心大规模杀伤性武器、宗教极端主义和宗派主义增长的背景下，2012 年的冲突升级可能会将域外大国拖入其中。

叙利亚冲突的国际成分越来越多，于是就有了这样一个更大的问题，即国际社会是否还有能力遏制、管控和结束叙利亚的暴力。冷战结束后，武装冲突的总体水平有所下降，其另一个重要因素就是，国际社会干预冲突的事件和以和平与稳定形式进行战后重建的事例也在增多。在如何应对叙利亚冲突问题上，联合国安理会出现僵局，于是，在日益多极化的国际安全体系里，起主导作用的大国之间能否找到应对重大冲突的共识引起了人们的关注。

中东冲突呈现的挑战还凸显了世界各地的武装冲突模式更具复杂化。2011—2012 年度，叙利亚内战成了世界上最血腥的冲突之一，与此同时，非洲继续经历了大多数非国家冲突，而在美洲，这些非国家冲突造成的平均死亡数最高，占正式有组织集团之间非国家冲突的比例也最高。

20 世纪 50—70 年代，东亚和东南亚是发生最具破坏性的国家间冲突的地方，然而，东亚和东南亚已成为世界上最为和平的地区之一（见第二节）。1989 年以来，东南亚只有一个国家间冲突被记录在案。东亚则没有。然而，由于对有组织暴力的全球性扩散和地区大国在冲突中的作用产生了一些重要问题，这些地区的局势就成了一个关键性问题。近几年来，东亚紧张局势有所上升，有时达到了潜在危机的程度，这与地区的力量平衡发生转移相关，尤其是涉及中国和美国及其盟国。2012 年，东南亚的一系列血腥的局部冲突仍然没有得到解决，有的甚至有加剧之势。因此，真有理由担心，东亚和东南亚的和平有可能会从此消失。

由于冲突数量增加，就死亡率而言的武装暴力明显加剧，一些地区国家间紧张局势上升，大国之间在国际社会如何适当应对主要冲突方面存在重大分歧，国际安全可能业已进入一个过渡时期。在此背景下，一个核心的问题在于，这种变化是否会引起国家之间的冲突程度不断升高。

冷战后单极安全平衡遭到削弱，多极化因素显现。其结果，利益出现转移，能力发生变化，从而使整个国际秩序受到明显影响，即使是冲突水平仍然相对较低。然而，2011—2012 年，有些新的事态发展可以被视为警示性征兆。就是说，如果近几十年来，冲突方面的积极趋势需要持续的话，还要寻找新的方法来建立国际合作关系，以管理不断变化的全球安全秩序。

（唐寅初　译）

第一节 紧随“阿拉伯之春”的武装冲突

乌普萨拉冲突数据项目

玛丽·阿兰松 玛格丽塔·索伦伯格 洛塔·特姆纳

2011 年的“阿拉伯之春”代表着一个地区的一次大动荡，在这个地区以前很少见到对政府的挑战如此公开并以广大民众为基础。“阿拉伯之春”在一些国家引起了剧烈的政治变革，尤其是在突尼斯、埃及、摩洛哥和利比亚。[1] 在一些国家，政权更迭进程一直持续到 2012 年，叙利亚的情况则是一场全面内战。而在其他国家，如巴林和约旦，抗议在很大程度上仍然是非暴力的。2011 年，有些国家的政权确实变了，但政局不稳定继续发展，主要是因为政治版图的属性没有解决。例如，在埃及，抗议活动继续指向新的军队领导的政府，有时很猛烈，尔后，亦指向新当选的穆罕默德·穆尔西总统。在利比亚，新政权与前领导人卡扎菲支持者之间的暴力事件时有发生。

2012 年，“阿拉伯之春”及其随后的情况发展说明，政局不稳定和暴力的传播可以有不同的方式。2011 年发动的反叛可以被描述为感染性起义。通过感染性起义，反对政府的抗议和挑战亦通过示范效应得以传播。[2] 2012 年，此种感染没有延续，亦没有发生新的群体性反叛。然而，在 2012 年“阿拉伯之春”的涟漪效应在更广泛的地区也清晰可见。

本节重点介绍 2012 年活跃的三个基于国家的冲突。这三个冲突并非是“阿拉伯之春”（叙利亚）的延续，与也门和马里反叛也没有

---

〔1〕 对于 2011 年在该地区的事件概述，参见 M. 阿兰松等：“阿拉伯之春的第一年”，《SIPRI 年鉴 2012》。

〔2〕 参见 E. 贝林：“反思中东威权主义的坚实性：‘阿拉伯之春’的教训”，《比较政治》，第 44 卷，第 2 期（2012 年 1 月），第 127—149 页。“示范效果”是一个过程，即在追求自己原则目标过程中，一个团体采取的政治行动影响到其他团体的政治行动。参见 T. 古兰：《民族异化与国际传播》；D. A. 莱克和 D. 罗瑟柴尔德：《民族冲突的国际传播：恐惧，扩散和升级》（普林斯顿大学出版社：普林斯顿，新泽西州，1998 年）。

直接的联系。[3] 这些情况说明，在一个国家发生冲突方式可以推动其他国家的不稳定和冲突，其办法是扩散战斗人员、武器、思想和战术。这些情况还展示出两种升级模式：战事加剧和反对派的分裂，活跃的现役武装集团数量增加。这两种升级模式受到该地区 2011 年事件的影响。

叙利亚

2012 年，叙利亚冲突的扩散和升级进程明显，战斗的激烈程度以及反对派团体的数量都有急剧上升。自起义开始以来，情况的发展还包括战斗人员、思想和战术向叙利亚的扩散，这些扩散来自该地区乃至更远地方卷入其他冲突的团体。

叙利亚的“阿拉伯之春”起义始于 2011 年 3 月，开始时是一系列多为和平的示威，但很快就遇到了来自叙利亚国家层面越来越残酷的镇压，从而导致了越来越多的军队倒戈。许多叛逃者加入了叙利亚自由军（FSA），叙利亚自由军成立于 2011 年 7 月下旬。[4] 在开始阶段，战斗主要在政府与各种民兵团体组织之间展开，各种民兵团体组织则打着组织松散的叙利亚自由军旗帜。尔后，由于新的武装团体成立并获得实力，反对派变得越来越分散。[5] 这些群体的共同点是以驱逐总统巴沙尔·阿萨德的复兴党政府为目标。

起义的第二年，出现了激进的逊尼派伊斯兰团体，它们不仅呼吁推翻阿萨德政府，而且也呼吁建立伊斯兰政权。[6] 阿萨德曾声称，自起义开始起，反对派武装包括刑事犯罪团伙和受外国支持的恐怖分

---

〔3〕 参见第三节“来源和方法”对“基于国家的冲突”的定义。

〔4〕 D. H. 弗勒德：“叙利亚的武装革命概述”，《哨兵》杂志，第 5 卷，第 4 期（2012 年 4 月），第 1 页；查阅乌普萨拉冲突数据项目《冲突百科全书》叙利亚条目，网址：〈http://www.ucdp.uu.se/database/〉。

〔5〕 S. 斯塔尔：“斗争的战利品：叙利亚武装团体的未来作用”，《哨兵》杂志，第 5 卷，第 8 期（2012 年 8 月 23 日），第 2 页；《国际危机集团》（ICG）：“叙利亚的激进化阶段”，《中东简报》，第 33 期（ICG：大马士革/布鲁塞尔，2012 年 4 月 10 日），第 1—4 页。

〔6〕《国际危机组织》（ICG）：“试验性圣战：叙利亚的原教旨主义反对派”，《中东报告》，第 131 期（ICG：大马士革/布鲁塞尔，2012 年 10 月 12 日），第 10—11 页。

子，而反对派则拒绝阿萨德的说法，同时也淡化圣战者运动的作用。[7] 但在 2012 年，越来越清楚的是，诸如胜利阵线和叙利亚自由军等激进伊斯兰主义和圣战者组织于 2012 年 1 月成立，其实力和数量同时不断壮大。[8] 也有若干报告称，外国战斗人员，如来自约旦的战斗人员，参与了叙利亚冲突。[9]

这些圣战组织和外国武装分子在 2012 年冲突中发挥什么样的作用？对此，一直争论不休。有分析家认为，在叙利亚，虽然他们只是武装分子中的一小部分，但他们对冲突的力度有重大影响，例如通过介绍使用自杀式炸弹和简易爆炸装置（IED）。[10] 叙利亚团体似乎已受到该地区其他团体的影响。例如，胜利阵线曾证实，它已从曾在伊拉克战斗过的圣战者那里获得了炸弹制作技巧。[11]

政府为对付不断增长的武装抵抗，其战略之一便是利用当地的民兵团体，俗称沙巴（鬼）。[12] 这些民兵被指责为残酷镇压反对派地区的平民，包括屠杀和拷打。[13]

2012 年，沙巴民兵和分散的反对派有一个共同的特点：缺乏一个清晰的领导结构。例如，叙利亚自由军的官方领导人居住在土耳其。据认为，他们对叙利亚自由军不同派别的控制力有限。[14] 这种缺乏凝聚力和领导力的情况极有可能会影响未来的和平进程，来自双方搅局的风险很高。如果推翻阿萨德的共同目标得以实现，业已山头林立的反对派武装进一步分裂的可能增大。此外，如果政权倒台，目

〔7〕 D. H. 弗勒德（同注释〔4〕），第 4 页；《国际危机组织》（同注释〔6〕），第 1 页。

〔8〕《国际危机组织》（同注释〔6〕），第 10—19 页。

〔9〕 例如参见 M. B. Shishani：“叙利亚成为约旦圣战者的一个新战场”，《恐怖主义监测》（2013 年 1 月 10 日），第 4—5 页。

〔10〕 例如参见 S. 斯塔尔：“沙巴民兵和叙利亚的破坏”，《哨兵》杂志，第 5 卷，第 12 期（2012 年 11 月 28 日），第 12 页。

〔11〕《国际危机组织》（同注释〔6〕），第 11、15 页；R. Abouzeid：“会见与叙利亚东部叛乱者一起战斗的伊斯兰武装分子”，《时代》周刊，2012 年 7 月 26 日；G. 阿卜杜勒—艾哈德：“基地组织在叙利亚东部战斗中倾向叛军”，《卫报》，2012 年 7 月 30 日。

〔12〕 斯塔尔（同注释〔10〕）。

〔13〕 同上。

〔14〕《国际危机组织》（同注释〔6〕），第 6、22 页。

前还不清楚沙巴民兵是否会解除武装并复员。[15]

外部角色的卷入，如以土耳其和黎巴嫩为基地的非国家组织真主党，将进一步使情况复杂化。2012 年，沿土耳其和叙利亚边境的紧张局势处高危水平。而且，叙利亚难民大量涌入土耳其。[16] 关于真主党，它在叙利亚的活动活跃到什么程度，尚不太清楚，但它仍然是阿萨德政权的一个强有力支持者。[17] 鉴于此种背景，许多国家和次国家团体在叙利亚冲突结果问题上有自己的利益，这就说明，潜在的风险在于，叙利亚冲突会加剧紧张局势，甚至会使冲突的烈火燎原于该地区的其他地方。

也门

2011—2012 年，也门的情况清楚地说明了升级的进程，以及周边的反叛团体是如何受益于一个中心权力真空的。在这种情况下，政局动荡，反政府示威活动泛滥。

示威始于 2011 年 1 月，很快就遭到政府军的致命暴力镇压。11 月下旬，由于死亡人数上升，权力基础不断弱化，也门总统阿里·阿卜杜拉·萨利赫最终被迫辞职。2012 年 2 月，副总统阿卜杜拉布·曼苏尔哈迪宣誓就任临时总统，任期两年。虽然尔后的示威人数减少，但这一年的示威活动持续不断。[18]

始于 2009 年而被这些事态发展所掩盖的政府与阿拉伯半岛（AQAP）“基地”组织（al-Qaeda）之间的冲突，急剧升级。[19] 也门

〔15〕 斯塔尔（同注释〔10〕），第 14 页；斯塔尔（同注释〔5〕），第 2—3 页。

〔16〕 “北约在土耳其——叙利亚边境部署‘爱国者’导弹”，《BBC 新闻》，2013 年 1 月 4 日，网址：〈http：//www。bbc. co. uk/news/world-europe - 20911919〉。

〔17〕 C. Zambelis：“真主党在叙利亚起义中的作用”，《哨兵》杂志，第 5 卷，第 12 期（2012 年 11 月 28 日），第 14—17 页。

〔18〕 阿兰松等，（同注释〔1〕）；S. 拉加范：“萨利赫下台后，也门抗议活动持续 6 个月”，《卫报》，2012 年 8 月 12 日；A. 达乌德：“为死于 2011 年的记者继续努力寻求正义”，《也门时报》，2012 年 11 月 26 日。

〔19〕 阿拉伯半岛基地组织由也门和沙特阿拉伯当地“基地”组织分支合并后，于 2009 年初成立。2011 年，一个名叫安萨尔伊斯兰教的分支宣布成立。据阿拉伯半岛基地组织称，安萨尔伊斯兰教宣布其成立的目的是为该组织在南部地区活动获得普遍支持。乌普萨拉冲突数据项目认为，阿拉伯半岛基地组织和安萨尔伊斯兰教同属一个组织。参见乌普萨拉冲突数据项目《冲突百科全书》也门条目（同注释〔4〕）。

政府遭到重大削弱，主要聚焦于保住存权力和抑制社会动荡。得益于此，阿拉伯半岛基地组织于 2011 年 3 月发动了一次大规模的进攻，其矛头所向，主要是南部阿比扬省。[20] 该组织占领了 7 个城镇和城市，包括阿比扬省首府津吉巴尔。尔后，阿拉伯半岛基地组织宣布这 7 个占领区为“伊斯兰酋长国”，并实施严格解释的回教（伊斯兰教）法律。[21] 在阿比杨的战斗从 2011 全年继续到 2012 年。[22] 在也门，由当地一个“基地”组织分支大规模占领土地是前所未有的。直到 2011 年，该组织还仅参与相对较小的与政府的冲突。因此，2011 年和 2012 年的事件标志着冲突的急剧升级以及阿拉伯半岛基地组织的战术变化。

2012 年的春季和夏季，也门军队最终通过大规模的攻势成功夺回对阿比扬省的控制，主要原因是得到当地部落以大众抵抗委员会的形式给予的决定性的帮助。2011 年和 2012 年，政府军还得到美国通过使用无人机实施攻击的支持。[23] 阿拉伯半岛基地组织被击退后，其战略似乎有所调整，主要是从占领战略要地转向有目的地实施暗杀和自杀式袭击，甚至在也门首萨那也是如此。[24]

2012 年下半年，阿拉伯半岛基地组织虽然处守势，但前景堪忧。全国对话会议（NDC）试图在 2014 年选举之前修改宪法，但其倡议一再被推迟。[25] 会议原定于 2012 年 11 月中旬召开，后于 2013 年 3

〔20〕 法新社：“也门民兵围困部落首领：儿子”，2012 年 11 月 6 日；《国际危机集团》（ICG）：“也门：持久的冲突，受到威胁的过渡”，《中东报告》第 125 期（ICG：布鲁塞尔，2012 年 7 月 3 日），第 10—11 页。

〔21〕 C. L. 库姆斯：“热点问题：在也门南部安萨尔伊斯兰教叛乱：来自实地的看法”，《詹姆斯敦基金会》，2012 年 5 月 9 日，网址：〈http：//www. jamestown. org/single/?no_ cache = 1tx_ ttnews ［tt_ news］ = 39348〉。

〔22〕 查阅乌普萨拉冲突数据项目《冲突百科全书》也门条目（同注释〔4〕）。

〔23〕 L. 卡利诺：“阿拉伯半岛基地组织在战略转移中放任暗杀者”，《恐怖主义监测》，第 10 卷，第 19 期（2012 年 10 月 18 日），第 7—8 页；《法新社》：“8 名‘基地’组织嫌疑人在也门空袭中被炸死：地方官员”，《拉合尔时报》，2011 年 8 月 25 日。

〔24〕 A. 沙赫巴兹：“战略和战术转移使也门南部基地组织叛乱活动依然进行”，《恐怖主义监测》，第 10 卷，第 21 期（2012 年 11 月 15 日），第 4—5 页。

〔25〕《BBC 中东监测》：“全国对话失败有可能帮助‘基地’组织在也门扩大”，2012 年 11 月 27 日。

月 18 日最终开成。[26] 有担心认为，对话进程失败和潜在的权力斗争，将给阿拉伯半岛基地组织在也门提供新的活动空间，从而导致冲突进一步升级。[27]

马里

马里的情况生动地说明，一个地方的冲突是如何可以被其他地方的冲突的战斗人员和武器扩散所点燃，特别是 2011 年利比亚内部的冲突。由于马里政府对其北部及其不够严密的边界地区缺乏控制，来自利比亚的资源得以顺利流动。2012 年，伊斯兰主义团体的出现及其影响的日益扩大是马里冲突发展的特点，反映出在萨赫勒地区的一种普遍的趋势，这种趋势在叙利亚和也门也可看到。

当 2011 年卡扎菲政权开始崩溃时，大量曾参与利比亚内战的马里图阿雷格战斗人员返回马里北部地区。[28] 他们之中大部分人带着从利比亚库存中拿出来的重型和小型武器撤回蒂纳萨拉克（tinassalak）山丘，该山丘位于马里基达尔（kidal）镇的北部，靠近阿尔及利亚边境。[29] 几个月后，这股战斗人员和武器的流入促成了图阿雷格长期对中央政府的不满情绪突然急剧爆发，掀起了一连串让分析师们感到惊讶的事件。

从利比亚回来的人员是一个混合群体，大部人在 2011 年的冲突中站在卡扎菲的一边进行战斗，其中许多人已在利比亚多年，另一些人则是在 2011 年被招募的。卡扎菲与马里和尼日尔的图阿雷格人之间的合作已有悠久的历史。早在 20 世纪 70 年代，大批年轻的图阿雷格人因本国严重干旱而迁移到利比亚。许多人接受过军事训练，因为

---

〔26〕《BBC 新闻》："也门全国对话会议开始"，2013 年 3 月 18 日，网址：〈http://www.bbc.co.uk/news/world-middle-east-21828527〉。

〔27〕全国对话的失败有可能帮助"基地"组织在也门扩大（同注释〔25〕）。

〔28〕他们在多少问题上没有共识；估计有数百和数千不等。例如，"马里：正在返回的图阿雷格人，圣战或和平?"，《非洲研究通报》，第 49 卷，第 10 期（2011 年 12 月），第 19099 页；K. 马哈茂德，《中东日报》在线文章内容："马里的图阿雷格人要求北部地区自治，威胁采取军事行动"，2011 年 11 月 5 日；《BBC 非洲监测》，2011 年 11 月 6 日。

〔29〕武器有从步枪到装在皮卡车上的小口径防空炮等。关于运离利比亚的武器类型，参见联合国安理会有关执行安理会 2011 年第 2017 号决议第 5 段的综合工作文件，2012 年 3 月 26 日 S/2012/178 号的附件。

卡扎菲将其中的一些人纳入到他的正规军部队，其他一些人则进入利比亚主办的“伊斯兰军团”，被派往诸如阿富汗、乍得、黎巴嫩和巴勒斯坦等地方参加打仗。[30] 在 20 世纪 80 年代末，由于经济条件恶化，只有获得了利比亚籍的图阿雷格人才能留在利比亚。[31] 1990 年，其他人返回马里，发起了分裂叛乱。[32] 几年后，一些战士拒绝 1992 年的和平协议，返回到利比亚，成了利比亚军队的高级军官。[33]

2011—2012 年，当这些装备精良、身经百战的图阿雷格人回到马里时，他们进入了一个业已动荡不定的局势。2012 年的图阿雷格人叛乱前夕，马里北部经济欠发达，行政结构有限存在，一般人对中央政府不满，许多人有相同的抱怨。这些孕育了早些时候的图阿雷格起义的抱怨一直存在。此外，马里北部的高度不安全，是走私者、贩运毒品者和好战的跨国伊斯兰集团伊斯兰马格里布基地组织（AQIM）的天堂。马里杜尔总统与竞争的机会主义精英结成联盟网络，以此来统治北方。[34]

返回的战斗人员在该地区继续迅速与其他集团结成联盟。10 月 16 日，解放阿扎瓦德民族运动成立，所打的领导人旗号是穆罕默德·纳吉姆，一名前利比亚军队的职业军官。[35] 这个新的组织是由

---

〔30〕 例如参见 K. 凯塔：“在萨赫勒地区的冲突和冲突的解决：马里图阿雷格叛乱”，《小型战争和叛乱》，第 9 卷，第 3 册（1998 年），第 111 页；R. H. 舒尔茨：“民主政府在反恐战争中可以使用武力吗？美国与利比亚对抗”，《世界事务》，第 148 卷，第 4 期（1986 年春季号），第 208 页。

〔31〕《国际危机集团》（ICG）：“在北非和中东（V）的民众抗议：理解利比亚”，《中东/北非报告》，第 107 期（ICG：布鲁塞尔，2011 年 6 月 6 日），第 23 页。

〔32〕 关于上世纪 90 年代和本世纪在马里北部冲突的更多信息，请参见 B. 李国康：“有争议的沙漠：非殖民化、竞争性的民族主义和马里北部图阿雷格叛乱”（布里尔：莱顿，2010 年）；查阅乌普萨拉冲突数据项目《冲突百科全书》马里条目（同注释〔4〕）。

〔33〕 马里共和国政府与阿扎瓦德统一运动和阵线之间达成的国家条约给予马里北部地区特殊地位，国家条约于 1992 年 4 月 11 日在巴马科签署。参见 A. 摩根：“在马里北部起义的原因”，想想非洲出版社，2012 年 2 月 6 日，网址：〈http：//thinkafricapress. com/mali/causes-uprising-northern-mali-tuareg〉。

〔34〕《国际危机集团（ICG）》：“马里：避免升级”，《非洲报告》，第 189 期（ICG：布鲁塞尔，2012 年 7 月 18 日），第 1—8 页；大赦国际（AI）：“马里：五个月的危机——武装叛乱与军事政变”，（AI：伦敦，2012 年），第 5—6 页。

〔35〕 阿扎瓦德是图阿雷格族分离主义者的名字，他们将马里北部地区称为阿扎瓦德。

利比亚归国者与2007—2009年的叛乱集团残部合并而成，前者是一个称之为“阿扎瓦德民族解放运动”的图阿雷格政治组织，后者是一个称之为“马里北部图阿雷格变革联盟”的组织。[36]

此外，也在2011年年底由从利比亚归国的大量图阿雷格人组成的组织，是萨拉菲主义信仰捍卫者（有时也被称为信仰 al-Dine 的或信仰 Eddin）。这个团体由伊雅德 AG 加利组建，他是参加20世纪90年代图阿雷格起义的一个老兵，已变得越来越虔诚，试图加入解放阿扎瓦德民族运动的领导，但是被拒之门外。[37] 2012年的头几个月，很少有人知道这个组织，但他们在冲突中开始发挥越来越重要的作用。

2012年1月17日，“阿扎瓦德民族解放运动”发动进攻，很快就获取大片领土，原因是马里军队处混乱状态。1月至3月中旬，该团体背靠日益强大的信仰捍卫者组织，得以占领近1/3的国家领土。

这些事态的发展在首都巴马科孕育着广泛的抗议活动，最终在3月22日发生政变，杜尔总统被推翻。参与政变的是一群以阿马杜·萨诺戈为首的下级军官。在此之后，政府军变得更弱。3月下旬，北方的主要城镇一个接着一个落到叛军手中。4月6日，阿扎瓦德民族解放运动宣布阿扎瓦德独立国，包括三个北部地区，即加奥、基达尔和通布图。

正当“阿扎瓦德民族解放运动”（一定程度上还有信仰捍卫者组织）发起闪电式攻击，横扫北部地区时，有报告称，卷入战斗的还有伊斯兰马格里布基地组织和“西非统一和圣战运动”（从伊斯兰马格里布基地组织分裂出来的团体）。4月初，这些团体已变得比“阿扎瓦德民族解放运动”更强大。叛军向南方逼进，占领土地。与“阿扎瓦德民族解放运动”的分裂议程相比，那里的人民更喜欢信仰捍卫者组织发布的信息——组建伊斯兰教统一马里，这是一个信仰捍卫者组织用来占据优势的事实。此外，在人员和武器方面，信仰捍卫

〔36〕《国际危机集团》，（同注释〔34〕），第10—11页。

〔37〕“马里：正在返回的图阿雷格人，圣战或和平？”，（同注释〔28〕）；《国际危机集团》（同注释〔34〕）。

者组织开始得到伊斯兰马格里布基地组织的增援。[38] 伊斯兰马格里布基地组织，就它自己而言，由于获得了外溢于利比亚的武器，似乎也在“阿拉伯之春”之后脱颖而出，变得更加强大。[39]

4 月和 5 月期间，情况变得清晰起来，伊斯兰主义者创建了一个反“阿扎瓦德民族解放运动”联盟，后者被赶出所有主要被占城镇。6 月下旬，伊斯兰主义者强行将分离主义者驱离加奥。在那里，分离主义者曾建立过自己的临时政府。随着“阿扎瓦德民族解放运动”撤回到沙漠，伊斯兰主义者着手在其占领地建立一个事实上的伊斯兰国，严格执行其伊斯兰教义。

2012 年 6 月底至 2013 年 1 月，马里的情况多少呈僵持状态。伊斯兰主义者控制着北方广大地区；“阿扎瓦德民族解放运动”遭削弱但又重组，试图于 11 月对“西非统一和圣战运动”发动攻击，但收效甚微；在南方，政治角力继续；关于外部军事干预的谈判断断续续地进行着，但对局势没有任何影响。谈判是由联合国安理会授权，最初由非洲人领导的。

2013 年 1 月上旬，一切变了。此时，伊斯兰教徒对南方发动了新的攻势，夺占了科纳镇，从而引发了恐慌，认为他们将一路南下，直逼首都。作为应对，法国于 1 月 11 日派部队进驻马里，开启了冲突的新阶段。

结语

2012 年，叙利亚、也门和马里遭受武装冲突蹂躏，这与“阿拉伯之春”有着这样或那样的关系。所有这三个国家的情况都说明，为了充分掌握地区冲突的发展，了解“阿拉伯之春”及其带来的影响是何等重要。从某种程度上说，它们都受 2011 年的重大政治动荡所左右和影响。然而，由于国内背景的不同，受“阿拉伯之春”引发的系列事件，在各国是不一样的。

---

〔38〕“‘基地组织’领导人在马里采用阿富汗塔利班模式：文件”，Echourouk El YOUMI 网站，2012 年 8 月 8 日，《BBC 中东监测》，2012 年 8 月 9 日；《国际危机集团》（同注释〔34〕），第 16—17 页。

〔39〕“‘基地组织’的分支在马里北部越来越强：美国将军”，转载自半岛电视台，2012 年 7 月 27 日 GMT21：30，《BBC 中东监测》，2012 年 7 月 28 日。

在叙利亚，冲突升级，变得越来越复杂。团体数量越来越多，而且变得活跃起来，其中一些团体颇受激进伊斯兰思想的影响，外国战斗人员又加入其中，还带来了新的技术和战术。在也门，2011 年发生的抗议基本上已经消停，但也门政府与阿拉伯半岛基地组织之间的武装冲突却急剧上升。2011 年，也门政府忙于应对当时的示威，该集团获得了相当大的发展势头，但在 2012 年又被新政府顶了回去。最后，从利比亚扩散到马里的战斗人员和武器点燃了马里北部地区业已存在的不满情绪。起初是一种分裂主义叛乱，但很快就被具有不同议程的团体所接管。这反映出激进的伊斯兰思想已经传播到世界的这个地区。

叙利亚、也门和马里虽然在多方面不同，但也说明了和平与冲突研究核心的一种普遍现象，即：冲突扩散和冲突升级。

马里的情况最为清楚地显示出冲突的扩散特性，一个国家可能发生武装冲突是受到一个邻国存在冲突的严重影响。[40] 扩散的方式各不相同，包括扩散武器、战斗人员（如同在马里所见）和思想（在叙利亚见到的情况）。值得注意的是，所有三种情况传播的是激进伊斯兰的思想。据发现，极端主义议程的存在使得达成妥协更为困难，从而使冲突的解决复杂化。[41]

冲突升级是一个广泛的研究领域。升级一般是指战斗的激化，这在上述三种情况中都能见到。这也可以被理解为武装团体数量的增加。[42] 在叙利亚和马里都见证了，升级已表明对解决冲突前景有负

〔40〕 例如参见 E. 福斯伯格：《处境危险的邻居：内战蔓延的定量研究》，乌普萨拉大学，乌普萨拉，2009 年；I. Salehyan：《叛军无国界：世界政治的跨国叛乱》，康奈尔大学出版社，纽约州伊萨卡，2009 年；H. Hegre 和 N. Sambanis 等："灵敏分析关于内战爆发的实际后果"，《冲突解决》季刊，第 50 卷，第 4 期（2006 年 8 月），第 508—535 页。

〔41〕 I. W. Zartman 和 G. O. 福雷等编辑：《接触极端分子：权衡、时机和外交》，美国和平研究所出版社，华盛顿特区，2011 年 6 月。

〔42〕 D. G. 普鲁特和 S. H. 金：《社会冲突：升级、僵持和解决》，第三版，第 88—91 页，麦格劳—希尔：纽约，2004 年。

面影响。[43]

有一个明显的风险：这个地区的冲突可能蔓延，并进一步升级。然而，正如目前的冲突在“阿拉伯之春”之初是难以预见的，未来的冲突路径同样难以预测。在马里，尚不清楚的是，2012 年 1 日起动的事件，尤其是在法国实施干涉后，将导向何方?[44] 至于叙利亚，冲突扩散的可能性在这一冲突的结果涉及许多国家和次国家团体利益的地区继续增加。在也门，近年来当地的基地组织分支得到加强，使该国成了激进伊斯兰主义者的一个关键中心。如果政府不能遏制他们的活动，风险在于，其活动的蔓延会超越国界。

（唐寅初　译）

〔43〕 例如参见 D. 尼尔森：“部分和平：反叛团体内部和外部的内战了结”，《和平与冲突研究季刊》，第 45 卷，第 4 期（2008 年 7 月），第 479—495 页；D. E. 坎宁汉：“否决玩家和内战持续时间”，《美国政治学杂志》，第 50 卷，第 4 期（2006 年 10 月），第 875—892 页。

〔44〕 关于 2012 年讨论对马里的国际部署可能性，参见本卷第二章第二节。

第二节　东亚和东南亚的脆弱和平

乌普萨拉大学

泰因·滕内松　埃里克·梅兰德　埃琳·比亚内加德

伊萨克·斯文松　苏姗·沙夫滕纳尔*

20 世纪 80 年代，东亚和东南亚完成了从世界上最血腥的战场到世界上最安宁地区之一的转变。这个时代的相对和平亦得以继续（见图 1.1 和表 1.1）。[1] 据估计，2010 年基于国家的冲突、非国家冲突和单边暴力引起的死亡数仅为 674 人。这是乌普萨拉冲突数据项目记录的这一组国家历年的最低数字。

30 多年的相对和平使得东亚和东南亚成了世界上主要的经济增长区域。然而，和平似乎绝不是十拿九稳。因为，国家之间虽然避免了直接的冲突，支持它方领土上的反叛运动也已经停止，但几十年的旧有怀疑却挥之不去，政治一体化也没有跟随经济一体化而来。2008 年以来，在几个国家，尤其是在东亚，军力快速增长，凸显了局势日益紧张。[2] 同时，东南亚一些国家内部的武装冲突仍然活跃，其中的一些武装冲突在最近几年已经升级。

本节用统计证据来介绍东亚和东南亚和平与历史发展。尔后，研讨缅甸、菲律宾和泰国正在进行的国内冲突。最后，再看看东亚地区最近国家间紧张局势的升高以及对和平构成的可能风险。

东亚和东南亚和平

在二战结束后的前 30 年，东亚和东南亚是世界上最致命的战争

---

* 本节作者系乌普萨拉大学“东亚和平 6 年项目”核心小组成员，由 Riksbankens Jubileumsfond（基金会）资助。网址：〈http：//www. pcr. uu. se/research/eap/〉。

〔1〕 这里东亚包括中国、日本、朝鲜民主主义人民共和国（朝鲜）、韩国、蒙古国和台湾地区。东南亚包括文莱、柬埔寨、印度尼西亚、老挝、马来西亚、缅甸、菲律宾、新加坡、泰国、东帝汶和越南。在乌普萨拉大学东亚和平项目的“东亚”涵盖上述所有国家。

〔2〕 参见本卷第三章第一节，第五章第一节，第九章第四节。

发生地：1946—1950 年的中国内战，1946—1954 年的第一次印度支那战争，1950—1953 年的朝鲜战争，1959—1975 年的越南战争。

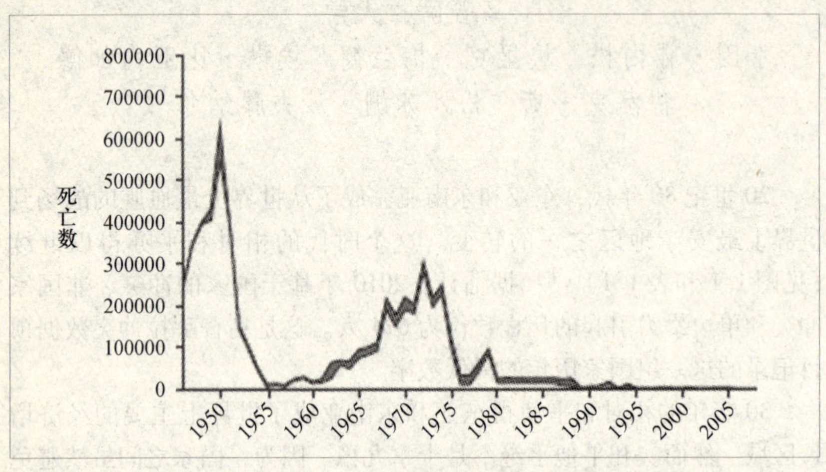

图 1.1 东亚和东南亚 1946—2008 年武装冲突中与战斗有关的死亡人数

注： 此图数据是根据奥斯陆和平研究所（PRIO）提供的数据，与战斗有关的死亡是使用乌普萨拉冲突数据项目（UCDP）的定义。由于方法上的差异，对同一冲突，奥斯陆和平研究所的估计可能比乌普萨拉冲突数据项目高。对于那些冲突，如果奥斯陆和平研究所提供的估计最佳，就据此使用。对其他冲突，奥斯陆和平研究所高的和低的估计都被使用。图中阴影部分表示的是高低估计之差异。

资料来源： B. 拉齐纳和 N. P. Gleditsc："监测全球作战的趋势：一个新的战斗死亡数据集"，《欧洲人口》季刊，第 21 卷，第 2、3 期，2005 年。

表 1.1 东亚和东南亚 1980—2011 年参与冲突和单边暴力的行为体数量

年份	国家	非国家[a]	单边[a]	死亡总数	年份	国家	非国家	单边	死亡总数
1980	11	..	..	15000—25000	1996	5	1	2	1275
1981	13	..	..	15000—26000	1997	7	1	2	2145
1982	9	..	..	14000—27000	1998	5	2	3	760
1983	9	..	..	14000—26000	1999	4	2	1	1919
1984	10	..	..	15000—26000	2000	5	2	4	2960
1985	8	..	..	14000—26000	2001	5	1	2	1681
1986	10	..	..	14000—27000	2002	5	—	7	1444

年份	国家	非国家[a]	单边[a]	死亡总数	年份	国家	非国家	单边	死亡总数
1987	11	..	..	9000—24000	2003	5	—	4	2133
1988	10	..	..	7000—26000	2004	4	—	4	1695
1989	7	—	2	5860	2005	7	1	2	1479
1990	9	1	1	2636	2006	5	1	3	1338
1991	7	1	3	3589	2007	5	1	2	1245
1992	8	—	4	2469	2008	5	—	2	892
1993	4	1		1890	2009	6	1	2	1036
1994	6	—	1	2038	2010	5	—		2674
1995	5	1	3	2357	2011	7	1	2[b]	1504

注：1980 年至 1988 年的数字根据奥斯陆和平研究所提供的最佳估计编制而成，否则根据其高低估计数编制（按四舍五入方法，取最接近 1000 的整数）。

[a] 非国家冲突和单边暴力记录仅从 1989 年开始。

[b] 由于确凿的证据不足，该数字不包括被越南政府军涉嫌杀害的 72 个苗族平民。这起事件包含在第三节的表 1.7 之中。

资料来源：关于 1980 年至 1988 年的统计数，参阅 B. 拉齐纳和 N. P. Gleditsc："监测全球作战趋势：新的战斗死亡数据集"，《欧洲人口》季刊，第 21 卷，第 2—3 期（2005 年）。关于 1989 年至 2011 年的统计数，来自乌普萨拉冲突数据项目"与战斗有关的死亡数据集"，第 5—2012 版，网址：〈http：//www. ucdp. uu. se/〉；K. 埃克和 L. Hultman："战争中针对平民的暴力"，《和平研究》杂志，第 44 卷，第 2 期（2007 年），第 233—246 页；R. 埃克 . K. 桑德博格和 J. 克罗茨："介绍乌普萨拉冲突数据项目的非国家冲突死亡数据集"，《和平研究》杂志，第 49 卷，第 2 期（2012 年），第 351—362 页。

1946 年—1979 年，全球 80% 的战斗死亡发生在东亚和东南亚。[3] 同一时期，还有一定数量的屠杀、种族灭绝和人为灾难，包括：1958—1960 年中国的大跃进和 1966—1976 年中国的文化大革命，1965—1966 年印尼的反共大屠杀，1975—1979 年柬埔寨的种族灭绝，1975 年印尼入侵东帝汶之后的大屠杀。

20 世纪 80 年代，由于其他地区的战斗死亡增加，东亚和东南亚的战斗死亡数的比例相对急剧下降，只占全球战斗死亡人数的 8% 以

〔3〕 S. 滕内松："1945 年以来国家之间的战争与和平"；N. 欧文编辑：《劳特利奇东南亚历史手册》（劳特利奇：伦敦，即将到来的 2013 年），第 96—97 页。

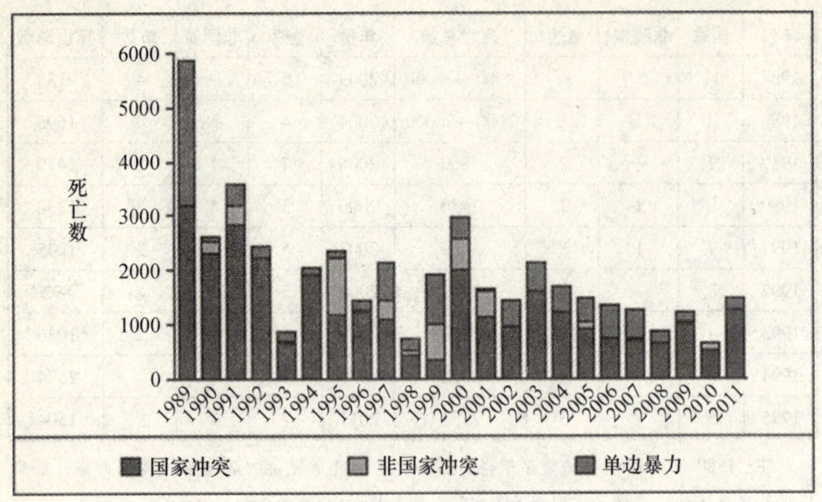

图 1.2　东亚和东南亚 1989—2011 年由国家冲突、非国家冲突和单边暴力引起的死亡人数

注： 除 2011 年外，死亡人数是乌普萨拉冲突数据项目的最佳估计数。有 72 名苗族平民据称被越南政府部队杀害，但未被计入统计，因为确凿证据不足。

资料来源： 同表 1.1。

下。自 1990 年以来，全球战斗死亡总体上一直在减少，而东亚和东南亚一直保持领先的减少趋势：在世界总死亡数中的份额已经下降到 3.5%（根据乌普萨拉冲突数据项目的最佳估计，1990—2011 年的全球战斗死亡约 2.7 万—76 万人）。[4]

尽管一些国家坚持使用死刑和暴力镇压手段，现有的统计数字并不表明其他有组织暴力的增加已抵销武装冲突的下降。[5] 东亚和东南亚只是变得更加和平（见图 1.2）。

---

〔4〕 数据来自乌普萨拉冲突数据项目与战斗相关的死亡数据集，网址：〈http://www.ucdp.uu.se/〉。关于全球死亡数减少，参见 S. 平克：《我们本性的更好天使：为什么暴力有所下降》（企鹅出版社：伦敦，2011 年）；J. S. 戈尔茨坦：《以战赢战：全球武装冲突下降》（企鹅出版社：伦敦，2011 年）；N. P. Gleditsch 等："战争下降"，《国际研究评论》，第 15 卷，第 3 期（待 2013 年出版）。

〔5〕 T. Kivimäki："东亚相对和平：它存在吗？它是什么？"，《太平洋评论》，第 23 卷，第 4 期（2010 年 8 月），第 503—526 页。

印度支那（柬埔寨、老挝和越南）的事态发展是战斗死亡数下降主要原因。1945—1989 年的大部分时间里，印度支那地区是主战场。法国与越南于 1946 年爆发的战争后来成了 1950 年冷战的一部分。1954 年，中国帮助越南赢得奠边府战役，尔后，越南暂时分为南、北越南。1965—1975 年期间，中国，然后苏联加入，一起协助越南北方、越南南方民族解放阵线以及柬埔寨和老挝类似的运动，在战争中反对美国支持的当地政权。至 1976 年，印度支那已建立了三个共产主义政权，使战斗有关的死亡急剧下降，尽管中国与苏联支持的越南于 1979 年打了一场很暂短但很血腥的战争。接着，越南入侵柬埔寨，把亲中国的、实行种族灭绝的红色高棉赶下了台，并安插了一个亲越南的政权。20 世纪 70 年代末，冷战竞争对手的战略重点转移到欧洲和中东。

1989 年，东亚和东南亚与战斗有关的死亡人数再次大幅下跌。在柬埔寨发生了一次低调的、反对越南支持的政府的叛乱，得到由中国、美国和于 1967 年组建的东南亚国家联盟（东盟）的支持，当越南撤出后，叛乱结束。[6] 同样在 1989 年，一次时间很长的共产主义叛乱在缅甸结束，缅甸军政府同意与几个民族武装团体停火。

20 世纪 90 年代和 21 世纪，不仅是共产主义叛乱减少了，而且种族冲突也减少了。究其原因，主要是政府控制自己人民的能力有所加强，新的基础设施使得维持丛林游击根据地更加困难，来自国外的可用援助减少，也由于反叛运动的战术转变——从武装抵抗转向重视“人民力量”。虽然非暴力叛乱多次被暴力镇压，但也有过显著的成功，如在 1986 年，菲律宾独裁者费迪南德·马科斯被推翻，泰国于 1992 年恢复民主，以及统治印度尼西亚 33 年之久的苏哈托“新秩序”政权于 1998 年倒台。

走向地区和平的趋势如何解释呢？其中一个因素是 20 世纪 70 年代的中美和解，这使中美成为事实上的盟国对付苏联。另一个因素是，事实上，地区领导人优先考虑以市场为导向的经济增长，将政治稳定视为实现其经济目标的先决条件。该地区的大多数国家都在一定程度上将以军事力量为后盾的意识形态目标转到面向经济增长的政

〔6〕 关于简要说明和东盟成员列表，参见本卷附件 B 第二部分。

策。此种变化最重要的倡导者是邓小平，他是 1978—1997 年中国事实上的领导人。他的实用主义为地区稳定和经济融合作出了重大贡献。

诚然，没有迹象表明东亚和东南亚正在成为一个“安全共同体”。[7] 如同以下所述，几个武装的冲突仍然活跃在该地区。2011 年，其数量从 5 个上升至 8 个。[8] 还有许多悬而未决的军事化纠纷。

活跃的武装冲突

尽管国家之间局势明显紧张，乌普萨拉冲突数据项目没有记录 1989—2010 年东亚和东南亚国家之间的冲突。朝鲜民主主义人民共和国（朝鲜）与韩国之间的长期冲突于 2010 年发展成暴力事件。3 月，韩国军舰天安号沉没，死亡 46 人，韩国官方指责是北朝鲜鱼雷攻击所为。[9] 11 月，朝鲜炮击临近的韩国占领的延坪岛，4 个韩国人，可能还有一些北朝人被打死。[10] 但是，由于“天安号”沉没的原因尚未确定，乌普萨拉冲突数据项目未将其计入冲突数中。2011 年，柬埔寨与泰国在柏威夏寺附近争议地区发生战斗，死亡 28 人。这是自 1989 年以来唯一被记录在案的一次国家间冲突。自 2009 年以来，柬泰冲突一直持续不断。[11]

然而，在东南亚，一些国内冲突仍然活跃（见表 1.2）。虽然大多数国内冲突起源于非殖民化的进程，但一些国家所受影响比别的国家更多。冲突更为频发的国家存在一种倾向：拥有一支军队，要么避

---

〔7〕 K. W. Deutsch：《国际层面的政治共同体》（特布尔迪：纽约，1954 年）；K. W. Deutsch 等：《政治共同体和北大西洋地区》（格林伍德：纽约，1957 年）；A. 阿查里雅：《构建东南亚的安全共同体：东盟和地区秩序问题》（劳特利奇出版社：伦敦，2001 年）。

〔8〕 由于统计方法不同，本节给出的一些数字不同于第三节的数字。

〔9〕 韩国国防部军民联合调查小组：“韩国‘天安’舰沉没的调查结果”，2010 年 5 月 20 日，网址：〈http：//www. mnd. go. kr/webmodule/htsboard/template/read/engbdread. jsp?typeID = 16&boardid = 88&seqno = 871〉。亦可参见 A. 法雷尔：“‘天安’舰背后的奥秘”，2012 年 8 月 15 日，下议院。

〔10〕《BBC 新闻》：“中国呼吁就朝韩危机举行紧急会谈”，2010 年 11 月 28 日，网址：〈http：//www. bbc. co. uk/news/world-asia-pacific – 11856454〉。

〔11〕 参见乌普萨拉冲突数据项目《冲突百科全书》，网址：〈http：//www. ucdp. uu. se/database/〉。

开政府控制，要么主宰政府。[12] 老挝和越南与中国一样，拥有共产党紧紧掌握的军队。1975—1976 年，这两个国家建立的共产党政权逐步克服了少数民族团体的抵抗，所以在最近几年里一直没有武装斗争，只有示威和骚乱。[13] 自 20 世纪 60 年代以来，马来西亚和新加坡已有能力防止内部武装冲突，因为这两个国家都有文职人员控制、组织良好的安全部队。[14] 在印度尼西亚、缅甸、菲律宾和泰国，军方一直是国家的独立政治力量。并非巧合的是，就是在这些国家，内部冲突一直最为持久不断。

表 1.2　东亚和东南亚 1989—2011 年国家冲突、非国家冲突和单边暴力的行为体数量和死亡人数

地点	基于国家		非国家		单边暴力		总死亡数
	数量	死亡数	数量	死亡数	数量	死亡数	
国内冲突							
菲律宾	2	13362	5	173	4	686	14221
缅甸	9	8621	4	2007	2	1922	12550
柬埔寨	1	4333			1	667	5000
印度尼西亚和东帝汶[a]	2	2461	3	2053	4	2230	6744
泰国	1	1284			2	1789	3073
老挝	1	75			1	73	148
国家间冲突							
柬埔寨与泰国，2011	1	28					28

〔12〕 M. Mietzner：《东南亚军队的政治回潮：冲突与领导》（劳特利奇出版社：伦敦，2011 年）。

〔13〕 关于 2001 年和 2004 年，参阅 W. 海顿：《越南：腾龙》（耶鲁大学出版社：纽黑文市，2010 年），第 215—216 页。2011 年 5 月，有未经证实的报道称，有多达 72 个苗族基督徒在奠边省被杀害。《人权观察》："越南：调查镇压苗族动乱"，2011 年 5 月 17 日，网址：〈http：//www. hrw. org/en/news/2011/05/17/vietnaminvestigate-crackdown-hmong-unrest〉。

〔14〕 D. 斯莱特：《颐指气使的权力：东南亚有争议的政治和威权主义大亨》（剑桥大学出版社，剑桥，2010 年）。

地点	基于国家		非国家		单边暴力		总死亡数
	数量	死亡数	数量	死亡数	数量	死亡数	
其他							
中国					1	2651	2651
总计死亡		**30164**		**4233**		**10018**	**44415**

注：乌普萨拉冲突数据项目最佳估计被用于统计与战斗和单边暴力有关的死亡数。

[a] 2002 年之前，乌普萨拉冲突数据项目一直将东帝汶视为印尼的一部分。自那时以来，东帝汶的死亡人数没有达到普萨拉冲突数据项目一年内 25 人死亡的门槛。

资料来源：同表 1.1。

二战后东亚和东南亚历史的一个显著特点是，一直缺少成功的和平协议。值得注意的是，1953 年朝鲜停战协定一直没有为和平协议所取代，从而使南北双方在技术上依然处于战争状态。1954 年的印度支那日内瓦协议和 1962 年的老挝日内瓦协议失败了，1973 年的越南巴黎协议也不成功。该地区的大多数武装冲突在军事上以一方被击败，尔后停火而告终，或干脆逐渐平息了。虽然这可能意味着战斗已经停止，但深层次的互不相容往往得不到解决，使得潜在的冲突有可能重现。对处于和平进程的缅甸和菲律宾来说，这一事实也许并不是一个好兆头。

该地区唯一成功的和平协议是 1991 年的柬埔寨巴黎协定，以及 2005 年的印尼政府与“自由亚齐运动”（GAM）之间的协议，“亚齐协议”是印尼总体上转向和平的一部分。〔15〕 1998 年苏哈托倒台，之后，除西巴布亚之外，印尼的暴力高潮结束。2004 年，前将军苏西洛·班邦·尤多约诺当选印尼总统。从此，印尼在东盟内部制定政策、解决国家间和国家内部的和平威胁方面，一直处于举足轻重的地位。

1989 年以来，与该地区任何其他国家相比，菲律宾在武装冲突中蒙受更多的战斗死亡。其死亡人数在所有三个乌普萨拉冲突数据项

〔15〕 关于这些协议的详细信息，参阅乌普萨拉冲突数据项目《冲突百科全书》，（同注释〔11〕）。

目类别（基于国家的冲突、非国家冲突和单边暴力）中几乎都持续被记录。政府忙于应付两个并行的冲突：一是与菲律宾共产党（CPP）的冲突，菲律宾共产党为土地改革而战，使菲律宾成为该地区共产主义叛乱活跃的唯一国家；另一个是与棉兰老岛“摩洛独立运动”的冲突。在棉兰老岛，当前最强大的组织是摩洛伊斯兰解放阵线（MILF），较小的阿布沙耶夫集团亦从事械斗、绑架和恐怖主义行动等，但已变得不太活跃。

2011 年，摩洛伊斯兰解放阵线与政府之间的战斗升级。2012 年 10 月，在马来西亚调解下，一项和平计划获得同意，于是战斗停止。这似乎是一个突破，因为各方同意解决冲突的整体方案。[16] 但是，方案能否实施，对手摩洛民族解阵线是否会破坏方案进程，仍然存在不确定性。1996 年，摩洛民族解阵线曾与政府达成政治解决。在挪威的推动下，菲律宾政府与菲律宾共产党也进行着长期的谈判。[17]

1989 年以来，在该地区所有国家中，缅甸战斗死亡人数名列第二。1948 年获得独立后，缅甸许多内部武装冲突接着就开始，而且旷日持久。1989 年以后，缅甸政府与武装团体之间的一波停火协议使战斗大量减少，但并没有导致政治解决。[18]

2011 年，缅甸实施宪政过渡，带来了混合性的结果，达成了许多新的停火协议，包括有史以来第一个政府与克伦民族联盟（KNU）之间第一个协议。[19] 然而，1994 年，政府与克钦独立组织（KIO）及其军队（KIA）达成的停火协议破裂，从而导致战火于 2011 年 6 月重新点燃。之后，又进行了一系列的尝试，以达成一项新的停火协

〔16〕《BBC 新闻》：“菲律宾人和穆斯林反政府武装同意和平协议”，2012 年 10 月 7 日，网址：〈http：//www. bbc. co. uk/news/world-asia-19860907〉。

〔17〕《国际危机集团（ICG）》：“在菲律宾的共产党叛乱：战术和会谈”，《亚洲报告》，第 202 期（ICG：曼谷，2011 年 2 月 14 日）。菲律宾共产党于 2011 年 11 月退出会谈，但同意自 2012 年 12 月 20 日开始的 26 天停火。C. Pagaduan-Araull：“‘特殊轨道’摇摇欲坠”，《商业世界在线》，2013 年 4 月 4 日，网址：〈http：//www. bworldonline. com/content. php? section = OpinionID = 68185〉。

〔18〕《国际危机集团（ICG）》：“缅甸：新的和平倡议”，《亚洲报告》，第 214 期（ICG：雅加达，2011 年 11 月 30 日）。

〔19〕 A. 索思：“缅甸的和平前景：机会和威胁”，《奥斯陆和平研究所》文件，奥斯陆，2012 年 12 月。

议，但以失败告终。[20]

2008 年，若开邦通过了新的国家宪法，2010 年举行了新的选举，从而使多数佛教徒与穆斯林少数民族——罗兴亚人之间的冲突加剧，许多若开邦佛教徒将罗兴亚人视为来自孟加拉的移民，从而导致 2012 年 6 月和 10 月爆发种族暴力，使国内流离失所者多达数万人。[21] 政府已经宣布，它打算于 2015 选举之前推动一项和平进程，让所有武装团体参与国家政治对话。[22]

在泰国，有组织的暴力也杀害了成千上万的泰国人。2001 年，新一代的马来穆斯林叛乱分子在泰国南部帕塔尼（Patani）地区开始一系列的暴力袭击。帕塔尼是前苏丹国的一部分，1902 年被泰国（当时的暹罗）吞并。20 世纪 50 年代到 20 世纪 70 年代，马来穆斯林叛乱者与泰国政府作战，但从没有 2001 年以来所显示的强度。2001 年遭第一次攻击后，泰国政府采取了严格的安保措施，激起了始于 2004 年的暴力螺旋式上升。组织松散的叛乱集团，开展了大量杀人和爆炸活动。根据 2005 年宣布的紧急状态，泰国皇家陆军成立了当地民兵，并维持其大规模的存在。[23] 2012 年全年，战斗一直持续进行。

帕塔尼冲突升级的同时，“黄衫”运动与“红衫”运动之间两极化的政治斗争也在泰国首都曼谷蔓延。“黄衫”运动寻求推翻民选总理他信・西那瓦，得到传统精英和许多曼谷的中产阶级的认同和支持。亲他信的“红衫”运动，其主要支持基础位于泰国人口高度稠密的北部和东北部地区，以及从这些地区移至首都的民众。在他信被 2006 年的一次军事政变赶下台前后，曼谷暴力事件屡有发生。2010

---

〔20〕《国际危机集团（ICG)》：“缅甸：地平线上的风暴云”，《亚洲报告》，238 期（ICG：雅加达，2012 年 11 月 12 日）。

〔21〕《国际危机集团》，（同注释〔18〕)，第 1—2 页。

〔22〕同上书，第 20 页。

〔23〕《国际危机集团（ICG)》：“泰国南部冲突的演变”，《亚洲报告》第 241 期，第 1—2 页，（ICG：曼谷，2012 年 12 月 11 日）；N. J. 梅尔文：“在泰国南部的冲突：伊斯兰教，暴力和帕塔尼叛乱中的国家”，《SIPRI 政策文件》，第 20 号（SIPRI：斯德哥尔摩，2007 年 9 月）。

年，90 多人被杀。[24] 2011 年，他信的妹妹英拉·西那瓦当选总理。其时，示威继续进行，但并无暴力。而值此围绕皇室继承问题有可能再度发生冲突之际，泰国社会依然两极分化。

在柏威夏寺附近争议地区，“黄衫”运动也掀起了反柬埔寨民族主义情绪。两个软弱政府无法通过外交手段处理争端。两边都部署了军队，2009 年、2010 年和 2011 年都发生了猛烈的炮战。[25]

因此，虽然泰国是一个中等收入国家，有长期的民主体验（尽管经常被军事政变打断），但最近几年经历了三种类型的冲突：国内的领地冲突、国内反政府冲突和国家间领土冲突。在首都的权力斗争已经使国家防止与少数团体冲突的能力和与外国冲突的能力受到损害。

紧张局势升温

2008 年以来，朝鲜半岛以及中国与日本、韩国、菲律宾、美国和越南的紧张局势升温。这是由于一系列因素使然，包括：与资源有关的争夺，武器采购，有争议的历史记忆，对中国崛起和美国衰落的认知等。美国通过结盟、海军基地和在日本和韩国的永久性兵力部署来维持其地区地缘政治存在，这种能力已受到质疑。2008 年，当美国遭金融危机打击之时，中国对邻国采取的态度更加自信。这导致了事故的发生和战略反弹，一些国家要求美国重申其对地区安全的承诺。美国总统奥巴马作出了回应，实施美国军事计划、外交政策和经济政策重点再平衡，谓之为美国“支点”向亚洲转移。[26]

紧张局势升温已使本地区和平风险加剧。虽然东南亚内部武装冲突不大可能升级或威胁地区稳定，但朝鲜半岛局势和中国的海洋纠纷带来更大的风险，因为美国可能直接被卷入其中。中国和美国之间的

---

〔24〕《国际危机集团（ICG）》：“弥合泰国深深的裂痕”，《亚洲报告》，第 192 期（ICG：曼谷 2010 年 7 月 5 日），第 I—II 页、1—3 页。

〔25〕《国际危机集团（ICG）》：“发动和平：东盟与泰柬边界冲突”，《亚洲报告》，第 215 期（ICG：曼谷，2011 年 12 月 6 日）。

〔26〕 M. E. Manyin 等：“支点转向太平洋？奥巴马政府的亚洲‘再平衡’战略”，美国国会研究部（CRS）提供给国会的报告，第 7—5700 号（美国国会，CRS：华盛顿特区，2012 年 3 月 28 日）。

合作越多，双方越赞赏经济上的相互依存，中美让严重风险上升的可能性越小。然而，两国政府能否控制事件，尚难确定。美国受到条约的约束，定将保卫日本、韩国和菲律宾，如果它们受到攻击的话。而如果中国民族主义运动动员起来，其可能会发现难以从危机中自拔。台湾和越南不是美国的盟友，但越南近几年向美国更加靠拢，美国则继续向台湾出售武器。虽然台湾悬而未决的地位在20世纪90年代中期和21世纪初引起局势严重紧张，但最近并非如此，主要是由于马英九2008年当选台湾“总统”以来，海峡两岸关系得到改善。

然而，2012年的朝鲜半岛局势尤其令人担忧。有关朝鲜核计划的六方会谈已于2007年停滞。2009年，朝鲜重新启动核计划。[27] 朝鲜于2006年进行第一次核试验爆炸，并于2009年进行了第二次。在2011年年底，金正日去世后，年轻的金正恩接任领导，他再次确认了他父亲的先军政策，并继续优先推行核计划。2012年12月，朝鲜成功试验发射了一枚火箭，并于2013年2月进行第三次核武器试验。[28] 美国敦促中国利用其作用说服朝鲜放弃其核武器和导弹计划。[29] 作为朝鲜的主要贸易伙伴以及粮食和石油来源地，中国被认为对平壤有影响力。然而，金正恩顽抗。中国经济上支持朝鲜出于对朝鲜政权崩溃的恐惧，因为朝鲜政权崩溃可能会导致难民涌入中国，并导致按韩国条件实现朝鲜半岛统一。所以，中国似乎不愿意行使其巨大的杠杆作用。

与朝鲜半岛局势相比，中国海上争端的风险较小。海上事件有时会起到缓和国家间关系紧张的避雷针作用。但是，如果美国决定代表一个盟友或保卫航行自由原则而实施干预的话，确实会有真正的紧张局势升级危险。根据1960年相互合作和安全条约，美国有义务帮助日本保护其主权，并在冲绳保持一个有争议的基地。中国与日本建立

---

〔27〕 六方会谈始于2003年8月，是中国的一个外交倡议，旨在解决如何处理朝鲜可疑的核武器计划的争议。除中国和朝鲜外，其他各方包括日本、韩国、俄罗斯和美国。参见本卷第七章第二节。

〔28〕 参阅本卷第六章第九节和第七章第二节。

〔29〕 D. Nakamura 和 C. 哈伦：“奥巴马敦促中国在火箭发射问题上增加全球对朝鲜压力”，《华盛顿邮报》，2012年3月26日；A. 奎因和 B. 布兰查：“克林顿敦促中国在伊朗、朝鲜问题上给予帮助”，路透社，2012年5月3日。

了密切的经济关系，但从来没有获得互信。助长他们怀疑的不只是领土纠纷，还有对日本殖民统治韩国和台湾的怨恨，日本于1931年和1937年入侵中国，以及日本不能令人信服地摆脱其犯有战争罪的历史。

中国—东盟“南海各方行为宣言”于2002年通过后，有了一段时间的海上相对平静。自2008年起，东海和南海的海上事故迭起。[30] 引起这些事件的原因包括：渔业利益，在有争议的部分大陆架发现石油的前景，海洋法存在某些含糊之处，以及海上边界事实上没有确定。[31] 在海域划界上，对于小岛屿有多大的影响，法律专家的意见不一致。小岛屿的地位无论是作为没有自己海域的“低潮高地”、只有12海里（22公里）领海的“岩石”，还是作为可以维持人类居住或者其自己经济生命并有权拥有大陆架和200海里（370公里）专属经济区（EEZ）的“岛屿”，国际法仍有争议。[32]

爱国情怀将这些小岛屿纠纷转化成为重大问题。中国大陆、台湾和日本对日本控制的尖阁列岛/钓鱼岛及其附属小岛提出主权声索，钓鱼岛及其附属小岛位于台湾以东的东海。在南海，中国、台湾和菲律宾对吕宋以西的斯卡伯勒浅滩（即黄岩岛——译者注）提出主权声索。中国大陆、台湾和越南对中国持有的西沙群岛提出主权声索。对于南沙群岛，中国大陆、台湾和越南提出全部主权声索，马来西亚和菲律宾提出部分主权声索，文莱对该地区的一个海域也提出主权声索。东盟声索国同意南沙只能有12海里的领海，而中国则认为，他

〔30〕“南海各方行为宣言”于2002年11月4日签署，网址：〈http://www.asean.org/asean/external-relations/china/item/declaration-on-the-conduct-of-parties-in-thesouth-south-China sea〉。亦参阅S. T. Wezeman：“武器从海上转让到东南亚，2007年11月”，《SIPRI年鉴2012》；本卷第九章第四节。

〔31〕参阅《国际危机集团（ICG）》：“在南海兴风作浪”，《亚洲报告》，第223期（ICG：布鲁塞尔，2012年4月23日）；S. 雷恩和C. Le Miere：《区域乱象：南海纠纷》（劳特利奇出版社：阿宾登，2013年）。

〔32〕国际法院（ICJ）：“黑海海洋划界”（罗马尼亚与乌克兰），2009年2月3日的判决，“国际法院报告书”，2009年，第110页，第149段；国际法院：“领土和海洋争端”（尼加拉瓜与哥伦比亚），2012年11月19的判决，“国际法院报告书”，2012年，第90页，第238段。

们有权获得 200 海里专属经济区。[33]

所有国家（除台湾外，由于其主权地位未被承认）已签署并批准了 1982 年《联合国海洋法公约》，从而受其约束。[34] 人们越来越意识到，任何边界协议必须要以海洋法为依据，但只要有关国家试图将其声索区域最大化，这种态势可能会继续很长时间。

2010—2012 年，有关钓鱼岛及其附属岛屿的最危险事件便是日本于 2010 年 9 月逮捕了中国渔船船长，从而导致船长被释放前几个星期轰轰烈烈的中国抗议和民族主义的动员。2012 年，日本政府从私人手中购买钓鱼岛，从而导致新的危机出现。日本政府此举所挑起的不只是来自中国的抗议（中国不能承认任何这样的交易，因为其声称对这些岛屿拥有主权），中国还派遣了海军舰艇和军用飞机。[35] 2012 年 4—5 月，中国船只与菲律宾船只在黄岩岛对峙，后来以菲律宾撤军而结束对峙。中国随后用绳索封锁了泻湖入口处，这样，或多或少保持了永久性的存在。[36]

截至 2012 年，要判断紧张局势不断升级威胁地区和平有多么严重是不可能的。在一些国家，新领导人上台。2012 年 10 月，在奥巴马当选为第二任期美国总统之前不久，中国共产党选举习近平作为其新的领导人。2012 年 12 月下旬，安倍晋三接任日本首相。同样在 12 月，韩国选举产生了保守的新总统朴槿惠，她曾在竞选演说中赞成朝韩两国之间的和解并建立信任。

目前尚不太清楚什么因素最能巩固 1980 年以来相对的地区和平，是力量平衡、经济相互依存、经济增长优先，或是新的价值观和说教？然而，可悲的是，可以考虑确保和平的理由似乎不多。

---

〔33〕 中国常驻联合国代表团口头照会联合国秘书长潘基文，CML/8/2011，2011 年 4 月 14 日，网址：〈http：//www. un. org/Depts/los/clcs_ new/submissions_ files/vnm37_ 09/chn_ 2011_ re_ phl_ e. pdf〉。

〔34〕《联合国海洋法公约》于 1982 年 12 月 10 日开放供签署，1994 年 11 月 16 日生效，《联合国条约集》，第 1838 卷（1994 年）。

〔35〕 M. E. 曼英："尖阁列岛（钓鱼岛/钓鱼台）的岛屿争端：美国的条约义务"，美国国会研究部给美国国会的第 R42761 号报告（美国国会，美国国会研究部：华盛顿特区，2013 年 1 月 22 日）。

〔36〕 J. Perle："克林顿将在北京推动争议岛屿的谈判"，《纽约时报》，2012 年 9 月 3 日。

结语

1980—2010 年这一时期，虽然东亚和东南亚的有组织暴力急剧下降，但在台湾海峡、朝鲜半岛、东海和南海的军事化纠纷都没有得到解决。此外，经济增长使许多国家有条件获取新的的武器系统。[37]中国和朝鲜是核国家，而日本和韩国在美国核保护伞下运作。中国、日本和韩国已经建立了高效的现代海军。美国海军已强化其在该地区的存在，并与盟国进行了许多次联合军事演习。虽然目前还没有一个地区性军备竞赛，但军事能力的增长，加上有些国家持续的内部武装冲突，使得东亚和东南亚的和平具有脆弱性。越来越多的潜艇被认为是尤为不稳定的因素。[38]

该地区享受过 30 年以上的和平，可能仍然有机会深化和平，但是需要改善几个双边和多边关系，尤其是朝鲜半岛两个国家、中日、中国与东盟、以及中美之间的关系。不幸的是，目前没有任何迹象表明国家领导人已准备好步入需超越单纯的磋商框架的地区安全合作，这些框架是东盟 10 + 3（东盟加中国、日本和韩国）、东盟地区论坛，以及自 2011 年以来已包括俄罗斯和美国的东亚峰会。[39]

（唐寅初　译）

---

〔37〕 参阅本卷见第五章第一节。

〔38〕 G. 蒂尔："亚洲的海军扩充：军备竞赛在形成中?"，阿德菲论文第 432—433 号（劳特利奇出版社：伦敦，2012 年），第 45、89、98、124—126 页。

〔39〕 关于在亚洲建立信任机制的更多信息，参阅本卷第九章第四节。

第三节 2002—2011 年有组织暴力的模式

洛塔·特姆纳 彼得·瓦伦斯腾
乌普萨拉冲突数据项目

本节参照“乌普萨拉冲突数据项目”（UCDP）用于描述全球有组织暴力的分类法，对2002—2011 年十年间的三类暴力活动，即国家冲突、非国家冲突和单边暴力的发展趋势加以概述。2011 年，在一年内造成至少 25 人死亡（UCDP 将其定为统计基点）的有组织暴力总计发生 98 起，而在 2002 年为 114 起，较之后者略有下降。这完全是因为单边暴力事件的减少；2011 年的国家冲突和非国家冲突更甚于 2002 年（见图 1.3）。

从总的趋势看，上述三类暴力均有自身内在动因，同时又受到其他两类暴力动因的影响。当然，这三类暴力的整体情况更为复杂，但彼此间却不存在明显的正关联或负关联。

国家冲突

国家冲突被界定为涉及政府或领土或两者结合而引起争端的相互对立，当事双方使用武力，其中至少有一方系某国政府，导致在一个公历年至少 25 人与作战有关的死亡（详见下文“资料来源和统计方法”）。[1] 国家冲突若导致一年内 1000 人与作战有关的死亡，即被归类为当年发生的“战争”；而其他国家冲突则属于“小型国家冲突”。[2] 上述定义涵盖了仅持续一年或数年的低烈度冲突，以及长时间绵延不止的高烈度冲突。

2002—2011 年，全球共有 73 起国家冲突，其中 2011 年为 37 起（见表 1.3）。[3] 在此十年间，每年发生的冲突次数尽管有所起伏，

〔1〕 其他 UCDP 数据库将国家冲突称作“武装冲突”。

〔2〕 其他 UCDP 数据库将小型国家冲突称作“小型武装冲突”。

〔3〕 请注意，UCDP 将同一国家因同一类（政府或领土）争端而在不同行为团体之间发生的战斗视为同一起冲突。

但总体呈上升之势，并于2008年和2011年两次达到了同一峰值：37起（见表1.4）。

在此期间发生的国家冲突中，与作战有关的死亡人数亦呈总体增多之势，其中2011年有2.25万人死于战事，而这一数字在2002年为1.7万余人。[4] 同样，这种增势并不稳定，如2005年的录入人数最少（为1.15万人），而2009年的人数最多（约3.1万人）。出现这一峰值的主要原因是斯里兰卡境内冲突骤然升级，该冲突随着"泰米尔·伊拉姆猛虎解放组织"的覆灭而在2009年结束。阿富汗与巴基斯坦的局势变化也起到了一定作用：阿富汗政府与塔利班之间的冲突于2009年加剧，以及巴基斯坦政府与"巴基斯坦塔利班运动"之间爆发新的激烈冲突。

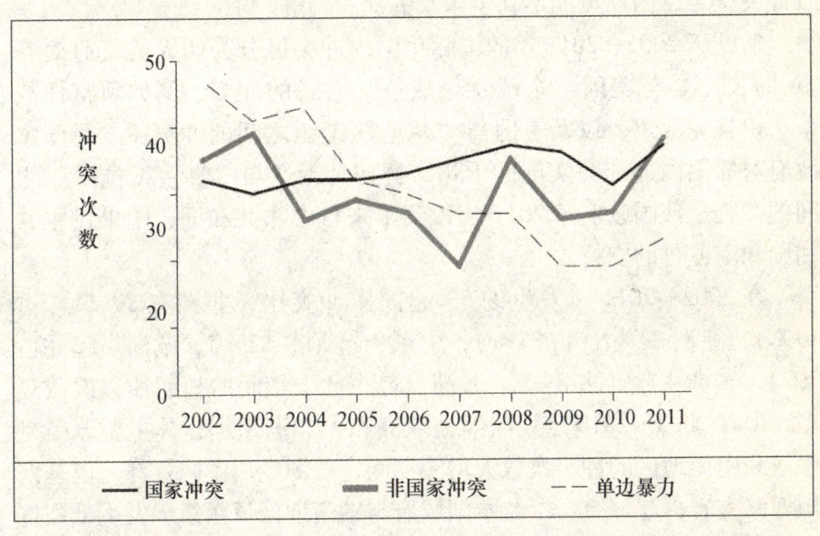

图1.3　2002—2011年国家冲突、非国家冲突和单边暴力事件的发生次数

UCDP数据库对国家间冲突、国内冲突、国际化国内冲突等三类武装冲突加以区别：国家间冲突发生在两个或更多国家政府之间；国内冲突发生在一国政府与一个或多个反叛组织之间；国际化国内冲突则指当事一方或双方接受外国军队支援的国内冲突。国内冲突显然最

〔4〕欲了解"与作战有关的死亡"概念的完整定义，请见下文。

为常见：在多数年份中，其占所有冲突的比例高于 80%，且从未低于 70%。国家间冲突则最少：2002—2011 年的十年间，只有 4 起，分别发生在印度与巴基斯坦（2001—2003 年）、伊拉克与美国及其盟友（2003 年）、吉布提与厄立特里亚（2008 年），以及柬埔寨与泰国（2011 年）之间。国家间冲突尽管为数不多，但不容忽视。由于与反叛组织相比，国家政府可调动大量资源，因而国家之间的冲突可能迅速升级，造成重大伤亡。[5]

国际化国内冲突日益增多。此类冲突在 2010 年和 2011 年均有 9 起，为同期最高值。这意味着，在发生于 2010 年的国家冲突中，涉及外部实体介入的约占 29%。这不仅限于 2002—2011 年，而且在更长一段时期内加以比较，其所占比例都不算低。[6] 外部介入容易导致冲突延宕，因而可能不利于未来的促和调解。[7]

活跃于 2002—2011 年的国际化国内冲突可分为两大类（且时有重叠）：一是与美国“全球反恐战争”有关的冲突，例如阿富汗战争、伊拉克战争，以及美国与“基地”组织之间的冲突；二是国家政府对邻国内部冲突实施的干预，例如乌干达与“真主抵抗军”之间的冲突，该国政府于 2011 年得到了来自中非共和国、刚果民主共和国和南苏丹的支持。

在 2002—2011 年发生的 73 起国家冲突中，非洲有 29 起（占 40%），亚洲 27 起（占 37%），中东 9 起（占 12%），欧洲 4 起（占 5%），美洲 4 起（占 5%）。非洲虽曾在此十年间的初期冲突次数最多，但在 2003—2010 年期间即被亚洲和大洋洲超越，其主要原因是中亚和南亚地区的冲突次数大增。期间，亚洲经历了阿富汗与巴基斯坦俾路支省再起冲突，以及泰国政府与泰南地区反叛组织发生低烈度暴力事件，并于 2003 年首次突破了 25 人与作战有关的致死人数阈值。大洋洲在 2002—2011 年不曾记录有国家冲突。

---

〔5〕 例如，B. 莱西那和 N. P. 格莱蒂奇：“全球战事动向跟踪：一种新的作战致死数据库”，《欧洲人口杂志》，第 21 期第 2—3 册（2005 年 6 月），第 145—166 页。

〔6〕 参见 L. 特姆纳和 P. 瓦伦斯腾：“1946—2010 年武装冲突”，《和平研究杂志》，第 48 期第 4 册（2011 年 7 月），第 525—536 页。

〔7〕 例如，参见 D. E. 坎宁安：“阻碍和解：外部国家如何拖延内战”，《和平研究杂志》，第 47 期第 2 册（2012 年 3 月），第 115—127 页。

表 1.3　2011 年国家冲突

欲更多了解表内所用术语的具体定义，可参阅下文的“资料来源和统计方法”。

地点[a]	当事方	对立因素	起始年份[b]	2011 年致死人数	相对 2010 年的变化[c]
非洲					
阿尔及利亚（阿尔及利亚、尼日尔）	阿尔及利亚、尼日尔政府与伊斯兰马格里布“基地”组织	政府	1998/1999	269	+
中非共和国	中非共和国政府与“争取正义与和平爱国者大会”	政府	2009/2009	44	+ +
科特迪瓦	科特迪瓦政府与科特迪瓦“国防与公安部队”	政府	2011/2011	35	..
埃塞俄比亚（埃塞俄比亚、肯尼亚）	埃塞俄比亚政府与“欧加登民族解放阵线”	领土（欧加登）	1994/1994	25	—
	与“奥罗莫解放阵线”	领土（奥罗密亚）	1974/1977	25	0

地点[a]	当事方	对立因素	起始年份[b]	2011 年致死人数	相对 2010 年的变化[c] 非洲
利比亚	利比亚政府				
	与"全国过渡委员会"	政府	2011/2011	1600	..
	与穆阿迈尔·卡扎菲政府军	政府	2011/2011	328	..
毛里塔尼亚（马里、毛里塔尼亚、尼日尔）	毛里塔尼亚、马里、尼日尔政府与伊斯兰马格里布"基地"组织	政府	2008/2010	30	0
尼日利亚	尼日利亚政府与"博科圣地"	政府	2009/2009	324	..
卢旺达（刚果民主共和国）	卢旺达、刚果民主共和国政府与"卢旺达民主解放力量"	政府	2001/2001	116	–
塞内加尔	塞内加尔政府与"卡萨芒斯民主力量运动"	领土（卡萨芒斯）	1988/1990	25	..

地点[a]	当事方	对立因素	起始年份[b]	2011年致死人数	相对2010年的变化[c]非洲
索马里	索马里、埃塞俄比亚、肯尼亚政府				
（肯尼亚、索马里）	与“阿尔—沙巴布”	政府	2008/2008	1917	0
南苏丹	南苏丹政府				
	与“南苏丹防御运动/国防军”	政府	2011/2011	101	..
	与“南苏丹解放运动/解放军”	政府	2011/2011	111	..
苏丹	苏丹政府				
	与“正义与平等运动”	政府	2003/2003	98	– –
	与“苏丹解放运动/解放军”	政府	2003/2003	30	–
	与“南苏丹防御运动/国防军”	政府	2010/2010	492	+ +

地点[a]	当事方	对立因素	起始年份[b]	2011 年致死人数	相对 2010 年的变化[c]非洲
	与“南苏丹解放运动/解放军”	政府	2011/2011	312	..
	与“苏丹人民解放运动—北方”	政府	2011/2011	217	..
苏丹	苏丹政府与南苏丹政府	领土（阿卜耶伊）	2011/2011	149	..
乌干达（刚果民主共和国）	乌干达、刚果民主共和国政府与“民主力量联盟”	政府	1996/1996	73	0
（中非共和国、刚果民主共和国、南苏丹、苏丹）	乌干达、中非共和国、刚果民主共和国、南苏丹、苏丹政府与“真主抵抗军”	政府	1988/1988	64	+

地点[a]	当事方	对立因素	起始年份[b]	2011 年致死人数	相对 2010 年的变化[c] 非洲
美洲					
哥伦比亚	哥伦比亚政府 与“哥伦比亚革命武装力量”	政府	1964/ 1964	202	−
美国 （阿富汗、巴基斯坦）	美国、法国政府 与“基地”组织	政府	2001/ 2001	190	−
亚洲和大洋洲					
阿富汗 （阿富汗、巴基斯坦）	阿富汗政府和多边联盟[d] 与“阿富汗伊斯兰党”	政府	1980/ 1980	44	− −
	与“塔利班”	政府	1995/ 1995	7184	+
柬埔寨、泰国	柬埔寨政府 与泰国政府	领土 （共同边界）	1975/ 1977	28	..

地点[a]	当事方	对立因素	起始年份[b]	2011 年致死人数	相对 2010 年的变化[c]非洲
印度	印度政府				
	与“印度共产党（毛派）”	政府	2004/2005	287	–
	与克什米尔反叛分子	领土（克什米尔）	1984/1989	140	– –
缅甸	缅甸政府				
	与“克钦独立组织”	领土（克钦）	1961/1961	209	..
	与“克伦民主佛教军第 5 旅”	领土（克伦）	2010/2010	115	+ +
	与“克伦民族联盟”	领土（克伦）	1966/1966	203	+ +
	与“掸邦复兴委员会”	领土（掸邦）	1986/1996	44	+
	与“掸邦进步党”	领土（掸邦）	2011/2011	141	..

地点[a]	当事方	对立因素	起始年份[b]	2011 年致死人数	相对 2010 年的变化[c]非洲
巴基斯坦（阿富汗、巴基斯坦）	巴基斯坦政府				
	与“巴基斯坦塔利班运动”	政府	2007/2008	2599	-
	与“俾路支斯坦解放军”	领土（俾路支斯坦）	2004/2004	42	..
菲律宾	菲律宾政府				
	与“菲律宾共产党”	政府	1969/1969	205	0
	与“阿布·沙耶夫组织”	领土（棉兰老岛）	1993/1993	80	0
	与“摩洛伊斯兰解放阵线”	领土（棉兰老岛）	1990/1990	83	..
塔吉克斯坦	塔吉克斯坦政府				
	与“乌兹别克斯坦伊斯兰运动”	政府	2005/2010	28	- -
泰国	泰国政府				
	与帕塔尼反叛分子	领土（帕塔尼）	1965/2003	142	+ +

地点[a]	当事方	对立因素	起始年份[b]	2011 年致死人数	相对 2010 年的变化[c]非洲
欧洲					
俄罗斯	俄罗斯政府 与“高加索酋长国”部队	领土 （“高加索酋长国”）	2007/ 2007	359	–
中东					
伊朗 （伊朗、伊拉克）	伊朗政府 与“库尔德斯坦自由生命党”	政府	2005/ 2005	219	..
伊拉克	伊拉克、美国政府 与“伊斯兰信徒”	政府	2003/ 2004	27	..
	与“伊拉克伊斯兰国”	政府	2004/ 2004	834	–
以色列	以色列政府 与“哈马斯”、“伊斯兰抵抗运动”	领土 （巴勒斯坦领土）	1989/ 1993	25	..
	与“巴勒斯坦伊斯兰圣战”	领土 （巴勒斯坦领土）	1987/ 1995	31	+

地点[a]	当事方	对立因素	起始年份[b]	2011 年致死人数	相对 2010 年的变化[c]非洲
叙利亚	叙利亚政府 与“叙利亚自由军”	政府	2011/ 2011	842	‥
土耳其 （伊拉克、土耳其）	土耳其政府 与“库尔德斯坦工人党”	领土 （“库尔德斯坦”）	1983/ 1984	599	＋＋
也门	也门、美国政府 与阿拉伯半岛“基地”组织	政府	2009/ 2009	1140	＋＋

[a]地点是指其政府正受到反对派组织挑战的某个国家。假如战事还发生在其他地点，则发生战事的所有国家均被列入括弧内。地区名称对应于该地区发生的各起冲突出现一次。相关地区涉及政府和特定领土的冲突仅各一起。

[b]起始年份是指特定两个对象（即某政府与反叛组织或另一政府之间爆发战斗）的开端。表中的第一年系指首次记录两个特定对象出现与作战有关致死人数的年份，第二年则指战事中首次造成至少 25 人死亡的年份。

[c]“相对 2010 年的变化”用以衡量在 2011 年较之 2010 年与作战有关致死人数的增减情况。下述符号所示变化为：＋＋指与作战有关的致死人数增幅大于 50%；＋指与作战有关的致死人数增幅为 10%—50%；0 指与作战有关的致死人数变化稳定（增幅或减幅不超过 10%）；－指与作战有关的致死人数减幅为 10%—50%；－－指与作战有关的致死人数减幅大于 50%；‥指 2010 年未发生冲突。

[d]下述国家于 2011 年出兵参与盟军行动：阿尔巴尼亚、亚美尼亚、澳大利亚、奥地利、阿塞拜疆、比利时、波黑、保加利亚、加拿大、克罗地亚、捷克共和国、丹麦、萨尔瓦多、爱沙尼亚、芬兰、法国、格鲁吉亚、德国、希腊、匈牙利、冰岛、爱尔兰、意大利、拉脱维亚、立陶宛、卢森堡、前南斯拉夫马其顿共和国、马来西亚、蒙古国、黑山、荷兰、新西兰、挪威、波兰、葡萄牙、罗马尼亚、新加坡、斯洛伐克、斯洛文尼亚、西班牙、瑞典、韩国、汤加、土耳其、乌克兰、阿联酋、英国、美国。

资料来源：UCDP 二元数据库 v. 1—2012 和 UCDP 与作战有关致死人数数据库 v. 5 – 2012b，http：//www. pcr. uu. se/research/ucdp/datasets。

表 1.4 2002—2011 年国家冲突数量（按强度、类型和地区排列）

	2002	2003	2004	2005	2006	2007	2008	2009	2010	2011
总数	**32**	**30**	**32**	**32**	**33**	**35**	**37**	**36**	**31**[a]	**37**
强度										
小型冲突	26	25	25	27	28	31	32	30	27	31
战争	6	5	7	5	5	4	5	6	4	6
类型										
国家间冲突	1	2	—	—	—	—	1	—	—	1
国内冲突	28	26	28	26	27	30	30	28	22	27
国际化国内冲突	3	2	4	6	6	5	6	8	9	9
地区										
非洲	15	10	10	7	10	12	13	12	10	15
美洲	2	1	3	2	2	3	3	3	3	2
亚洲和大洋洲	12	15	14	16	15	14	15	15	12	13
欧洲	1	1	2	2	1	2	2	1	1	1
中东	2	3	3	5	5	4	4	5	5	6

[a]表内将《SIPRI 年鉴 2011》提供的 2010 年冲突总数增加了一起，这是因为近期获取的信息表明，在埃塞俄比亚政府与“奥罗莫解放阵线”之间的冲突突破了当年与作战有关造成 25 人死亡的阈值。

与此同时，非洲的许多冲突归于终结，尽管有些冲突（中非共和国、乍得和索马里）仅暂时平息，而其他冲突（安哥拉和刚果共和国）似乎更趋常态化。非洲这一积极态势于 2011 年急转直下。在利比亚、苏丹和新近独立的南苏丹爆发新的冲突之际，沉寂多年的冲突再度肆虐（如在科特迪瓦和塞内加尔）。

这十年间，非洲冲突造成与作战有关的死亡人数虽于 2005 年达到最低点，但总体略呈减势，从 2002 年的 7100 余人降为 2011 年的不足 6500 人（见图 1.4）。然而，亚洲冲突导致的死亡人数却急剧增多，从 2002 年约 7100 人直到 2011 年接近 1.16 万人，大致增加 4500 人（63%），并于 2009 年达到峰值（2.1707 万人）。上述情况主要源于中亚和南亚的形势变化，特别是阿富汗和巴基斯坦爆发高烈度冲突。

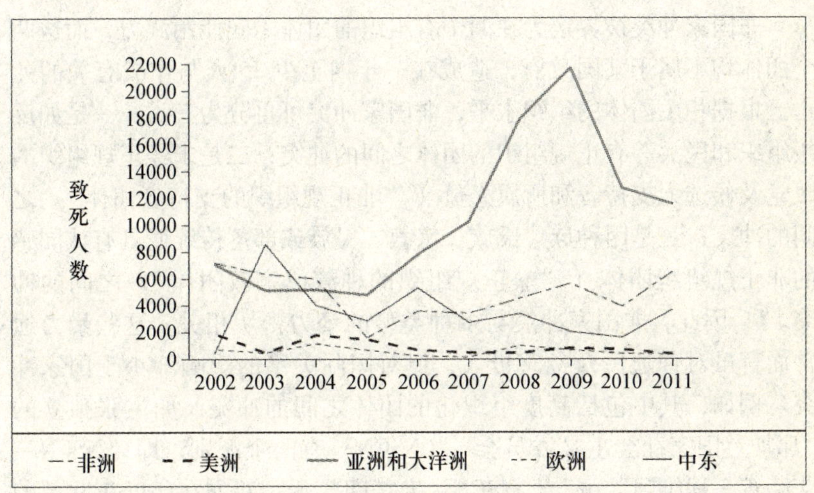

图 1.4　2002—2011 年国家冲突造成的与作战有关的死亡人数（按地区排列）

美洲与欧洲尽管在这十年初期和末期发生冲突的次数基本不变，但其与作战有关的致死人数均有所减少。2004 年，俄罗斯政府与所谓的“伊奇克里亚车臣共和国”冲突升级，致使欧洲与作战有关的死亡人数达到峰值（1000 余人）。另一次则是 2008 年，源于格鲁吉亚政府与受俄支持的所谓“南奥塞梯共和国”重燃战火。上述两次冲突在此十年间得以平息，对死亡人数呈下降趋势不无影响。相关数字在美洲有所减少，主要原因是哥伦比亚政府与“哥伦比亚革命武装力量”以及美国政府与“基地”组织之间的冲突逐步缓解。[8]

中东与作战有关的致死人数从 2002 年的不足 500 人增至 2011 年的 3700 余人，增长约 700%，这反映出中东局势巨变。2002 年，伊拉克和也门两地的殊死冲突初现端倪，而 2011 年，6 起冲突肆虐不断，“阿拉伯之春”引爆叙利亚政府与“叙利亚自由军”之间的

〔8〕 美国及其盟友与“基地”组织之间的冲突尽管肇始于 2001 年 9 月 11 日在美本土发生的一系列恐怖袭击事件，但随后转移至全球其他地区。2002—2011 年，该冲突的主战场是在阿富汗和巴基斯坦。

恶战。

非国家冲突

非国家冲突被界定为在两个有组织的团体之间使用武力，而这两个团体均不属于某国政府，造成在一年内至少 25 人与作战有关的死亡。根据相关团体的组织水平，非国家冲突可再分为三类：一是如反叛组织和民兵等有正规组织的团体之间的冲突；二是未经正规组织的政党及候选人支持者和所属人员（“非正规组织的支持者团体”）之间的冲突；三是因种族、氏族、宗教、民族或部落传统而具有认同感的非正规组织团体（“非正规组织的种族或宗教团体”）之间的冲突。[9] 因此，非国家冲突与多种类型的暴力密切相关，这些暴力通常而言虽对普通民众危害极大，但对国际关系的影响却小于国家冲突。例如，其中包括高度组织化的团体之间的冲突，如主张独立的“那加兰国家社会主义委员会”（NSCN）有两个派别，即“NSCN－艾萨克—穆维阿”派与“NSCN－卡普朗”派，双方在印度东北部的那加兰邦激战正酣，以及在非洲之角各种族群落之间的冲突，如肯尼亚西北部的托普萨人与图尔卡纳人之争。[10]

2002—2011 年，全球共发生 223 起非国家冲突，其中 2011 年有 38 起（见表 1.5）。非国家冲突在此十年间发生的次数虽略有增加，但其增长与国家冲突的变化一样，远非称得上稳定（见表 1.6）。

随着冲突次数的增加，平均致死人数也越来越多（见图 1.5）。2002 年发生的 35 起冲突造成 5800 余人死亡，每起冲突的平均致死人数为 166 人；而 2011 年的 38 起冲突造成近 6400 人死亡，每起冲突的平均致死人数为 168 人。尽管如此，在此十年间，非国家冲突的

〔9〕 这三类非国家冲突之间可能有重合之处。例如，在很多国家，不同政党的支持者就其定义而言几乎就是某特定种族团体的成员。选举年期间，这些团体在政治旗号之下响应动员，而在发生冲突的其他年份则形成一个种族集团。为便于全面了解并跟踪掌握冲突情况，即使冲突是在不同年份以不同方式记录下来，UCDP 项目采取了如下的登记原则：如果两个种族团体之间在某一年发生冲突，且这些种族团体因而在另一年按政治路线（即作为某政党的支持者）得以动员并介入战事，发生冲突的所有年份则被列入同一起种族冲突。

〔10〕 例如，参见 J. 鲍曼等人，“非洲之角的有组织暴力”，《SIPRI 年鉴 2012》。

表 1.5　2011 年非国家冲突

欲更多了解表内所用术语的具体定义，可参阅下文的“资料来源和统计方法”。

地点[a]	当事方（A）	当事方（B）	组织水平[b]	起始年份[c]	2011 年致死人数	相对 2010 年的变化[d]
非洲						
中非共和国	“争取正义与和平爱国者大会”	“团结民主力量联盟”	1	2011	60	..
科特迪瓦	盖雷人	马林凯人	3	2011	33	..
刚果民主共和国	“刚果国防军”	“卢旺达民主解放力量”	1	2011	27	..
几内亚	帕勒人	马林凯人	3	2011	25	..
肯尼亚	博拉纳人	图尔卡纳人	3	2011	29	..
肯尼亚	达萨奈基人	图尔卡纳人	3	1997	55	..
肯尼亚	托普萨人	图尔卡纳人	3	1992	26	..
尼日利亚	比罗姆族	弗拉尼族	3	2010	100	+ +
尼日利亚	基督徒（尼日利亚）	伊斯兰教徒（尼日利亚）	3	1991	830	..
尼日利亚	埃济罗族	埃扎族	3	2011	50	..
尼日利亚	弗拉尼族	蒂伍族	3	2011	124	..
尼日利亚	豪萨族	萨亚瓦族	3	2011	38	..
尼日利亚	“尼日利亚行动会议”支持者	“人民民主党”支持者	2	2008	26	..
索马里	“阿尔—沙巴布”	“谢贝利谷联盟”	1	2011	36	..
索马里	“谢伊克·穆罕默德·塞伊德·阿托姆军”	“索马里邦特兰国”	1	2010	33	– –

地点[a]	当事方（A）	当事方（B）	组织水平[b]	起始年份[c]	2011 年致死人数	相对 2010 年的变化[d]
索马里	哈巴·吉迪尔族萨阿德派（哈维耶）	哈巴·吉迪尔族苏莱曼派（哈维耶）	3	2004	40	..
苏丹	阿图奥特·丁卡族	尤尔·贝里族	3	2011	43	..
苏丹	博尔·丁卡族	穆尔勒族	3	2007	44	..
苏丹	丁卡族	努埃尔族	3	1997	133	–
苏丹	贡伊·丁卡族	蒂伊科·丁卡族	3	2011	95	..
苏丹	卢·努埃尔族	穆尔勒族	3	2006	1415	..
苏丹	米塞利亚族	恩戈科·丁卡族	3	2011	212	..
美洲						
墨西哥	“阿卡普尔科独立集团”	“拉巴尔多拉集团”	1	2011	105	..
墨西哥	“海湾集团”	“洛斯·泽塔斯集团”	1	2010	345	–
墨西哥	“哈利斯科新世代集团”	“反抗集团”	1	2011	33	..
墨西哥	“哈利斯科新世代集团”	“洛斯·泽塔斯集团”	1	2011	101	..
墨西哥	“华雷斯集团”	“锡那罗亚集团”	1	2008	1668	–
墨西哥	“骑士家族集团”	“西班牙绅士集团”	1	2011	100	..
墨西哥	“洛斯·泽塔斯集团”	“锡那罗亚集团”	1	2010	85	+ +
亚洲和大洋洲						
阿富汗	“阿富汗伊斯兰教派”	“塔利班”	1	1994	25	– –
印度	“NSCN – 艾萨克—穆维阿”派	“NSCN – 卡普朗”派	1	2005	37	..

地点[a]	当事方（A）	当事方（B）	组织水平[b]	起始年份[c]	2011 年致死人数	相对 2010 年的变化[d]
（注：NSCN 指“那加兰国家社会主义委员会”）						
巴基斯坦	“伊斯兰军”	“扎卡克尔部落军”	1	2011	128	‥
巴基斯坦	“伊斯兰军”	“巴基斯坦塔利班运动—塔里克·阿夫里迪派”	1	2011	41	‥
巴基斯坦	“库契克尔部族军”	“巴基斯坦塔利班运动”	1	2011	60	‥
巴基斯坦	“马索扎伊·戈密部落军”	“巴基斯坦塔利班运动”	1	2011	79	‥
菲律宾	“邦萨摩洛伊斯兰自由战士”	“摩洛伊斯兰解放阵线”	1	2011	31	‥
中东						
埃及	土著人（埃及）	伊斯兰教徒（埃及）	3	2011	31	‥
叙利亚	巴沙尔·阿萨德的反对者	巴沙尔·阿萨德的支持者	2	2011	30	‥

[a]地点是指发生战事的地理位置。

[b]组织水平 1 是指正规组织的团体；2 是指非正规的支持者团体；3 是指非正规组织的种族或宗教团体。具体内容见“资料来源和统计方法”。

[c]起始年份是指（自 1988 年起）因冲突致死 25 人的第一年。

[d]“相对 2010 年的变化”用以衡量在 2011 年较之 2010 年与作战有关致死人数的增减情况。下述符号所示变化为：＋＋指与作战有关的致死人数增幅大于 50%；＋指与作战有关的致死人数增幅为 10%—50%；0 指与作战有关的致死人数变化稳定（增幅或减幅不超过 10%）；－指与作战有关的致死人数减幅为 10%—50%；－－指与作战有关的致死人数减幅大于 50%；‥指 2010 年未发生冲突。

资料来源：UCDP 非国家冲突数据库，v. 2. 4－2012，1989—2011 年，网址：http：//www. pcr. uu. se/research/ucdp/datasets。

发生次数和死亡人数却走势不同。这从 2008—2009 年的相关变化中得到了最清晰的印证，当时的冲突次数虽减少了 9 起，但致死人数增加了 1700 人。上述增长主要源于苏丹南部的洛乌努埃尔族与穆尔勒族以及索马里的“阿鲁—逊奈—沃尔贾麦加”派与“阿尔—沙巴布”派之间的冲突恶性升级。

2002—2011 年最常见的非国家冲突发生在非正规组织的种族或宗教团体之间。在 223 起非国家冲突中，有 128 起（占 57%）就是在此类团体之间发生的。其中的 87 起冲突（占 39%）是在正规组织的团体之间进行。非正规组织的支持者团体之间较少发生冲突：整个期间仅记录有 8 起（占 4%）。在这十年的所有年份，涉及非正规组织的支持者团体的非国家冲突是上述三类冲突中最少见的。

2002—2011 年，非国家冲突的发生地点绝大多数在非洲，它们主要集中在少数几个国家。在此十年间，非洲共有 165 起非国家冲突，其中的 125 起（或近 76%）发生在埃塞俄比亚、肯尼亚、尼日利亚、索马里和苏丹。

表 1.6 2002—2011 年非国家冲突数量（按类型和地区排列）

	2002	2003	2004	2005	2006	2007	2008	2009	2010	2011
总数	**35**	**39**	**26**	**29**	**27**	**19**	**35**	**26**	**27**	**38**
类型										
正规组织的团体	13	15	13	11	7	10	13	9	16	18
非正规组织的“支持者”团体	1	3	1	—	1	—	2	1	—	2
非正规组织的种族或宗教团体	21	21	12	18	19	9	20	16	11	18
地区										
非洲	30	34	20	22	21	11	23	18	13	22
美洲	2	2	3	3	—	—	3	3	7	7
亚洲和大洋洲	2	2	2	4	5	5	8	5	6	7
欧洲	—	—	—	—	—	—	—	—	—	—
中东	1	1	1	—	1	3	1	—	1	2

非国家冲突造成的人员死亡主要是在非洲，而在非洲每起冲突的平均致死人数为161 人，远低于美洲的相关数字（524 人）。可想而知，这是因为发生在非洲的非国家冲突大多涉及种族、氏族、宗教、民族或部落团体（见图1.6），它们无法像反叛组织或民兵部队等正规组织那样有效地调动资源，而在其他地区的非国家冲突则大多涉及正规组织。相比之下，美洲是在正规组织之间发生非国家冲突比例最高的地区之一。在这十年间，美洲的非国家冲突大多发生在反叛组织与亲政府的民兵组织（如“哥伦比亚革命武装力量”与亲政府的“哥伦比亚联合自卫军”）、相互竞争的犯罪团伙（如巴西的“红色司令部”与“第三司令部”）或贩毒集团（如墨西哥的华雷斯与锡那罗亚两大贩毒集团）之间。2011 年，美洲的非国家冲突全都发生在墨西哥，均为贩毒集团之间的火并。这些冲突大多延续至2013 年。[11]

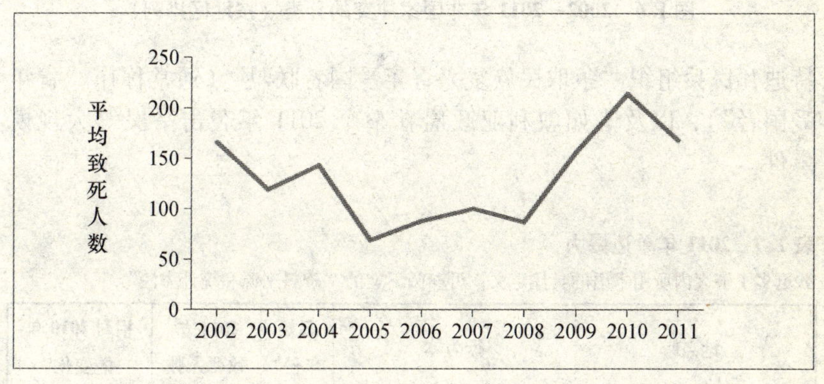

图1.5　2002—2011 年非国家冲突中与作战有关的平均致死人数

单边暴力

单边暴力被界定为某国政府或某个正规组织对非武装的平民使用武力，造成至少25 人死亡。UCDP 数据库将某个国家或团体在一年内杀害25 个或更多非武装平民的暴行记录为单边暴力。这涵盖了多种情况，其中包括小规模的日常骚扰，如拥戴前总统劳伦·巴博的科

〔11〕 有关中美洲涉及反毒品战争的安保费用可参见本卷第三章第四节。

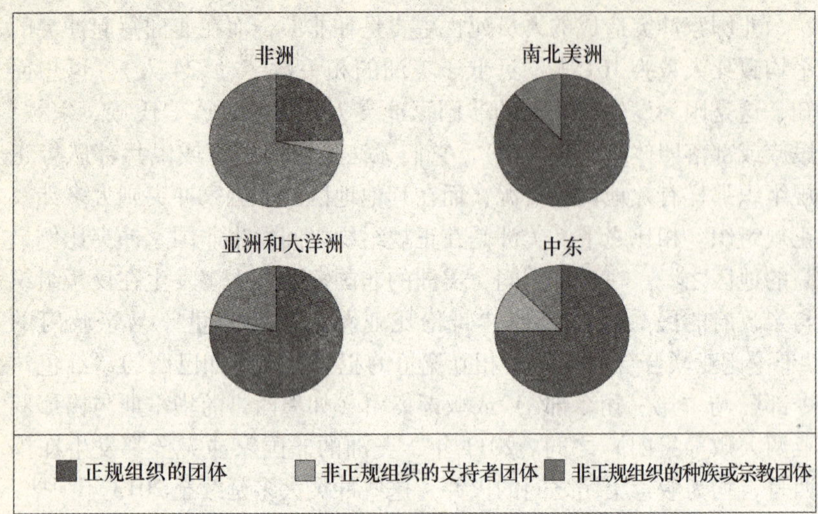

图 1.6 2002—2011 年非国家冲突的分类（按地区排列）

特迪瓦民兵组织“争取民族复兴青年爱国者联盟”（通常称作“青年爱国者”），以及诸如叙利亚政府在整个 2011 年袭击平民等大规模事件。

表 1.7 2011 年单边暴力

欲更多了解表内所用术语的具体定义，可参阅下文的“资料来源和统计方法”。

地点[a]	行为体	起始年份[b]	2011 年致死人数	相对 2010 年的变化[c]
非洲				
中非共和国、刚果民主共和国、苏丹	真主抵抗军	1989	145	– –
科特迪瓦	争取民族复兴青年爱国者联盟	2011	52	..
科特迪瓦	科特迪瓦共和力量	2011	49	..
科特迪瓦	科特迪瓦政府	2000	277	..
利比亚	利比亚政府	1989	152	..
尼日利亚	尼日利亚政府	1990	32	..

地点[a]	行为体	起始年份[b]	2011 年致死人数	相对 2010 年的变化[c]
尼日利亚	博科圣地	2010	89	0
索马里	阿尔—沙巴布	2008	44	- -
索马里	索马里政府	1989	36	..
苏丹	苏丹政府	1989	174	..
美洲				
墨西哥、危地马拉	洛斯·泽塔斯集团	2010	268	+ +
亚洲和大洋洲				
阿富汗	塔利班	2004	60	- -
印度	印度共产党（毛派）	2005	184	-
缅甸	缅甸政府	1992	107	+ +
巴基斯坦	巴基斯坦塔利班运动	2007	198	- -
巴基斯坦、阿富汗	章维军	1998	121	-
泰国	帕塔尼反叛分子	2004	116	-
越南	越南政府	2011	72	..
欧洲				
俄罗斯	“高加索酋长国”部队	2010	40	-
中东				
巴林	巴林政府	2011	26	..
伊拉克	“伊拉克伊斯兰国”	2004	322	- -
叙利亚	叙利亚政府	2011	2924	..
也门	也门政府	2011	142	..

[a]地点是指单边暴力事件发生的地理位置。

[b]起始年份是指（自 1988 年起）因单边暴力致死 25 人的第一年。

[c]“相对 2010 年的变化”用以衡量在 2011 年较之 2010 年致死人数的增减情况。下述符号所示变化为：+ + 指致死人数增幅大于 50%；+ 指致死人数增幅为 10%—50%；0 指致死人数变化稳定（增幅或减幅不超过 10%）；- 指致死人数减幅为 10%—50%；- - 指致死人数减幅大于 50%；.. 指 2010 年未发生冲突。

资料来源：UCDP 单边暴力数据库，v. 1. 4 - 2012，1989—2011 年，网址：http：//www. pcr. uu. se/research/ucdp/datasets。

表 1.8　2002—2011 年单边暴力数量（按行为体和地区排列）

	2002	2003	2004	2005	2006	2007	2008	2009	2010	2011
总数	**47**	**41**	**43**	**32**	**30**	**27**	**27**	**19**	**19**	**23**
行为体										
非国家行为体	34	30	33	22	19	18	20	15	18	13
国家行为体	13	11	10	10	11	9	7	4	1	10
地区										
非洲	26	23	18	12	10	15	14	8	7	10
南北美洲	2	1	3	4	1	—	2	1	2	1
亚洲和大洋洲	14	12	13	8	14	9	10	7	8	7
欧洲	1	1	3	—	—	—	—	—	1	1
中东	4	4	6	8	5	3	1	3	1	4

2002—2011 年，记录在案的单边施暴行为体共计 130 个，其中在 2011 年有 23 个（见表 1.7）。在此期间，相关数字逐年显著下降，最初曾在 2002 年达 47 个（见表 1.8）。

上述下降趋势伴随着单边暴力致死人数的回落（见图 1.7）。致死人数在 2002—2008 年逐年减少，其中 2004—2005 年的降幅达 43%，部分原因是苏丹政府与达尔富尔区民兵马枪队的单边暴力有所减少。而在 2009—2011 年，相关数字起伏不定：2009 年增幅达 63%，缘于“卢旺达民主解放军”与“真主抵抗军”在中非地区加紧攻击平民，但随后一年，因上述两行为体的活动明显趋缓，其降幅为 49%。2011 年，致死人数再次飙升，增幅达 81%。此次大幅增长在以往的数据记录中前所未见，主要原因在于叙利亚政府采取行动，造成当年接近 3000 人丧生。

单边暴力与非国家冲突一样，其致死人数与行为体数量的走势各异。例如，2003—2004 年，实施单边暴力的行为体数量从 41 个增至 43 个，而致死人数则由大约 1.08 万人减为不到 7900 人。此类差异通常主要是归因于同一行为体的行为变化。2003—2004 年的致死人数减少，在很大程度上源于利比亚局势发展：该国政府曾于 2003 年滥施单边暴力，但在 2004 年却因交战各方达成和平协议，再无不良记录。此外，刚果反叛组织“民族与统一力量”以及苏丹民兵组织马枪队均明显减少活动。

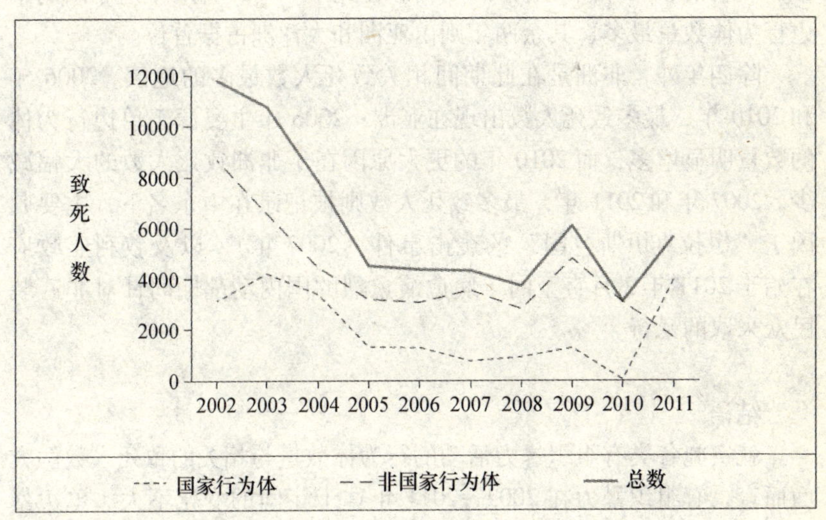

图 1.7　2002—2011 年单边暴力致死人数（按行为体分类标示）

正如 2002—2011 年所有年份的情况所示，非国家行为体显然是最常见的单边暴力“凶犯”，在此十年间的全部 130 个行为体中，有 95 个（占 73%）为反叛组织或民兵组织。然而，有意思的是，这一格局在 2011 年却最不明显，记录在案的非国家行为体仅比国家行为体多 3 个。这至少部分地反映出北非和中东局势变化，当地政府在“阿拉伯之春”期间将和平示威者作为其施暴对象。这也部分造成了实施单边暴力的非国家行为体数量大幅减少，在整个十年期间的降幅超过 60%。尽管如 2003 年利比亚政府及 2011 年叙利亚政府的暴行所示，由单个政府行为体实施的单边暴力极具致命性，但总的看，除 2011 年外，非国家行为体在这整个十年间杀害的平民人数较多。不过，2002—2011 年期间，造成平民致死人数最多的两个行为体均为政府，分别是 2011 年的叙利亚政府，以及 2004 年在达尔富尔区发动袭击以致 2500 多名平民丧生的苏丹政府。排名第三者为伊斯兰逊尼派反对组织“伊拉克伊斯兰国”，该组织曾于 2007 年杀害了近 2000 名平民。

2002—2011 年，在 130 个以平民为袭击目标的行为体中，有近半数出自非洲（63 个），其后是亚洲和大洋洲（38 个）、中东（17 个）、美洲（7 个）和欧洲（5 个）。在此十年间，有八年是非洲的单边行为体数量最多，其余两年则由亚洲和大洋洲占据首位。

除四年外，非洲是在此期间相关致死人数最多的地区。2006 年和 2010 年，最多致死人数出现在亚洲；2006 年主要源于单边行为体的数量明显增多，而 2010 年的更大原因在于非洲致死人数的大幅减少。2007 年和 2011 年，最多致死人数则被记录在中东名下，主要归因于“伊拉克伊斯兰国”的袭击事件（2007 年），以及叙利亚政府在始于 2011 年 2 月直至同年底愈演愈烈的国内动乱期间针对非武装民众采取的暴行。

结语

就实施各类有组织暴力活动的行为体数量与相关的致死人数两方面而言，有组织暴力在 2002—2011 年这十年间的变化不大。单边暴力尽管在此期间呈明显的下行趋势，但其却为国家冲突和非国家冲突的增长势头所抵消。

通过观察有组织暴力的发生，可以清晰地发现，这三类暴行随着时间推移表现出截然不同的形态。非国家冲突每年发生的次数大起大落，走势并不明显。相比之下，国家冲突发生次数的变化幅度趋缓：2002—2011 年，平均每年发生国家冲突的次数大致为 33 起，远低于创下最高记录的 1992 年（53 起）。[12] 单边暴力的发生情况则处于上述两者之间。

在非国家冲突与国家冲突之间还有一个有意思的区别，即前者的偶发性较大，持续时间较短。同样，单边暴力模式亦处于上述两者之间，其中仅录入数据库的众多行为体的施暴长度约为一或两年，而其他行为体针对平民的暴行则旷日持久。

所有三类有组织暴力在非洲最为猖獗。尽管如此，非国家冲突主要集中在某些国家及地区尤其是非洲之角和尼日利亚，而较大规模的

〔12〕 L. 特姆纳和 P. 瓦伦斯腾：“1946—2011 年武装冲突”，《和平研究杂志》，第 49 期第 4 册（2012 年），第 565—575 页。

非洲国家冲突则多发于诸如利比里亚和北非等其他地区。然而，非国家冲突在非洲造成的平均致死人数低于诸如在南美洲有关毒品问题的非国家暴力活动，这部分反映出所涉行为体的组织水平。

2002—2011 年的相关数据表明，在列入研究的不同类型有组织暴力模式之间建立直接的关联殊非易事。它们虽然有某些共同特征，但亦存在很多重大差异。不同类型的暴力活动势必相互影响（如第一、二节前文所述）。然而，这些暴力机制相当复杂，若欲有所认识，尚需深入细致的个案研究，遑论对其加以管理。

资料来源和统计方法

国家冲突的定义

"乌普萨拉冲突数据项目"（UCDP）将国家冲突定义为涉及政府或领土而引起争端的相互对立，当事双方的军队使用武力，其中至少有一方系某国政府，造成在一个公历年至少有 25 人与作战有关的死亡。各要素说明如下：

1. **涉及政府或领土的相互对立**。这是指冲突双方公开对立的总体立场。**涉及政府的相互对立**是指对于当事国政体类型或政府组成的立场相左，亦可包括试图取代现政府。**涉及领土的相互对立**是指对于领土状况的立场相左，可包括要求脱离或自治（国内冲突）以及试图改变某一领土的管控状态（国家间冲突）。

2. **使用武力**。这是指冲突双方的军队使用武力，旨在增强当事方在冲突中的总体地位。武器的定义系指用于作战的任何物质手段，包括特制的武器乃至棍棒、石块、火、水等。

3. **当事方**。这是指当事国政府及其盟友、敌对组织或敌对组织联盟。**当事国政府**系指被普遍认为掌握中央控制权的当事方，即使那些谋求夺权的对立组织亦对此不持异议。假如这一标准并不适用，则控制该国首都的一方被视为当事国政府。**敌对组织**系指已宣布其组织名称，表明其政治目标，并使用武力来实现其目标的任何非政府团体。以提供正规部队来支持某一个主要当事方的国家或多国组织也可被列入表中。为便于将其列入表中，上述次要当事方须与交战双方中的一方持相同立场。传统的维持和平行动并不被视为冲突一方，而是作为在符合各方意愿的和平进程中的中立方。

4. **国家**。这是指管控某特定领土并得到国际承认的主权政府，或管控某特定领土但尚未得到国际承认的政府，而此前曾管控该领土且经国际承认的主权国家对此主权不持异议。

5. **与作战有关的死亡**。这是指因交战双方间的战斗而直接造成的人员死亡，可包括战场阵亡和平民在交火中遇害。UCDP 将一个公历年期间造成与作战有关的死亡人数至少为 25 人的国家冲突界定为小型国家冲突，并将一个公历年期间与作战有关的死亡人数至少为 1000 人的任何冲突界定为当年发生的战争。

非国家冲突的定义

UCDP 将非国家冲突定义为在两个有组织的武装团体之间使用武力，而这两个团体均非国家政府，造成一年内至少有 25 人与作战有关的死亡。各要素说明如下：

1. **有组织的团体**。按组织水平可分为三层。**正规组织的团体（第一层）**指组织严密的反叛组织及其他有组织的团体，其组织水平之高，足以归类为国家冲突。它们包括公开旗号的反叛组织，以及军事派别。**非正规组织的支持者团体（第二层）**指由政党及候选人支持者和所属人员组成的团体。它们通常不是为长期备战而建立的，但有时可利用其组织体制达成上述目的。**非正规组织的种族或宗教团体（第三层）**指因种族、氏族、宗教、民族或部落传统而具有认同感的团体。它们并不是为长期备战而建立的，但有时却自行组织参战。

2. **与作战有关的死亡**。其定义根据作战团体的组织水平而有所不同。对于正规组织的团体（第一层）而言，与作战有关的死亡记录标准同于国家冲突，即交战团体须以对方正规组织的代表为目标。若以平民为目标，即使这些平民假设其与敌对组织的种族相同，则被定为单边暴力。对于非正规组织的团体（第二、三层）而言，只要当事双方相互攻击，形成一种（致命性）暴力互动模式，与作战有关的死亡定义可扩展为包括遇害的平民与武装分子。

单边暴力的定义

UCDP 将单边暴力定义为某国政府或某个正规组织的团体对平民使用武力，造成一个公历年至少有 25 人死亡。未经法律程序的羁押被害不包括在内。各要素说明如下：

1. **使用武力**。这是指为实施暴力而使用武器并导致人员死亡。

武器被定义为作战所需的任何物质手段，其中包括特制的武器、棍棒、石块、火、水等。

2. **政府**。见前文。

3. **国家**。见前文。

4. **正规组织的团体**。这是指公开其名称并使用武力的任何非政府性质的群众团体。这相当于国家冲突定义中的“敌对组织”以及非国家冲突定义中的“正规组织的团体”。

5. **未经法律程序的羁押被害**。这是指某国政府杀害遭羁押的人员。羁押被界定为将相关人员关押在监狱或其他政府设施内。

资料来源

本文引用的数据是基于广泛筛选印刷品和电子读物这两类可公开获取的资料而得到的信息。上述资料来源包括通讯社、报纸、学术期刊、研究报告以及国际和多国组织与非政府组织的文件等。为收集有关冲突当事各方的宗旨和目标信息，通常需要查阅交战各方（政府、盟国和敌对组织）的文件以及诸如反叛组织等的国际互联网站。

多年来一直被精心选取的独立新闻来源构成了数据采集的基础。Factiva 新闻数据库对于一般性新闻报道的收集工作必不可少。它拥有来自 159 个国家、22 种语言的 2.5 万多个信息来源，并通过国际性（如法新社和路透社）、区域性和当地媒体这三个重要层次的新闻媒体提供资料信息。

UCDP 定期对资料来源的选取和整合进行审核及更正，以便各地区及国家之间的信息保持较高的可靠性和可比性。首要工作是在整合过程中平衡处理不同来源的资料信息，以免失之偏颇。资料来源的可靠性可利用 UCDP 的专业鉴定及遍布全球的专家（学者和决策者）意见作出评估。资料来源的独立性及其原始出处的透明度至关重要。后者的重要性在于，大多数资料来源系第二手获得，这意味着为确保报告的可靠性，还需对第一手资料来源加以分析。每个资料来源应结合其公布背景作出判断。第一手或第二手资料来源在某次失实报道中的潜在价值，以及媒体审查的总体环境及范围，均被列为考虑因素。非政府组织和国际组织的报告可与媒体报道互为补充，且便于多方查证，因而在此方面的作用尤为突出。资料来源应具有独立性，但这一标准当然不适用于诸如政府文件或反叛组织网站等恰恰因其有倾向性而需查询的资料来源。UCDP 深知高水平审核的必要性，并竭力确保所用材料的真实性。

统计方法

有组织暴力的相关数据按公历年汇编。其中包括冲突地点、对立类型、冲突起因、交战各方、与作战有关的死亡总人数、某年与作战有关的死亡人数及较之前一年的变化情况等数据。另见表 1.2、1.4 和 1.6 的注释。

与致死事件有关的数据在 UCDP 数据库汇编过程中最受关注。例如，历次事件均记录下日期、新闻来源、初始来源、地点和死亡人数等信息。在理想状态下，上述个案及数字都须得到两个或更多独立资料来源的确证。然后，将全年各次冲突的相关数字相加。其总数再与官方文件、专题报告和新闻媒体公布的总数进行比对。数据采集期间，研究人员、外交官和新闻记者等地区问题专家经常接受咨询。这些人的作用主要是澄清事件发生的背景，从而便于准确解读对外公开的资料来源。

UCDP 根据研究报告的可靠性和在暴力事件报道中相互矛盾的死亡人数，提出“低估”、“最佳”和“高估”三种不同的估算致死人数。本文提供的所有数据基于最佳估算，系由一年内所有各类暴力事件相关的最可靠数字相加所得。假如不同资料来源得出的估算数字各不相同，须仔细找出最可靠的资料来源。假如无法作出类似的区分，UCDP 通常会在最佳估算中采纳较低的数字。UCDP 在估算死亡人数时总体上保持谨慎。随着人们深入了解有组织暴力事件的相关信息日益增多，基于事件本身的保守估算总是证明其比新闻媒体广泛引用的其他数字更准确。假如无法获取相关数字或所获数字不可靠，UCDP 则不提供任何数字。随着新的信息不断涌现，这些数字每年相应地得以修正。

（费肖俊　译）

第二章　和平行动与冲突管理

概　述

雅伊尔·范德·里金

继2011年和平行动部署人数开始小幅下降之后，世界范围内效力于多边和平行动的人数在2012年继续下降，降幅超过百分之十。降幅如此之大的原因是，驻阿富汗的北约国际安全援助部队（ISAF）开始撤军。不过，这一下降是在和平行动长达近十年的快速扩张后才到来的，而且，高达23.3642万的部署人员总数仍然是2003年以来的第三最高年份。

如果抛开国际安全援助部队不谈，和平行动则呈现出另外一番景象，因为部署人员总数反而略有增长。2012年，全球范围内共有53项和平行动，比2011年增加一项。这一年，有三项新的行动开始实施，分别位于叙利亚、尼日尔和几内亚比绍（参见第二节）；有四项行动完成使命（其中有一项是当年才实施的）。部署人员总数（如果不考虑国际安全援助部队）及和平行动总数在2012年双双略有上升，表明始于2009年的下降之势可能已经开始趋于稳定。

国际安全援助部队开始撤军是过渡计划的一部分。根据这一计划，国际安全援助部队将按地区一个个地把安全职责移交给阿富汗国家安全部队。过渡计划以及国际安全援助部队的撤军，预计到2014年底全部完成。这很可能使部署人员总数的下降之势得以维持。即使西方将注意力全部重新转移到其他地区（如萨赫勒地区和叙利亚），在这些地区部署新的行动，而且即使留在阿富汗的北约部队数量仍很可观，也难以来平衡10.2052万北约部队的撤出。

尽管如此，部分从阿富汗撤出的部队有可能重新部署到其他地方，因此部署于阿富汗之外的军事人员数量很可能上升。如果不把这些部队部署到其他地方，一些西方国家可能会担心保持其军队规模的合法性问题。因为，由于2008年全球金融危机所导致的紧缩政策，西方国家面临着削减开支的压力。毫无疑问，紧缩政策是许多国家政府决定加快从国际安全援助部队撤军的考虑因素，美国政府尤其如此。

紧缩政策还使一些国家在2012年对和平行动的花费持更加苛刻的态度，并且增加了对和平行动的预算约束。为了评估现有联合国特派团的效果与效率，联合国安理会越来越多地推行评估标准与指标，并将其与特派团未来任期的延长联系起来。维和任务被缩减的特派团进一步增多，只要求这些特派团集中精力于那些在规定期限内可以完成的任务。因此，联合国特派团之间的相互合作再次加以强调，例如，联合国利比里亚特派团（UNMIL，联利团）和联合国科特迪瓦行动团（UNOCI，联科团）合作应对两国边境地区的不稳定局势，特派团之间的合作也加快了短命的联合国叙利亚监督团（UNSMIS，联叙团）的部署速度。

2012年，人们对和平行动保护平民的能力与意愿更加怀疑。2012年，联合国在科特迪瓦、刚果民主共和国以及南苏丹的行动由于在平民保护领域所遭受的广为人知的失败而引起了东道国及国际社会的愤慨（参见第三节）。不过，问题的根源可能在于：特派团所承担的使命任务以及人们对特派团所抱有的期待不切实际。那些被赋予了平民保护使命的特派团，并没有获得控制和主导其责任区所必需的军事力量。而且，只要其国家利益没有受到威胁，现有及潜在出兵国就没有多少兴趣为保护平民而去让自己的部队冒险。2011年，国际社会出手应对利比亚危机，对叙利亚危机也作出了初步应对（包括阿拉伯联盟向叙利亚部署观察团）。这一度使人们看到，国际社会可能已经开始以实际行动对“保护责任”（R2P）这一概念承担义务。然而，这一愿望在2012年破灭了，因为事实证明，国际社会还无法就停止叙利亚暴力应采取的任何行动达成一致。争论的焦点在于如何在“保护责任”与国家主权之间保持平衡。

在如何应对几内亚比绍所发生的军事政变问题上，国际社会的分歧也显而易见。通过西非国家经济共同体（ECOWAS，西共体）调解达成的一项有争议的安排，几内亚比绍成立了过渡政府，但非盟(AU)、欧盟（EU）和联合国均拒绝承认。

尽管存在着这些疑虑、分歧和预算约束，但没有理由认为和平行动的数量会在不远的将来出现明显的减少，事实上，部署在阿富汗之外的部队数量很可能会增加。国际安全援助部队裁撤后和平行动部署人员总数的下降幅度以及未来情况如何变化，取决于以下三个因素：西方国家未来的预算削减程度有多大（即预算削减对军事和维和能力的影响程度有多大），最终部署到马里、更广大的萨赫勒地区以及潜在的叙利亚的部队人数有多少，以及各国将“保护责任”以及平民保护付诸实施（而不仅仅是对无动于衷表示愤怒）的意愿有多强。

（陆建新 译）

第一节　和平行动的全球性趋势

简·邓登

2012 年，实施中的和平行动共有 53 项，比 2011 年多一项，但仍然是 2003—2012 年这十年间的第三个最低年份（参见图 2.1）。2012 年，和平行动所部署的人员总数达到 23.3642 人，是同期第三个最高年份。[1] 不过，与上一年度的 26.2129 万人相比，部署人员总数出现了明显下降，下降幅度达到 2.8487 万人（参见图 2.2）。这一下降缘于驻阿富汗国际安全援助部队的裁减，该部队是迄今为止规模最大的和平行动。如果不算国际安全援助部队，部署人数则增长了 847 人。这是自 2008 年以来部署人员总数（不包括国际安全援助部队）出现的首次增长。

2012 年，有三项新的行动开始实施：西共体几内亚比绍特派团（ECOMIB，西几团），欧盟尼日尔能力建设特派团（EUCAP Sahel Niger，欧尼团）以及联叙团。有四项行动在本年度结束了使命：欧盟波黑警务特派团（EUPM），联合国东帝汶综合特派团（UNMIT），以及叙利亚的两个特派团，即阿盟叙利亚观察团和联叙团。由于大规模暴力活动妨碍了特派团履行使命的能力，阿盟叙利亚观察团和联叙团在分别存在了 1 个月和 4 个月后被迫终止使命。2011 年至 2012 年间行动数量的小幅增长表明，始于 2009 年（参见图 2.1）的下降趋势可能已经开始趋于稳定。[2]

部署人数显著下降的主要原因是，有 2.9334 万国际安全援助部队士兵从阿富汗撤军（参见第三节），而国际安全援助部队的士兵总数占 2012 年部署人员总数的 44%（2010 年和 2011 年所占比例超过

〔1〕 本章所提供的部署人员总数一般来说是以 2012 年 12 月 31 日或某一行动结束之日的统计数字为依据的，这一数值不代表该年度部署人员的最高数值或总数值。

〔2〕 此处所做的定量分析采用了斯德哥尔摩国际和平研究所（SIPRI）为研究 2003—2012 这十年间和平行动的发展趋势而采集的数据。这一分析仅限于符合 SIPRI 定义的和平行动（参见第四节）。所提供的数据反映了 2012 年进行中的和平行动概貌，其目的是为 2012 年与之前年度的比较分析提供参考。

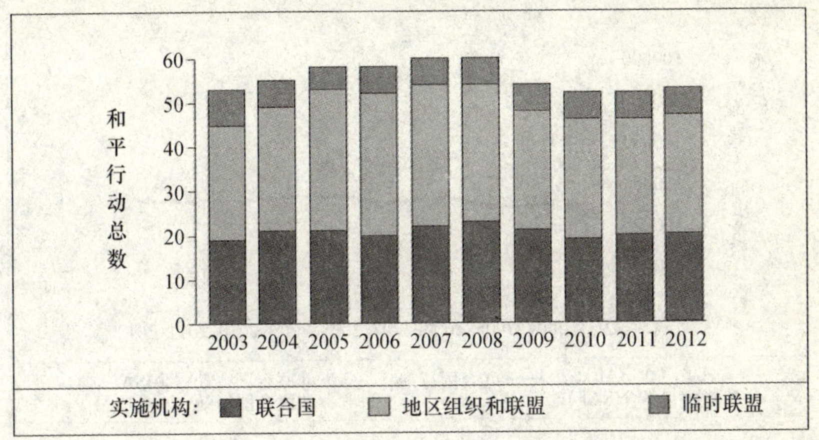

图 2.1　2003—2012 年多边和平行动数量（按实施组织分类）

50%）。如果不算国际安全援助部队，和平行动 2012 年部署的人员总数略有上升，从 13.0743 万人增加到 13.1590 万人。

这一年，有多项行动裁减了人员数量，其中包括欧盟波黑军事行动团（EUFOR ALTHEA），非盟/联合国达尔富尔混合行动团（UNMAMID，联非达团），联合国海地稳定特派团（MINUSTAH，联海团）以及联合国黎巴嫩临时部队（UNIFIL，联黎部队），而驻东帝汶的国际稳定部队（ISF）则于 11 月开始裁撤，以便为 2012 年 4 月的按计划完全撤离作好准备。

2012 年开始实施的三项新的和平行动共计部署 921 人。此外，原有的几项行动增加了人员数量。2011 年开始实施的联合国南苏丹特派团（UNMISS，联南团）在 2012 年的部署人员数量已接近 7000 人的编制人数。2 月份，联合国安理会通过决议，扩大非盟索马里特派团（AMISOM，非索团）的行动范围和行动能力，非索团的部署人数随之增加了将近一倍，达到 1.6970 万人。[3]

在 2012 年的 53 项和平行动中，有 20 项是联合国实施的，占总数的 38%，从而使联合国保持了主要实施机构的地位（参见图 2.1）。不过，全球和平行动所部署的人员总数中有近一半（10.7186

〔3〕 联合国安理会 2036 号决议，2012 年 2 月 22 日。

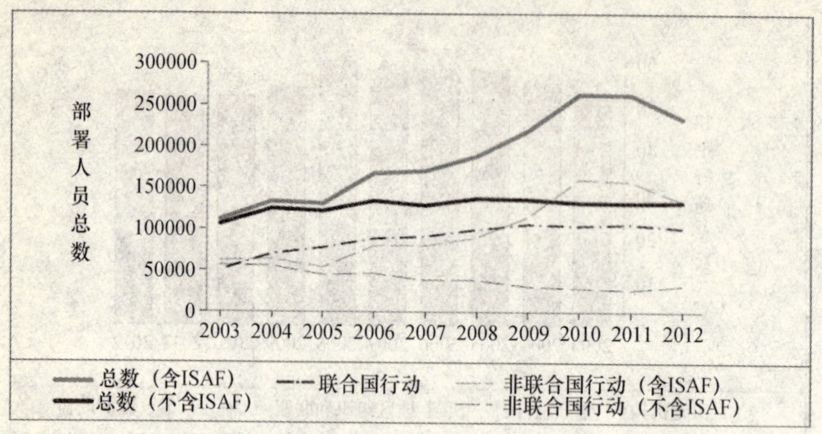

图 2.2　2003—2012 年多边和平行动部署人员数量

ISAF 是国际安全援助部队英文全称的缩略。

万人，占总数的46%）是由北大西洋公约组织（NATO，北约）所实施的和平行动部署的，其中最主要的是国际安全援助部队（参见图 2.2）。单就部署人员数量而言，北约由此连续三年成为和平行动最大的实施机构。[4]

国际安全援助部队以 10.2052 万的总人数成为 2012 年规模最大的行动，也是连续四年保持这一地位。规模位居第二和第三的是联合国刚果民主共和国组织稳定特派团（MONUSCO，联刚稳定团）和联非达团。有 10 项行动部署的人数超过 5000 人，其中 7 项由联合国领导，2 项由北约领导，1 项由非盟领导（参见第四节表 2.2）。

如果将国际安全援助部队计算在内，美国是 2012 年向多边和平行动出兵最多的国家。十大出兵国中只有 2 个是欧洲国家，即英国和意大利，而 2011 年是 4 个（参见图 2.3）。欧洲国家数量下降的主要原因是国际安全援助部队的裁减。

如果不将国际安全援助部队计算在内，情况就发生了变化：巴基斯坦成为最大出兵国，其次是孟加拉国。最大的 10 个出兵国均为南

〔4〕 联合国和平行动总数包括联合国维和行动部和联合国政治事务部领导的和平行动以及联非达团。

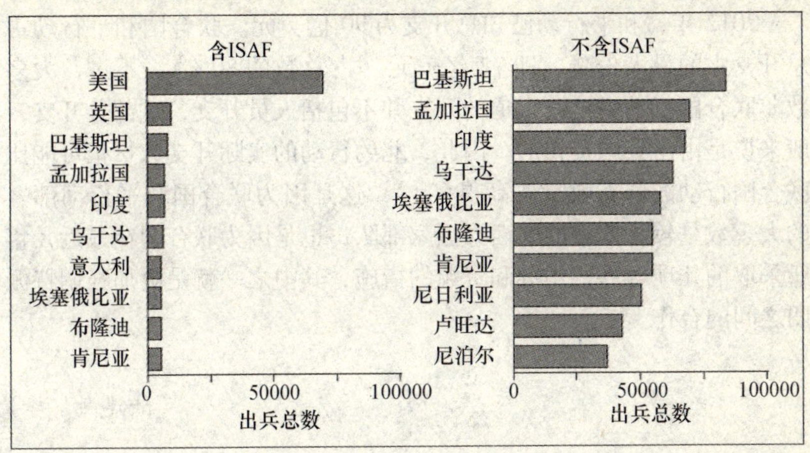

图 2.3　2012 年多边和平行动 10 大出兵国（包括和不包括驻阿富汗的国际安全援助部队）

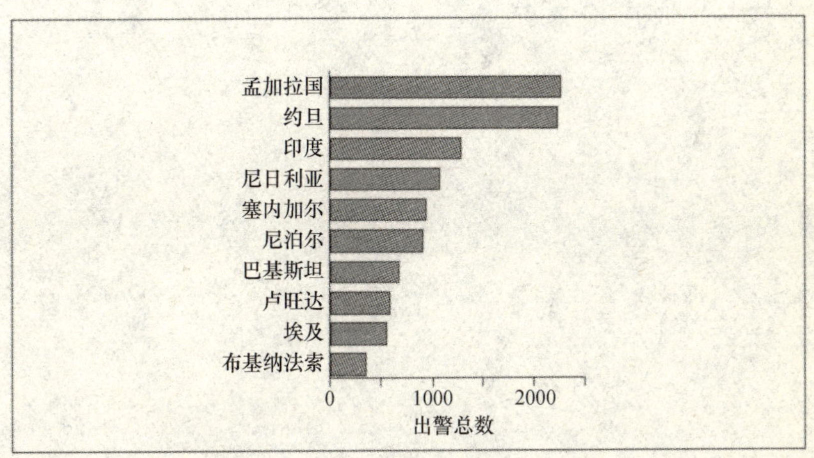

图 2.4　2012 年多边和平行动 10 大民事警察派遣国

亚或非洲国家。联合国和平行动所部署的部队有超过 2/3 来自这 10 个最大出兵国（不包括国际安全援助部队）。乌干达、布隆迪和肯尼亚向非索团派兵的数量超过他们向联合国和平行动派兵的数量。2012 年，派遣警察最多的 10 个国家也都来自南亚或非洲，以及 2 个中东国家（参见图 2.4）。

2012 年，和平行动已知总开支为 90 亿美元。联合国和平行动占总开支中的最大份额，即 72 亿美元（占总数的 80%）。不过，大多数非联合国行动中公开报道的开支并不包括人员开支，这部分开支一般来说是由出兵国负担的。因此，北约行动的实际开支数量很可能比联合国行动的开支数量要高得多。[5] 这是因为联合国和平行动部署的大多数是较为低廉的非西方国家部队，也是因为联合国在最近几年所采取的几项合理使用维和资源的措施，其中之一就是更加强调特派团之间的合作。[6]

（陆建新 译）

〔5〕 联合国维和行动部："背景材料：联合国维和行动"，2012 年 6 月。网址：〈http：//www. un. org/en/peacekeeping/documents/backgroundnote. pdf〉。

〔6〕 R. 戈万和 M. 格里森："联合国维和行动：今后五年"，纽约大学，国际合作中心，2012 年 11 月，网址：〈http：//cic. nyu. edu/content/un-peacekeeping-next-fiveyears〉，第 8 页；及"维和行动与特派团之间的合作"，《安理会报告：每月预报》，2012 年 12 月。

第二节 2012年新实施的和平行动

简·邓登 雅伊尔·范德·里金

2012年，有三项新的多边和平行动开始实施，即联叙团、西几团和欧尼团。欧尼团的成立是国际社会应对萨赫勒地区日益恶化的不稳定局势而作出的更广泛努力的一部分。由于尼日尔的邻国马里在2012年发生了国内冲突，本节还将讨论国际社会在2012年向马里部署多边和平行动所取得的进展。[1]

叙利亚：联合国叙利亚监督团

2012年初，已历时一年的叙利亚国内冲突仍然没有缓和的迹象。国际社会对叙利亚国内的暴力活动普遍表示谴责。2012年1月，部署仅一个月的阿盟叙利亚观察团宣告停止使命。联合国随即开始为调解冲突发挥中心作用。2月23日，联合国前秘书长科菲·安南被任命为联合国和阿盟叙利亚问题联合特使。[2]

安南向叙利亚政府提交了一份“六点和平计划”，该计划包括一项限制性条款，即叙利亚政府应停止向人口中心区调遣军队，停止在此区域使用重型武器，撤走集结在此区域及其周边地区的军队。[3]叙利亚政府接受了安南的建议。经安南调解，政府军与反对派武装在3月末同意实行停火。[4] 4月1日，叙利亚政府开始从居民区撤军。[5] 然而，紧接着就有报道说，政府军不顾谈判仍在进行就向平

〔1〕 关于马里冲突，参见本卷第一章第一节。

〔2〕 联合国秘书长：“科菲·安南被任命为联合国和阿盟调解叙利亚危机联合特使”，《联合国声明》，SG/SM 14124，2012年2月23日。

〔3〕 联合国安理会，《安理会主席声明》，S/PRST/2012/6，2012年3月21日。

〔4〕 “特使关于叙利亚问题的情况汇报”，蓝色新闻网博客，安理会报告，2012年3月30日。网址：〈http：//whatsinblue. org/2012/03/briefing-by-the-joint-special-envoy-on-syria. php〉。

〔5〕 联合国安理会：《科菲·安南致联合国秘书长的信》，S/2012/206号文件之附件，2012年4月10日。

民区发动了新的袭击。[6] 作为回应，联合国安理会呼吁叙利亚政府立即执行协议条款。[7]

4 月 14 日，就在叙利亚政府似乎已经开始履行承诺之际，安理会授权向叙利亚派遣由 30 名非武装的军事观察员组成的先头小组，以便在联合国特派团正式部署之前向安理会报告停火的执行情况。[8] 一星期之后，安理会 2043 号决议决定成立联叙团，以监督敌对行动的停止，支持并监督安南“六点计划”的落实情况。[9] 由于对叙利亚境内的暴力活动越来越担心，安南要求立即部署联叙团。尽管按原定计划，联叙团要在三个月内分三个阶段部署，但阿盟还是强调联叙团有必要紧急部署，并要求该地区的其他联合国特派团向联叙团提供支援。[10] 随后，特派团之间的合作为联叙团的迅速部署并开展工作发挥了至关重要的作用。来自联黎部队和联合国脱离接触观察员部队（UNDOF）的人员被重新部署到联叙团，联黎部队和脱离接触观察员部队还向联叙团提供了后勤支援。[11]

联叙团的编制实力为 300 名非武装的军事观察员以及适当数量的民事（文职）人员。[12] 联叙团在一个月之内就达到了满编状态，到 5 月底，已有 271 名军事观察员部署到叙利亚。到了 6 月份，位于大马士革的联叙团总部已有 121 名国际民事（文职）人员，开始从事民政、人权、管理以及保障等工作，军事观察员则分别部署于联叙团总部以及全国各地的 8 个工作点。[13]

虽然联叙团观察员迅速部署到位，但叙利亚的安全局势却持续恶

---

〔6〕 人权观察：“他们伤透了我的心：和平计划谈判期间伊德利卜的战争罪行”，（人权观察：纽约，2012 年 5 月）。

〔7〕 联合国安理会，《安理会主席声明》，S/PRST/2012/10，2012 年 4 月 5 日。

〔8〕 联合国安理会 2042 号决议，2012 年 4 月 14 日。

〔9〕 联合国安理会 2043 号决议，2012 年 4 月 21 日。

〔10〕 “联叙团”，《安理会报告：每月预报》，2012 年 5 月。

〔11〕 负责战地保障的副秘书长 A. 哈克：“在联合国安理会关于特派团间合作的公开会议上的发言”，2012 年 12 月 12 日。网址：〈http://www.un.org/en/peacekeeping/articles/usg_ameerahhaq_12122012.pdf〉。

〔12〕 联合国安理会 2043 号决议（同注释〔9〕）。

〔13〕 联合国安理会：《秘书长关于安理会 2043 号决议落实情况的报告》，S/2012/523，2012 年 7 月 6 日。

化。7 月 20 日，由于停火失败，安理会决定联叙团的使命将最后一次延长 30 天，在此期间，联叙团必须改组。[14] 联叙团的使命是经过多轮谈判后才得以延长的，这一事实表明，安理会在是否通过一项以《联合国宪章》第七章为依据的决议问题上存在严重分歧。如果这一决议获得通过，安理会将允许采取“维护或恢复国际和平与安全所必需”的行动。不仅如此，安理会还试图在 7 月份以持续使用暴力为由威胁对叙利亚政府实行经济制裁，但遭到了中俄两国的反对，从而限制了联叙团的能力以及作用的发挥。[15]

由于人们对于预利比亚危机还记忆犹新，因此，自 2011 年起，安理会内外对“保护责任”是否适用于叙利亚危机讨论颇多。[16] 虽然采取包括武装干预在内的各种方式履行“保护责任”在口头上得到了（包括法国在内的）多个成员国的支持，但来自中国和俄罗斯的反对仍然不小。此外，印度和南非与其他一些国家一道，主张通过由叙利亚人领导的进程解决危机。[17] 由于未能达成共识，安理会没有援用“保护责任”。许多分析人士认为，由于不愿意卷入另一场复杂、漫长而又耗资巨大的冲突，而且担心可能引发整个地区的不稳定，西方国家非常乐意把中俄的反对当作不干涉的借口。[18]

由于暴力活动的升级以及由此而导致的联叙团无法有效履行使命，联叙团被迫于 2012 年 8 月 19 日终止使命。联合国原本打算成立一个特别联络处以替代联叙团，其职责是支持寻求叙利亚危机政治解决的努力，但直至 2013 年初，该联络处尚未成立。[19]

---

〔14〕 联合国安理会 2059 号决议，2012 年 7 月 20 日。

〔15〕 联合国安理会：第 8810 次会议，S/PV. 6810，2012 年 7 月 19 日；以及联合国安理会：《决议草案》，S/2012/538，2012 年 7 月 19 日。参见本卷第十章，第二节。

〔16〕 G. 埃文斯：“应对暴政：新地缘政治中的干预问题”，《SIPRI 年鉴 2012》。

〔17〕 参见：保护责任国际联盟：“叙利亚危机”，网址：〈http：//www. responsibilitytoprotect. org/index. php/crises/crisis-in-syria〉。

〔18〕 参见：A. 埃齐奥尼：“现在是美国对叙利亚采取行动的时候了”，美国有线新闻网（CNN），2012 年 8 月 16 日。网址：〈http：//edition. cnn. com/2012/08/07/opinion/etzioni-syria〉。

〔19〕“叙利亚：有官员说，联合国观察团将终止，代之以联络处”，联合国新闻社，2012 年 8 月 16 日。网址：〈http：//www. un. org/apps/news/story. asp？ NewsID =42694〉。

萨赫勒地区：欧盟尼日尔能力建设特派团及马里的事态

2011 年利比亚冲突之后，萨赫勒地区就深受武器和毒品走私等跨国犯罪活动以及欧盟和联合国认定的恐怖组织之害，而且越来越严重。[20] 这种情况加剧了该地区的武器扩散状况，致使该地区的安全稳定、政府统治、社会经济发展以及人道主义援助的提供受到威胁。后者又反过来为武装组织的活动提供了更大的空间。[21] 以下问题受到安理会的特别关注：萨赫勒地区不断发展的人道主义危机、马里北部的不稳定局势以及极端分子和恐怖组织的存在。安理会尤为关注伊斯兰马格里布基地组织（AQIM）以及西非统一与圣战运动（MUJAO），因为它们都被指控侵犯人权。安理会多次声明将这些问题视为对国际和平与安全的威胁，欢迎各种为解决上述问题而提出的倡议，赞赏欧盟、非盟以及西共体在这方面所作出的努力。打击伊斯兰马格里布基地组织被安理会列为第一要务，因此安理会鼓励为萨赫勒地区各国开展安全领域改革等能力建设工作。[22]

欧盟理事会 2011 年 3 月通过的欧盟萨赫勒地区安全与发展战略认为，由于该地区地处欧洲后院，其稳定与安全是欧盟的主要关切。[23] 例如，受恐怖主义影响，该地区的不稳定将威胁到欧盟多个领域的利益，包括能源供应、商业和安全。该战略重点关注马里、毛里塔尼亚和尼日尔三国，主张采取“地区性的一体化通盘战略”，通过打击恐怖主义、安全领域改革、加强治理和法治等手段，来处理该地区的问题。由于未能将阿尔及利亚和尼日利亚这两个该地区主要大

---

〔20〕 关于利比亚冲突，参见 M. 阿兰松等：“‘阿拉伯之春’第一年”，《SIPRI 年鉴 2012》；以及 C. 方希尼：“2011 年新成立的和平行动”，《SIPRI 年鉴 2012》，第 99—103 页。

〔21〕 联合国安理会：《安理会主席声明》，S/PRST/2012/2，2012 年 2 月 21 日。

〔22〕 联合国安理会：《安理会主席声明》，S/PRST/2012/26，2012 年 12 月 10 日。

〔23〕 欧洲对外行动署：“萨赫勒地区安全与发展战略”，2011 年 3 月 23 日通过，网址：〈http://eeas.europa.eu/africa/docs/sahel_strategy_en.pdf〉。该战略的公布被推迟到 9 月份。

国包括在内，该战略公布后一直受到批评。[24] 作为该战略实施工作的一部分，欧盟于2012年在尼日尔启动了其在萨赫勒地区的第一个共同安全与防务政策（CSDP）特派团。[25]

欧盟尼日尔能力建设特派团

2012年3月21日，欧盟理事会为在萨赫勒地区可能实施的共同安全与防务政策民事特派团批准了危机管理构想。两个月后，尼日尔总理布里吉·拉菲尼请求欧盟在其国家部署一个民事特派团，以增强尼日尔安全部队的能力，尤其是在打击恐怖主义和有组织犯罪方面。欧尼团成立于7月16日（总部设在尼亚美），设在马里巴马科和毛里塔尼亚努瓦克肖特的两个联络处为欧尼团提供支持。欧尼团的主要任务是：（1）为尼日尔安全战略的实施向尼政府提出建议并提供援助；（2）支持该地区采取统一步调打击恐怖主义和有组织犯罪；（3）加强法治；（4）支持尼日尔安全部队的可持续性。[26] 虽然欧尼团的使命主要是为尼日尔当局提供援助，但它也涉及地区问题。此外，2012年底，马里北部的恐怖活动增加后，欧盟决定欧尼团应将重点放在防止马里冲突外溢至尼日尔上。[27]

欧尼团的初始任期为两年，[28] 部署工作于2012年8月开始。欧尼团的编制人数为78人，包括警务和军事专家。到2012年底，欧尼团人数已经过半。欧尼团将与欧盟在尼日尔的发展项目平行运作。

马里的事态

除导致尼日尔局势不稳外，利比亚冲突还与马里冲突的激化直接相关。[29] 3月份，军队中的一些人因不满于马里政府未能向其在北部地区打击图阿雷格（Tuareg）叛乱分子的活动提供应有的支持而从

---

〔24〕 O. W. 贝罗："欧盟萨赫勒地区战略的实施：是快速解决还是快速崩溃?"国际关系与对外对话基金会（FRIDE）工作文件第114号，（国际关系与对外对话基金会，马德里，2012年11月），第11—15页。

〔25〕 欧盟马里训练团成立于2013年2月18日。

〔26〕 "欧盟理事会2012年7月16日关于在尼日尔成立欧盟共同安全与防务政策特派团的决定"，2012/392/CFSP，《欧盟会刊》，L187，2012年7月17日。

〔27〕 E. 穆阿瓦德："共同安全与防务政策及欧盟特派团最新消息，2012年11月"，共同安全与防务政策记事之五，《欧洲安全评论》，2012年11月。

〔28〕 欧盟理事会决定，2012/392/CFSP，（同注释〔26〕）。

〔29〕 参见本卷第二章第一节。

民选政府手中夺取了政权。在随后的几天里，叛乱分子利用政变后的混乱局势发动了一次攻势。[30] 在伊斯兰马格里布基地组织的帮助下，叛乱分子在短时间内控制了马里北部地区的主要城市。[31]

4 月 6 日，西共体主持签署了一份框架性协议，内容包括恢复宪法秩序路线图、全国对话和组织总统选举。但是，马里武装部队依然无法收复马里北部的领土。9 月，过渡当局向西共体求助，要求根据《联合国宪章》第七章的规定部署一支国际稳定部队。10 月 12 日，联合国安理会通过 2071 号决议，呼吁成员国及国际组织在必要时为马里武装部队提供援助，以恢复政府在全国范围内的权威，降低伊斯兰马格里布基地组织的威胁。[32]

虽然签署了框架性协议，过渡政府与军队之间的关系却再次恶化。政府总理谢赫·莫迪博·迪亚拉在 12 月 10 日遭到逮捕，一天后，迪亚拉辞去总理职务，政府被解散。然而与此同时，西共体国家元首及非盟和平与安全理事会却为国际部队和马里武装部队制订了一份联合战略行动构想。12 月 20 日，联合国安理会授权部署非盟领导的马里国际支援团（AFISMA），初始任期为一年。马里国际支援团的主要任务是：（1）重建马里防务与安全部队的能力；（2）支持政府收复由叛乱分子控制的该国北部地区；（3）（收复领土后）将活动过渡到稳定行动；（4）支持对马里公民的保护；（5）支持为人道主义援助的提供创造安全的环境。[33]

安理会强调，军事计划必须在进攻性行动开始前得到完善。安理会呼吁成员国和国际组织为马里国际支援团的部署提供财政、部队和装备支持。欧盟动用非洲和平基金为马里国际支援团提供了上述支持，联合国安理会则考虑提供由联合国出资的一揽子后勤援助。[34]

联合国并未预期马里国际支援团能够在 2013 年 9 月之前部署到位。然而，2013 年 1 月 10 日，伊斯兰武装夺占了战略重镇科纳，从而使邻近的塞瓦雷（Sevare）军用机场面临威胁，而该机场对未来的

---

〔30〕 联合国安理会：《安理会主席声明》，S/PRST/2012/7，2012 年 3 月 26 日。

〔31〕 联合国安理会：《安理会主席声明》，S/PRST/2012/9，2012 年 4 月 4 日。

〔32〕 联合国安理会 2071 号决议，2012 年 10 月 12 日。

〔33〕 联合国安理会 2085 号决议，2012 年 12 月 20 日。

〔34〕 联合国安理会 2085 号决议，（同注释〔33〕）

干预行动至关重要。在法国的推动下，安理会再次呼吁向马里政府打击图阿雷格反政府武装及伊斯兰武装的斗争提供援助。[35] 为了加速国际社会的介入，法国向马里部署了一支部队，即“薮猫行动”。[36] 随后，西共体声明，将加快马里国际支援团的部署。[37] 2013 年 1 月 17 日，欧盟的外交部长们在由马里外交部长蒂耶芒·休伯特·库利巴利参加的一次会议上决定部署欧盟马里训练团（EUTM Mali）。该团的使命是响应马里武装部队的作战需求。[38]

几内亚比绍：西共体几内亚比绍特派团

几内亚比绍是非洲最小也是最穷的国家之一，自 1974 年独立以来就一直饱受政治动荡之苦。过去 10 年中，几内亚比绍经历了 5 次军事政变，没有一位总统任满期限。[39] 2010 年底，西共体及葡萄牙语国家共同体为几内亚比绍的建设和平进程制定了一份“路线图”，其重点是安全领域改革。[40] 此外，安哥拉驻几内亚比绍技术与军事援助团（MISSANG）于 2011 年 2 月接替了欧盟援助团的工作。该团的任务与欧盟援助团的任务相似，即就几内亚比绍的安全与防务改革提供技术援助。[41]

2012 年，几内亚比绍政府与军方的关系依然紧张，而军方与安

〔35〕 联合国安理会：“安理会关于马里问题的媒体声明”，SC/10878，2013 年 1 月 10 日。

〔36〕 J. 艾里什和 B. 费利克斯：“在法国帮助下，马里军队击退伊斯兰叛乱分子”，路透社，2013 年 1 月 11 日。

〔37〕 “西共体委员会主席关于马里局势的声明”，《新闻公告》第 006/2013 号，2013 年 1 月 12 日。网址：〈http：//news. ecowas. int/presseshow. php？ nb = 006&lang = en&annee = 2013〉。

〔38〕 “欧盟理事会 2013 年 1 月 17 日关于成立欧盟军事特派团（EUTM Mali）为马里武装部队的训练作出贡献的决定”，2013/34/CFSP，《欧盟会刊》，L14/19，2013 年 1 月 18 日。

〔39〕 V. 拉米特：“几内亚比绍军人与文人之间的关系：一个未曾解决的问题”，《政策简报》，欧盟议会政策部对外政策总局，DG EXPO/B/PolDep/Note/2012_ 149，2012 年 8 月。

〔40〕 联合国几内亚比绍一体化建设和平办事处：“秘书长特别代表呼吁几内亚比绍当局批准西共体和葡萄牙语国家共同体制定的路线图”，《新闻公告》，2010 年 12 月 10 日。

〔41〕 “几内亚比绍”，《安理会报告：最新报告》，2012 年 5 月 4 日。欧盟特派团的名称为欧盟几内亚比绍安全领域改革顾问团（EU SSR Guinea-Bissau）。

哥拉援助团的关系则更加恶化。为参加 2012 年总统大选，小卡洛斯·戈麦斯于 2 月辞去了总理职务。他表示有意削弱军队的权力，并打击该国的贩毒集团。据报道，贩毒集团与一些军方人物有着密切的关系。[42] 4 月 12 日，正当戈麦斯看起来有可能赢得大选之际，选举准备工作却因为军事政变而停顿下来。政变领导人成立了临时全国委员会，并拘留了戈麦斯和临时总统雷蒙多·佩雷拉。和平示威遭到镇压，平民遭到任意逮捕。[43]

针对几内亚比绍出现的局势，非盟暂停了几内亚比绍的成员国资格。[44] 西共体立即对政变表示谴责，并要求恢复宪法秩序，完成选举进程。[45] 西共体还要求立即释放戈麦斯和佩雷拉，呼吁几内亚比绍同意立即部署西共体待命部队，成立由尼日利亚任主席的几内亚比绍问题地区联络与跟踪小组。[46] 与临时全国委员会的谈判于 4 月底破裂后，西共体对几内亚比绍实行制裁。[47] 最终，西共体与军事指挥部达成了一项协议，使议会得以保留，政治拘留犯获得释放。5 月 23 日，政权被移交给新成立的文人过渡政府，各方还同意一年后组织新的选举。[48]

西共体几内亚比绍特派团（ECOMIB，西几团）成立于 4 月 26 日，初始任期为 6 个月。西几团的使命是协助安哥拉技术与军事援助团的撤离，确保过渡进程的完成，确保防务与安全领域改革计划（DSSRP）得以实施。[49] 政变发生刚过一个月，约 630 名部队开始在

〔42〕 拉米特（同注释〔39〕）

〔43〕 联合国安理会：《安理会主席声明》，S/PRST/2012/15，2012 年 4 月 21 日。

〔44〕 非盟和平与安全理事会第 319 次部长级会议，《公报》，PSC/MIN/COMM/1，(CCCXIX)，2012 年 4 月 24 日。

〔45〕 西共体委员会主席 D. K. 韦德拉奥果：“西共体对几内亚比绍正在进行中的政变企图的反应”，2012 年 4 月 12 日。网址：〈http://www.ecowas.int/publications/en/statement/guinebissau13042012.pdf〉。

〔46〕 西共体：西共体国家元首与政府首脑特别峰会，《最后公报》，2012 年 4 月 26 日。

〔47〕 西共体：“西共体在谈判破裂后对几内亚比绍实行制裁”，《新闻公告》，124/2012，2012 年 5 月 1 日。

〔48〕 联合国安理会：《秘书长关于几内亚比绍事态及联合国几内亚比绍一体化建设和平办事处活动的报告》，S/2012/554，2012 年 7 月 17 日。

〔49〕 西共体（同注释〔46〕），第 8 页。

几内亚比绍部署。为确保国家机构的安全，西几团部队部署在港口、机场以及首都比绍的大部分政府部门。[50] 6月，安哥拉技术与军事援助团顺利撤出几内亚比绍。[51]

10月，就在当局据称挫败了一次政变企图之后，西共体委员会和几内亚比绍当局就防务与安全领域改革计划签署了一份谅解备忘录。11月，西几团使命被延长6个月。这次延长应该能够使西几团完成过渡进程并确保2013年4月的选举能够和平公正地进行。[52]

尽管联合国安理会支持西共体参与恢复几内亚比绍的宪法秩序，但非盟、欧盟和联合国都还没有承认新成立的文人过渡政府。[53] 西共体谈判达成的协议分化了国际社会的意见，一些国家批评该协议未能包括所有政治党派，而且，过渡政府主要是由戈麦斯的反对者组成的。[54]

2012年12月，为了更好地协调国际社会在安全领域改革、政治经济改革、打击毒品走私以及有罪不罚现象等问题上的国际努力，在西共体、欧盟以及联合国的配合下，一个由非盟领导的联合评估团对几内亚比绍的局势进行了评估。[55] 尽管上述各方对在2012年4月政变后应采取的行动方案存在分歧，但评估团在一定程度上反映了国际、区域和次区域组织加强接触的努力。之后，各方还一致同意，一旦过渡政府接受“过渡路线图”，评估团将开展第二次评估工作。[56]

结语

2011年在联合国安理会支持下对利比亚的军事干预，使人们看

---

〔50〕 联合国安理会：“敦促安理会呼吁制定统一战略恢复几内亚比绍的合法秩序”，《新闻公告》，SC/10732，2012年7月26日。

〔51〕 西共体：西共体国家元首与政府首脑机构第41次例会，《最后公报》2012年6月29日。

〔52〕 西共体：国家元首和政府首脑特别峰会，《最后公报》，2012年11月11日。

〔53〕 联合国安理会：《安理会主席声明》，S/PRST/2012/15，2012年4月21日。

〔54〕 联合国安理会（同注释〔53〕）。

〔55〕 联合国安理会2048号决议，2012年5月18日。

〔56〕 非盟：“非盟就几内亚比绍局势召开磋商会议”，《新闻稿》，2013年1月27日，网址：〈http：//www. peaceau. org/en/article/convening-of-a-consultative-meeting-onthe-situation-in-guinea-bissau〉。

到了这样一种希望："保护责任"正在由理想主义的话语变为对军事干预的真正承诺，如果有必要保护平民免受国家暴力威胁的话。2011 年 12 月阿盟叙利亚观察团以及 2012 年联叙团的派出，使"保护责任"的支持者们有了更多乐观的理由。然而，这两个特派团的迅速停摆以及国际社会未能就如何应对不断增加的暴力活动达成任何协议的事实，突显"保护责任"这一概念以及对此所作出的国际承诺的局限性。2012 年叙利亚的情况表明，如果安理会意见不一，而且常任理事国在相关国家有着显著的利益，那么，"保护责任"并不能提供任何解决之道。叙利亚危机还突出地表明，国际社会在如何管理冲突问题上的分歧越来越大。这种意见分歧在几内亚比绍的军事政变问题上也是显而易见的。非盟、欧盟和联合国更倾向于对政变领导人采取强硬态度，而西共体则宁愿采取调解等非直接措施。

最后，值得注意的是，预算和效益的双重压力，对于新老特派团来说并不是完全一样的。

（陆建新　译）

第三节　和平行动的地区性发展

雅伊尔·范德·里金

非洲

和前一年一样，2012 年和平行动最集中的地区是非洲。在年内新成立的三项和平行动中，有两项位于非洲地区，即西几团和欧尼团。共有 17 项行动部署于非洲地区，其中有 9 项由联合国指挥，这一比例在近几年中是较小的（参见表 2.1）。但在部署于非洲地区的 9.4 万名人员中，有 7.5 万人是由联合国行动部署的。在所有人员中，有 9 万人是军事人员。虽然联非达团的人员规模削减了 2000 人，但非洲地区部署人员总数反而因为非索团的扩充以及联合国阿卜耶伊临时安全部队（UNISFA，联阿部队）和联合国南苏丹特派团（联南团）的继续部署而增加了。联阿部队和联南团都是在 2011 年成立的，这两个特派团在 2012 年继续扩充人员。〔1〕

表 2.1　2012 年和平行动及部署人员数（按地区和实施组织分类）

实施组织	非洲	美洲	亚洲和大洋洲	欧洲	中东	全球
联合国[a]	9	1	3	2	5	20
地区组织或联盟	7	1	2	13	4	27
临时联盟	1	—	3	—	2	6
行动总数	17	2	8	15	11	53
人员总数	94351	9938	103892[b]	9784	15552	233642[b]

[a] 联合国的数字包括联合国维和行动部及联合国政治事务部领导的行动以及非盟/联合国达尔富尔混合行动。

[b] 这些数字包括驻阿富汗国际安全援助部队，2012 年该部队的人员总数为 102052 人。

资料来源：SIPRI 多边和平行动数据库，网址：〈http：//www. sipri. org/databases/pko/〉。

---

〔1〕 关于北约部队及联南团的部署问题，参见 C. 方希尼："2011 年新成立的和平行动"，《SIPRI 年鉴 2012》，第 95—99 页。

索马里

2012 年，国际社会重新关注起索马里。联合国索马里问题政治办事处以及秘书长特别代表奥古斯丁·马希加的办公室搬迁到了摩加迪沙。自 1995 年以来，这两个办事处曾一直设在肯尼亚的内罗毕。此外，非盟和平与安全理事会以及联合国安理会于 1 月一致同意了非索团的战略构想。这一构想不仅扩充了非索团的部队规模，还赋予其更加强有力的使命。战略构想明确后，安理会授权非索团在索马里中南部地区的四个战区扩充兵力，以接替埃塞俄比亚的部队并收编一直在这一地区与伊斯兰青年党（al-Shabab）作战的肯尼亚部队。[2]

根据新的战略构想，非索团将采取一切必要措施为合法有效的治理创造条件，减少武装组织（尤其是伊斯兰青年党）的威胁。为此，联合国安理会请求非盟将部队兵力从 12000 人增加到至多 17731 人。安理会还决定，联合国将增加其一揽子后勤保障援助。安理会欢迎欧盟索马里训练团（EUTM Somalia，欧索团）为加强对索马里安全部队的训练与援助所提供的支持。[3] 过渡联邦政府任期在 8 月 20 日结束后，非索团在打击伊斯兰青年党的斗争中取得了军事进展，索马里成立了新的联邦政府。不过，此时的心病已不只是伊斯兰青年党：氏族间的争斗以及军阀活动正在上升，参与此类活动的组织都不希望建立一个强大的中央政府。[4] 安理会随后对非索团任期的延长只有 4 个月，因为安理会希望在下一次续延时对非索团所取得的进展进行评估。[5]

南苏丹和苏丹

2012 年，联合国在南苏丹和苏丹两国继续部署着三个特派团，即在苏丹达尔富尔地区的联非达团、在南苏丹的联南团以及在两国边境地区的联阿部队。截至 2012 年年底，联合国和平行动在全球范围

---

〔2〕 联合国安理会 2036 号决议，2012 年 2 月 22 日。

〔3〕 同上。

〔4〕 国际危机小组（ICG）："索马里：机不可失"，《非洲简报》第 87 号（国际危机小组，布鲁塞尔，2012 年 2 月 22 日）；及 R. 马查尔："邻国的怜悯：新索马里的安全与治理"，《挪威建设和平资源中心（NOREF）报告》，挪威建设和平资源中心，2012 年 6 月。

〔5〕 联合国安理会 2072 号决议，2012 年 10 月 31 日；及联合国安理会 2073 号决议，2012 年 11 月 7 日。

内所部署的所有部队中有近 1/3 部署在这三个特派团。

南苏丹和苏丹之间的谈判在 2012 年进展缓慢。即使双方达成了协议，其落实问题也常常在讨论实施细节时陷入泥潭。而且，苏丹对南苏丹运往苏丹港石油的运费问题依然争议不断，导致南苏丹在 1 月份停止了石油生产。此举使南苏丹付出了巨大的经济代价，并造成国内局势不稳。更有甚者，边境地区的暴力事件在 2012 年持续发生，如飞机轰炸、支持代理人以及部队调动等。[6]

边境战斗持续数周后，南苏丹国家军队——苏丹人民解放军（SPLA）夺取了苏丹控制的赫格利格镇及其附近油田。该镇及其附近油田位于有争议的边境地区。苏丹随即对南苏丹的本提乌进行了空袭，战斗甚至升级到了全面战争的边缘。不过，苏丹人民解放军在 4 月 20 日撤离了赫格利格镇，虽然这次撤离是苏丹人民解放军主动而为还是被打退至今还说法不一。[7] 在此期间，联合国安理会只是重申，联阿部队随时准备为落实双方所达成的任何协议提供支持。[8] 在联合边界核实与监督机制以及联合政治与安全机制特别委员会这两个双方 2011 年同意设立的联合机制成立前，联南团将受命对武器与人员的跨境流动进行监督。[9]

最终，南苏丹与苏丹双方听从了安理会的要求，并根据 2011 年《关于阿卜耶伊地区行政与安全的临时协议》的规定，从有争议的阿卜耶伊地区撤走了各自的大部分军队，尽管这一天来得迟了些。9 月 27 日，南苏丹和苏丹在亚的斯亚贝巴签署了一项安全安排协议，协议明确了联阿部队负责监督的“非军事化边境安全区”的范围。两国虽然在 2012 年年底前均未全力支持联阿部队的工作，但分别在 10 月和 11 日签署了部队地位协定。[10] 与此同时，阿卜耶伊的局势依然

---

〔6〕 联合国安理会：《安理会主席声明》，S/PRST/2012/5，2012 年 3 月 6 日。

〔7〕 “苏丹和南苏丹”，《安理会报告：每月预报》，2012 年 4 月；及 A. A. 埃德里斯·阿里：“苏丹赫格利格镇：死亡的恶臭与渗漏的石油”，法新社，2012 年 4 月 23 日。

〔8〕 联合国安理会：《安理会主席声明》，S/PRST/2012/12，2012 年 4 月 12 日；及联合国安理会 2046 号决议，2012 年 5 月 2 日。

〔9〕 联合国安理会 2057 号决议，2012 年 7 月 5 日；《苏丹政府与南苏丹政府关于边境监督支援团的协议》，2011 年 7 月 30 日签署；《苏丹政府与南苏丹政府关于边境安全及联合政治与安全机制的协议》，2011 年 6 月 29 日签署。

〔10〕 联合国安理会 2075 号决议，2012 年 11 月 6 月。

紧张，游行示威和骚乱时有发生。有一次，联阿部队的一名维和人员还误杀了一名参加示威的联合国当地雇员。[11]

南苏丹的安全形势也因为发生于南科尔多凡州和青尼罗州的苏丹内部冲突以及社区间暴力（尤其是在琼莱州）的外溢效应而恶化。琼莱州 2011 年和 2012 年 1 月发生的暴力事件，以及联南团因未能保护平民免受面临迫在眉睫的威胁而受到的猛烈批评，促使联南团将平民保护工作置于其作战行动的中心地位，制定并在 2012 年 6 月公布了雄心勃勃的保护平民战略。[12] 该战略遭到了一些人的批评，因为它使南苏丹百姓对联南团保护平民所抱有的本来已经不切实际的期待升得更高。为调适人们的期待，联南团开始实施对外宣传计划，以帮助南苏丹人民更好地理解其作用。[13]

联南团还饱受在某些地区行动自由受限之苦，而且由于“关键保障力量”（尤其是军用直升机和民事专家）的短缺，联南团难以实现完全部署。[14] 雪上加霜的是，有几架军用直升机还被击落了。1 月，俄罗斯扬言要撤走其所有 8 架直升机，因为它在 2011 年秋损失了一架。随后，俄罗斯同意留下其中的 4 架。但是，南苏丹部队在 12 月又击落了俄罗斯的一架直升机。作为回应，俄罗斯声称将在 2013 年 3 月撤走其所有直升机。[15]

联非达团 2007 年部署后，达尔富尔冲突的激烈程度有所下降。然而，2012 年，这一地区的暴力活动和不安全局势重新抬头，政府军与反政府武装之间的冲突（包括轰炸）、部落间的暴力活动、盗匪和犯罪活动持续不断。此外，由非盟和联合国调解的达尔富尔和平进程依然没有成效。苏丹政府与反政府武装解放与正义运动 2011 年签

---

〔11〕 I. 廷伯莱克：“联合国部队在有争议的阿卜耶伊‘射杀’抗议者”，法新社，2012 年 11 月 14 日。

〔12〕 参见：J. 杰托曼：“同体而生的南苏丹再遭撕裂”，《纽约时报》，2012 年 1 月 12 日。

〔13〕 J. 赫默：“‘我们正在为自己的失误打基础’：联合国南苏丹特派团及其平民保护战略—初步分析”，《政策简报》第 25 号，荷兰国际关系研究所及挪威建设和平资源中心，政策研究室，2013 年 1 月。

〔14〕 联合国安理会 2057 号决议（同注释〔9〕）。

〔15〕 “南苏丹军队在琼莱州击落联合国直升机，4 名俄罗斯人丧身”，《苏丹论坛报》，2012 年 12 月 21 日。

署的《达尔富尔和平多哈文件》并没有得到执行。[16] 更有甚者，联非达团的巡逻队在这一年间多次遭到袭击，造成多名维和人员死伤。[17] 苏丹政府无视部队地位协定的有关规定，拖延必要签证的发放，给联非达团使用其空中资产及无线电发射机设置障碍，从而使联非达团的行动自由继续受到阻碍。其他冲突方则拒绝人道主义工作者开展救援活动。[18]

在对联非达团的使命进行每年一次的审查时，安理会决定在今后12—18个月的时间内调整联非达团的部署，以便将重点放在达尔富尔安全威胁最高的地区。为此，联非达团的编制实力将增加到16200名军事人员、2310名警察以及17个建制警察单位，每个建制警察单位140人。不过，联合国决议还提到，所部署的出兵国分队应做到训练有素、装备得当。[19]

刚果民主共和国

联刚稳定团在2012年继续面临公正性和平民保护的难题。4月，一些原本已经改编为国家武装力量的原保卫人民全国大会（CNDP）的反政府组织成员发动叛乱。这些人自称“3·23运动”（M23，以2009年保卫人民全国大会与政府签署和平协议的日期命名），得到了卢旺达和乌干达政府的直接军事支持。[20]

6月，安理会通过2053号决议，决定将联刚稳定团的任期再延长一年，同时鼓励特派团继续与刚果政府发展伙伴关系，此举似乎使联刚稳定团在与刚果（金）东部的反政府武装打交道时难以显得公正。因苦于缺乏进展以及许多成员国要求削减开支的压力越来越大，安理会要求联刚稳定团重新评估其做法，并制定新的战略与时间表。

---

〔16〕 联合国安理会2063号决议，2012年7月31日。

〔17〕 “枪手在东达尔富尔打死联非达团维和人员”，《苏丹论坛报》，2012年1月21日；“联合国—非盟维和人员在达尔富尔遇袭，4人受伤”，《苏丹论坛报》，2012年4月23日；“4名尼日利亚维和人员在西达尔富尔被打死”，《苏丹论坛报》，2012年10月3日；“苏丹军队称联非达团关于哈夏巴（Hashaba）冲突的报告受反政府武装的影响”，《苏丹论坛报》，2012年11月21日。

〔18〕 联合国安理会2063号决议（同注释〔16〕）。

〔19〕 同上。

〔20〕 联合国安理会：《专家组根据安理会（2011年）2021号决议第4段递交的关于刚果民主共和国局势的最终报告》，S/2012/843号文件之附件，2012年11月15日。

虽然平民保护仍将是其重点工作，联刚稳定团应将主要精力放在安全领域改革上。[21]

在随后的几个月里，“3·23 运动”的叛乱活动持续不断，该组织还试图建立平行的行政机构，并对平民、维和人员以及人道主义机构发动袭击。结果，截至 10 月，有 32 万人逃离其在北基伍的家园。[22]

7 月份举行的大湖地区国际会议（ICGLR）峰会宣布，非盟正计划在刚果（金）东部地区部署一支“中立国际部队”，以消灭“3·23 运动”以及其他“消极力量”，并在边境地区进行巡逻，确保边境地区的安全。[23] 安理会则对该部队的目的与方式及其与联刚稳定团的关系存有担心。[24] 安理会尤为担心的是，这支部队是否会包括卢旺达和乌干达的部队。[25] 安理会还请求联合国秘书长就如何加强联刚稳定团使命（包括平民保护）的落实问题提出方案。[26]

11 月 20 日，“3·23 运动”的部队开进戈马市。安理会要求其撤离、解散并恢复北基伍地方政府的权威。[27] 尽管联刚稳定团的兵力多于反政府武装，装备也好得多，但联刚稳定团在这次事件中对其平民保护使命的关注太少，因而遭到广泛批评。据说，出兵国一直不愿意将自己的部队置于危险中。法国外长洛朗·法比尤斯称联刚稳定团行为“荒谬”，在刚果（金）整个东部地区，愤怒的暴徒向联刚稳定团人员及设施投掷石块，焚烧联合国大院。[28]

---

〔21〕 联合国安理会 2053 号决议，2012 年 6 月 27 日。

〔22〕 联合国安理会：《安理会主席声明》，S/PRST/2012/22，2012 年 10 月 19 日。

〔23〕 大湖地区国际会议（ICGLR）：“出席大湖地区国际会议的国家元首将在坎帕拉讨论刚果（金）危机”，《新闻公告》，2012 年 8 月 5 日，网址：〈https：//icglr. org/spip. php? article235〉。

〔24〕 联合国：S/PRST/2012/22（同注释〔22〕）。

〔25〕 T. 基班古拉：“在刚果（金）东部部署中立部队是个伪办法”，“法国 24 小时”电视台，2012 年 8 月 19 日。

〔26〕 联合国：S/PRST/2012/22（同注释〔22〕）。

〔27〕 联合国安理会 2076 号决议，2012 年 11 月 20 日。

〔28〕 J. 哈切和 J. 佩里：“维和行动走下坡路：联合国在刚果（金）东部的失败”，《时代》，2012 年 11 月 26 日。

北非和西非

2012年初，一篇关于联合国利比亚支援团（UNSMIL，联利支）的回顾性文章认为，联利支要给利比亚留下一个“浅脚印”，因为向利比亚派遣一个更具干预性的特派团不会受到当地人的热烈欢迎。[29] 修改后的联利支使命是在以下方面协助利比亚政府：（1）管理民主化进程；（2）促进法治；（3）恢复公共安全；（4）打击武器的非法扩散；（5）协调国际援助，建设政府能力。[30]

随着4月25日科特迪瓦国民议会的成立，科特迪瓦的局势在经历了2011年的选举危机后似乎平静了下来。然而，6月8日，联科团的一支巡逻队遭到武装分子的袭击，造成7名维和人员及其他多人死亡，使本已脆弱的局势，尤其是在与利比里亚接壤的边境地区，急剧恶化。此外，针对平民（包括流离失所人员及回归难民）的多次袭击迫使联科团调整了平民保护战略。

尽管如此，安理会认为，科特迪瓦的形势已经允许联科团军事部门削减一个营的兵力，从而使联科团的编制实力降低到8837人。不过，联科团与联利团的合作却得到了加强。[31] 从8月到10月，该国的局势进一步恶化。尤其值得一提的是，发生在阿比让及其周边以及边境地区针对科特迪瓦国家安全部队的袭击事件令人担忧。据报道，这些袭击事件是由前总统洛朗·巴博的支持者实施的。社区之间的暴力事件也令人担忧。鉴于上述事态，计划中的部队削减被推迟到2013年。[32]

至于利比里亚，安理会决定分阶段将联利团的编制实力从7个步兵营削减到4个步兵营，使联利团的部队编制到2015年7月达到3750人。计划于2012年10月至2013年9月之间进行的首次削减包

---

〔29〕 F. 曼奇尼：“与联合国秘书长特别代表兼联合国利比亚支援团团长伊恩·马丁的访谈”，《全球观察》，2012年5月11日，网址：〈http://www.theglobalobservatory.org/interviews/283 - interviewwith-ian-martin-srsg-and-head-of-the-un-support-mission-in-libya.html〉。关于联利支在2011年的成立，参见方希尼（同注释〔1〕），第102—103页。

〔30〕 联合国安理会2040号决议，2012年3月12日。

〔31〕 联合国安理会2062号决议，2012年7月26日。

〔32〕 联合国安理会：《秘书长关于联合国科特迪瓦行动工作的第31份进展报告》，S/2012/964，2012年12月31日。

括 1990 人。与此同时，联利团建制警察单位将增加 3 个，总人数将达到 420 人。新编的首个建制警察单位将于 2013 年 2 月前部署到位。[33]

在塞拉利昂，选举的成功举行促使安理会请求制定联合国塞拉利昂建设和平办事处（UNIPSIL）的过渡时间表和退出战略。[34]

美洲

2012 年，美洲地区有两项和平行动：美洲国家组织领导的哥伦比亚和平进程支援团（MAPP/OEA）及联合国海地稳定特派团（MINUSTAH，联海团）。2010 年 1 月海地发生毁灭性地震后，联海团的编制迅速扩大。之后，联海团的编制又几乎回到了原先的水平，尽管它仍然是美洲地区两项行动中较大的一个。由于海地的安全局势相对平稳，安理会在对联海团的续延进行一年一度的讨论时，决定将联海团编制军警总数削减到 6270 人。[35]

米歇尔·马尔泰利 2011 年当选海地总统后，关于联海团撤离的辩论就一直没有停止。反对派强调民族自豪感，并且指责维和人员侵犯权利。反对派还对据称是由联海团维和人员传入的霍乱流行表示愤慨。不过，即使是最严厉的批评者也都同意，海地警察无法保证安全，因此只要求联海团分阶段撤离。[36] 2012 年，有关建议提出，联海团军事部门应逐渐将安全职责移交给建制警察部队，并最终移交给海地国家警察。经与海地政府密切磋商，联海团与联合国的国别工作组为 2013—2016 年度制定了新的“一体化战略框架”，明确了联合国的工作重点。联海团随即开始制定“重新配置和基于特定条件的巩固计划”。根据这一计划，联海团的任务将集中到在“合理的时间框架内”（暂定 4—5 年）可以完成的一些核心任务。评估标准及指标也应当与当地政府及其他利益攸关者共同商定，以衡量过渡进程中

---

〔33〕 联合国安理会 2066 号决议，2012 年 9 月 17 日。

〔34〕 联合国安理会：《安理会主席声明》，S/PRST/2012/25，2012 年 11 月 30 日。

〔35〕 联合国安理会 2070 号决议，2012 年 10 月 12 日。

〔36〕 国际危机小组（ICG）：“为了联海团之后的海地：有效过渡”，《拉丁美洲及加勒比报告》第 44 号，（国际危机小组，布鲁塞尔，2012 年 8 月 2 日）。

所取得的进展。[37]

亚洲和大洋洲

2012 年，亚洲和大洋洲地区共有 8 项和平行动，部署总人数 103892 人（参见表 2.1）。2012 年的和平行动数量与 2011 年相同，但总人数下降了 30835 人。驻阿富汗国际安全援助部队继续占据该地区部署人员的压倒多数。2012 年，有两项行动继续发生与过渡有关的事态，撤离工作也继续进行。这就是：国际安全援助部队重点关注 2014 年年底前的撤离工作，而联合国东帝汶综合特派团则于 2012 年底结束了使命。

5 月，北约部队将几个地区的安全职责移交给了阿富汗国家安全部队，这是过渡进程中的第三次移交。到 2012 年底，阿富汗国家安全部队将承担阿富汗 34 个省份中 11 个省份的全部安全职责。12 月，阿富汗总统哈米德·卡尔扎伊宣布又有 12 个省份进入过渡程序。一旦这 12 个省份完成过渡，87% 的阿富汗人将生活在完成过渡的地区。预计，第五阶段，也即最后一个阶段，将于 2013 年年中开始。北约再三声明，2014 年之后，北约将通过训练、顾问和援助团的部署继续为阿富汗承担义务。[38]

欧洲

2012 年，欧洲地区共有 15 项和平行动，与 2011 年相同，但该地区部署的人员总数却从 2011 年的 11932 人下降到 2012 年的 9784 人（参见表 2.1）。下降的主要原因是北约领导的科索沃部队（KFOR）以及欧盟波黑军事行动（EUFOR ALTHEA）的分阶段削减，前者削减了 800 人，后者削减了 700 人。这表明，欧洲地区部署的维和人员数量继续呈下降趋势：自 2009 年以来，部署总数下降了近一半，而且十年来基本上一直在稳步下降。在前南斯拉夫部署高峰时，

〔37〕 联合国安理会：《秘书长关于联合国海地稳定特派团工作的报告》，S/2012/678，2013 年 8 月 31 日。

〔38〕 国际安全援助部队（ISAF）：“国际安全援助部队祝贺阿富汗政府接管安全职责”，《新闻公告》，2012 年 12 月 31 日。

有约 8.5 万名维和人员部署在欧洲地区。

为加强法治而向波黑提供能力建设及其他支援的欧盟波黑警务特派团（EUPM）于 6 月 30 日结束使命。部队削减后，欧盟波黑军事行动只保留了区区 600 人。该特派团目前的重点工作是为波黑武装部队提供训练与能力建设，但是该特派团仍然保持着一支境外直接预备部队，可在短时间内投入增援波黑执法机构的行动。[39]

中东

除联叙团（参见第二节）的部署外，叙利亚冲突还造成了部署于以色列—叙利亚边界的联合国脱离接触观察员部队（UNDOF）的不稳定。叙利亚反对派武装成员藏匿于 1973 年《脱离接触协议》所划定的以叙隔离区内，刺激叙利亚政府军向其发动军事行动。停火线两侧发生的许多事件显示出以叙之间紧张局势升级的潜在可能性。[40]

结语

预算是许多国家决定减少向北约部队出兵的重要考虑因素，也是影响削减速度快慢的重要因素。要求和平行动减少开支的压力也意味着，联合国特派团要接受越来越严格的审查。更为显著的是，联合国制定了更多评估标准与指标来对联合国在刚果（金）、海地以及苏丹等地的行动进行评估和监督。此外，现有特派团越来越多地被要求将重点放在规定时间框架内易于完成的核心任务上。特派团之间的合作，例如联利团和联科团之间的合作，是又一项用来提高效率的战略。

虽然预算及其他方面的要求很严格，但许多政治家及公民社团仍然对和平行动提出很高的要求。外界压力反而继续表明，将资金用于和平行动更有价值。不过，联合国在科特迪瓦、刚果（金）和南苏丹履行平民保护的使命非常艰难。由于未能阻止南苏丹琼莱州社区间暴力的发生以及“3·23 运动”占领刚果（金）戈马市等原因，联合国再次因为其“软弱”和无所作为而受到游说团体和政治家们的

---

〔39〕 联合国安理会 2074 号决议，2012 年 11 月 14 日。

〔40〕 联合国安理会 2084 号决议，2012 年 12 月 19 日。

批评。这些批评往往忽略了这样一个事实：联合国特派团在类似情况下作出应对的能力，取决于联合国成员国是否愿意提供必不可少的能力，以及是否同意特派团采取足够强硬的措施。

国际社会对现有的和平行动的分歧明显少于对新成立的和平行动的分歧。

（陆建新　译）

第四节 2012 年多边和平行动表

简·邓登*

表 2. 2 列出了 2012 年实施的 53 项多边和平行动的数据，其中包括在年内启动或结束的行动。按照定义，一项和平行动必须要有明示的意图，（1）作为推动履行已签署的和平协议的一种手段，（2）或者是为了支持一项和平进程，（3）或者是为了协助预防冲突或建设和平的努力。

斯德哥尔摩国际和平研究所遵循联合国维和部对“维持和平”的定义，即它是协助冲突国家为实现可持续和平创造条件的一种机制。维和任务可以是：监督和观察停火协议的履行；作为建立信任措施；保护人道主义救援物资的运送；协助战斗人员复员遣返和重新安置的进程；加强司法、法治（包括刑事机构）、治安和人权等领域的机制性能力；选举保障支持；以及促进经济和社会发展。表 2. 2 因而涵盖的和平行动范围广泛，反映了和平行动授权的日益复杂性以及在履行和平行动过程中任务发生变化的潜在可能性。表中未列入斡旋、实地调查和协助选举等任务，也未列入由非常驻人员或谈判小组组成的和平行动以及未经联合国认可的行动。

表中所列的这些行动既有联合国授权实施的行动，也有由联合国认可或由联合国安理会决议授权、由区域组织和联盟实施或由临时（非固定）国家联盟实施的行动。联合国行动分成三组：（1）由联合国维和部实施的观察团和多职能和平行动；（2）特别政治行动和建设和平行动；以及（3）“非盟/联合国达尔富尔混合行动”（UNAMID）。

本表内容来自“斯德哥尔摩国际和平研究所多边和平行动数据库”，网址是〈http：//www. sipri. org/databases/pko〉。该数据库提供有 2000 年以来实施的所有联合国和非联合国和平行动的数据，其中包括行动的实施地点、部署和行动日期、授权职责、参加国、人员数量、经费开支和人员伤亡等情况。

---

* SIPRI 研究所的研究助理齐妮娅·阿弗祖夫协助编了表 2. 2。

表 2.2　2012 年多边和平行动

2012 年新参加现有行动的国家用黑体字表示；2012 年不再参加行动的国家用斜体字表示。2012 年新启动的行动，其法律依据文书用黑体字显示；2012 年结束的行动，其法律依据文书用斜体字显示。凡包含警察和军事人员的行动，其指定为牵头的国家用下划线表示，它们或者是具有行动指挥权的国家，或者是派出人员最多的国家。

法律依据/ 开始时间/ 地点	2012 年派出部队、观察员、 民事警察或文职人员的国家 （黑体字为新参加国、*斜体字*为年内结束使命国、下划线表示指定的牵头国）	部队/观察员/民事警察/文职人员		死亡人数： 迄今数/ 2012 年数/ （死于敌对行动、事故、伤病）	开支 （百万美元） 全年开支额 /未付额
		批准数	实际数		
联合国实施的行动（15 项）（共有 115 个＊国家参加）		66587 1895 10064 3392	63912 1793 7539 4367 **	1342 68	5202. 9 1020. 6

＊由于无法得到参与联合国行动的文职人员的具体国籍情况，这个数字仅包括 2012 年期间向联合国维和部组织的行动提供穿军服、警服人员的国家。

＊＊联合国和平行动（包括政治及建设和平行动）另有 11808 名当地文职雇员和 2242 名联合国志愿者协助。

联合国停战监督组织（UNTSO）

该组织系根据 1948 年 5 月 29 日安理会第 50 号决议建立，其职责是协助“调解员”和“停战委员会”监督 1948 年阿以战争后在巴勒斯坦的停火执行情况，后来还协助监督 1949 年的《停战总协议》和 1967 年“阿以六天战争”后的停火执行情况。该组织在开展活动时同“联合国脱离接触观察部队”（UNDOF）和“联合国黎巴嫩临时部队”（UNIFIL）进行合作。该组织使命的终止需由安理会作出明确决定。

法律依据/ 开始时间/ 地点	2012 年派出部队、观察员、民事警察或文职人员的国家 （**黑体字**为新参加国、*斜体字*为年内结束使命国、<u>下划线</u>表示指定的牵头国）	部队/观察员/民事警察/文职人员		死亡人数：迄今数/2012 年数/（死于敌对行动、事故、伤病）	开支（百万美元） 全年开支额/未付额
		批准数	实际数		
安理会 50 号决议 1948. 6 埃及、以色列、黎巴嫩、叙利亚	观察员：阿根廷、澳大利亚、奥地利、比利时、加拿大、智利、中国、丹麦、爱沙尼亚、<u>芬兰</u>、法国、爱尔兰、意大利、**马拉维**、尼泊尔、荷兰、新西兰、挪威、俄罗斯、**塞尔维亚**、斯洛伐克、斯洛文尼亚、瑞典、瑞士、美国	- - 150 - - 120	- - 153 - - 94 *	50 - -	35. 1 - -

* 该组织另有 139 名当地雇员协助。

联合国印巴军事观察小组（UNMOGIP）

该小组系根据 1951 年 3 月 30 日安理会第 91 号决议建立，其职责是监督 1949 年 7 月《卡拉奇协议》规定的克什米尔停火。该小组使命的终止需由安理会作出明确决定。

法律依据/开始时间/地点	国家	批准数	实际数	死亡人数	开支
安理会 91 号决议 1951. 3 印度、巴基斯坦 （克什米尔查谟）	观察员：智利、<u>克罗地亚</u>、<u>芬兰</u>、意大利、韩国、菲律宾、瑞典、**泰国**、乌拉圭	- - 48 - - 26	- - 39 - - 25 *	11 - -	10. 5 - -

* 该小组另有 48 名当地雇员协助。

法律依据/开始时间/地点	2012 年派出部队、观察员、民事警察或文职人员的国家（**黑体字**为新参加国、*斜体字*为年内结束使命国、下划线表示指定的牵头国）	部队/观察员/民事警察/文职人员		死亡人数：迄今数/2012 年数/（死于敌对行动、事故、伤病）	开支（百万美元）全年开支额/未付额
		批准数	实际数		
联合国塞浦路斯维和部队（UNFICYP）					
该维和部队系根据 1964 年 3 月 4 日安理会第 186 号决议建立，其职责是防止塞浦路斯的希腊族和土耳其族两方居民发生敌对行动，并协助维护和恢复法律与秩序。自 1974 年敌对行动结束以来，该部队的职责还包括监督（1974 年 8 月开始）事实上的停火和维护两方之间的缓冲区。2012 年 7 月 19 日安理会第 2058 号决议将此授权延长至 2013 年 1 月 31 日。					
安理会 186 号决议 1964. 3 塞浦路斯	部　队：阿根廷、奥地利、巴西、加拿大、智利、**中国**、克罗地亚、匈牙利、巴拉圭、塞尔维亚、斯洛伐克、英国	860 – – 69	864 – – 66	181 – –	55. 5 15. 8
	民事警察：澳大利亚、波黑、克罗地亚、萨尔瓦多、印度、爱尔兰、意大利、黑山、**塞尔维亚**、乌克兰	39	38 *		
* 该部队另有 106 名当地雇员协助。					
联合国脱离接触观察部队（UNDOF）					
该观察部队系根据 1974 年 5 月 31 日安理会第 350 号决议建立，其职责是观察以色列和叙利亚部队之间的停火和脱离接触，以及维持一个由 1973 年《脱离接触协议》规定的限制和隔离区。2012 年 12 月 19 日安理会第 2084 号决议将此授权延长至 2013 年 6 月 30 日。					

法律依据/ 开始时间/ 地点	2012 年派出部队、观察员、 民事警察或文职人员的国家 （黑体字为新参加国、*斜体字*为年内结束使命国、下划线表示指定的牵头国）	部队/ 观察员/ 民事警察/ 文职人员 批准数	 实际数	死亡人数： 迄今数/ 2012 年数/ （死于敌对行动、事故、伤病）	开支 （百万美元） 全年开支额 /未付额
安理会 350 号决议 1974.6 叙利亚	部　队：奥地利、*加拿大*、克罗地亚、印度、日本、**菲律宾**	1047 – – – – 49	1013 – – – – 40 *	44 1 （–，–，–，1）	48.2 16
* 该部队另有 99 名当地雇员协助。					
联合国黎巴嫩临时部队（UNIFIL）					
该临时部队系根据 1978 年 3 月 19 日安理会第 425 号决议和第 426 号决议建立，其职责是确认以色列军队从黎巴嫩南部撤离，并协助黎巴嫩政府对该区域重新行使行政权力。在 2006 年以色列与真主党的冲突后，联合国安理会于 2006 年 8 月 11 日通过的第 1701 号决议使该行动的职责改变为包括有关建立和监督永久性停火的多项任务。2012 年 8 月 30 日安理会第 2064 号决议将该部队使命延长至 2013 年 8 月 31 日。					
安理会 425 和 426 号决议 1978.3 黎巴嫩	部队：**亚美尼亚**、**奥地利**、孟加拉国、**白俄罗斯**、比利时、巴西、文莱、柬埔寨、中国、克罗地亚、塞浦路斯、萨尔瓦多、**芬兰**、法国、德国、加纳、希腊、危地马拉、匈牙利、印度、印度尼西亚、爱尔兰、意大利、**肯尼亚**、韩国、**卢森堡**、马其顿、马来西亚、尼泊尔、**尼日利亚**、*葡萄牙*、卡塔尔、塞尔维亚、塞拉利昂、斯洛文尼亚、西班牙、斯里兰卡、坦桑尼亚、土耳其	15000 – – – – 407	11003 – – – – 338 *	296 2 （–，1，1，–）	534.7 100.4
* 该部队另有 656 名当地雇员协助。					

法律依据/开始时间/地点	2012 年派出部队、观察员、民事警察或文职人员的国家 （**黑体字**为新参加国、*斜体字*为年内结束使命国、下划线表示指定的牵头国）	部队/观察员/民事警察/文职人员 批准数	部队/观察员/民事警察/文职人员 实际数	死亡人数：迄今数/2012 年数/（死于敌对行动、事故、伤病）	开支（百万美元）全年开支额/未付额
联合国西撒哈拉公民投票特派团（MINURSO） 该特派团系根据 1991 年 4 月 29 日安理会第 690 号决议建立，负责监督西撒人民阵线同摩洛哥政府之间的停火，观察驻军裁减情况，以及为举行一次关于西撒哈拉是否并入摩洛哥的最终公民投票做准备工作。2012 年 4 月 24 日安理会第 2044 号决议将此授权延长至 2013 年 4 月 30 日。					
安理会 690 号决议 1991. 9 西撒哈拉	部　队：孟加拉国、加纳 观察员：阿根廷、奥地利、孟加拉国、巴西、中国、克罗地亚、吉布提、埃及、萨尔瓦多、法国、加纳、几内亚、洪都拉斯、匈牙利、爱尔兰、意大利、韩国、**马拉维**、马来西亚、蒙古国、尼泊尔、尼日利亚、巴基斯坦、巴拉圭、**秘鲁**、*波兰*、俄罗斯、斯里兰卡、**多哥**、乌拉圭、也门 民事警察：**乍得**、埃及、约旦、也门	– – 237 * 6 – –	27 186 6 95 * *	15 – –	59. 8 46. 8

* 该数字是指军事观察员和部队的人数。

* * 该特派团另有 165 名当地雇员和 13 名联合国志愿者协助。

法律依据/开始时间/地点	2012 年派出部队、观察员、民事警察或文职人员的国家（**黑体字**为新参加国、*斜体字*为年内结束使命国、下划线表示指定的牵头国）	部队/观察员/民事警察/文职人员 批准数	实际数	死亡人数：迄今数/2012 年数/（死于敌对行动、事故、伤病）	开支（百万美元）全年开支额/未付额
联合国科索沃临时行政机构（UNMIK）					
该机构系根据 1999 年 6 月 10 日的安理会第 1244 号决议建立，其职责是：促进科索沃建立实质性的自治和自己的政府，行使民事管理职能，维护法律和秩序，促进人权，保证难民和离散人员的安全返回。在科索沃宣布独立以及在“欧盟科索沃法制团”（EULEX Kosovo）部署到位之后，该临时行政管理机构的职责改变为监督和协助当地机构，重点是协助维护安全、稳定和人权。终止该管理机构的任务需由安理会作出明确决定。					
安理会 1244 号决议	观察员：捷克、**摩尔多瓦**、挪威、波兰、**葡萄牙**、	--	--	55	45.9
1999.6	罗马尼亚、*西班牙*、土耳其、乌克兰	8	9	1	--
科索沃	民事警察：**比利时**、**克罗地亚**、德国、*加纳*、**匈牙利**、意大利、*巴基斯坦*、*罗马尼亚*、土耳其、乌克兰	8	7	（-,1,-,-）	
		173	134 *		
* 该机构另有 210 名当地雇员和 28 名联合国志愿者协助。					
联合国刚果民主共和国组织稳定行动团（MONUSCO）					
该行动团的前身——“联合国刚果民主共和国行动团”（MONUC）系根据 1999 年 11 月 30 日安理会第 1279 号决议建立，并由 2000 年 2 月 24 日的安理会第 1291 号决议授权监督民主刚果、安哥拉、纳米比亚、卢旺达、乌干达及津巴布韦六国间停火协议的执行情况，监督和核查各方部队脱离接触，监视违反人权的情况，以及为人道主义援助提供便利。2003 年 7 月 28 日安理会第 1493 号决议授予该团《联合国宪章》第七章所赋予的权力。2008 年 12 月 22 日，安理会第 1856 号决议授权该行动团的职责是：保护平民、人道主义援助人员、联合国人员及设施的					

法律依据/开始时间/地点	2012 年派出部队、观察员、民事警察或文职人员的国家（**黑体字**为新参加国、*斜体字*为年内结束使命国、下划线表示指定的牵头国）	部队/观察员/民事警察/文职人员 批准数	实际数	死亡人数：迄今数/2012 年数/（死于敌对行动、事故、伤病）	开支（百万美元）全年开支额/未付额
安全；协助对外国及刚果的武装集团解除武装、复员遣返和重新安置；协助安全部门改革；培训和指导刚果武装部队；协助维护民主刚果的领土安全；以及帮助加强民主机构和法治建设。2010 年 5 月 28 日安理会第 1925 号决议将该团的使命转为稳定行动，并改用现名。该行动团在开展活动时同“欧盟驻民主刚果警察特派团”（EUPOL RD Congo）和“欧盟驻民主刚果安全改革咨询与支援团”（EUSEC RD Congo）进行合作。2012 年 6 月 27 日安理会第 2053 号决议将该行动团使命延长至 2013 年 6 月 30 日。					
安理会 1279 号决议 1999. 11 刚果民主共和国	部　队：孟加拉国、比利时、贝宁、中国、埃及、加纳、危地马拉、印度、印度尼西亚、约旦、摩洛哥、尼泊尔、巴基斯坦、塞尔维亚、南非、**乌克兰**、乌拉圭 观察员：**阿尔及利亚**、孟加拉国、比利时、贝宁、玻利维亚、波黑、布基纳法索、喀麦隆、加拿大、中国、捷克、埃及、法国、加纳、危地马拉、印度、印度尼西亚、爱尔兰、约旦、肯尼亚、马拉维、马来西亚、马里、蒙古、摩洛哥、*莫桑比克*、尼泊尔、尼日尔、尼日利亚、挪威、巴基斯坦、巴拉圭、秘鲁、波兰、罗马尼亚、俄罗斯、塞内加尔、塞尔维亚、南非、*西班牙*、斯里兰卡、瑞典、瑞士、坦桑尼亚、突尼斯、英国、乌克兰、乌拉圭、美国、也门、赞比亚	19815 760 1441 1180	17090 675 1401 977 *	213 * * 18 （1，5，8，4）	1453. 2 251. 6

法律依据/开始时间/地点	2012 年派出部队、观察员、民事警察或文职人员的国家（**黑体字**为新参加国、*斜体字*为年内结束使命国、<u>下划线</u>表示指定的牵头国）	部队/观察员/民事警察/文职人员		死亡人数：迄今数/2012 年数/（死于敌对行动、事故、伤病）	开支（百万美元）全年开支额/未付额
		批准数	实际数		
	民事警察：<u>孟加拉国</u>、**比利时**、贝宁、布基纳法索、喀麦隆、**加拿大**、中非共和国、乍得、科特迪瓦、**吉布提**、埃及、法国、几内亚、印度、约旦、马达加斯加、马里、尼日尔、尼日利亚、罗马尼亚、塞内加尔、瑞典、**瑞士**、多哥、土耳其、乌克兰、*乌拉圭*、也门				

* 该支援另有 2895 名当地雇员和 584 名联合国志愿者协助。

* * 根据得到的新信息，2011 年的死亡人数从原先记载的 33 人减为 24 人。

联合国利比里亚特派团（UNMIL）

该特派团系根据 2003 年 9 月 19 日安理会第 1509 号决议建立，拥有《联合国宪章》第七章规定的权力。其职责是支持 2003 年《全面和平协议》的执行，为人道主义和人权活动提供支援，协助东道国的安全部门改革以及保护平民。2010 年 9 月 15 日安理会第 1938 号决议授权该团协助利比里亚政府举行 2011 年的总统和议会选举。该团目前的主要任务是保护利比里亚的和平与稳定，确保对该国平民的保护，以及通过加强利比里亚国家警察的能力建设，协助该国将安全责任成功移交给国家警察。该团在开展活动时同“联合国科特迪瓦行动团”（UNOCI）和“联合国塞拉利昂和平建设综合办事处”（UNAMSIL）进行合作。2012 年 9 月 17 日安理会第 2066 号决议将该团的使命延长至 2013 年 9 月 30 日。

法律依据/ 开始时间/ 地点	**2012** 年派出部队、观察员、 民事警察或文职人员的国家 （黑体字为新参加国、*斜体字*为年内结束使命国、下划线表示指定的牵头国）	部队/观察员/民事警察/文职人员 批准数	部队/观察员/民事警察/文职人员 实际数	死亡人数： 迄今数/ **2012** 年数/ （死于敌对行动、事故、伤病）	开支 （百万美元） 全年开支额 /未付额
安理会 1509 号决议 2003. 10 利比里亚	部　队：孟加拉国、贝宁、玻利维亚、巴西、中国、克罗地亚、丹麦、*厄瓜多尔*、埃塞俄比亚、芬兰、法国、加纳、约旦、韩国、纳米比亚、尼泊尔、尼日利亚、巴基斯坦、巴拉圭、秘鲁、菲律宾、塞内加尔、多哥、乌克兰、美国、也门 观察员：孟加拉国、贝宁、玻利维亚、巴西、保加利亚、中国、丹麦、厄瓜多尔、埃及、萨尔瓦多、埃塞俄比亚、冈比亚、加纳、印度尼西亚、约旦、韩国、吉尔吉斯斯坦、马来西亚、**马里**、摩尔多瓦、黑山、**纳米比亚**、尼泊尔、尼日尔、尼日利亚、巴基斯坦、巴拉圭、秘鲁、菲律宾、波兰、罗马尼亚、俄罗斯、*塞内加尔*、塞尔维亚、多哥、乌克兰、美国、赞比亚、津巴布韦 民事警察：阿根廷、孟加拉国、波黑、中国、*捷克*、埃及、萨尔瓦多、斐济、冈比亚、德国、加纳、印度、***牙买加***、约旦、肯尼亚、吉尔吉斯斯坦、纳米比亚、尼泊尔、尼日利亚、挪威、巴基斯坦、菲律宾、波兰、俄罗斯、	3750 * - - 1821 - -	7430 126 1306 470 * *	172 8 （ - ,1,7, - ）	510 142. 6

法律依据/开始时间/地点	2012 年派出部队、观察员、民事警察或文职人员的国家（**黑体字**为新参加国、*斜体字*为年内结束使命国、<u>下划线</u>表示指定的牵头国）	部队/观察员/民事警察/文职人员		死亡人数：迄今数/2012 年数/（死于敌对行动、事故、伤病）	开支（百万美元）全年开支额/未付额
		批准数	实际数		
	卢旺达、塞尔维亚、斯里兰卡、瑞典、瑞士、土耳其、乌干达、乌克兰、**乌拉圭**、美国、也门、赞比亚、津巴布韦				

＊安理会第 2066 号决议要求该特派团在 2012 年 8 月至 2015 年 7 月期间分三步缩减其部队 4200 人。至 2015 年 7 月，该特派团的总兵力预计为 3750 人左右。警察数量将增加 420 人，达到 1795 人的新的授权数量。

＊＊该特派团另有 989 名当地雇员和 230 名联合国志愿者协助。

联合国科特迪瓦行动团（UNOCI）

该行动团系根据 2004 年 2 月 27 日安理会第 1528 号决议建立，拥有《联合国宪章》第七章规定的权力。其职责是监督停止敌对行动和武装集团的调动，监督武器禁运；支持解除武装、复员遣返、重新安置和安全部门改革；在建立法律和秩序、人权和公共信息领域提供协助；为提供人道主义援助和重新建立国家行政机构创造条件；以及协助举行自由选举。2007 年，该团的职责扩大为支持 2007 年 3 月 4 日《瓦加杜古政治协议》和 2007 年 11 月 28 日《补充协议》的全面执行。2010 年 6 月 30 日安理会第 1933 号决议为该团增加了保护平民的职责。该团在开展活动时同“联合国利比里亚特派团”（UNMIL）和（法国的）“独角兽（Licorne）行动”进行合作。在 2010 年 11 月总统选举后出现政治危机之后，安理会第 1951 号决议（2010 年 11 月 24 日）授权“联合国利比里亚特派团”临时调来一些部队增援该行动团，安理会第 1967 号决议（2011 年 1 月 19 日）授权该团增加 2000 人的部队规模。该行动团当前的主要任务是保护平民。2012 年 7 月 26 日安理会第 2062 号决议将该团的使命延长至 2013 年 7 月 31 日。

法律依据/ 开始时间/ 地点	2012 年派出部队、观察员、 民事警察或文职人员的国家 （黑体字为新参加国、*斜体字*为年内结束使命国、下划线表示指定的牵头国）	部队/ 观察员/ 民事警察/ 文职人员		死亡人数： 迄今数/ 2012 年数/ （死于敌对行动、事故、伤病）	开支 （百万美元） 全年开支额 /未付额
		批准数	实际数		
安理会 1528 号决议 2004. 4 科特迪瓦	部　队：孟加拉国、贝宁、巴西、乍得、埃及、法国、加纳、约旦、**马拉维**、摩洛哥、尼泊尔、尼日尔、**尼日利亚**、巴基斯坦、巴拉圭、菲律宾、塞内加尔、坦桑尼亚、多哥、突尼斯、乌干达、*也门* 观察员：孟加拉国、贝宁、玻利维亚、巴西、乍得、中国、厄瓜多尔、萨尔瓦多、埃塞俄比亚、冈比亚、加纳、危地马拉、几内亚、印度、爱尔兰、约旦、韩国、**马拉维**、摩尔多瓦、纳米比亚、尼泊尔、尼日尔、尼日利亚、巴基斯坦、巴拉圭、秘鲁、菲律宾、波兰、罗马尼亚、俄罗斯、塞内加尔、塞尔维亚、坦桑尼亚、多哥、突尼斯、乌干达、乌拉圭、也门、赞比亚、津巴布韦 民事警察：*阿根廷*、孟加拉国、贝宁、**布基纳法索**、布隆迪、喀麦隆、加拿大、中非共和国、乍得、刚果民主共和国、吉布提、埃及、法国、加纳、**几内亚**、约旦、**马达加斯加**、尼日尔、**尼日利亚**、巴基斯坦、**卢旺达**、塞内加尔、多哥、**突尼斯**、土耳其、乌克兰、**乌拉圭**、也门	8645 192 1563 – –	9360 181 1492 418 *	106 17 （7，2，7，1）	530. 8 78. 2

* 该行动团另有 767 名当地雇员和 190 名联合国志愿者协助。

<table>
<tr><th rowspan="2">法律依据/
开始时间/
地点</th><th rowspan="2">2012 年派出部队、观察员、
民事警察或文职人员的国家
（**黑体字**为新参加国、*斜体字*为年内结束使命国、下划线表示指定的牵头国）</th><th colspan="2">部队/
观察员/
民事警察/
文职人员</th><th rowspan="2">死亡人数：
迄今数/
2012 年数/
（死于敌对行动、事故、伤病）</th><th rowspan="2">开支
（百万美元）
全年开支额
/未付额</th></tr>
<tr><th>批准数</th><th>实际数</th></tr>
<tr><td colspan="6">**联合国海地稳定特派团（MINUSTAH）**
该特派团系根据 2004 年 4 月 30 日安理会第 1542 号决议建立，拥有《联合国宪章》第七章的权力。其职责是，为保证和平进程的推进而维护可靠和稳定的环境；协助东道国的安全部门改革，包括实施一项解除武装、复员遣返和重新安置的全面计划，增强国家警察的能力并重新建立法治；协助举行自由选举；支持人道主义援助和人权活动；以及保护平民。2010 年 6 月 4 日安理会第 1927 号决议要求该团协助海地政府进行定于 2010 年举行的地方和总统选举的准备工作。2012 年 10 月 12 日安理会第 2070 号决议将该团的使命延长至 2013 年 10 月 15 日。</td></tr>
<tr><td>安理会 1542 号决议
2004. 6
海　地</td><td>部　队：阿根廷、玻利维亚、巴西、加拿大、智利、厄瓜多尔、法国、危地马拉、**印度尼西亚**、日本、约旦、韩国、尼泊尔、巴拉圭、秘鲁、菲律宾、斯里兰卡、乌拉圭、美国
民事警察：阿根廷、孟加拉国、贝宁、巴西、布基纳法索、布隆迪、喀麦隆、加拿大、中非共和国、乍得、智利、*中国*、哥伦比亚、科特迪瓦、克罗地亚、埃及、萨尔瓦多、法国、*格林纳达*、几内亚、印度、印度尼西亚、*牙买加*、约旦、*吉尔吉斯斯坦*、*立陶宛*、马达加斯加、马里、尼泊尔、尼日尔、尼日利亚、挪威、巴基斯坦、</td><td>6270 *
– –
2601
– –</td><td>6809
– –
2655
451 * *</td><td>169
4
（–，1，2，1）</td><td>720. 9
162. 5</td></tr>
</table>

<table>
<tr><td rowspan="2">法律依据/
开始时间/
地点</td><td rowspan="2">2012 年派出部队、观察员、
民事警察或文职人员的国家
（黑体字为新参加国、斜体字为年内结束使命国、下划线表示指定的牵头国）</td><td colspan="2">部队/
观察员/
民事警察/
文职人员</td><td rowspan="2">死亡人数：
迄今数/
2012 年数/
（死于敌对行动、事故、伤病）</td><td rowspan="2">开支
（百万美元）
全年开支额
/未付额</td></tr>
<tr><td>批准数</td><td>实际数</td></tr>
<tr><td></td><td>菲律宾、罗马尼亚、俄罗斯、卢旺达、塞内加尔、塞尔维亚、塞拉利昂、西班牙、斯里兰卡、瑞典、泰国、多哥、土耳其、乌拉圭、美国、也门</td><td></td><td></td><td></td><td></td></tr>
<tr><td colspan="6">* 2012 年 10 月 12 日安理会第 2070 号决议把该团的力量规模做了全面调整，通过逐步裁减步兵和工兵人员数量来实现。
* * 该特派团另有 1317 名当地雇员和 202 名联合国志愿者协助。</td></tr>
<tr><td colspan="6">联合国东帝汶综合特派团（UNMIT）
该特派团系根据 2006 年 8 月 25 日安理会第 1704 号决议建立，其职责是支持东帝汶政府在冲突后和平建设和对其国家警察能力建设及培训方面的努力。2010 年 2 月 26 日安理会第 1912 号决议认可了联合国秘书长关于在东道国 2012 年全国和地方选举之后重新配置该特派团的警察部分的建议，2012 年 2 月 23 日安理会第 2037 号决议将该团的使命延长至 2012 年 12 月 31 日。该团使命已于 2012 年 12 月 31 日结束。</td></tr>
<tr><td>安理会1704 号决议
2006. 8
东帝汶</td><td>观察员：澳大利亚、孟加拉国、巴西、中国、斐济、印度、日本、马来西亚、尼泊尔、新西兰、巴基斯坦、菲律宾、葡萄牙、塞拉利昂、新加坡
民事警察：澳大利亚、孟加拉国、巴西、中国、克罗地亚、埃及、萨尔瓦多、冈比亚、印度、牙买加、约旦、韩国、吉尔吉斯斯坦、<u>马来西亚</u>、纳米比亚、尼泊尔、</td><td>– –
34
1605
441</td><td>– –
3
57
302 *</td><td>12
5
（–，–，3，2）</td><td>176
50.9</td></tr>
</table>

法律依据/ 开始时间/ 地点	2012 年派出部队、观察员、民事警察或文职人员的国家 （**黑体字**为新参加国、*斜体字*为年内结束使命国、<u>下划线</u>表示指定的牵头国）	部队/观察员/民事警察/文职人员 批准数	部队/观察员/民事警察/文职人员 实际数	死亡人数：迄今数/2012 年数/（死于敌对行动、事故、伤病）	开支（百万美元） 全年开支额/未付额
	新西兰、尼日利亚、巴基斯坦、菲律宾、葡萄牙、罗马尼亚、俄罗斯、萨摩亚、塞内加尔、新加坡、西班牙、斯里兰卡、泰国、土耳其、乌干达、乌克兰、乌拉圭、也门、赞比亚、津巴布韦				

* 该特派团另有 827 名当地雇员和 72 名联合国志愿者协助。

联合国阿卜耶伊临时安全部队（UNISFA）

该安全部队系根据 2011 年 6 月 27 日安理会第 1990 号决议建立，其职责是监督和核查苏丹和南苏丹部队在阿卜耶伊（白尼罗河）地区的重新部署，提供扫雷协助，为运送人道主义援助物资提供方便，增强阿卜耶伊警察部队的能力建设，以及为该地区的石油基础设施提供安全保护。2011 年 12 月 14 日安理会第 2024 号决议扩展了该部队的职责，要其还负责协助苏丹与南苏丹的边界正常化进程。2012 年 11 月 16 日安理会第 2075 号决议将该部队的使命延长至 2013 年 5 月 31 日。

法律依据/开始时间/地点	国家	批准数	实际数	死亡人数	开支
安理会 1990 号决议 2011. 6 阿卜耶伊	部　队：**贝宁、玻利维亚、巴西**、*埃及*、<u>埃塞俄比亚</u>、**加纳、危地马拉、印度、印度尼西亚、尼泊尔、尼日利亚、秘鲁、菲律宾、俄罗斯、卢旺达、斯里兰卡、坦桑尼亚、乌克兰、乌拉圭、津巴布韦**	4200 – – 50 – –	3843 131 5 84 *	8 3 （–，1，1，1）	216. 7 93. 3

法律依据/开始时间/地点	2012 年派出部队、观察员、民事警察或文职人员的国家（黑体字为新参加国、*斜体字*为年内结束使命国、下划线表示指定的牵头国）	部队/观察员/民事警察/文职人员 批准数	部队/观察员/民事警察/文职人员 实际数	死亡人数：迄今数/2012 年数/（死于敌对行动、事故、伤病）	开支（百万美元）全年开支额/未付额
	观察员：贝宁、玻利维亚、巴西、布隆迪、柬埔寨、厄瓜多尔、萨尔瓦多、埃塞俄比亚、加纳、印度、印度尼西亚、*日本*、吉尔吉斯斯坦、马来西亚、蒙古、*摩洛哥*、莫桑比克、纳米比亚、尼泊尔、尼日利亚、巴拉圭、秘鲁、菲律宾、俄罗斯、卢旺达、塞拉利昂、斯里兰卡、坦桑尼亚、乌克兰、乌拉圭、赞比亚、津巴布韦				

* 该安全部队另有 47 名当地雇员和 7 名联合国志愿者协助。

联合国南苏丹共和国特派团（UNMISS）

该特派团系根据 2011 年 7 月 8 日安理会第 1996 号决议建立，初始阶段为一年。其职责是支持巩固和平的努力，以促进长期的国家建设和经济发展；支持南苏丹政府采取措施防止、缓解和解决冲突，保护平民，提供安全保障，建立法治，加强安全和司法部门。2012 年 7 月 5 日安理会第 2057 号决议将该特派团的使命延长至 2013 年 7 月 15 日。

法律依据/开始时间/地点	国家	批准数	实际数	死亡人数	开支
安理会 1996 号决议 2011.7 南苏丹	部　队：澳大利亚、孟加拉国、巴西、柬埔寨、加拿大、中国、丹麦、*埃及*、德国、加纳、危地马拉、印度、日本、约旦、肯尼亚、韩国、摩尔多瓦、蒙古国、尼泊尔、荷兰、新西兰、尼日利亚、挪威、*巴基斯坦*、罗马尼亚、俄罗斯、卢旺达、塞内加尔、瑞典、瑞士、乌干达、英国、乌克兰、美国、也门、赞比亚	7000 166 900 957	6473 140 544 831 *	9 8 （–，5，3，1）	788.8 62.5

法律依据/开始时间/地点	2012 年派出部队、观察员、民事警察或文职人员的国家 （**黑体字**为新参加国、*斜体字*为年内结束使命国、下划线表示指定的牵头国）	部队/观察员/民事警察/文职人员		死亡人数：迄今数/2012 年数/（死于敌对行动、事故、伤病）	开支（百万美元） 全年开支额/未付额
		批准数	实际数		
	观察员：澳大利亚、孟加拉国、贝宁、玻利维亚、巴西、*布基纳法索*、柬埔寨、加拿大、中国、丹麦、厄瓜多尔、埃及、萨尔瓦多、斐济、德国、危地马拉、几内亚、印度、印度尼西亚、**意大利**、约旦、肯尼亚、韩国、吉尔吉斯斯坦、马里、摩尔多瓦、蒙古国、纳米比亚、尼泊尔、**荷兰**、新西兰、尼日利亚、挪威、巴布亚新几内亚、巴拉圭、秘鲁、菲律宾、波兰、罗马尼亚、俄罗斯、卢旺达、**塞内加尔**、*塞拉利昂*、斯里兰卡、瑞典、瑞士、坦桑尼亚、东帝汶、**乌干达**、乌克兰、也门、赞比亚、**津巴布韦** 民事警察：阿根廷、澳大利亚、孟加拉国、波黑、加拿大、中国、萨尔瓦多、埃塞俄比亚、斐济、冈比亚、德国、加纳、印度、印度尼西亚、*牙买加*、肯尼亚、吉尔吉斯斯坦、马来西亚、纳米比亚、尼泊尔、尼日利亚、挪威、菲律宾、**俄罗斯**、卢旺达、萨摩亚、**南非**、斯里兰卡、瑞典、**瑞士**、土耳其、乌干达、乌克兰、**英国**、美国、赞比亚、津巴布韦				

* 该特派团另有 1375 名当地雇员和 391 名联合国志愿者协助。

<table>
<tr><th rowspan="2">法律依据/
开始时间/
地点</th><th rowspan="2">2012 年派出部队、观察员、
民事警察或文职人员的国家

（黑体字为新参加国、斜体字为年内结束使命国、<u>下划线</u>表示指定的牵头国）</th><th colspan="2">部队/
观察员/
民事警察/
文职人员</th><th rowspan="2">死亡人数：
迄今数/
2012 年数/
（死于敌对行动、事故、伤病）</th><th rowspan="2">开支
（百万美元）

全年开支额
/未付额</th></tr>
<tr><th>批准数</th><th>实际数</th></tr>
<tr><td colspan="6">联合国叙利亚监督特派团（UNSMIS）
该特派团系根据 2012 年 4 月 21 日安理会第 2043 号决议建立，初始阶段为 90 天，其职责是监督叙利亚所有各方停止各种形式的武装暴力活动，支持执行阿拉伯联盟/联合国特使联合提出的“六点计划”，以结束叙利亚国内冲突。由于暴力升级，特派团于 2012 年 6 月 15 日暂停其使命。2012 年 7 月 30 日安理会第 2059 号决议恢复该特派团的使命 30 天，并把大大减少暴力活动作为该团重新全面履行其职责的条件。然而，由于持续不断的暴力活动，特派团于 2012 年 8 月 19 日终止其使命。安理会的 S/2012/618 文件转而决定，建立一个支持寻求叙危机政治解决努力的特别联络处。但到 2012 年年底，这样一个联络处始终未能开设。</td></tr>
<tr><td>安理会2043 号决议
2012. 4

叙利亚</td><td>观察员：亚美尼亚、孟加拉国、贝宁、巴西、布基纳法索、布隆迪、斐济、芬兰、法国、加纳、印度尼西亚、爱尔兰、意大利、约旦、肯尼亚、吉尔吉斯斯坦、毛里塔尼亚、摩洛哥、尼泊尔、荷兰、新西兰、尼日尔、尼日利亚、挪威、巴拉圭、菲律宾、罗马尼亚、俄罗斯、塞内加尔、斯洛文尼亚、瑞士、多哥、也门、赞比亚</td><td>– –
300
– –
– –</td><td>– –
150
– –
70 *</td><td>1
1
（1，–，–，–）</td><td>16. 8
– –</td></tr>
<tr><td colspan="6">* 该特派团另有 35 名当地雇员协助。</td></tr>
</table>

法律依据/开始时间/地点	2012 年派出部队、观察员、民事警察或文职人员的国家（**黑体字**为新参加国、*斜体字*为年内结束使命国、下划线表示指定的牵头国）	部队/观察员/民事警察/文职人员		死亡人数：迄今数/2012 年数/（死于敌对行动、事故、伤病）	开支（百万美元）全年开支额/未付额
		批准数	实际数		
联合国政治及和平建设行动（4 项行动）..＊		－－	242	35	468
		－－	23	2	－－
		－－	18		
		636	940		

＊联合国政治特派团不像通常的联合国和平行动那样接受各成员国提供的人员，而是根据行动的具体要求来招募工作人员。

联合国阿富汗支援团（UNAMA）

该支援团系根据 2002 年 3 月 28 日安理会第 1401 号决议建立，其职责是：协助保护人权；协助建立法治和解决性别问题；支持民族调和与和解；协助安排人道主义救济、恢复和重建活动。2008 年 3 月 20 日安理会第 1806 号决议将该团的职责扩大为：协调各种国际援助；加强与“国际安全支援部队”（ISAF）的合作；安排所有在阿富汗的联合国人道主义救济、恢复和重建等活动；支持改善管理与法治和打击腐败的努力；促进人权；以及为选举进程提供技术支持。该支援团积极支持阿富汗对本国安全、管理和发展事务的领导和掌控。它设有 18 个地区办事处以及在科威特的一个支援办事处。2012 年 3 月 22 日安理会第 2041 号决议将该团使命延长至 2013 年 3 月 23 日。

法律依据/开始时间/地点	国家	批准数	实际数	死亡人数	开支
安理会	观察员：澳大利亚、**捷克**、丹麦、德国、**意大利**、	－－	－－	21	241.5
1401 号决议	**蒙古国**、**荷兰**、新西兰、挪威、波兰、葡萄牙、**罗马尼**	－－	18	1	－－
2002.3	亚、瑞典、**土耳其**、*乌拉圭*	－－	5	（－，－，1，－）	
阿富汗	民事警察：**布基纳法索**、**荷兰**、*挪威*、**瑞典**、**美国**	－－	387＊		

＊该支援团另有 1614 名当地雇员和 71 名联合国志愿者协助。

<table>
<tr><th rowspan="2">法律依据/
开始时间/
地点</th><th rowspan="2">2012 年派出部队、观察员、
民事警察或文职人员的国家

（黑体字为新参加国、斜体字为年内结束使命国、下划线表示指定的牵头国）</th><th colspan="2">部队/
观察员/
民事警察/
文职人员</th><th rowspan="2">死亡人数：
迄今数/
2012 年数/
（死于敌对行动、事故、伤病）</th><th rowspan="2">开支
（百万美元）

全年开支额
/未付额</th></tr>
<tr><th>批准数</th><th>实际数</th></tr>
<tr><td colspan="6">联合国伊拉克支援团（UNAMI）
该支援团系根据 2003 年 8 月 14 日安理会第 1500 号决议建立，其职责是支持该国的对话和民族和解，为人道主义援助和难民及离散人员的安全返回提供便利，协调重建和援助项目，协助能力建设和可持续发展，以及促进人权保护、司法改革和加强法治。该团在履行其职责时同“欧盟驻伊拉克法制整合团”（EUJUST LEX）进行合作。2012 年 7 月 25 日，安理会第 2061 号决议将该团当前使命延长 12 个月。</td></tr>
<tr><td>安理会 1500 号决议
2003. 8

伊拉克</td><td>部　队：斐济、尼泊尔
观察员：澳大利亚、丹麦、约旦、尼泊尔、新西兰
民事警察：约旦、尼泊尔、尼日尔</td><td>– –
– –
– –
459</td><td>242 *
5
4
380 * *</td><td>13
1
（–，–，1，–）</td><td>172. 8
– –</td></tr>
<tr><td colspan="6">* 该支援团中的部队被归类为警卫部队。
* * 该支援团另有 463 名当地雇员协助。</td></tr>
<tr><td colspan="6">联合国塞拉利昂和平建设综合办事处（UNIPSIL）
该办事处系根据 2008 年 8 月 4 日安理会第 1829 号决议建立，其职责是监视和促进人权、民主机制和法治建设，支持各种识别和解决潜在冲突威胁的努力。2010 年 9 月 29 日安理会第 1941 号决议将该办事处的使命扩大为促进良治和协助东道国政府准备 2012 年的总统选举。2012 年 9 月 12 日安理会第 2065 号决议将该办事处的使命延长至 2013 年 3 月 15 日。</td></tr>
</table>

法律依据/开始时间/地点	2012 年派出部队、观察员、民事警察或文职人员的国家（**黑体字**为新参加国、*斜体字*为年内结束使命国、下划线表示指定的牵头国）	部队/观察员/民事警察/文职人员		死亡人数：迄今数/2012 年数/（死于敌对行动、事故、伤病）	开支（百万美元）全年开支额/未付额
		批准数	实际数		
安理会 1829 号决议		--	--	1	17.7
2008. 10	民事警察：…	--	--	--	--
塞拉利昂	文职人员：…	--	7		
		--	36 *		

* 该办事处另有 33 名当地雇员和 8 名志愿者协助。

联合国利比亚支援团（UNSMIL）

该支援团系根据 2011 年 9 月 16 日安理会第 2009 号决议建立，其职责是协助利比亚政府管控民主化进程，促进法治，恢复公共安全，打击武器非法扩散，协调国际援助和加强政府的能力建设。2012 年 3 月 12 日安理会第 2040 号决议将该团使命延长至 2013 年 3 月 16 日，6 个月后再行审议。

法律依据/开始时间/地点	国家	批准数	实际数	死亡人数	开支
安理会 2009 号决议	民事警察：…	--	--	--	36
2011. 9		--	--		--
利比亚	文职人员：…	--	2		
		177	137 *	--	

* 该支援团另有 23 名当地雇员协助。

法律依据/ 开始时间/ 地点	2012 年派出部队、观察员、 民事警察或文职人员的国家 （**黑体字**为新参加国、*斜体字*为年内结束使命国、下划线表示指定的牵头国）	部队/ 观察员/ 民事警察/ 文职人员		死亡人数： 迄今数/ 2012 年数/ （死于敌对行动、事故、伤病）	开支 （百万美元） 全年开支额 /未付额
		批准数	实际数		
非洲联盟—联合国联合实施的行动（1 项）（共有 45 个国家参加）		16200 – – 4690 – –	15596 307 4877 1087	144 40	1568.9 120.8
非盟/联合国达尔富尔混合行动团（UNAMID） 该混合行动团系根据 2007 年 6 月 22 日非盟和平与安全理事会关于达尔富尔形势的第 79 号公报和 2007 年 7 月 31 日联合国安理会第 1769 号决议而建立，并赋以《联合国宪章》第七章的权力。其职责是帮助恢复安全环境，保护平民百姓，为人道主义援助提供便利，监督相关停火协议的执行，以及促进法治和人权等。2012 年 7 月 31 日安理会第 2063 号决议将该团使命延长至 2013 年 7 月 31 日。					
安理会 1769 号决议 2007.10 苏　丹	部　队：孟加拉国、布基纳法索、**布隆迪**、*加拿大*、中国、埃及、埃塞俄比亚、冈比亚、德国、加纳、**印度尼西亚**、*意大利*、约旦、肯尼亚、韩国、**莱索托**、*马拉维*、马来西亚、蒙古国、纳米比亚、尼泊尔、*荷兰*、尼日利亚、巴基斯坦、**帕劳**、卢旺达、塞内加尔、塞拉利昂、南非、坦桑尼亚、泰国、也门、赞比亚、津巴布韦	16200 – – 4690 * – –	15596 307 4877 1087 * *	144 40 （12，8，15，5）	1568.9 120.8

法律依据/开始时间/地点	2012 年派出部队、观察员、民事警察或文职人员的国家（**黑体字**为新参加国、*斜体字*为年内结束使命国、下划线表示指定的牵头国）	部队/观察员/民事警察/文职人员		死亡人数：迄今数/2012 年数/（死于敌对行动、事故、伤病）	开支（百万美元）全年开支额/未付额
		批准数	实际数		
	观察员：**澳大利亚**、孟加拉国、布基纳法索、布隆迪、*喀麦隆*、**厄瓜多尔**、埃及、埃塞俄比亚、加纳、*危地马拉*、印度尼西亚、**伊朗**、约旦、肯尼亚、**莱索托**、*马拉维*、马来西亚、马里、纳米比亚、尼泊尔、尼日利亚、巴基斯坦、**帕劳**、**秘鲁**、卢旺达、塞内加尔、塞拉利昂、南非、坦桑尼亚、泰国、多哥、*乌干达*、也门、赞比亚、津巴布韦 民事警察：孟加拉国、**贝宁**、布基纳法索、布隆迪、*喀麦隆*、科特迪瓦、**吉布提**、埃及、**埃塞俄比亚**、*斐济*、冈比亚、**德国**、加纳、印度尼西亚、牙买加、约旦、**哈萨克斯坦**、***吉尔吉斯斯坦***、马达加斯加、马拉维、马来西亚、*纳米比亚*、尼泊尔、尼日尔、尼日利亚、巴基斯坦、**帕劳**、*菲律宾*、卢旺达、塞内加尔、塞拉利昂、南非、塔吉克斯坦、坦桑尼亚、多哥、**突尼斯**、土耳其、也门、赞比亚				

＊2012 年 7 月 31 日联合国安理会第 2063 号决议要求该行动团在 12—18 个月内重新组成 16200 名军事人员、17 个建制警察分队，每队 140 人以及另有 2310 名警察人员。

＊＊该行动团另有 2935 名当地雇员和 446 名联合国志愿者协助。

<table>
<tr><th rowspan="2">法律依据/
开始时间/
地点</th><th rowspan="2">2012 年派出部队、观察员、
民事警察或文职人员的国家

（黑体字为新参加国、斜体字为年内结束使命国、<u>下划线</u>表示指定的牵头国）</th><th colspan="2">部队/
观察员/
民事警察/
文职人员</th><th rowspan="2">死亡人数：
迄今数/
2012 年数/
（死于敌对行动、事故、伤病）</th><th rowspan="2">开支
（百万美元）

全年开支额
/未付额</th></tr>
<tr><th>批准数</th><th>实际数</th></tr>
<tr><td colspan="2">非洲联盟行动（1 项）（共有 28 个国家参加）</td><td>17731
– –
540
– –</td><td>16970
– –
369
53</td><td>394
..</td><td>218.5
– –</td></tr>
<tr><td colspan="6">非盟索马里特派团（AMISOM）
该特派团系根据非盟和平与安全理事会（和安会）2007 年 1 月 19 日的第 69 号公报建立，得到安理会第 1744 号决议（2007 年 2 月 21 日）的认可，并赋以《联合国宪章》第七章的权力。其职责是支持该国的和平进程，为人道主义援助提供便利，帮助实现索马里的总体安全。2008 年 10 月，安理会第 1838 号决议将该特派团的职责扩大为协助执行 2008 年 8 月 19 日的《吉布提协议》，包括训练索马里安全部队，以促进摩加迪沙的安全。2010 年 12 月 22 日安理会第 1964 号决议认可非盟欲将此特派团兵力增至 12000 人的建议。2012 年 1 月 6 日，非盟和安会第 306 次会议决定，并得到安理会第 2036 号决议（2012 年 2 月 22 日）的支持，将该团兵力增至 17731 人，包括 5700 名吉布提部队和改变任务的肯尼亚部队以及该团的警察。在同一次会议上，非盟和安会还决定将该团的使命延长至 2013 年 1 月 16 日。2012 年 11 月 7 日安理会第 2073 号决议重新认可该团至 2013 年 3 月 7 日的职责使命。</td></tr>
<tr><td>和安会 69 号公报和
安理会 1744 号决议
2007.3
索马里*</td><td>部　队：布隆迪、喀麦隆、科摩罗、吉布提、埃塞俄比亚、肯尼亚、塞内加尔、塞拉利昂、<u>乌干达</u>、赞比亚</td><td>17731
– –
540
– –</td><td>16970
– –
369
53**</td><td>394
..</td><td>218.5***
– –</td></tr>
</table>

法律依据/ 开始时间/ 地点	**2012 年派出部队、观察员、 民事警察或文职人员的国家** （**黑体字**为新参加国、*斜体字*为年内结束使命国、<u>下划线</u>表示指定的牵头国）	部队/ 观察员/ 民事警察/ 文职人员		死亡人数： 迄今数/ 2012 年数/ （死于敌对行动、事故、伤病）	开支 （百万美元） 全年开支额 /未付额
		批准数	实际数		
	民事警察：布隆迪、冈比亚、加纳、肯尼亚、<u>尼日利亚</u>、塞拉利昂、乌干达、津巴布韦 文职人员：*阿尔及利亚*、贝宁、布隆迪、布基纳法索、喀麦隆、科特迪瓦、吉布提、埃塞俄比亚、冈比亚、加纳、肯尼亚、利比里亚、利比亚、马拉维、*马里*、尼日利亚、卢旺达、塞拉利昂、南非、*苏丹*、斯威斯兰、坦桑尼亚、乌干达、津巴布韦				
＊该特派团司令部设在肯尼亚首都内罗毕。 ＊＊该特派团另有 49 名当地雇员协助。这些都是截至 2013 年 1 月 31 日的数字。 ＊＊＊联合国设立了一个信托基金来援助该特派团的计划和部署进程。欧盟、“政府间发展组织”（IGAD）、阿拉伯联盟以及不少个体国家为该团提供后勤、技术、财政和人员支持。这个数字是 2010 年 10 月 1 日至 2011 年 9 月 30 日的开支数。					
中非国家经济共同体行动（1 项）（共有 6 个国家参加）		**387** – – **104** – –	**334** – – **57** – –	**..** **2**	**45.3** – –

法律依据/开始时间/地点	**2012 年派出部队、观察员、民事警察或文职人员的国家**（**黑体字**为新参加国、*斜体字*为年内结束使命国、<u>下划线</u>表示指定的牵头国）	部队/观察员/民事警察/文职人员		死亡人数：迄今数/2012 年数/（死于敌对行动、事故、伤病）	开支（百万美元）全年开支额/未付额
		批准数	实际数		
驻中非共和国巩固和平特派团（MICOPAX） 该特派团系根据“中非国家经济与货币共同体”（CEMAC）2002 年利伯维尔首脑会议（2002 年 10 月 2 日）的决定建立，其任务是保障乍得与中非共和国之间的边境安全。在 2003 年利伯维尔首脑会议（2003 年 6 月 3 日）上决定扩大该团职责，要其帮助维护该国的总体安全环境，协助重组中非共和国的武装部队，支持过渡进程。2008 年 7 月 12 日在 CEMAC 向“中非国家经济共同体”（CEEAC）转变的同时，该特派团的任务进一步扩大为包括促进政治对话和人权。为应对重新爆发的暴力活动，2012 年 12 月 28 日，共同体外交部长特别理事会的最后公报授权该团的人数增至 680 人。该团使命为 6 个月一期，可视情延长至 2013 年。					
利伯维尔首脑会议决定（2002.10.2） 2002.12 中非共和国	部 队：喀麦隆、<u>乍得</u>、刚果、刚果民主共和国、加蓬	387 －－	334＊ －－	.. 2	45.3 －－
	民事警察：乍得、*赤道几内亚*、**刚果民主共和国**	104 －－	57 －－＊＊	（1，－，1，－）	

＊该团人员的批准数和实际数都是截至 2012 年 12 月 15 日的数字。该团得到一支与其并肩部署、约有 240 名士兵的法国特遣分队（Boali 行动）的支持。

＊＊该团另有 1 名当地雇员协助。

法律依据/ 开始时间/ 地点	2012 年派出部队、观察员、 民事警察或文职人员的国家 （**黑体字**为新参加国、*斜体字*为年内结束使命国、<u>下划线</u>表示指定的牵头国）	部队/观察员/民事警察/文职人员		死亡人数： 迄今数/ 2012 年数/ （死于敌对行动、事故、伤病）	开支 （百万美元） 全年开支额 /未付额
		批准数	实际数		
独立国家联合体行动（1 项）（共有 3 个国家参加）		**1353** **40** – – – –	**1140** **40** – – – –	.. **1**	.. ..
联合控制委员会维和部队（JCC） 该维和部队系根据 1992 年 7 月 21 日摩尔多瓦和俄罗斯两国总统在莫斯科签署的《关于和平解决德涅斯特河沿岸地区武装冲突的指导原则协议》建立。联合控制委员会——一个由摩尔多瓦、俄罗斯和“德涅斯特河沿岸”代表参加的监督委员会——负责协调联合维和部队的活动。					
双边协议 （1992. 7. 21） 1992. 7 *摩尔多瓦（德涅斯特河沿岸）*	部　队：摩尔多瓦、俄罗斯、（德涅斯特河沿岸） *观察员：摩尔多瓦、俄罗斯、（德涅斯特河沿岸）*、乌克兰	1353 40 – – – –	1140 40 – – – –	.. 1 （1，–，–，–）	.. ..

法律依据/ 开始时间/ 地点	2012 年派出部队、观察员、民事警察或文职人员的国家 （**黑体字**为新参加国、*斜体字*为年内结束使命国、<u>下划线</u>表示指定的牵头国）	部队/观察员/民事警察/文职人员 批准数	实际数	死亡人数：迄今数/2012 年数/（死于敌对行动、事故、伤病）	开支（百万美元）全年开支额/未付额
西非国家经济共同体（1 项）（共有 4 个国家参加）		**665** — — — — — —	**385** — — **280** — —	.. ..	.. ..

西共体几内亚比绍特派团（ECOMIB）

该特派团系根据 2012 年 4 月 27 日西共体国家元首和政府首脑理事会阿比让特别会议决定建立，以应对 2012 年 4 月 12 日在几内亚比绍发生的政变。特派团由西共体待命部队的一个分遣队组成。其职责是：为安哥拉技术和军事援助团（MISSANG）的撤离提供方便；协助政治过渡进程的稳步推进，包括支持定于 2013 年举行的自由公正选举，支持西共体葡语国家（CPLP）国防和安全领域改革（DSSR）的路线图。2012 年 11 月 11 日，西共体委员会同几内亚比绍当局签署了一份 DSSR 计划的备忘录。安哥拉援助团（MISSANG）于 2012 年 6 月全部撤离。2012 年 11 月 11 日的西共体国家元首和政府首脑理事会特别会议最后公报将该特派团的使命延长 6 个月，至 2013 年 5 月 17 日。

西共体 2012 年 4 月 26 日首脑会议决定 **2012. 5. 3** 几内亚比绍	部　队：**尼日利亚、塞内加尔** 观察员：**布基纳法索、尼日利亚**	665 * — — — — — —	385 — — 280 — —	.. ..	.. ..

* 这个数字包括部队和民事警察。

法律依据/开始时间/地点	2012 年派出部队、观察员、民事警察或文职人员的国家（黑体字为新参加国、*斜体*字为年内结束使命国、下划线表示指定的牵头国）	部队/观察员/民事警察/文职人员		死亡人数：迄今数/2012 年数/（死于敌对行动、事故、伤病）	开支（百万美元）全年开支额/未付额
		批准数	实际数		
欧洲联盟行动（12 项）（共有 39 个国家参加）		**725**	**723**	**30**	**378.4**
	* 此数仅为“欧盟格鲁吉亚监督团”（EUMM）观察员的批准总数，其中包括该团的观察员和国际文职人员。	**283 ***	**155**	**2**	**– –**
		29	**798**		
		710	**1045**		

欧盟波黑警察特派团（EUPM）

该特派团系根据 2002 年 3 月 11 日欧盟理事会的 CJA 2002/210/CFSP 决定建立，其任务是通过监督、指导和视察，建立属于波斯尼亚控制的一支可持续、专业和多民族的波黑警察队伍。根据波斯尼亚当局的要求，该特派团的职责调整为重点促进警务改革进程、加强警察责任和打击有组织犯罪。欧盟理事会 2009 年 12 月 8 日的 CJA 2009/906/CFSP 决定将该特派团的职责进一步扩大为在更广泛的法治范围内协助打击波黑的有组织犯罪和腐败。该团使命于 2012 年 6 月 30 日结束。

法律依据/开始时间/地点	国家	批准数	实际数	死亡人数	开支
欧盟 CJA 2002/210/CFSP 决定		– –	– –	3	6.7
2003.1	文职人员：*保加利亚、法国、德国、爱尔兰、意大利、葡萄牙、英国*	– –	– –	..	– –
波黑		– –	–		
		34	34 *		

* 该特派团另有 47 名当地雇员协助。

法律依据/ 开始时间/ 地点	2012 年派出部队、观察员、 民事警察或文职人员的国家 （黑体字为新参加国、*斜体*字为年内结束使命国、下划线表示指定的牵头国）	部队/ 观察员/ 民事警察/ 文职人员 批准数	 实际数	死亡人数： 迄今数/ 2012 年数/ （死于敌对行动、事故、伤病）	开支 （百万美元） 全年开支额 /未付额
欧盟波黑军事行动团（EUFOR ALTHEA）					
该行动团系根据 2004 年 7 月 12 日欧盟理事会的 CJA 2004/570/CFSP 决定建立，2004 年 11 月 22 日联合国安理会第 1575 号决议予以认可并赋予《联合国宪章》第七章的权力。该团执行 2003 年的“柏林 +”协议，即北约与欧盟关于安全和防务问题的一系列协议。其职责是维护为执行 1995 年《代顿协议》所需要的安全环境，为该国国防部和武装部队的能力建设和训练提供支持，以及支持波黑逐步加入欧盟的进程。2012 年 9 月，该行动团进行了重新配置，部队数量减半，降至 600 人，由各驻地的后备役人员协助。2012 年 11 月 14 日安理会第 2074 号决议将该行动团的使命延长至 2013 年 11 月 15 日。					
欧盟 CJA 2004/570 /CFSP 决定和 安理会 1575 号决议 2004. 12 波　黑 *	部　队：阿尔巴尼亚、奥地利、保加利亚、智利、捷克、*爱沙尼亚*、芬兰、法国、德国、希腊、匈牙利、爱尔兰、意大利、卢森堡、马其顿、荷兰、波兰、*葡萄牙*、罗马尼亚、斯洛伐克、斯洛文尼亚、西班牙、瑞典、瑞士、土耳其、英国	600 -- -- --	600 -- -- ..	21 ..	16

* 一个多国机动营（由奥地利和土耳其部队组成）驻扎于萨拉热窝。该行动团的其他成分包括一个综合型警察单位以及分别设在各个地区协调中心的联络员与观察员小组。

法律依据/开始时间/地点	2012 年派出部队、观察员、民事警察或文职人员的国家（**黑体字**为新参加国、*斜体字*为年内结束使命国、下划线表示指定的牵头国）	部队/观察员/民事警察/文职人员 批准数	实际数	死亡人数：迄今数/2012 年数/（死于敌对行动、事故、伤病）	开支（百万美元）全年开支额/未付额

欧盟刚果民主共和国安全改革咨询与支援团（EUSEC RD Congo）

该咨询与支援团系根据 2005 年 5 月 2 日欧盟理事会的 CJA 2005/355/CFSP 决定建立，其初始职责是：对民主刚果当局，特别是国防部，在安全问题上提供咨询和协助，确保其政策与国际人道主义法、民主治理原则和法治相符。2009 年，该团的职责扩大为包括推动实施民主刚果政府采取的武装部队改革修正计划中的指导原则。该团在开展工作时还同“联合国刚果民主共和国组织稳定行动团”（MONUSCO）和“欧盟民主刚果警察特派团”（EUPOL RD Congo）密切合作。欧盟理事会 2012 年 9 月 24 日的 CJA 2012/515/CFSP 决定将该团使命将延长至 2013 年 9 月 30 日。

法律依据/开始时间/地点	国家	批准数	实际数	死亡人数	开支
欧盟 CJA2005/355/CFSP 决定 2005. 6 刚果民主共和国	文职人员：奥地利、比利时、芬兰、法国、德国、匈牙利、意大利、卢森堡、*荷兰*、葡萄牙、**罗马尼亚**、*西班牙*、英国、**美国**	– – – – – – 51	– – – – – – 45 *	3 1 （–，–，1，–）	16. 6 – –

* 已部署的人员中多数为军事顾问。该团另有 34 名当地雇员协助。

欧盟伊拉克法治整合团（EUJUST LEX-Iraq）

该法治整合团系根据 2004 年 6 月 8 日联合国安理会第 1546 号决议由欧盟理事会 2005 年 3 月 7 日的 CJA 2005/190/CFSP 决定建立，旨在通过训练伊拉克地方官员、高级警官和高级狱警来增强该国的刑事司法体制。该整合团开展工作时同“联合国伊拉克援助团”（UNAMI）进行合作。2012 年 7 月 10 日，欧盟理事会的 CJA 2012/372/CFSP 决定将该整合团的使命延长至 2013 年 12 月 31 日。

法律依据/开始时间/地点	2012 年派出部队、观察员、民事警察或文职人员的国家（**黑体字**为新参加国、*斜体字*为年内结束使命国、<u>下划线</u>表示指定的牵头国）	部队/观察员/民事警察/文职人员		死亡人数：迄今数/2012 年数/（死于敌对行动、事故、伤病）	开支（百万美元）全年开支额/未付额
		批准数	实际数		
欧盟 CJA2005/190/CFSP 决定和安理会 1546 号决议 2005.7 *伊拉克*	文职人员：**奥地利**、*比利时*、**保加利亚**、*捷克*、丹麦、**爱沙尼亚**、芬兰、**法国**、德国、匈牙利、爱尔兰、意大利、荷兰、**挪威**、葡萄牙、罗马尼亚、*西班牙*、瑞典、<u>英国</u>	- - - - - - 52	- - - - - - 44 *	- - - -	29.1 - -

* 该团有 11 名当地雇员协助工作。

欧盟拉法过境站边界援助团（EU BAM Rafah）

该援助团是在以色列与巴勒斯坦权力机构 2005 年 11 月 15 日达成的《人员出入境协议》基础上根据欧盟理事会 2005 年 12 月 12 日的 CJA 2005/889/CFSP 决定而建立。该团的职责是监督、核查和评估在拉法过境站的巴权力机构边境控制、安全及海关官员执行 2005 年《拉法过境站原则协议》的情况，支持巴权力机构在边境控制方面的能力建设。在 2007 年发生骚乱后，拉法过境站关闭，只在特殊情况下开放。但该团仍保留着全面运作的能力，并于 2011 年 5 月 28 日过境站重新开放时恢复活动。2012 年 6 月 25 日欧盟理事会的 CJA 2012/332/CFSP 决定将该援助团的使命延长至 2013 年 6 月 30 日。

法律依据/开始时间/地点	2012 年派出部队、观察员、民事警察或文职人员的国家（**黑体字**为新参加国、*斜体字*为年内结束使命国、下划线表示指定的牵头国）	部队/观察员/民事警察/文职人员 批准数	实际数	死亡人数：迄今数/2012 年数/（死于敌对行动、事故、伤病）	开支（百万美元）全年开支额/未付额
欧盟 CJA 2005/889/CFSP 决定 2005. 11 埃及/巴勒斯坦（拉法过境站）	民事警察：*法国*、*德国*、*意大利* 文职人员：*芬兰*、*法国*、*匈牙利*、*意大利*、*罗马尼亚*、*西班牙*、*英国*	– – – – 3 1	– – – – 3 1 *	– – – –	1. 87 – –
* 该援助团另有 4 名当地雇员协助。					

欧盟巴勒斯坦警察特派团（EUPOL COPPS） *

该特派团系根据 2005 年 11 月 14 日欧盟理事会的 CJA 2005/797/CFSP 决定建立，其职责是为巴勒斯坦刑事司法和警察部门官员提供一个框架并予以指导，协调欧盟对巴权力机构的援助。2010 年 12 月 17 日欧盟理事会的 CJA 2010/784/CFSP 决定曾将该团称作“欧盟支援巴勒斯坦警察协调处”。2012 年 6 月 25 日欧盟理事会 2012/324/CFSP 决定将其使命延长至 2013 年 6 月 30 日。

法律依据/开始时间/地点	国家	批准数	实际数	死亡人数	开支
欧盟 CJA 2005/797/CFSP 决定 2006. 1 巴勒斯坦	民事警察：比利时、加拿大、**塞浦路斯**、**丹麦**、芬兰、法国、德国、意大利、*荷兰*、**斯洛伐克**、**斯洛文尼亚**、*西班牙*、瑞典、英国	– – – – 26 44	– – – – 29 27 * *	– – – –	12. 5 – –

法律依据/ 开始时间/ 地点	**2012 年派出部队、观察员、 民事警察或文职人员的国家** （**黑体字**为新参加国、*斜体字*为年内结束使命国、<u>下划线</u>表示指定的牵头国）	部队/ 观察员/ 民事警察/ 文职人员 批准数	实际数	死亡人数： 迄今数/ 2012 年数/ （死于敌对行动、事故、伤病）	开支 （百万美元） 全年开支额 /未付额
	文职人员：保加利亚、**捷克**、**丹麦**、爱沙尼亚、芬兰、**法国**、德国、爱尔兰、意大利、立陶宛、<u>荷兰</u>、罗马尼亚、西班牙、瑞典、*英国*				

＊该特派团同时也正式称作“欧盟支援巴勒斯坦警察协调处”。

＊＊该特派团另有 42 名当地雇员协助。

欧盟阿富汗警察特派团（EUPOL Afghanistan）

该特派团系应阿富汗政府邀请，根据欧盟理事会 2007 年 5 月 30 日的 CJA 2007/369/CFSP 决定而建立。该团的任务是帮助建立属于阿富汗的民事治安安排和执法机制，以加强法治。2010 年 5 月 18 日欧盟理事会的 CJA2010/279/CFSP 决定将该团使命延长至 2013 年 5 月 31 日。

法律依据/开始时间/地点	国家	批准数	实际数	死亡人数	开支
欧盟 CJA 2007/369/CFSP 决定 2007.6 阿富汗	文职人员：**奥地利**、**比利时**、***保加利亚***、加拿大、**克罗地亚**、**捷克**、丹麦、*爱沙尼亚*、<u>芬兰</u>、法国、德国、**希腊**、**匈牙利**、**爱尔兰**、意大利、拉脱维亚、立陶宛、荷兰、*新西兰*、挪威、**波兰**、**罗马尼亚**、斯洛伐克、**西班牙**、瑞典、英国	– – – – – – 400＊	– – – – – – 347＊＊	– – – –	81.8 – –

＊这些数字既包括文职人员也包括民事警察。

＊＊该团另有 200 名当地雇员协助。

法律依据/开始时间/地点	2012 年派出部队、观察员、民事警察或文职人员的国家（黑体字为新参加国、*斜体字*为年内结束使命国、下划线表示指定的牵头国）	部队/观察员/民事警察/文职人员 批准数	部队/观察员/民事警察/文职人员 实际数	死亡人数：迄今数/2012 年数/（死于敌对行动、事故、伤病）	开支（百万美元）全年开支额/未付额
欧盟刚果民主共和国警察特派团（EUPOL RD Congo）					
该特派团系根据 2007 年 6 月 12 日欧盟理事会的 CJA 2007/405/CFSP 决定建立。欧盟理事会 2009 年 10 月 19 日的 CJA 2009/769/CFSP 决定赋予该团的任务是：协助东道国当局改革和重组刚果警察系统，改善警察与刑法系统之间的互动关系，支持反对性暴力的努力，促进和平进程中的性别、人权和儿童问题的改善。该团在开展工作时同“欧盟民主刚果安全改革咨询与援助团”（EUSEC RD Congo）和“联合国刚果民主共和国组织稳定特派团”（MONUSCO）进行配合。2012 年 9 月 24 日欧盟理事会的 CJA 2012/514/CFSP 决定将该特派团的使命延长至 2013 年 9 月 30 日。					
欧盟 CJA 2007/405/CFSP 决定	民事警察：比利时、芬兰、法国、*意大利*、*瑞典*	--	--	--	8.8
2007.7	文职人员：**比利时**、法国、德国、波兰、葡萄牙、瑞典	--	--	--	--
刚果民主共和国*		--	15		
		50	19**		

*该团司令部设在金沙萨，它在民主刚果东部，尤其在戈马和布卡瓦也开展活动。

**该团另有 17 名当地雇员协助。

法律依据/ 开始时间/ 地点	2012 年派出部队、观察员、 民事警察或文职人员的国家 （黑体字为新参加国、*斜体字*为年内结束使命国、下划线表示指定的牵头国）	部队/观察员/民事警察/文职人员 批准数	部队/观察员/民事警察/文职人员 实际数	死亡人数： 迄今数/ 2012 年数/ （死于敌对行动、事故、伤病）	开支 （百万美元） 全年开支额 /未付额
欧盟科索沃法治团（EULEX Kosovo） 该法制团系根据 2008 年 2 月 4 日欧盟理事会的 CJA 2008/124/CFSP 决定建立。除赋予某些行政责任外，该团的任务是在广泛的法治方面对科索沃各种机构（重点是司法机构）进行监督、指导和提供咨询。该团分成两个部门：行政部和加强部。行政部的工作侧重于法律方面，包括对各种案子调查、起诉和判决方面的监督和咨询；加强部的工作重点是对各种机构、司法当局和执法部门提供支持。该法治团还为在 Jarinje 和 Merdare 两地新设立的边境检查站（由科索沃和塞尔维亚当局联合掌控）提供支持。该团在执行任务时，与“联合国科索沃临时行政机构”（UNMIK）和“欧安组织科索沃观察团”（OMIK）进行合作。欧盟理事会 2012 年 6 月 5 日的 CJA2012/291/CFSP 决定将该团使命延长至 2014 年 6 月 14 日。					
欧盟 CJA 2008/ 124/CFSP 决定 2008. 2 科索沃	民事警察：奥地利、比利时、保加利亚、克罗地亚、捷克、丹麦、爱沙尼亚、芬兰、法国、德国、希腊、匈牙利、爱尔兰、意大利、拉脱维亚、立陶宛、*卢森堡*、马耳他、荷兰、挪威、波兰、**葡萄牙**、罗马尼亚、斯洛伐克、斯洛文尼亚、西班牙、瑞典、瑞士、土耳其、英国、美国 文职人员：奥地利、比利时、保加利亚、克罗地亚、捷克、丹麦、爱沙尼亚、芬兰、法国、德国、希腊、匈牙利、爱尔兰、意大利、拉脱维亚、立陶宛、**马耳他**、荷兰、挪威、波兰、葡萄牙、罗马尼亚、*斯洛伐克*、斯洛文尼亚、西班牙、瑞典、瑞士、土耳其、英国、美国	- - - - - - - -	- - - -751 391 *	3 1 （-，-，1，-）	164. 9 - -

* 该团另有 962 名当地雇员协助。

法律依据/ 开始时间/ 地点	**2012 年派出部队、观察员、 民事警察或文职人员的国家** （**黑体字**为新参加国、*斜体字*为年内结束使命国、下划线表示指定的牵头国）	部队/ 观察员/ 民事警察/ 文职人员 批准数	 实际数	死亡人数： 迄今数/ **2012 年数/** （死于敌对行动、事故、伤病）	开支 （百万美元） 全年开支额 /未付额
欧盟格鲁吉亚监督团（EUMM） 该监督团是在 2008 年 8 月南奥塞梯冲突之后按照 2008 年 9 月 8 日欧盟与俄罗斯的协议，根据 2008 年 9 月 15 日欧盟理事会的 CJA 2008/736/CFSP 决定建立。该团的任务是监视和分析稳定进程中的进展，着重注视对 2008 年 8 月 12 日“六点和平计划”的遵守情况，以及监视和分析文官治理正常化的进展情况；监视基础设施的安全以及国内离散人员和难民返回家园过程中的政治与安全方面的情况；支持建立信任措施。2012 年 9 月 13 日欧盟理事会的 2012/503/CFSP 决定将该团使命延长到 2013 年 9 月 14 日。					
欧盟 CJA2008/736/CFSP 决定 2008. 10 格鲁吉亚	观察员：奥地利、比利时、**保加利亚**、**塞浦路斯**、捷克、丹麦、爱沙尼亚、芬兰、**法国**、德国、希腊、匈牙利、**爱尔兰**、**意大利**、拉脱维亚、立陶宛、卢森堡、马耳他、**荷兰**、波兰、*葡萄牙*、罗马尼亚、斯洛伐克、斯洛文尼亚、西班牙、瑞典、英国 文职人员：奥地利、比利时、**保加利亚**、捷克、丹麦、***爱沙尼亚***、芬兰、**法国**、德国、***希腊***、*爱尔兰*、意大利、立陶宛、荷兰、波兰、罗马尼亚、**斯洛伐克**、西班牙、瑞典、英国	– – 283 – – – –	– – 155 * – – 101 * *	– – – –	30 – –

* 这些数字既包括文职人员也包括民事警察。

* * 该监督团另有 116 名当地雇员协助。

法律依据/开始时间/地点	**2012 年派出部队、观察员、民事警察或文职人员的国家** （**黑体字**为新参加国、*斜体字*为年内结束使命国、下划线表示指定的牵头国）	部队/观察员/民事警察/文职人员		死亡人数：迄今数/2012 年数/（死于敌对行动、事故、伤病）	开支（百万美元）全年开支额/未付额
		批准数	实际数		

欧盟索马里训练团（EUTM）

该训练团系根据 2010 年 3 月 31 日欧盟理事会的 2010/197/CFSP 决定建立，其任务是通过对索马里安全部队进行训练和支援，加强索马里联邦政府及各种机构。2012 年 12 月 21 日欧盟理事会的 2012/835/CFSP 决定将该团使命延长至 2013 年 1 月 31 日。

欧盟 2010/197/CFSP 决定 2010.3 乌干达＊	部　队：*比利时*、芬兰、法国、德国、匈牙利、爱尔兰、意大利、马耳他、葡萄牙、**塞尔维亚**、西班牙、瑞典、英国	125 – – – –	123 – – – –	– – – –	4.5 – –
	文职人员：比利时、*法国*、***肯尼亚***、***乌干达***、***英国***	– –	1＊＊		

＊训练任务主要在乌干达实施。

＊＊该团另有 21 名当地雇员协助。

欧盟尼日尔能力建设特派团（EUCAP Sahel Niger）

该特派团系根据 2012 年 7 月 16 日欧盟理事会的 2012/392/CFSP 决定建立，被赋予支持尼日尔安全部门打击有组织犯罪及恐怖主义的能力建设。该团的任务包括对实施尼日尔安全和发展战略中的安全方面计划提供咨询和协助，支持在打击恐怖主义和有组织犯罪中的地区和国际层面的协调努力，为刑事调查提供培训。该团在初始阶段着重帮助尼日尔改进其对领土的控制，包括与尼武装部队进行协调。它为尼武装部队提供训练、指导、支援、咨询和军事专业技术。该团的职责一直到 2014 年 8 月结束。

法律依据/ 开始时间/ 地点	2012 年派出部队、观察员、民事警察或文职人员的国家 （**黑体字**为新参加国、*斜体字*为年内结束使命国、<u>下划线</u>表示指定的牵头国）	部队/观察员/民事警察/文职人员		死亡人数：迄今数/2012 年数/（死于敌对行动、事故、伤病）	开支（百万美元） 全年开支额/未付额
		批准数	实际数		
欧盟理事会 2012/392/CFSP 决定 2012. 7 尼日尔	文职人员：**比利时、丹麦、法国、意大利、卢森堡、西班牙、瑞典**	– – – – – – 78	– – – – – – 35＊	– – – –	5. 59 – –
＊该团尚未招募任何当地工作人员。当地雇员的授权数为 28 人。					
阿拉伯联盟行动（1 项）（共有 14 个国家参加）		– – **166** – – – –	– – **166** – – – –	– – – –	**1** – –

阿盟叙利亚观察团

该观察团系根据 2011 年 11 月 16 日阿拉伯联盟理事会第 7439 号决议建立。其职责是负责核查 2011 年 11 月 2 日阿盟理事会通过的旨在解决叙利亚危机和保护叙利亚平民的《阿拉伯行动计划》的执行情况。该团的任务包括观察叙利亚危机中所有各方的停火和监视暴力情况，核查对抗议者和其他被拘者的释放，以及确认该国媒体的报道自由。由于针对平民和观察员的暴力事件的升级，该团于 2012 年 1 月 28 日中止活动。

法律依据/ 开始时间/ 地点	2012 年派出部队、观察员、 民事警察或文职人员的国家 （黑体字为新参加国、*斜体字*为年内结束使命国、下划线表示指定的牵头国）	部队/观察员/民事警察/文职人员		死亡人数： 迄今数/ 2012 年数/ （死于敌对行动、事故、伤病）	开支 （百万美元） 全年开支额 /未付额
		批准数	实际数		
阿盟理事会 *7439 号决议* *2011 年11 月* *叙利亚* *	观察员：*阿尔及利亚、巴林、埃及、伊拉克、约旦、科威特、毛里塔尼亚、摩洛哥、卡塔尔、沙特、苏丹、突尼斯、阿联酋、也门*	-- 166 -- --	-- 166 -- --	-- --	1 * * --

* 该观察团分成 15 个观察区，覆盖叙利亚全国 20 个城市和地区。

* *2012 年 1 月 22 日，阿盟理事会部长级特别会议同意将该团的预算增至 500 万美元。

北约实施和北约主导的行动（2 项）（共有 50 个国家参加）		-- -- -- --	**107186** -- -- --	**3162** **289**	**609.3** --

北约科索沃部队（KFOR）

该部队系根据 1999 年 6 月 10 日安理会第 1244 号决议建立，其使命包括阻止敌对行动再次发生，建立安全稳定的环境，支持“联合国驻科索沃临时管理机构”（UNMIK）的工作，以及监视边境地区。2008 年，北约将该部队的使命扩大为要通过组建科索沃安全部队以及建立一个能监督该部队的文职机制，在科索沃建立一种规范的、民主和多民族的安全结构。2009 年，随着局势的不断稳定，该部队开始逐步削减规模。2011 年 8 月，为应对科索沃北部地区的冲突，部署了一个北约的“作战后备部队”营。由于出现了这种紧张形势，2012 年 7 月决定延缓

法律依据/ 开始时间/ 地点	2012 年派出部队、观察员、民事警察或文职人员的国家 （**黑体字**为新参加国、*斜体字*为年内结束使命国、<u>下划线</u>表示指定的牵头国）	部队/观察员/民事警察/文职人员		死亡人数： 迄今数/ 2012 年数/ （死于敌对行动、事故、伤病）	开支 （百万美元） 全年开支额 /未付额
		批准数	实际数		

对北约科索沃部队的进一步削减。在 2012 年 8 月至 12 月期间，部署了第二个“作战后备部队”营，为塞尔维亚提供 2012 年大选前的安全保障。该部队使命的终止需有联合国安理会的明确决定。

安理会 1244 号决议 1999. 6 科索沃 *	部　队：阿尔巴尼亚、亚美尼亚、奥地利、保加利亚、加拿大、克罗地亚、捷克、丹麦、爱沙尼亚、芬兰、法国、德国、希腊、匈牙利、爱尔兰、意大利、**立陶宛**、卢森堡、摩洛哥、荷兰、挪威、波兰、葡萄牙、罗马尼亚、斯洛文尼亚、瑞典、瑞士、土耳其、乌克兰、英国、<u>美国</u>	- - - - - - - -	5134 * * - - - - - -	129 - -	8. 52 - -

* 该部队的总部设在普里什蒂纳，支持着有 2 个多国战斗群和 5 个地区联合特遣分队组成的一项北约领导的行动。一个多国专业分队和一个战术预备机动营（KTM）也驻扎于普里什蒂纳。

* * 这个数字还包括大约 700 人的“作战后备部队”。

国际安全支援部队（ISAF）

该部队系根据 2001 年 12 月 20 日安理会第 1386 号决议建立，拥有《联合国宪章》第七章所赋予的权力。作为一支多国部队，其使命是根据 2001 年《波恩协定》附件一的设想，协助阿富汗政府维护安全。2003 年 8 月，北约接手对该部队的指挥和控制。该部队已完成了自 2011 年 7 月开始的过渡进程（将安全责任移交给阿富汗国家安全部队）的第三阶段。因此，至 2012 年底，阿安全部队已主导了该国 34 省中 11 个省的安全事务。2012 年 10 月 9 日安理会第 2069 号决议将该部队使命延长至 2013 年 10 月 13 日。

法律依据/ 开始时间/ 地点	2012 年派出部队、观察员、 民事警察或文职人员的国家 （**黑体字**为新参加国、*斜体字*为年内结束使命国、<u>下划线</u>表示指定的牵头国）	部队/ 观察员/ 民事警察/ 文职人员		死亡人数： 迄今数/ 2012 年数/ （死于敌对行动、事故、伤病）	开支 （百万美元） 全年开支额 /未付额
		批准数	实际数		
安理会 1386 号决议 2001. 12 阿富汗＊	部　队：阿尔巴尼亚、亚美尼亚、澳大利亚、奥地利、阿塞拜疆、**巴林**、比利时、波黑、保加利亚、加拿大、克罗地亚、捷克、丹麦、**萨尔瓦多**、爱沙尼亚、芬兰、法国、格鲁吉亚、德国、希腊、匈牙利、冰岛、爱尔兰、意大利、**约旦**、韩国、拉脱维亚、立陶宛、卢森堡、马其顿、马来西亚、蒙古国、黑山、荷兰、新西兰、挪威、波兰、葡萄牙、罗马尼亚、新加坡、斯洛伐克、斯洛文尼亚、西班牙、瑞典、**汤加**、土耳其、乌克兰、**阿联酋**、英国、<u>美国</u>	– – – – – – – –	102052＊＊ – – – – – –	3033 289 （289，–，–，–）	600. 8 – –

＊该部队把阿富汗分成 6 个责任区：中部地区司令部（喀布尔）由土耳其领导，北部地区司令部（马扎里沙里夫）由德国领导，西部地区司令部（赫拉特）由意大利领导，南部地区司令部（坎大哈）、西南地区司令部（拉什卡尔加）和东部地区司令部（巴格拉姆）由美国领导。

＊＊北约驻阿训练团（NTM-A）包含在国际安全支援部队的人员数字中，因为它接受后者的指挥。该训练团的任务是指导和训练阿富汗警察和军队人员。该团拥有 2774 名军队和警察的授权人数，至 2012 年 12 月，已有约 4000 人部署到位。这些人员来自阿尔巴尼亚、澳大利亚、比利时、加拿大、克罗地亚、捷克、丹麦、爱沙尼亚、芬兰、法国、德国、希腊、匈牙利、意大利、约旦、韩国、蒙古国、荷兰、挪威、波兰、葡萄牙、罗马尼亚、新加坡、斯洛文尼亚、西班牙、瑞典、土耳其、英国和美国。

法律依据/ 开始时间/ 地点	2012 年派出部队、观察员、 民事警察或文职人员的国家 （**黑体字**为新参加国、*斜体字*为年内结束使命国、下划线表示指定的牵头国）	部队/ 观察员/ 民事警察/ 文职人员 批准数	 实际数	死亡人数： 迄今数/ 2012 年数/ （死于敌对行动、事故、伤病）	开支 （百万美元） 全年开支额 /未付额
美洲国家组织行动（1 项）（共有 15 个国家参加）		-- -- -- --	-- -- -- **23**	**2** --	**7.4** --
驻哥伦比亚支持和平进程特派团（MAPP/OEA） 该特派团系根据2004 年2 月6 日美洲国家组织常设理事会 CP/RES859（1397/04）号决议建立，目的是支持哥伦比亚的和平进程，特别是支持哥政府同民族解放军（ELN）进行政治对话的努力。该团的另一项任务是通过提供核查和咨询支持来推动解除武装、复员遣返和重新安置的进程。					
常设理事会 CP/ RES. 859 号决议 2004. 2 哥伦比亚	文职人员：阿根廷、玻利维亚、**巴西**、**保加利亚**、智利、厄瓜多尔、**危地马拉**、**意大利**、*墨西哥*、*荷兰*、尼加拉瓜、秘鲁、西班牙、瑞典、*美国*	-- -- -- --	-- -- -- 23 *	2 --	7.4 --

* 该特派团另有 69 名当地雇员协助。

法律依据/ 开始时间/ 地点	2012 年派出部队、观察员、 民事警察或文职人员的国家 （**黑体字**为新参加国、*斜体字*为年内结束使命国、<u>下划线</u>表示指定的牵头国）	部队/观察员/民事警察/文职人员 批准数	 实际数	死亡人数： 迄今数/ 2012 年数/ （死于敌对行动、事故、伤病）	开支 （百万美元） 全年开支额 /未付额
欧洲安全与合作组织行动（7 项）（共有 43 个国家参加）		-- -- -- --	-- -- -- **320**	**10** --	**73** --
欧安组织斯科普里防蔓延监督团 该监督团系根据 1992 年 9 月 18 日欧安组织高官委员会第 16 次会议的决定建立，并通过同前南斯拉夫马其顿共和国政府 1992 年 11 月 7 日换文达成的谅解条款得到后者的授权。该团的任务包括监视马其顿局势，训练警察，支持发展以及其他与 2001 年《奥赫里德框架协议》相关的活动。2012 年 11 月 29 日欧安组织常设理事会 PC. DEC/1058 号决定将该团使命延长至 2013 年 12 月 31 日。					
高官委员会 1992. 9. 18 决定 1992. 9 前南斯拉夫 马其顿共和国	文职人员：奥地利、*波黑*、克罗地亚、捷克、**爱沙尼亚**、**芬兰**、法国、德国、希腊、**匈牙利**、*冰岛*、爱尔兰、意大利、**摩尔多瓦**、荷兰、罗马尼亚、**俄罗斯**、**塞尔维亚**、<u>西班牙</u>、**塔吉克斯坦**、**土耳其**、英国、美国	-- -- -- --	-- -- -- 37 *	1 --	8. 8 --

* 该监督团另有 112 名当地雇员协助。

法律依据/ 开始时间/ 地点	2012 年派出部队、观察员、 民事警察或文职人员的国家 （**黑体字**为新参加国、*斜体字*为年内结束使命国、下划线表示指定的牵头国）	部队/ 观察员/ 民事警察/ 文职人员		死亡人数： 迄今数/ 2012 年数/ （死于敌对行动、事故、伤病）	开支 （百万美元） 全年开支额 /未付额
		批准数	实际数		
欧安组织摩尔多瓦观察团					
该观察团系根据 1993 年 2 月 4 日欧安组织高官委员会第 19 次会议的决定建立，并通过 1993 年 5 月 7 日的谅解备忘录获得摩尔多瓦政府的授权。其任务包括协助冲突双方就冲突的永久性政治解决进行谈判，以及收集和提供该国的形势情况。2012 年 11 月 29 日欧安组织常设理事会 PC. DEC/1054 号决定将该团使命延长至 2013 年 12 月 31 日。					
高官委员会 1993. 2. 4 决定 1993. 4 摩尔多瓦	文职人员：保加利亚、**捷克**、爱沙尼亚、法国、**德国**、意大利、*拉脱维亚*、*波兰*、*俄罗斯*、瑞典、英国、美国	- - - - - - - -	- - - - - - 13 *	- - - -	2. 7 - -
* 该观察团另有 40 名当地雇员协助。					
欧安组织明斯克会议轮值主席冲突处理私人代表					
1995 年 8 月 10 日，欧安组织轮值主席（CIO）任命一名负责处理欧安组织明斯克会议讨论过的冲突问题的私人代表。该私人代表的职责是协助轮值主席对可能采取的维和行动制订计划，协助有关各方建立信任措施和处理人道主义事务，以及监督冲突各方的停火。作为欧安组织整体预算批准案中的一个部分，该代表的使命每年延长一次。2012 年，其使命系根据欧安组织常设理事会 2012 年 12 月 13 日的 PC. DEC/1068 号决定得以延长。					

法律依据/ 开始时间/ 地点	2012 年派出部队、观察员、民事警察或文职人员的国家 （**黑体字**为新参加国、*斜体字*为年内结束使命国、<u>下划线</u>表示指定的牵头国）	部队/观察员/民事警察/文职人员		死亡人数：迄今数/2012 年数/（死于敌对行动、事故、伤病）	开支（百万美元） 全年开支额/未付额
		批准数	实际数		
欧安组织轮值主席		--	--	--	1.5
1995. 8. 10 任命	文职人员：保加利亚、**捷克**、*匈牙利*、**立陶宛**、**波兰**、**乌克兰**、<u>**英国**</u>	--	--	--	--
1995. 8		--	--		
阿塞拜疆（纳卡）		--	6 *		

* 该私人代表另有 11 名当地雇员协助。

欧安组织波黑观察团

该观察团系根据 1995 年《代顿协议》附件 IV 的规定由 1995 年 12 月 8 日欧安组织部长理事会第 5 次会议作出的 MC（5）. DEC/1 号决定建立。其使命是协助有关各方建立地区稳定措施和进行民主建设。2012 年 11 月 29 日欧安组织常设理事会 PC. DEC/1061 号决定将该团使命延长至 2013 年 12 月 31 日。

法律依据/开始时间/地点	国家	批准数	实际数	死亡人数	开支
部长理事会	文职人员：亚美尼亚、奥地利、白俄罗斯、比利时、加拿大、**克罗地亚**、捷克、芬兰、法国、德国、希腊、匈牙利、爱尔兰、意大利、吉尔吉斯斯坦、**摩尔多瓦**、*荷兰*、*挪威*、**波兰**、葡萄牙、俄罗斯、斯洛伐克、西班牙、瑞典、*塔吉克斯坦*、土耳其、英国、<u>美国</u>	--	--	--	18.6
MC（5）.		--	--	--	--
DEC/1 决定		--	--		
1995. 12		--	63 *		
波黑					

* 该观察团另有 427 名当地雇员协助

法律依据/ 开始时间/ 地点	2012 年派出部队、观察员、民事警察或文职人员的国家 （**黑体字**为新参加国、*斜体字*为年内结束使命国、下划线表示指定的牵头国）	部队/观察员/民事警察/文职人员		死亡人数：迄今数/2012 年数/（死于敌对行动、事故、伤病）	开支（百万美元） 全年开支额/未付额
		批准数	实际数		
欧安组织阿尔巴尼亚观察团					
该观察团系根据 1997 年 3 月 27 日欧安组织常设理事会 PC. DEC/160 号决定建立，其职责在 2003 年修改为包括协助立法、司法和选举制度的改革，以及协助能力建设、打击走私和反腐败活动、警务援助和实施良政等。2012 年 11 月 29 日欧安组织常设理事会 PC. DEC/1056 号决定将该团使命延长至 2013 年 12 月 31 日。					
常设理事会 PC. DEC/160 号 决定 1997. 4 阿尔巴尼亚	文职人员：***阿尔巴尼亚***、奥地利、保加利亚、**加拿大**、捷克、**法国**、德国、**意大利**、立陶宛、黑山、挪威、**斯洛文尼亚**、西班牙、英国、美国	- - - - - - - -	- - - - - - 21 *	- - - -	4 - -
* 该观察团另有 68 名当地雇员协助。					
欧安组织科索沃观察团（OMIK）					
该观察团系根据 1999 年 7 月 1 日欧安组织常设理事会 PC. DEC/305 号决定建立，其使命包括训练警察、司法人员和文职行政管理人员，以及监督和促进人权。该观察团是“联合国科索沃临时行政机构”（UNMIK）的一个组成部分。2007 年 12 月 21 日欧安组织常设理事会 PC. DEC/835 号决定将该团使命延长至 2008 年 1 月 31 日，此后其使命每月延长一次，除非该团的参加国中有一国反对。					

法律依据/开始时间/地点	2012 年派出部队、观察员、民事警察或文职人员的国家（**黑体字**为新参加国、*斜体字*为年内结束使命国、<u>下划线</u>表示指定的牵头国）	部队/观察员/民事警察/文职人员		死亡人数：迄今数/2012 年数/（死于敌对行动、事故、伤病）	开支（百万美元）全年开支额/未付额
		批准数	实际数		
常设理事会 PC. DEC/305 号决定 1999. 7 科索沃	文职人员：亚美尼亚、奥地利、阿塞拜疆、白俄罗斯、比利时、波黑、**保加利亚**、加拿大、克罗地亚、**捷克**、**芬兰**、法国、格鲁吉亚、德国、希腊、匈牙利、**冰岛**、爱尔兰、意大利、马其顿、马耳他、**摩尔多瓦**、黑山、*荷兰*、波兰、葡萄牙、*罗马尼亚*、俄罗斯、斯洛伐克、西班牙、瑞典、土耳其、乌克兰、英国、<u>美国</u>、*乌兹别克斯坦*	-- -- -- --	-- -- -- 148 *	9 --	28. 1 --

* 该观察团另有 478 名当地雇员协助。

欧安组织塞尔维亚观察团

该观察团系根据 2001 年 1 月 11 日欧安组织常设理事会 PC. DEC/401 号决定建立，其使命是在塞尔维亚指导实施法律，监督民主机制和民主进程的正常运转和完善，帮助训练和重组执法机构和司法部门。2012 年 11 月 29 日欧安组织常设理事会 PC. DEC/1054 号决定将该团使命延长至 2013 年 12 月 31 日。

法律依据/ 开始时间/ 地点	2012 年派出部队、观察员、 民事警察或文职人员的国家 （**黑体字**为新参加国、*斜体字*为年内结束使命国、下划线表示指定的牵头国）	部队/ 观察员/ 民事警察/ 文职人员		死亡人数： 迄今数/ 2012 年数/ （死于敌对行动、事故、伤病）	开支 （百万美元） 全年开支额 /未付额
		批准数	实际数		
常设理事会 PC. DEC/401 号 决定 2001. 3 塞尔维亚	文职人员：奥地利、波黑、保加利亚、加拿大、*克罗地亚*、法国、*格鲁吉亚*、德国、*希腊*、匈牙利、爱尔兰、意大利、*摩尔多瓦*、*荷兰*、挪威、俄罗斯、斯洛文尼亚、西班牙、瑞典、**瑞士**、*乌克兰*、英国、美国	– – – – – – – –	– – – – – – 32 *	– – – –	9. 3 – –
* 该观察团另有 134 名当地雇员协助。					
临时联盟行动（6 项）（共 32 个国家参加）		**611** **1698** **154** **36**	**810** **1697** **146** **244**	**106** **1**	**511. 8** – –
中立国监督委员会（NNSC）					
该委员会系根据 1953 年 7 月 27 日在板门店签署的关于在朝鲜实行军事停战的协定而建立。其职责是监督、观察、视察和调查《停战协定》的执行情况。					
停战协定 1953. 7 朝鲜、韩国	观察员：瑞典、瑞士	– – 10 – – – –	– – 10 – – – –	– – – –	2. 96 – –

<table>
<tr><th rowspan="2">法律依据/
开始时间/
地点</th><th rowspan="2">2012 年派出部队、观察员、
民事警察或文职人员的国家
（黑体字为新参加国、斜体字为年内结束使命国、<u>下划线</u>表示指定的牵头国）</th><th colspan="2">部队/
观察员/
民事警察/
文职人员</th><th rowspan="2">死亡人数：
迄今数/
2012 年数/
（死于敌对行动、事故、伤病）</th><th rowspan="2">开支
（百万美元）
全年开支额
/未付额</th></tr>
<tr><th>批准数</th><th>实际数</th></tr>
<tr><td colspan="6">驻西奈多国部队及观察团（MFO）
该部队及观察团系根据 1979 年 3 月 26 日埃及与以色列签署的《和平条约》议定书的规定于 1981 年 8 月 3 日建立。该部队是在 1982 年 3 月 20 日以色列军队撤离西奈半岛后开始部署的，但直到 1982 年 4 月 25 日以色列将西奈半岛归还埃及的当天才真正开始运作。该团的职责是观察《和平条约》的实施，并帮助营造一种安全环境。</td></tr>
<tr><td>和平条约议定书
1982. 4
埃及（西奈）</td><td>观察员：澳大利亚、加拿大、哥伦比亚、捷克、斐济、法国、匈牙利、意大利、新西兰、挪威、乌拉圭、<u>美国</u>
文职人员：澳大利亚、加拿大、法国、新西兰、罗马尼亚、英国、美国</td><td>- -
1656
- -
- -</td><td>- -
1656
- -
67 *</td><td>711
（-，-，1，-）</td><td>81. 7
- -</td></tr>
<tr><td colspan="6">* 该团另有 535 名当地雇员协助。</td></tr>
<tr><td colspan="6">第二期希伯伦临时国际部队（TIPH 2）
该部队系根据 1997 年 1 月 17 日《关于在希伯伦重新部署的议定书》和 1997 年 1 月 21 日《关于在希伯伦临时派驻国际部队的协议》两个文件建立。该部队的职责是帮助构建安全和稳定的环境，监督并报告违反国际人道主义法的事件。该部队的职责需经以色列和巴勒斯坦双方同意每六个月延长一次。</td></tr>
</table>

法律依据/ 开始时间/ 地点	2012 年派出部队、观察员、 民事警察或文职人员的国家 （**黑体字**为新参加国、*斜体字*为年内结束使命国、<u>下划线</u>表示指定的牵头国）	部队/ 观察员/ 民事警察/ 文职人员		死亡人数： 迄今数/ 2012 年数/ （死于敌对行动、事故、伤病）	开支 （百万美元） 全年开支额 /未付额
		批准数	实际数		
希伯伦议定书		– –	– –	2	..
1997.2	民事警察：丹麦、意大利、挪威、土耳其	32	31	– –	– –
巴勒斯坦	文职人员：丹麦、挪威、瑞典、瑞士	– –	– –		
（希伯伦）		36	36 *		
* 该部队另有 12 名当地雇员协助。所有数字均为截至 2012 年 9 月 30 日的数字。					
独角兽行动（Licorne 行动） 该行动系由 2003 年 2 月 4 日安理会第 1464 号决议授权部署，并赋以《联合国宪章》第七章的权力，以配合根据《联合国宪章》第八章规定建立的“西非国家经济共同体驻科特迪瓦特派团”（2003—2004 年），帮助建立稳定环境，尤其是为 2003 年《利纳—马尔库西协定》的实施创造条件。2004 年 2 月 27 日安理会第 1528 号决议将该项行动的职责修改为配合“联合国科特迪瓦行动团”（UNOCI）行动。2008 年 1 月 15 日安理会第 1795 号决议扩大了该行动的职责，要其支持 2007 年 3 月 4 日《瓦加杜古政治协议》和 2007 年 11 月 28 日《补充协议》的实施，尤其要为准备举行自由选举提供协助。该行动的另一项职责是要保护居住在科特迪瓦的法国侨民的安全。2012 年 7 月 26 日安理会第 2062 号决议将其使命延长至 2013 年 7 月 31 日。					
安理会 1464		– –	450 *	24	74.5
号决议		– –	– –	– –	– –
2003.2	部　队：法国	– –	– –		
科特迪瓦		– –	– –		
* 该团得到驻于几内亚湾的一支海军特遣队（Corymbe 行动）的支持。					

法律依据/开始时间/地点	2012 年派出部队、观察员、民事警察或文职人员的国家（**黑体字**为新参加国、*斜体字*为年内结束使命国、下划线表示指定的牵头国）	部队/观察员/民事警察/文职人员 批准数	实际数	死亡人数：迄今数/2012 年数/（死于敌对行动、事故、伤病）	开支（百万美元）全年开支额/未付额
所罗门群岛地区援助团（RAMSI）					
该援助团系根据《2000 年比克塔瓦宣言》（2000 年 10 月 28 日）的框架建立。该援助团的职责是协助所罗门群岛政府恢复法律和秩序、加强民主治理，以及协助该国警察队伍的能力建设。					
比克塔瓦宣言 2003. 7 所罗门群岛	部　队：澳大利亚、新西兰、巴布亚新几内亚、汤加 民事警察：澳大利亚、斐济、基里巴斯、**马绍尔群岛**、密克罗尼西亚、瑙鲁、新西兰、**纽埃**、帕劳、巴布亚新几内亚、萨摩亚、汤加、图瓦卢、瓦努阿图 文职人员：澳大利亚、*加拿大*、斐济、新西兰、**尼日利亚**、巴布亚新几内亚、**南非**、**坦桑尼亚**、汤加、**英国**、**美国**	160 – – 154 – –	160 – – 146 141 *	7 – –	257. 1 * * – –

* 该援助团另有 130 名当地专业人员协助。

* * 这个数字涵盖的时间为 2011 年 7 月 1 日至 2012 年 6 月 30 日。

法律依据/ 开始时间/ 地点	2012 年派出部队、观察员、民事警察或文职人员的国家 （黑体字为新参加国、*斜体字*为年内结束使命国、下划线表示指定的牵头国）	部队/观察员/民事警察/文职人员		死亡人数：迄今数/2012 年数/（死于敌对行动、事故、伤病）	开支（百万美元） 全年开支额/未付额
		批准数	实际数		
国际稳定部队（ISF） 该部队系应东帝汶政府请求而部署，目的是帮助稳定该国安全环境。此项行动获得联合国安理会 2006 年 6 月 20 日第 1690 号决议的认可。该部队的地位系由 2006 年 5 月 26 日澳大利亚与东帝汶之间的“部队地位协定”以及 2007 年 1 月 26 日澳大利亚、东帝汶与联合国之间的谅解备忘录确定。该部队的行动同“联合国东帝汶综合特派团”（UNMIT）进行合作。该部队于 2012 年 11 月 22 日停止了所有安全行动，并开始撤出东帝汶。撤离工作预计在 2013 年 4 月之前完成。					
2006. 5. 25 双边协定和安理会 1690 号决议		451	200	2	95. 5 *
2006. 5		– –	– –	– –	– –
东帝汶	部　队：澳大利亚、新西兰	– –	– –		
		– –	– –		

* 这个数据代表澳大利亚对该项行动提供的经费。

注：“– –”表示无该项内容；“‥”表示尚无有关数据；CJA 指欧盟理事会联合行动；CP/RES 指美洲国家组织常设理事会决议；CSO 指欧安组织高级理事会（原先的高官委员会）；DDR 指解除武装、复员遣返和重新安置；ECOWAS 指西非国家经济共同体；MC 指欧安组织部长理事会；MOU 指谅解备忘录；PC. DEC 指欧安组织常设理事会决定；PSC 指非盟和平与安全理事会；SCR 指联合国安理会决议；SSR 指安全部门改革。

a 凡能搞清死亡原因的，括号内的四个数字分别代表 2012 年死于敌对行动、事故、伤病和其他原因的人数。由于当年的死亡报告中并非都能说明死亡原因，这些数字的相加之和与全年死亡人员总数不一定相符。

资料来源：SIPRI 多边和平行动数据库，网址：〈http：//www. sipri. org/databases/pko/〉。

资料来源与统计方法

使用方法

批准人数，是指最近一次所授权的2012年人员数量。聘用的当地支援人员和志愿者的数量未列入本表，但只要有，就在注释中注明。欧盟行动中，文职人员的批准人数列在“民事警察”一列中。表中的“观察员”类别，既包括军事观察员，也包括民事观察员。

各项行动中的死亡人数列出了一项行动从开始以来的总数和2012年一年的数字。2012年的死亡人数中录入了已知的死亡原因（死于敌对行动、意外事故、伤病或其他原因）。由于对当年死者之死因并非均有报告，故该年的这些数字相加并不一定与全年死亡总人数相符。行动中当地雇员的死亡数据，联合国提供了，但其他组织或联盟未提供。

经费开支的金额单位为百万美元，按2012年美元价计算。预算金额是以日历年度而不是财政年度列出的。日历年度的开支数据是按整个财政年度的平均支出率估算出来的。以美元之外的其他货币计算的预算开支，系按国际货币基金组织2012年总合市场汇率折算。所标示的联合国行动和欧安组织行动的开支金额是指该年度的预算金额，其他行动的金额数字则指实际开支金额。

所标示的联合国行动开支金额指行动的核心运作费用，包括人员部署费、部署人员的津贴费、后方的直接支持费用（例如维和行动的支持活动账目和联合国在意大利布林迪西后勤基地所需的费用）。联合国维和行动的费用由所有联合国会员国分摊，按具体核定比例缴纳摊款，不管其是否参与维和行动。政治和建设和平行动的经费系通过联合国的正常预算拨款。联合国维和预算并不涵盖某些项目性的经费，例如解除武装、复员遣返和重新安置的经费，它来自各种志愿捐助。

北约实施的行动，其预算数字仅指公共开支，主要包括北约总部的日常费用（即文职人员经费及运作和维持费用）以及用于支援这些行动所需的基础设施方面的投入。人员部署费系由各派兵国自行承担，未列入此表的预算数字中。

欧盟的大多数行动是以两种方式中的一种得到经费的：民事行动

由共同外交与安全政策（CFSP）预算拨款；军事行动或带有军事成分的行动的经费则由参加行动的欧盟成员国通过“雅典娜”机制提供。

独联体国家实施的维和行动未提供经费数额，因为独联体没有特定的共同预算，而由行动参加国自行承担部队部署费。

其他组织实施或领导的行动，例如由美洲国家组织或由临时联盟实施的行动，其预算金额中可能还包括落实相关项目所需资源的费用。

由于所有这些原因，表 2.2 所列的各项经费数字应看作是估计数，不同行动团的经费预算不能进行相互比较。

除非另有注明，表中所有数字均为截至 2012 年 12 月 31 日的数字，或者，若是在 2012 年年内结束的行动，则为结束之日的数字。

资料来源

各项多边和平行动的数据是从以下几类公开来源得到的：（1）相关组织的秘书处提供的官方信息；（2）维和行动团团部提供的信息，或是其官方出版物，或是它们对 SIPRI 年度调查问卷的书面答复；（3）来自有关维和团的派员国政府的信息。在有些情况下，SIPRI 研究人员还通过电话采访或电邮通信的方式从实施行动的组织或派员国政府了解到某项行动的补充情况。除了这些主要来源之外，还用了大量公开的二手资料来源作补充，包括专业期刊、研究报告、新闻机构以及国际、地区和当地报刊等。

（庄茂成　译）

第二部分

2012 年军费开支和军备

第三章　军　费

概　述

萨姆·珀洛—弗里曼

2012 年世界军费总额估算为 17560 亿美元，占全球国内生产值（GDP）的 2.5% 或人均 249 美元（见本章第一节内容和第七节表格）。该总额较 2011 年实际降低 0.4%，是 1998 年以来的首次下降。不管怎样，这个总额还是比二战结束后和 2010 年之间的任何年份都要高。2012 年的全球军费分布显示军事开支开始从西方—美国、西欧、中欧以及其他发达国家向世界的其他地区转移，尤其是东欧和发展中世界。

美国军事开支的巅峰是乔治·W. 布什总统任期内发动阿富汗战争、伊拉克战争及军力建设时期，随着战争接近尾声、预算削减以及由此引发的争议的影响，美军事开支开始滑落（见本章第二节内容）。在西欧和中欧，紧缩措施继续导致军事开支的削减。在亚洲和大洋洲，2012 年的军费仍在增长，但增长放缓，部分原因是 2008 年全球金融危机导致的经济增长疲弱。

俄罗斯的军事开支仍然保持着快速增长，且在 2012 年有所加快（见本章第三节）。俄政府在进行其军队的改革、现代化和重新装备，过去 20 年来俄军一直延续着大部分未经改革的苏联时期的架构和未现代化的武器装备。但是这些努力面临着工业上、人口上和经济上的重大挑战，多数专家认为其现代化目标只会部分地实现。

在其他大部分地区，军费继续上涨，但并不均衡（见第一节内容）。在亚洲，中国、印度尼西亚和越南的军费继续增长，但是印度军费在经历过之前的快速增长后开始放缓。中东和北非地区的军费也大幅增长，但撒哈拉以南非洲的军费看来已经下降。

中美地区向来军事开支很低，但随着从墨西哥到巴拿马的政府都努力打击来自贩毒集团和犯罪团伙的极端暴力犯罪活动，军事和非军事安全上的开支都迅速增长（见第四节内容）。但是，这些努力并没有减轻暴力程度，而军队和国内安全力量之间角色的模糊导致了人权问题，可能威胁到民主文官对军队的控制。

由于军事领域的敏感性和机密性，以及军队在很多国家的特殊地位，军费是一个通常严重缺乏透明度和问责制的领域，即使在民主国家也是如此（见第五节内容）。缺乏透明度和问责制意味着公众在选择是否分配资源给军队或其他优先事项上没有发言权，无从考究钱是怎样花掉的。而且，透明度差往往会导致浪费和腐败，尤其是在预算外开支领域，该领域通常脱离政府的监督和控制。哥伦比亚和印度尼西亚的例子就表明了国家因为透明度问题而面临的诸多挑战。

印度尼西亚在摆脱了长期的独裁统治后，进行了广泛的安全领域改革，包括对军队的财务管理，然而文官对军队的控制依然模糊不清。试图将军队从其广泛的商业利益中剥离开来的努力没能将军队完全撤出这些活动，而这是腐败和侵犯人权的主要源头。腐败仍是主要问题，尤其是在武器采购领域。但是在一些领域还是取得了重大进展，这些问题仍然是印尼国内激烈辩论的议题。

哥伦比亚的例子恰好相反。哥史上没有过军事统治，军队更明显地服从于文官当局。但是，议会在监督军队活动包括财务事宜上几乎不起作用，因为传统上军事部门和文职部门一直避免介入被视作是对方的领域。但是，近些年哥也采取措施着力改进军费支出和武器采购的透明度，包括颁布“防务廉洁公约”以监督武器采购，建立民主机制以监督额外地从“财富税”中获取的支持军队打击叛乱分子的专项资金的花费。但是存在问题的是预算外开支领域，其中有些是内部冲突带来的，这些资金由地方当局提供来支持本地区的军事行动，或是石油公司直接付钱给军队以寻求保护。这些资金的使用缺乏适当的监督，对于它们是否包括在整个预算和支出报告中仍不明确。

作为全球层次上国家间的透明度机制，联合国每年都要求其成员国提交军事开支报告。2012 年有迹象显示提交报告的成员国大幅减少，大概降至1/4（见第六节内容）。这让人沮丧的同时，也可能部分反映了有越来越多的国家通过其他途径来公布相关的数据。

（杨 暖 译）

第一节 军事开支的全球发展

萨姆·珀洛-弗里曼 卡丽娜·索尔米拉诺 海伦·维兰德

2012 年世界军费有所下降，为 1998 年来首次。世界军费总额估算为 17560 亿美元，较 2011 年实际降低 0.4%。军费在全球 GDP 中的比重，即所谓的全球“军事负担”，仍然保持稳定，在 2.5% 左右（参见表 3.1）。2008 年的全球金融危机及随后的经济混乱、伊拉克战争以及阿富汗战争接近尾声，显然导致了自 1999 年开始军费增长的整体趋势的结束。

从地区上看，军事开支的平衡有了明确的移位。北美和西欧、中欧地区军费的大幅下降（作为紧缩措施的一部分），被东欧和大部分发展中世界（撒哈拉以南非洲除外）军费的增长抵消（参见图 3.1 和表 3.2）。西方的军事开支自 2009 年以来开始下降，尽管其他地区在增长，但自 2009 年以来大部分地区的军费增长速度较以往大幅放缓（参见图 3.2）。中亚、南亚、北美、大洋洲及西欧、中欧地区在经历了 2003—2009 年间的增长后于 2009—2012 年开始下降；在撒哈拉以南非洲、东亚及拉美地区，军费增长大幅减速；与此同时东欧和东南亚有小幅减速。相比之下，中东和北非的军费增长加速。这些对世界军费总额的整体影响是在 2010—2011 年增长放缓，接着 2012 年有所下降。[1]

地区趋势

在西欧和中欧，2012 年延续了 2011 年的趋势。[2] 军费总额实际下降 1.6%，减幅最大的主要是中欧和负债最多的南欧国家，希腊有

〔1〕 某些地区或次区域的总额主要由特定国家占大头（比如北非是阿尔及利亚，南美是巴西，东欧是俄罗斯，中亚和南亚是印度，中东是沙特阿拉伯）。但是，2012 年这些地区或次区域的总体趋势大体上与这些主要国家相似：除了中亚和南亚，在 2009 年之前和之后每个地区或次区域的相对增长速度在不算这些主要国家的情况下是差不多的。在中亚和南亚地区，每个小阶段的增长速度是差不多的，显示出该次区域的增速放缓仅限于印度。

〔2〕 萨姆·珀洛—弗里曼：“欧洲及紧缩对军事开支的影响”，《SIPRI 年鉴 2012》。

表 3.1　2003—2012 年军费开支（按地区、国际组织和收入组分类）

2003—2012 年期间数据以 2011 年的美元不变价格和汇率计算，单位 10 亿美元；标＊的最右边一栏的 2012 年数据以当前美元价格计算，单位 10 亿美元；由于四舍五入原因，总额数据与各项相加之和有时并不完全相符。

	2003	2004	2005	2006	2007	2008	2009	2010	2011	2012	2012*
世界总计	**1291**	**1364**	**1423**	**1470**	**1528**	**1609**	**1715**	**1744**	**1749**	**1742**	**1756**
地理分区											
非洲	20.7	23.2	24.2	25.9	(26.7)	(30.4)	(31.8)	(33.8)	(37.8)	(38.3)	(39.2)
北非	7.0	7.6	7.9	7.9	8.5	10.1	(11.1)	(12.0)	(15.1)	16.2	16.4
撒哈拉以南非洲	13.7	15.6	16.3	(18.0)	(18.1)	(20.4)	(20.7)	(21.8)	(22.8)	(22.0)	(22.7)
美洲	571	620	651	665	685	737	793	817	808	770	782
中美和加勒比	5.1	4.7	5.1	5.6	6.2	6.3	7.1	7.7	8.0	8.6	8.5
北美	524	571	598	607	625	671	724	743	735	694	708
南美	41.8	44.8	48.7	52.0	54.6	59.5	62.2	66.3	65.2	67.6	65.9
亚洲和大洋洲	234	247	260	275	296	313	349	356	369	382	390

	2003	2004	2005	2006	2007	2008	2009	2010	2011	2012	2012 *
中亚和南亚	38. 2	43. 4	46. 0	46. 6	47. 9	52. 8	60. 6	61. 7	62. 9	61. 9	59. 8
东亚	151	157	167	180	194	204	229	235	247	259	268
大洋洲	21. 4	22. 3	23. 0	24. 3	25. 7	26. 6	28. 6	29. 0	28. 5	27. 5	28. 2
东南亚	24. 2	23. 8	24. 3	24. 9	28. 3	28. 9	30. 3	30. 0	31. 3	33. 2	33. 7
欧洲	380	383	387	397	408	419	428	419	411	419	407
东欧	46. 2	48. 3	55. 5	63. 0	70. 0	76. 6	78. 9	80. 2	87. 0	100	100
西欧和中欧	333	334	331	334	338	343	349	338	324	318	307
中东	85. 4	91. 3	100	107	113	110	112	(118)	(123)	(134)	(138)
国际组织											
非盟	23. 4	25. 8	26. 7	28. 4	(29. 0)	(32. 1)	(33. 1)	(34. 7)	(38. 0)	(38. 9)	(40. 1)
阿盟	66. 5	72. 9	79. 1	83. 7	93. 4	96. 6	101	108	115	(127)	(131)
独联体	47. 2	49. 5	56. 9	64. 5	72. 1	77. 5	80. 2	81. 9	88. 9	103	103

	2003	2004	2005	2006	2007	2008	2009	2010	2011	2012	2012*
集体安全条约组织	44.0	45.9	52.4	58.7	64.8	71.0	74.5	76.1	81.7	94.6	94.8
西非国家经济共同体	2.2	2.2	2.1	2.2	2.6	3.1	3.3	3.6	3.8	3.6	3.8
欧盟	280	299	298	300	307	312	317	307	291	285	274
北约	827	881	906	918	938	990	1051	1059	1036	990	994
北约欧洲成员	302	311	308	311	314	319	327	316	302	296	286
欧安组织	905	954	986	1006	1035	1092	1154	1164	1148	1116	1118
南部非洲发展共同体	7.6	7.6	8.9	9.4	8.9	10.0	10.0	10.3	10.2	10.7	10.7
上海合作组织	101	109	123	142	161	177	202	211	227	251	260
收入组别											
低收入国家	4.8	(5.1)	(5.2)	(5.5)	(5.7)	(6.1)	(6.3)	(7.2)	(7.6)	(7.3)	(7.7)
中低收入国家	65.2	71.5	74.4	76.1	81.6	87.4	94.7	97.2	101	103	101
中高收入国家	203	215	237	263	284	306	336	349	370	399	407
高收入国家	1019	1073	1106	1125	1156	1209	1277	1290	1270	1234	1240

	2003	2004	2005	2006	2007	2008	2009	2010	2011	2012	2012*
世界人均军费开支（当前价格美元）	144	160	172	181	199	222	228	238	251	249	
世界军事负担（占全球 GDP 比重%，均以当前价格美元计算）	2.4	2.4	2.4	2.4	2.4	2.4	2.7	2.6	2.5	2.5	

（）指以地区内国家军费数额相加小于地区总额的 90%；‥表示可获得的数据小于地区总额的 60%。

注：世界总额以及各地区、地区组织和收入组别的总额均为估算数值，依据的是表 3.11 中 SIPRI 军费数据库所涵盖国家的数据。若某国军费数据有数年缺失，则要进行估算，最常用的是假设该国军费变化率与其所属地区军费变化率相同（另见下面的“资料来源与研究方法”）。对无法进行估算的国家，则将其排除在总额之外。从所有总额中排除在外的国家为：古巴、朝鲜、缅甸、索马里、津巴布韦。各地区和收入集团的总额，在所有年份中均涵盖同样一批国家。各组织的总额只涵盖给定年份中的成员国。地理意义上的地区和次地区的涵盖范围，依据的是表 3.10—3.12 中的国家集团。收入组别的划分依据是世界银行发布的《2012 年世界发展指标》，2011 年人均国民收入在 1005 美元或以下的国家，属于低收入国家；人均国民收入在 1006—3975 美元之间的国家，属于中低收入国家；在 3976—12275 美元之间的国家，属于中高收入国家；超过 12275 美元的国家，属于高收入国家。

资料来源：SIPRI 军费数据库，网址：〈http://www.sipri.org/databases/milex/〉；国际货币基金组织：《世界经济展望：应对高额债务和缓慢增长》（国际货币基金组织，华盛顿，2012 年 10 月）；联合国人口基金报告：《2003—2012 年世界人口状况》（联合国人口基金：纽约，2003—2012 年）。

可能例外。[3]

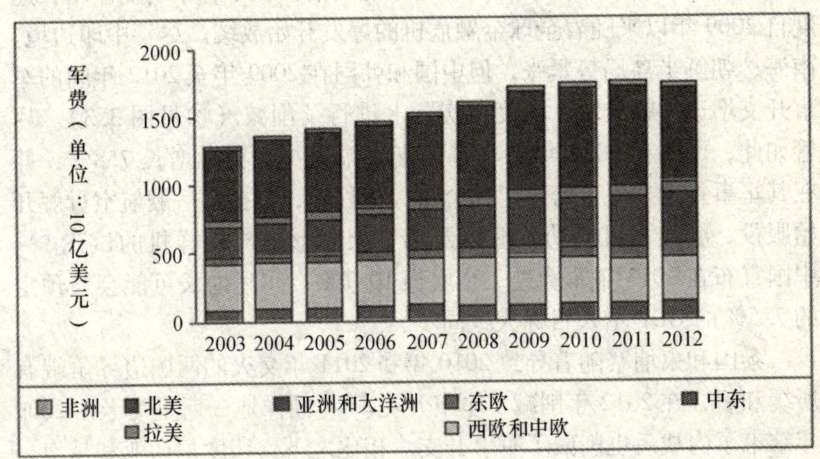

图 3.1　2003—2012 年世界军费（按地区分类）

2008 年至 2012 年间，西欧和中欧的 37 个国家中有 20 个实际削减军费开支超过 10%，中欧国家中除了波斯尼亚和黑塞哥维那、黑山共和国、波兰都是如此。2008 年至 2012 年间增加军费开支的国家包括波兰和土耳其（包括 2012 年的增长）以及增幅稍小的北欧国家。在西欧和中欧的主要军费开支国中，2008 年至 2012 年间，英国削减 5.2%，法国削减 3.8%，而德国在经历了 2008 年之前几年的削减后增长了 2.6%。英国的军事开支在 2014/15 财年之前这段时间预计会进一步下滑，或许会实际减少 10%，预计在阿富汗行动中的开支削减也计算在内。[4] 德国计划在 2016 年之前开支在名义上固定不变，意味着实际上会有所减少。[5] 总而言之，在 2012 年，西欧和中欧的军事开支比 2008 年爆发金融危机时的低 6.9%，而北约的 26 个

〔3〕 希腊 2012 年的国防预算实际增长 4%，但实施起来有不确定性。近年来，希腊的实际开支大幅度低于其预算额度。

〔4〕 M. 查尔默斯：“中期沮丧？防务和 2013 年军费审视”，RUSI 简报，2013 年 2 月，网址：〈http：//www. rusi. org/publications/other/ref：N512B80F201A9B/〉。

〔5〕 德国议会：“2012—2016 年联邦预算”，《联邦政府简报》，编号 17/10201，2012 年 8 月 10 日，第 13 页。

欧洲成员国的军事开支低 7.5%。

亚洲和大洋洲的军事开支近些年继续增长，尽管不均衡。增长速度自 2009 年以来随着全球金融危机的爆发开始放缓。尽管中印边境、南海、朝鲜半岛局势紧张，但中国和韩国在 2009 年至 2012 年间的军事开支增速大幅放缓，印度也实际上进行了削减（参见图 3.3）。尽管如此，中国在 2012 年的军事开支大幅增加，实际增长 7.8%，并在其军事技术发展上跨过了几个重大里程碑，包括第一艘航空母舰开始服役、舰载飞机成功着舰以及第二架隐形战斗机样机的试飞。〔6〕中国宣布在 2013 年军费进一步增长 10.7%，实际增长可能会与预定的 7.5% 的 GDP 增长目标大致同步。〔7〕

泰国和柬埔寨随着导致 2010 年和 2011 年交火的两国边界争端有所缓和后，在 2012 年削减了军事开支。〔8〕同样地，斯里兰卡在 2009 年结束了内战后也削减了军事开支。相比之下，印度尼西亚和越南一直保持着军费的高增长率，在 2003 年至 2012 年间分别增长了 130% 和 73%。越南为满足其对抗中国日益增长的军事实力和在南海的野心的需要，大力投资购买主要的军舰和飞机，现在可以被视作是海上军备竞赛。〔9〕印度尼西亚在进行重大军事现代化，尤其是在海军领域，旨在于 2024 年前建立一支最低限度的精干军队来控制其广阔的列岛和领海。〔10〕由于没有显著的威胁，随着军队撤出政经领域，该现代化可看作是对印尼的武装力量重新定位，使之向外部防御发展(参见第五节)。

---

〔6〕 A. 埃里克森和 G. 柯林斯："中国航母范儿！评估首次起飞和着陆"，《华尔街日报》中国实时报告，2012 年 11 月 27 日，网址：〈http://blogs.wsj.com/chinarealtime/2012/11/27/china-aircraft-carrier-style-what-first-takeoff-and-landing-means/〉；R. 福斯特："中国最新隐形战机飞上天空"，《简氏防务周刊》，2012 年 11 月 7 日，第 4 页。另见本卷第五章第一节。

〔7〕 "中国的 2013 年国防预算增长 10.7%"，《环球时报》，2013 年 3 月 5 日。

〔8〕 J. M. 贾马鲁丁："东盟会议给泰柬边境紧张局势降温"，《亚洲防务期刊》，2011 年 3 月，第 4—6 页。另见本卷第一章第二节。

〔9〕 S. T. 威兹曼："海上向东南亚转让军备，2007—2011"，《SIPRI 年鉴 2012》。

〔10〕 J. 格莱维特："岛国雄心"，《简氏防务周刊》，2012 年 7 月 11 日，第 22—27 页；R. A. 苏普里杨托："印度尼西亚的海军现代化：一个重大变化？"，拉惹勒南国际研究院（RSIS）评论，2012 年第 20 期，2012 年 1 月 27 日，网址：〈http://www.rsis.edu.sg/publications/commentaries.asp?selYear=2012〉。

表 3.2 2012 年主要军费统计（按地区分类）

地区/次地区	2012 年军费（10 亿美元）	变化率（%）[a]		2012 年主要变化率（%）[b]			
		2011—2012	2003—2012	增长		减少	
非洲	**(39.2)**	**1.2**	**85**	津巴布韦	53	乌干达	-57
北非	16.4	7.8	133	科特迪瓦	22	南苏丹	-42
撒哈拉以南非洲	(22.7)	-3.2	61	加纳	20	尼日利亚	-12
				突尼斯	20	博茨瓦纳	-7.0
美洲	**782**	**-4.7**	**35**	巴拉圭	42	萨尔瓦多	-9.0
中美洲与加勒比海地区	8.6	8.1	70	委内瑞拉	39	牙买加	-8.2
北美	708	-5.5	32	秘鲁	16	厄瓜多尔	-7.8
南美	65.9	-3.8	62	哥伦比亚	11	美国	-5.6
亚洲与大洋洲	**390**	**3.3**	**63**	哈萨克斯坦	[30]	阿富汗	-12
中亚与南亚	59.8	-1.6	62	越南	26	斯里兰卡	-9.6
东亚	268	5.0	72	蒙古国	24	澳大利亚	-4.0
大洋洲	28.2	-3.7	28	印度尼西亚	24	泰国	-3.4
东南亚	33.7	6.0	37				
欧洲	**407**	**2.0**	**10**	乌克兰	24	匈牙利	-20
东欧	100	15	117	爱沙尼亚	17	葡萄牙	-18
西欧和中欧	307	-1.6	-4.5	波斯尼亚	17	斯洛文尼亚	-15
				俄罗斯	[16]	西班牙	-13
中东	**(138)**	**8.3**	**57**	阿曼	51	伊拉克	-3.6
				沙特阿拉伯	12	埃及	-2.6
				科威特	10		

( ) 表示不确定估计数字；[ ] 表示 SIPRI 估算数字。

[a] 变化率系指实际变化率。

[b] 该表体现的是各地区作为整体的最大幅度增长或下降，而没有按次区域细分。2012 年军费低于 1 亿美元（在非洲则是低于 5000 万美元）的国家，该表未予列入。

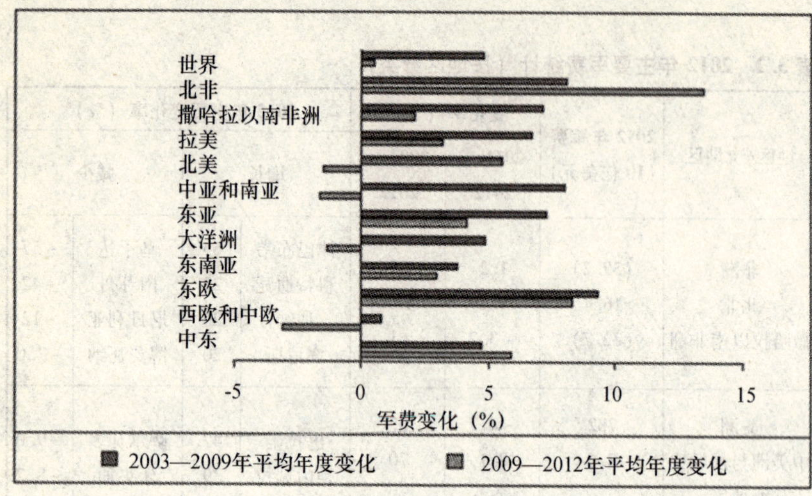

图 3.2 2003—2009 年和 2009—2012 年军费的平均年度变化

（按地区和次地区分类）

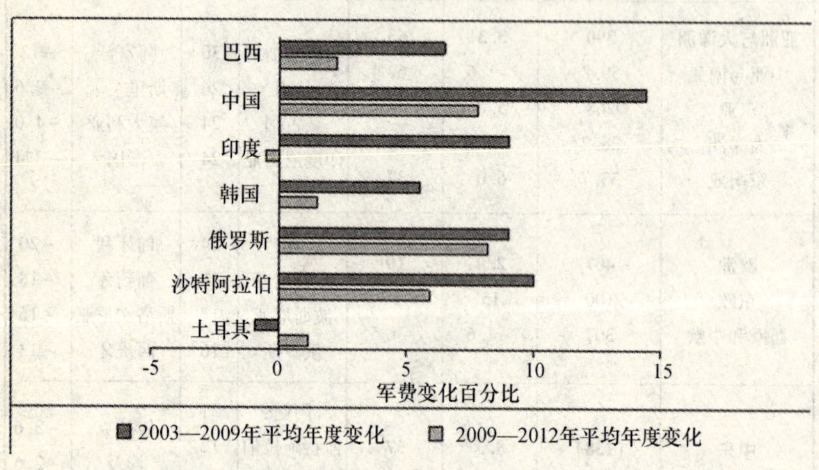

图 3.3 2003—2009 年和 2009—2012 年军费最高的新兴国家的

军费平均年度变化

2012 年军费开支最高的国家

2012 年军费排名前 15 位的国家与 2011 年是同一批国家，只不过排序上有变化（见表 3.3）。军事开支由西方转向世界其他地区在名单上有所体现：名单上的既成大国澳大利亚、加拿大、法国、德国、意大利、日本、英国和美国不是大幅减少就是变化微乎其微（低于1%），而名单上的大部分新兴国家如中国、韩国、俄罗斯、沙特阿拉伯和土耳其军费都增长了。印度是名单中唯一一个在2012年军费下降的新兴国家，巴西的变化不足1%。美国至今仍然是世界上最大的军事开支国，其占全球总额的比重降到了39%，是自1991年苏联解体后首次低于40%。尽管如此，美国在2012年的军费总额仍然大致相当于排其之后11个国家的总和。

土耳其是排名前15位新兴国家中唯一一个在2009—2012年的军费增长速度超过2003—2008年的。其他国家大多数降低了增长速度；印度减少了军费（参见图3.3）。这进一步表明全球金融危机是如何影响到军事开支，甚至在没有直接受危机影响的地区：通过减少发达世界的出口需求，危机减慢了新兴地区的经济增长速度，对军事开支也产生了连带效应。

表3.3　2012年军费排名前15位国家

开支数额为美元，以当前价格和汇率计算。各国排名依据的是用市场汇率（MER）算出的军事支出。

排序			2012年开支（10亿美元，市场汇率）	2003—2012年期间变化率（%）	占GDP之比[a]		2012年占世界总额比例（%）	2012年开支（10亿美元，PPP）[b]
2012	2011	国家			2012	2003		
1	1	美国	685	32	4.4	3.7	39	685
2	2	中国	[166]	175	[2.0]	[2.1]	[9.5]	[249]
3	3	俄罗斯	[90.7]	113	[4.4]	[4.3]	[5.2]	[116]
4	5	英国	60.8	4.9	2.5	2.5	3.5	57.5
5	6	日本	59.3	-3.6	1.0	1.0	3.4	46.0
前五名小计			**1062**	..	..	..	**60**	..
6	5	法国	58.9	-3.3	2.3	2.6	3.4	50.7
7	8	沙特阿拉伯	56.7	111	8.9	8.7	3.2	63.9
8	7	印度	46.1	65	2.5	2.8	2.6	119
9	9	德国	[45.8]	-1.5	[1.4]	1.4	[2.6]	[42.8]

排序			2012年开支（10亿美元，市场汇率）	2003—2012年期间变化率（%）	占GDP之比[a]		2012年占世界总额比例（%）	2012年开支（10亿美元，PPP）[b]
2012	2011	国家			2012	2003		
10	11	意大利	[34.0]	-19	1.7	2.0	1.9	31.0
前十名小计			**1304**	..	..	..	**74**	..
11	10	巴西	33.1	56	[1.5]	1.5	[1.9]	[34.4]
12	12	韩国	31.7	44	2.7	2.5	1.8	44.2
13	13	澳大利亚	26.2	29	1.7	1.9	1.5	16.3
14	14	加拿大	[22.5]	36	[1.3]	1.1	[1.3]	[18.3]
15	15	土耳其[c]	[18.2]	-2.1	2.3	3.4	[1.0]	[25.9]
前十五名小计			**1436**	..	..	..	**82**	..
世界			**1756**	**35**	**2.5**	**2.4**	**100**	..

[ ] 表示估算数字；GDP表示国内生产总值；PPP表示购买力平价

[a] 国家军费占GDP之比的数字，依据的是国际货币基金组织的“世界经济展望”数据库（2012年10月）中估算的2012年GDP。

[b] 以PPP汇率计的军费数字为估算值，依据的是国际货币基金组织的“世界经济展望”数据库（2012年10月）中各国预计PPP换算率。

[c] 排名第15位的有可能是阿拉伯联合酋长国而不是土耳其，但阿联酋2012年的数据无从获取。SIPRI估算其2011年的军费（按当前价格计算）是192亿美元。

资料来源：SIPRI军费数据库，网址：〈http://www.sipri.org/databases/milex/〉；国际货币基金组织的“世界经济展望”数据库（2012年10月），网址：〈http://www.imf.org/external/pubs/ft/weo/2011/02/weodata/index.aspx〉

（杨　暖　译）

第二节　美国的军费开支

伊丽莎白·申斯

2012 年美国的军费开支实际缩减了 5.6%。连同 2011 年下降的 1%，这是首次清楚地表明美国军费开支为适应战后形势进行了调整。然而，2012 年的开支（6853 亿美元）仍比 2001 年实际上高出 69%。2001 年标志着反恐战争的开始，即开始了 2001 年的阿富汗战争和 2003 年起的伊拉克战争。

美国未来军费开支的水平和趋势成为美国 2012 年政治辩论中的一个突出话题。然而，未来军事开支的大部分决策过程系于和从属于解决不断上涨的高额政府债务的政治进程，而这一进程又反过来与政府的借贷上限和预算赤字规模相挂钩。这一系列与债务相关的问题在一定程度上盖过了与安全相关的问题，如美国军费开支调整的程度和性质对于战后安全环境以及对未来安全威胁和挑战的评估即是如此。

债务协议和自动减支计划以及对军费开支的影响

由于 2011 年两党债务协议的结果以及由此产生的 2011 年《预算控制法案》（BCA），2012 年的预算辩论和过程混乱不堪。[1]《预算控制法案》包含的措施旨在 2012—2021 财政年度（财年）的十年间削减至少 2.1 万亿美元的预计的预算赤字。[2] 这些措施包括对可自由支配开支“带帽”（设定上限）和设置自动并几乎无差别的全面削减支出的计划，即人们所知的自动减支计划。[3] 这些自 2012 财年起

---

〔1〕 2011 年《预算控制法案》，美国公法编号 112—25，于 2011 年 8 月 2 日签署成法，网址：〈http://thomas.loc.gov/cgi-bin/bdquery/z? d112：SN00365：〉。亦可见伊丽莎白·申斯和萨姆·珀洛—弗里曼：“美国的军事开支和 2011 年预算危机”，《SIPRI 年鉴 2012》。

〔2〕 美国的财政年度是指上年的 10 月 1 日至本年的 9 月 30 日。

〔3〕 可自由支配开支是由拨款法案提供和控制的预算授权，以及由该预算授权产生的开支。相反，法定（或直接）支出是由拨款法案以外的法律提供的预算授权，以及由该预算授权产生的开支，比如养老金和医疗保障开销的更长远规则。

实施的法定上限旨在最终导致未来 10 年间削减总共 9170 亿美元的预计开支。[4] 如果削减赤字联合特别委员会（由《预算控制法案》设立的两党委员会）没能在 2011 年 11 月前就减赤方案达成协议，美国将在 2013 年 1 月起启动在 2013—2021 财年间另外自动削减 1.2 万亿美元赤字的程序，除非国会和奥巴马总统在此之前颁布立法以取消或改变该程序。[5]

表 3.4 美国 2001 财年和 2012—2017 财年的“国防”开支

除非另有说明，开支数额以当前价格十亿美元为单位计。年份为财年（从上年 10 月 1 日开始）。

	2001	2012	2013[a]	2014[a]	2015[a]	2016[a]	2017[a]
根据当前价格计算的支出							
国防部，军事项目	290.2	650.9	633.3	597.6	584.0	561.9	562.1
原子能，国防	12.9	19.2	19.1	20.7	19.9	19.0	19.1
其他，与国防有关的	1.6	7.8	7.7	8.5	8.4	8.4	8.5
国防总开支	304.7	677.9	660.0	626.8	612.3	589.2	589.7
按 2005 财年不变价格计算	363.0	580.6	553.6	518.8	497.4	469.8	461.4
占国内生产总值的比例（%）	*3.0*	*4.4*	*4.1*	*3.7*	*3.4*	*3.1*	*3.0*
占政府总支出的比例（%）	*16.4*	*19.2*	*17.9*	*16.6*	*15.7*	*14.4*	*13.9*

注：根据 SIPRI 对军费开支的定义，SIPRI 关于美国军费总开支的数据除了上述所列数字，也包含美国国务院提供的对外军事援助。

[a]2013—2017 财年的预估数额。

资料来源：美国行政管理和预算局：《美国政府 2014 财年预算：按年代顺序编列的表格》（政府印刷局：华盛顿特区，2013 年），表 3.2 和表 6.1。

---

〔4〕 因为已提交 2012 财年的预算提案，该财年的开支削减在国会审议通过后执行。

〔5〕 M. 拉邦特和 M. 莱维特著：“《2011 年预算控制法案》：对消费水平和财政赤字的影响”，国会研究部（CRS）提交国会的第 R42013 号报告（美国国会，国会研究部：华盛顿特区，2011 年 11 月 29 日），第 1 页。

由于定义的不同（如“防务”与“非防务”、“安全”与“非安全”）以及因特定措施和时间段而免于削减的种种情况，《预算控制法案》对军费开支的影响难以评估。然而，总的来说，《预算控制法案》要求的削支有大约一半（1 万亿美元）都是针对军费开支的。由于海外紧急行动（OCO），即国外军事行动的开支水平不受《预算控制法案》的限制，所以上述削支计划仅限于基础防务支出。[6]

对可自由支配军费开支所设的上限已纳入 2012 年 2 月呈送的 2013 财年国防预算提案。与此前的计划相比，该提案计划在 2013—2017 年间削减 2590 亿美元的基础防务预算（即不包括海外紧急行动支出），以及在未来 10 年总共削减 4870 亿美元的基础防务预算。[7] 第一轮削支的影响是将 2012—2017 财年的“国防”预算项目支出实际削减 21%。[8] 然而，由此产生的 2017 财年的支出仍然比发动“全球反恐战争”之前的 2001 财年（见表 3.4）高出 27%，而与冷战最后一年的 1990 财年持平。[9]

《预算控制法案》中的自动减支措施最初是要从 2013—2021 每一财年的计划支出中额外削减总共 1093 亿美元的开支，其中 547 亿美元是防务减支。到 2017 财年，该措施仍会导致基础防务支出比 2001 财年实际高出 15%。

由于削减赤字联合特别委员会未达成协议，2012 年的防务预算辩论主要围绕自动减支计划的前景和可能带来的影响进行。如果国会和奥巴马总统仍未达成协议的话，该计划将于 2013 年 1 月自动生效。更复杂的是，伴随自动减支计划生效的还有小布什政府推出的减税也到期（2012 年底）。人们普遍担心的重大减支和增税的叠加，即我们所说的“财政悬崖”，将导致一场经济衰退。在 2012 年的最后一刻，

---

〔6〕 拉邦特和莱维特（同注释〔5〕），第 2 页。

〔7〕 美国国防部：“国防部发布 2013 财年预算提案”，第 098—12 期新闻稿，2012 年 2 月 13 日。网址：〈http: //www. defense. gov/releases/release. aspx? releaseid = 15056〉。

〔8〕 SIPRI 对美国军费开支的评估除“国防”开支外还包括国务院实施的对外军事援助。

〔9〕 美国行政管理和预算局：《美国政府 2014 财年预算：按年代顺序编列的表格》（政府印刷局：华盛顿特区，2013 年），表 6. 1。

一份部分协议达成，它保留了大部分的减税，但只是将根据自动减支计划自动削减开支推迟到 2013 年的 3 月 1 日。[10] 同时，该协议也将 2013 年总支出削减 1093 亿美元的要求降为只削减 853 亿美元，因此，对防务开支的削减也从原来的 547 亿美元降至 427 亿美元。[11] 到 3 月 1 日，如果没有达成进一步的协议，自动减支计划（包括削减军费开支）将开始生效，至少直至新的协议达成。

围绕自动减支计划后果的大辩论

包括国防部长里昂·帕内塔在内的多数人对防务减支作出的危言耸听的评估，实际上更多的是对自动减支计划具体实施方法的担忧而不是对减支规模的担心。[12] 在写给两位参议员的信中，帕内塔辩称，自动减支计划将给美国留下“1940 年以来最少的地面力量、1915 年以来数量最少的舰船和有史以来规模最小的空军”以及最少的国防部工作人员。[13] 自动减支机制几乎没有给如何实施削减开支留出选择余地，而是由一项详细的法定规划来决定。[14] 因此，没有办法作出基于战略安全考虑的任何选择。实际上，自动减支办法从来不是为了实施，而是意欲利用威胁实施该计划促使两党达成妥协方案。[15]

---

〔10〕 2012 年美国减税法案，美国公法编号 112—240，2013 年 1 月 2 日签署成法。网址：〈http：//thomas. loc. gov/cgi-bin/query/D？ c112：5：./temp/～c112Ln9b2h：：〉。亦可见 K. 施帕尔：《预算“自动减支计划”与免税项目选择以及特殊规则》，国会研究部提交国会的第 R42050 号报告（美国国会，国会研究部：华盛顿特区，2013 年 3 月 22 日），第 3 页。

〔11〕 R. 科根：“机械的自动减支计划”，预算与政策优先中心，2013 年 3 月 22 日。网址：〈http：//www. cbpp. org/cms/？ fa = view&id = 3937〉，第 1 页。

〔12〕 一系列此类评估可见美国众议院军事委员会：“‘自讨苦吃’：对自动减支计划他们是怎么说的”，2012 年 2 月 28 日。网址：〈http：//armedservices. house. gov/index. cfm/defense-cuts-resources〉。

〔13〕 L. 帕内塔：写给约翰·麦凯恩参议员的信，2011 年 11 月 14 日。网址：〈http：//www. mccain. senate. gov/public/index. cfm？ FuseAction = PressOffice. PressReleases&ContentRecord_ id = a4074315 - fd3e - 2e65 - 2330 - 62b95da3b0e9〉。

〔14〕 美国行政管理和预算局（OMB），“根据 2012 年自动减支计划透明法案所提交的 OMB 报告（公法编号 112—155）”，2012 年 9 月 14 日。网址：〈http：//www. whitehouse. gov/omb/legislative_ reports/〉，第 1 页。

〔15〕 美国行政管理和预算局（同注释〔14〕），第 1 页。

造成这一混乱的重要原因是《预算控制法案》要求的减支并非基于当前实际消费水平而是未来10年规划或预计的消费水平。这就很难根据《预算控制法案》中的标准对未来可能的军费开支水平做出评估，因为不同的分析员所使用的数据不同。然而，鉴于美国“国防”开支比2001—2012财年的战争期间实际增长了68%（见表3.4），并考虑到各利益攸关方立场的不同，这一减支过程不可能使军费开支回到战前水平。[16]

纵观2012年，为向国会施压阻止自动减支计划实施，做出了大量的努力。例如，主要的武器生产公司首席执行官们（比如洛克希德·马丁公司的罗伯特·史蒂文斯）在国会委员会听证会上指出该项减支计划将会导致国防工厂的倒闭、大量的裁员、工程技术的流失以及美国军工产业中技能与知识的损失。[17] 航空航天工业协会（AIA）7月发布的一份报告估计，如果执行自动减支计划，2013年将会失去214万个就业岗位，其中包括100万个因国防部预算削减而丢失的就业岗位。[18] 相比整个美国（军用和民用）航空航天工业仅有62.5万个就业岗位，这是一个相当高的估计数字，其不确定性亦随后被国会研究部指了出来。[19]

尽管军工产业在反对防务减支的运动中花费了大量的钱财（仅AIA一家就花费了170万美元），产业代表们仍抱怨他们缺乏影响力，而且他们认为这种影响力的缺乏是不同寻常的，都是由于国会处于瘫痪状态。[20] 然而，另一种解释可能成为争论的难点，即为

---

〔16〕 请注意，上文提到的在此期间69%的增长率是根据SIPRI更宽泛的美国军费开支定义作出的。另见注释〔8〕。

〔17〕 E. 皮亚宁：“国会与防务预算之间的战争博弈”，《财政时报》，2012年7月19日。

〔18〕 S. S. 富勒和丘穆拉经济分析所：《2011年预算控制法案对国防部和非国防部机构的经济影响》，（航空航天工业协会：阿灵顿，弗吉尼亚州，2012年7月17日）。

〔19〕 航空航天工业协会：“航空航天统计”，第二组，第12辑，网址：〈http://www.aia-aerospace.org/economics/aerospace_ statistics/〉；L. 莱文《自动减支计划：对潜在失业预计数字的评估》，国会研究部（CRS）提交给国会的第R42763号报告（美国国会，国会研究部：华盛顿特区，2012年10月1日）。

〔20〕 A. 沙拉艾莎和M. 斯特恩：“美国防务院外集团的作用下降”，路透社，2012年9月19日。

了就业，军费开支应该在战争结束后继续保持战时水平。事实上，这些军工产业的关注点正说明了涉及永久武器生产公司的问题，即这些公司高度依赖军事订单，缺乏适应军费开支变化进行调整的战略。[21]

相反，一些安全分析家和研究人员认为，所要求的防务开支削减规模是合理的，削减后的军费开支水平将足以满足为美国提供安全保障，同时在军事能力上对其他军事强国保持足够的领先地位。几位观察家根据历史经验提出的一个论点是：美国政府以往一直都能在战后削减比《预算控制法案》要求的还要多的军费开支（见表 3.4），而是美国军方也能接受减支要求。[22]

平衡美国防务预算

帕内塔和其他人认为，所要求的削减将导致“空心部队”，即缺乏履行其任务的人、训练和装备。美国国会研究部曾在一份报告中对此提出质疑。[23] 美国的一家智库——战略与国际问题研究中心在一份分析报告中称，即使没有《预算控制法案》，国防部也存在一些重大的问题，由于它未能控制成本，制定切合实际的预算以及消除其战略与预算之间的差距。[24] 另外三家美国智库——史汀生中心、布鲁金斯学会和美国外交关系委员会均在报告中断定，《预算控制法案》对防务预算所要求的削减造成的后果不会太严重，更确切地说，美国军力结构基本不会改变，美国仍然能够在世界上主宰任何

---

〔21〕 关于武器生产公司为适应政府减支所做的努力请参见本书第四章第一节内容。

〔22〕 关于历届美国总统如何管理从战时转向平时的预算，请参见 L. J. 考伯、L. 康利和 A. 罗斯曼：《责任回归：关于防务预算奥巴马总统和国会可以从历任总统身上学到什么》（美国进步中心：华盛顿特区，2011 年 7 月）。

〔23〕 A. 菲克特和 S. 达格特：《对“空心部队”的历史观点》，国会研究部提交给国会的第 R42334 号报告（美国国会，国会研究部：华盛顿特区，2012 年 1 月 31 日）。

〔24〕 A. H. 科德斯曼：《美国新战略：2013 财年防务预算、自动减支计划和不断加大的战略与现实差距》（战略与国际问题研究中心：华盛顿特区，2012 年 10 月 3 日）。

其他军队。[25]

2012 年 10 月，美国安全统一预算工作组（该组织由一群独立的美国预算和防务问题专家于 2004 年成立）提交了一份年度报告，超越了单纯的军事防务问题，评析了整个美国安全开支的总体平衡问题。该报告分析了分别由国防部、国土安全部以及美国国务院和国际开发总署参与的非军事外交活动运用的三类安全工具，即进攻、防御和预防。建议将保障进攻性安全措施的资源转向便宜得多的防御性和预防性措施上。

对国防部的建议包括，2013 财年削减 718 亿美元预算和根据《预算控制法案》要求制订 10 年减支 1 万亿美元的长期计划，这些都可以在不牺牲美国安全的前提下完成。[26] 2013 财年建议减支的项目有：核力量（200 亿美元）、医保（150 亿美元）、退休金（130 亿美元）、人事（100 亿美元），以及一些采购项目，包括 F－35 战机（联合打击战斗机）、V－22 鱼鹰偏转翼飞机和弗吉尼亚级核潜艇（88 亿美元）。[27] 这项十年减支计划关注的重点是来自预算改革的节支和沿着更加现实的路线来重新规划美国安全。[28]

虽然安全统一预算中对预算变化的提案在很大程度上是基于奥巴马总统对安全政策的承诺，即从现实出发保持军事安全与其他安全手段（包括经济和社会发展手段）之间的平衡，但在中短期内实现完全的安全预算再平衡的前景可能比较渺茫。[29]

---

〔25〕 R. 鲁博："外交与防务预算：防务削弱的现实"，史汀生中心，2012 年 2 月 13 日，网址：〈http：//www. stimson. org/summaries/the-reality-of-the-defense-builddown/〉；P. W. 辛格："自动减支计划及其对美国军事实力、亚洲和朝鲜半岛爆点的影响"，《时代周刊》，2012 年 9 月 23 日；M. 善幸："前十二项防务自动减支计划的恐吓战术"，外交关系委员会，2012 年 8 月 23 日，网址：〈http：//blogs. cfr. org/zenko/2012/08/23/top-twelve-defense-sequestration-scare-tactics/〉。

〔26〕 安全统一预算工作组：《再平衡我国安全预算：实施安全统一预算的好处》（美国进步中心/政策研究所：华盛顿特区，2012 年 10 月），第 4、13、17 页。

〔27〕 安全统一预算工作组（同注释〔26〕），第 13 页。

〔28〕 同上书，第 36—38 页。

〔29〕 同上书，第 2 页。

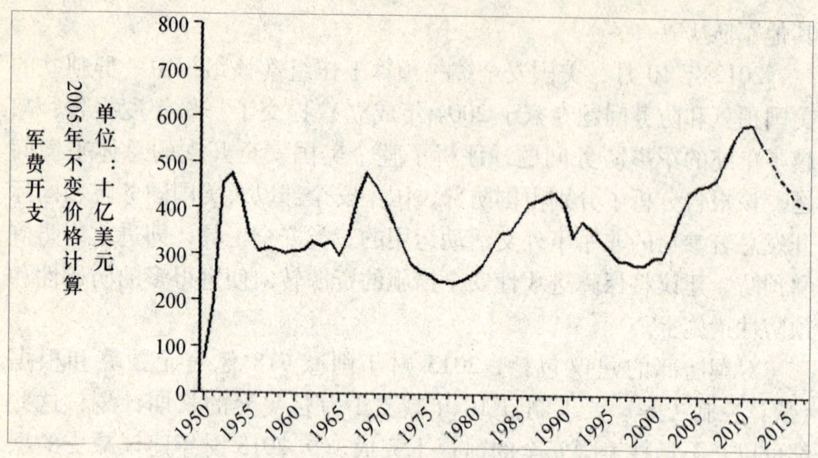

图 3.4　1950—2017 年美国军费开支

图为“国防费”支出。2013—2017 财年数据为预估数据。

资料来源：美国行政管理和预算局：《美国政府 2014 财年预算：按年代顺序编列的表格》（政府印刷局：华盛顿特区，2013 年）。

（邢海燕　译）

第三节 俄罗斯军费开支、改革和结构调整

萨姆·珀洛-弗里曼

始于1999年的俄罗斯军费开支增长趋势在2012年大幅加快，比2011年实际增加了16%。2013—2015年的预算草案计划到2015年名义上进一步增长40%（见表3.5）。[1] 根据目前的通胀预测，这相当于2012—2015年间大约17%的实际增长，同时军费开支占国内生产总值的比例将上升到4.8%。[2] 增加军费开支是因为俄罗斯在实施其宏大的2011—2020年国家军备计划（GPV）和对其武装部队进行广泛的改革。本节是对改革的概述，并对能够多大程度上实施这些改革的广泛质疑进行讨论。

改革计划

国家军备计划的目标是到2020年支出20.7万亿卢布（7050亿美元）用在军事装备上。其中，19万亿卢布（6470亿美元）给国防部，其余预算给边防部队和内务政部部队等军队。[3] 该计划旨在将70%的俄罗斯装备更新为现代化武器，也是俄武装力量改革和现代化广泛努力的一部分。[4]

---

〔1〕 俄罗斯国家杜马："2013年及2014和2015规划年联邦预算"法律草案，法案编号143344—6，2012年9月28日，网址：〈http://www.asozd2.duma.gov.ru/main.nsf/(Spravka)?OpenAgent&RN=143344—6〉。

〔2〕 J. 库珀："俄罗斯联邦2012至2015年间军费开支"，研究笔记，2012年10月9日，网址：〈http://www.sipri.org/research/armaments/milex/publications/〉。军事开支占国内生产总值的比重是根据俄罗斯政府对国内生产总值的预测计算出来的。2012年的这一数字为4.6%（见表3.5）。SIPRI认为，根据国际货币基金组织对俄罗斯国内生产总值的估计，2012年俄罗斯军事开支约占国内生产总值的4.4%。见本章下面第七节表3.12。

〔3〕 国家军备计划不是公开文件。见C. 文迪·帕林编著：《俄罗斯军事能力十年展望：2011年》中F. 韦斯特伦所写的"国防工业"一文（瑞典国防研究局：斯德哥尔摩，2012年8月）；J. 库珀："俄罗斯有能力实现军事现代化吗?"，会议发言，SIPRI，斯德哥尔摩，2012年11月8日，网址：〈http://www.sipri.org/research/armaments/milex/publications/〉。

〔4〕 J. 库珀（同注释〔3〕）。

表 3.5　2011—2015 年俄罗斯军费开支

开支数额以当前价格十亿卢布为单位计

	2011[a]	2012[a]	2013[a]	2014[a]	2015[a]
“国防”支出	1516	1865	2141	2501	3078
其他军费开支[b]	786	933	912	888	895
军费开支总额	**2302**	**2799**	**3053**	**3389**	**3973**
军费开支占所有政府开支的比例（%）	*21.07*	*21.83*	*22.80*	*23.86*	*25.44*
军费开支占国内生产总值的比例（%）[c]	*4.22*	*4.57*	*4.59*	*4.58*	*4.79*

[a] 2011 年的数据是实际支出。2012 年的数据来自于 2012 年 8 月 1 日更新的预算。2013—2015 年的数据来自于 2013 年的预算草案。

[b] 其他军费开支包括在军人住房、教育、卫生、养老金、准军事部队和涉军研究与开发上的支出。

[c] 这些数据以俄罗斯经济发展部对国内生产总值预估为基础。SIPRI 的估计是根据国际货币基金组织对俄罗斯国内生产总值的估计。SIPRI 估计，2011 年军费开支占国内生产总值的 4.1%，2012 年军费开支占国内生产总值的 4.4%。

资料来源：J. 库珀：“俄罗斯联邦 2012 至 2015 年间军费开支”，研究笔记，2012 年 10 月 9 日，网址：〈http://www.sipri.org/research/armaments/milex/publications/〉，基于俄罗斯国家杜马：“2011 年联邦预算”法律草案，草案编号 1064686，2012 年 7 月 5 日，网址：〈http://www.asozd2.duma.gov.ru/main.nsf/（Spravka）? OpenAgent&RN = 106468—6〉；俄罗斯联邦财政部：“到 2012 年 8 月 1 日为止，俄罗斯联邦综合预算和国家预算外基金预算执行情况”，网址：〈http://www.roskazna.ru/the-information-on-execution-of-budgets/〉；俄罗斯国家杜马：“2013 年及 2014 和 2015 规划年联邦预算”法律草案，法案编号 1433446，2012 年 9 月 28 日，网址：〈http://www.asozd2.duma.gov.ru/main.nsf/（Spravka）? OpenAgent&RN = 143344—6〉。

改革还包括：（1）改变军队的结构，使其具备更大的机动性和更好的战备状态；（2）取代大规模动员战略，将旨在能够在一场大规模战争中长时间动员多达 400 万的部队的这一战略改为由基于更易部署的约 100 万常备部队和更小规模的约 70 万储备兵力的战略所取代；（3）主要增加合同兵和士官对于应征义务兵的比例；（4）减少目前“头重脚轻”结构中高级军官的数量；（5）将一系列非核心任务外包给民事合同机构。[5]

〔5〕 M. 卡尔松和 J. 诺伯格：“武装部队”，C. 文迪 · 帕林编著（同注释〔3〕）。

之所以要进行现代化改革，是因为俄罗斯在 2008 年介入南奥塞梯短暂战争中暴露出了在指挥、通联、机动性、准备状态和装备质量上存在的严重弱点。自苏联解体以来，俄罗斯武器部队就一直处于衰落的状态。2008 年前，俄几乎没有采购任何主要的新式常规武器装备，致使其陈旧的甚至是报废的装备所占的比重越来越大。[6]

实施中面临的挑战

改革和现代化进程中面临以下几个挑战。首先，已经有据可查，俄罗斯的军火工业仍然处于疲软状态，机械老化，长达 20 年的低研发水平，新招募的熟练工程师和科学家匮乏，以及效率低下的组织结构。[7] 军火工业同政府的关系越来越紧张，因为在许多领域它都无法制造出先进的武器，导致俄罗斯开始进口某些武器作为获得现代军事技术的一种手段。[8] 作为国家军备计划的一部分，政府给军火工业投入 2.3 万亿卢布（780 亿美元）以帮助其实现现代化。俄军火工业能够多快地克服几十年来的萎缩状态，值得怀疑。

此外，俄罗斯军火工业中还存在猖獗的腐败现象。据报道，梅德韦杰夫说过，在他担任总统期间（2008—2012 年），腐败已经造成了 20% 采购资金的损失。[9] 2012 年 11 月，一些对腐败的指控使得普京总统解除了军事改革进程的设计师谢尔久科夫国防部长的职务。军事改革的方向是否会受到谢尔久科夫去职的影响仍不确定。[10]

其次，根据 2008 年全球金融危机前的经济状况制定的国家军备

---

〔6〕 J. 库珀（同注释〔3〕）。

〔7〕 F. 韦斯特伦（同注释〔3〕）。亦可见 S. 珀洛—弗里曼等：“军事开支”，《SIPRI 年鉴 2011》，第 163—166 页。如 J. 库珀“俄罗斯军火工业的发展”，《SIPRI 年鉴 2006》。

〔8〕 如库珀（同注释〔3〕）；P. 霍尔特姆等：“国际武器转让”，《SIPRI 年鉴 2011》，第 289—291 页。

〔9〕 S. 普梯洛夫和 Yu. 萨维娜：“既不给也不拿?”，《新消息报》，2012 年 11 月 15 日，译自俄文，公开资料来源中心。

〔10〕 很多评论家对此给出了相反的意见。如 P. 斐尔根豪尔：“谢尔久科夫虽被罢免，但他的改革仍会继续”，《欧亚每日观察》，2012 年 12 月 6 日，网址〈http: //www. jamestown. org/single/? tx_ ttnews [tt_ news] =40209〉；A. 米哈伊洛夫：“俄罗斯军队的失败”，俄罗斯电子报《Gazeta. ru》，2012 年 12 月 10 日，网址〈http: //www. gazeta. ru/comments/2012/12/09_ a_ 4884697. shtml〉，译自俄文，公开资料来源中心。

计划，它所规划的消费水平可能不是很现实。由伯明翰大学朱利安·库珀教授做的一项模拟表明，除非军费开支占国内生产总值的比重上升，甚至高于计划比重，否则到 2020 年，防务预算只能够给国家军备计划提供 80% 左右的资金。[11] 另外，一些对俄罗斯国内生产总值增长的独立预测都大大低于俄罗斯政府的预测，这些预测是这项模拟的基础。[12] 由于担心俄罗斯军费及其他支出计划的财政可持续性问题，反对该计划的财政部长库德林和梅德韦杰夫总统之间发生冲突，直接导致前者在 2011 年 10 月被解职。[13]

再次，军队的结构性改革受到人员招募短缺的威胁。俄罗斯的人口正在萎缩并老龄化，导致可以征召的新兵数量持续下降，无论是义务兵还是合同兵。[14] 此外，还存在年轻的俄罗斯人的教育、健康和营养状况差等严重的问题。目前的计划包括大量缩减义务兵数量并增加合同兵数量，但待遇和条件差，包括诸如强征新兵入伍等问题，使军队对许多年轻人来说是没有吸引力的职业。[15]

综合这些经济、工业、人口和机制问题，在俄罗斯内外的观察家中得出一个很清晰的共识，即国家军备计划所设定的雄心勃勃的目标不可能完全实现。[16] 然而，无论根本的结构性问题是否能得到圆满的解决，到 2020 年，军费开支的大幅增加，包括对新装备和人力资本投资的增加，都将使俄武装力量的能力获得一定的提高。

（邢海燕　译）

---

〔11〕 J. 库珀（同注释〔3〕）。

〔12〕 同上。

〔13〕 L. 亚历山德罗夫：“被完全解职的库德林为防止新一波的危机提出了自己的计划”，俄塔社，2011 年 10 月 18 日，网址：〈http://www.itar-tass.com/en/c39/250177.html〉。

〔14〕 S. 乌克森谢纳和 B.－G. 伯格斯特兰：“国防经济学”，文迪·帕林编（同注释〔3〕），第 53—56 页。

〔15〕 卡尔松和诺伯格（同注释〔5〕），第 103—104 页。

〔16〕 如文迪·帕林编（同注释〔3〕）；J. 库珀（同注释〔3〕）；R. 麦克德莫特：“俄罗斯的武装力量：2012 年反思”，《欧亚每日观察》，2013 年 1 月 8 日，网址：〈http://www.jamestown.org/single/?tx_ttnews[tt_news]=40274〉；“俄专家对军事改革成败的评估”，俄国家电视台 24 台（Rossiya 24），2012 年 11 月 23 日，记录并译自俄文，公开资料来源中心。

第四节 中美洲国家安全开支和有组织暴力犯罪情况

卡丽娜·索尔米拉诺

中美洲国家（从墨西哥到巴拿马）军费开支占国内生产总值（GDP）的比例一直处于世界最低水平之列。[1] 20世纪90年代该地区内战结束后，由于没有任何外部军事威胁，直至2005年前后，大多数中美洲国家的国防开支一直持平或下降。近年来，该趋势有所逆转。部分中美洲国家的军队已与其国内安全部队一起，参与打击贩毒集团和其他有组织犯罪团伙。本节讨论在这种形势下，军队和国内安全开支的发展趋势。从中可见，“军事”和国家“内部”安全的界限日益模糊。[2]

政府应对有组织犯罪和涉毒暴力行为的举措

大多数中美洲国家都存在毒品走私、有组织犯罪和帮派活动等暴力程度较高的犯罪行为。[3] 2006年至2011年9月，墨西哥总统费利佩·卡尔德龙宣布向有组织犯罪开战。其间，超过4.7万人死于与毒品相关的暴力活动，[4] 死者多为贩毒组织或其相关青年团伙的成员。[5] 2010年，墨西哥的谋杀率是每10万居民18.1人。在“北方三角”地带的危地马拉、洪都拉斯和萨尔瓦多，谋杀率则更高。（参

---

〔1〕 此处定义的中美洲国家包括：伯利兹、哥斯达黎加、萨尔瓦多、危地马拉、洪都拉斯、墨西哥、尼加拉瓜和巴拿马。通常，中美洲国家的定义不包括墨西哥。

〔2〕 中美洲国家政府通常称国内安全为“公共安全”。

〔3〕 2002年至2011年中美洲地区非国家冲突和单边暴力行为的例子，参见本卷第一章第三节。

〔4〕 墨西哥总检察长办公室，“统计数据”，网址：〈http://www.pgr.gob.mx/temas-relevantes/estadistica/estadisticas.asp〉；另请参见“墨西哥五年缉毒战死亡总人数达47，515人”，BBC新闻，2012年1月12日，网址：〈http://www.bbc.co.uk/news/world-latin-america-16518267〉。

〔5〕 V. 费尔巴布—布朗，“墨西哥打击有组织犯罪的新安全政策之希望与陷阱”。（布鲁金斯：华盛顿特区，2013年2月），第3页。

见表 3.5）危地马拉的谋杀率为每 10 万居民 41.4 人，萨尔瓦多为每 10 万居民 66 人。洪都拉斯为世界谋杀率最高的国家，谋杀率为每 10 万居民 82.1 人。[6] 据统计，2006 年，哥斯达黎加、萨尔瓦多、危地马拉、洪都拉斯和尼加拉瓜用于犯罪和暴力行为的平均开支（包括健康、机构、私人保安和物质成本等方面的开支）占国内生产总值的 7.7%。[7]

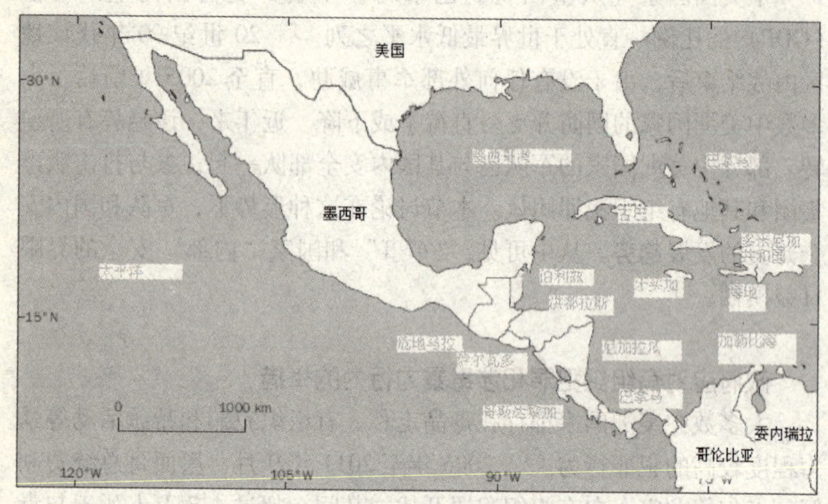

图 3.5 中美洲及其邻国地图

中美洲地区国家应对暴力事件的举措已日趋军事化，这种趋势始于 2009 年。当年，萨尔瓦多政府赋予军队国内安全任务。[8] 2011 年，洪都拉斯国家议会也赋予其军队更多职能，包括“在政府要求

---

〔6〕联合国毒品和犯罪办公室（UNODC），“2011 年全球命案研究：趋势、环境和数据”（联合国毒品和犯罪办公室：维也纳，2011），方法论附件，第 8 页。

〔7〕C. 阿塞韦多，“中美洲暴力的经济成本”（国家安全委员会：圣萨尔瓦多，2008）；另请参见 R. 塞拉诺—贝尔泰和 H. 洛佩兹，“中美洲暴力与犯罪：发展中的挑战”（世界银行：华盛顿特区，2011 年），第 6 页。数据不包括由于暴力活动引发经济增长缓慢所导致的国内生产总值损失。

〔8〕A. 洛佩兹，“中美洲公共安全军事化”，防务信息网站，2011 年 12 月 14 日，网址：〈http://www.infodefensa.com/? opinion = militarizacion-de-la-segur〉。

下，‘常态化参与打击毒品犯罪、军火走私和有组织犯罪行动’”。[9] 2012 年 1 月，危地马拉总统奥托·佩雷斯·莫利纳宣布，他有意让军队在打击有组织犯罪方面发挥更大的作用，并称其前任阿尔瓦罗·科隆总统在任期内已打下了良好基础。2011 年 7 月，科隆总统废除了 2004 年通过的将危地马拉国防预算控制在国内生产总值 0.33% 之内的限制，并允许军队采购新装备。[10] 2012 年 7 月，恩里克·培尼亚·涅托当选墨西哥总统后承诺“继续打击有组织犯罪”，并称，“在打击毒品犯罪行动中保持某种形式的军事参与将非常必要”。[11] 涅托试图增加联邦警察部队的规模并创建国家宪兵队。宪兵队由参与打击有组织犯罪活动的军事部队组成，但接受非军事领导。此外，涅托还准备在墨西哥 31 个州和墨西哥城分别建立统一的警察部队。这可能对中美洲的军民关系产生影响。20 世纪 90 年代，萨尔瓦多、危地马拉和尼加拉瓜的内战结束后，中美洲一直向着文官对军队的控制越来越强的方向发展。

与这一趋势相符，近年来中美洲的军事和国内安全开支一直快速增长。2012 年，该地区的军费开支为 85 亿美元（按现行价格计算），比 2011 年实际增长 8.6%，比 2006 年实际增长 56%（参见表 3.6）。年度增幅最大的国家为墨西哥（增加 10%）和尼加拉瓜（增加 27%）。相比之下，伯利兹、萨尔瓦多和洪都拉斯则削减了军费开支。墨西哥为该地区最大的军费开支国，2006 年至 2012 年间，军费开支实际增长了 60%。洪都拉斯的军费开支在 2006 年至 2012 年间实际增加了 81%。危地马拉的军费开支自 2009 年以来稳步增长。尽管如此，该地区军费开支占国内生产总值的比例仍然较低。2012 年，仅洪都拉斯的军费开支超过国内生产总值的 1%。（参见下面第七节表 3.13）。

〔9〕“洪都拉斯：有了新的法律保障，洛博继续让军队扮演警务角色”，《拉丁美洲安全和战略回顾》，2011 年 12 月，第 17 页。

〔10〕G. 孔特雷拉斯，“科罗姆总统废除限制军队预算协议”，《自由新闻报》（危地马拉市），2011 年 7 月 1 日；另参见“佩雷斯·莫利纳争分夺秒”，《拉丁新闻每日报导》，2012 年 1 月 16 日。

〔11〕C. R. 西尔科，“墨西哥：国会关注的问题”，国会研究部报告 RL32724（美国国会，国会研究部：华盛顿特区，2012 年 9 月 24 日），第 6 页。

表 3.6 2006—2012 年中美洲军费开支

开支数额以 2011 年固定美元价格和汇率计，单位为百万美元

	2006	2007	2008	2009	2010	2011	2012	2006—2012 年变化百分比
伯立兹	13.0	14.2	18.2	17.0	15.0	15.7	[14.6]	*12*
哥斯达黎加	—	—	—	—	—	—	—	—
萨尔瓦多	222	229	225	229	237	256	[233]	*5.0*
危地马拉	172	170	182	170	187	197	205	*19*
洪都拉斯	106	126	156	175	182	201	192	*81*
墨西哥	4440	5013	5019	5689	6203	6472	7103	*60*
尼加拉瓜	46.0	46.0	43.6	43.1	45.6	51.5	65.4	*42*
巴拿马	—	—	—	—	—	—	—	—
总额	**4999**	**5598**	**5644**	**6323**	**6870**	**7193**	**7813**	***56***

-：数据为零或可以忽略

[ ]：SIPRI 估计数据

资料来源：表 3.11

墨西哥军费开支上涨主要在卡尔德龙总统 2006—2012 年任期内。其间，卡尔德龙将打击有组织犯罪作为首要任务，并让军队担负主要责任。[12] 墨西哥军费过去十年的增长似乎确实是由于墨西哥军队参与打击毒品走私。[13] 但是，打击毒品走私的成效却由于腐败和薄弱的警察和执法体系而大打折扣。尽管墨西哥国家系统中这些问题非常普遍，使毒品走私情况更为恶化。[14]

毒品走私是一个地区性问题，而不是仅发生在墨西哥。毒品从哥伦比亚运至美国，需通过中美洲走廊，墨西哥只是其中一站。为了保

〔12〕 P. 斯托伦海姆，C. 佩尔多莫和 E. 申斯，“军费开支”，《SIPRI 年鉴 2008》，第 202 页。

〔13〕 T. 斯帕罗，“中美洲国家军队再次进行军购”，《英国广播公司西班牙语世界报导》，2011 年 10 月 5 日，网址：〈http：//www. bbc. co. uk/mundo/noticias/2011/10/111003_america_ central_ armamento_ tsb. shtml〉。

〔14〕 参见 L. 弗里曼，《戒严：墨西哥毒品相关暴力与腐败——毒品战争意料之外的后果》，华盛顿拉丁美洲问题办公室特别报告，（华盛顿拉丁美洲问题办公室：华盛顿特区，2006 年 6 月），第 5 页。

护领空和“更好地打击毒品走私者空中供应链”，该地区部分国家政府已经宣布，希望升级现有飞机或对其进行现代化改造。[15] 例如，2012 年危地马拉政府寻求 1.4 亿美元的信用额度，用以采购 6 架教练/战斗机，并升级其教练机编队。[16]

国内安全支出

随着中美洲军费开支的增加，其国内安全开支也在增长，而且国内安全开支涨幅更大。定义政府在非军事“安全”领域的开支并非易事。开支理应包括警察、宪兵、情报机构、边境和海岸安全，以及主管政府部门的开支。灰色区域包括司法部门和监狱系统的开支。目前，有限的可用数据使得国内安全开支定义只能包括中央政府国内安全部门（或秘书处）的开支。但是，这些部门的部分职能（如签发护照），并不一定与安全相关。此外，在有些国家，这样的部门是新成立的。因此，在进行历史比较时，需将其他部委的开支计入历史开支。例如，2010 年巴拿马公共安全部成立之前，其政府和司法部行使国内安全职能。本书中的数据将上述变化考虑在内。

2006—2012 年间，中美洲国内安全开支实际增长了 131%（参见表 3.7）。墨西哥增幅最大，其安全部开支增长了两倍多。有迹象表明，墨西哥培尼亚·涅托政府将继续增加国内安全开支，并将开支方向由惩戒转为预防。涅托在其执政初期提出的安全计划“墨西哥协定”，重点强调预防犯罪和重组墨西哥安全和执法机构。[17] 目前尚不清楚这种转变的实际意义。美智库布鲁金斯学会发表报告称，培尼亚·涅托“一直在减少暴力，特别是凶杀、绑架和勒索方面缺少切实的计划”。[18]

---

〔15〕 斯帕罗（同注释〔13〕）（作者译文）。

〔16〕 A. 洛佩兹，“危地马拉政府为采购超级巨嘴鸟飞机和西班牙雷达寻求贷款”，防务信息网站，2012 年 8 月 28 日，网址：〈http://www.infodefensa.com/?noticia=el-gobierno-de-guatemala-gestiona-prestamo-para-adquisicion-de-aviones-super-tucano-yradares-espanoles〉。

〔17〕 “墨西哥：培尼亚·涅托经过六年提出了打击暴力犯罪的‘适当的政策’”，西班牙拉美通讯和分析社，2012 年 12 月 17 日，网址：〈http://www.infolatam.com/2012/12/17/mexico-pena-nieto-anuncia-politica-de-seguridad-conenfoque-regional-y-gendarmeria/〉。

〔18〕 费尔巴布—布朗（同注释〔5〕），第 4 页。

表 3.7 2006—2012 年中美洲国家国内安全开支

开支数额以 2011 年固定美元价格和汇率计，单位为百万美元

	2006	2007	2008	2009	2010	2011	2012	2006 至 2012 年变化百分比
伯立兹[a]	..	..	..	..	..	..	..	..
哥斯达黎加	148	168	170	205	234	281	331	*124*
萨尔瓦多	265	237	337	299	345	336	328	*24*
危地马拉	346	377	372	464	447	421	490	*42*
洪都拉斯	144	164	164	182	162	195	202	*40*
墨西哥	925	1311	1799	2854	2700	2859	3133	*239*
尼加拉瓜	74.2	80.5	81.6	75.4	78.5	79.6	80.5	*8.5*
巴拿马	301	315	335	419	550	490	518	*72*
总计[a]	**2203**	**2653**	**3259**	**4498**	**4517**	**4662**	**5083**	***131***

a 伯利兹没有连贯数据可用。总计不包括伯利兹。

资料来源：哥斯达黎加财政部，《预算法》，网址：〈https://www.hacienda.go.cr/Msib21/Espanol/Direccion + General + de + Presupuesto + Nacional/leypresupuesto.htm〉；萨尔瓦多财政部，《国家财务报告》，网址：〈http://www.transparenciafiscal.gob.sv/portal/page/portal/PTF/Presupuestos_ Publicos/Presupuestos_ ejecutados〉；危地马拉公共财政部，《批准预算》，网址：〈http://www.minfin.gob.gt/presupaprobado/presupaprobados.html〉；洪都拉斯财政秘书处，《向中央政府提交的预算执行报告》，网址：〈http://www.sefin.gob.hn/?page_ id=8246〉；墨西哥金融和公共信用秘书处，《联邦开支预算》，网址：〈http://www.shcp.gob.mx/EGRESOS/PEF/Paginas/PresupuestodeEgresos.aspx〉；尼加拉瓜财务和公共信贷部，《预算执行报告》，网址：〈http://www.hacienda.gob.ni/documentos/presupuesto/informes〉；巴拿马经济和财政部，《国家预算》，网址：〈http://www.mef.gob.pa/es/direcciones/presupuestoNacion/Paginas/presupuestos.aspx〉。

除墨西哥外，大幅增加国内安全开支的国家有哥斯达黎加、巴拿马、危地马拉和洪都拉斯。哥斯达黎加和巴拿马国内安全开支较高，部分原因是这两个国家都没有正规武装力量，国内安全部队是其应对暴力犯罪的唯一手段。

中美洲国家国内安全开支的大部分都用于开销，只有很小一部分

用于资本投资。[19] 大多数中美洲国家的国内安全开支增额都用于了扩编警察部队和提高警察工资。例如，据报道，为了减少打击毒品走私活动中对军队的依赖，墨西哥将联邦警察的数量从 2006 年的 6500 人增加至 2010 年的 35500 人。[20] 但尽管如此，墨西哥警力仍然缺乏“在全国范围内保持永久存在的技术能力、基础设施和人员数量”。[21]

为支持当前军队和国内安全领域的开支，一些政府已征收特殊的“安全税”。例如，2011 年 12 月，哥斯达黎加立法大会批准向每个公司征收 300 美元。该项税收预计每年将筹集 7000 万美元用于安全部队购买新装备。[22] 2011 年 6 月，洪都拉斯国会也对矿业、电信业和其他产业征收新税。预计在未来五年，每年征收约 7900 万美元用于改进警察和军队的装备等。[23] 部分企业反对征收新税，认为这将阻碍投资。因此，洪都拉斯政府将矿业出口的税收从 5% 削减至 2%，并取消了 3% 的银行取款税。[24] 萨尔瓦多和危地马拉未能新增类似税收。[25] 萨尔瓦多总统毛里西奥·富内斯曾试图每年增加 1.2 亿美元税收，但未能得到商业领导人的支持。[26]

---

〔19〕 拉丁美洲安全与防务网络，“拉丁美洲公共和公民安全指数：萨尔瓦多、危地马拉和洪都拉斯”，（拉丁美洲安全与防务网络：布宜诺斯艾利斯，2011），第 87 页。

〔20〕 I. 格瓦拉·莫亚诺，“战火中调整、转型和现代化：墨西哥军队 2006 至 2011”，第 15 页。（美国陆军战争学院战略研究学会：卡莱尔，宾夕法尼亚州，2011 年 9 月），第 15 页。另参见 M. 罗伊格—弗伦齐亚，“墨西哥计划增加警察人数以打击贩毒团伙”，《华盛顿邮报》，2008 年 7 月 11 日。

〔21〕 格瓦拉·莫亚诺（同注释〔20〕），第 15 页。

〔22〕 A. 威廉姆斯，“哥斯达黎加希望安全税收、新监狱建设有助于打击犯罪”，美洲对话网站，2012 年 2 月 13 日，网址：〈http://www.dialogo-americas.com/en_GB/articles/rmisa/features/regional_news/2012/02/13/aa-costa-rica-security〉；另参见 A. 洛佩兹，“哥斯达黎加通过安全税”，防务信息网站，2012 年 1 月 4 日，网址：〈http://www.infodefensa.com/?noticia=costa-rica-aprueba-un-impuesto-para-financiarla-seguridad-del-pais〉。

〔23〕 “洪都拉斯通过临时安全税”，拉更（马那瓜），2011 年 6 月 23 日。

〔24〕 “因触怒企业，洪都拉斯削减安全税”，路透社，2011 年 9 月 14 日。

〔25〕 J. 贝利，“安全税”，《环球报》（墨西哥城），2012 年 10 月 6 日。

〔26〕 A. 洛佩兹，“萨尔瓦多对大企业征收新安全税”，防务信息网站，2011 年 5 月 24 日，网址：〈http://www.infodefensa.com/?noticia=el-salvador-aplicara-un-impuesto-a-los-grandes-capitales-parafinanciar-la-seguridad〉；另参见“萨尔瓦多未能就安全税达成协议”，墨西哥新闻社，2011 年 8 月 31 日，网址：〈http://es-us.noticias.yahoo.com/continua-salvador-acuerdo-impuesto-seguridad-185200295.html〉。

美国的角色

美国是中美洲毒品贸易的主要目的地。据美国务院统计，“估计美国约 95% 的可卡因是从南美经由墨西哥—中美洲走廊运输的”。[27] 因此，美国向中美洲国家政府提供了数目可观的安全相关援助，以补充这些国家可用于打击涉毒暴力行为和有组织犯罪的财力。

2007 年，墨西哥和美国达成了一项安全援助协议——“梅里达倡议”。该倡议旨在解决中美洲地区的暴力犯罪问题。[28] 该倡议内容包括：（1）向中美洲国家提供用于非侵入性检查的设备、离子扫描仪和警犬，用以拦截非法毒品、军火、现金和人员；（2）提供改善和保证通信系统安全的技术，该通信系统可在墨西哥收集犯罪信息；（3）为检察官、辩护人、调查员提供技术咨询和培训，从而加强司法部门建设；（4）提供直升机和侦察飞机，用以支援墨西哥执法部门的拦截和快速反应行动；（5）向中美洲国家提供设备、培训和社区行动计划，从而更好地执行打击犯罪集团的措施。[29] “梅里达倡议”主要关注打击毒品走私的硬件，而忽略了铲除中美洲地区毒品走私、暴力和腐败的根源。[30]

“梅里达倡议”的大部分资金用于墨西哥。2008—2012 财政年度，美国国会拨款 19 亿美元用于援助墨西哥反毒和打击犯罪行动。

---

〔27〕 美国国务院，国际麻醉品及执法事务局，“国际禁毒战略报告”，卷一，药品和化学品控制（美国国务院，华盛顿特区，2011 年 3 月），第 383 页。

〔28〕 C. R. 泽尔科，“针对墨西哥和中美洲的梅里达倡议：资金和政策问题，国会研究部报告 R40135（美国国会，国会研究部：华盛顿特区，2009 年 8 月 21 日），第 2 页。

〔29〕 美国国务院，国际麻醉品及执法事务局，“梅里达倡议”，简报，2009 年 6 月 23 日，网址：〈http://www.state.gov/j/inl/rls/fs/122397.htm〉；另参见美国国务院，西半球事务局，“梅里达倡议：拓展美墨伙伴关系”，2012 年 3 月 29 日，网址：〈http://www.state.gov/p/wha/rls/fs/2012/187119.htm〉。

〔30〕 例如，M. 佩雷斯·罗恰，“失败的墨西哥毒品之战”，跨国研究所，2009 年 4 月 1 日，网址：〈http://www.tni.org/article/failed-war-drugs-mexico〉；及 P. 阿沃特，“梅里达倡议：有缺陷的缉毒政策?”，《小规模战争杂志》，2011 年 1 月 6 日，第 8 页。

这些拨款是“梅里达倡议”的一部分。[31] 2010 年，美国政府“重新启动”“中美洲区域安全倡议”。该倡议是“梅里达倡议”的一部分，用于援助除墨西哥外的其他中美洲国家。2008 至 2012 财政年度，美国国会通过“梅里达倡议”和“中美洲区域安全倡议”向中美洲（不包括墨西哥）拨款 4.665 亿美元。[32] 虽然“梅里达倡议”的重点是基础设施建设，“‘中美洲区域安全倡议’不仅为即时执法和拦截行动提供设备、培训和技术援助，还旨在加强政府机构应对安全挑战以及营造相关氛围的能力”。[33]

安全开支的影响

来自美国的援助和中美洲国家自身对其军队和国内安全部队的投入都不断增加，但中美洲国家的武装暴力水平却没有显著下降。值得关注的成果有：2009 年至 2012 年间，墨西哥 37 名大毒枭中的 25 位被抓获或被击毙，多条贩毒路线被切断。[34] 但 2008 年和 2009 年的一些分析也显示，墨西哥正濒临失败国家的边缘，因为该国暴力犯罪飙升至前所未有的水平。[35] 运用军事方式应对毒品走私，还造成了 7 个大型贩毒集团分解为约 80 余个暴力倾向更强的小型贩毒集团。[36]

---

〔31〕 参见西尔科（同注释〔11〕），第 13 页。SIPRI 在统计援助接受国总体军费开支时，将其接受的外国军事援助金额计算在内。但是，美通过“梅里达倡议”提供的援助，来自美国务院的国际麻醉品管制及执法账户，而不是外国军事资金及国际军事装备和培训中的军事援助类，因此 SIPRI 不将其计入军费。

〔32〕 P. J. 迈耶和 C. R. 西尔科，“中美洲区域安全倡议：背景和政策问题”，国会研究部报告 R41731（美国国会，国会研究部：华盛顿特区，2012 年 2 月 21 日），第 1 页。

〔33〕 迈耶和西尔科（同注释〔32〕），第 2 页。

〔34〕 E. E. 卡斯蒂略，和 M. 维森施坦，“准官员米格尔·安赫尔·奥索里奥·冲称，墨西哥的安全策略失败”，赫芬顿邮报，2012 年 12 月 17 日，网址：〈http://www.huffingtonpost.com/2012/12/17/mexicos-security-policy-failing-miguel-angel-osorio-chong_n_2319102.html〉；和“保龄球得分赛”，《经济学家》，2012 年 10 月 20 日。

〔35〕 例如，G. 弗里德曼，“墨西哥：在通往失败国家的路上”，美国全球情报分析机构，2008 年 5 月 13 日，网址：〈http://www.stratfor.com/weekly/mexico_road_failed_state〉，以及 B. 德布斯曼，“美国最为担心的情况之一：墨西哥成为失败国家”，《纽约时报》，2009 年 1 月 9 日。

〔36〕 N. P. 琼斯，“2012 年墨西哥毒品政策和安全回顾”，《小规模战争杂志》，2013 年 1 月 11 日。

军方行使国内安全职能不仅未能减少暴力犯罪的数量，还引发了侵犯人权的指控。例如，人权观察曾披露墨西哥军队使用酷刑、强奸和进行谋杀的案件。2010 年上半年，墨西哥国家人权委员会便接获1100 余宗侵犯人权的相关投诉。[37] 萨尔瓦多和危地马拉军队更多地参与国内安全事务同样引发关注。这两个国家都有在内战中侵犯人权的历史。这导致人们要求"结束军事介入打击贩毒集团行动，结束毒品战争及其带来的镇压、军事化、安全部队侵犯人权和流血事件大幅增加等问题"。[38]

安全开支增加的同时暴力犯罪也持续增加，这一悖论的确令人担忧。这需要中美洲国家政府采取新的方式应对贩毒和其他有组织犯罪活动带来的挑战。未来几年，中美洲国家政府的安全议程中需包括更多预防暴力犯罪的举措，还应承担更多打击安全部队腐败和滥用权力的责任。

（陈　戎　译）

---

〔37〕 人权观察，"2011 年世界报告"（人权观察：纽约，2011 年），第 256—262 页。

〔38〕 L. 卡尔森，"毒品战争的第二阶段"，美洲计划，2010 年 4 月 30 日，网址：〈http：//www. cipamericas. org/archives/2068〉。

第五节　军事预算和军费管理的两个案例研究：哥伦比亚和印度尼西亚

萨姆·珀洛-弗里曼　卡丽娜·索尔米拉诺

健全的政府开支管理在促进发展方面的重要作用得到广泛认可。在缺乏透明度和问责制的情况下，支出可能效率低下并带来浪费，无法与一国人口的需求及重点相匹配，或者被贪污挥霍。由于与军事部门相连的敏感性和保密性，军事开支往往是政府预算中最不透明的部分。军事预算编制不透明是一个近乎全球性的问题，或多或少地给全世界各地区带来影响。[1]

然而，有迹象表明许多地区的透明度正不断改善，因为过去30年来东欧、拉丁美洲和亚洲部分地区发生的一波又一波“民主化浪潮”已逐渐使军事部门有了更大的透明度，尽管军事预算可能是这种变化最后触及的领域之一。[2]

本节着眼于哥伦比亚和印度尼西亚在不断提高透明度上所取得的进展。印尼的民主政治历史不长，军方长期以来在政治和经济领域都有着一定的影响力，该国自1999年开始启动安全部门改革进程；而哥伦比亚由文官控制军队的传统要长得多，但其旷日持久的内战，再加上“侵犯人权有罪不罚”的文化，给透明度造成了一系列不同的挑战。

透明度和问责制这两个词可以以不同的方式来使用。特别是就国家间关系而言，透明度指的是自愿信息披露（尤其是有关国防和安全的内容），这种信息披露可能是建立信任措施的一部分，而作为内

---

〔1〕 SIPRI研究分析了其8个非洲案例研究国家的军事预算编制工作存在不足的根源。W. 奥米图根和E. 哈奇夫（编辑），SIPRI，《非洲的军事预算：流程和控制机制》（牛津大学出版社：牛津，2006年）。类似的问题也影响到其他地区。

〔2〕 请参阅C. 索尔米拉诺和M. 布罗姆利：《拉丁美洲和加勒比地区的军事开支和武器采购透明度》，SIPRI政策文件第31号（SIPRI：斯德哥尔摩，2012年1月）。SIPRI的研究人员还注意到过去10—20年来中欧和亚洲部分地区许多国家提供的信息质量有所提高。

部治理的一个方面，透明度指的是公民能否获得有关政府活动的相关信息，两者之间存在重要区别。[3] 这两种含义显然是重叠的，因为公民可以获取的信息也可以为其他国家所获取；但透明度的这两种含义有着不同的用途，并以不同的方式衡量。[4]

“透明度”在此的含义即包括信息的透明度，也包括过程的透明度。信息透明度取决于有关军事预算和实际开支的信息是否可以随时提供给公众，以及此类信息的可靠程度，是否具体和全面。过程透明度取决于预算决策是否公开和明示，具有明确列出的开支原因。“问责制”的含义包括：（1）预算决策过程对议会和公民负责；（2）支出的执行情况，即各项开支，尤其是采购支出，是否通过严格的程序加以管理并受文官控制；（3）对军事开支进行审计和议会审查，同时对不当行为予以查处。因此，有许多方面可能存在缺乏透明度和问责制的情况。[5] 其中一些列举如下。

1. **缺乏有效的国防政策和规划**。许多国家缺乏有效的国防政策和规划。军事预算编制和采购工作应当与既定的国防政策目标明确地联系在一起。然而，许多国家缺乏明确的国防政策清楚地说明其安全需求。因此，在政策真空的情况下进行决策，将资金浪费在了不必要的系统上，而未能真正满足安全需求，并且增大了腐败的风险。即使在明确阐明国防政策的情况下，政策和预算编制都有可能与采购工作脱钩。

2. **文官控制和民主控制薄弱**。许多发展中国家，甚至是那些拥有一般意义上民主政府的国家，都遭受着文官和民主政府对军队控制薄弱所带来的不利影响，特别是在议会监督方面。这种现象有几个方面的原因。同缺乏政治意愿一样，国会议员缺乏能力或兴趣也有可能

---

〔3〕 有关亚洲和美洲的建立信任措施，分别参见本卷年鉴第九章第4节和第5节。

〔4〕 请参阅索尔米拉诺和布罗姆利的文章（同注释［2］）。

〔5〕 N. 巴尔和L. 勒鲁合作撰写的“军事部门预算编制的最佳实践模式”等文章讨论了许多此类问题，奥米图根和哈奇夫编辑（同注释［1］）；索尔米拉诺和布罗姆利（同注释［2］）；S. 珀洛—弗里曼和C. 佩尔多莫：“军事预算和采购对发展的影响：武器贸易条约的影响”，为英国乐施会准备的报告，2008年4月，网址：〈http://www.sipri.org/research/armaments/milex/publications/unpubl_milex/〉。

是进行适当审查的一个主要障碍。[6] 这可能是源于军事部门属于议会权限之外这样一种根深蒂固的信念。军方自身可能阻挠来自议会的“干预”，或者说实际上更普遍的是来自文官政府的“干预”。其结果是对军事需求的评估相对于其他公共重点事项存在缺陷，往往有利于军方。在一些新兴民主化国家，根深蒂固的军方特权可能会限制议会乃至国防部对军队实施有效的文官控制。

3. **透明度不足**。各国政府和军队经常以敏感性或安全方面的考虑为由要求保密，导致国防预算编制和采购工作的透明度不足。有人主张，由于涉及国家安全问题，军事部门相对于其他政府部门需要特别对待。其结果是军事预算的信息披露不充分，可公开获得的只不过是预算分类的泛泛数据。这使得议会和其他民间组织很难监控军事预算。

4. **预算外和非预算军事开支**。许多国家的国防预算由预算外和非预算军事开支补充，这可能会损害透明度和问责制。当军队从国家预算的非军事部分获得资金的时候就会发生预算外开支。举例来说，这种情况可能包括科学或基础设施预算、总统特别基金或由财政部（而不是国防部）偿还的外国贷款。预算外开支往往既没有明确的分类，也不报告，很难或不可能理清所有军事开支项目。非预算开支来自于国家预算以外的全部资金来源。这可能包括用于购买武器的专项自然资源基金、私营部门为安全支付的款项或者军事业务活动收入。非预算资金可以让军队在不受议会或国防部监督的情况下购买武器，而由此带来的一个消极后果是各项采购并没有针对战略需求加以评估。非预算开支意味着在任何一般预算审议范围之外将资源分配给军队，而且在许多情况下自动完成，无需牵涉对国防需求的全面评估，也不存在相对其他可能的用途加以权衡的可能性。

5. **监测、控制和审计措施不足**。对军事开支的监测、控制和审计措施不足助长了腐败和浪费。SIPRI 对非洲地区预算编制做法的一项调查研究发现，许多其作为案例研究的国家控制开支的能力极其薄

〔6〕 请参阅 H. 博恩、P. 福路里和 A. 约翰逊：《议会对安全部门的监督：原则、机制和做法》（日内瓦民主控制武装力量中心：日内瓦，2003 年），第 38 页。

弱，而且许多其他国家也可能有类似的弱点。[7] 公众监督机构，特别是审计机关、反腐败机构和议会公共账目委员会，可能不愿意调查军方，或者可能常常被阻止这样做。[8]

哥伦比亚

哥伦比亚长达 50 年的打击游击队和贩毒集团的斗争一直是该国军费水平的主要决定因素。尽管内战旷日持久而且安全部队侵犯人权的问题严重，哥伦比亚近期历史上从未有过军事统治的时期。自 1991 年以来，哥伦比亚一直由文职人员担任国防部长，总体而言体现了文官对军队的有力控制。军事开支的透明度也相当不错，近年来一直不断改善。然而，哥伦比亚依然存在显著问题，特别是在非预算资金来源方面。

军事预算编制的透明度

在 2010 年哥伦比亚国防部与国家规划部对衡量哥伦比亚军费的总体方法进行联合评估后，军事预算的透明度有所改善。[9] 修订后的方法旨在让人们更清晰地了解哥伦比亚的军费和安全支出。

军事预算的有关信息向公众公开，包括关于行动和投资支出的分类信息。年度预算法就军费规定了有限程度的具体要求，特别是在购置武器方面。相比之下，国防部公布的年度采购计划相当详细。国防部过去曾经公布过与安全政策执行情况相关的信息，包括采购项目的执行情况。[10]

国防部的整个预算过程既涉及军方人士和机构，也牵涉到文职人员和机构，如国家规划部、财政和公共信贷部、国会和总审计署等。国家发展规划是预算方案编制、安全政策、战略规划指引和部门分析

〔7〕 奥米图根和哈奇夫编辑（同注释［1］）。

〔8〕 由于篇幅原因，下面的案例研究不涉及军事开支决策过程的相关问题。特别是哥伦比亚和印度尼西亚均存在议会在决策中未能发挥应有作用的问题，这方面的适当讨论将需要长得多的篇幅。

〔9〕 请参阅哥伦比亚国防部和国家规划部：《国防和安全开支的计算方法》（国防部/国家规划部：波哥大，2010 年）。

〔10〕 国家规划部官员，作者采访，2010 年 3 月。

的核心指导意见，确定了国家预算重点。[11]

武器采购的透明度

过去11年中，哥伦比亚推出了许多与透明度相关的举措。其中一些涉及军事开支的最重要的举措有国防廉政公约、反腐败文件以及实行集中采购。虽然武器采购过程的透明度有所提高，因为减少腐败而努力的结果总的说来却有好有坏。[12] 2002年，国防部要求透明国际组织的国内分支机构透明哥伦比亚组织协助“找到增强国防采购过程透明度的机制”。[13] 透明哥伦比亚组织建议采用国防廉政公约：即具有法律约束力的协议，由独立监察机构监督，并由合同的竞标者以及参与采购过程的机构签署。透明哥伦比亚组织还建议采用反腐败承诺书，其后与国防廉政公约书合并为一份单一的统一文件。[14] 2004年，通过其在哥伦比亚和英国的分支机构，透明国际组织协助国防部在购置价值2.37亿美元、拟用作缉毒的22架飞机的招标过程中贯彻执行廉政公约。[15] 采取这种透明度措施的强有力理由是哥伦比亚希望“吸引更大范围的潜在承包商，因为许多公司认为腐败和人权问题有损哥伦比亚作为合适市场的吸引力”。[16]

六家公司表示有兴趣参与投标，但除一家公司外其余公司均退出了竞标，招标程序随之失败。[17] 国防部最终决定继续与留下的巴西

---

〔11〕 国家规划部官员（同注释［10］）。

〔12〕 R. I. 奥斯皮纳·罗夫莱多：“廉政公约：公共部门承包业务廉洁自律的工具”，拉丁美洲和加勒比地区透明度与发展会议，美洲开发银行，2000年5月，网址：〈http：//www. iadb. org/leg/Documentos. asp〉，第1页。

〔13〕 透明哥伦比亚和透明国际英国分会：“哥伦比亚的国防采购和廉政公约，报告1：小规模合同”，2006年3月，网址：〈http：//www. ti-defence. org/publications/617-defence-procurement-and-integrity-pacts-in-colombia-report－1〉，第3页。

〔14〕 透明哥伦比亚和透明国际英国分会（同注释［13］），第4—8页。

〔15〕 透明国际英国分会：“哥伦比亚的国防采购和廉政公约，报告2：作战飞机”，2006年3月，网址：〈http：//www. ti-defence. org/publications/711－defence-procurement-and-integrity-pacts-in-colombia-report－2〉。

〔16〕 透明国际英国分会（同注释［15］），第7页。

〔17〕 退出竞标的5家公司确定了一系列退出的原因，包括没有足够时间准备投标，认为对涡轮螺桨发动机的偏好超过涡轮风扇发动机以及将机身运往哥伦比亚进行评估的成本高昂。透明国际英国分会（同注释［15］），第12页。

航空工业公司进行谈判。[18] 虽然无法最终行使廉政公约，但为今后实施此类公约取得了重要的经验教训。最重要的是哥伦比亚空军和国防部表明其致力于建立透明的采购流程。

2011 年，国防部长罗德里格·里韦拉·萨拉萨尔发布新指令将采购工作集中于国防部，而不是隶属于三军。在发生了涉及国家保卫个人自由基金的丑闻之后，这一新指令的目标是加强控制以避免腐败。该基金由国防部控制，负责协调在打击绑架行为的斗争中所使用的各项资源。据称有超过 30 亿比索（170 万美元）的资金通过签署非正规合同的方式从该基金转移。[19]

特别资源的使用和民间社团的作用

军事开支相关透明度提高的另一个值得注意的方面与国防部接受特别资源的监督有关。2002 年，随着内战加剧，哥伦比亚政府宣布戒严并要求全体人民提供道义和财政支持以维护国家的安全。[20] 总统阿尔瓦罗·乌里韦的政府决定通过实行名为民主保障税的一次性财产税来增加军事预算。[21] 2002—2003 年间，政府征收了超过 8 亿美元税款。[22] 2004—2006 年、2007—2010 年和 2011—2014 年期间，该税以不同的名称重新征收，税率各不相同。[23]

2007 年，为了监控这些资源的支出执行情况，国防部建立了道德和透明度委员会，其成员包括商人、学者、非政府组织成员和前国防部长。该委员会受邀参与界定国防部希望运用特别资源执行的项

〔18〕 透明国际英国分会（同注释［15］）。

〔19〕 “哥伦比亚国防部将集中采购系统”，国防信息网，2011 年 3 月 21 日，网址：〈http：//www. infodefensa. com/? noticia = el-ministerio-de-defensa-de-colombia-centralizara-el-sistema-de-adquisiciones-de-material〉；“桑托斯下令介入国家保卫个人自由基金的涉嫌腐败案件”，《星期》（波哥大），2010 年 11 月 12 日。

〔20〕 P. 洛萨诺：“乌里韦宣布哥伦比亚全国进入紧急状态以挫败哥伦比亚革命武装力量”，《国家报》（马德里），2002 年 8 月 13 日。

〔21〕 税率为 1. 2%，按照 2002 年 8 月 31 日总资产超过 1. 655 亿比索（92000 美元）的自然人和法人所拥有的流动性资产价值计算。哥伦比亚财政和公共信贷部：《民主保障税缴纳监管令》，2002 年第 1949 号令，2002 年 8 月 22 日，网址：〈http：//www. presidencia. gov. co/prensa_ new/decretoslinea/〉。

〔22〕 H. N. 皮诺：《中美洲的司法和公共开支》（拉丁美洲经济委员会：墨西哥城，2011 年 10 月），第 31 页。

〔23〕 请参阅皮诺的文章（同注释［22］），第 31 页。

目。2007—2010 年期间的所有采购项目均提交给了该委员会。[24] 此外，该委员会还获得了由国防部下属的内部控制办公室编制的审计报告。[25] 据时任国防部长并于 2010 年当选总统的胡安·曼努埃尔·桑托斯所述，该委员会“成了一个开放的讨论论坛，让我们可以引导重要的决策以加强国家的安全并使资源的实施更负责任”。[26] 2009 年，由于新的 2011—2014 年期间的一系列特别资源获得批准，国防部宣布这个原本不想使其成为常设机构的委员会将继续运作。[27] 2012 年 3 月，该委员会再次恢复工作以监控财产税带来的 70 多亿比索（400 多万美元）资金的分配情况。[28] 该委员会正在进行的工作是在改善政府政策透明度和问责制的道路上又迈进了一步。

预算外资源

两个预算外军事开支来源表明在哥伦比亚为提高和改善透明度而做出的积极努力中尚存在缺口：国土安全基金以及国防部与哥伦比亚国家石油公司之间达成的安全服务协议。

在省和市一级，安全部队从 1997 年创建的国土安全基金获得资金。该基金的资金来源于省或市与企业之间签订的合同，企业据此向与其签约的公共机构支付合同总价值 5% 的款项。[29] 这些资源用于各种军事目的，包括军需采购、重建营房等设施、购置通讯设备以及

---

〔24〕 透明国际英国分会，国防与安全项目：《哥伦比亚国防领域反腐败改革措施评估》（透明国际：伦敦，2011 年 5 月），第 7 页。

〔25〕 哥伦比亚国防部、安全管理部、财政和公共信贷部及国家规划部：《巩固民主安全的政策：国防和安全领域的能力建设》，社会和经济政策国家战略文件第 3460 号（国家规划部：波哥大，2007 年 2 月 26 日），第 21—22 页。

〔26〕 国防部长 J. M. 桑托斯：《巩固民主安全：有决心、有成果的努力》（国防部：波哥大，2009 年），第 44 页。（作者译文）。

〔27〕 “哥伦比亚人知道房地产税会撤销：国防部长”，《旁观者报》（波哥大），2009 年 12 月 30 日。

〔28〕 “国防部提出了道德和透明度佣金”，特拉网，2012 年 3 月 17 日，网址：〈http：//noticias. terra. com. co/nacional/mindefensa-presenta-comision-de-etica-y-transparencia，1e54fa11bd026310VgnVCM3000009af154d0RCRD. html〉。

〔29〕 哥伦比亚法律 2006 年第 1106 号，《官方公报》（波哥大），第 46490 号（2006 年 12 月 22 日），第 6 条。

安装智能网络。[30] 各个基金分别由主管合同的省长或市长管理。[31] 目前还不清楚自推出国土安全基金以来是否有任何监督机制已经落实到位，或者是否已经公开了有关这些资源的开支执行情况的信息。此外，在省级或市级预算中没有任何证据表明这些资金已经纳入所报告的军事开支。2010 年，哥伦比亚参议院要求司法和内政部将制度落实到位以监督运用国土基金所进行的投资。[32]

用于军事开支的预算外资金的第二个来源是国防部与哥伦比亚国家石油公司及其子公司之间达成的安全服务协议。哥伦比亚国家石油公司为军队和安全部队提供资金以换取对石油公司基础设施的保护。[33] 这些协议起初是由于 20 世纪 90 年代期间对石油管道及相关能源基础设施的袭击不断增加。[34] 哥伦比亚国家石油公司的网站上提供了有关协议的一些有限信息，而且国防部公布了一份协议清单，其中包括石油公司转给军方的资金金额。然而，这些报告并非有系统地提供，造成很难监督资金是如何开支的。目前也不清楚这些资金是否已经纳入国防部的综合预算和支出报告。过去五年中，随着哥伦比亚石油勘探规模扩大，对开采基础设施的袭击也愈演愈烈，导致人们疑惑石油企业是否应该拥有自身的私人保安部队以弥补由军队提供保护人力不足的问题。[35] 这对今后的协议会产生影响，因为目前不确定哥伦比亚军队是否将能够继续为该国的 130 多个石油勘探区提供保护。2011 年，国防部长胡安·卡洛斯·平松宣布将增派 6000 人的部

---

〔30〕 哥伦比亚内政和司法部："土地事务和公共秩序"，网址：〈http://www.mij.gov.co/econtent/newsdetailmore.asp?id=1458andidcompany=〉。

〔31〕 安全部门和市政项目："公共安全和公共秩序的处理方法及地方化管理"，2 号文件，2005 年，网址：〈http://www.resdal.org/ultimos-documentos/policia-instrumentos-colombia.pdf〉，第 18 页。

〔32〕 哥伦比亚法律 2010 年第 1421 号，《官方公报》（波哥大），第 47.930 号（2010 年 12 月 21 日），第 6 条。

〔33〕 A. 维拉米扎等：《国防预算透明度：哥伦比亚的例子》，拉美安全与防务网研究论文（拉美安全与防务网：布宜诺斯艾利斯，2005 年 7 月），第 65 页。

〔34〕 D. J. 申莫："石油公司买下军队以免遭哥伦比亚反政府武装袭击"，《纽约时报》，1996 年 8 月 22 日。

〔35〕 D. 莫林斯基："在哥伦比亚经营的石油公司说安全是政府的职责"，哥伦比亚报告网，2011 年 8 月 10 日，网址：〈http://colombiareports.com/colombia-news/economy/18216-oil-companies-in-colombia-say-security-is-governments-job.html〉。

队保护油田。[36]

印度尼西亚

1998 年独裁总统苏哈托下台后，伴随着印尼的民主转型而展开的广泛的安全部门改革基本结束了军方在政治领域的主导作用。一些主要改革措施包括军警分离；消除印度尼西亚军队（印尼国民军）的政治作用，包括其在国会中的保留席位；建立文职国防部；以及分别在 2003 年和 2008 年发布国防白皮书为军事相关决策确立总体政策框架。[37]

然而，虽然印尼国民军不再寻求干预政治，文官对军队的民主控制仍然薄弱，同时军事财政、预算和采购方面的透明度和问责制依然存在严重的差距，尽管这些领域已经取得了一些进展。某些主要持续存在的问题包括军事开支的总体透明度水平相当低；文官对军队的民主控制薄弱；军方自身的创收活动；以及严重的腐败，尤其是在武器采购方面。

文官对军队的控制

印尼文官对军队的实质性民主控制依然有限。印尼国民军对国防部的政治责任在法律上模糊不清，两者间的关系被一位评论家描述为“对等”关系而不是明确的从属关系。值得注意的是，印尼国民军总司令同时也是内阁的正式成员。2004 年通过的法案规定，印尼国民军总部未来可能在国防部的完全控制之下，但没有为此确定时间表。[38] 再一个问题是，尽管国防部长是文职，国防部的要职大多由军官担任，这意味着实际上军队本身在很大程度上仍然负责防务政策的制定。评论家形容印尼国民军总部“心照不宣地控制”着国防部

〔36〕“政府将加大对石油和采矿业的保护力度”，特拉网，2011 年 11 月 9 日，网址：〈http://noticias.terra.com.co/nacional/gobierno-aumentara-proteccion-a-sectores-petrolero-y-minero，389e647f58a83310VgnVCM3000009af154d0RCRD.html〉。

〔37〕有关印尼的军事改革进程及其局限性，请参阅 K. 昂科洛：“印度尼西亚共和国国防部：没有有效控制权的文官掌权”，B. 苏卡迪斯编辑：《2007 年印尼安全部门改革年鉴》（日内瓦民主控制武装力量中心：日内瓦，2007 年）；J. 鲁兰德、M. – G. 马尼亚和 H. 博恩（编辑）：《军事改革的政治：从印度尼西亚和尼日利亚的经验》（施普林格出版社：海德堡，2012 年）。

〔38〕昂科洛（同注释［37］）。

官僚及其防务政策的制定，而国防部则为军事失误和失职行为提供掩护。[39]

预算报告

印尼国防预算的透明度就像预算的其他方面一样乏善可陈。大部分预算项目仅分解成几大类。[40] 特别是军事预算，通常按照军种或者按照人员、职能性支出和采购的职能类别来加以细分。在军事开支的理由上只提供非常笼统的信息。虽然最近几年细化程度有所提高，而且 2012 年的预算还提供了按照军种和各军种内部大类划分的明细，印尼的军事预算仍然远没有达到让人具体了解军事开支的程度。国防预算报告内还包含由基于外国贷款的出口信贷融资提供的用于武器采购的额外资金。[41]

军工企业和其他创收活动

印尼国民军的经济透明度和问责制方面最严重的差距之一是其各种非预算资金来源。其中，最重要的是印尼国民军的大规模商业活动，这是印尼武装部队自其在争取独立的斗争中以游击运动的形式建立以来一直都有的特点。主要通过由“合作社”和“基金会”构成的网络，印尼国民军在 2005 年拥有 1520 家企业；2008 年，这些企业所拥有的资产达到 3.2 万亿印尼盾（约合 3.49 亿美元）。[42] 目前不清楚这些企业的收入如何使用。有一位印尼军事分析家认为，可用于军事行动的这一来源收入只占到官方军事预算的 1.5%—3%。[43] 虽然军工企业所产生的收入据官方称依照惯例用于改善部队福利等拥

---

〔39〕 昂科洛（同注释［37］）；L. C. 塞巴斯蒂安和 I. 金代尔塞：“评估印尼 12 年的军事改革：改革下一阶段的主要战略差距”，拉惹勒南国际研究学院工作文件第 227 号，2011 年 4 月 6 日，网址：〈http://www.rsis.edu.sg/publications/Working_ papers.html〉；M. 阿赫拉克：“民间社团组织在安全部门改革中的作用”，苏卡迪斯编辑（同注释［37］）。

〔40〕 请参阅印度尼西亚财政部：“财政备忘录和预算收支：2013 年财年”，网址：〈http://www.anggaran.depkeu.go.id/dja/edef-konten-view.asp?id=945〉。

〔41〕 阿赫拉克（同注释［39］）；塞巴斯蒂安和金代尔塞（同注释［39］）。

〔42〕 目前看来无法获得更新的数据。S. 迈克尔斯和 U. 哈扬托：“印尼军方有何商业活动”，《雅加达环球报》，2012 年 5 月 11 日。

〔43〕 迈克尔斯和哈扬托的文章中援引的资料来自印度尼西亚科学研究所的贾尔斯瓦利·普拉摩达瓦尔丹尼（同注释［42］）。

军目的，现在看来这些资金流向了别处。一份 2006 年的报告认为，很大一部分收入通过军队的等级制度输送给了个人，其中最大部分给了高级军官，级别较低的人员所得较少。[44]

印尼国会于 2004 年通过法律下令所有军队经营的企业必须在 2009 年前交由政府接管。由于这一法律实施进展缓慢，2009 年又发布总统令重申该撤资命令，到 2011 年这一工作据说已经由政府完成。[45] 然而，民间社团和媒体消息来源认为，这项法律及其实施还不够彻底，仅仅实现了让军队部分退出商业活动，而未能在剩下的部分建立透明度。2009 年颁布的法令禁止军队直接经商，但允许通过印尼国民军的合作社（2011 年有 13 个）和基金会（2011 年有 1301 个）继续保留间接所有权。[46] 虽然据称现役军人已不再直接参与这些组织机构的运作，但其利润还是归军队所有。此外，撤资剥离以及基金会和合作社重组的过程中几乎没有什么透明度，对其目前的活动也很少有监督。[47]

军方还通过向私营部门出租多达 2500 平方公里的土地来赚取收益。印尼国民军依法须取得许可方可出租，但截至 2012 年只有不到 1% 的出租土地取得了许可。审计委员会调查发现，印尼国民军并未遵照 2004 年撤资法以及 2009 年总统令的要求将租赁相关收入返还政府。[48]

军方获得非预算收入的另一种方式是或者曾经是通过充当地方一级商业牌照获取途径的“看门人”来换取回报。其他非预算收入来源还包括非法伐木等非法活动所得以及为国内外企业提供安全所获得的直接支付款项。例如，2002 年有一家名为自由港的美国矿业公司

---

〔44〕 L. 米索尔：《过高的代价：印尼军方经济活动的人权成本》（人权观察：纽约，2006 年 6 月）。

〔45〕 迈克尔斯和哈扬托（同注释［42］）；印度尼西亚共和国总统 2009 年第 43 号关于接管印尼国民军商业活动的总统令，2009 年 10 月 11 日，网址：〈http://www.bphn.go.id/jdih/index.php? action = reg&cat = reg PeraturanPusat&cid = 2009121805000003〉。

〔46〕 L. 米索尔：《“言而无信”：印尼未能终止军方商业活动》（人权观察：纽约，2010 年 1 月）；迈克尔斯和哈扬托（同注释［42］）。

〔47〕 S. 迈克尔斯和 U. 哈扬托：“谁介意印尼军方的商业瓜葛？”，《雅加达环球报》，2012 年 5 月 13 日。

〔48〕 迈克尔斯和哈扬托（同注释［47］）。

承认向印尼军队支付了数千万美元以保护其在西巴布亚省的开采活动。[49] 虽然很难获得有关具体个案的信息资料，人们认为这种交易在印尼仍然属于普遍现象。[50] 这种行为涉及的金额总数无法评估。

因此，非预算收入对印尼总体军事开支的影响很难衡量。印尼将领过去曾称国家预算仅占军队经费的25%。不过，这种说法很可能有其自身的目的，即由于国家预算不足而以此作为使军事活动的非预算融资合理化的手段。[51] 但这样的活动及其相关收入在任何情况下都很成问题。即使不违法，这些活动也几乎完全不透明，属于文官控制或预算编制程序之外的资金来源，极易招致腐败。也有人指称军方经商，尤其是涉及资源开采和为私营企业提供保护的行为，时常涉及到侵犯人权。[52] 就在最近的2011 年曾有报道发生了平民示威者在抗议活动中被军队打死的事件，示威涉及印尼国民军与当地人之间的土地纠纷。[53]

腐败

在苏哈托政权统治下，印尼腐败盛行，解决腐败问题一直是后苏哈托时代改革进程的一个重要主题。根据透明国际组织的腐败认定指数，印尼的排名自2003 年以来稳步上升，2012 年从10 分制的1. 9 分提高到3. 2 分，排名也从在所调查的133 个国家名列第122 位上升到在180 个国家中名列第118 位。[54]

特别是，印尼的军事部门高度腐败。虽然涉及军事部门的腐败大部分与军队的独立商业活动有关，也有证据表明存在与常规军费有关的腐败行为。在2009 年对军事预算支出进行的两次随机调查中（主要涉及活动支出），审计委员会发现了1570 万美元的财务违规。然而，由于审计委员会没有执法职能，这一发现并没有导致任何后果。

---

〔49〕 米索尔（同注释［46］）。

〔50〕 S. 卡特，国际危机组织，与作者的对话，雅加达，2013 年3 月；W. 帕尔尤利，国防、安全与和平研究学会，与作者的对话，雅加达，2013 年3 月。

〔51〕 米索尔（同注释［44］）。

〔52〕 米索尔（同注释［46］）。

〔53〕 S. 迈克尔斯和U. 哈扬托：“印尼军方的土地状况迷雾重重”，《雅加达环球报》，2012 年5 月14 日。

〔54〕 透明国际组织，《腐败认定指数》，2003—2012 年（透明国际：波恩，2003—2012 年）。

国防部对军费的管理和控制因其自身仿效军队等级制度形成的繁琐官僚机构而变得更糟。[55]

解决印尼军方腐败的一个主要问题是2002年决定设立印尼根除腐败委员会的法律豁免了军队接受根除腐败委员会的调查。[56]

国防部面对的最严重的腐败问题或许是在武器采购方面。在2008年1月由民间社团成员和包括国防部采购部门负责人在内的国防部官员参加的反腐败研讨会上，各发言者纷纷指出，由于腐败的定价行为和政治干预，武器开支系统性地增加。虽然多年来已经查明了许多腐败案件，却很少有人被起诉。[57] 2007年，国防部长尤沃诺·苏达索诺抱怨在武器采购中存在老大难的“中间人”问题，指责国会议员参与其中。与此同时，国会国防委员会的负责人也同样指责国防部。[58] 印尼已做出显著努力试图遏制武器采购的腐败行为。例如，2005年针对涉及出口信贷（即外国贷款）融资的合同推出了“国防廉政公约”（如上所述）制度。[59] 然而，截至2013年1月尚未公布任何包含国防廉政公约的采购交易的相关信息。为进一步努力解决军事开支腐败问题，国防部在2011年成立了另一个委员会，即解决货物和服务采购中挪用资金问题咨询团队，试图解决这个问题。[60] 然而，至少有一篇新闻报道援引军火中间商他们自己以及军官、民间社团成员和国会议员提供的资料证明中间商一直持续积极参与军火交易，并暗示与国会预算讨论相关的议员正寻求委员会批准采购项目。

---

〔55〕 塞巴斯蒂安和金代尔塞（同注释［39］）。

〔56〕 前国防部长J. 苏达索诺，与作者的访谈，雅加达，2013年3月；印度尼西亚共和国2002年第30号关于根除腐败委员会的法律，2002年12月27日颁布，网址：〈http://portal.mahkamahkonstitusi.go.id/eLaw/perundangan_uu_detail.php?peraturan=fc77969a〉。

〔57〕 A. 哈里克：“武器采购被层层加价所困扰”，《雅加达邮报》，2008年1月26日。

〔58〕 “印尼国防预算编制的政治”，国防、安全与和平研究学会：《新闻通讯》，第4/09号，2009年6月11日，网址：〈http://idsps.org/index.php?option=com_docman&task=doc_details&gid=179&Itemid=15〉。

〔59〕 A. 维察延多：“印尼武装部队转型”，《国际安全与合作研究组讨论文件》，第15号（2007年10月）。

〔60〕 “印尼：国防部、军队将成立监督机构解决采购工作的相关腐败”，《雅加达新闻网》，2011年1月10日，译自印尼语，公开来源中心。

军火交易的成本仍然被佣金以及高官前往供应国的奢华旅行和娱乐开支等其他费用抬高；有报告表明反腐败程序只不过产生了另外的官僚做法，拉长了进行采购所花费的时间，但并未充分或直接解决腐败问题。[61]

与印尼的整体改革工作相似，改善军费和军事财政方面的透明度和问责制一直是个循序渐进的过程。不过，这项工作持续推进并一直受到政府、国会、民间社团和媒体的关注。印尼的经验表明，即使在军队退出政治并接受服从文职政府控制的情况下，可能依旧难以将军事财政置于这种控制之下。

（朱肖晶　译）

〔61〕 N. 阿夫里达和 H. 维德哈托：“购买迅速拿下军火合同的权利”，《雅加达邮报》，2011 年 10 月 6 日；N. 阿夫里达和 H. 维德哈托：“漫长的昂贵军火交易将印尼国防军的火力置于危险境地”，《雅加达邮报》，2011 年 10 月 6 日。

第六节　向联合国提交军费数据报告的情况

克里斯蒂娜·布赫霍尔德

《联合国军费报告》是官方军费数据的一个重要来源。[1] 按照一些联合国会员国的提议，这一制度的初衷是为削减军事开支提供一个基准。其目的后来变为通过提高透明度建立国家间的信心和信任。[2]

自其30年前推出以来，向联合国报告军费的报告率一直上下波动，其运作的第一年1981年最低，仅为所有联合国会员国数量的12%，2002年最高达到42%。[3] 20世纪80年代在所有联合国会员国中平均有15%报告了军费。来自东欧和亚洲新独立国家的报告以及拉丁美洲和加勒比地区各国报告率的提高使得20世纪90年代的平均报告率上升至17%。[4] 2002—2008年期间，平均报告率达到了40%。这种增长被归因于“联合国裁军事务办公室在有兴趣会员国的支持下所作出的努力，以及于2002年引入了简化报告表”。[5]

然而，从2008年开始，报告率明显下降（见表3.8）。到2010年已减少到60个国家，这是自2000年以来的最低水平。由于大量推迟提交的报告和联合国裁军事务办公室延迟公布数据，2011年最初的报告率表明出现进一步下滑，但最终数据显示报告军费的国家数量

〔1〕 在2012年以前，《联合国军费报告》被称为《联合国军费标准报告书》。2011年12月2日联合国大会第66/20号决议。

〔2〕 有关联合国报告书的详细说明，请参阅N. 凯利：“2002—2011年向联合国报告军费数据的情况”，《SIPRI年鉴2012》。

〔3〕 参见联合国大会：2011年6月14日秘书长的说明“联合国军费标准报告书的运作和进一步发展问题政府专家组的报告”，联合国文件A/66/89，第25页。

〔4〕 联合国文件A/66/89（同注释［3］），第13页。

〔5〕 同上书，第14页。

增至 68 个。〔6〕

表 3.8 2002 年和 2007—2012 年向联合国报告军费开支的国家数量[a]

	2002	2007	2008	2009	2010	2011[b]	2012[c]
联合国会员国数量	191	192	192	192	192	193	193
报告总数[d]	**81**	**78**	**77**	**58**	**60**	**68**	**49**
标准报告书	70	48	53	42	41	47	31
简化报告表[e]	..	18	16	10	12	10	12
零报告[f]	11	12	8	6	7	10	5
回复率（%）	*42*	*41*	*40*	*30*	*31*	*35*	*25*
非联合国会员国的报告[g]	1	1	–	–	–	–	–

a 各年份为秘书长发出要求的年度（最后期限为次年的 4 月 30 日）。报告涉及最近结束的财政年度开支。

b 2011 年的数字高于《SIPRI 年鉴 2012》中提供的数字，因为其中包含了推迟提交给联合国的数据。巴拿马包括在总数中，尽管根据联合国裁军事务办公室提供的信息，该国 2011 年既没有提交标准报告书，也没有提交简化报告表或零报告，但“提供了其对《联合国军费报告》运作的意见”。

c 2012 年的数字仅包括直至 2013 年 1 月 24 日提交数据的国家。有些国家可能在该日期之后提交了报告。马达加斯加包括在总数中，尽管联合国裁军事务办公室没有提供任何有关数据提交形式的信息。

d 总数包括零报告。

e 为避免重复计算，既使用了标准报告书也使用了简化报告表向联合国报告的国家计入标准报告书。

f 零报告是指没有输入任何数据而归还给联合国的调查问卷，通常由并不保持正规武装部队的国家提交。

g 其他总数不包括非联合国会员国提交的报告。

资料来源：联合国大会：2003—2012 年不同日期的联合国秘书长报告“军事的客观情况，包括军费的透明度”；《联合国裁军年鉴》第 36 卷（2011 年），第二部分第 116—118 页；以及联合国裁军事务办公室：“军事支出”，网址：〈http：//www. un. org/disarmament/convarms/Milex/〉。

---

〔6〕 向联合国大会提交的初步报告及其第 1 份增补文件仅列出 51 个国家在 2011 年报告了军费。联合国裁军事务办公室网站于 2013 年 1 月发布的名单包括另外 17 个国家。预计 2013 年将发布包含这 17 个国家报告的第 2 份增补文件。联合国大会：2011 年 6 月 29 日秘书长报告“军事的客观情况，包括军费的透明度”，联合国文件 A/66/117；2011 年 9 月 28 日联合国文件 A/66/117/Add. 1；以及联合国裁军事务办公室：“联合国军费报告：（2011 年）会员国参与情况”，[未注明日期]，网址：〈http：//www. un. org/disarmament/convarms/Milex/〉。

这一报告制度的参与情况是否受到了2010—2011年期间重新评估军费报告制度的政府专家组所出具的报告影响尚言之过早。[7] 2012年的临时数据降低了人们对政府专家组评估后总体呈现上升趋势的期望。截至2013年1月，联合国裁军事务办公室列表显示在193个联合国会员国中有49个已经提交了报告：报告率从2011年的35%跌至25%，尽管推迟提交的报告可能会令总数有所增加（见表3.8）。[8]

这种整体下降反映了各地区报告的下滑趋势（见表3.9）。欧洲国家的参与程度下降最为明显：从2011年的81%跌至2012年的56%。美洲国家的参与率从40%下降到31%；亚洲及大洋洲则从26%下降到21%。2012年只有两个非洲国家报告军费（2011年有3个），中东国家一个也没有提供军费信息（2011年有1个）。在向联合国提交报告的49个国家中，有31个提交了标准报告书，12个仅提交了简化报告表，5个通过“零报告”的方式（即没有输入任何数据的报告）提交报告。

表3.9 2012年向联合国报告军费数据的情况（按地区和次地区分类）

地区/次地区	国家数目	报告军费的国家	合计	回复率（%）
非洲	**54**		**2**	*4*
北非	4	–	–	
撒哈拉以南非洲	50	布基纳法索 *a*、马达加斯加 *d*	2	
美洲	**35**		**11**	*31*
中美洲和加勒比地区	21	哥斯达黎加 *c*、萨尔瓦多 *a*、危地马拉、洪都拉斯 *a*、牙买加 *a*、墨西哥	6	
北美洲	2	加拿大、美国	2	
南美洲	12	阿根廷、哥伦比亚 *b*、乌拉圭	3	

〔7〕 联合国文件A/66/89（同注释［3］）。有关政府专家组报告的情况，请参阅凯利的文章（同注释［2］），第185—186页。政府专家组报告得到了联合国大会66/20号决议的支持（同注释［1］）。

〔8〕 联合国裁军事务办公室：“联合国军费报告：（2012年）会员国参与情况”，［未注明日期］，网址：〈http://www.un.org/disarmament/convarms/Milex/〉。

地区/次地区	国家数目	报告军费的国家	合计	回复率（%）
亚洲及大洋洲	**42**		**9**	*21*
中亚和南亚	12	哈萨克斯坦、尼泊尔	2	
东亚	5	中国 *a*、日本、蒙古	3	
大洋洲	14	澳大利亚、萨摩亚 *c*	2	
东南亚	11	马来西亚 *a*、泰国 *a*	2	
欧洲	**48**		**27**	*56*
东欧	7	亚美尼亚 *a*、俄罗斯、乌克兰 *b*	3	
西欧和中欧	41	阿尔巴尼亚、奥地利、保加利亚 *a*、克罗地亚 *b*、捷克共和国 *b*、丹麦 *b*、芬兰、德国、24 匈牙利、意大利、拉脱维亚、列支敦士登 *c*、卢森堡 *c*、马其顿（前南斯拉夫共和国）*b*、荷兰、波兰、葡萄牙、罗马尼亚、圣马力诺 *c*、塞尔维亚 *a*、斯洛文尼亚 *a*、西班牙、瑞士 *a*、英国		
中东	**14**	–	–	–
总计	**193**		**49**	**25**

a 这些国家使用简化报告表报告数据。

b 这些国家既使用简化报告表也使用标准报告书报告数据。

c 这些国家提交了零报告。

d 没有任何资料显示这个国家提交报告的形式。

资料来源：联合国大会：2012 年 7 月 9 日秘书长报告“军事的客观情况，包括军费的透明度”，联合国文件 A/67/128；2012 年 9 月 18 日联合国文件 A/67/128/Add. 1；以及联合国裁军事务办公室：“（2012 年）会员国参与情况”，网址：〈http：//www. un. org/disarmament/convarms/Milex/〉。

（朱肖晶　译）

第七节　2003—2012 年的军费数据

萨姆·珀洛—弗里曼　瓦埃勒·阿卜杜勒—沙菲
克里斯蒂娜·布赫霍尔德　卡丽娜·索尔米拉诺
海伦·维兰德

下列表格所列出的军费数据分别是 SIPRI 军费数据库所含 167 个国家按当地货币时价（表 3.10）、按 2011 年美元固定价格（表 3.11）和按军费占其国内生产总值的比例（表 3.12）来统计的，网址：〈http：//www. sipri. org/databases/milex/〉。

军费数据的主要用途是提供一种简便直观的方法，以衡量军方所占用的各种资源规模。军费是对“投入”的一种衡量，它同诸如军事能力或军事安全这样的军事活动“产出”没有直接关系。军费的长期趋势及其突变可能是军事产出变动的征兆，但是在做出这类诠释的时候必须慎重。

以当地货币时价表示的国家军费数据（表 3.10）是所有其他表格的原始数据。提供这些数据是为了有助于提高透明度，并能够对政府来源资料和其他来源所报告的数据进行比较。提供以美元固定价格计算的数据是为了可以对不同时期的情况加以比较（表 3.11），并可以计算世界、地区和其他的军费总额情况（参见第一部分表 3.1）。提供 2012 年以美元时价计算的数据是为了进行跨国（表 3.11）和跨地区（3.1）的国际间比较。美元时价数据也有利于同通常以美元时价表示的其他经济指标进行比较。军费占国内生产总值的比例（表 3.12），显示一个国家的资源中有多大比例被用于军事活动，也就是说是军费开支给经济所造成负担的指标，即“军事负担”。

我们采用市场汇率将各国军费开支数据换算为美元固定价格。由于是将 2011 年作为换算美元固定价格的基准年，因此表 3.11 中的数据与《SIPRI 年鉴 2012》的数据相比有很大不同，后者是将 2010 年作为换算美元固定价格的基准年的。

随着获得更新、更好的数据，我们不断对系列数据进行修订和更新，因此不同版本的《SIPRI 年鉴》中的军费数据不应混合使用。最近几年的情况尤其如此，前一版本所列预算拨款数据，在后一版本中往往被实际开支数据所取代。如果作为估算依据的全球经济统计数据进行了大幅修正，这也会导致 SIPRI 修改美元固定价格系列数据。SIPRI 军费数据库包含有大多数国家自 1988 年以来前后一致的系列数据。

有关数据的具体注解、来源和统计方法见表后。

表 3.10 2003—2012 年各国军费（当地货币）

数据以当地货币时价计算，除特别注明外，年份为按 1 月至 12 月划分的财政年度。国家按地区及次地区分组。

国家	货币	2003	2004	2005	2006	2007	2008	2009	2010	2011	2012
非洲											
北非											
阿尔及利亚[1]	（十亿）第纳尔	171	202	214	225	273	334	384	422	631	723
利比亚[‡¶2]	（百万）第纳尔	700	894	904	807	807	1346	..	..	..	3769
摩洛哥	（百万）迪拉姆	17418	17182	18006	18775	19730	22824	24615	26605	27042	29360
突尼斯	（百万）第纳尔	525	554	608	662	629	713	763	818	[877]	[1108]
撒哈拉以南非洲											
安哥拉[‖]	（十亿）宽扎	50.0	68.3	119	158	156	237	263	322	342	396
贝宁	（十亿）非洲法郎	20.1	22.1	23.6	24.5	..	29.0	..	..	..	39.9
博茨瓦纳[a]	（百万）普拉	1503	1464	1446	1642	1961	2372	2359	2400	2581	2527
布基纳法索[†]	（十亿）非洲法郎	25.6	30.3	33.6	37.1	45.6	55.1	51.9	61.5	65.7	74.3
布隆迪	（十亿）法郎	47.0	49.4	53.6	46.0	50.1	52.0	..	..	..	85.1
喀麦隆[§]	（十亿）非洲法郎	110	117	118	134	142	155	162	175	164	181
佛得角	（百万）埃斯库多	565	573	614	614	640	646	667	690	768	..
中非共和国[‡3]	（百万）非洲法郎	8729	7979	8121	..	9160	14111	16995	25549	..	..

国家	货币	2003	2004	2005	2006	2007	2008	2009	2010	2011	2012
乍得[4]	（十亿）非洲法郎	23.8	26.7	29.3	..	187	274	206	[112]	[114]	..
刚果民主共和国[5]	（十亿）法郎	31.9	55.0	78.3	96.0	106	89.5	99.1	166	220	283
刚果共和国[§]	（十亿）非洲法郎	38.7	40.0	42.0	44.1	50.8	63.4	..	66.2	..	..
科特迪瓦[6]	（十亿）非洲法郎	124	133	132	140	155	165	198	192	169	[208]
吉布提	（百万）法郎	7422	6639	7970	[8800]	6135	6447	..	..	..	..
赤道几内亚	（十亿）非洲法郎	..	..	..	..	94.1	131.	176	..	..	..
厄立特里亚	（百万）纳克法	2520	..	..	..	..	..	..	..	..	..
埃塞俄比亚[b]	（百万）比尔	2452	2920	3009	3005	3453	4000	4000	4750	6500	7000
加蓬[7]	（十亿）非洲法郎	63.0	65.0	60.0	58.0	(59.0)	..	..	62.0	..	128
冈比亚[‡8]	（百万）达拉西	57.0	58.0	85.3	78.2	113	..	..	..	..	..
加纳[‖9]	（百万）塞地	46.2	50.7	58.2	69.4	118	120	159	179	149	196
几内亚[10]	（十亿）法郎	167	182	..	..	..	..	..	..	..	..
几内亚比绍[‖]	（百万）非洲法郎	4362	..	6391	..	..	..	6490	8484	8267	8465
肯尼亚[b]	（百万）先令	19921	21219	26652	27540	39062	41183	48247	50327	64537	70290
莱索托[a]	（百万）马洛蒂	207	202	218	245	292	204	468	534	385	392
利比里亚[b]	（百万）元	43.4	175	458	228	214	247	491	604	959	1165
马达加斯加[‖11]	（十亿）阿里亚里	89.8	102	108	116	154	176	139	119	146	151

国家	货币	2003	2004	2005	2006	2007	2008	2009	2010	2011	2012
马拉维[a]	（百万）克瓦查	1309	2753	5116	3933	4959	6678	8841	..	[9286]	[10083]
马里[¶]	（十亿）非洲法郎	[38.8]	[40.9]	45.6	50.2	52.9	64.0	68.2	72.7	76.0	76.0
毛里塔尼亚[‡]	（十亿）乌吉亚	16.4	18.6	17.7	22.0	..	29.4	30.1	..	..	..
毛里求斯[12]	（百万）卢比	308	293	349	337	392	495/	242/	458	503	666
莫桑比克[‖]	（百万）梅蒂卡尔	1422	1753	1436	1459	1773	2034	2320	2801	..	..
纳米比亚[a]	（百万）元	994	1107	1260	1382	1683	2372	2593	3006	3126	3415
尼日尔	（十亿）非洲法郎	14.3	16.7	17.3	..	..	24.0	..	23.4	..	35.6
尼日利亚	（十亿）奈拉	75.9	85.0	88.5	99.9	122	192	224	299	369	365
卢旺达[13]	（十亿）法郎	24.3	23.8	25.1	30.1	30.4	37.0/	64.2/	44.1	46.4	51.7
塞内加尔[§¶]	（十亿）非洲法郎	5.2	56.8	65.6	77.7	92.4	97.1	98.1	98.9	..	..
塞舌尔	（百万）卢比	66.1	87.6	81.0	79.3	102	105	118	86.4	108	126
塞拉利昂	（十亿）利昂	66.8	62.0	68.0	[83.7]	[88.0]	[70.3]	[89.7]	[97.6]	[103]	119
索马里	先令	..	..	..	..	..	..	..	..	..	..
南非[a]	（百万）兰特	19473	20201	23511	23819	25180	27801	31324	30442	34349	37493
南苏丹[14]	（百万）镑	..	..	..	1198	1185	1874	1404	1501	4720	2542
苏丹[‡‖15]	（百万）镑	1039	3200	2838	3338	..	..	..	..	..	..
斯威士兰[‡a16]	（百万）埃马兰吉尼	255	283	410	392	451	[584]	[942]	[895]	[895]	[1003]

国家	货币	2003	2004	2005	2006	2007	2008	2009	2010	2011	2012
坦桑尼亚[b]	（十亿）先令	135	143	172	197	217	247	332	373	465	547
多哥	（十亿）非洲法郎	16. 8	16. 8	17. 5	..	..	25. 5	..	28. 1	27. 8	..
乌干达[b]	（十亿）先令	331	379	393	407	462	611	581	2070	848	[593]
赞比亚	（十亿）克瓦查	..	[490]	626	747	596	1120	1068	1326	1486	1649
津巴布韦[‖ 17]	（百万）美元	195	256	131	(162)	..	..	..	98. 3	198	318
美洲											
中美和加勒比地区											
伯利兹[a]	（百万）元	17. 6	19. 4	22. 1	25. 4	28. 2	40. 5	32. 5	30. 1	31. 8	[29. 2]
哥斯达黎加[18]	科郎	—	—	—	—	—	—	—	—	—	—
古巴[19]	（百万）比索	1259	1303	1650	1708	1892	2022	2099	2140	..	..
多米尼加共和国	（百万）比索	4804	6436	8305	8621	9153	11629	11587	13239	13326	14238
萨尔瓦多[20]	（百万）美元	166	162	170	185	200	209	215	226	256	[237]
危地马拉	（百万）格查尔	1420	913	798	993	1043	1259	1203	1368	1537	1655
海地[a]	古德	—	—	—	—	—	—	—	—	—	—
洪都拉斯[21]	（百万）伦皮拉	[1426]	[1103]	[1179]	1428	1813	2503	2963	3216	3790	3808
牙买加[a]	（百万）元	3244	3368	3804	5100	6005	10677	9896	10138	11926	11141
墨西哥	（百万）比索	[35014]	35314	39467	44496	52235	54977	65615	74517	80396	91907

国家	货币	2003	2004	2005	2006	2007	2008	2009	2010	2011	2012
尼加拉瓜[22]	（百万）科多巴	533	520	571	655	728	826	849	946	1154	1549
巴拿马	巴波亚	—	—	—	—	—	—	—	—	—	—
特里尼达和多巴哥	（百万）元	136	444	581	719	760	1588	1598	..	..	..
北美											
加拿大[a]	（百万）元	14143	14951	16001	17066	19255	21100	21828	21935	23436	[22220]
美国[23]	（百万）美元	415223	464676	503353	527660	556961	621138	668604	698281	711402	685334
南美											
阿根廷	（百万）比索	3988	4285	4935	5643	7109	8769	11063	13541	16654	19696
玻利维亚[24]	（百万）玻利维亚诺	1331	1343	1368	1441	1740	2371	2431	2300	2438	2738
巴西	（百万）雷亚尔	25829	28608	33080	35686	39887	44841	51283	59819	61788	64795
智利[§25]	（十亿）比索	1264	1519	1680	1978	2068	2375	2109	2402	2631	2668
哥伦比亚[26]	（十亿）比索	9434	10664	11405	12577	14082	17810	19496	19787	19048	21820
厄瓜多尔	（百万）美元	739	710	954	950	1310	1646	1949	2094	2454	2379
圭亚那[‡27]	（百万）元	2697	2791	3148	3267	4300	5289	5798	5862	6161	6324
巴拉圭[28]	（十亿）瓜拉尼	[422]	[523]	[499]	[619]	684	776	882	1024	1266	1869
秘鲁[29]	（百万）新索尔	3092	3397	3820	4011	3918	4057	5157	5532	5587	6742
乌拉圭	（百万）比索	7815	8269	8847	9723	10106	12422	14682	15807	17417	19732

国家	货币	2003	2004	2005	2006	2007	2008	2009	2010	2011	2012
委内瑞拉[‖][30]	（百万）玻利瓦尔	1588	2740	4292	6436	6377	9286	8631	8683	10229	17200
亚洲和大洋洲											
中亚和南亚											
阿富汗[31]	（百万）阿富汗尼	[5622]	[5404]	5544	6358	11506	11471	12783	29571	43273	36565
孟加拉[b]	（十亿）塔卡	38. 1	41. 2	44. 9	54. 0	59. 5	62. 6	87. 6	109	120	127
印度[a][32]	（十亿）卢比	774	965	1035	1102	1190	1518	1993	2146	2373	2495
哈萨克斯坦	（十亿）坚戈	47. 5	58. 0	78. 7	100	167	185	188	221	265	[363]
吉尔吉斯斯坦[33]	（百万）索姆	2408	2688	3105	3606	4807	6423	7080	9270	10702	..
尼泊尔[b¶]	（百万）卢比	8255	10996	11745	11136	11389	14712	17811	19491	19101	..
巴基斯坦[b¶‡34]	（十亿）卢比	220	244	281	292	327	376	448	517	[614]	641
斯里兰卡	（十亿）卢比	[52. 3]	62. 7	64. 7	82. 2	117	164	175	173	189	184
塔吉克斯坦	（百万）索莫尼	107	134	..	..	..	..	..	..	..	..
土库曼斯坦	马纳特	..	..	..	..	..	..	..	..	..	..
乌兹别克斯坦[35]	（十亿）苏姆	53. 0		..	..	..	..	..	..	..	..
东亚											
中国[36]	（十亿）元	[288]	[331]	[379]	[452]	[547]	[638]	[764]	[836]	[944]	[1049]
日本[a†][37]	（十亿）日元	4969	4920	4928	4898	4878	4818	4815	4691	4775	4714

国家	货币	2003	2004	2005	2006	2007	2008	2009	2010	2011	2012
朝鲜[38]	（十亿）圆	（50.8）	（54.4）	（64.5）	（67.1）	（68.5）	（71.3）	（76.3）	（82.6）	（89.8）	（98.8）
韩国[39]	（十亿）圆	［18884］	［20421］	22694	24039	25765	28733	31168	31876	34229	35665
蒙古	（十亿）图格里克	27.9	32.9	35.9	46.2	66.2	77.8	54.1	74.4	110	155
中国台湾（地区）	（十亿）元	257	262	258	249	268	282	302	288	295	318
大洋洲											
澳大利亚[b]	（百万）元	15873	16748	17921	19899	21179	23249	25372	25250	26320	24217
斐济[†]	（百万）元	70.7	81.1	72.9	93.6	122	85.4	100	96.8	98.3	102
新西兰[b]	（百万）元	1518	1528	1645	1807	1875	2083	2201	2254	2284	2383
巴布亚新几内亚[‡40]	（百万）基那	68.8	78.7	94.2	93.7	112	100	118	126	175	175
东南亚											
文莱[41]	（百万）元	530/	308	449	472	492	520	505	542	516	513
柬埔寨	（十亿）瑞尔	270	272	296	389	383	501	977	746	780	876
印度尼西亚[42]	（十亿）卢比	［19876］	［21712］	20829	23923	30611	31349	34333	42392	50034	64437
老挝	（十亿）基普	（115）	（121）	（125）	（135）	（140）	（150）	（119）	（134）	（150）	..
马来西亚	（百万）林吉特	10950	10728	11817	11981	13649	14717	13974	12415	14709	14508
缅甸[a 43]	（十亿）缅元	173	174	198	..	..	..	..	..[illegible]	1790.	1878
菲律宾[44]	（十亿）比索	70.5	［69.7］	75.6	82.5	93.0	101	101	110	117	126

国家	货币	2003	2004	2005	2006	2007	2008	2009	2010	2011	2012
新加坡[a]	（百万）元	8238	8620	9252	9268	10009	10726	11043	11061	11775	12279
泰国	（十亿）铢	79.9	74.1	78.1	85.1	? 1145	142	168	154	168	167
东帝汶[45]	（百万）美元	..	6.6	9.8	24.4/	[11.5]/	23.7	36.5	26.4	28.4	37.7
越南	（十亿）盾	13058	14409	16278	20577	28735	34848	40981	49739	55100	70000
欧洲											
东欧											
亚美尼亚[†46]	（十亿）德拉姆	44.3	52.3	64.4	78.3	95.8	121	131	148	146	[156]
阿塞拜疆[‖47]	（百万）马纳特	[173]	[224]	288	641	812	1321	1184	1185	2432	2504
白俄罗斯	（十亿）卢布	475	679	975	1355	1603	1887	1887	2287	3762	6354
格鲁吉亚[†48]	（百万）拉里	91.5	135	388	720	1556	1625	1008	810	[790]	[754]
摩尔多瓦[†¶49]	（百万）列伊	115	116	151	216	276	383	277	227	245	264
俄罗斯[50]	（十亿）卢布	[568]	[656]	[841]	[1030]	[1231]	[1544]	[1815]	[1976]	[2302]	[2799]
乌克兰[§51]	（百万）格里夫那	7615	8963	12328	15082	20685	25341	[26077]	[29445]	[31251]	[38976]
西欧和中欧											
阿尔巴尼亚[§¶52]	（百万）列克	9279	10373	11000	13831	17619	21450	23633	19749	19865	19910
奥地利	（百万）欧元	2111	2158	2160	2105	2557	2558	2401	2430	2453	2513
比利时	（百万）欧元	3434	3433	3400	3434	3773	4298	4046	3960	3986	3957

国家	货币	2003	2004	2005	2006	2007	2008	2009	2010	2011	2012
波黑[†¶53]	（百万）马克	351	315	273	278	279	311	341	325	295	351
保加利亚[†54]	（百万）列弗	[986]	1025	1101	1171	1475	1388	1355	1320	1166	1132
克罗地亚[55]	（百万）库纳	[4757]	4410	4754	4959	5251	6396	5966	5587	[5832]	[5612]
塞浦路斯[†‖]	（百万）欧元	[255]	271	302	304	295	310	339	361	385	[367]
捷克共和国[56]	（百万）克朗	53194	52481	58445	55358	54949	49827	51824	47706	43874	43474
丹麦	（百万）克朗	21075	21441	20800	23173	22731	24410	23252	25328	24259	25730
爱沙尼亚[‖57]	（百万）欧元	152	165	214	251	325	346	314	249	[269]	[327]
芬兰	（百万）欧元	2006	2131	2206	2281	2203	2468	2591	2567	2697	2849
法国[58]	（百万）欧元	40684	42690	42545	43457	44273	45063	48146	46648	45111	45858
德国	（百万）欧元	31060	30610	30600	30365	31090	32824	34171	34925	34630	[35621]
希腊[59]	（百万）欧元	4462	5048	5652	6064	6235	7219	7612	6171	4824	(5087)
匈牙利	（十亿）福林	314	311	319	297	326	321	299	281	277	234
冰岛[60]	（百万）克朗	—	—	—	—	—	..	2781	2431	2261	2182
爱尔兰	（百万）欧元	855	887	921	949	1003	1081	1019	962	935	902
意大利[61]	（百万）欧元	26795	27476	26959	26631	[26275]	[28156]	[27571]	[27201]	[27085]	[26455]
拉脱维亚	（百万）拉特	108	124	154	206	247	280	184	138	149	143
立陶宛[62]	（百万）立特	967	[936]	[1040]	[1174]	[1355]	[1571]	1251	1068	[1104]	[1099]

国家	货币	2003	2004	2005	2006	2007	2008	2009	2010	2011	2012
卢森堡	（百万）欧元	176	189	196	197	209	[199]	[199]	[250]	[261]	[265]
前南马其顿共和国[63]	（百万）戴纳	6292	6683	6259	6149	7272	7229	7000	6044	5859	6346
马耳他[†‖]	（百万）欧元	30.0	32.5	42.3	35.3	35.8	38.3	42.6	44.3	40.2	41.3
黑山[64]	（百万）欧元	..	..	..	[49.7]	46.9	58.1	55.2	56.8	63.1	[62.0]
荷兰	（百万）欧元	7404	7552	7693	8145	8388	8448	8733	8472	8156	7655
挪威	（百万）克朗	31985	32945	31471	32142	34439	35932	38960	39279	40534	40574
波兰[65]	（百万）兹罗提	16141	17479	19078	20541	23774	[22190]	[24701]	[26475]	[27995]	[30469]
葡萄牙	（百万）欧元	2755	2996	3248	3242	3190	3285	3561	3672	3499	[2940]
罗马尼亚[‖]	（百万）列伊	4151	4994	5757	6324	6358	7558	6785	6630	7255	7577
塞尔维亚[66]	（百万）第纳尔	42070	43154	41996	47342	56792	61944	63843	67806	72377	[72651]
斯洛伐克[†‖]	（百万）欧元	762	762	848	898	929	994	967	853	763	798
斯洛文尼亚[‖]	（百万）欧元	360	396	413	485	506	566	575	583	478	415
西班牙	（百万）欧元	8587	9132	9508	11506	12219	12756	12196	11132	10059	[8974]
瑞典	（百万）克朗	42903	40527	41240	41150	43163	39710	38751	42423	41070	42072
瑞士[†¶67]	（百万）法郎	4404	4357	4339	4174	4231	4439	4413	4292	4417	4530
土耳其[‖]	（百万）里拉	15426	15568	16232	18747	19664	21983	25033	26706	29631	32659
英国[a]	（百万）英镑	29338	29524	30603	31454	33486	36431	37425	37645	37608	38651

国家	货币	2003	2004	2005	2006	2007	2008	2009	2010	2011	2012
中东											
巴林[68]	（百万）第纳尔	175	180	183	203	222	248	287	292	330	358
埃及[b]	（百万）镑	14563	14804	15933	17922	19350	21718	22831	25397	25472	27529
伊朗[a¶69]	（十亿）里亚尔	34955	49628	69664	81283	74859	70684	80944	..	..	..
伊拉克[70]	（十亿）第纳尔	..	(892)	(1649)	(1814)	(2437)	3428	3473	4190	6908	7061
以色列[71]	（百万）谢克尔	[51989]	[49480]	[48264]	[52518]	[51251]	[51481]	[53656]	[53251]	[54255]	[56504]
约旦	（百万）第纳尔	434	416	428	497	716	949	976	952	951	1028
科威特[a]	（百万）第纳尔	950	1039	1020	1052	1209	1185	1220	1250	1568	1725
黎巴嫩	（十亿）镑	1392	1439	[1451]	[1521]	[1737]	1763	2150	[2390]	2452	2616
阿曼[‡72]	（百万）里亚尔	1010	1144	1404	1550	1663	1775	1726	1882	1650	2585
卡塔尔	（百万）里亚尔	[2856]	2811	3231	3879	5687	8436	7092	6831	..	..
沙特[§73]	（十亿）里亚尔	70.3	78.4	95.1	111	133	143	155	170	182	213
叙利亚[74]	（十亿）镑	67.1	70.2	75.7	74.9	82.7	86.8	101	109	120	..
阿联酋[75]	（百万）迪拉姆	[21428]	[25035]	[24254]	[26315]	[31073]	[42497]	[50814]	[64286]	[70387]	..
也门	（十亿）里亚尔	148	136	156	162	209	239	..	..	251	308

注： 注释见表 3.12 后面

表 3.11　2003—2012 年各国军费（固定美元）和 2012 年各国军费（现值美元）

数值单位为百万美元（2003—2012 年的数据按 2011 年美元固定价格及汇率）。最右列（标有 * ）为 2012 年美元时价（单位百万美元）。除美国的数据按财政年列出之外，其余国家数据按日历年列出。国家按地区和次地区分组。

国家	2003	2004	2005	2006	2007	2008	2009	2010	2011	2012	2012 *
非洲											
北非											
阿尔及利亚[1]	3152	3585	3753	3847	4514	5259	5712	6045	8652	9104	9325
利比亚[‡¶2]	831	1085	1069	941	885	1338	..	..	..	2800	2987
摩洛哥	2483	413	2504	2528	2603	2904	3101	3319	3343	3582	3402
突尼斯	500	510	548	571	525	567	586	602	[623]	[746]	[709]
撒哈拉以南非洲											
安哥拉	1989	1893	2682	3151	2763	3741	3640	3894	3647	3827	4146
贝宁	55.1	60	60.9	60.9	..	65.9	..	..	..	79.4	78.2
博茨瓦纳	429	396	359	354	390	417	402	381	371	345	333
布基纳法索[†]	67.9	80.8	84.3	90.8	112	122	112	134	139	153	146
布隆迪	83.9	79.7	76.1	63.6	63.9	53.4	..	..	..	57.7	59
喀麦隆[§]	285	303	299	325	341	353	358	383	347	372	354
佛得角	8.9	9.2	9.8	9.3	9.3	8.8	9.0	9.1	9.7	..	..

国家	2003	2004	2005	2006	2007	2008	2009	2010	2011	2012	2012 *
中非共和国‡3	23.3	21.8	21.6	..	22.6	31.8	37	54.8	..	..	..
乍得[4]	57.2	67.8	68.9	..	446	594	406	[226]	[242]	..	..
刚果民主共和国[5]	142	235	275	299	282	203	154	209	239	279	308
刚果共和国§	114	115	117	115	130	151	..	142	..	..	..
科特迪瓦[6]	331	349	334	346	377	377	448	427	357	[435]	[407]
吉布提	59.6	51.7	60.2	[64.2]	42.6	40.0	..	..	..	..	..
赤道几内亚	..	..	..	..	256	335	429	..	..	..	..
厄立特里亚	591	..	..	..	..	..	..	..	..	..	..
埃塞俄比亚	486	527	521	471	431	345	341	345	333	329	381
加蓬[7]	159	163	145	142	(138)	..	..	133	..	264	251
冈比亚‡8	3.0	2.7	3.7	3.4	4.6	..	..	..	..	..	..
加纳[9]	81.3	79.3	79.0	85.0	130	114	127	129	98.8	119	109
几内亚[10]	111	103	..	..	..	..	..	..	..	..	..
几内亚比绍	12.0	..	16.9	..	..	..	14.8	18.9	17.5	17.5	16.6
肯尼亚	532	525	553	547	613	585	597	633	647	694	798
莱索托	45.8	42.7	43.5	45.8	49.9	36.3	60.2	74.8	58.2	50.6	47.5
利比里亚	..	4.6	11.4	5.3	4.3	4.3	7.9	9.1	13.3	13.8	14.4

国家	2003	2004	2005	2006	2007	2008	2009	2010	2011	2012	2012 *
马达加斯加[11]	104	104	92.9	89.5	108	114	82	64.3	72	70	68.6
马拉维	17.6	29.6	48.5	39.7	40.9	50.0	61.3	..	[44.5]	[54.1]	[39.5]
马里	[101]	[110]	115	125	130	144	150	158	161	153	149
毛里塔尼亚‡	102	104	88.4	103	..	120	120	..	..	..	..
毛里求斯[12]	17.0	16.1	16.4	16.0	15.7	17.4	18.7	17.0	17.5	22.3	22.1
莫桑比克	102	112	85.7	76.9	86.4	89.9	99.3	106	..	..	..
纳米比亚	212	224	248	262	292	362	384	420	426	432	407
尼日尔	39.5	46.0	44.2	..	..	55.1	..	51.0	..	75.3	69.8
尼日利亚	1190	1159	1024	1067	1239	1741	1825	2143	2386	2100	2327
卢旺达[13]	81.0	70.7	68.4	75.3	69.8	73.5	77	76.5	75.4	76.8	79.8
塞内加尔§¶	144	145	165	191	215	213	218	217	..	..	..
塞舌尔	10.6	13.5	12.4	12.2	14.8	11.2	9.5	7.2	8.7	9.7	9.2
塞拉利昂	42.1	34.2	33.5	[37.6]	[35.4]	[24.6]	[28.8]	[26.6]	[23.6]	24.2	27.4
索马里	..	..	..	..	..	..	..	..	..	..	..
南非	4122	4179	4580	4581	4475	4384	4590	4434	4596	4785	4470
南苏丹[14]	..	..	..	..	..	..	..	736	1047	612	964
苏丹‡[15]	900	2561	2093	2296	..	..	..	..	..	..	..

国家	2003	2004	2005	2006	2007	2008	2009	2010	2011	2012	2012 *
斯威士兰‡[16]	55. 1	60. 8	79. 6	79. 2	80. 6	[90. 4]	[130]	[132]	[123]	[125]	[119]
坦桑尼亚	155	158	170	186	195	198	221	253	266	278	319
多哥	45. 9	45. 7	44. 8	..	..	58. 2	..	61. 8	59. 0	..	..
乌干达	237	272	272	263	269	297	292	624	578	[250]	[288]
赞比亚	..	[212]	229	250	180	302	254	290	306	319	320
津巴布韦[17]	..	..	..	..	..	..	..	102	198	303	318
美洲											
中美和加勒比地区											
伯利兹	10. 1	10. 9	11. 8	13. 0	14. 2	18. 2	17. 0	15. 0	15. 7	[14. 6]	[14. 9]
哥斯达黎加[18]	—	—	—	—	—	—	—	—	—	—	—
古巴[19]	297	62. 0	78. 6	76. 6	83. 4	89. 1	92. 5	94. 3	..	..	..
多米尼加共和国	293	259	321	310	310	356	350	376	349	359	362
萨尔瓦多[20]	227	212	212	222	229	225	229	237	256	[233]	[237]
危地马拉	305	182	147	172	170	182	170	187	197	205	211
海地	—	—	—	—	—	—	—	—	—	—	—
洪都拉斯[21]	[132]	[94. 2]	[92. 5]	106	126	156	175	182	201	192	201
牙买加	92. 8	86. 1	82. 7	98. 4	109	147	142	126	134	123	128

国家	2003	2004	2005	2006	2007	2008	2009	2010	2011	2012	2012 *
墨西哥	[3941]	3797	4081	4440	5013	5019	5689	6203	6472	7103	6978
尼加拉瓜[22]	48. 6	43. 7	43. 7	46. 0	46. 0	43. 6	43. 1	45. 6	51. 5	65. 4	65. 7
巴拿马	—	—	—	—	—	—	—	—	—	—	—
特里尼达和多巴哥	34. 3	57. 7	121	144	159	188	288	..	..	..	..
北美											
加拿大	16439	17062	17811	18640	20322	21900	22900	22773	23294	[22382]	[22547]
美国[23]	507781	553441	579831	588837	604292	649010	701087	720386	711402	671628	685334
南美											
阿根廷	1876	1931	2028	2091	2421	2750	3264	3607	4052	4356	4340
玻利维亚[24]	318	307	296	299	333	398	394	364	351	377	396
巴西	23573	24493	26502	27441	29595	31488	34334	38127	36932	36751	33143
智利§ [25]	3397	4040	4335	4937	4944	5222	4569	5131	5440	5357	5484
哥伦比亚[26]	7372	7868	8011	8470	8985	10621	11158	11072	10307	11446	12146
厄瓜多尔	1011	945	1240	1198	1616	1873	2109	2188	2454	2263	2379
圭亚那‡27	21. 1	20. 9	22. 0	21. 4	25. 1	28. 6	30. 5	30. 2	30. 2	30. 1	31. 1
巴拉圭† [28]	[170]	[202]	[181]	[204]	209	215	238	264	302	430	421
秘鲁[29]	1403	1487	1646	1694	1626	1591	1965	2076	2029	2363	2557

国家	2003	2004	2005	2006	2007	2008	2009	2010	2011	2012	2012 *
乌拉圭	709	687	702	725	697	794	877	885	902	944	971
委内瑞拉[30]	1955	2772	3745	4940	4124	4569	3302	2574	2385	3316	4010
亚洲和大洋洲											
中亚和南亚											
阿富汗[31]	[205]	[210]	189	199	313	259	309	652	877	770	741
孟加拉	899	916	928	999	1052	1039	1212	1469	1548	1514	1510
印度[32]	29165	33879	36054	36225	36664	41585	48963	49159	49634	48255	46125
哈萨克斯坦	654	747	942	1102	1658	1574	1485	1635	1804	[2355]	[2434]
吉尔吉斯斯坦[33]	110	118	131	144	174	187	193	234	232	..	..
尼泊尔¶	198	236	261	245	227	237	265	276	261	..	..
巴基斯坦¶‡[34]	5686	5924	6153	6224	6250	5899	6078	6251	[6547]	6630	6719
斯里兰卡	[1040]	1159	1073	1239	1517	1737	1794	1672	1706	1543	1443
塔吉克斯坦	50.8	59.6	..	..	..	..	..	..	..	..	..
土库曼斯坦	..	..	..	..	..	..	..	..	..	..	..
乌兹别克斯坦[35]	73.8	..	..	..	..	..	..	..	..	..	..
东亚											
中国[36]	[57400]	[63600]	[71500]	[84000]	[96900]	[106800]	[128900]	[136500]	[146200]	[157600]	[166100]

国家	2003	2004	2005	2006	2007	2008	2009	2010	2011	2012	2012 *
日本†[37]	61460	61201	61288	60892	60574	59140	59735	59003	59572	59242	59271
朝鲜[38]	..	..	..	..	..	..	..	..	..	..	..
韩国[39]	[21898]	[22859]	24722	25613	26773	28525	30110	29912	30884	31484	31660
蒙古	49.4	53.8	52.1	63.9	83.8	78.8	51.6	64.4	87.2	108	115
中国台湾（地区）	9765	9782	9412	9030	9555	9729	10479	9903	9998	10513	10721
大洋洲											
澳大利亚	19868	20687	21414	22562	23947	24820	26676	27006	26610	25555	26158
斐济†	57.0	63.6	55.9	70.0	86.8	56.6	64.1	58.6	54.8	54.4	57.1
新西兰	1467	1488	1504	1583	1649	1705	1808	1838	1792	1809	1891
巴布亚新几内亚‡[40]	42.4	47.5	55.9	54.3	64.4	51.9	57.3	57.6	73.9	68.9	83.9
东南亚											
文莱[41]	367	290	351	395	409	422	414	432	415	402	411
柬埔寨	114	111	114	140	128	135	264	194	192	210	217
印度尼西亚[42]	[4079]	[4194]	3643	3699	4448	4150	4336	5092	5705	7048	6866
老挝	(23.2)	(22.1)	(21.3)	(21.6)	(21.4)	(21.3)	(16.9)	(18.0)	(18.7)	..	..
马来西亚	4400	4247	4543	4446	4964	5077	4792	4186	4807	4662	4697
缅甸[43]	..	..	..	..	..	..	..	..	..	..	..

国家	2003	2004	2005	2006	2007	2008	2009	2010	2011	2012	2012 *
菲律宾[44]	2419	[2279]	2322	2401	2630	2630	2532	2657	2701	2815	2977
新加坡	7987	8138	8645	8718	9055	9126	9430	9250	9218	9249	9722
泰国	3377	3047	3070	3199	4216	4962	5917	5227	5520	5334	5387
东帝汶[45]	..	..	12.6	25.1	[31.6]	28.9	44.2	30.0	28.4	33.7	37.7
越南	1471	1507	1572	1850	2386	2350	2581	2878	2686	3397	3363
欧洲											
东欧											
亚美尼亚†46	181	199	244	288	337	392	408	427	391	[408]	[387]
阿塞拜疆[47]	[454]	[550]	644	1322	1438	1936	1708	1618	3079	3078	3186
白俄罗斯	309	374	487	632	690	707	626	704	756	797	762
格鲁吉亚†48	96.3	134	357	607	1201	1140	695	521	[469]	[451]	[457]
摩尔多瓦†¶49	20.4	18.2	21.2	26.9	30.6	37.7	27.2	20.8	20.8	21.5	21.8
俄罗斯[50]	[42658]	[44379]	[50505]	[56417]	[61824]	[67986]	[71566]	[72918]	[78330]	[90646]	[90749]
乌克兰§51	2496	2694	3263	3661	4449	4352	[3865]	[3990]	[3922]	[4865]	[4879]
西欧和中欧											
阿尔巴尼亚§¶52	115	126	130	160	198	233	251	202	197	194	184
奥地利	3465	3471	3396	3262	3879	3759	3510	3490	3411	3411	3230

国家	2003	2004	2005	2006	2007	2008	2009	2010	2011	2012	2012 *
比利时	5739	5620	5415	5373	5798	6321	5953	5702	5544	5352	5086
波黑†¶53	316	283	237	227	225	234	257	239	210	245	231
保加利亚†54	[1123]	1097	1122	1113	1293	1083	1029	978	829	782	744
克罗地亚55	[1118]	1016	1060	1071	1102	1266	1153	1069	[1091]	[1015]	[959]
塞浦路斯†	[434]	451	490	481	456	457	499	518	536	[499]	[472]
捷克共和国56	3691	3541	3872	3576	3449	2941	3027	2748	2479	2379	2221
丹麦	4418	4287	4311	4108	4492	4332	4499	4230	4504	4515	4859
爱沙尼亚57	301	317	395	444	538	519	473	363	[374]	[438]	[420]
芬兰	3197	3390	3480	3542	3338	3593	3772	3692	3751	3856	3662
法国58	64749	66526	65123	65470	65691	65037	69426	66251	62741	62582	58943
德国	49366	47851	47102	46015	46060	47382	49174	49692	48164	[48617]	[45785]
希腊59	8008	8804	9520	9898	9891	10995	11455	8869	6709	(6972)	(6539)
匈牙利	2336	2162	2141	1919	1955	1817	1619	1452	1378	1100	1038
冰岛60	—	—	—	—	—	..	26.3	21.8	19.5	17.9	17.4
爱尔兰	1371	1392	1410	1398	1408	1459	1440	1373	1301	1235	1160
意大利61	43867	44011	42342	40976	[39736]	[41160]	[40002]	[38869]	[37670]	[35719]	[34004]
拉脱维亚	354	382	444	559	609	597	379	287	297	279	261

国家	2003	2004	2005	2006	2007	2008	2009	2010	2011	2012	2012 *
立陶宛[62]	543	[520]	[562]	[611]	[668]	[698]	532	448	[445]	[430]	[409]
卢森堡	296	311	314	308	319	[294]	[293]	[360]	[363]	[359]	[341]
前南马其顿共和国[‡63]	172	181	169	161	187	171	167	142	132	139	132
马耳他[†]	51.0	53.8	67.9	55.1	55.2	56.6	61.7	63.4	55.9	56.0	53.1
黑山[64]	..	..	..	[84.3]	76.2	86.8	79.7	81.5	87.8	[83.4]	[79.7]
荷兰	11712	11802	11821	12375	12541	12325	12590	12061	11344	10395	9839
挪威	6598	6764	6365	6352	6757	6794	7210	7099	7232	7189	6973
波兰[65]	6917	7232	7731	8232	9306	[8324]	[8924]	[9316]	[9448]	[9912]	[9355]
葡萄牙	4532	4813	5102	4957	4744	4762	5205	5294	4866	[3980]	[3779]
罗马尼亚	2371	2549	2697	2779	2665	2937	2498	2300	2380	2406	2185
塞尔维亚[66]	1260	1165	976	985	1110	1077	1059	1028	987	[923]	[826]
斯洛伐克[†]	1402	1303	1412	1432	1440	1474	1410	1233	1061	1072	1026
斯洛文尼亚	624	662	675	773	778	823	829	825	665	562	533
西班牙	14755	15230	15339	17932	18527	18584	17820	15977	13990	[12185]	[11535]
瑞典	7398	6962	7053	6943	7125	6337	6215	6726	6324	6424	6209
瑞士[†¶67]	5297	5199	5117	4871	4902	5021	5016	4844	4974	5136	4829
土耳其	18287	16689	15799	16511	15924	16119	17275	16976	17690	17906	18184

国家	2003	2004	2005	2006	2007	2008	2009	2010	2011	2012	2012 *
英国	57009	57669	58154	58531	60379	63074	64301	62946	60284	59795	60840
中东											
巴林[68]	555	559	553	602	637	688	774	774	878	924	953
埃及	5227	4945	4936	5050	5086	4737	4597	4473	4287	4175	4376
伊朗¶[69]	9635	12199	15128	16384	13636	10188	9809	..	..	..	..
伊拉克[70]	..	(1882)	(2541)	(1824)	(2724)	3401	3225	3782	5905	5693	6054
以色列[71]	[17279]	[16514]	[15898]	[16940]	[16447]	[15796]	[15933]	[15398]	[15163]	[15536]	[14638]
约旦	916	850	845	924	1262	1456	1507	1400	1340	1382	1448
科威特	4854	5225	5056	4999	5309	4888	4782	4716	5393	5945	6021
黎巴嫩	1259	1280	[1300]	[1291]	[1417]	1298	1564	[1665]	1627	1622	1735
阿曼‡[72]	3687	4145	4997	5343	5413	5154	4822	5094	4291	6489	6714
卡塔尔	[1263]	1164	1229	1320	1700	2193	1938	1913	..	..	..
沙特§[73]	25751	28628	34495	39294	45264	44425	45655	47511	48531	54218	56724
叙利亚[74]	2322	2326	2339	2104	2236	2027	2301	2366	2495	..	..
阿联酋[75]	[9170]	[10200]	[9305]	[9238]	[9816]	[11960]	[14081]	[17658]	[19166]	..	..
也门	1663	1357	1419	1328	1588	1526	..	..	1164	1243	1439

注：注释见表 3.12 后面

表 3.12　2003—2012 年各国军费占国内生产总值的比例

国家按地区和次地区分组。2012 年数据以国际货币组织《世界经济展望》杂志 2012 年 10 月数据库中对各国国民生产总值预期为基础，因此本年度数据相较于以往其他年份有可能存在较大的误差。

国家	2003	2004	2005	2006	2007	2008	2009	2010	2011	2012
非洲										
北非										
阿尔及利亚[1]	3.3	3.3	2.8	2.6	2.9	3.0	3.8	3.5	4.4	4.5
利比亚[‡¶2]	1.9	1.9	1.4	1.0	0.9	1.2	..	..	..	3.2
摩洛哥	3.7	3.4	3.4	3.3	3.2	3.3	3.4	3.5	3.4	3.5
突尼斯	1.7	1.6	1.5	1.4	1.3	1.3	1.3	1.3	[1.4]	[1.6]
撒哈拉以南非洲										
安哥拉	4.8	4.1	4.5	4.4	3.4	3.7	4.3	4.2	3.5	3.5
贝宁	1.0	1.0	1.0	1.0	..	1.0	..	..	..	1.1
博茨瓦纳	3.7	3.1	2.8	2.4	2.5	2.5	2.9	2.4	2.1	1.9
布基纳法索[†]	1.0	1.1	1.2	1.4	1.6	1.9	1.3	1.4	1.4	1.5
布隆迪	7.3	6.6	4.4	3.5	3.4	2.7	..	..	..	2.4
喀麦隆[§]	1.4	1.4	1.3	1.4	1.5	1.4	1.4	1.5	1.3	1.3
佛得角	0.7	0.7	0.7	0.6	0.6	0.5	0.5	0.5	0.5	..

国家	2003	2004	2005	2006	2007	2008	2009	2010	2011	2012
中非共和国‡[3]	1.3	1.2	1.1	..	1.1	1.5	1.7	2.5	..	..
乍得[4]	1.5	1.1	0.9	..	5.5	7.1	6.2	[2.7]	[2.6]	..
刚果民主共和国[5]	1.4	2.1	2.3	2.4	2.1	1.4	1.1	1.4	1.5	1.7
刚果共和国§	1.9	1.7	1.3	1.1	1.4	1.4	..	1.2	..	..
科特迪瓦[6]	1.4	1.5	1.5	1.5	1.6	1.6	1.8	1.7	1.6	[1.8]
吉布提	7.2	5.6	6.3	[6.4]	4.1	3.7	..	..	..	..
赤道几内亚	..	..	..	..	1.8	1.9	3.7	..	..	..
厄立特里亚	20.9	..	..	..	..	..	..	..	..	..
埃塞俄比亚	2.8	2.5	2.3	1.7	1.3	1.1	1.0	0.9	0.8	0.8
加蓬[7]	1.8	1.7	1.3	1.1	(1.1)	..	..	0.9	..	1.4
冈比亚‡[8]	1.1	0.4	0.5	0.4	0.6	..	..	..	..	..
加纳[9]	0.5	0.4	0.4	0.4	0.5	0.4	0.4	0.4	0.3	0.3
几内亚[10]	2.4	2.2	..	..	..	..	..	..	..	..
几内亚比绍	1.6	..	2.1	..	..	..	1.7	2.1	1.9	2.0
肯尼亚	1.7	1.6	1.7	1.7	1.8	1.9	1.9	1.9	1.9	1.9
莱索托	2.8	2.5	2.5	2.5	2.5	1.7	2.8	3.2	2.3	1.9
利比里亚	..	0.6	1.2	0.5	0.4	0.4	0.6	0.7	0.9	0.8

国家	2003	2004	2005	2006	2007	2008	2009	2010	2011	2012
马达加斯加[11]	1.3	1.2	1.1	1.0	1.1	1.1	0.8	0.7	0.7	0.7
马拉维	0.5	0.8	1.4	1.0	0.9	1.0	1.2	..	[0.8]	[0.9]
马里	[1.6]	[1.6]	1.6	1.6	1.5	1.6	1.6	1.6	1.6	1.6
毛里塔尼亚‡	4.9	4.9	3.7	3.0	..	3.4	3.8	..	..	..
毛里求斯[12]	0.2	0.2	0.2	0.2	0.1	0.2	0.2	0.2	0.2	0.2
莫桑比克	1.3	1.4	0.9	0.8	0.9	0.8	0.9	0.9	..	..
纳米比亚	2.9	2.9	3.1	2.9	3.0	3.5	3.9	4.1	4.0	3.9
尼日尔	0.9	1.1	1.0	..	..	1.0	..	0.8	..	1.0
尼日利亚	0.9	0.7	0.6	0.5	0.6	0.8	0.9	1.0	1.1	1.0
卢旺达[13]	2.4	2.0	1.7	1.8	1.5	1.4	1.4	1.3	1.2	1.1
塞内加尔§¶	1.4	1.3	1.4	1.6	1.7	1.6	1.6	1.6	..	..
塞舌尔	1.7	1.8	1.6	1.4	1.5	1.2	1.1	0.8	0.9	1.0
塞拉利昂	2.0	1.6	1.6	[1.7]	[1.5]	[1.1]	[1.3]	[1.1]	[0.9]	0.8
索马里	..	..	..	..	..	..	..	..	..	..
南非	1.5	1.4	1.4	1.3	1.2	1.2	1.3	1.2	1.1	1.1
南苏丹[14]	..	..	..	..	..	..	..	4.5	6.0	8.4
苏丹‡[15]	1.9	4.7	3.3	3.4	..	..	..	..	..	..

国家	2003	2004	2005	2006	2007	2008	2009	2010	2011	2012
斯威士兰[‡16]	1.6	1.7	2.0	1.9	1.8	[2.1]	[3.0]	[3.0]	[2.8]	[3.1]
坦桑尼亚	1.1	1.0	1.0	1.0	1.0	0.9	1.0	1.1	1.1	1.1
多哥	1.7	1.6	1.6	..	..	1.8	..	1.8	1.7	..
乌干达	2.3	2.3	2.2	2.0	1.9	1.9	1.8	3.4	3.2	[1.3]
赞比亚	..	[1.9]	2.0	1.9	1.3	2.0	1.7	1.7	1.6	1.6
津巴布韦[17]	2.5	5.5	2.3	(3.0)	..	..	..	1.4	2.2	3.1
美洲										
中美和加勒比地区										
伯利兹	0.9	0.9	1.0	1.0	1.1	1.4	1.3	1.1	1.1	[1.0]
哥斯达黎加[18]	—	—	—	—	—	—	—	—	—	—
古巴[19]	..	..	..	..	..	..	..	..	..	..
多米尼加共和国	0.8	0.7	0.8	0.7	0.7	0.7	0.7	0.7	0.6	0.6
萨尔瓦多[20]	1.1	1.0	1.0	1.0	1.0	1.0	1.0	1.1	1.1	[1.0]
危地马拉	0.8	0.5	0.4	0.4	0.4	0.4	0.4	0.4	0.4	0.4
海地	—	—	—	—	—	—	—	—	—	—
洪都拉斯[21]	[1.0]	[0.7]	[0.6]	0.7	0.8	1.0	1.1	1.1	1.1	1.1
牙买加	0.6	0.5	0.5	0.6	0.7	0.9	0.9	0.9	0.9	0.8

国家	2003	2004	2005	2006	2007	2008	2009	2010	2011	2012
墨西哥	[0.5]	0.4	0.4	0.4	0.5	0.5	0.6	0.6	0.6	0.6
尼加拉瓜[22]	0.9	0.7	0.7	0.7	0.7	0.7	0.7	0.7	0.7	0.8
巴拿马	—	—	—	—	—	—	—	—	—	—
特里尼达和多巴哥	0.2	0.3	0.5	0.5	0.5	0.6	1.3	..	..	..
北美										
加拿大	1.1	1.1	1.1	1.2	1.2	1.3	1.4	1.4	1.3	[1.3]
美国[23]	3.7	3.9	4.0	3.9	4.0	4.3	4.8	4.8	4.7	4.4
南美										
阿根廷	1.1	1.0	0.9	0.9	0.9	0.8	1.0	0.9	0.9	0.9
玻利维亚[24]	2.2	1.9	1.8	1.6	1.7	2.0	2.0	1.7	1.5	1.5
巴西	1.5	1.5	1.5	1.5	1.5	1.5	1.6	1.6	1.5	1.5
智利§ [25]	2.4	2.5	2.4	2.4	2.3	2.5	2.2	2.2	2.2	2.1
哥伦比亚[26]	3.5	3.5	3.4	3.3	3.3	3.7	3.9	3.6	3.1	3.3
厄瓜多尔	2.6	2.2	2.6	2.3	2.9	3.0	3.7	3.6	3.7	3.4
圭亚那‡27	1.9	1.8	1.9	1.8	2.0	2.2	2.3	2.1	1.9	1.8
巴拉圭† [28]	[1.2]	[1.3]	[1.1]	[1.2]	1.1	1.1	1.2	1.2	1.3	1.8
秘鲁[29]	1.5	1.4	1.5	1.3	1.2	1.1	1.4	1.3	1.1	1.3

国家	2003	2004	2005	2006	2007	2008	2009	2010	2011	2012
乌拉圭	2.3	2.1	2.1	2.1	1.8	2.0	2.1	2.0	1.9	1.9
委内瑞拉[30]	1.2	1.3	1.4	1.6	1.3	1.4	1.2	0.9	0.8	1.0
亚洲和大洋洲										
中亚和南亚										
阿富汗[31]	[2.1]	[2.2]	1.8	1.8	2.4	2.2	2.0	3.7	4.7	3.8
孟加拉	1.1	1.1	1.0	1.0	1.0	1.0	1.1	1.2	1.3	1.1
印度[32]	2.8	2.8	2.8	2.5	2.3	2.6	2.9	2.7	2.6	2.5
哈萨克斯坦	1.1	1.0	1.0	1.0	1.3	1.1	1.1	1.1	1.0	[1.2]
吉尔吉斯斯坦[33]	2.9	2.8	3.1	3.2	3.4	3.4	3.5	4.2	3.9	..
尼泊尔¶	1.5	1.6	1.7	1.6	1.4	1.3	1.4	1.4	1.2	..
巴基斯坦¶‡[34]	3.7	3.6	3.4	3.3	3.0	2.8	2.8	2.6	[2.7]	2.7
斯里兰卡	[2.9]	3.0	2.6	2.8	3.3	3.7	3.6	3.1	2.9	2.4
塔吉克斯坦	2.2	2.2	..	..	..	..	..	..	..	..
土库曼斯坦	..	..	..	..	..	..	..	..	..	..
乌兹别克斯坦[35]	0.5	..	..	..	..	..	..	..	..	..
东亚										
中国[36]	[2.1]	[2.1]	[2.1]	[2.1]	[2.1]	[2.0]	[2.2]	[2.1]	[2.0]	[2.0]

国家	2003	2004	2005	2006	2007	2008	2009	2010	2011	2012
日本†[37]	1.0	1.0	1.0	1.0	1.0	1.0	1.0	1.0	1.0	1.0
朝鲜[38]	..	..	..	..	..	..	..	..	..	..
韩国[39]	[2.5]	[2.5]	2.6	2.6	2.6	2.8	2.9	2.7	2.8	2.7
蒙古	1.5	1.4	1.2	1.1	1.3	1.2	0.8	0.9	1.0	1.1
中国台湾（地区）	2.4	2.3	2.2	2.0	2.1	2.2	2.4	2.1	2.1	2.3
大洋洲										
澳大利亚	1.9	1.8	1.8	1.8	1.8	1.8	1.9	1.9	1.8	1.7
斐济†	1.6	1.7	1.4	1.7	2.2	1.5	1.8	1.6	1.4	1.4
新西兰	1.1	1.0	1.0	1.0	1.0	1.1	1.2	1.2	1.1	1.1
巴布亚新几内亚‡[40]	0.5	0.6	0.6	0.5	0.6	0.5	0.5	0.5	0.6	0.5
东南亚										
文莱[41]	3.7	2.5	2.6	2.6	2.6	2.5	3.3	3.2	2.5	2.4
柬埔寨	1.5	1.3	1.2	1.3	1.1	1.2	2.3	1.6	1.5	1.6
印度尼西亚[42]	[1.0]	[0.9]	0.8	0.7	0.8	0.6	0.6	0.7	0.7	0.8
老挝	(0.6)	(0.5)	(0.4)	(0.4)	(0.4)	(0.3)	(0.3)	(0.3)	(0.2)	..
马来西亚	2.6	2.3	2.2	2.0	2.1	1.9	2.0	1.6	1.7	1.5
缅甸[43]	1.9	1.9	1.6	..	..	..	..	..	3.4	4.2

国家	2003	2004	2005	2006	2007	2008	2009	2010	2011	2012
菲律宾[44]	1.6	[1.4]	1.3	1.3	1.3	1.3	1.3	1.2	1.2	1.2
新加坡	4.9	4.5	4.4	4.0	3.7	3.9	4.1	3.6	3.5	3.6
泰国	1.3	1.1	1.1	1.1	1.3	1.6	1.9	1.5	1.6	1.5
东帝汶[45]	..	0.3	0.5	0.6	[0.8]	0.5	1.1	0.6	0.5	0.7
越南	2.1	2.0	1.9	2.1	2.5	2.3	2.5	2.5	2.2	2.4
欧洲										
东欧										
亚美尼亚[†46]	2.7	2.7	2.9	2.9	3.0	3.4	4.2	4.3	3.9	[3.8]
阿塞拜疆[47]	[2.4]	[2.6]	2.3	3.4	2.9	3.3	3.3	2.8	4.9	4.6
白俄罗斯	1.3	1.4	1.5	1.7	1.6	1.5	1.4	1.4	1.4	1.3
格鲁吉亚[†48]	1.1	1.4	3.3	5.2	9.2	8.5	5.6	3.9	[3.3]	[2.9]
摩尔多瓦[†¶49]	0.4	0.4	0.4	0.5	0.5	0.6	0.5	0.3	0.3	0.3
俄罗斯[50]	[4.3]	[3.8]	[3.9]	[3.8]	[3.7]	[3.7]	[4.6]	[4.3]	[4.1]	[4.4]
乌克兰[§51]	2.8	2.6	2.8	2.8	2.9	2.7	[2.9]	[2.7]	[2.4]	[2.7]
西欧和中欧										
阿尔巴尼亚[§¶52]	1.3	1.4	1.4	1.6	1.8	2.0	2.1	1.6	1.5	1.5
奥地利	0.9	0.9	0.9	0.8	0.9	0.9	0.9	0.8	0.8	0.8

国家	2003	2004	2005	2006	2007	2008	2009	2010	2011	2012
比利时	1.2	1.2	1.1	1.1	1.1	1.2	1.2	1.1	1.1	1.1
波黑†¶[53]	2.4	1.9	1.5	1.3	1.1	1.1	1.2	1.2	1.0	1.2
保加利亚†[54]	[2.8]	2.6	2.4	2.3	2.5	2.0	2.0	1.9	1.5	1.5
克罗地亚[55]	[2.1]	1.8	1.8	1.7	1.6	1.9	1.8	1.7	[1.7]	[1.7]
塞浦路斯†	[2.2]	2.1	2.2	2.1	1.9	1.8	2.0	2.1	2.2	[2.1]
捷克共和国[56]	2.1	1.9	2.0	1.7	1.6	1.3	1.4	1.3	1.2	1.1
丹麦	1.5	1.5	1.3	1.4	1.3	1.4	1.4	1.4	1.4	1.4
爱沙尼亚[57]	1.7	1.7	1.9	1.9	2.1	2.1	2.3	1.7	[1.7]	[1.9]
芬兰	1.4	1.4	1.4	1.4	1.2	1.3	1.5	1.4	1.4	1.5
法国[58]	2.6	2.6	2.5	2.4	2.3	2.3	2.6	2.4	2.3	2.3
德国	1.4	1.4	1.4	1.3	1.3	1.3	1.4	1.4	1.3	[1.4]
希腊[59]	2.6	2.7	2.9	2.9	2.8	3.1	3.3	2.7	2.2	(2.5)
匈牙利	1.7	1.5	1.4	1.3	1.3	1.2	1.2	1.1	1.0	0.8
冰岛[60]	—	—	—	—	—	..	0.2	0.2	0.1	0.1
爱尔兰	0.6	0.6	0.6	0.5	0.5	0.6	0.6	0.6	0.6	0.6
意大利[61]	2.0	2.0	1.9	1.8	[1.7]	[1.8]	[1.8]	[1.8]	[1.7]	[1.7]
拉脱维亚	1.7	1.7	1.7	1.9	1.7	1.7	1.4	1.1	1.0	0.9

国家	2003	2004	2005	2006	2007	2008	2009	2010	2011	2012
立陶宛[62]	1.7	[1.5]	[1.4]	[1.4]	[1.4]	[1.4]	1.4	1.1	[1.0]	[1.0]
卢森堡	0.7	0.7	0.6	0.6	0.6	[0.5]	[0.5]	[0.6]	[0.6]	[0.6]
前南马其顿共和国[l63]	2.4	2.5	2.1	1.9	2.0	1.8	1.7	1.4	1.3	1.3
马耳他[†]	0.7	0.7	0.9	0.7	0.7	0.7	0.7	0.7	0.6	0.6
黑山[64]	..	..	..	[2.3]	1.7	1.9	1.9	1.8	1.9	[1.8]
荷兰	1.6	1.5	1.5	1.5	1.5	1.4	1.5	1.4	1.4	1.3
挪威	2.0	1.9	1.6	1.5	1.5	1.4	1.7	1.6	1.5	1.4
波兰[65]	1.9	1.9	1.9	1.9	2.0	[1.7]	[1.8]	[1.9]	[1.8]	[1.9]
葡萄牙	1.9	2.0	2.1	2.0	1.9	1.9	2.1	2.1	2.0	[1.8]
罗马尼亚	2.1	2.0	2.0	1.8	1.5	1.5	1.4	1.3	1.3	1.2
塞尔维亚[66]	3.7	3.1	2.5	2.4	2.5	2.3	2.4	2.4	2.3	[2.2]
斯洛伐克[†]	1.9	1.7	1.7	1.6	1.5	1.5	1.5	1.3	1.1	1.1
斯洛文尼亚	1.4	1.5	1.4	1.6	1.5	1.5	1.6	1.6	1.3	1.2
西班牙	1.1	1.1	1.0	1.2	1.2	1.2	1.2	1.1	0.9	[0.8]
瑞典	1.7	1.5	1.5	1.4	1.4	1.2	1.2	1.3	1.2	1.2
瑞士[†¶67]	1.0	0.9	0.9	0.8	0.8	0.8	0.8	0.7	0.7	0.8
土耳其	3.4	2.8	2.5	2.5	2.3	2.3	2.6	2.4	2.3	2.3

国家	2003	2004	2005	2006	2007	2008	2009	2010	2011	2012
英国	2.5	2.5	2.4	2.3	2.3	2.5	2.7	2.6	2.5	2.5
中东										
巴林[68]	4.8	4.3	3.6	3.4	3.2	3.0	3.9	3.5	3.3	3.5
埃及	3.3	3.0	2.9	2.7	2.5	2.3	2.1	2.0	1.9	1.7
伊朗¶[69]	2.8	3.1	3.5	3.5	2.7	2.1	2.2	..	..	..
伊拉克[70]	..	(1.7)	(2.2)	(1.9)	(2.2)	2.2	2.5	2.5	3.0	2.7
以色列[71]	[9.6]	[8.7]	[8.0]	[8.1]	[7.5]	[7.1]	[7.0]	[6.5]	[6.2]	[6.2]
约旦	6.0	5.1	4.8	4.7	5.9	6.1	5.8	4.9	4.6	4.6
科威特	6.5	5.8	4.3	3.5	3.6	3.0	4.0	3.5	3.2	3.3
黎巴嫩	4.6	4.4	[4.4]	[4.5]	[4.6]	3.9	4.1	[4.2]	4.1	4.1
阿曼‡[72]	12.2	12.1	11.8	11.0	10.3	7.6	9.3	8.3	5.9	8.4
卡塔尔	[3.3]	2.4	2.0	1.8	2.0	2.0	2.0	1.5	..	..
沙特§[73]	8.7	8.4	8.0	8.3	9.2	8.0	11.0	10.0	8.4	8.9
叙利亚[74]	6.2	5.5	5.0	4.4	4.1	3.6	4.0	4.1	..	..
阿联酋[75]	[4.7]	[4.6]	[3.7]	[3.2]	[3.3]	[3.7]	[5.1]	[5.9]	[5.4]	..
也门	6.9	5.3	4.9	4.3	4.9	4.4	..	..	3.5	4.0

.. 表示数据不可得或不适用；—表示数值为零或可忽略不计；() 为不确定的数字；[]为 SIPRI 估计数；

/表示财政年度变更。

a 表示财政年度跨度为日历年首年 4 月至次年 3 月；

b 表示财政年度跨度为日历年首年 7 月至次年 6 月；

†表示该国军费中未包括退休、养老金；

‡表示该国数据仅包括经费流通性开支（即未含资本支出）；

§ 表示该国的数字仅为预算金额而非实际支出。

¶表示该国数据不包含准军事力量的开支；

|| 表示该国在本时间段内更换货币或改变币值，表中所有数据已转换为最新币值。

注释

1. 阿尔及利亚 2004—2012 年的数据为预算数据。2006 年 7 月，阿尔及利亚政府发布追加预算，使其政府总开支增加了 35%。但这些增加的预算中是否有一部分拨给了军队并不清楚。

2. 利比亚的数据不包括发展支出，该国 2008 年用于发展的支出高达 10 亿第纳尔。2012 年数据与往年数据并不存在可比性。

3. 中非共和国的数据并不包括投资支出，该支出数额在 2005 年为 77.5 万非洲法郎。

4. 由于东部地区的冲突，乍得在 2005 年之后军费增长较大，其额外支出从石油收入增拨。该国 2006 年的数据不可得，但根据已有信息判断，2006 年的军费比 2005 年增加很多，2007 年的军费相比 2006 年的增幅稍小一些。

5. 刚果民主共和国的数据未纳入该国军队运营众多矿场所得的利润。

6. 科特迪瓦 2003 年的数据是预算值，而非实际开支数据。

7. 加蓬的数据未包括预算外支出，这些预算外支出来自国外石油公司在加蓬活动运作所交的税收。

8. 冈比亚财政部长 2009 财年预算讲话表明国防部预算 2008 年为 3.81 亿达拉西，2009 年为 1.89 亿达拉西。然而，这一数据反映的是与之前不尽相同的军费开支定义，暗示着 2008 年的军费实际上有一个相当大的增长，因此它们并不能用于构成前后一致的系列数据。

9. 国际货币基金组织所估算的加纳国民生产总值在 2012 年进行了大幅上调修订，因此，表 3.12 中所示的加纳军费开支占国民生产总值的比例数据较往年《SIPRI 年鉴》所引数据有大幅下降。加纳 2006 年至 2012 年数据为获准通过的预算，非当年实际支出。

10. 几内亚的数据可能有些低估，因为据国际货币基金组织（IMF）报告，该国为军队提供了大额预算外资金。

11. 马达加斯加的数据包括用于宪兵和国家警察的支出。

12. 毛里求斯于 2010 年改变了它财年的划分，由 7 月至次年 6 月改为 1 月至 12 月。以当地货币表示的 2009 年军费是其自当年 7 月至 12 月为期6个月的过渡财年数据。

13. 卢旺达于2009年变更了财政年度设置，财政年度从1月至当年12月制改为7月至次年6月制。以当地货币表示的该国2009年数据，是2009年1—6月为期6个月的特殊财年数据（206亿卢旺达法郎）和首个七月至次年六月为期的财年（2009—2010财年）数据（436亿卢旺达法郎）。2005年及2006年的数据包括用于非盟维和行动的款项。

14. 南苏丹于2011年7月9日从苏丹独立出来。依据《2005年全面和平协定》的约定，在2011年举行全民公决最终决定南苏丹的独立地位之前，南苏丹由南苏丹自治政府（GOSS）进行管辖。2006—2010年的数据为南苏丹自治政府用于苏丹人民解放军（SPLA）的军费开支情况。独立后，南苏丹用新发行的货币南苏丹镑代替了苏丹镑，由于新货币与老货币按1：1等值兑换，因此并未对数据产生影响。

15. 苏丹的数据包括防务及安全支出。2006—2010年的数据不包括南苏丹政府的军费支出。另见注释14。

16. 斯威士兰2008—2012年的数据，是根据该国国防、公共秩序和安全预算估算得出的，具有极大的不确定性。

17. 津巴布韦于2009年4月弃用津巴布韦元，而目前主要使用美元。津巴布韦所有数据都是按当年美元市场汇率转换而来。由于严重通货膨胀导致2008年缺乏可用的价格数据，因此无法给出2009年之前的单一固定价格的数据序列。

18. 哥斯达黎加没有武装部队。该国用于准军事力量，边境、海上及空中警卫队的支出低于国民生产总值的0.05%。

19. 古巴的数据包括防务和内卫开支。表3.11中的该国数据并非用美元2011年固定价格表示，而是按官方汇率逐年转换为现值美元的，之所以这样做，是因为我们不掌握该国通货膨胀的情况。由于缺乏古巴国民生产总值的可靠数据，我们没有给出该国军费开支占国民生产总值的比重。

20. 萨尔瓦多2003—2011年的数据包括武装部队养老金基金中的军队养老金。2012年数据包含了大体估算为9070万美元的养老金费用，这与2011年的实际开销是相同的。由于这些养老金费用还包含了该基金进行的商业投资额，其中2010年为1700万美元，因此会显得有一点高。

21. 洪都拉斯的数据不包括进口武器费用。

22. 尼加拉瓜的数据包括美国及中国台湾地区向其提供的军事援助，2002—2009年该国接受的上述军援数额分别为：1250万、1690万、1360万、1110万，730万、2880万、1220万和1160万科多巴。

23. 美国的所有数据均按财年给出（从当年10月1日至次年9月30日），而不是按自然年计算。

24. 玻利维亚的数据包括一些民防支出。

25. 此处引用的智利数据较以往《SIPRI年鉴》中所引用的数据低很多，是因为我们从智利官方得到了更新、更完整的数据。另外，SIPRI

决定，从 1990 年开始，不再将边防警察归为准军事力量范畴，因此 SIPRI 数据中亦未将其包含其中。智利的数据包括从国有的铜业公司（CODELCO）直接划拨的用于军事采购的款项。从 2004 年起，国防部就将这些款项中未花完的部分存起来，并于 2011 年划归为战略应急费用以备未来装备采购之需。SIPRI 的数据继续按从铜业公司（CODELCO）直接划拨来的金额计算而不是实际开销。

26. 哥伦比亚 2002—2007 的数据包括 25 亿比索的特别拨款，其拨款的依据是 2002 年 8 月 12 日发布的战争税法。特别拨款中的大部分已在 2002 至 2004 年花掉了。

27. 圭亚那的数据不包括资本支出，这些支出从 2003 年至 2006 年分别为 1.47 亿、1.54 亿、1.55 亿和 1.72 亿圭亚那元。

28. 巴拉圭 2003 年的数据是修订后的预算数据，非实际支出。这些数据是将养老金支出或可能的养老金支出包含进来后经修订所得，因此较往年《SIPRI 年鉴》援引数据有明显的增长。

29. 秘鲁 2005 年以来的数据不包括该国国有天然气公司 CAMISEA 为武装力量和国民警察划拨出其总收入的 20%。

30. 委内瑞拉的数据不包括国家发展基金（FONDEN）提供的数目不详的额外开支。该基金创建于 2005 年，由委央行和国有石油公司 PDVSA 向其提供资金。

31. 阿富汗的财年周期是本年 3 月至次年 2 月。阿富汗的数据是用于国家军队的核心预算，外国对阿军援未包括在内。2009 年，美国对阿军援就高达 40 亿美元，16 倍于该国自身的军费开支。

32. 印度的数据包括边境安全部队、中央后备警察部队、阿萨姆步枪队和印度—西藏边境警察部队等准军事部队的开支；2007 年起，还包括边境守卫部队 SSB 的经费。但数据中不包括印度军用核活动的开支。

33. 吉尔吉斯斯坦的数据包括用于国内安全的支出，这部分占军费总额很大比例。

34. 巴基斯坦的数据不包括该国准军事部队—“前线军”（民间武装力量）和“巴基斯坦别动队”的支出，该项支出在 2008 年、2009 年、2010 年和 2012 年分别为 167 亿、208 亿、314 亿和 431 亿卢比。巴基斯坦军费开支中用于公共部门发展计划的部分在 2008 年、2009 年、2010 年和 2012 年，分别为 23 亿、50 亿、39 亿、14 亿和 20 亿卢比。

35. 依据固定美元汇率所得的乌兹别克斯坦数据，实际分析时还需要考虑其官方和非官方汇率的较大差异。

36. 中国的数据是估算的军费开支总额，包括那些官方国防预算并未列入的项目。这些数据是基于（1）官方军费开支的公开数据以及对外公布的其他数据；（2）基于官方数据，以及根据王绍光在“中国的军费开支，1989—1998 年”（《SIPRI 年鉴 1999》）中使用的方法得出的估算值；（3）对于最近几年，无法获得某类项目官方数据时，如官方军费开支中的比例变化、相同领域最新的花费趋向，或是中国人民解放军的商业收入等，则基于逐步下降的假设之上的。参见后面“资料来源和统计方法”部分。

37. 日本2003—2004年及2010—2011年的数据为批准预算额。该数据包括冲绳特别行动委员会（SACO）的活动费用，不包括军事养老金支出。

38. 朝鲜的数据来源于该国官方机构报告，不包括朝鲜用于军工企业、两用技术研发费用，以及由军事部门承担的各种社会福利支出。由于缺乏可信的朝鲜元对美元汇率，我们没有将该国军费开支数据折算成美元。

39. 韩国的数据不包括“军事设施移址”、“美军基地移址”和“军队福利”等三项“特别支出”数据。这部分开支的累计额在2009年、2010年、2011年和2012年分别达到4493亿、10488亿、12852亿和9167亿韩元。

40. 巴布亚新几内亚的数据只是预算中的“经常性支出”部分。2008至2011年，该国用于“发展”的开支分别为600万、2520万、0和4700万基那。

41. 文莱2003年的数据是从2003年1月至2004年3月为期15个月的特殊财年数据。该国从2004年开始采用4月至次年3月制财年。

42. 印度尼西亚的数据不包括军队通过各种渠道所实际获得的预算外开支，其中包括军队运营的基金会或合作性机构所缴税收以及从私营领域租赁土地等而受益等。具体的收入数额不详，但据推算其数额不大，应占其整个军费支出的1%左右。

43. 缅甸的数据没有用美元表示，因为缅币和美元存在极端变化的设定汇率。缅甸官方汇率从1美元（2003年）兑换6.076缅元至兑换960缅元不等。2011年和2012年数据来源于缅甸官方预算，这与之前基于间接渠道的二手数据或许没有可比性。缅甸2011年新宪法甚至允许武装部队总参谋长在不经议会批准的情况下，可通过特别基金获得无限额度的额外拨款。这种情况在2011年和2012年有没有发生尚不得而知。

44. 菲律宾的数据因为将有关老兵事务的花费计入其中，因此略有夸大。截至2010年，菲这笔开支每年不超过10亿比索，但在2011年和2012年，这笔开支分别增长至139亿和83亿比索。

45. 东帝汶以当地货币表示的2007年数据，是从2007年7月至12月为期6个月的特殊财年数据。该国以往采用的是7月至次年6月制财年，2008年后采用1月至12月制财年。国际货币基金组织所估算的东帝汶国民生产总值因将以往未计的石油收入包括进来而在2012年进行了大幅上调修订，因此，表3.12中所示的东帝汶军费开支占国民生产总值的比例数据较往年《SIPRI年鉴》所引数据有大幅下降。

46. 如加上军队养老金，亚美尼亚的数据则会高出15%—20%。

47. 阿塞拜疆2011年和2012年的数据在国防预算之外还分别包括10.87亿和11.23亿马纳特的“特别国防项目”拨款。

48. 格鲁吉亚2003年的实际军费支出数据据信被低估，该国当年发生了政治动乱。

49. 如计入所有军事预算项目开支，包括军队养老金、准军事部队费用，摩尔多瓦2005年、2006年和2007年的总军费将分别达3.43亿、4.57亿和5.3亿列伊。

50. 有关俄罗斯军费数据来源、估算方法，可参见 J. 库珀：《1987 年至 1997 年苏联和俄罗斯联邦军费开支》，《SIPRI 年鉴 1998》。

51. 乌克兰数据除 2011 年之外皆为经批准的预算。

52. 阿尔巴尼亚 2006 年之前的数据没有完全包括养老金。2007 年、2008 年和 2011 年的数据为修订预算值。

53. 波黑 2005 年之后的数据是指用于波黑武装部队的数据，该部队成立于 2005 年，系由波黑联邦克罗地亚—波斯尼亚军队和斯普卡共和国的波斯尼亚塞尔维亚人军队组成。波黑 2005 年之前的数据包括波黑联邦军队和斯普卡共和国军队的支出。表中数据不包括进口武器的费用。

54. 根据北约的数据，保加利亚包括养老金在内的所有军事支出，在 2006 年、2007 年和 2008 年分别为 13.93 亿、17.12 亿和 17.49 亿列弗。

55. 克罗地亚 2004 年至 2010 年的数据，包括由该国中央政府承担的用于偿还一套军用雷达系统所欠贷款的开支。这部分款项从 2004 年至 2010 年分别达 1.6 亿、4.311 亿、1.478 亿、0.914 亿、0.532 亿、0.546 亿和 0.552 亿库纳。2011 年，克继续支付该款项，但数额未知，因此 2011 年数据中包含有 0.552 亿库纳的估算值。2012 年克是否继续支付这一款项尚不得而知，因此亦未将估算值计入。

56. 捷克共和国的数据不包括该国向阿富汗或伊拉克所提供的援助。该国 2004 年、2007 年分别向阿富汗援助了 1870 万、6.126 亿克朗，2005 年向伊拉克提供了 110 万克朗援助。

57. 爱沙尼亚在 2010 年将其边境守卫部队归入国家警察序列，这支力量不再被 SIPRI 视作准军事部队。2010 年爱沙尼亚军费支出下降，很大程度上是因为这个因素。

58. 由于法国预算体系和金融法律的变化，2006 年起，该国的数据采用新的计算方法得出。

59. 希腊 2012 年数据应当谨慎对待，因其经济和金融危机有可能导致其实际支出远远低于作为当前估算基值的修订预算。

60. 冰岛没有军队。冰岛的数据是指 2008 年以来由其负责承担的冰岛空防系统、情报收集和军事演习的费用，以及支付的北约会费和冰岛反恐警察卫队等准军事力量的开支。

61. 意大利的数据包括民防支出，这部分通常约占总军费的 4.5%。

62. 由于立陶宛改变了对其准军事部队花费的报告方式，2003 年之前所包括的用于某些部队的数字自 2004 年开始可能就不计入其中了。

63. 前南马其顿军事支出的定义，在 2006 年后有改变。边防部队从隶属国防部改为隶属内务部，原来并不在统计范围内的部分养老金，如今已被纳入统计。

64. 黑山于 2006 年 6 月 3 日从塞黑独立出来。另见注释 66。

65. 波兰的数据不包括由其他政府部门支出的防务费用，以及如“武装力量现代化基金”和另外一些国防研发费用。2004 至 2011 年间所有这部分开支的估计数字不等，大约在2.4亿至6.4亿兹罗提之间。

66. 黑山于2006年6月3日从塞黑独立出来。塞尔维亚2005年之前的数据是指塞黑国家联盟（2003年2月前称作南斯拉夫联盟共和国）的数据，2006年之后的数据为塞尔维亚单独的数据。

67. 瑞士的数据未包含各州和地方政府的支出。1990—2006年，瑞士各州和地方政府开支的军费大致相当于中央政府支出的5%—8%。

68. 巴林的数据不包括用于国防采购的预算外支出。

69. 伊朗的数据不包括用于准军事部队，如伊斯兰革命卫队的支出。

70. 伊拉克的数据不包括国防委员会、武装力量总参谋长办公室、解除民兵组织武装并整合力量办公室的开支，这笔开支的总额在2011年和2012年分别为3080亿第纳尔和3140亿第纳尔。

71. 以色列的数据包括其在巴勒斯坦占领区和其他地区作战的追加预算以及对准军事化的边境警察部队开支的估算。

72. 阿曼的数据包括国防和国内安全的支出。2011年，阿政府颁布了追加预算10亿里亚尔的法案，这相当于原有预算总额的12%，但尚未可知这笔额外拨款是否用于军费开支。

73. 沙特的数据包括国防和安全支出。

74. 叙利亚数据换算成美元时，依照的是2011年市场汇率：1美元合48.215叙利亚镑。之前，叙利亚曾实行过1美元合11.225叙利亚镑的官方汇率，2009年以前的《SIPRI年鉴》均按官方汇率进行换算。2007年，叙利亚取消了官方汇率机制，改行过去非官方使用的市场汇率机制。

75. 阿联酋的军费数据具有不确定性，亦缺乏透明。官方文献和国际货币基金组织报告有时会提供一些国防开支数据，但仅包含了“军事物品和服务”支出（不包括军人工资或军用装备支出）。但是国际货币基金组织提供了阿布扎比联邦服务局的支出，认为该机构的支出主要用于军费。据估计，阿联酋军费开支总和约为阿布扎比联邦服务局支出的80%，外加国防部军用物品和服务支出数额或在数据不可得时对此做出的估算数额。

资料来源和统计方法

军费的定义

SIPRI 所采用的指导性军费定义包括涉及下列主体和活动的各项支出：1. 武装部队，包括维和部队；2. 国防部门和从事国防项目的其他政府机构；3. 准军事部队（断定是为军事行动而进行训练和装备的人员）；4. 军事空间活动。这些支出包括涉及以下各项的经常项目支出和资本项目支出：1. 用于军事人员和文职人员的开支，包括军事人员的退休金和职员的社会福利费用；2. 作战和维持费用；3. 采购费；4. 军事研发费；5. 军事援助支出（包括于援助国的军费内）。民防开支以及因先前军事活动而发生的当前支出，如退伍军人福利、复员、军转民和销毁武器的费用，不计算在内。虽然这种定义可以作为准则，然而在实践中由于数据的局限性往往难以坚持。

数据的局限性

军费数据主要有三种局限性：可靠性、有效性和可比性。

影响数据可靠性的主要因素包括：官方公布的军费数据涵盖范围不够全面，缺乏有关军费的详细资料，以及缺乏实际军费（而非预算军费）的数据。很多国家的官方数据仅包含部分军费。某些重要的项目经费可能被隐藏在非军事预算项目下，或者甚至可能完全由政府预算外资金支持。许多预算外及非预算机制都被在实际操作中使用。

数据有效性取决于其使用目的。由于开支数据是对财政投入的一种衡量，其最有效的用途是作为用于军事目的而消耗的各种经济资源的指标。由于同样的原因，它们作为军事实力或军事能力指标的效用是有限的。尽管军费确实对军事能力有影响，诸多其他因素，如人员与装备之间的平衡，军事装备的技术水平、保养和维修状况，以及武装部队所处的整体安全环境等对军事能力也都有影响。

数据的可比性受到两种不同因素的限制：数据的不同覆盖范围（或定义）和货币换算方法。国与国之间以及同一国家不同时期有关军费的官方数据涵盖范围有着很大的不同。就换算到统一货币而言，所采用的汇率对国家间的比较有着很大的影响（见下文）。这是在进行经济数据的国际间比较时面临的一个普遍性问题，并不是军费所特有的。然而，由于军费的国际间比较往往是一个敏感的问题，重要的是应当牢记对国家间军费比较的诠释在很大程度上受到所选择汇率的影响。

统计方法

SIPRI 数据基于公开来源，反映了各国政府提供的官方数据。然而，官方数据并不总是符合 SIPRI 的军费定义，也不是总能根据这个定义来重新计算数据，因为这需要有关官方国防预算和预算外及非预算军费项目所包含内容的详细情况。在很多情况下，SIPRI 只限于使用由各国政府提供的数据，而不考虑定义。经常出现的情况是有多个系列的数据可用，在这种情况下，SIPRI 选择最符合 SIPRI 军费定义的系列数据。尽管如此，首要的是为各个国家选定统一的时间序列，以实现一个时期数据的连贯性，而不是依据通用定义调整个别年度的数字。此外，在特定情况下必须作出估算。

估算。对军费数据进行估算，绝大多数出于以下缘由：1. 官方数据涵盖范围严重偏离 SIPRI 的定义；2. 缺乏完整一致的时间序列。对于第一种情况，我们通过分析政府官方主要预算和开支帐目进行估算。这种最全面的估算应用于中国（在《SIPRI 年鉴 1998》中有介绍并在《SIPRI 年鉴 2011》中作了更新）和俄罗斯（在《SIPRI 年鉴 1999》中有介绍）。对于后一种情况，即只有不完整的时间序列时，我们从时间序列中挑选出最符合 SIPRI 定义的数据，将其作为相应年份的数据，然后利用已有的年份数据，结合年度开支变化的百分比，估算出缺失年份的数据，以实现一个时期数据的连贯性。

所有估算均以官方数据或经验证的公开来源数据为基础。因此，对于不发布任何官方数据的国家，我们未予以估算，也没有列出这些国家的任何数据。

SIPRI 的估算数据在表格中加方括号表示。当数据的不确定度超出 SIPRI 可控范围时，则使用圆括号表示。例如，数据所依据的资料来源的可靠性难以确定时，以及经济数据不确定导致以美元固定价格表示的数据或该数据占 GDP 比重不明确时，使用圆括号。

最近几年的数据包括两种类型适用于所有国家的估算。首先，最近年份数据属正式预算、预算概算或概算修正的，其中大部分会在以后年度加以订正。其次，表 3.11 中用于时间序列中最后一个年度的消胀指数或者是根据一年中部分时间估算得出的，或者是由国际货币基金组织（IMF）提供的。除非这些估算中包含特殊的不确定性，它们一般不加括号。

由于并非所有年度都能获得所有国家的数据，因此表 3.1 中的全球总额和按地理分区、国际组织和收入组统计的合计额均属估算数据。如某个国家在时间序列开始或结尾年度的数据缺失，则假设该国数据的变化率等同于其所属地区的平均变化率，并据此估算其缺失年度的数据。如某个国家在时间序列中间年度的数据缺失，则假设该国从时间序列开始至结束过程中，数据是平稳变化的，然后据此估算其缺失年度的数据。在无法作出任何估算的情况下，则不将这些国家纳入总额统计。

计算。表 3.10 提供的各国原始数据，是按财政年度以当地货币当前价格的形式体现的。表 3.10 还标出了那些财政年度与日历年度并不重合的国家。在多数情况下，表中所列出的某年的数字都是指开始于同一日历年的财政年度情况。仅有一个例外就是美国，数字显示的是从上个日历年 10 月 1 日开始的财政年度到本年的情况。有些国家在 2003—2012 年间变更了财政年度的划分方法，我们对这些情况均予以了尾注说明。

表 3.9 和表 3.10 提供以美元固定价格表示的数据，并列出其占 GDP 的比重，数据按日历年列出。这就有必要将那些财政年度与日历年度不重合的国家的数据转换成日历年数据。转换过程中，我们假设所涉及的国家在整个财政年度是均衡开支的。表 3.11 根据各国的国内消费者物价指数（CPI）和全年平均市场汇率（MER），将以当地货币表示的数据按固定价格和汇率换算成美元。

换算过程中，将采用消费者物价指数用作消胀指数，意味着《SIPRI 年鉴》中以美元固定价格表示的各国军费开支趋势，可体现出各国购买具有国家代表性的一篮子民用消费品购买力的实际变化。采用军事专用消胀指数更为恰当。然而，大多数国家的军事专用消胀指数均无从获得。

基于 GDP 的购买力平价（PPP）指数可作为市场汇率的一个替代选项。购买力平价指数比市场汇率能更好地反映在不同国家使用相同金额的货币可购买或享受到的商品或服务数量。但是，购买力平价指数并不一定比市场汇率能更好地测量出一国可获得的军事商品和服务的数量（我们在《SIPRI 年鉴 2006》曾详细讨论过）。特别是购买力平价指数并不总能反映出一国用于研发先进武器科技和系统等的相对花费。事实上，不管用哪一种汇率，军费数字都不能直接用于测量军事实力。因此，购买力平价指数并不能“更清楚”地表明一国“真正”的花费；它们仅能较好地测算出在某国内如果这些资金用于其他用途可购买多少替代商品或服务。而市场汇率则能够测量出军费开支在国际市场的购买力水平。此外，由于购买力平价指数是估算出来的，它们不如市场汇率可靠。因此，SIPRI 使用市场汇率将军费开支数据转换为以美元为单位，尽管这有它的局限性，但这应该是比对国际消费水平最简便和最客观的方法。

资料来源

军费数据的资料来源，按优先顺序排列如下：1. 第一手来源，即由各国政府在其官方出版物或者问卷答复中所提供的官方数据资料；2. 引用原始资料的第二手来源；3. 其他第二手来源。

第一类来源包括国家预算文件、国防白皮书、财政统计材料，以及各国对 SIPRI 调查问卷的答复，调查问卷每年发往列入 SIPRI 军费数据库国家的财政部、国防部、中央银行和国家统计部门。各国政府对联合国所发的有关军费的调查问卷所作答复，以及一些国家向欧洲安全与合作组织的调查问卷自行提供的答复，也属第一类来源资料。

第二类来源包括国际统计资料，如北大西洋公约组织（NATO）和国际货币基金组织（IMF）的统计资料。按照惯例，16 个 1999 年前加入北约的国家的数据取自多个北约来源所公布的军费统计数据。北约 2005 年采用了新的定义，使得某些北约国家最近几年的数据必须依靠其他资料来源。许多发展中国家的数据取自国际货币基金组织的《政府金融统计年鉴》，其中含有大部分国际货币基金组织成员国的国防统计资料，以及取自国际货币基金组织职员编写的国别报告。这类资料来源还包括准确提供所用原始资料出处的其他组织的出版物，如经济学家情报组织的《国别报告》。

第三类来源包括一些专业期刊和报纸。

经济数据的主要来源是国际货币基金组织的多个出版物：《国际金融统计年鉴》、《世界经济展望》，以及由 IMF 职员编写的国别报告。

SIPRI 军费网络

感谢以下人员提供军费数据、估算及相关建议：朱利安·库帕（俄罗斯及东欧研究中心，伯明翰大学）、迪米塔尔·迪米特罗夫（国家与世界经济大学，索非亚）、伊尼戈·格瓦拉·莫亚诺（民主安全分析协会，克雷塔罗）、古雷·古恩鲁克—赛内森（伊斯坦布尔大学）、伊图维娜·埃尔南德斯（民主安全研究会，危地马拉城）、希尔·赫弗（替代信息中心，耶路撒冷）、帕万·奈尔（Jagruti Seva Sanstha，浦那）、塔玛拉·帕塔拉亚（高加索和平、民主和发展学会，第比利斯）、托马斯·希兹（林肯大学学院，布宜诺斯艾利斯）、奈尔汗·延土尔克（伊斯坦布贝尔吉大学），塔希恩·扎由娜（国际民主与选举援助学会，斯德哥尔摩）和奥兹伦·祖内契（萨格勒布大学）。

（何一剑　译）

第四章　军火生产和军事服务

概　述

苏珊·T. 杰克逊

2008 年全球金融危机爆发，受其冲击，北美及西欧国家实施财政紧缩，这对 SIPRI 前 100 强军火生产和军事服务公司（简称“SIPRI 100 强”）的销售造成了不同程度的影响。有关经费开支的讨论仍在继续，这使得全球最大的军火生产和军事服务市场——美国——存在巨大的不确定性，也迫使在美国和西欧落户的军火生产商寻求在其他地区（如亚洲、拉丁美洲和中东）增加市场份额。财政紧缩后军费下降，势必对军火工业的销售带来冲击，为此多国政府已经采取措施，努力增加出口并降低成本。目前军火和军事服务的销售总额已经开始下降，尽管有些军工企业的子公司仍得以维持，甚至还增加了在母公司所在国家以外的地区的军火和军事服务销售（见本章第一节）。

公共、私营实体以及个人越来越依赖于因特网和网络技术。因此，全球范围内公共、私营实体在网络安全方面的支出每年都在增加。伴随着传统军火和军事服务销售的下降，网络安全上的开支正在不断增加，这就不难解释 2011 年“SIPRI 100 强”中的许多公司对网络安全市场越来越感兴趣。包括系统集成商、信息技术公司和军事服务企业在内的众多公司的业务均已扩展到网络安全服务的各个环节中。这些网络安全服务可以归类为“网络及数据的防护软件与服务”、“测试和模拟服务”、“培训和咨询服务”以及“运营支持”（见本章第二节）。

2011 年，“SIPRI 100 强”军火生产和军事服务公司的销售总额为 4100 亿美元，实际销售额下跌了 5%（见本章第三节）。尽管“SIPRI 100 强”军火生产和军事服务的销售总额下降了，但是在过去十年里进入“100 强”（即军火销售额排名前 100 位的公司）最后一位的销售额却多了一倍多，从 2002 年的 2.8 亿美元增加到 2011 年的 6.6 亿美元，反映出中型军火企业的数量在“100 强”中有所增加。大型子公司在母公司的军火销售和公司战略中起了关键性作用。“SIPRI 100 强”中 20 家大型子公司贡献了高达母公司 14% 的军火和军事服务销售额。

军工企业的重组、重大合同的签订、武装冲突的影响、政府在军火和军事服务方面的支出变化等因素促成了 2011 年“SIPRI 100 强”的变化。例如，诺斯罗普·格鲁门公司军火销售额的减少主要是由于原来下属的舰艇制造部门拆分成为一个独立的公司——亨廷顿·英格尔斯工业公司（Huntington Ingalls Industries）。特别是，美国从伊拉克撤军以及联合国对利比亚实施制裁等因素对军火和军事服务销售造成了不同程度的影响。有些公司由于合同的减少而降低了销售收入（如美国的 AM 通用公司、KBR 公司、L-3 通信公司和俄罗斯的 TRV 合作公司），与此同时，另一些公司的订单增加了（如，美国的纳威司达公司、Fluor 公司和 DynCorp 公司）。此外，部分销售增长得益于军队的现代化进程。

（吴 翔 译）

第一节　2011—2012 年主要军火生产国的重要进展

苏珊 · T. 杰克逊*

2008 年金融危机和随之而来的全球经济衰退迫使北美及欧洲削减开支，这对 2011—2012 年世界军火工业造成了影响。然而，这些影响并不能一概而论，军火生产商之间的个体差异非常巨大[1]。例如，美军从伊拉克撤军对军火销售和军事服务产业的不同部门造成了不同的影响；影响最大的是装甲车生产商和后勤部门。尽管美国目前仍然是全球最大的军火销售和军事服务产业市场，但是当前正在进行的关于削减预算的辩论对这个市场和其他地区的市场继续产生不确定性，因为那些最大的军火生产厂商和军事服务公司依赖和指望着向美国市场的销售。[2] 在军费开支不断缩减的大背景下（尽管美国的军费开支一直维持在高位），北美及西欧各国的政府和军火生产与军事服务公司正在努力推动亚洲、拉丁美洲和中东地区的销售。

从 2002 年到 2011 年，“SIPRI 100 强”军火生产和军事服务公司的全球武器总销售额实际增长了 51%（见表 4. 1）。这主要是由于过去十年间全球军费开支总额维持在高位，尤其是美国的军费一直高企(因为在“9 · 11”事件后美国着手打击恐怖主义，并分别在阿富汗和伊拉克发动了反恐战争)。然而，2010 年“SIPRI 100 强”的总销售额的增速放缓了，到了 2011 年其实际销售额甚至下滑了 5 个百分点（见下文第三节)。值得注意的是，由于统一按照美元进行比对，因此“SIPRI 100 强”军火生产公司的总销售额与汇率有很大关系，而美元的疲软对不同公司的业绩造成了不同的影响。

为降低赤字，北美和西欧的许多国家已经开始实施包括增加税收

---

* Mikael Grinbaum，SIPRI 研究助理，协助搜集本节相关数据。

〔1〕 有关“财政紧缩及其对军费开支所造成的影响”，可参见本卷第三章第一节、第二节。有关“财政紧缩后军火工业的反应”，可参见“主要军火生产国的主要进展”(S. T. 杰克逊，《SIPRI 年鉴 2012》，第 219 页)。

〔2〕 有关美国预算的争论，可参见本卷第三章第二节。

和削减政府开支在内的财政紧缩措施。在绝大多数情况下，这些措施都包括削减军费开支（或提议削减军费）。但同时，关于这些措施对实现各国所宣称的目标是否有效以及它们将可能新增其他什么费用的问题，引起了广泛的辩论。实际上，为应对财政紧缩带来的不利影响，各国正在采取包括推动军火出口、扶持成本降低等方式在内的多种措施，以保护国内的军火生产和军事服务产业。

除国家层面外，北美和西欧的一些军工企业也正在采取各种措施（例如军事专业化、企业精简化、经营多元化和包括增加出口在内的多种形式的国际化）应对财政紧缩。此外，各国在“9·11”事件后改变了对威胁环境的看法，也相应调整了（国家）安全政策。这些反过来导致客户在军工产品和军事服务方面的需求也发生了变化。本节将从“国家”和“公司”两个层面探讨其各自应对政府财政紧缩和客户需求变化所采取的战略调整。

表 4.1　2002—2011 年“SIPRI 100 强”军火生产和军事服务公司的销售额

	2002	2003	2004	2005	2006	2007	2008	2009	2010	2011	2002—2011
按当前价格和汇率计算的销售额											
总额（十亿美元）	196	235	274	289	312	347	385	398	412	410	
增长（%）		20	17	5	8	11	11	3	4	0	110
按固定（2011 年）价格和汇率计算的销售额											
总额（十亿美元）	271	305	334	341	358	375	398	426	434	410	
增长（%）		13	9	2	5	5	6	7	2	-5	51

注：该表数据指的是每一年的“SIPRI 100 强”企业，因为这些公司根据一套连贯的数据进行排序，所以每年都不尽相同。尤其需要指出的是，该表中 2010 年数据与表 4.5 中 2010 年的数据不同。

资料来源：表 4.5；SIPRI 军火工业数据库。

国家战略与财政紧缩

政府出于多方面的考虑（比如供应的安全、经济收益的预期、国家声誉及实力的关系、国家安全中的军事安全成分等）而花费时间、精力和财力去构建并维持其国内的军火工业体系。[3] 一般而言，如果制定的政策和措施将导致国内军火生产和军事服务业的销售额下降，那么政府在制定过程中往往会犹豫再三。这些政策、措施与财政紧缩高度相关，而财政紧缩的相关讨论关乎项目的上马与利益的分割。虽然北美和西欧的许多国家（包括英国和美国）都选择了削减军费在内的财政紧缩措施，但同样是这些国家仍在寻求维持国内的军火工业，因此面临“在军费下降时如何保持军火销售”的挑战（在许多情况下，这些国家往往会强调要保护军火工业的就业）。政策采取一系列措施，以协助本国军火工业打开海外市场。这些措施包括，政府直接推动的军火出口，扶持降低成本，以及使用花言巧语来保护军火工业的就业。与之相反的是，那些没有削减军费的国家将当前的困境视为其获得更好武器进口或者发展本土军火工业的契机，正如我们可以从阿拉伯联合酋长国（阿联酋）和文莱达鲁萨兰国（文莱）看到的例子。

促进军火出口

大多数政府，不管经济是否景气，都致力于推动本国的军火出口。通过政府之间的游说推动出口，对于军火工业而言是常见的也是长期存在的。但是在财政紧缩的大背景下，军火出口面临着新的紧迫感——什么样的买家会采购军火、完成合作交易。例如，为促进军火出口、保持美国和西欧的军火工业，2012 年美国国防部部长莱昂·帕内塔前往巴西、英国首相戴维·卡梅伦前往日本和中东，都带着具体的销售目标。[4]

---

〔3〕 有关支持国内军火生产和军事服务工业的动机，可参见 S. T. 杰克逊，“军火生产”，《SIPRI 年鉴 2011》，第 233—234 页；以及 S. T. 杰克逊，“国家安全预期，全球政治经济与军事化”，编辑：K. Gouliamos and C. Kassimeris，《新军国主义时代的战争市场》（劳特利奇：伦敦，2011 年）。

〔4〕 J. Garamone，“帕内塔呼吁与巴西建立更紧密的军事关系”，美军新闻局，2012 年 4 月 25 日，网址：〈http：//www. defense. gov/news/newsarticle. aspx? id = 116089〉；N. Watt，“戴维·卡梅伦在东京之行中寻求日本的防务合同”，英国《卫报》，2012 年 4 月 10 日；英国首相办公室，“首相访问阿曼”，2012 年 12 月 21 日，网址：〈http：//www. number10. gov. uk/news/prime-minister-visits-oman/〉；以及英国首相办公室，“首相访问海湾和中东地区”，2012 年 11 月 5 日，网址：〈http：//www. number10. gov. uk/news/prime-ministers-gulf-visit〉。

许多政府通过指定的军火出口促进计划或者办事处来推动军火出口。[5] 这些由政府运营的办事处，是军事机构的组成部门，专门负责国内军火工业的推销。在英国2010年出台的《国防战略和安全评估报告》中明确指出，现行的军火促进出口方式是在削减军费开支的情况下维持英国国内工业的重要手段。[6] 2012年7月，澳大利亚成立了一个促进军火出口办公室。[7] 除了推动政府之间的合同达成外，该办公室还向更广泛的市场推销澳大利亚产的武器和军事服务。2012年10月，西班牙宣布，将新设一个促进军火出口办公室，以协助国内的军火工业开拓新的市场。[8] 瑞典则于2010年建立了国防和安全出口局。[9]

扶持降低成本

20世纪90年代（冷战结束）之后，各国普遍减少了军费支出，这导致（尤其是北美和西欧地区）军火工业出现大规模的整合。奥巴马政府一直在是否劝阻美国军火工业大规模整合的问题上犹豫不决，但西欧国家却不断提高对国内军火工业和各国军火工业整合的关切。[10] 然而，这些政治关切并不一定就能促成西欧军火工业的大规模整合。其中部分原因是因为军火生产公司的运作边界仍然局限于国内政治（尽管军火生产公司越来越国际化）。举例来说，2012年最典型的一个例子是，欧洲顶尖的两家军火生产和军事服务公司“欧洲宇航防务集团”（EADS，跨欧洲公司）与“BAE系统公司”（英国）的合并计划最终因为德国和英国两个政府未能在公司股份处理上取得

〔5〕 参见P. 霍尔托姆等，“国际军火转让”，《SIPRI年鉴2010》，第295—296页。

〔6〕 英国政府，《在充满不确定性的时代保护英国的利益：战略防务与安全评估报告》，Cm7948（文具公用局：伦敦，2010年10月）。

〔7〕 J. Clare，澳大利亚国防部材料，“澳大利亚军火销售办事处成立”，2012年7月2日，网址：〈http://www.minister.defence.gov.au/2012/07/02/australian-military-sales-o ce-established〉。

〔8〕 西班牙政府，“西班牙对外发展服务处和CECO公共基金会成为西班牙外贸局（ICEX）的一部分”，2012年10月23日，网址：〈http://www.lamoncloa.gob.es/idiomas/9/gobierno/news/2012/20121023_ icex.htm〉。

〔9〕 瑞典国防和安全出口局（FXM），“关于瑞典国防和安全出口局：为了我们未来的国防（开展）出口和国际合作”，日期不详，网址：〈http://fxm.se/en/om-fxm/〉。

〔10〕 有关美国和西欧国家军火工业整合的内容，可参见S.T. 杰克逊（同注释〔1〕），第223页。

一致而流产。[11]

与此同时，这场金融危机及其产生的后果不断加剧军火工业整合的关切，也迫使西欧国家对此采取措施。在欧盟委员会国防工业和市场专责小组发布的“非文件”（Non-paper）报告中指出，当前军费开支的减少，加上新出现的一些危机，成了欧洲军火工业重组的催化剂。专责小组表示，重组应当囊括海军、陆军和卓越航空中心，欧盟（EU）各成员国也应当对此予以支持。[12] 2012 年 6 月，欧盟委员会发布有关“如何落实 2009 年国防与安全采购指令”的报告。报告强调，虽然许多国家已经实施了该指令，但是由于其他国家的未能落实，因而这阻碍了欧盟军火工业更大范围的整合[13]。2012 年 5 月，在芝加哥召开的北大西洋公约组织（NATO，北约）首脑会议上，尽管与会代表并未就跨境并购达成一致，但同意了 20 个多边合作项目，并声称，这是迈向降低成本的一步。[14]

在国家层面上，法国已加快步伐整合某些领域内的国有军火生产公司——雷诺卡车防御公司（Renault Trucks Défense）收购了潘哈德（Panhard）公司、泰利斯（Thales）公司与赛峰（Safran）集团合资

---

〔11〕“BAE 系统公司与欧洲宇航防务集团合并因政治僵局而取消”，BBC 新闻，2012 年 10 月 10 日，网址：〈http://www.bbc.co.uk/news/business - 19897699〉；J. Pickard，C. Jones 和 G. Wiesmann，“德国指责 BAE 系统公司与欧洲宇航防务集团的合并失败”，《金融时报》，2012 年 10 月 12 日；以及 C. Hawley，“欧洲浪费了一个机会”，《明镜在线》，2012 年 10 月 11 日，网址：〈http://www.spiegel.de/international/business/eads-bae-merger-failure-is-bad-politics-say-german-papers-a - 860741.html〉。

〔12〕欧盟委员会，国防工业和市场专责小组，“非文件”，2012 年 6 月，网址：〈http://ec.europa.eu/enterprise/sectors/defence/files/defence_ tf_ non_ paper_ final_ en.pdf〉。

〔13〕欧盟委员会，“转让指令 2009/43/EC，在欧盟内转让予国防相关的产品简化条款及条件”，欧盟委员会对欧洲议会及理事会所作的报告，COM（2012）359，布鲁塞尔，2012 年 6 月 29 日。亦可参见本卷第 10 章，第 5 节。

〔14〕北大西洋公约组织（NATO），“北约在芝加哥峰会上发表（的声明）”，2012 年 5 月 20 日，网址：〈http://www.nato.int/cps/en/natolive/news_ 87600.htm〉。

创建了光电子公司。[15] 但是，奈克斯特（Nexter）公司的私有化进程却未能顺利推进，这进一步阻碍了法国政府减少参与国内工业的努力。[16] 与此同时，俄罗斯继续整合其军火工业。2012 年，Rostekhnologii 公司旗下增加了 16 家（子）公司；为加快高超声速设备的发展步伐，TRV 合作公司和 MIC 公司合并成为一家超级控股公司。[17] 上述这些在西欧和其他地方出现的有好有坏的结果表明，各国在把国内军火工业以及所谓的国家巨头变成跨国合并的实体企业和私人公司有多难。

政府有关军火工业就业问题的言论

全球军火工业连续的、全面的就业数据是很难获取的，因为大多数军工企业并不会以部门为单位划分就业人数。因此，金融危机和财政紧缩对军火工业就业带来的直接影响也就很难准确估量。但是，解读政府有关军火工业就业问题的言论还是可以的。[18] 例如，英国首相卡梅伦在 2012 年访问日本时强调，军火工业就业率对英国经济至关重要，这是支持英国军火出口和维系军火生产国际伙伴关系的关键因素。[19] 加拿大将参与 F－35（联合攻击战斗机 JSF）项目（虽然项目的支出仍在不断攀升）的一个关键原因解释为“创造就业机会”。[20] 瑞典政府认为，扶持军火工业就是为了保障就业。[21]

另一些国家谋求通过发展本土军火工业来带动其他行业的发展，

---

〔15〕 沃尔沃 AB，“雷诺卡车防御公司最终收购法国潘哈德公司”，沃尔沃集团新闻稿，2012 年 10 月 25 日，网址：〈http：//www. volvogroup. com/group/global/en-gb/_ layouts/CWP. Internet. VolvoCom/NewsItem. aspx？ News. ItemId = 132735&News. Language = en-gb〉；以及泰利斯集团，“泰利斯集团与赛峰公司签署光电子合作协议”，泰利斯集团新闻稿，2011 年 12 月 20 日，网址：〈http：//www. thalesgroup. com/Press_ Releases/Group/2011/Safran_ and_ Thales_ sign_ optronics_ partnership_ agreement/〉。

〔16〕 P. Tran，“奈克斯特公司私有化毫无进展”，美国《防务新闻》，2012 年 11 月 21 日。

〔17〕 P. Dunai，“俄罗斯导弹公司合并”，《简氏国防工业》，2012 年 9 月 25 日。

〔18〕 R. Pollin 和 H. Garrett-Peltier，“美国军事和国内经费开支对就业的影响：分析更新”（马萨诸塞州大学，政治经济学研究中心：阿默斯特，MA，2009）。也可参见 H. Wulf，“军火工业限制：20 世纪 90 年代的转折点”，编辑：H. Wulf，《军火工业限制》（牛津大学出版社：牛津，1993 年），第 12 页。

〔19〕 Watt（同注释〔4〕）。

〔20〕 加拿大国防部，“工业界参与联合攻击战斗机项目”，网址：〈http：//www. forces. gc. ca/site/mobil/news-nouvelles-eng. asp？ id = 4066〉。

〔21〕 瑞典政府认为，提高技术和创造就业是支持萨博“雄狮”发展的关键因素。F. Reinfeldt 等，“瑞典购买 40—60 架 JAS 雄狮战斗机”，《瑞典日报》，2012 年 8 月 25 日。

以促进就业。例如，文莱达鲁萨兰国（文莱）希望从采购的武器装备中获取技术，并将技术带入到民用劳动力市场中，以促进更大范围的社会经济发展。[22] 巴西则是另外一个例子——为促进就业，巴西的军火工业是享受政府补贴的。[23]

公司战略与财政紧缩

拟提议和已实施的军费开支削减（尤其是北美和西欧地区），对军火生产公司和军事服务部门的影响是广泛的，已经造成了军工企业经营的不确定性。“9·11”事件之后对威胁的认识不仅影响了客户的需求，也影响了军火工业实行的商业标准惯例。这些惯例包括进入国际市场的战略、根据国防开支和客户需求的变化做出的战略收购和资产剥离。然而，与20世纪90年代所不同的是，大规模的行业整合并没有成为军工企业的战略特点。一般情况下，军工企业根据经济的景气度，使用一套多元化的战略措施（这些措施包括并购、合资、努力增加出口以及与政府合作打开军火市场）。

进入国际市场：出口与合资企业

北美与西欧是大多数“SIPRI 100强”军工企业的总部所在地，由于这两个地区军火市场的萎缩，军火生产和军事服务公司最近几年对于进入国际军火市场对其财务业绩所起的作用更加直言不讳。军火公司对于军费预期不会削减、或者甚至还会对增加的市场更感兴趣。虽然这一战略并不新颖，但是它的重要性却是与日俱增，尤其是在财政紧缩措施已经提出或者制定的国家。[24]

---

〔22〕 文莱国防部，“打造今日作战力量：2007年国防白皮书”，日期不详，网址：〈http://www.mindef.gov.bn/MOD2/index.php?option = com_docman&task = doc_download&gid = 40&Itemid = 328〉。

〔23〕 A. Rocha，“军火工业规模将翻倍”，巴西阿拉伯通讯社，2011年10月4日，网址：〈http://www2.anba.com.br/noticia_especiais.kmf?cod = 12494151&indice = 20〉。

〔24〕 与此同时，众多“SIPRI 100强”军工企业强调增加对不实施财政紧缩措施国家的军火销售。例如，向亚洲出口军火将成为俄罗斯国防出口公司的长期利益增长点。J. Grevatt.，“尽管竞争将更趋激烈，但俄罗斯国防出口公司仍将努力增加对亚洲地区的军火出口”，《简氏防务工业》，2012年4月24日。土耳其Aselsan公司还希望增加武器出口。《投资》，“Aselsan公司”，2012年5月30日，网址：〈http://www.isyatirim.com.tr/WebMailer/.../2_20120530152732784_1.pdf〉，第14页。

寻求占据国际市场份额的公司往往会采取出口与合作生产，例如成立合资公司等做法。[25] 尤其是在过去的几年里，军工企业反复重申对进入亚洲、拉丁美洲和中东地区主要市场的兴趣。这些兴趣体现在它们的出口战略以及这些公司目前经营的地点上（或者由国内办事处，或者通过合资企业经营）。这已经对小型军火市场产生影响，尤其是对那些不具备（但希望发展）本土军火生产和军事服务能力的国家。有关“西欧军工企业为维持国内军火工业而以外资持股的形式开拓小型市场”的内容将在第三节做进一步讨论。

德国莱茵金属（Rheinmetall）防务系统公司正在为扩张国际市场而进行重组，并将澳大利亚等潜在的军火市场纳入其中。[26] 总部设在英国的奎奈蒂克（QinetiQ）公司为海外靶场提供军事服务，则是公司在政府削减军费大背景下寻找新兴市场机会的一个例子。[27] 西班牙国家工业参股公司（SEPI，纳凡蒂亚 Navantia 的所有人）依靠出口保持纳凡蒂亚公司的运营，并努力在澳大利亚、墨西哥、沙特阿拉伯和委内瑞拉等国家寻求合同。[28] 以色列航宇工业公司（IAI）认为，巴西和智利将成为公司近期的主要市场。[29] 总部设在美国的奥什科什（Oshkosh）防务公司也强调了向拉丁美洲（尤其是巴西、哥伦比亚和墨西哥）、中东和北欧地区出口军火的重要性。它还认为，

---

〔25〕 S. T. 杰克逊，“军火生产”，《SIPRI 年鉴 2010》，第 267 页。

〔26〕 莱茵金属（Rheinmetall）防务系统公司，“莱茵金属防务系统公司将维持双支柱产业发展战略”，莱茵金属防务系统公司新闻稿，2013 年 5 月 20 日，网址：〈http://www.rheinmetall.com/en/rheinmetall_ag/press/news/aktuell_1/news_details_2304.php〉。

〔27〕 奎奈蒂克（QinetiQ）公司，“奎奈蒂克公司向新的国际市场扩展服务”，奎奈蒂克公司新闻稿，日期不详，网址：〈http://www.qinetiq.com/news/PressReleases/Pages/QinetiQ-expands-services-provision-to-new-international-markets.aspx〉；以及 M. Bell.，“奎奈蒂克公司瞄准海外销售快速增长”，《简氏防务工业》，2012 年 3 月 21 日。

〔28〕 纳凡蒂亚（Navantia）公司，“纳凡蒂亚公司在澳大利亚签署两份合同”，纳凡蒂亚公司新闻稿，2011 年 12 月 16 日，网址〈http://www.navantia.es/noticia.php?id_noti=164〉；以及纳凡蒂亚公司，“南澳大利亚国防工业部长访问卡塔赫纳（Cartagena）造船厂，纳凡蒂亚公司新闻稿，2012 年 9 月 18 日，网址〈http://www.navantia.es/noticia.php?id_noti=219〉。

〔29〕 “以色列航宇工业公司（IAI）计划向巴西、智利出售可执行特殊飞行任务的飞机”，《飞行国际》，2012 年 5 月 15 日，网址：〈http://www.flightglobal.com/news/articles/iai-targets-brazil-chile-for-special-mission-aircraft-deals-371918/〉。

公司现有的在印度的商业存在将有助于打开该地区的军火市场，并将长期看好这一前景。[30] 这些例子表明，军工企业正在努力寻求国际市场份额。

在中东，阿拉伯联合酋长国已成为军火生产和军事服务公司的出口及成立合资企业的目的地。[31] 例如，意大利造船金融集团芬坎蒂尼（Fincantieri）与阿联酋阿提哈德造船有限责任公司（Etihad Ship Building LLC）成立合资企业，并为阿联酋海军建造船只。[32] 总部设在美国的雷声公司通过收购来推动出口，并将阿联酋视作其军火销售扩张的新市场。[33] 法国奈克斯特（Nexter）公司也向阿联酋出口军火，但随着向阿联酋出口军火的竞争水平不断提高，该公司对于完成出口合同存在些许担忧。[34]

通过兼并和收购实施战略

在海外收购中也体现出对占据除北美和西欧地区以外（如澳大利亚和巴西）的国际市场份额的意图。此外，军工企业将继续采取多元化战略、开发与军火和军事服务行业相近的市场（如网络安全部门和医疗保健信息技术部门），并收购可弥补企业现有业务短板、或收购与企业现有业务存在竞争的公司，以提升企业的军事产品和服务。剥离非核心业务也成为了军工企业精简产品组合的重要方式，借此应对军费削减并满足客户需求。

北美和西欧地区的经费削减迫使军火生产和军事服务公司加大国际军火市场的份额，公司采用海外直接投资的方式来增加市场进入。例如，以色列的拉斐尔（Rafael）公司收购了一家巴西公司，部分原

〔30〕 奥什科什（Oshkosh）防务公司，《2012 年奥什科什防务公司年度报告》（奥什科什：奥什科什，威斯康星州，2012 年）。

〔31〕 总部没设在财政紧缩国家的公司通过合资企业的方式来打开海外市场、推动军火出口。参见，例如土耳其公司 Aselsan 在阿联酋成立合资企业。Aselsan 公司，《2011 年 Aselsan 公司年报》（Aselsan 公司：安卡拉，2011 年），第 7 页。

〔32〕 芬坎蒂尼（Fincantieri）公司，《2011 年芬坎蒂尼公司年度报告》（芬坎蒂尼公司：的里雅斯特，2011 年），第 15、65 页。

〔33〕 P. Felstead.，“雷声公司为缓冲在美国市场的收入下降而努力推动中东地区的销售”，《简氏防务工业》，2012 年 11 月 1 日。

〔34〕 P. Tran，“海湾国家压榨（军火）供应商”，《美国防务新闻》，2013 年 2 月 23 日。

因是为了改善当地的能力，但这也使得拉斐尔公司获得增加出口的机会。[35] 意大利造船金融集团芬坎蒂尼（Fincantieri）收购挪威 STX 公司的原因之一是扩大市场基础（尤其是在巴西的市场），并借此获得军事和民用两个领域的多样化经营能力。[36] 包括瑞士 RUAG 公司（寻求加大在太平洋地区弹药市场的存在）、英国 Serco 公司（寻求加大在澳大利亚军用和民用市场的存在）在内的其他几家公司已经在澳大利亚（军火）市场进行收购。[37] 除了诸如澳大利亚和巴西等较小的军火市场之外，美国仍然是众多军火公司寻求并购的关键市场。欧洲宇航防务集团为实现多元化，以摆脱对空客公司的依赖，一直致力于在美国市场进行收购。[38] BAE 系统公司正在寻求扩大其在美国海运市场的份额。[39] 萨博公司新成立的美洲办事处将重点关注巴西和美国市场。[40] 土耳其 Aselsan 公司也在寻求收购美国公司。[41]

军火工业界的不少公司为适应不断变化的客户需求，继续致力于经营多元化，向相近领域的市场扩张。这一战略保持了有些公司早在 20 世纪初就开始的转变，并突出了在某些领域，尤其是网络安全

〔35〕“拉斐尔（Rafael）公司收购巴西一家航空航天公司 40% 的股份”，Globes 网站，2012 年 4 月 11 日，网址：〈http：//www. globes. co. il/serveen/globes/docview. asp？did = 1000740680&fid = 1725〉。

〔36〕尽管 STX 集团的总部位于韩国，但集团的欧洲办事处设在挪威。芬坎蒂尼公司，“芬坎蒂尼公司收购 STX OSV，在建造高附加值船舶方面成为全球头号造船企业”，芬坎蒂尼公司新闻稿，2012 年 12 月 21 日，网址：〈http：//www. fincantieri. it/cms/data/browse/news/000484. aspx〉；以及芬坎蒂尼公司（同注释〔32〕），第 33 页。

〔37〕RUAG 公司，“RUAG 公司收购罗斯班克工程有限公司——引入新的市场支持能力”，媒体报道，2012 年 12 月 17 日，网址：〈http：//www. ruag. com/en/Group/Media/Media/Media_ releases/Mediadetail？id = 473〉；以及 Serco 公司，“Serco 公司购回澳大利亚防务和海军服务合资公司的剩余股份”，Serco 公司新闻稿，2012 年 11 月 7 日，网址：〈http：//www. serco. com/media/internationalnews/DMSmaritimestakepurchase. asp〉。

〔38〕A. Shalal-Esa.，“欧洲宇航防务集团仍然坚定地寻求拓展美国市场”，路透社，2012 年 10 月 10 日，网址：〈http：//www. reuters. com/article/2012/10/10/us-eads-bae-usa-idUSBRE8990W620121010〉。

〔39〕G. Anderson.，“BAE 系统公司通过并购提高美国海军能力”，《简氏防务工业》，2012 年 11 月 15 日。

〔40〕萨博公司，“市场热点变化促使萨博管理层做出改变”，萨博公司新闻稿，2012 年 6 月 20 日，网址：〈http：//www. saabgroup. com/en/about-saab/newsroom/press-releases-news/2012－6/market-focus-drives-changes-in-saabs-management-group/〉。

〔41〕《投资》（同注释〔24〕）。

（见下文第二节）和相近的民用部门（例如医疗保健信息技术领域）的发展趋势。在某些情况下，这些公司的收购同其转向国际市场的意图相重合。例如，2012 年，总部设在美国的雷声公司、ManTech 国际公司和通用动力公司进行了收购，其用意是要提升各自在军事和民用领域内的网络安全能力。[42] 雷声公司的收购是为其无线应用，ManTech 国际公司的收购是用于对威胁和恶意软件的监测与诊断，通用动力公司的收购是为了网络安全工具。通用动力公司的这一收购，连同它在 2012 年成立的网络和智能解决方案中心，反映其对网络安全的关切与日俱增。超电子（英国）公司也收购了两家总部设在英国的公司，一家专长于密码管理服务，另一家则擅长金融服务业。[43]

而在其他地方，军工企业将收购网络安全供应商作为进军海外市场的手段。例如，诺思罗普·格鲁门公司买下澳大利亚 M5 网络安全公司，一方面是看重澳大利亚的军火市场，另一方面也反映了网络安全在澳大利亚整体安全处置中显得日益重要。[44] 近些年，其他海外的军火生产和军事服务公司也做出了类似的收购，包括 BAE 系统公司（通过其澳洲子公司）于2011 年收购澳大利亚信息技术公司 Stratsec、雷声公司澳大利亚子公司于 2010 年收购澳大利亚康普凯（Com-

〔42〕 雷声公司，“雷声公司收购 SafeNet 公司的数据防护治理业务”，雷声公司新闻稿，2012 年12 月12 日，网址：〈http：//raytheon. mediaroom. com/index. php? s =43&item =2238〉；ManTech 国际公司，“ManTech 国际公司完成对 HBGary 公司业务的收购”，ManTech 国际公司新闻稿，2012 年 4 月 2 日，网址：〈http：//www. mantech. com/news/Pages/04022012_ hbgary. aspx〉；通用动力公司，“通用动力公司完成对 IPWireless 公司的收购”，通用动力公司新闻稿，2012 年6 月11 日，网址：〈http：//www. generaldynamics. com/news/press-releases/detail. cfm? customel_ dataPageID_ 1811 =17775〉。

〔43〕 超电子（英国）公司，“超电子（英国）公司收购专业的网络安全公司”，2012 年6 月27 日，网址：〈http：//www. ultra-electronics. com/press_ releases/287_ Barron_ McCann_ acquisition_ final. pdf〉；以及“超电子（英国）公司计划以‘合理的’价格收购巴伦麦肯公司的网络部门”，《简氏防务工业》，2012 年6 月27 日。

〔44〕 诺思罗普·格鲁门公司，“诺思罗普·格鲁门公司同意收购澳大利亚网络安全公司 - M5 网络安全”，诺思罗普·格鲁门公司新闻稿，2012 年6 月7 日，网址：〈http：//www. irconnect. com/noc/press/pages/news_ releases. html? d =258507〉；以及澳大利亚政府，《网络安全战略》（澳大利亚政府：堪培拉，2009 年）。

pucat）研究公司。[45] BAE 系统已经开始调整其在亚太地区的业务，这反映出网络安全产品和服务的客户需求在不断增长。[46] 在 Netasq 公司被 Cassidian 网络安全公司（欧洲宇航防务集团的下属子公司）收购后，双方都获得了国际市场准入。欧洲宇航防务集团的目标是将其打造为网络安全的龙头企业。[47]

为扩大市场覆盖范围，军工企业也在逐步渗透到相近领域的市场中。例如，莱茵金属防务系统公司在成立澳大利亚模拟子公司之后，迅速收购了一家当地公司（Sydac 有限责任公司）的专业模拟和培训业务，并借此将触角从原先的陆地系统市场延伸到了相近的领域。[48] 收购的另外一个热点在医疗保健信息技术领域。ManTech 国际公司收购"威胁和恶意软件监测与诊断"，标志着该公司在不断地向相近的市场扩张。这也是公司在传统军火市场受到财政紧缩冲击后的一种应对手段。科学应用国际公司（SAIC）如法炮制般的收购，使之成为美国最大的电子医疗档案处理者之一。[49]

军工企业还利用收购来改善已交付的军火产品和军事服务。2012 年，这种类型的收购横跨多个行业，包括无线电监测和情报融合系统（如瑞典的萨博公司）、新兴的潜艇需求（如总部设在美国的通用动力公司）、卫星及其相关系统（如英国的超电子公司和科巴姆公司）、无人机系统（如总部设在美国的洛克希德·马丁公司）、飞机电气系

〔45〕 雷声公司，"雷声公司澳大利亚子公司完成关键收购、提升网络安全能力"，雷声公司新闻稿，2010 年 2 月 22 日，网址：〈http：//raytheon. au. mediaroom. com/index. php? s = 43&item = 10〉；以及 S. T. 杰克逊（同注释〔1〕），第 228 页。

〔46〕 J. Grevatt. ，"BAE 系统公司将子公司 Stratsec 并入子公司 Detica，以加强网络安全能力"，《简氏防务工业》，2012 年 12 月 3 日。

〔47〕 欧洲宇航防务集团，"Cassidian 网络安全公司借助收购 Netasq 公司提升业务能力"，欧洲宇航防务集团新闻稿，2012 年 10 月 2 日，网址：〈http：//www. eads. com/eads/int/en/news/press. 20121002_ cassidian_ netasq. html〉。

〔48〕 莱茵金属防务系统公司，"莱茵金属防务系统公司澳大利亚模拟分公司收购 Sydac 有限责任公司的防务业务"，莱茵金属防务系统公司新闻稿，网址：〈http：//www. rheinmetall-defence. com/en/rheinmetall_ defence/public_ relations/news/archive_ 2012/aktuellesdetailansicht_ 4_ 2241. php〉。

〔49〕 科学应用国际公司（SAIC），"科学应用国际公司完成对 maxIT 医疗保健公司的收购"，科学应用国际公司新闻稿，2012 年 8 月 13 日，网址：〈http：//investors. saic. com/phoenix. zhtml? c = 193857&p = irol-newsArticle&ID = 1724995&highlight = 〉。

统（如法国的赛峰集团）、培训系统（如总部设在美国的 Cubic 公司和 L－3 通信公司）、航天发动机解决方案（如总部设在英国的 GKN 公司）、以及现有平台的添加服务（如总部设在美国的通用电气公司）。

除了备受关注的收购之外，一些军工企业对现有业务进行剥离、精简，这也是应对财政紧缩和满足客户需求变化的一种方式（见表 4.2）。例如，为了将重点放在发展其两大核心业务——航空航天和商用业务，总部设在美国联合技术公司（UTC）在 2013 年上半年出售了普·惠动力系统和洛克达因两块业务。[50] 其他剥离非核心业务的公司包括，BAE 系统系统公司出售了沙法利兰（SAFARILAND）业务、Tensylon 高性能材料公司和 O'Gara 公司，总部设在英国的巴布科克（Babcock）公司出售了 VT 服务公司。[51]

尽管军火生产和军事服务的销售额在过去的十年里整体上不断增长，但是 2011 年的销售额却出现了下降。北美和西欧各国政府在提出并实施财政紧缩措施的同时，也在努力降低由此对军火生产和军事服务行业带来的影响。受到拟议和实际财政紧缩影响的结果是，总部设在上述地区的军工企业正在努力维持并扩大其在较小规模军火市场（如亚洲、拉丁美洲和中东）中的份额。

〔50〕 美国联合技术公司（UTC），“联合技术公司向三一重工出售普·惠动力系统”，联合技术公司新闻稿，2012 年 12 月 12 日，网址：〈http：//www. utc. com/News/Press + Releases/United + Technologies + to + sell + Pratt + and + Whitney + Power + Systems + unit + to + Mitsubishi + Heavy + Industries〉；以及联合技术公司，“联合技术公司向 GenCorp 公司出售洛克达因业务”，联合技术公司新闻稿，2012 年 7 月 23 日，网址：〈http：//www. utc. com/News/United + Technologies + to + sell + Rocketdyne + unit + to + GenCorp + Inc〉。

〔51〕 BAE 系统公司，“BAE 系统公司宣布同意出售沙法利兰（SAFARILAND）业务”，2012 年 5 月 2 日，网址：〈http：//www. baesystems. com/article/BAES_ 046568/bae-systems-announces-agreement-to-sell-safariland-business〉；“杜邦公司购买 BAE 系统公司的子公司”，路透社，2012 年 6 月 8 日；“BAE 系统公司完成对 O'Gara 集团公司装甲车业务的出售”，《简氏防务工业》，2013 年 2 月 6 日；以及巴布科克（Babcock）公司，“VT 服务公司的出售”，2012 年 5 月 14 日，网址：〈http：//www. babcockinternational. com/media-centre/disposal-of-vt-services-inc/〉。

表 4.2. 2012 年经合组织军火公司有挑选的收购与资产剥离案

表中录入的交易价值和收入，按当前价格、以百万美元为单位。表中罗列了经济合作与发展组织（OECD）成员国在 2012 年 1 月 1 日至 12 月 31 日期间已宣布、或已完成的军火工业的大型收购案。本表并不是一份全部收购案例的详细清单，但可以看出战略上意义重大或财务上值得注意的各项交易案概貌。

买方公司（国家）/ 子公司（国家）[a]	被收购公司（国家）	卖方公司（国家）[b]	交易价值（百万美元）[c]	收入或员工数量[d]
据点				
芬坎蒂尼公司（意大利）	STX Osv 造船厂（挪威）	公开上市	602	约 9200 名员工
Ralael 公司（以色列）	Gespi 航空公司（巴西）	私营企业	…	…
RUAG 公司（瑞士）	罗斯班克工程公司（澳大利亚）	私营企业	…	154 名员工
Serco 公司	DMS 海事公司（澳大利亚）	P&O 海事服务	110	约 450 员工
网络安全				
雷声公司（美国）	Telligy 公司（美国）	私营企业	…	…
ManTech 国际公司（美国）	HBGary 安全公司（美国）	私营企业	…	约 40 名员工
通用动力公司（美国）	Fidelis 安全系统公司（美国）	私营企业	…	70 名员工
诺斯罗普·格鲁门公司（美国）	M5 网络安全公司（澳大利亚）	私营企业	…	…
Cassidian 网络安全公司/欧洲宇航防务集团	Netasq 公司（法国）	私营企业	70	约 120 名员工
莱茵金属防务系统公司澳大利亚模拟分公司（澳大利亚）	Sydac 私人有限责任公司（澳大利亚）	私营企业	…	约 20 名员工

买方公司（国家）/子公司（国家）[a]	被收购公司（国家）	卖方公司（国家）[b]	交易价值（百万美元）[c]	收入或员工数量[d]
超级电子公司（美国）	巴伦麦肯技术公司、巴伦麦肯投资公司（英国）	私营企业	18.7	5200 万美元
医疗保健信息技术				
科学应用国际公司（美国）	麦克斯特医疗保健信息技术公司（美国）	私营企业	473	13 亿美元
ManTech 国际公司（美国）	Evolvent 公司	私营企业	…	189 名员工
（业务）扩张或补充				
萨博公司（瑞典）	Medav 公司（德国）	私营企业	35	约 2750 万美元
通用动力公司（美国）	应用物理科学公司（美国）	私营企业	…	约 90 名员工
超级电子公司（英国）	Giga 通信公司（英国）	私营企业	…	5800 万美元
科巴姆公司（英国）	泰纳（Thrane&Thrane）公司（丹麦）	公开上市	…	4.46 亿美元
洛克希德·马丁公司（美国）	Procerus 技术公司（美国）	私营企业	…	…
洛克希德·马丁公司（美国）	CDL 系统公司（加拿大）	私营企业	…	60 名员工
赛峰集团公司（法国）	古德里奇电力系统公司（美国）	古德里奇（美国）	401	5.6 亿美元
GKN 公司（英国）	沃尔沃航空发动机公司（瑞典）	沃尔沃 AB（瑞典）	933	30 亿美元
通用电气公司（美国）	Avio 国防公司（意大利）	Cinven */芬梅卡尼卡	344	…
L-3 通信公司（美国）	泰利斯培训和模拟公司（英国）	私营企业	131.9	4 亿美元
NEK 服务公司/Cubic 公司（美国）	NEK 特别项目集团公司（美国）	NEK 先进安全集团公司（美国）	52	2 亿美元

买方公司（国家）/ 子公司（国家）[a]	被收购公司（国家）	卖方公司（国家）[b]	交易价值（百万美元）[c]	收入或员工数量[d]
剥离资产				
三菱重工（日本）	普·惠动力系统公司（美国）	联合技术公司（美国）	…	4.3 亿美元
GenCorp 公司（美国）	普·惠火箭发动机部门（美国）	联合技术公司（美国）	…	5.5 亿美元
Kanders & Co 公司（美国）	Safariland 公司（美国）	BAE 系统（英国）	…	1.24 亿美元
杜邦公司（美国）	Tensylon 高性能材料公司（美国）	BAE 系统（英国）	18	…
奥加拉（O' Gara）集团公司（美国）	商业装甲车部门	BAE 系统（美国）	10	…
Resolute Fund II 公司（美国）	VT 服务公司（美国）	巴布科克（Babcock）国际公司（英国）	98.75	…

a 当收购是由子公司、而非母公司直接完成时，表中将给出子公司名称。

b "公开上市"，是指公司的股票在其国内的证券交易所公开上市，并无单一大股东。"私营企业"，是指公司为一个或多个私人大股东所有，其股份并未在任何证券交易所上市交易。

c 若交易并非以美元结算，则将交易金额以国际货币基金组织给出的、完成交易当月的月平均汇率换算成美元。此外，公司并不一定披露交易价值额。

d 表中列出了被收购公司的年收入（此收入或者是 2011 年的实际收入、亦或是 2012 年的预期收入）。当收入并非以美元结算时，则将收入金额以国际货币基金组织给出的、收入当年的年平均汇率换算成美元。若无法得到被收购公司的收入时，则给出该公司的员工数量。若两者信息均无从获取，则空白。

* Cinven，又名"盛峰"，为一家欧洲私募股权投资公司。译者注。

（吴 翔 译）

第二节 网络安全与军火工业

文森特·布拉宁

不管是在军事领域还是民用领域，网络安全的重要性日益增加。正因为此，军火生产商和军事服务公司采用各种方式大举进入网络空间安全市场。本节阐述了网络安全概况，介绍了网络安全市场的大小，并评述了参与网络安全市场的军火生产商和军事服务公司。

网络安全已上升为国家安全的重要议题

对于网络安全，有多种不同的定义和认识。[1] 从狭义的技术性角度来看，网络安全是“控制对网络系统及其所包含信息访问的能力”——因此，严格来说需要保护网络空间本身。[2] 从传统意义上看，网络安全的目标是维护网络空间的保密性、完整性和可用性。[3] 随着公共、商业、军事等领域对计算机和网络技术的依赖愈渐增加，网络安全也成为了国家安全的重要内容，事实上，网络安全已经被“安全化”了。[4] 因此，在政治领域，网络空间已经成为制造威胁的新的媒介（如，犯罪、恐怖主义、间谍活动、甚至战争），网络安全就是要应对这些由网络空间产生的各种挑战，因为缺乏网络安全则

〔1〕 词根“Cyber -”以及“安全”这一概念，它们本身在定义上就存在争论。有关网络安全的其中一种定义可参见 Dunn Cavelty，“网络安全”，《新安全研究手册》（劳特利奇：纽约，2010 年），第 154—155 页。

〔2〕 在 J. L. Bayuk 等撰写的《网络安全政策指南》 （John Wiley：Hoboken，NJ，2012）中，将网络空间定义为“虚拟结构、支持虚拟机构的物理设施、虚拟机构中所包含的信息、以及在虚拟机构中传递的信息流，这四个要素的组合”。E. A. Fischer，“创造网络安全的国家架构：对问题和选择的分析”，国会研究部（CRS）向国会提交的报告 RL32777（美国国会，国会研究部：华盛顿特区，2005 年 2 月 22 日），第 5 页。

〔3〕 H. Nissenbaum，“计算机安全将在哪儿与国家安全交汇”，《资讯科技伦理》（Ethics and Information Technology），第 7 卷，第 2 期（2005 年 6 月），第 63 页。

〔4〕 有关网络空间安全措施的内容可参见 B. Buzan，O. Waver 和 J. de Wilde，“安全：用于分析的新架构”（Lynne Rienner：Boulder，CO，1998 年），第 25 页；以及 L. Hansen 和 H. Nissenbaum，“数字灾难，网络安全和哥本哈根学派”，《国际研究季刊》，第 53 卷，第 4 期（2009），第 1155—1175 页。

可能会影响经济、国家和社会的总体安全。[5] 从行业的角度来看，网络安全被定义为“保护计算机系统和数据免于互联网干扰的一个新举领域”。[6]

网络空间的“安全化”，即把网络空间的安全变成一种对国家安全的关切，这一进程早在20世纪80年代后期就已经开始，当时首先关注的是军事领域内的网络安全。由于各个个体国家开始越来越多地依赖网络系统管理武器平台和关键基础设施，军事部门也开始发现到网络攻击的威胁——网络攻击可以瘫痪武器库甚至导致战略信息的泄漏。随后，这些军事部门开始在网络空间内采取行动、逐步发展相关的网络攻防能力。一些分析家认为，网络空间从此也就成为继陆、海、空之后的第四个“作战空间”。[7]

进入20世纪90年代，随着经济活动和社会基础设施变得越来越依赖于互联网和网络技术，“安全化”进程加快，并涉及到了“民用”范畴，(即网络安全超越了传统的军事意义，成为了国家安全问题)。[8] 信息技术（IT）专家和安全分析家注意到计算机系统的互联互通导致了网络空间的脆弱性，并警告说，针对经济和社会等领域的网络攻击将带来巨大的影响，因而将危害到国家安全。[9] 针对公司、政府和私人的小范围、且相对简单的网络攻击（如网络钓鱼、网络欺诈和网络间谍等）可逐步积累，并可能对国家经济造成重大损失。

---

〔5〕 L. Hansen 和 H. Nissenbaum，“数字灾难，网络安全和哥本哈根学派”，《国际研究季刊》，第53卷，第4期（2009），第1155—1175页。

〔6〕 欧洲宇航防务集团（EADS），“欧洲宇航防务集团2011年年度报告：前进、革新和转变”（EADS：莱顿，2012），第64页。

〔7〕 T. Rid，“网络战不会发生”，《战略研究》，第35卷，第1期（2012年2月），第5—32页。

〔8〕 M. Dunn Cavelty，“网络安全和威胁政治：美国努力加强信息时代的安全”（劳特利奇：伦敦，2008），第2页。

〔9〕 从技术的角度来看，网络攻击可以分为：（a）破坏网络稳定性，例如“拒绝服务攻击”（DoS）；（b）间谍与控制，例如“特洛伊木马”的使用；（c）破坏，例如“Stuxnet 蠕虫病毒”。有关政治范畴内的网络攻击，参见 R. J. Deibert 和 R. Rohozinski，“安全风险：网络安全的政策和悖论”，《国际政治社会学》，第4卷，第1期（2010年3月），第15—32页；以及 M. Dunn Cavelty，“网络战：概念、现状和限制”，战略研究中心（CSS）在安全政策方面的分析，第71期，2010年4月，网址：〈http：//www. css. ethz. ch/publications/CSS_ Analysis_ EN〉，第1—2页。

而有针对性的大规模网络攻击则具备扰乱社会正常运作的可能。例如，通过网络破坏国家或地方电力系统，这至少会涉及到“机会成本——造成商业中断，失去各种活动和相关利益”。[10]

尽管特别重大的网络灾难——或者说“电子珍珠港”事件——暂时还未发生，但是近些年的几起事件足以说明发生网络灾难的可能性。这也引起了国际社会和国家安全部门对网络安全事件的重视。[11] 尤其需要指出的是，2007 年爱沙尼亚政府及其机构成为了大规模网络攻击的受害者。[12] 这一事件被认为是“网络空间内的第一次战争”，最终促使爱沙尼亚和其他 9 个欧盟成员国调整了各自的国家网络安全战略。[13] 同时，推动北大西洋公约组织（NATO）通过了一项有关网络防御的政策——根据这一政策，北约成立了网络防御管理局，并于 2008 年支持在塔林（爱沙尼亚首都）成立了一个卓越合作网络防御中心。[14] 在美国，奥巴马总统已将网络安全作为其任期中

---

〔10〕 美国国家研究委员会，计算机科学与通信局，“网络安全的今天和明天”（美国国家科学院出版社：华盛顿特区，2002），第 6 页；以及 R. H. Andersson 和 A. C. Hearn，“美国国防部先进研究项目局（DARPA）探索网络安全研究与发展投资战略：‘后网络 II 时代’”（兰德公司：圣莫尼卡，加利福尼亚州，1996 年）。

〔11〕 术语“电子珍珠港”一词据称由 Winn Schwartau 于 1991 年在美国国会的证词中提出。参见 W. Schwartau，“信息战：网络恐怖主义——在电子时代保护你的个人安全”（桑德茅斯出版社：纽约，1994），第 43 页；以及 R. Bendrath，“美国的网络焦虑和真实世界：有什么联系？”，R. Latham，“炸弹和带宽：信息技术与安全的新兴关系”（新兴出版社：纽约，2003 年），第 50 页。

〔12〕 自 2006 年以来，主要的网络安全事故已由战略和国际研究中心（CSIS）汇编。J. A. Lewis，“重大网络事件”，〈http：//csis. org/publication/cyber-events－2006/〉。

〔13〕 M. Landler 和 J. Markoff，“爱沙尼亚网络空间的第一次战争是怎样的？”，《纽约时报》，2007 年 5 月 28 日。欧盟国家有 9 个调整了网络安全国家战略，分别是芬兰（2008 年调整，下同）、斯洛伐克（2008 年）、捷克共和国（2011 年）、法国（2011 年）、英国（2011 年）、德国（2011 年）、立陶宛（2011 年）、卢森堡公国（2011 年）以及荷兰（2011 年）。欧洲网络和信息安全局，“国家网络安全战略：制定方针、努力加强网络空间安全”，2008 年 5 月，网址：〈http：//www. enisa. europa. eu/activities/Resilience-and-CIIP/national-cyber-security-strategies-ncsss/cyber-security-strategies-paper〉。

〔14〕 北大西洋公约组织（NATO），卓越合作网络防御中心（CCDCOE），“关于（About）”，日期不详，网址：〈https：//www. ccdcoe. org/3. html〉。

的优先议程。[15] 2010 年，美国陆军建立了美国网络司令部（USCYBERCOM）；2011 年，美国国防部公布了新的网络安全战略（即，所谓的“网络 3.0”）。[16]

2012 年，网络安全问题在国际政治和安全界的议程中的位置继续上升。火焰（Flames）和蠕虫（Stuxnet）的曝光——这两种计算机病毒据信是西方针对伊朗所开发的网络武器——成为媒体的头条，并使日益增加使用网络武器和网络战的讨论也越来越多。[17] 虽然并没有可靠的证据，但是包括中国、伊朗、以色列、俄罗斯和美国在内越来越多的国家都有使用网络武器、采取攻击性干预措施的嫌疑。[18] 正是在这一背景下，在 2012 年的安全会议上，北约、欧盟（EU）的官员与来自欧洲顶尖智库的研究人员商讨“网络空间全球治理”的必要性。[19] 在国家层面上，美国参议院讨论了要通过一项全面网络安全法案；法国参议院则发布了一份报告，呼吁将网络防御和信息网络保护作为国家最优先的事务，同时发展有关网络空间进攻能力的公共学说。[20]

---

〔15〕 白宫，“总统就加强国家网络基础设施安全的备忘录”，2009 年 5 月 29 日，网址：〈http://www.whitehouse.gov/the_press_office/Remarks-by-the-President-on-Securing-Our-Nations-Cyber-Infrastructure〉。

〔16〕 美国国防部（DOD），《国防部网络空间作战战略》，（美国国防部：华盛顿特区，2011 年 7 月）。

〔17〕 卡巴斯基实验室，“卡巴斯基实验室和国际电信联盟（ITU）研究揭示了新的高级网络威胁”，2007 年 5 月 28 日，网址：〈http://www.kaspersky.com/about/news/virus/2012/Kaspersky_Lab_and_ITU_Research_Reveals_New_Advanced_Cyber_Threat〉。

〔18〕 N. Perlroth，“过去 4 个月里中国黑客攻击纽约时报”，《纽约时报》，2013 年 1 月 30 日；以及 D. E. Sanger，“奥巴马要求加快应对来自伊朗的网络攻击波”，《纽约时报》，2012 年 6 月 1 日。

〔19〕 2012 年安全对话形成 10 项建议，其中 2 项与网络安全有关：第 6 项建议是“为网络空间全球治理建立信任措施”，第 7 项建议是“介绍黑客引入到公共网络安全政策中的关切”。参见 J. Dowdall，《新全球安全景观：2012 年安全对话的 10 项建议》（安全与防务议程：布鲁塞尔，2012 年），第 17—19 页。

〔20〕 美国参议院，国土安全委员会，“共同发起讨论修订的‘网络安全法案’，S. 3414，以及为赢得立法支持而作出的让步”，2012 年 7 月 24 日，网址：〈http://www.hsgac.senate.gov/hearings/cosponsors-to-discuss-revised-cybersecurity-act-concessions-made-to-obtain-support-for-threat-thats-already-here-〉；以及 J. M. Bockel，“代表外交部委员会的报告，网络防御国防和武装力量”，参议院报告第 681 期（参议院：巴黎，2012 年），第 96 页，第 113—119 页。

在2013年初，网络安全领域内有两个值得注意的动向。一是，2013年2月，欧盟公布了网络空间战略；[21] 二是，2013年3月，美国官员表示，网络攻击现在已经取代“基地”组织成为了美国国家安全的最大威胁。[22]

网络安全市场与军事服务产业

网络安全问题在政治、军事议程上的日渐突出，也随之带来了巨大的经济市场。2011年，在全球范围内，公共和私营的网络安全支出大约为600亿美元。[23] 如果这个估计准确的话，则意味着2011年在网络安全方面的支出相当于世界军费开支的3.5%。[24] 美国在网络安全方面的支出最大，占了全球总支出的一半，而且也是唯一一个在“公共”和“私营”两个领域支出几乎相等的国家。[25] 世界其他国家的网络安全支出则普遍是私营领域占多数。[26] 随着网络安全越来越成为重要的国家安全关切，预计在未来的十年中公共领域的需求将会持续增长。[27] 根据一些预测，网络安全市场将在2017年达到约1200亿美元，为2011年的两倍。[28]

---

〔21〕 欧盟委员会，“欧盟的网络战略：一个开放、安全的网络空间”（欧盟委员会：布鲁塞尔，2013年）。

〔22〕 K. Dilanian，“官方表示网络攻击比基地组织更具威胁”，《洛杉矶时报》，2013年3月12日。

〔23〕 普华永道会计师事务所，“网络安全兼并和收购：解析全球网络安全工业的经营”，2011年11月，网址：〈http：//www. pwc. com/gx/en/aerospace-defence/publications/cyber-security-mergers-and-acquisitions. jhtml〉，第5页。这些数据应当谨慎对待，因为它们是由市场研究公司粗略估算而来，而这些市场研究公司往往会高估市场的规模、且不对外公布其估算方法。

〔24〕 根据SIPRI的估计，2011年全球军费开支总额1.738万亿。S. Freeman和C. Solmirano，“全球军费开支进展”，《SIPRI年鉴2012》。

〔25〕 普华永道会计师事务所（同注释〔23〕）

〔26〕 普华永道会计师事务所（同注释〔23〕），第5页；以及J. Wagley，“报告：网络安全市场将在5年内几乎翻倍”，2012年11月7日，网址：〈http：//securitymanagement. com/news/report-cybersecurity-market-almost-double-five-years－0010070〉。

〔27〕 J. Wagley（同注释〔26〕）。

〔28〕 美通社，“2017年网络安全市场将达1201亿美元”，华尔街在线，2012年6月28日，网址：〈http：//www. wallstreet-online. de/nachricht/4952697－marketsandmarkets-global-cyber-security-market-worth－120－1－billion-by－2017〉。

网络安全市场如此强劲的增长——再加上一些关键武器市场面临实际的和潜在的军事削减——自然吸引了众多的军火生产商和军事服务公司。2012 年，主要的军火生产公司继续收购网络安全供应商（见第一节的表 4.2）。[29] 网络安全领域的多样化不仅有助于这些公司扩大客户群，进入民用市场，而且也能同时开发用于军事市场的、与电子战和网络防御相关的技术。

在“SIPRI 100 强”中的网络安全公司

2011 年，“SIPRI 100 强”中领先的系统集成商（LSIs）、信息技术公司和军事服务公司是网络安全产品和服务的主要供应商。[30] 几乎所有主要的 LSI（包括 BAE 系统公司、欧洲宇航防务集团、芬麦卡尼卡公司、洛克希德·马丁公司、诺斯罗普·格鲁曼公司、雷声公司、萨博公司和泰利斯公司等）都进入了网络安全市场（有些是通过公司下属的具体部门进入的）。但是，这些公司在建立各自的网络安全业务时所遵循的战略不尽相同。例如，BAE 所奉行的收购战略，是为了建立公司自己的网络与情报部门。BAE 在 2008 年收购了 Detica 公司，2010 年收购了 Norkom 集团公司和丹麦的 ETI 公司，2011 年收购了 L－1 Identity Solutions 公司的 3 个部门。2013 年，BAE 还与沃达丰（Vodafone）公司展开合作，开发移动通信的安全方案。[31] 相比之下，欧洲宇航防务集团则是于 2012 年对其现有的与网络相关的资产及能力进行了整合，以便开发一种特别的网络安全业务，而洛克希德·马丁公司与主要的信息技术和网络安全公司（如微软、惠

〔29〕 有关“军火生产公司收购网络安全供应商”的内容也已讨论，如 S. T. 杰克逊，“主要军火生产商的重大发展”，《SIPRI 年鉴 2012》，第 228—229 页；以及 V. Boulanin，“2010 年主要的军火工业收购”，《SIPRI 年鉴 2011》，第 264 页。

〔30〕 领先的系统集成商一般是关键武器项目的主要承包商。这些公司借助多种渠道、通过组合部件、子系统和软件来设计并打造关键的军事系统，它们占据军火工业的上层。参见 E. Gholz， “在美国国防工业这的系统集成：谁在做这些、为何如此重要?”，A. Prencipe，A. Davies 和 M. Hobbey， “系统集成业务” （牛津大学出版社：牛津，2005 年），第 281—282 页。

〔31〕 BAE 系统公司，《BAE 系统公司 2011 年年度报告》（BAE 系统公司：伦敦，2011 年）；以及 R. Gribben，“BAE 系统公司与沃达丰（Vodafone）公司开展合作、开拓网络安全市场”，《每日电讯报》，2013 年 2 月 17 日。

普、迈克菲和思科等）组成了战略联盟。[32]

此外，在2011年"SIPRI 100强"中，军事服务公司有20家，其中10家提供了网络安全解决方案。而在这10家公司中有些——如惠普（HP）、计算机科学公司（CSC）、CACI国际公司等——专门从事与信息技术相关的服务。[33] 其他的——如L3通信公司、科学应用国际公司（SAIC）、奎奈蒂克（QinetiQ）、ManTech国际公司等——则专门提供与国家安全相关的服务。

现有的统计数据不够全面，很难准确估算和比较军事服务公司在网络安全市场内的收入。况且，军火生产商和军事服务公司只有在涉及到具体的网络安全（子）部门时才会报告网络安全销售数据。事实上，就算这些公司报告了相关的数据，它们往往也不区分网络安全收入是来自军事领域还是民用领域。现有的数据表明，对于LSI来说，与网络安全相关的收入的比重相对较小。然而，由于军火总销售数额巨大，小比重仍然表明收入相当可观。例如，2011年网络和情报部门的收入只占BAE系统公司总收入的7%，但是这笔数目已是高达14亿英镑（约合22亿美元）。[34] 诺斯罗普·格鲁曼公司2011年的收入有30%来自其信息系统部门，洛克希德·马丁公司的信息系统和全球解决方案部门则贡献了占总销售20%的收入。[35] 需要指出的是，上述公司都只将网络安全作为这些部门各项经营活动中的一项，而且没有一家公司将其收入进行分类。

网络安全供应商和网络安全客户

军火工业的网络安全业务主要包括四个类别：用于网络和数据保

〔32〕 B. Trévidic，"欧洲宇航防务集团子公司Cassadian欲成为网络安全领域内的巨头"，法国《商业日报》（Les Echos），2012年4月27日；以及洛克希德·马丁公司，"洛克希德·马丁公司的网络安全联盟"，日期不详，网址：〈http：//www.lockheedmartin.com/content/dam/lockheed/data/corporate/documents/LM-Cyber-Security-Alliance-Brochure.pdf〉。

〔33〕 惠普（HP）公司在2008年收购EDS公司后首次出现在"SIPRI 100强"军工企业中。S. T. 杰克逊，"军火生产"，《SIPRI年鉴2010》，第280页。

〔34〕 BAE系统公司（同注释〔31〕），第iii页。

〔35〕 诺斯罗普·格鲁曼公司，《诺斯罗普·格鲁曼公司2011年年度报告》（诺斯罗普·格鲁曼公司：维吉尼亚州，瀑布教堂市，2011年），第42页；以及洛克希德·马丁公司，《洛克希德·马丁公司2011年年度报告》（洛克希德·马丁公司：马里兰州，贝塞斯达市，2011年），第5页。

护的软件及服务；测试与模拟服务；培训与咨询服务；运营支持(见表4.3)。尽管还可以进一步细分网络安全产品，但是前文提到的所有 LSI 和军事服务公司的业务（即产品和服务的组合）都可以归到这四类别中。在大多数情况下，网络安全服务公司都会成立一个网络安全运营中心，以集成打包的方式提供产品。

网络安全服务公司的客户是广泛的。公共部门的客户包括军队、情报部门和其他政府机构等，而私营部门的客户则包括关键基础设施的运营商（如能源供应商、电信公司、银行和医院等）和其他大公司。包括洛克希德·马丁公司、BAE 系统公司和欧洲宇航防务集团在内的一些 LSI 以及大型军事服务供应商（如 CACI 国际公司和 ManTech 国际公司)，其业务主要来自军队和政府机构，在某种程度上也同关键的基础设施运营商打交道。网络安全服务公司很少为与国家安全没有直接关系的公司提供网络解决方案。例如，在 2011 年 BAE 系统公司网络和情报部门的总销售额中，有91%来自政府部门，只有9%是来自私营商业。[36] 对此，有两种可能的解释。一是，传统的军火生产商与政府部门接触广泛，更擅长处理政府部门的大合同（包括军事合同和非军事合同)，缺乏在商业市场条件下的竞争经验；二是，各国都已明确表示，安全相关预算的削减不会影响网络安全的费用。与 LSI 和大型军事服务公司相比而言，信息技术网络安全公司（如计算机科学公司 CSC、CACI 国际公司等）则在私营领域有着更多的客户。

表 4.3 由军火生产和军事服务公司提供的网络安全产品和服务的主要类型

类型及子类别	典型的公司
网络和数据保护软件及服务	
加密方案 管理识别鉴定方案 系统配置 数据丢失防护 恶意软件监测及清除	BAE 系统公司 CACI 国际公司 计算机科学公司 欧洲宇航防务集团 ManTech 国际公司 雷声公司 科学应用国际公司

〔36〕 BAE 系统公司（同注释〔31〕)。

类型及子类别	典型的公司
测试与模拟服务	
渗透测试及脆弱性评估 商业/经济影响分析 认证/技术符合性评估	BAE 系统公司 计算机科学公司 欧洲宇航防务集团 洛克希德·马丁公司 ManTech 国际公司 科学应用国际公司
培训与咨询服务	
个人培训 咨询服务：包括 基础设施设计、 计划与实施方案、 网络安全政策定义等	BAE 系统公司 CACI 国际公司 计算机科学公司 欧洲宇航防务集团 洛克希德·马丁公司 ManTech 国际公司 科学应用国际公司
运营支持：	
网络监视软件和服务 事故管理、数字取证和数据恢复方案 事故反应/反干扰支持 网络空间攻击行动	BAE 系统公司 计算机科学公司 欧洲宇航防务集团 L-3 通信公司 诺斯罗普·格鲁门公司

资料来源：SIPRI 军火工业数据库、公司年度报告以及网络。

前景和挑战

从“第一层次”[37] 的“SIPRI 100 强”公司中就可以看出，军火生产商扩伸至网络安全市场的趋势非常明显。这些公司预计将长期

〔37〕“第一层次”，指的是顶尖的军火生产商，主要包括专业系统集成的主承包商、次级系统的主生产商和大型军事服务公司等。

受益于网络安全服务需求的日益增长。需求的可持续性有赖于网络安全在政治、经济和战略等方面的重要性不断增加、相关技术的不断发展和政策的倾斜。尽管许多西方国家正在积极招募网络安全专家，但是由于专业知识的匮乏、网络事务的快节奏和相关技术的复杂性，这些国家可能仍然要依赖私营公司。网络安全服务公司通常会争辩说他们能更好地面对网络安全挑战。由于国家网络基础设施（如光纤网络和中继天线）以及其他可能受到网络攻击的关键基础设施（如发电厂）大都不是国营的，而属于私营部门的责任，政府必须将其认作落实国家网络安全政策的重要一员。有些网络安全供应商甚至已呼吁把网络安全政策经由公私合作伙伴关系框架（PPP Frameworks）来管辖。[38]

然而，私营（网络）安全公司介入到战争或者其他的公共安全事务中，可能将引发政治关切问题，特别是在民主透明度、监督、问责制和成本等方面。[39] 事实上，这样的外包可以看作是安娜·利安德所形容的"保护政治的私有化"。[40] 由军火生产商或者传统的网络安全公司提供的网络安全服务的出现可能会改变目前由国家定义和实行的网络安全、网络防御政策。网络安全公司所提供的服务其实是有助于形成共识和政治反应，因为它们可以识别网络威胁和漏洞（通过公司的测试、模拟和咨询服务部门），提供网络安全解决方案（通过公司的咨询服务部门），并建议处理问题的方式（通过公司的

〔38〕 情报和国家安全联盟（INSA），《通过公、私合作伙伴关系解决网络安全问题：现有模式的分析》（情报和国家安全联盟：弗吉尼亚州，阿灵顿市，2009 年）；B. Grauman，《网络安全：全球规则的棘手问题》（安全与防务议程：布鲁塞尔，2012 年），第 32—34 页；以及 J. Dowdall，"在网络安全方面的公、私合作"，《安全与防务议程（SDA）决策者晚餐报告》，布鲁塞尔，2012 年 1 月 30 日，网址：〈http://www.securitydefenceagenda.org/Contentnavigation/Activities/Activitiesoverview/tabid/1292/EventType/EventView/EventId/1097/EventDateID/1109/PageID/5428/Publicprivatecooperationincybersecurity.aspx〉。

〔39〕 关于这些问题可参见 B. S. Buckland，F. Schreier 和 T. H. Winkler，"民主治理网络安全的挑战"，《日内瓦民主监督武装力量中心（DCAF）地平线 2015 工作报告》，第一期，2010 年。

〔40〕 换句话说，"与威胁之定义和政治之保护密切相关的政治私有化"，A. Leander，"保护政治私有化：军事公司与安全关切的定义"，编辑 J. Huysmans，A. Dobson 和 R. Prokohvnik，《保护政治：网站的不安全与政策》（劳特利奇：纽约，2006 年），第 19 页。

运营支持服务部门）。在网络安全的政府治理方面，为了解和反映私营公司在设计、落实国家网络安全和网络防御政策中的实际操作与职责，仍有许多研究要做。

（吴　翔　译）

第三节　2011 年“SIPRI 100 强”军火生产和军事服务公司

苏珊·T. 杰克逊

“SIPRI 100 强”以 2011 年的军火销售额大小为顺序，列举了全世界 100 家最大的军火生产公司（不包括中国公司）。2011 年“SIPRI 100 强”公司的军火和军事服务总销售额共计 4100 亿美元。与 2010 年 100 强公司（2011 年 100 强公司稍有变动）相比，2011 年 100 强公司的总销售额按实值计算减少了 5%（参见表 4. 4）。2011 年 100 强公司总销售额的减少受诸多因素影响，包括伊拉克撤军和联合国对利比亚的武器禁运，军费削减导致的项目拖延和因此造成的推迟交付（参见第一节），以及 2011 年美元在多个国家的疲软。[1]

“100 强”排名靠后的多家公司军火销售额均有所增长，但是这些公司规模较小，因此与大公司相比，他们对总销售额的贡献有限。从 2002 年至 2011 年，100 强公司的总销售额增长了 51%（参见表 4. 1）；与此同时，进入 100 强（即军火销售额排名前 100 位的公司）最后一位的销售额却多了一倍多，从 2002 年的 2. 8 亿美元增至 2011 年的 6. 6 亿美元，反映出“100 强”排名里中等规模公司的数量有所增加。此外，在过去的十年中，前 10 名以及前 15 名公司在 100 强中的份额减少了。2011 年，前 10 名公司军火销售额总和占世界军火总销售额的比例从 2002 年的 60% 降至 54%，前 15 名公司军火销售额总和占世界军火总销售额的比例则从 68% 降至 60%。但总的来说，大型公司对世界军火总销售额的贡献依然很大，尽管其占据的份额有所减少。这一变化也部分地反映出军事服务在大型公司销售额中所占比重越来越大。[2] 此外，上述变化还表明军事服务市场门槛降低，因此越来越多的小型公司开始涉足相关领域。

2011 年“SIPRI 100 强”军火生产公司列在表 4. 5 中。“SIPRI

---

〔1〕 S. T. 杰克逊，“军火生产”，《SIPRI 年鉴 2011》，第 254 页。

〔2〕 军事服务有关内容参见：S. T. 杰克逊，“军事服务产业”《SIPRI 年鉴 2012》。

100 强”公司占据了全球军事产品和军事服务销售额的大部分，特别是高科技系统与服务。由于缺少可供对比的财务数据，“SIPRI 100 强”未能涵盖所有军火生产国。但是，除个别外，这些被忽略的国家的军火产量被认为相对较小。如果能获得可信度较高的数据，几乎可以肯定中国的公司将出现在“100 强”名单中（并且很可能跻身“50 强”）。除省略中国的公司外，对“100 强”公司的分析足以把握全球军火工业的主要趋势。

子公司在“100 强”公司中的作用

主要子公司在“100 强”各总公司的战略中占据重要地位，同时对军火销售额也有很大贡献。事实上，这些子公司的活动不仅仅体现在总公司的财务报告中，更体现在国内军工业和公司的战略上。表 4.5 列出了 20 家主要子公司（但并未参与排名）。[3] 这些子公司的销售额总和占 2011 年 100 强公司总销售额的 14%，共计 550 亿美元。自 2002 年以来，主要子公司的数目基本保持不变，他们的军火销售额总和则有显著增长：2002 年主要子公司的销售额总和占“SIPRI 100 强”公司总销售额的 10%，共计 190 亿美元。

尽管以上数据并未包含所有主要子公司，但大体上反映出重要军火生产商旗下子公司的主要趋势和公司战略。例如，国外投资在瑞典军火工业中发挥着重要作用，特别是此前的一些瑞典公司现在已由外资控股，包括赫格隆、波佛斯和考库姆等公司。然而，以上数据并不一定总能获取到，而且这些子公司可能由于缺少有关数据而被排除在表格外。此外，这些来自子公司的数据也不能反映出国家之间的国际合作水平。这些信息基于每年的“SIPRI 100 强”排名，不同年份排名所包含的公司略有不同。

很多子公司在总公司所参与的市场外进行运营。外资控股的军火公司占据着一些国家的军火工业的重要地位，然而这些军火公司的销

[3] 子公司并未在 100 强名单中进行排名，其军火销售额也未被计入国家、地区或世界总销售额。通过参考各子公司在表 4.5 中出现的位置可以得知，如果这些子公司为独立公司，他们可以在 100 强排名中占据怎样的位置。并非所有公司都公布了子公司的财务报告，因而在此展示的数据是不完整的。

售额却在总公司所在国家公布。例如，虽然澳洲潜艇公司在 2011 年的军火销售额为 6.6 亿美元（主要由于该公司参与了防空驱逐舰的项目），使得澳大利亚重新进入了“100 强”名单，但澳大利亚三家外资控股的军火公司（BAE 系统澳大利亚，雷声澳大利亚和泰利斯澳大利亚）在 2011 年的军火销售额总和却是这一数字的五倍（共计 33.2 亿美元）。[4] BAE 系统 2007 年收购泰尼克斯之后，澳大利亚则在 2008 年就被挤出了“SIPRI 100 强”。

2011 年“SIPRI 100 强”排名的变化

导致 2011 年“100 强”排名变化的原因包括公司改组、重要合同的签订、武装冲突的影响、政府支出的变化等。尽管 2011 年美元在多个国家的疲软造成了一定的影响，但尚不足以对 100 强公司的军火总销售额造成严重冲击。各公司所受影响的大小也不尽相同，这取决于公司所在销售市场美元的地位，以及公司公布销售额所采用的货币。例如，瑞士 RUAG 公司的军火销售额按美元计算增长了 25%，按瑞士法郎计算则仅增长 7%；类似地，瑞典萨博公司的军火销售额按瑞典克朗计算与去年持平，按美元计算则增长了 11%；与此形成对比的是土耳其阿塞桑公司，其军火销售额按土耳其里拉计算增长了 23%，按美元计算则仅增长 12%。

公司的收购与拆分也导致了一系列变动。例如，美国的亨廷顿·英格尔斯工业公司在 2011 年初从诺斯罗普·格鲁曼公司脱离，成为新的独立公司并跻身“100 强”。[5] 美国军事服务公司——基本任务公司，由于获得了更多的政府合同而进入“100 强”名单。在 2011 年，武装冲突对军火和军事服务销售额的影响也十分显著。诸如 AM 通用、KBR 以及 L3 通信等美国公司军火销售额的减少，部分应归咎

〔4〕 澳洲潜艇公司，《澳洲潜艇有限责任公司 2011 年年度报告（澳洲潜艇公司：阿德莱德，2011）》，第七页。

〔5〕 J. Bell 和 G. Anderson，“诺斯罗普格鲁曼公司完成造船工业的资产分拆”，《简氏国防工业资讯》，2011 年 5 月 31 日；诺斯罗普格鲁曼公司，“诺斯罗普格鲁曼公司完成亨廷顿英格尔斯工业公司的资产拆分”，新闻通稿，2011 年 5 月 31 日，http://investor.northropgrumman.com/phoenix.zhtml?c=112386&p=irol-newsArticle&id=1544584。

于美国从伊拉克的撤军行动。[6] 此外，受联合国对利比亚制裁的影响，俄罗斯 TRV 公司 2011 年的军火销售额减少了 7.9 亿美元，并因此掉出了“SIPRI 100 强”名单。[7] 与此相反的是，包括美国的导航星、福陆和达因国际在内的一些公司，由于持续接到车辆订单并且在伊拉克和利比亚负责后勤保障，因而 2011 年的销售额有所增长。[8]

2011 年，财政紧缩政策下的军费削减造成的影响开始在武器采购削减和交付推迟等方面显现。例如，耐科斯特公司军火销售额的减少，很大程度上受法国军队订单减少的影响。[9] 受西班牙财政紧缩政策下的军费削减影响，纳瓦迪亚公司项目被迫延迟，因此军火销售额有所减少。英国奎奈蒂克公司也因类似原因造成军火销售额的减少。[10] 与此同时，尽管来自本国政府的订单减少，有些公司 2011 年的军火销售额仍然有所提升。芬坎蒂尼公司通过在没有国内供应商参与的市场争取合同，并参与洛克希德·马丁和奥斯塔公司联合进行的濒海战斗舰项目，成功提高了公司在 2011 年的军火销售额。[11] 麦格

---

〔6〕 T. Coyne, “AM 通用将裁员 350 人并停止悍马车辆的生产”，雅虎财经频道，2011 年 9 月 29 日，http://news.yahoo.com/am-general-lay-off-350-cut-humvee-production-221612926.html；KBR 公司，《KBR 公司 2011 年年度报告（KBR 公司：休斯顿，2012）》，第 33 页；L3 通信公司，《根据 1934 年证券交易法第 13 条或第 15 条（d）制定的截止于 2011 年 12 月 31 日的财政年度 10-K 报告表（美国证券交易委员会：华盛顿特区，2012）》，第 51—52 页。

〔7〕 “俄罗斯导弹制造商因利比亚战事损失 7.9 亿美元”，俄新社，2012 年 1 月 31 日，http://en.rian.ru/business/20120131/171042832.html。

〔8〕 导航星国际公司，《根据 1934 年证券交易法第 13 条或第 15 条（d）制定的截止于 2011 年 12 月 31 日的财政年度 10-K 报告表（美国证券交易委员会：华盛顿特区，2011 年 12 月 20 日）》，第 24 页；福陆公司，《根据 1934 年证券交易法第 13 条或第 15 条（d）制定的截止于 2011 年 12 月 31 日的财政年度 10-K 报告表（美国证券交易委员会：华盛顿特区，2012 年 2 月 22 日）》，第 37 页；达因国际公司，《根据 1934 年证券交易法第 13 条或第 15 条（d）制定的截止于 2011 年 12 月 31 日的财政年度 10-K 报告表（美国证券交易委员会：华盛顿特区，2012）》。

〔9〕 G. Belan，“耐科斯特公司：出口目标”，欧洲安全与防务通讯社，2012 年 5 月 2 日，http://www.esdpa.org/2012/03/nexter-objective-exports。

〔10〕 西班牙财政与公共管理部，国家工业公司（SEPI），“纳瓦迪亚公司”，http://www.sepi.es/default.aspx?cmd=0004&IdContent=15022&idLanguage=_EN；奎奈蒂克公司，《2011 年年度报告（奎奈蒂克公司：范堡罗，2011）》。

〔11〕 芬坎蒂尼公司，《芬坎蒂尼公司 2011 年年度报告（芬坎蒂尼公司：特里亚斯特，2011）》，第 6，34 页。

基特因收购 PecSec 公司而使公司销售额有一定增长。[12] 加莫瑞公司的销售额的提高则归功于弹药和反简易爆炸装置项目方面的有机增长。[13] "100 强" 名单中日本公司的销售额总和也有一定增长。由于日本军火销售额是根据合同金额计算而不是实际销售额，因而此次增长可能预示着日本政府正加强向国内军火工业的投资。如果是这样的话，此次增长将标志着日本在 2011 年放宽了已经实行 44 年的武器出口禁令，并开始向国际军火市场进军。[14]

如前些年一样，2011 年一些公司军火销售额增长的部分原因是出于军事现代化需求的采办活动。例如，巴西航空工业公司军火销售额增长了 29%，部分归功于超级巨嘴鸟教练机向巴西空军以及地区其他客户的交付。[15] 阿塞桑公司军火销售额的增长主要受土耳其军队军事现代化项目的影响。[16]

表 4.4 "SIPRI 100 强" 军火生产和军事服务公司所占地区和国家军火销售的份额（2011 年与 2010 年对比）[a]

军火销售额的单位是 10 亿美元，按当前价格和汇率计算。由于四舍五入，各项数据相加会与总数不同。

公司数量	地区/国家[b]	武器销售额（10 亿美元）		2010—2011 年销售额的变化（%）		占 2011 年 100 强销售额的总比例（%）
		2011	2010[c]	面额[d]	实际[e]	
45	**北美**	**245.7**	**248.9**	**-1**	**-4**	**59.9**
44	美国	244.8	248.1	-1	-4	59.6

〔12〕 麦格基特公司，《2011 年年度报告和报表（麦格基特公司：费勒姆，2011）》，第 18 页。

〔13〕 M. Bell，"加莫瑞公司 2011 财年中期报告显示业绩低于预期"，《简氏国防工业资讯》，2011 年 11 月 21 日；加莫瑞集团有限公司，"贸易状态更新"，2011 年 11 月 18 日，http://www.chemring.co.uk/media/press-releases/2011/2011-11-18.aspx。

〔14〕 参见 S. T. Jackson，"主要军火生产国的重要发展动态"，《SIPRI 年鉴 2012》，第 220 页。

〔15〕 巴西航空工业公司，《巴西航空工业公司 2011 年年度报告（巴西航空工业公司：圣保罗，2011）》。

〔16〕 IS 投资公司，"阿塞桑公司"，2012 年 5 月 30 日，http://www.isyatirim.com.tr/WebMailer/.../2_20120530152732784_1.pdf。

公司数量	地区/国家[b]	武器销售额（10 亿美元）		2010—2011 年销售额的变化（%）		占 2011 年 100 强销售额的总比例（%）
		2011	2010[c]	面额[d]	实际[e]	
1	加拿大	0.9	0.8	7	–	0.2
30	**西欧**	**119.2**	**120.6**	**–1**	**–9**	**29.1**
10	英国	46.4	49.9	–7	–14	11.3
6	法国	23.0	23.0	—	–7	5.6
1	跨欧洲[f]	16.4	16.4	—	–7	4.0
3	意大利	16.5	16.0	3	–4	4.0
4	德国	8.2	6.8	20	12	2.0
2	西班牙	2.4	2.8	–15	–22	0.6
1	瑞典	3.1	2.8	11	–3	0.8
1	挪威	1.4	1.5	–4	–12	0.4
1	瑞士	1.0	0.8	25	7	0.3
1	芬兰	0.8	0.7	17	8	0.2
6	**东欧**	**14.3**	**11.3**	**26**	**13**	**3.5**
6	俄罗斯[g]	14.3	11.3	26	13	3.5
14	**其他 OECD 国家**	**22.8**	**18.3**	**25**	**15**	**5.6**
5	日本[h]	9.8	6.6	48	35	2.4
3	以色列	7.1	6.7	7	–1	1.7
4	韩国	4.4	3.8	17	8	1.1

公司数量	地区/国家[b]	武器销售额（10 亿美元）		2010—2011 年销售额的变化（%）		占 2011 年 100 强销售额的总比例（%）
		2011	2010[c]	面额[d]	实际[e]	
1	土耳其	0.9	0.8	12	17	0.2
1	澳大利亚	0.7	0.5	40	21	0.2
5	**其他非 OECD 国家**	**8.5**	**7.9**	**7**	**-2**	**2.1**
3	印度[i]	5.8	5.5	4	-3	1.4
1	新加坡	1.9	1.8	9	-5	0.5
1	巴西	0.9	0.7	28	15	0.2
100	**总计**	**410.4**	**406.9**	**1**	**-4**	**100.0**

OECD 指经济合作发展组织

a 尽管有些中国军火生产企业很大，足以排在“SIPRI 100 强”军火公司内，但是由于缺乏具有可比性且非常准确的数据，因此还不能将这些公司列入其中。另外，其他国家，如哈萨克斯坦和乌克兰，也有大型的公司，如果能够获得相关数据也可能出现在“SIPRI 100 强”军火生产公司榜上，但这并不那么确定。

b 国家和地区的数字指的是总部在该国家或地区的 100 强公司的总销售额，包括国外分公司的销售额。数字并不反映这些公司在本国或本地区所实际生产的武器销售额。

c 2010 年的军火销售额是指 2011 年“SIPRI 100 强公司”的销售额，而不是 2010 年“100 强”公司的销售额。

d 这一组数据是以当前美元价格计算 2010—2011 年军火销售额的变化。

e 这一组数据是以 2011 年固定美元价格计算 2010—2011 年军火销售额的变化。

f 被归类为跨欧洲公司的是 EADS 公司。

g 2011 年俄罗斯军火销售额包括联合飞机制造公司和联合发动机制造公司公布的军火销售额。

h 日本公司的数据来源于日本防务省签订的合同。

i 印度的数据包括对印度兵工厂的粗略估算。

资料来源：表 4.5。

表 4.5 2011 年全球“SIPRI 100 强”军火生产和军事服务公司（不包括中国）[a]

表中销售额和利润数据以百万美元为单位。（..）表明该项数据尚无法获得。部门缩略语在表后加以说明。

排名[b]		公司[c]	国家	军火销售部门	军火销售额		2011 年总销售额	2011 年军火销售额占总销售额的百分比	2011 年利润	2011 年雇员
2011	2010				2011	2010				
1	1	洛克希德·马丁	美国	Ac El Mi Sp	36270	35730	46499	78	2655	123000
2	3	波音公司	美国	Ac El Mi Sp	31830	31360	68735	46	4018	171700
3	2	BAE 系统	英国	Ac A El MV Mi SA/A Sh	29150	32880	30689	95	2349	93500
4	5	通用动力	美国	A El MV SA/A Sh	23760	23940	32677	73	2526	95100
5	6	雷声	美国	El Mi	22470	22980	24857	90	1896	71000
6	4	诺斯罗普·格鲁曼	美国	Ac El Mi Sh Sp	21390	28150	26412	81	2118	72500
7	7	EADS	跨欧洲	Ac El Mi Sp	16390	16360	68295	24	1442	133120
8	8	芬麦卡尼卡	意大利	Ac A El MV Mi SA/A	14560	14410	24074	60	-3206	70470
S	S	BAE 系统公司（BAE 系统，英国）	美国	A El MV SA/A	13560	17900	14417	94	5178	37300
9	9	L-3 通信	美国	El	12520	13070	15169	83	956	61000
10	10	联合技术	美国	Ac El Eng	11640	11410	58190	20	5347	199900

排名[b]		公司[c]	国家	军火销售部门	军火销售额		2011 年总销售额	2011 年军火销售额占总销售额的百分比	2011 年利润	2011 年雇员
2011	2010				2011	2010				
11	11	泰利斯	法国	El MV Mi SA/A	9480	9950	18111	52	787	68330
12	12	SAIC	美国	Comp（MV）Ser	7940	8230	10587	75	56	41100
13	—	亨廷顿·英格尔斯工业公司	美国	Sh	6380	—	6575	97	-94	38000
14	15	霍尼韦尔	美国	El	5280	5400	36529	14	2067	132000
15	16	Safran	法国	El	5240	4800	16315	32	895	59800
S	S	Sikorsky（联合技术）	美国	Ac	4970	4530	7655	65	840	17780
16	14	计算机科学公司	美国	Ser	4860	5940	15877	31	-4225	98000
17	17	劳斯莱斯	英国	Eng	4670	4330	18068	26	1854	40400
18	21	联合航空公司	俄罗斯[d]	Ac	4400	3440	5502	80	404	97500
19	13	奥斯卡什公司	美国	MV	4370	7080	7585	58	273	13100
S	S	MBDA（BAE 系统，英国/EADS，跨欧洲/芬麦卡尼卡，意大利）	跨欧洲	Mi	4170	3710	4170	100	227	9850
20	18	通用电气	美国	Eng	4100	4300	147300	3	14151	301000

排名[b]		公司[c]	国家	军火销售部门	军火销售额		2011 年总销售额	2011 年军火销售额占总销售额的百分比	2011 年利润	2011 年雇员
2011	2010				2011	2010				
21	19	ITT Exelis[e]	美国	El	4020	4000	5839	69	326	20500
S	S	CASA（EADS，跨欧洲）	西班牙	Ac	3940	..	4332	91	132	6980
S	S	普拉特 & 惠特尼（联合技术）	美国	Eng	3700	4080	13430	28	1999	35870
22	20	金刚石—安泰	俄罗斯[d]	Mi	3690	3950	4337	85	32	93280
23	25	三菱重工	日本[g]	Ac MV Mi Sh	3620	2960	35347	10	307	68890
24	22	DCNS	法国	Sh	3610	3320	3614	100	249	12830
S	S	欧洲直升机公司（EADS，跨欧洲）	法国	Ac	3540	2940	7528	47	359	20800
S	S	奥古斯塔·韦斯特兰（芬麦卡尼卡）	意大利	Ac	3440	2920	5443	63	320	13300
25	29	萨博	瑞典	Ac El Mi	3080	2780	3619	85	341	13070
26	32	莱茵金属	德国	A El MV SA/A	2980	2660	6192	48	313	21520

排名[b]		公司[c]	国家	军火销售部门	军火销售额		2011 年总销售额	2011 年军火销售额占总销售额的百分比	2011 年利润	2011 年雇员
2011	2010				2011	2010				
27	31	泰克斯顿	美国	Ac El Eng MV	2930	2740	11275	26	242	32000
28	26	休利特·帕卡德	美国	Ser	2930	2890	127245	2	7074	349600
29	36	CACI 国际	美国	Ser	2860	2450	3578	80	144	13700
30	30	巴布考克国际集团	英国	Sh	2850	2770	4919	58	277	25140
31	28	洛克韦尔·柯林斯	美国	El	2810	2860	4806	59	634	20500
32	34	美泰科技国际公司	美国	Ser	2770	2500	2870	97	133	9300
33	33	印度航空	印度	Ac Mi	2740	2590	3043	90	713	32660
34	35	艾尔比特系统	以色列	El	2680	2480	2818	95	25	12550
35	24	URS 公司	美国	El	2670	3030	9545	28	-466	46000
36	42	哈里斯	美国	El	2670	2130	5925	45	597	16900
37	27	阿联特技术系统公司	美国	SA/A	2670	2870	4613	58	263	17000
38	68	川崎重工	日本[g]	Ac Eng Mi Sh	2630	1020	16337	16	292	33270
S	S	苏霍伊（联合航空公司）	俄罗斯[d]	Ac	2630	1360	2825	93	..	26000

排名[b]		公司[c]	国家	军火销售部门	军火销售额		2011年总销售额	2011年军火销售额占总销售额的百分比	2011年利润	2011年雇员
2011	2010				2011	2010				
39	40	达因国际公司（博龙资本）	美国	Ser	2600	2210	3721	70	-58	29000
40	47	俄罗斯直升机公司（OPK Oboronprom）	俄罗斯[d]	Ac	2560	1910	3537	72	238	40000
41	37	以色列航空工业公司	以色列	Ac El Mi	2500	2400	3440	73	83	17000
42	39	古德里奇	美国	Comp（Ac）	2420	2230	8075	30	810	28000
S	S	EADS 阿斯蒂姆（EADS，跨欧洲）	法国	Sp	2350	2450	6901	34	366	16600
43	41	CEA	法国	Oth	2300	2200	5800	40	46	15770
S	S	MBDA 法国（MBDA，跨欧洲）	法国	Mi	2300	2190	2295	100	229	4300
44	60	福陆[j]	美国	Comp（Oth）	2260	1300	2381	95	594	43090
45	43	斯科	英国	Oth	2230	2130	7444	30	381	100000
46	23	KBR[f]	美国	Ser	2180	3310	9261	24	480	27000

排名[b]		公司[c]	国家	军火销售部门	军火销售额		2011 年总销售额	2011 年军火销售额占总销售额的百分比	2011 年利润	2011 年雇员
2011	2010				2011	2010				
47	38	科巴姆	英国	Comp（Ac El）	2160	2260	2970	73	376	9330
48	45	印度军火工业	印度	A SA/A	2120	1960	2655	80	. .	98910
49	57	蒂森克虏伯	德国	Sh	2080	1340	68244	3	-2479	180050
S	S	阿林尼亚航空（芬麦卡尼卡）	意大利	Ac	2050	1920	3712	55	-1256	11990
50	49	导航星	美国	MV	2000	1800	13958	14	1778	20800
51	50	拉法尔	以色列	Ac Mi SA/A Oth	1940	1780	1979	98	111	6500
52	51	新科工程（淡马锡控股）	新加坡	Ac El MV SA/A Sh	1900	1750	4762	40	419	22380
S	S	BAE 系统公司澳大利亚（BAE 系统，英国）	澳大利亚	Ac Sh	1860	1380	1857	100	. .	6000
53	53	三星泰科	韩国	A El Eng MV	1860	1590	2809	66	209	6770
54	54	克劳斯·马菲魏格曼[i]	德国	MV	1740	1590	1807	96	. .	. .
55	44	纳瓦迪亚	西班牙	Sh	1650	2010	1737	95	-60	5530

排名[b]		公司[c]	国家	军火销售部门	军火销售额		2011 年总销售额	2011 年军火销售额占总销售额的百分比	2011 年利润	2011 年雇员
2011	2010				2011	2010				
56	46	奎奈蒂克	英国	Ser	1580	1920	2355	67	413	10180
57	64	三菱电气	日本[g]	El Mi	1440	1160	45603	3	1404	117310
58	70	NEC	日本[g]	El	1440	980	38052	4	-1382	109100
59	55	康斯堡·格鲁彭	挪威	El Mi SA/A	1440	1500	2699	53	255	6680
60	63	迪尔	德国	Mi SA/A	1380	1210	4072	34	71	13970
61	62	联合发动机公司	俄罗斯[d]	Eng	1330	1250	2221	60	4	..
62	61	达索航空集团	法国	Ac	1240	1270	4594	27	392	11470
63	73	芬卡提厄里	意大利	Sh	1220	940	3311	37	14	9990
64	91	乌拉尔车辆	俄罗斯[d]	MV	1200	730	3000	40	454	..
65	48	AM 通用[h]	美国	MV	1130	1900	..	..	..	2000
66	56	耐科斯特	法国	A MV SA/A	1120	1430	1183	95	158	2700
S	S	泰利斯防空（泰利斯，法国）	英国	Mi	1120	..	1117	100	37	..

排名[b]		公司[c]	国家	军火销售部门	军火销售额		2011 年总销售额	2011 年军火销售额占总销售额的百分比	2011 年利润	2011 年雇员
2011	2010				2011	2010				
67	65	凯旋集团	美国	Ac	1090	1080	3408	32	281	12600
68	75	加莫瑞集团	英国	SA/A	1080	890	1194	90	201	4680
S	S	伊尔库特公司（联合航空公司）	俄罗斯[d]	Ac	1070	1330	1248	86	. .	12000
69	—	Radiotechnicheskie i Informationnie Sistemi	俄罗斯[d]	El	1050	. .	2093	50	−18	. .
70	78	RUAG	瑞士	Ac A Eng SA/A	1040	830	2001	52	109	7740
71	72	穆格	美国	Comp（El Mi）	1000	960	2331	43	136	10320
72	66	GKN	英国	Comp（Ac）	970	1050	9206	11	562	44000
73	99	AAR 公司	美国	Oth	940	650	1176	53	70	6100
74	83	麦格基特	英国	Oth	940	780	2331	40	518	19540
75	77	CAE	加拿大	El	900	840	1840	49	184	8000
S	S	Selex Elsag（芬麦卡尼卡）	意大利	Comp（El Oth）	900	750	1674	54	−281	7170
76	90	韩国航空工业	韩国	Ac	890	740	1160	77	68	3000
77	71	巴拉特电子	印度	El	890	970	1222	73	178	10790

排名[b]		公司[c]	国家	军火销售部门	军火销售额		2011 年总销售额	2011 年军火销售额占总销售额的百分比	2011 年利润	2011 年雇员
2011	2010				2011	2010				
78	82	库比克公司	美国	Comp（El）Ser	870	810	1285	68	85	7800
79	74	SRA 国际	美国	El	870	890	1705	51	66	6100
80	81	精密卡斯特帕特	美国	Comp（Ac）	870	810	7215	12	1226	21500
81	95	巴西航空工业公司	巴西	Ac	860	670	5893	15	93	17270
82	88	阿塞桑	土耳其	El	850	760	897	94	96	4390
S	S	Selex Galileo（芬麦卡尼卡）	意大利	El	840	820	972	87	12	2690
83	—	斗山集团	韩国	Comp（Oth）	830	610	23723	4	271	38000
84	86	柯蒂斯—赖特公司	美国	Comp（Ac Sh）	820	780	2054	40	130	8900
85	79	LIG Nexl	韩国	El	820	810	817	100	23	26480
86	67	雅各布工程集团	美国	Ser	800	1020	10382	8	331	45700
87	97	帕特利亚	芬兰	Ac MV SA/A	770	660	859	90	56	3430
S	S	雷声澳大利亚（雷声，美国）	澳大利亚	Comp（Ac）Ser	770	640	785	99	..	1450
88	84	豪客比奇	美国	Ac	770	780	2435	32	-633	6000
89	89	Mitre	美国	Oth	770	740	1389	55	..	7890
90	76	超声电子	英国	El	760	880	1172	65	184	4470

排名[b]		公司[c]	国家	军火销售部门	军火销售额		2011 年总销售额	2011 年军火销售额占总销售额的百分比	2011 年利润	2011 年雇员
2011	2010				2011	2010				
S	S	MBDA 意大利（MBDA，跨欧洲）	意大利	Mi	750	640	746	100	-8	1250
91	100	金库普集团	美国	El Eng	740	650	918	81	3	3270
92	87	阿里安科技	美国	Oth	730	770	787	92	-44	2990
93	—	Avio（盛峰公司）	意大利	Eng	730	640	2818	26	16	5120
S	S	泰利斯荷兰（泰利斯，法国）	跨欧洲	El	720	1060	723	100	42	..
94	85	Indra	西班牙	El	710	780	3737	19	252	21080
95	—	基本任务	美国	Ser	700	540	726	96	..	8000
96	—	航空航天公司	美国	Ser	700	640	939	74	..	4600
S	S	泰利斯澳大利亚（泰利斯，法国）	澳大利亚	A El MV Mi SA/A Sh	690	680	759	91	..	3000
97	92	艾斯特林技术	美国	Comp（Ac Sh）	690	690	1718	40	133	12000
98	—	富士通公司	日本[g]	El	660	490	55980	1	535	173160
99	—	澳洲潜艇公司	澳大利亚	Sh	660	470	718	92	11	2000
100	—	Flir 系统	美国	El	660	440	1544	43	222	3080

A = 火炮，Ac = 飞机，El = 电子设备，Eng = 发动机，Mi = 导弹，MV = 军用车辆，SA/A = 轻武器/弹药，Sh = 舰船，Ser = 服务，Oth = 其他，Comp（）= 部件、服务或任何小于括号内表明的最终系统产品，只适用于不生产任何最终系统的公司。

a 尽管一些中国军火生产企业很大，足以排在“SIPRI 100 强”军火公司内，但是由于缺乏具有可比性且非常准确的数据，因此还不能将这些公司列入其中。另外，如果能够获得数据，其他国家如哈萨克斯坦和乌克兰，也有大到足以列入“SIPRI 100 强”的公司，但这不是很肯定。

b 根据 2011 年的军火销售额对公司进行排名。用 S 标记的为公司的子公司。破折号（–）表示该公司没被列入 2010 年的“SIPRI 100 强”军火公司内。公司名称和组织结构以 2011 年 12 月 31 日时为准。后续变化的有关信息标注在这些注释内。由于不断更新数据，2010 年的排名可能与《SIPRI 年鉴 2012》中公布的排名有所不同，大多数情况下，这是因为公司自己提供的数据有变化，有时则是因为改进了估算值。主要修订将在下面的注释中加以说明。

c 对于控股公司或投资公司的下属公司，在其后的圆括号中标注了其母公司及所属国家名称。

d 这是第 10 年把俄罗斯公司列入“SIPRI 100 强”军火生产公司的名单中。也许还有其他的俄罗斯公司也应被列入，但是我们没有获得足够的数据。俄罗斯直升机公司自 2005 年起一直作为 OPK Oboronprom 的子公司运营。由于目前无法获得 Oboronprom 可资比较的财务数据，因此俄罗斯直升机公司作为母公司列入 100 强中。关于俄罗斯军火生产工业合并的详细信息，可参见 S. T. Jackson 撰写的“军火生产”，见《SIPRI 年鉴 2011》；S. T. Jackson 撰写的“军火生产”，见《SIPRI 年鉴 2010》；以及 S. Perlo-Freeman 等人撰写的“2007 年‘SIPRI 100 强’军火生产公司”，见《SIPRI 年鉴 2009》第 286—287 页。

e 2011 年，ITT 公司拆分为三个独立的公司。目前由 ITT Exelis 公司负责原 ITT 公司的军火销售。

f KBR 的军火销售数据是基于美国国防部公务后勤补给项目第三期和第四期（LOGCAP III&IV）合同支付的金额和英国国防部支付的金额估算所得。

g 日本公司的军火销售额一栏的数据表示军方授予的新合同，而不是军火销售额。

h AM 通用公司可获得的财务数据有限。SIPRI 对军火销售额数据的估算基于两年内美国国防部授予的大宗合同额的平均值。

i 克劳斯—马菲魏格曼公司的军火销售额数据是基于公司非军事销售额而进行的估算。

j 福陆公司的军火销售数据是基于美国国防部公务后勤补给项目第四期（LOGCAP IV）合同进行的估算。

k 雅各布工程集团的军火销售数据是三年内美国国防部授予的大宗合同额的平均值。

l Mitre 的军火销售数据是五年内美国国防部授予的大宗合同额的平均值。

资料来源与统计方法

数据选择的标准和来源

SIPRI 军火工业数据库包括公开的公有公司和私有公司，但不包括武装部队负责制造和维护的部门。只有在军用商品和服务领域从事制造活动的公司被计入，控股和投资公司则被排除在外。

公司数据来源包括：公司年度报告和国际互联网站，以及在报纸商业版、军事杂志和国际互联网军事专栏发布的公司新闻。此外，还参考了公司发布的信息、市场报告、政府公布的主要承包合同和国家概览。有关世界军火工业的财务和雇员公开可得的数据资料有限。资料的范围和涵盖区域很大程度上是由能否获得资料决定的。

随着新数据的获得，SIPRI 军火生产和军事服务公司的数据也在持续不断地被修正。因此，在《SIPRI 年鉴》的不同版本中进行严格的比较是不可能的。此外，由于难以每年都获得数据对所有公司进行令人满意的估算，因此覆盖范围可能会有所不同。

定义

SIPRI 把军火和军事服务销售（“军火销售”）定义为军工产品的销售和对军事雇主提供的服务，包括国内采办和出口。军工产品和服务专指用于军事目的和与此相关的技术。军工产品指专门用于军事的设备，不包括通用产品，例如石油、电力、办公计算机、制服和靴子。军事服务也指专门用于军事的服务，包括：技术服务，例如信息技术、维护、保养和检修、作战支援；与武装力量军事行动相关的服务，例如情报、训练、后勤和设备管理；冲突地区的武装护卫。军事服务不包括和平时期纯粹为民用提供的服务，例如卫生保健、清洁和给养、交通，但包括为作战部署的军队所提供的服务。

SIPRI 对军火销售的定义只能作为指导原则，很难应用于实践。由于没有普遍公认的军火销售的标准定义，因此也没有其他更好的选择。某些情况下，军火销售数据只反映公司总销售额中与军工有关的那部分。另一些情况下，SIPRI 将“军工”部门的销售额当作其总销售额，虽然该部门中也有一些民品销售。

如果某公司未公布军工部门或类似实体的销售数据，SIPRI 有时会进行估算。这种估算将以授予合同中的数据、公司当前军火生产和军事服务项目信息，以及公司在媒体或其他报告中正式公布的数据为基础进行。因此，表4.5给出的公司军火销售额的可比性是有限的。

总销售额、利润和雇员数量是整个公司的数据，不单是军工生产部门的。所有数据都是把国内外子公司合并后的数据。利润是公司的税后所得。雇员数量为年终时的人数，除非某些公司公布年均人数。所有数据均为公司年度报告公布的财政年度数据。

计算

收集到的所有数据都是按当地货币和当前价格表现的。对于当地货币与美元之间的换算，SIPRI使用国际货币基金组织（IMF）的市场汇率（《国际金融统计》中所载）的年度平均值。表4.5中的数据按美元的当前价格给出。对于不同年度这些数据的差异难以作出解释，因为按美元价值表现的差异由几个因素决定：军火销售额的差异、通货膨胀率、按当地货币进行的销售、汇率的波动等。国际军火市场的销售通常以美元来进行计算。汇率波动对按美元价值计算没有影响，但会影响当地货币的价值。因为同样的原因，按美元不变价格计算也难以解释。在不知道国内采购和对外出口所占军火和军事服务销售额相对比例的情况下，想说明军火销售数据的实际含义是不可能的。在使用这类数据时须持谨慎态度。这对分析汇率波动幅度大的国家来说尤其重要。

SIPRI军火工业网络

军火工业数据由Laxman K. Behera（印度国防研究与分析学院，新德里）、Vincent Boulanin（法国社会科学高等研究院，巴黎）、Gülay Günlük-Şenesen（伊斯坦布尔大学）、Jang Won Joon（韩国产业研究院，首尔）、Shinichi Kohno（三菱研究所，东京）、Valerie Miranda（国际事务研究所，罗马）以及Pere Ortega（德拉斯和平研究中心，巴塞罗那）等人提供。

（五　正　译）

第五章 国际武器转让

概　述

保尔·霍尔托姆

与 2003—2007 年这五年相比，2008—2012 年国际主要常规武器的转让增长了 17%。这一时段，世界武器出口五强依次为美国、俄罗斯、德国、法国和中国，约占全球武器出口总量的 75%。这是冷战后中国的武器出口首次挤进前五强。以往，这里一直由美国和欧洲国家垄断。中国成了亚洲地区国际武器出口急剧上升的代表，韩国、日本、新加坡紧随其后，有可能成为主要的武器转让国。2008—2012 这五年还有其他一些重要变化，如英国自 1950 年来首次退出武器出口前五名，荷兰也没有保住前十的位置，乌克兰的排序则上升到第九名（见本章第一节）。

金融危机对美国和欧洲的影响之一就是寻找新的武器出口市场的压力增加了。这也导致美国和欧洲国家着手理顺其武器出口的繁杂程序，更加倾向于许可生产、技术转让和合作生产之类的安排。

对亚洲、非洲和美洲的武器转让在 2003—2007 年和 2008—2012 年间增加了，但对欧洲和中东地区的转让则显著下降。2008—2012 年间，亚洲和大洋洲国家的主要常规武器进口占全球的 43%。五大主要常规武器进口国——印度、中国、巴基斯坦、韩国和新加坡——都在亚洲和大洋洲。它们占全部武器进口的 32%。主要进口国有一个显著趋势，即它们加强了那些有助于增强投送能力的武器系统的采购。2012 年，值得注意的转让包括中国首艘航母服役以及印度从俄罗斯接收一艘核动力潜艇。

由于军费压缩和经济不稳，西欧和中欧国家最近几年的武器进口显著下降（见第二节）。这些因素还导致了交货拖后、合同取消，以及在做采购决定更多倾向于国内厂商。2003—2007 年以及 2008—2012 年武器进口最显著的下滑发生在希腊，降幅达 61%，意大利，降幅达 55%。采购预算的削减会妨碍加强欧洲军火市场竞争力的努力以及武器系统的联合开发与采购。

由于 2012 年叙利亚冲突的加剧，向叙政府和反对派提供武器问题依然是个焦点（见第三节）。在冲突爆发之前的五年间（2006—2010），叙政府从俄罗斯（占 48%）、伊朗（占 21%）、白俄罗斯（占 20%）、朝鲜（占 9%）和中国（占 2%）进口武器。反政府武装的武器似乎主要依靠从政府军手中缴获，还有报道说他们从伊拉克和黎巴嫩黑市上获得轻小武器和弹药。尽管反对派一再要求提供武器和装备，但报道称欧洲国家和美国仅向反政府武装提供了“非致命”装备。然而，抓获的武器走私显示，海湾地区阿拉伯国家是反政府武装的武器来源地。

总体看，2012 年政府间国际武器转让的透明问题（第四节）特别令人失望。向联合国常规武器登记册（UNROCA）报告武器进出口情况的国家数量仅有 52 个，而 2011 年是 86 个。根据 SIPRI 的记录，最近几年，有 10 个最大的常规武器供应国向 UNROC 报告情况，但在 2012 年，只有 7 个 2008—2012 年间的最大武器出口国提交报告，以色列、意大利和西班牙没有报告。2012 年，10 个最大的武器进口国中只有 4 个国家提交了报告，印度和巴基斯坦表现最佳，按照惯例提交报告。中东地区没有国家提交报告，2002 年以来黎巴嫩第一次不提交报告。

虽然 SIPRI 有关国际武器转让的数据不代表转让额，但仍有几个国家发布了武器出口的金额（第五节）。基于国家数据，SIPRI 估计 2011 年全球武器贸易量至少为 430 亿美元。

（翟玉成 译）

第一节 2012 年武器转让情况[1]

保尔·霍尔托姆 马克·布罗姆利

皮娭特·D. 魏泽曼 西蒙·T. 魏泽曼

2008—2012 年国际武器转让比 2003—2007 年增长了 17% （见图 5.1)。[2] 经历了两个时段，武器供应国前五强的构成发生了变化，中国取代英国成为第五大武器供应国。武器供应国前五名发生变化，这在冷战结束以来尚属首次。印度是 2008—2012 年的最大武器接受国，中国位居第二。

主要供应国情况

2008—2012 年五大供应国——美国、俄罗斯、德国、法国和中国——占主要常规武器出口总量的 75%，比 2003—2007 年的 78% 有所下降（见表 5.1 和 5.2）。

美国

美国是 2008—2012 年最大的主要常规武器出口国，占全部武器转让的 30%。与 2003—2007 年相比，美国的武器出口增长了 16%。现有订单加上 2012 年已将达成意向和规划中的转让显示，美国将在未来继续保持其最大武器出口国的地位。但这一地位将因有麻烦的 F-35 战机的订单和交付计划而大受影响。

---

〔1〕 除非特别注明，本文的武器交付与订货信息来自“SIPRI 武器转让数据库”，网址：〈http: //www. sipri. org/databases/armstransfers〉。该数据库包括了 1950 年至 2012 年间主要常规武器的转让数据。2008—2012 年间以及 2012 年的数据，来自“2008—2012 年主要常规武器登记册”以及“2012 年主要常规武器登记册”，网址：〈http: //www. sipri. org/databases/armstransfers/recent_ trends〉。本节的数据截止 2013 年 2 月 18 日。因“SIPRI 武器转让数据库”每年都有更新，所以本文的数字有可能与前版 SIPRI 年鉴的数据有所出入。

〔2〕 SIPRI 的武器转让数据系指主要常规武器的实际转让，包括出售、发放许可、援助和租赁。SIPRI 用“趋势指示值”（TIV）做不同武器转让之间的比较，进而确定总的趋势。TIV 所指示的国际武器转让量——基于对武器能力的评价——而不是基于转让武器的金额大小。鉴于武器转让年复一年地波动，这里采用 5 年动态平均值，以便更稳定地反映国际主要常规武器转让的趋势。关于 TIV 的描述及其计算，见下文“资料来源于方法”。

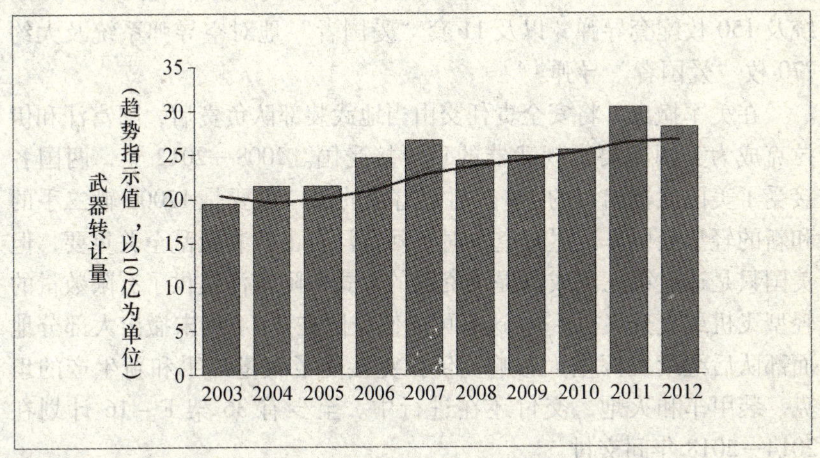

图 5.1　2003—2012 年主要常规武器国际转让趋势

注： 竖柱表示每年的总额，曲线表示 5 年期的平均变动值。5 年平均变动值标定在每 5 年期的最后一年。见下文“资料来源和统计方法”对 SIPIRI 趋势指示值的解释。

资料来源： SIPRI 武器转让数据库，网址：〈http：//www.sipri.org/databases/armstransfers/〉。

2008—2012 年，美国主要常规武器转让的 45% 在亚洲和大洋洲，其次是中东和欧洲（见表 5.1）。与 2003—2007 年相比，2008—2012 年对亚洲和大洋洲的武器转让增加了 51%。此外，2008—2012 年从美国进口武器的前五名——韩国（12%）、澳大利亚（10%）、阿联酋（7%）、巴基斯坦（5%）和新加坡（6%）都在亚洲和大洋洲。

尽管中东地区是 2003—2007 年美国主要常规武器的主要接受地，但在 2008—2012 年下降了 14%。伊朗对海湾阿拉伯国家的潜在威胁特别是伊朗弹道导弹的威胁，推动了防空和反导系统的采购。2012 年，科威特要求购买 4 套“爱国者”地对空导弹系统、60 枚“爱国者”—3 反导导弹。[3] 阿联酋要求额外购买 48 枚导弹，为其 2011 年

〔3〕 美国防务安全合作局，“科威特——‘爱国者’—3 导弹”，新闻稿，第 12—29 号，2012 年 7 月 20 日，网址：〈http：//www.dsca.mil/PressReleases/36 - b/2012/Kuwait_12 - 29.pdf〉。

购买的 2 套 THAAD 反导系统配套。卡塔尔要求购买 2 套 THAAD 系统及 150 枚配套导弹，以及 11 套“爱国者”地对空导弹系统及大约 770 枚“爱国者”导弹。[4]

在美军撤出并将安全责任交由当地武装部队负责后，阿富汗和伊拉克成为美国主要常规武器的重要接受国。2008—2012 年，两国各接受了美国武器出口的 4%。对阿富汗的出口主要是 12000 辆二手的和新的轻型装甲车。尽管空军对于阿富汗打击武装叛乱至关重要，但美国只是通过第三国或以提供资助的方式向阿富汗提供了有限数量的轻型飞机或直升飞机。[5] 这有可能使美国在 2014 年末撤出大部分地面部队后继续发挥重大影响。伊拉克接受了大量二手和新生产的坦克、装甲车和火炮，交付还在进行中。至少有 36 架 F－16 计划在 2014—2018 年间交付。

飞机出口占美国 2008—2012 年武器出口的 62%，其中战斗机占大部分。F—35（联合攻击机，JSF）的出售也许会继续呈现这样的趋势。2012 年，最先的 2 架 F－35 转让给了一家出口商（英国），是最终测试阶段的一个部分。然而，该计划在 2012 年遇到了严重问题，发生了费用增加和交货迟延的情况，还有几个潜在客户取消了原有订单，或对 F－35 的采购计划进行重新评估：加拿大因费用陡增取消了原定 65 架 F－35 的订单；意大利宣布减少计划中的采购，从原计划购买 131 架减少到 90 架；因费用增加，土耳其宣布对其 100 架的购买订单进行审议；荷兰议会敦促政府取消 85 架 F－35 战机的采购计

〔4〕 美国防务安全合作局，“阿联酋——末段高空区域导弹防御系统（THAAD）”，新闻稿，第 12—40 号，2012 年 11 月 5 日，网址：〈http：//www. dsca. mil/PressReleases/36－b/2012/UAE_ 12－40. pdf〉；美国防务安全合作局：“卡塔尔——末段高空区域导弹防御系统（THAAD））”，新闻稿，第 12—49 号，2012 年 11 月 5 日，网址：〈http：//www. dsca. mil/PressReleases/36－b/2012/Qatar_ 12－49. pdf〉；美国防务安全合作局：“卡塔尔——‘爱国者’导弹系统及其配套装备”，新闻稿，第 12—58 号，2012 年 11 月 7 日，见〈http：//www. dsca. mil/PressReleases/36－b/2012/Qatar_ 12－58. pdf〉。

〔5〕 美国国防部，“关于阿富汗安全与稳定进展状况的报告：美国维持阿富汗国家安全力量的计划（国防部：华盛顿 D. C.，2012 年 4 月），网址：〈http：//live. wsj. com/video/afghan-air-force-may-not-be-ready-to-fly-solo/E8B84ED0 － 1AC1 － 4C00 － 88F6 － AA3231067927. html〉。

划，原因也是费用增加。[6] 同时，对老机型的需求仍然旺盛，已接到约 220 架 F－16 和 F－15 战机的订单，以后还可能增加。

在美国削减军事预算之后，政府和军火公司正在寻找更多的出口市场，以平衡内需减少带来的冲击。[7] 不过，促进美国武器出口的工作已有时日。首先，美国从 2010 年以来就一直进行着出口管理制度的改革，以简化对所有国家的出口许可程序。第二，与澳大利亚和英国之间的防务贸易合作条约 2012 年生效，条约旨在消除合作计划中的管理性障碍。[8] 目前，尚无与其他国家签订类似条约的计划。

尽管上述努力增加了武器出口，但与其他供应国相比，美国更不情愿将技术转让纳入武器出口之中。这一问题被认为是美国无法扩展印度市场的重要障碍之一。[9] 尽管如此，在 2012 年，印度选择采购了 22 架 AH－64E 作战直升机、15 架 CH－47F 重型运输直升机、以及购置了一种既为自产的“光辉”（Tejas）战斗机，也为现代化改造 125 架美洲豹战斗机所需的美制引擎。印度还从美订购了 145 门 M－777 型 155 毫米火砲和 6 架 C－130J 型运输机。2012 年末，印度根据订单接到首批 12 架 12 P－8I 反潜机，该机设计先进，美军自己也仅接受了为数不多的几架。美国国防部计划一开始就将技术保护措施如“防篡改特性”纳入武器设计之中，这样可以为得美国开发出口装备

---

〔6〕 M. Hoffman，“加拿大叫停 F—35 采购计划”‘，DOD Buzz，2012 年 12 月 13 日；L. Peruzzi，“意大利军队消减重创 JFS 成绩单”，《简氏防务周刊》，2012 年 2 月 22 日，第 14 页；“2012 年度防务报告”，《简氏防务周刊》，2012 年 12 月 12 日，第 26 页；B. E. Bekdil，“土耳其称，费用问题导致 JSF 购买计划延期”，《防务新闻》，2013 年 2 月 7 日。

〔7〕 P. Felstead，“雷声公司继续在中东促销以弥补国内采购下降”，《简氏防务周刊》，2012 年 11 月 7 日，第 23 页。

〔8〕 M. Bell，“美英防务贸易条约生效”，《简氏防务周刊》，2012 年 4 月 18 日，第 5 页；J. Grevatt，“堪培拉最终批准与美国的贸易条约”，《简氏防务周刊》，2012 年 11 月 7 日，第 5 页。有关该条约对美国出口许可程序所产生的影响，详见美国国务院防务贸易管制办：“防务贸易常见问题答问：防务贸易合作条约与资料来源”，网址：〈http://www.pmddtc.state.gov/faqs/treaties.html#1〉。

〔9〕 R. Pandi，“以色列击败美国、获得印度反坦克制导导弹订单”，《印度时报》，2012 年 11 月 29 日。

节省经费和时间。[10]

俄罗斯

俄罗斯占 2008—2012 年的全球武器出口的 26%。与 2003—2007 年相比，俄罗斯在 2008—2012 年的主要常规武器出口增长 28%。亚洲和大洋洲占了俄罗斯出口的 65%，其次是非洲和中东（见表 5.1）。最大的接受国依次是印度（35%）、中国（14%）、阿尔及利亚（14%）、越南（6%）和委内瑞拉（5%）。

2012 年，俄罗斯总统普京利用“军事出口技术合作委员会”（讨论俄罗斯武器贸易政策）的几次会议，考虑俄罗斯将武器出口作为“推进国家政治和经济利益有效工具”的方法。[11] 他指出，俄罗斯与伙伴国在联合研究、开发和生产方面有密切的合作关系，并在寻求更多的机会对苏联时代供应的武器进行现代化改造和维修。[12] 然而，为了在世界武器市场保持主要出口国的地位，普京强调应该有一个“清晰高效的（武器出口）协调和决策机制”[13]

印度依然是俄罗斯武器的最大买家。2012 年和 2013 年初，俄政府官员及武器公司强调了与印度联合开发的重要性。[14] 海军舰船的交付仍是个问题，因为戈尔什尼科夫航空母舰的交付计划再次被延期，从 2012 年的 12 月推迟到 2013 年的 11 月。[15] 尽管一再延期，并面临以色列的竞争，印度继续将大量订单给了俄罗斯，这使得俄罗斯依然是印度武器的最大供应国。2012 年 12 月，印度确认订购 71 架

---

〔10〕 M. Malenic，“美国将可出口性作为采办评估的重点”，《简氏防务周刊》，2012 年 11 月 21 日，第 10 页。

〔11〕 俄罗斯总统，“军技合作委员会与外国客户会议” 2012 年 7 月 2 日，网址：〈http：//eng. kremlin. ru/news/4121〉。

〔12〕 俄罗斯总统，“军技合作委员会与外国客户会议” 2012 年 12 月 7 日，网址：〈http：//eng. news. kremlin. ru/news/4760〉。

〔13〕 俄罗斯总统（同注释〔11〕）。

〔14〕 俄罗斯总统，“军技合作委员会与外国客户会议” 2012 年 10 月 17 日，网址：〈http：//eng. kremlin. ru/news/4531〉；“俄罗斯依然是印度最大武器供应国——俄罗斯国防出口公司”，RIA Novosti，2013 年 2 月 5 日。网址：〈http：//en. rian. ru/military_ news/20130205/179229598. html〉。

〔15〕 俄罗斯联邦军技合作委员会副主任瓦西里耶夫·泽尔卡利，“与印度、中国和越南的军技合作前景广阔”，俄罗斯国际电讯社，2012 年 12 月 24 日，网址：〈http：//www. militarynews. ru/excl. asp？ ex = 151〉。

表 5.1　2008—2012 年主要常规武器 10 大供应国及其目的地（按地区排列）

表中数据系对该地区出口量占供应国总出口量的百分比。因四舍五入的关系表中数字可能无法契合。每一区域或次区域的国家的情况，参见第 xxi 页。

接受地区	供应国									
	美国	俄罗斯	德国	法国	中国	英国	西班牙	意大利	乌克兰	以色列
非洲	**3**	**17**	**4**	**13**	**13**	**4**	**2**	**6**	**31**	**4**
北非	2	14	—	12	4	2	—	4	2	—
撒哈拉以南非洲	0	3	4	1	10	2	2	2	29	4
美洲	**6**	**6**	**17**	**8**	**6**	**28**	**25**	**20**	**1**	**22**
南美洲	3	6	11	4	6	5	14	6	1	18
亚洲和大洋洲	**45**	**65**	**31**	**54**	**74**	**27**	**20**	**32**	**48**	**36**
中亚	0	2	0	—	—	—	—	1	1	1
东亚	19	15	12	17	—	7	—	1	25	1
大洋洲	10		1	5	—	2	12	0	—	1
南亚	10	36	2	6	63	18	—	21	12	23
东南亚	7	12	15	27	11	0	8	9	10	9
欧洲	**18**	**4**	**35**	**14**	**—**	**10**	**41**	**25**	**9**	**18**
欧盟	17	0	34	11	—	8	10	23	—	17
中东	**27**	**9**	**14**	**11**	**7**	**31**	**11**	**17**	**10**	**19**
其他	**1**	**—**	**—**	**—**	**—**	**—**	**—**	**—**	**—**	**1**

"—"代表零，"0"代表小于 0.5

资料来源：SIPRI 武器转让数据库，〈http://www.sipri.org/databases/armstransfers/〉。

米 - 17 - V5 直升飞机（价值 13 亿美元）、42 架苏 - 30MKI 战斗机套件（价值 16 亿美元），拟在印度组装，2017—2018 年交付，这使得俄罗斯与印度达成的协议金额在 2012 年达到了 30 亿美元。[16]

从俄罗斯的角度看，俄罗斯与中国的武器转让关系有更加积极的发展。这样的看法多年来尚属首次。俄罗斯似乎勉强同意中国购买 24 架苏 - 35 战斗机的建议，尽管在 2014 年前难以签订合同。[17] 有报道称，中国有意基于俄罗斯 "Project - 1650" 的设计合作开发潜艇。[18]

俄罗斯推动着东南亚国家军备的增长。[19] 2008—2012 年，东亚地区有 12% 的武器进口来自俄罗斯，这包括俄罗斯拟向印度尼西亚、马来西亚和越南交付的 37 架苏 - 30MK 和苏 - 27 战斗机以及各种型号的导弹。2012 年，印度尼西亚订购了 6 架苏 - 30MK 和 37 辆 BMP - 3F 装甲车。俄罗斯将向越南海军供应另外两艘 "Gepard - 3" 护卫舰，该项合同已于 2012 年达成。第一批 6 艘 "Project - 636" 潜艇按计划将于 2013 年交付，2016 年再交付其余 6 艘。2012 年苏 - 30MK2 的交付仍在继续，有关购买更多苏 - 20MK2 以及 S - 300PMU - 1 地对空导弹系统的谈判正在进行。[20]

俄罗斯国家武器贸易公司——俄罗斯国防出口公司的负责人阿纳托利 · 伊赛金 2012 年中表示，俄罗斯只是最近才开始利用长期出口信贷支持武器出口。[21] 据伊赛金介绍，最近三年，批准的武器出口长期信贷接近 70 亿美元。委内瑞拉是近年来接受这种信贷最多的国

---

〔16〕 "俄罗斯依然是印度最大武器供应国——俄罗斯国防出口公司"，（同注释〔14〕）。

〔17〕 A. Nikolskiy，"一笔大单"，俄罗斯《商业日报》，2012 年 11 月 21 日。

〔18〕 E. Kiseleva，"中国沿海的阿穆尔河"，俄罗斯《生意人报》，2012 年 12 月 20 日。

〔19〕 S. T. Wezeman，"2007—2011 对东南亚的海军装备转让"，《SIPRI 年鉴 2012》，另见本卷第 9 章第四节。

〔20〕 俄罗斯联邦军技合作委员会副主任瓦西里耶夫 · 泽尔卡利："与印度、中国和越南的军技合作前景广阔"，俄罗斯国际电讯社，2012 年 12 月 24 日（同注释〔15〕）。

〔21〕 A. Nikolskiy，"我们不能漫无目的地购买武器"，《商业日报在线》，2012 年 6 月 9 日，译自俄文，公开资源中心。

表 5.2 2008—2012 年主要常规武器 50 个最大供应国

该表列出了 2008—2012 年间主要常规武器供应者（国家或非国家行为体）的前 50 名。排序根据 2008—2012 年间的出口总量确定。因四舍五入的关系表中数字可能无法契合。

排名		供应国	出口量（TIV，百万）			2003—2007 以来的变化（%）
2008—2012	2003—2007[a]		2012	2008—2012	2008—2012 份额（%）	
1	1	美国	8760	40495	30	16
2	2	俄罗斯	8003	35184	26	28
3	3	德国	1193	9919	7	-8
4	4	法国	1139	8042	6	-18
5	8	中国	1783	6462	5	162
6	5	英国	863	4997	4	1
7	12	西班牙	720	4036	3	136
8	7	意大利	847	3159	2	20
9	10	乌克兰	1344	3087	2	49
10	9	以色列	533	2694	2	17
11	6	荷兰	760	2673	2	-24
12	11	瑞典	496	2600	2	25

排名		供应国	出口量（TIV，百万）		2008—2012份额（%）	2003—2007以来的变化（%）
2008—2012	2003—2007[a]		2012	2008—2012		
13	14	瑞士	210	1432	1	14
14	13	加拿大	276	1240	1	-7
15	24	挪威	169	746	1	211
16	16	韩国	183	733	1	50
17	17	南非	145	692	1	49
18	18	乌兹别克斯坦	–	627	0	64
19	19	比利时	21	599	0	109
20	27	白俄罗斯	–	488	0	165
21	31	巴西	32	383	0	167
22	34	澳大利亚	75	363	0	255
23	15	波兰	140	324	0	-45
24	26	土耳其	53	236	0	21
25	21	芬兰	62	220	0	-16
26	33	伊朗	0	217	0	109
27	39	约旦	12	163	0	117

排名		供应国	出口量（TIV，百万）			2003—2007以来的变化（%）
2008—2012	2003—2007[a]		2012	2008—2012	2008—2012份额（%）	
28	..	葡萄牙	0	145	0	..
29	41	新加坡	76	143	0	107
30	29	奥地利	9	117	0	-32
31	42	罗马尼亚	108	112	0	67
32	38	爱尔兰	25	104	0	39
33	..	智利	–	100	0	..
34	22	丹麦	23	83	0	-66
35	55	塞尔维亚	1	81	0	913
36	25	捷克	8	79	0	-63
37	20	利比亚	–	78	0	-71
38	62	新西兰	75	75	0	7400
39	43	摩尔多瓦	–	60	0	20
40	49	沙特阿拉伯	–	59	0	228
41	35	印度	2	46	0	-55
42	56	委内瑞拉	–	43	0	438

排名		供应国	出口量（TIV，百万）			2003—2007以来的变化（%）
2008—2012	2003—2007[a]		2012	2008—2012	2008—2012份额（%）	
43	47	阿联酋	–	43	0	26
44	60	叙利亚	–	40	0	1233
45	23	朝鲜	–	40	0	−83
46	48	保加利亚	3	29	0	−80
47	51	文莱	–	24	0	..
48	30	黑山	–	18	0	−90
49	49	吉尔吉斯斯坦	–	14	0	−89
50	52	波黑	–	14	0	..
..	..	其他（9国）	6	22	0	..
..	..	不明供应国	16	87	0	..
合计			**28172**	**133468**	**100**	**17**

0 = <0.5

注：SIPRI 关于武器转让的数据与主要常规武器的实际转让有关。为了能够使不同武器的转让数据之间具有可比性，并显示总体的趋势，SIPRI 采用了趋势指示值（TIV）。该数值只是表明国际武器转让量的指标，并不代表某一转让的实际金额。这样，该数值就不能与经济统计中的数据如国内生产总值或进出口数据进行比较。该计算趋势指示值的方法在下文“资料来源与方法”中做了阐述。

[a] 2003—2007 年供应国的排名与《SIPRI 年鉴 2008》中公布的情况有异，其原因是以后出版的 SIPRI 年鉴对有关数据做了修订。

资料来源：SIPRI 武器转让数据库，〈http：//www.sipri.org/databases/armstransfers/〉。

家，达到40亿美元。[22] 2012年12月底，俄罗斯国有银行“对外经济活动银行”同意向印度尼西亚提供4亿美元的武器采购信贷（见上文）。[23] 2013年初，普京总统确认俄罗斯将向孟加拉国提供10亿美元的信贷，用以采购包括雅克-130教练/战斗机、装甲车和米-17直升机在内的武器装备。[24]

除了增加出口信贷之外，俄罗斯还在2012年承诺向吉尔吉斯斯坦和塔吉克斯坦提供大量军援。吉尔吉斯斯坦预计将接受价值11亿美元的小武器、轻武器、装甲车和直升机以及人员培训。[25] 至于塔吉克斯坦，俄罗斯将提供2亿美元，以更新现有的防空系统。同时，塔吉克斯坦同意将俄罗斯对第201军事基地的租借期延长30年，且无需支付新的费用。

欧洲供应国

欧洲最大的三个供应国（俄罗斯除外）依次是德国、法国和英国。对于最近向中东地区国家出口武器是否符合欧盟以及本国的指南，各国都不同程度地存在争论。[26] 尽管存在这些忧虑，中东依然是对各国最有吸引力的武器市场之一。

德国

德国在2008—2012年的主要常规武器出口与2003—2007年相比

---

〔22〕“俄罗斯将为委内瑞拉提供40亿信贷以购买武器”，RIA Novosti，2011年10月7日，网址：〈http://en.rian.ru/world/20111007/167461572.html〉。

〔23〕J. Bonar，“俄罗斯将向以印度尼西亚提供贷款以六架‘侧卫’（Flanker）战机”，BSR Russia，2012年12月21日，网址：〈http://www.bsr-russia.com/en/defence/item/2592-russia-to-finance-indonesian-purchase-of-six-flanker-fighter-aircraft.html〉；“印度尼西亚领导层对于与俄罗斯的军技合作表示满意”，RIA Novosti,，2012年11月9日。

〔24〕俄罗斯总统：“与孟加拉国总理谢赫·哈西娜会谈后的新闻稿”，2013年1月15日，网址：〈http://eng.kremlin.ru/transcripts/4868〉；S. Kravchenko和A. Devnath，“俄罗斯与孟加拉国将讨论以10亿美元为军售提供资助问题”，Bloomberg,，2013年1月14日，网址：〈http://www.bloomberg.com/news/2013-01-14/russia-bangladesh-to-discuss-1-billion-loan-tofund-arms-sales.html〉。

〔25〕K. Karabekov等，“吉尔吉斯斯坦和哈萨克斯坦将利用俄罗斯资金进行装备”，《生意人报》，2012年11月6日。

〔26〕M. Bromley和P. D. Wezeman，“对受‘阿拉伯之春’影响的国家出售武器的政策”，《SIPRI年鉴2012》。

减少了 8%，但仍保持着世界第三大武器出口国的位置。德国在 2008—2012 年武器出口的 35% 是对欧洲国家进行的，其次是亚洲、大洋洲和美洲（见表 5.1）。德国武器出口的下降正遇进入新世纪前十年中后期几笔海军和陆军武器系统大单的激烈竞争。德国公司力争借几笔生意特别是对中东地区的出口扭转颓势。这包括 600—800 辆 "豹" - 2A7 + 坦克和数百辆出口沙特的"拳手"装甲车以及 200 辆出口卡塔尔的"豹" - 2A7 + 坦克。[27]

2012 年，可能对沙特和卡塔尔的出口，以及已经确定的对阿尔及利亚大约 1200 辆 Tpz - 1 装甲车和两艘 MEKO - A200 护卫舰的出口，成为长期以来围绕德国武器出口控制政策限制程度政治辩论的中心。[28] 2012 年，有媒体报道显示，德国总理默克尔试图将武器出口作为加强对危机地区盟国支持的手段。[29] 鉴于默克尔的言论，加上已经达成的和正在讨论中的对中东和北非地区的武器交易，反对党以及来自执政的基民盟和自由民主党的一些议员要求在武器出口政策问题上更加透明，并加强议会对相关政策制定和执行的监督。[30]

法国

法国在 2008—2012 年保持了第四大出口国的地位，但与 2003—2007 年相比，其主要常规武器出口下降了 18%。对亚洲和大洋洲的出口占 2008—2012 年法国武器出口的 54%，随后是其他欧洲国家和

---

〔27〕 K. Von Hammerstein 等，"德国向世界出口武器：默克尔学说是如何改变柏林政策的"，镜报在线，2012 年 12 月 3 日，网址：〈http：//www. spiegel. de/international/germany/german-weapons-exports-on-the-rise-as-merkel-doctrine-takes-hold-a - 870596. html〉。

〔28〕 P. Holtom 等，"2011 年的武器转让"，《SIPRI 年鉴 2012》，第 267—268 页。

〔29〕 "柏林希望向海湾地区国家售武：政府拟放松德国的武器出口规定——北约政策探索的一部分"，《德意志金融时报》，2012 年 7 月 30 日，译自德文，公开资料中心；U. Demmer、R. Neukirch 和 S. Holge："为和平武装全世界，默克尔的危险武器出口政策"，镜报在线，2012 年 7 月 30 日，2012 年 7 月 30 日，网址：〈http：//www. spiegel. de/international/germany/merkel-s-risky-weapons-sales-signal-change-in-german-foreign-policy-a - 847137. html〉。

〔30〕 德国议会社民党党团："确保及时发布武器出口情况"，Motion，2012 年 3 月 28 日，Drucksache 17/179188；德国议会社民党党团、绿党党团："控制武器出口" Motion，2012 年 4 月 25 日，Drucksache 17/9412；德国议会全会辩论，2013 年 1 月 31 日，全会议定书 17/219 第 4 项，"议员要求：议会应当有能力阻止军售"，德国《每日镜报》，2013 年 1 月 4 日。

非洲（见表5.1）。像德国一样，法国武器出口的下降正遇进入新世纪前十年中后期几笔海军、空军和陆军武器系统大单的激烈竞争。武器转让的下降可能是临时性的，有几笔订单只是到2012年底尚未交付。2012年1月，印度选择法国的“拉法叶”公司作为126架作战飞机供应商，价值104亿美元，这是双方的首笔交易。但协议的签署久拖不决，到2012年末也未达成合同。

2008—2012年法国对中东的武器出口占其武器出口总量的11%，还与该地区一些国家达成了数笔订单，包括出口沙特的164辆Aravis装甲车，1000枚博尼斯-2（BONUS-2）制导炸弹和32门“凯撒”155毫米自行火炮。在法国，向中东地区出口武器没有像在德国那样引发政治争议，有迹象显示，法国批准或拒绝对某个地区的武器出口在几个方面与德国不同。法国愿意给予的出口许可在德国将会遭到否决。例如，有报道称，德国在2012年阻止向沙特出口用于Aravis装甲车的底盘和引擎，而Arvis装甲车是法国出口到沙特的。[31]

英国

与2003—2007年相比，英国在2008—2012年的主要常规武器出口增加了1%，但在这段时间，英国却从世界第五大武器出口国退居为第六大武器出口国。对中东地区国家的出口占其整个武器出口的31%，其次是美洲、亚洲和大洋洲（见表5.1）。2008—2012年是英国自1950年以来武器出口首次跌出前五名的五年。有迹象显示，英国的武器出口在不远的将来可能会增长。特别是，英国握有主要常规武器的订单量是1994年以来最多的，但在2012年尚未交付。

沙特是英国最大的主顾，占英国武器出口的30%。最近几年，英国对中东地区的武器出口政策遭到严厉批评，集中体现在英国国会下院武器出口控制委员会的报告中。[32] 不过，2012年11月，英国首相卡梅伦访问了阿曼、沙特和阿联酋，其主要任务就是推动英国对这

---

〔31〕 A. Ruello和C. Lienhardt，“柏林阻止法国对沙特的两笔大宗交易”，法国《回声报》，2012年12月21日。

〔32〕 见英国下院：“商务、革新与技巧”，对外防务与国际发展委员会，武器出口审查（2012）：2010年英国战略性武器出口控制年度报告，2020年7—12月、2011年1—9月季度报告，中东及北非武器出口的政府审议、更广泛的武器出口控制问题，2012—2013年第一次联合报告第1卷（常设办公室，伦敦，2012年7月）。

些海湾地区国家的武器出口。[33] 2012 年 5 月，沙特订购了 10 架 Hawk－100 教练/战斗机，加上其他的订单，总价值 16 亿英镑（22 亿美元）。[34] 2012 年 12 月，阿曼同意了一笔 25 亿英镑（40 亿美元）的交易，购买 12 架飑风战斗机和 8 架 Hawk－100 教练/战斗机。

亚洲供应国

2008—2012 年，武器出口国的前 20 名中有 15 个在北美和欧洲（含俄罗斯），3 个在亚洲，1 个在中东，1 个在非洲。然而若干亚洲国家的情况表明了一个国家可以如何成长为武器供应大国，改变武器出口的格局。

中国

与 2003—2007 年相比，2008—2012 年中国的武器出口增长 162%，中国在全球武器出口中的份额从 2% 上升到 5%。这是自 1986—1990 年以来中国首次上升为第五大武器供应国。其中，2008—2012 年亚洲和大洋洲占中国武器出口量的 74%，非洲占 13%（见表 5.1）。

巴基斯坦占中国武器出口量的 55%，在巴基斯坦众多进口武器中，估计有 61 架 JF－17 战斗机。巴基斯坦在未来的多年仍然可能是中国武器出口的最大主顾，因为有大量计划中的订单，包括作战飞机、潜艇以及 F－22 护卫舰等。缅甸是 2008—2012 年中国武器的第二大进口国，占中国武器出口总量的 8%。第三大中国武器的买家是孟加拉国，占中国武器出口量的 7%。

最近几年，中国新的主要常规武器展现出稳定发展的趋势，例如在 2012 年首次亮相就可以出口的歼－31 原型机。[35] 不过，在 2008—2012 年，中国转让的武器仍有许多属于针对低收入国家的老旧低端技术型号。例如，中国尚未出口其最先进的战斗机（如歼－10 和歼－11），但继续向孟加拉国、纳米比亚、尼日利亚、斯里兰卡

〔33〕 I. Black，“戴维 · 卡梅伦称英国向海湾地区国家出口武器 ‘合法’”，英国《卫报》，2012 年 11 月 6 日。

〔34〕 该交易还包括 55 架瑞士 PC－21 教练机和 25 架初级教练机。

〔35〕 B. Peret 等，“Avic 推动 J－31 作为出口型战机”，《航空航天周刊》，2012 年 11 月 19 日。

和坦桑尼亚转让歼－7 出口型（F－7，新生产的全球最落后的战机），向巴基斯坦转让“枭龙”（JF－17）。像其他许多武器生产国一样，中国许多出口和自用的武器使用进口的部件和技术。例如，“枭龙”和歼－10 战机的引擎由俄罗斯提供。

最近的几笔交易显示，中国能够与现有的武器供应国竞争，从主要接受国那里获得订单。2012 年，有情况显示，中国在 2010 年将 54 辆 90—2 型坦克转让给了摩洛哥，这是该国与中国的首笔军火交易。有报道说，阿尔及利亚于 2012 年订购了 3 艘 F－22A 巡洋舰。2012 年开始向委内瑞拉交付 8 架运－8 运输机，另据报道委内瑞拉计划向中国订购价值 5 亿美元的装甲车。[36] 对中国武器出口的重要限制是，由于政治方面的原因，几个最大的武器进口国——包括印度、韩国、主要欧洲国家和美国——不认为中国是一个合适的供应国。

韩国

基于技术引进与自主开发，韩国建立起先进的军事工业。[37] 但韩国仅在武器供应国中排名第 16 位，仅占 2008—2012 年间全球武器转让的 0.5%。土耳其占韩国出口量的 59%，印度尼西亚占 30%。根据官方提供的数据，韩国的武器出口协议金额从 2002 年的 1.44 亿美元上升到 2011 年的 24 亿美元，2012 年又降至 23.5 亿美元。[38]

韩国有志于增加其武器出口，并将武器工业作为推动经济增长的新动力。[39] 2012 年初，韩国国防采办项目管理局负责人声称，韩国的武器出口可以跃升至 100 亿美元，[40] 而 2011 年韩国政府曾提过一个略为低调但更为现实的目标是到 2020 年达到 40 亿美元。[41] 韩国还有意在合作研发武器方面走在前列。例如，在 2010 年，韩国率先与印度尼西亚合作，联合开发一个新型战机 KF－X 的项目。[42]

---

〔36〕“查韦斯称，委内瑞拉将从中国购买坦克”，美联社，2012 年 7 月 3 日。

〔37〕S. T.，Jackson，“军火生产”，《SIPRI 年鉴 2011》，第 240—244 页。

〔38〕“近期军工出口的趋势与未来挑战”，韩国工业经济与贸易研究所，第 544 期，2012 年 11 月 19 日，第 2 页；J. Grevatt，“首尔发布报告称 2012 年军事出口达 23.5 亿美元”，《简氏防务周刊》，2013 年 2 月 6 日。

〔39〕“近期军工出口的趋势与未来挑战”（同注释〔38〕），第 5 页。

〔40〕L. Tae-hoon，“韩国希望军工出口增长 10 倍”，《韩国时报》，2012 年 1 月 16 日。

〔41〕L. Tae-hoon，“武器出口达 11.9 亿美元”，《韩国时报》，2011 年 1 月 4 日。

〔42〕“印度尼西亚同意加入韩国战机联合开发”，法新社，2010 年 7 月 15 日。

2011 年和 2012 年的若干武器出口动向显示，韩国正利用其技术潜力成长为多种武器的出口国，对现有武器供应国构成挑战。韩国的首笔教练/战斗机和潜艇出口大单是 2011 年向印尼出口 16 架 T－50 教练/战斗机和 2012 年的 3 艘 209 型潜艇。尽管以色列在 2012 年选择了意大利的 M－346 教练/战斗机而不是韩国的 T－50，但菲律宾决定购买 12 架 T－50，而且在对美国的至少 350 架先进教练机出口中，T－50 是有力的竞争者。[43] 2012 年，韩国与南美国家达成多份重要合同：哥伦比亚订购 16 枚反舰导弹，秘鲁订购 18 个便携式地空导弹系统（这是首次听说韩国出口制导导弹）、2 艘大型登陆艇和 20 架 KT－1 教练机。引人注目的是，英国在 2012 年向韩国订购了 4 艘 MARS* 油料补给船，这是欧洲国家海军首次订购韩国舰船。

日本和新加坡

日本和新加坡的情况表明，其武器出口还可以增长。

日本有高度发达和门类齐全的武器工业，但因受限于政策，其主要武器出口一直在很低的水平。[44] 然而在 2011 年，日本政府采取步骤放松了武器出口政策，一是便于与其他国家一起发展和生产军事装备，二是便于出口那些它认为是有利于促进和平和人道目标的装备。[45] 这一政策转变在 2012 年有了效果：开始讨论向澳大利亚出口日本潜艇技术问题；寻求向印度出售海上巡逻机、巡逻船和电子战装备，日本军工企业首次参加在印度举办的国际防务展。[46]

虽然新加坡的武器出口在 2008—2012 年仅排名第 29，最近几笔

---

〔43〕“T-X 的时代”，《空军月刊》第 298 期，2013 年 1 月，第 60—64 页。

〔44〕关于日本的武器出口政策，见日本外务省网站，〈http：//www. mofa. go. jp/policy/un/disarmament/policy/index. html〉。

〔45〕国防生产委员会、经济团体联合会、航空航天和国防生产委员会、美国在日商务委员会：“日美军工合作联合声明”，2012 年 7 月 17 日，网址：〈http：//www. keidanren. or. jp/en/policy/2012/059. html〉；“政府决定放松武器出口管制”，《读卖新闻》，2011 年 12 月 28 日，网址：〈http：//www. yomiuri. co. jp/dy/national/T111227003855. htm〉。

〔46〕“与日本的技术，贸易有助于提升我潜艇性能”，《澳大利亚人报》，2012 年 9 月 27 日；“我们的重点是首先将 US－2 引入印度海军”，SP's Navalforce. net,，2012 年 4/5 月号，网址：〈http：//www. spsnavalforces. net/story. asp？ mid＝24&id＝12〉。

* MARS，即 Military Afloat Reach and Sustainability，“可持续性洋上军事支援计划”，为英国皇家海军 2004—2015 年十年发展计划，其重点项目即为上述 4 艘油料补给舰（译者注）。

交易表明，其军工企业的国际竞争力越来越强。2011 年，新加坡向英国出口的 115 辆 Bronco 装甲车完成交付。2012 年，又向泰国转让了一艘 Endurance 两栖攻击舰，并购赢得了向阿曼出口四艘巡逻艇的合同，价值 7 亿美元。

主要接受国情况

2008—2012 年，亚洲是进口主要常规武器的最多的区域，占全球进口量的 43%，然后依次是是中东（17%）、欧洲（15%）、美洲（11%）、非洲（9%）、大洋洲（4%）。与 2003—2007 年相比，亚洲（原来是 38%）、非洲（原来是 5%）有显著增加，而欧洲和中东则明显降低（原来都是 22%）。

主要常规武器的五大进口国——印度、中国、巴基斯坦、韩国和新加坡均为亚洲国家（见表 5.3 和 5.4）。在《SIPRI 年鉴 2012》中提到的对南亚和东南亚大量武器出口的情况还在继续，而中国依然依赖于俄罗斯的某些关键部件，同时也在进行自产武器的研发。[47]

对北非的武器交付，导致了非洲进口武器的增加。与 2003—2007 年相比，2008—2012 年对撒哈拉以南非洲的武器出口略有增长，但对北非地区的出口增长了 350%。对阿尔及利亚的出口增加了 277%，是该国在武器进口国中的排名从原来的第 22 位上升至第 6 位。摩洛哥从第 69 位上升至第 12 位，进口量增长了 1460%，大部分都发生在 2011—2012 年。鉴于两国都正处于武装力量的现代化改造时期，其武器进口料将继续增长。

与上一个五年相比，2008—2012 年欧洲国家的进口下降了 20%，这在很大程度上与金融危机及由此造成的财政紧缩有关（见下文第二节）。中东地区下降较少（7%），估计这种趋势只是暂时的。中东地区许多国家最近都发出了大量订单，且有新的订单已在拟议当中。

军力投送装备的进口

军力投送代表着一个国家在突发危机面前，从多个分散的地点快速有效地部署、维持部队的能力，对于威慑和加强地区稳定具有重要

〔47〕 Holtom 等（同注释〔28〕），第 269—271 页；Wezeman（同注释〔19〕）。

意义。[48] 最近几年，主要武器进口国的一个明显趋势是采购远程攻击和支持系统，以便能够可持续地将力量投送到远离本土的地方。2012 年主要武器的交付和订单量进一步说明了这一趋势。有几个进口国还有区域外作战的学说和思想。[49]

2012 年的转让中，俄罗斯向印度转让 Alula 核动力潜艇是这方面的典型案例。这是俄罗斯第二次出口核动力潜艇。这笔采购使得印度进行海上拦截和陆地攻击几乎没有距离障碍。该潜艇还可用于船员训练，因为印度现在正生产自己的可携带弹道导弹的核潜艇。[50]

中国重修库兹涅佐夫级航母“瓦良格”号并投入现役是 2012 年的突出事件。一家民间公司在 1988 年从乌克兰购得，当时“瓦良格”号尚在乌克兰造船厂没有完工，苏联解体后乌克兰直接继承了船厂和航母。据称该舰原本打算用作娱乐中心，但抵达中国后被移至海军船厂，被改造为中国海军的航空母舰。现在依然不知道乌克兰在多大程度上了解该项采购的真实意图。但有报道称，乌克兰还将该舰的图纸出售，这使得中国有可能修复改建，至少使修复工作更容易一些。一旦具备实战能力，该舰将提供有限的军事投送能力，但更重要的可能是为中国国产航母人员培训，拟定航母操作相关条例。[51]

印度和中国都在采购远程运输机和加油机。与地区大国的雄心及强化远程投送能力相适应，印度采购了 10 架 C－17 运输机，按计划还要至少 6 架以上，同时还将从美国采购 12 架 C－130J 运输机，计划从西班牙至少订购 9 架 A－330 加油/运输机。[52] 2010 年，中国从俄罗斯和白俄罗斯采购 10 架二手的伊尔—76 运输机，在此之前计划从俄罗斯订购 34 架新产伊尔—76 和 4 架伊尔—78 运输机的交易没有谈成。伊尔—76 可以视为一种过渡方案，因为中国也已研发出运—

〔48〕 美国参联会主席，“力量投送”，美国国防部军语词典（华盛顿 DC，2012 年 12 月 15 日），第 231 页。

〔49〕 例如 P. Holton 等，“国际武器转让”，《SIPRI 年鉴 2012》，第 280—283 页。

〔50〕 见第本卷 6 章第四节。

〔51〕 N. Friedman，“长期的等待”，美国海军研究所资料，2011 年 10 月，第 88—89 页。

〔52〕 Holtom 等（同注释〔49〕），R. Bedi、P. Subramaniam 和 J. Hardy，“重要综合”，《简氏防务周刊》，2013 年 1 月 23 日，第 26 页。

表 5.3　2008—2012 年主要常规武器 10 大接受国及其供应国

表中数据系接受国的进口量在各供应国出口量中所占的百分比。这里只列出了在任何十大接受国的进口中所占份额高于 1% 的供应国。

供应国	接受国									
	印度	中国	巴基斯坦	韩国	新加坡	阿尔及利亚	澳大利亚	美国	阿联酋	沙特阿拉伯
澳大利亚	—	—	—	—	1	—	..	3	—	—
比利时	—	—	—	—	—	—	—	—	—	1
加拿大	—	—	—	—	0	—	—	16	1	2
中国	—	..	50	—	—	0	—	—	—	2
法国	1	13	5	5	30	3	7	5	9	6
德国	1	0	1	15	11	—	2	12	1	4
爱尔兰	—	—	—	—	—	—	2	—	—	—
以色列	4	—	—	1	5	—	1	1	—	—
意大利	2	—	2	0	3	0	—	6	11	1
利比亚	—	—	1	—	—	—	—	—	1	—
荷兰	0	—	—	1	—	—	—	1	—	1
新西兰	—	—	—	—	—	—	—	1	—	—
挪威	—	—	—	—	—	—	0	10	—	—

供应国	接受国									
	印度	中国	巴基斯坦	韩国	新加坡	阿尔及利亚	澳大利亚	美国	阿联酋	沙特阿拉伯
波兰	—	—	—	—	—	—	—	3	—	—
俄罗斯	79	69	2	—	—	93	—	0	14	—
南非	0	—	—	—	—	0	—	5	0	0
西班牙	—	—	—	—	—	—	9	0	—	7
瑞典	—	—	5	1	4	—	0	0	2	0
瑞士	—	4	2	—	2	—	—	8	3	1
土耳其	—	—	1	—	—	—	—	—	0	
乌克兰	1	10	4	—	—	1	—	—	—	—
英国	6	3	0	—	—	2	2	22	—	36
美国	2	—	27	77	44	0	77	..	68	39
乌兹别克斯坦	4	—	—	—	—	—	—	—	—	—
其他	—	—	0	—	0	—	—	0	0	0

“—” 代表零，“0” 代表小于 0.5

资料来源：SIPRI 武器转让数据库，〈http：//www. sipri. org/databases/armstransfers/〉。

20 运输机，据称乌克兰对此提供了帮助。该机 2013 年首飞，使用俄罗斯的发动机。这种运输和加油机对于支持中国在南海的行动是有用的。

2011 年的阿富汗军事行动和对利比亚的干预，以及 2013 年对马里的干预显示了运输和加油机的重要性。[53] 欧洲国家已经并将继续在大型运输和加油机方面进行投入，以便支持在欧洲以外的人道主义军事干预行动。美国在 2001—2013 年间向英国转让了 7 架 C－17 运输机，在 2009 年向北约提供了 3 架 C－17 运输机，作为其公共资源供各成员国使用。虽然北约成员国计划采购更多的飞机，但大部分将由欧洲国家合作生产，如 A－400M 运输机和 A－330 MRTT 加油机。

---

〔53〕 C. Hoyle，“英国扩大对马里的支持，但不包括无人机”，2013 年 1 月 31 日。A. Svitak 和 T. Osborne，“捉襟见肘”，《航空航天周刊》，2013 年 1 月 21 日。

表 5.4　2008—2012 年主要常规武器 50 个最大接受方

该表列出了 2008—2012 年间主要常规武器接受方（国家或非国家行为体）的前 50 名。排序根据 2008—2012 年间的出口总量确定。表中数字因四舍五入关系可能无法契合。

排名		接受国	出口量（TIV，百万）			2003—2007 以来的变化（%）
2008—2012	2003—2007[a]		2012	2008—2012	2008—2012 份额（%）	
1	2	印度	4764	15609	*12*	*59*
2	1	中国	1689	7483	*6*	*-47*
3	12	马基斯坦	1244	7079	*5*	*194*
4	5	韩国	1078	6527	*5*	*8*
5	21	新加坡	627	5496	*4*	*279*
6	22	阿尔及利亚	650	5247	*4*	*277*
7	8	澳大利亚	889	5207	*4*	*62*
8	9	美国	1297	5011	*4*	*63*
9	3	阿联酋	1094	4310	*3*	*-40*
10	17	沙特阿拉伯	923	4145	*3*	*118*
11	10	土耳其	1269	3866	*3*	*45*
12	69	摩洛哥	790	2574	*2*	*1460*
13	25	委内瑞拉	643	2552	*2*	*110*

排名		接受国	出口量（TIV，百万）			2003—2007以来的变化（%）
2008—2012	2003—2007[a]		2012	2008—2012	2008—2012份额（%）	
14	14	英国	598	2530	2	*18*
15	4	希腊	35	2520	2	*-61*
16	26	马来西亚	53	2511	2	*112*
17	33	伊拉克	455	2359	2	*183*
18	27	挪威	163	2120	2	*91*
19	79	阿富汗	576	2111	2	*2244*
20	38	越南	364	2077	2	*194*
21	7	埃及	226	1984	*1*	*-43*
22	13	日本	239	1972	*1*	*-11*
23	44	葡萄牙	35	1666	*1*	*211*
24	11	智利	56	1592	*1*	*-37*
25	61	叙利亚	376	1521	*1*	*511*
26	30	德国	183	1439	*1*	*44*
27	34	巴西	410	1425	*1*	*78*
28	58	缅甸	619	1387	*1*	*425*

排名		接受国	出口量（TIV，百万）			2003—2007以来的变化（%）
2008—2012	2003—2007[a]		2012	2008—2012	2008—2012份额（%）	
29	20	西班牙	256	1371	*1*	*-10*
30	6	以色列	387	1352	*1*	*-68*
31	28	印度尼西亚	188	1339	*1*	*21*
32	24	加拿大	188	1256	*1*	*3*
33	15	波兰	182	1117	*1*	*-47*
34	18	南非	148	1116	*1*	*-40*
35	48	阿塞拜疆	158	1088	*1*	*155*
36	46	哥伦比亚	279	1045	*1*	*121*
37	16	意大利	215	912	*1*	*-55*
38	29	荷兰	260	897	*1*	*-13*
39	39	约旦	158	857	*1*	*23*
40	19	中国台湾	412	841	*1*	*-52*
41	120	卡塔尔	316	808	*1*	*7245*
42	47	墨西哥	267	684	*1*	*48*
43	89	乌干达	342	680	*1*	*1185*

排名		接受国	出口量（TIV，百万）			2003—2007以来的变化（%）
2008—2012	2003—2007[a]		2012	2008—2012	2008—2012份额（%）	
44	52	泰国	297	650	*0*	*76*
45	53	瑞典	228	568	*0*	*61*
46	54	孟加拉	325	539	*0*	*55*
47	37	苏丹	64	531	*0*	*-29*
48	50	奥地利	9	526	*0*	*29*
49	81	厄瓜多尔	108	462	*0*	*463*
50	74	北约	22	442	*0*	*281*
..	..	其他（105个接受方）	2017	10048	*8*	..
..	..	不明接受方		26	*0*	..
总计			**28172**	**133468**	***100***	***17***

0 = <0.5.

注： SIPRI关于武器转让的数据与主要常规武器的实际转让有关。为了能够使不同武器的转让数据之间具有可比性，并显示总体的趋势，SIPRI采用了趋势指示值（TIV）。该数值只是表明国际武器转让量的指标，并不代表某一转让的实际金额。这样，该数值就不能与经济统计中的数据如国内生产总值或进出口数据进行比较。该计算趋势指示值的方法在下文“资料来源与方法”中做了阐述。

[a] 2003—2007年供应国的排名与《SIPRI年鉴2008》中公布的情况有异，其原因是以后出版的SIPRI年鉴对有关数据做了修订。

资料来源： SIPRI武器转让数据库，〈http://www.sipri.org/databases/armstransfers/〉。

资料来源与统计方法

SIPRI 武器转让项目一直保持着 SIPRI 武器转让数据库，其网址是〈http：//www. sipri. org/databases/armstransfers/〉。该数据库涵盖了从 1950 年到 2012 年对国家、国际组织和非国家武装团体的主要常规武器转让信息。数据收集与分析是一个连续的过程。当有新数据出现或有新的年度数据发布时，该数据库也将随之更新。这样，不同年度的《SIPRI 年鉴》或其他 SIPRI 出版物的数据不能简单相加或进行比较。对数据库涵盖范围的调整涉及数据库所涵盖的整个时期。

资料来源与估算

武器转让数据来源多种多样。这些来源的共同标准是公开材料，即已经出版或通过公开渠道能够获得的材料。不过，这样的公开信息不足以给出一个世界武器转让的完整轮廓。资料来源往往是支离破碎，难以反映所有武器和装备，SIPRI 只涵盖了被认为是主要常规武器的内容。订单与交付数据、订购与交付的武器的确切数量（甚至是类型）乃至供应方与接受方的身份并不总是清晰可辨。进行判断并作全面谨慎的估计对于编纂 SIPRI 武器转让数据库十分重要。

转让类型

SIPRI 对武器转让的定义包括武器出售、制造许可、援助、馈赠以及提供贷款和租赁。武器接受方必须是他国的武装力量、准军事部队或情报机构、非国家武装团体或国际组织。当转让发生但无法确知供应方或接受方时，则将其记作“供应方不详”或“接受方不详”。

武器的类型：主要常规武器

SIPRI 武器转让数据库只包括“主要常规武器”，即：(1) 大部分飞机（含无人机），(2) 大部分装甲车，(3) 口径超过 100 毫米的火炮，(4) 传感器（雷达、声纳以及多种被动式电子传感器），(5) 空防导弹系统及大型高射机枪，(6) 制导导弹、鱼雷、炸弹和炮弹，(7) 大部分舰船，(8) 用于作战飞机及其他大型飞机、大型战舰、支援舰、装甲车的引擎 (9) 大部分装甲车或舰船用炮塔，(10) 侦察卫星，(11) 空中加油系统。

转让项目必须具有军事目的。转让的传感器、炮塔或加油系统

（第4、9、11项）用于装备（车辆、飞机和舰船）等平台，而该转让项目与平台不属于同一供应方，则作为单列项目记入。

SIPRI 趋势指示值

SIPRI 建立了一个独特的体系，以便用共同的单位——趋势指示值（TIV）——来衡量主要常规武器的转让量。TIV 基于武器的主体单元生产成本，意在表明转让的军事资源而非转让项目的金额。对于生产成本不明的武器则基于下列因素与武器的主体作比较：武器的大小和性能特征（重量、速度、射程和载荷）；电子系统类型，装运与卸载的安排，引擎，轨道与轮子，装备与材料；以及武器的生产时间。曾在他国部队使用过的武器按新系统价值的40%计算；供应方如对二手武器进行现代化改造之后再作交付的，则按照新武器价值的66%计算。

SIPRI 用 TIV 以及某一年武器系统或次系统的转让数量来计算转让量。这一量化的数据，意在提供一个共同的单位，以衡量一段时间内武器在不同国家和地区之间的流动状况。所以，重要的是确保一段时间内的一致性，任何改变都会影响以前的记录。

SIPRI 趋势指示值中的数字不代表武器转让的售价。不应当将其与国内生产总值（GDP）、军费开支、售价或出口许可价作比较，进而衡量武器进口的经济负担或武器出口的盈利情况。最好是将其作为一种原始数据，来衡量一段时期内国际武器转让的趋势，供应方或接方国在全球武器转让中的份额，以及特定国家武器转让中进口和出口各自所占的比例。

（翟玉成 译）

第二节　对西欧和中欧的武器转让

马克·布罗姆利

军费开支趋势与武器转让趋势之间没有必然的直接联系。例如，大多数国家的绝大部分军费都用于人员开支，而不是武器采购。同时，不少国家的大部分武器在国内采购。尽管如此，降低军费开支将导致用于武器采购资金的减少。此外，军费预算减少加上政府开支整体缩减以及经济不确定性增加，可能导致国家更倾向于从国内生产商采购武器，而不是进口。本节关注在经济不确定因素增加的情况下，西欧和中欧国家军费开支下降对国际武器向这些国家转让的数量所产生的影响。〔1〕本节特别研究了这些国家在进行采购决策时，推迟或取消进口，以及有意向国内武器生产商倾斜的行为。本节还研究这些过程与巩固和加强欧洲军火工业的行动，以及各国促进武器出口的行动是如何相互作用，彼此影响的。〔2〕

2008 年全球金融危机以及随之而来的经济危机导致欧洲军费开支下降。西欧的军费开支从 2010 年开始下降，而中欧的军费开支从 2009 年就以更快的速度开始下降。2008—2012 年间，西欧和中欧的军费开支分别缩减了 8% 和 10%。有些国家军费开支下降幅度超过另一些国家，然而有些受金融危机影响较小的国家反而增加了军费开支。2008—2012 年间，希腊的军费开支下降了 37%、罗马尼亚下降了 18%、葡萄牙下降了 16%、意大利下降了 13%，而波兰的军费开

〔1〕 此处的西欧包括奥地利、比利时、塞浦路斯、丹麦、芬兰、法国、德国、希腊、冰岛、爱尔兰、意大利、卢森堡、马耳他、荷兰、挪威、葡萄牙、西班牙、瑞典、瑞士和英国。中欧包括阿尔巴尼亚、波斯尼亚和黑塞哥维那、保加利亚、克罗地亚、捷克共和国、爱沙尼亚、匈牙利、拉脱维亚、立陶宛、马其顿共和国、黑山共和国、波兰、罗马尼亚、塞尔维亚、斯洛伐克和斯洛文尼亚。

〔2〕 关于这些问题更为深入的讨论参见本卷第 4 章第 1 节。

支则增加了 19%，挪威增加 6%。[3] 这些国家军费开支减少之时，正是西欧、中欧自冷战以来最依赖商业采购获取所需武器装备的时期。尽管援助曾在 20 世纪 90 年代初期成为向西欧、中欧国家转让武器的重要途径，但是 2008 年以来这一途径实际上已不复存在。

西欧、中欧国家进口的主要常规武器数量趋势与近期该地区的军费开支趋势大致相符。在 2003—2007 年和 2008—2012 年间，西欧的进口量下降了 16%，中欧下降了 49%。西欧进口数量总体减少在很大程度上是由于希腊和意大利进口量的下降。2003—2007 年以及 2008—2012 年间，这两个国家的进口量分别下降了 61% 和 55%。在此期间，希腊从世界第四大武器进口国跌至第十五位，而意大利从第十六位跌至第三十七位。中欧武器进口数量总体减少在很大程度上是由于匈牙利、捷克共和国和罗马尼亚进口量的下降，这三个国家分别下降了 93%、83% 和 63%。与此同时，一些军费开支增长的国家进口量也有所上升。例如，挪威武器进口在 2003—2007 年和 2008—2012 年间增长了 91%。

在有些情况下，军费开支趋势和主要常规武器进口之间不是相互关联的，特别是当武器在支付后很久才交付，或在一轮采购已结束，下一轮采购尚未开始的空当期。例如，尽管葡萄牙军费开支下降，其武器进口量却在 2003—2007 年和 2008—2012 年间增长了 211%。葡萄牙自 2009 年后就没有再通过订货进口主要常规武器，到 2012 年底仅有少量已订货但尚未交付的物项。[4] 与之相反的是，尽管 2003—2007 年和 2008—2012 年间，波兰军费开支增加，其武器进口量却减少了 47%。波兰进口量的减少源于本世纪头十年的初期至中期一系列大宗武器的交付使用。到 2012 年底波兰尚有大量已订货但尚未交付的装备，并且还计划在近期再采购一系列武器装备（见下文）。

---

〔3〕 在某些情况下，装备开支在军事开支中的比例也大幅降低。2008—2011 年间，希腊的这一比例从 16% 降至 7%，西班牙从 21% 降至 7%。北约，“北约防务财政与经济数据”，新闻稿（2012）04713，2012 年 4 月 13 日，网址：〈http: //www. nato. int/cps/en/natolive/news_ 85966. htm? mode = pressrelease〉。

〔4〕 据称从德国进口的 214 型潜艇当时在港口存放数月以节省燃油开支。“由于燃油开支及预算削减问题，葡萄牙军事装备很少使用”，公共在线，2012 年 5 月 15 日，“国际预测”出版，2012 年 5 月 16 日。

推迟或取消武器采购

作为军费削减的一部分，几个西欧和中欧国家已从 2008 年开始采取步骤推迟或取消原计划从国外采购的武器项目，这一过程一直持续到 2012 年。意大利和荷兰已经减少或推迟了从美国采购 F－35 战斗机的计划（见上文第 1 节）。其他一些国家的战斗机采购项目也被暂停、取消或降级。克罗地亚 2007 年曾表示有意购买 12 架战斗机。[5] 然而，2012 年 10 月，有报道称克罗地亚政府认为现有经费不足以采购新的或二手飞机，取而代之决定集中精力对库存的米格－21 飞机进行大修。[6] 希腊推迟或取消了一系列进口计划，包括从法国采购 6 艘 FREMM 护卫舰和从俄罗斯采购 400 余辆装甲车；葡萄牙计划卸载部分 F－16 战斗机。保加利亚和罗马尼亚放弃了之前采购新战斗机的计划：保加利亚在研究购买 9 架二手 F－16C 的计划，罗马尼亚已决定出资 6 亿美元购买 12 架二手 F－16C，这些飞机都来自葡萄牙。[7]

在寻求减轻以往采购所带来的财政负担的背景下，西欧和中欧国家也试图重新谈判，甚至在有些情况下取消现行交易。2012 年 10 月，葡萄牙以“反复拖延”交货为由，宣布取消 2004 年与奥地利签订的购买 260 辆潘多尔－2 装甲车的合同。葡萄牙声称它将保留已付款且到货的 166 辆装甲车，同时希望从供应商那里获得 5500 万欧元的赔偿金。[8] 2012 年 9 月，斯洛文尼亚政府宣布取消 2006 年签订的

---

〔5〕“克罗地亚空军新的战斗机项目考虑使用米格－29M2”，国际文传电讯社，2007 年 12 月 13 日。

〔6〕D. Radaljac，“瑞典人与鹰狮：订单已到，决定未作——因为没有经费而大修米格－21?”，新报纸在线，2012 年 10 月 12 日，译自克罗地亚语，公开资源中心。

〔7〕“保加利亚政府将从葡萄牙购买三手战斗机—报道”，Novinte 网，2013 年 1 月 3 日，网址：〈http://www.novinite.com/view_ news.php? id=146529〉。

〔8〕葡萄牙国防部，“2012 年 10 月 18 日部长委员会消息”，2012 年 10 月 18 日，网址：〈http://www.portugal.gov.pt/pt/os-ministerios/primeiro-ministro/secretario-de-estado-da-presidencia-doconselho-de-ministros/documentos-oficiais/20121018－cm-comunicado.aspx〉。

购买135辆AMV装甲车的合同，并已就此与芬兰供应商商定解决方案。[9] 作为更广泛地削减开支的措施之一，斯洛文尼亚从2010年就开始推动放弃这一交易，声称合同是在违反公平参与及竞争法的情况下授予的。[10] 希腊从德国购买的214型潜艇也由于资金不足而反复推迟，尽管目前尚无官方声明显示要取消该合同。[11]

降低武器进口更为广泛的含义

近年来，欧洲国家为弥补国内装备采购开支减少所带来的财政收入损失，积极推动本国武器出口，而推迟和取消进口合同的决定似乎影响了其扩大出口的努力。[12] 例如，2006—2010年间，希腊是德国出口的最大接受方，是法国出口的第三大接受方。此外，在保加利亚、克罗地亚、罗马尼亚的关注点由全新战斗机转向二手战斗机之前，他们都被视为瑞典JAS－39C战斗机的潜在客户。[13] 欧洲国家通过供应商推动向其他欧洲国家出口武器的努力也受到国际供应商的挑战，事实证明有些时候国际供应商更能在预算允许的范围内按时交付产品。2011年瑞典面对欧洲生产的NH－90直升机迟迟不能交货的情况，转而向美国订购了15架UH－60M直升机。2012年挪威也表示由于所订购的NH－90直升机延迟交货，正在研究从美国采购直升机。[14] 越来越多的迹象表明，欧洲国家正在将视野从传统武器供应商扩大到更广阔的范围，以满足武器采购需求（详见亚洲供应商章

〔9〕 帕提亚，“塞尔维亚国防部，Rotis Plus与帕提亚签署解决方案协议”，新闻稿，2012年9月4日，网址：〈http://www.patria.fi/en/news+and+events/news/the+ministry+of+defense+of+slovenia，+rotis+plus+and+patria+sign+a+settlement+agreement.html〉。

〔10〕 G. O'Dwyer，“诉讼阴云笼罩帕提亚与斯洛文尼亚的装甲车协议”，《防务新闻》，2011年3月31日。

〔11〕 “希腊警察与船厂抗议工人发生冲突”，路透社，2012年10月4日。

〔12〕 更多关于推动武器出口的国家行动参见本卷第4章第1节。

〔13〕 萨博，“瑞典向克罗地亚出售鹰狮”，新闻稿，2011年10月14日，网址：〈http://www.saabgroup.com/en/About-Saab/Newsroom/Press-releases-News/2011－10/Sweden-offers-Gripen-to-Croatia/〉；“瑞典降价向罗马尼亚出售鹰狮”，法新社，2010年4月15日；“保加利亚国防部长从萨博购买战斗机获得折扣”，Novinite网，2011年2月4日，网址：〈http://www.novinite.com/view_news.php?id=124921〉。

〔14〕 “挪威将购买海鹰代替欧洲直升机”，路透社，2012年8月16日。

节）。

欧洲国家预算削减可能会影响欧洲武器生产协作，以及武器系统的联合研发和采购。近年来，欧盟采取一系列步骤，通过放松内部军品流通管控、限制各国无需经过国际招标就可授予合同的情况、减少使用补偿措施等手段，解除对欧洲防务产品市场的管制。[15] 此外，欧盟和北大西洋公约组织鼓励开展武器系统的联合研发和采购，将此作为更为广泛的“分担和共享”（欧盟）和“精明防务”（北约）行动的一部分。[16] 然而，当政府采购资金不足，且比以往任何时候都更急于将采购资金开支用于国内时，在更大范围内落实这些措施可能会面临更加严峻的挑战。例如，波兰计划耗资 1000 亿兹罗提（300 亿美元）采购一系列大宗武器装备，包括装甲车、直升机、坦克、无人机和地对空导弹系统。[17] 波兰政府已明确表示这笔资金中的大部分将用于国内采购。[18]

（何毅丹　译）

---

〔15〕 2009 年 5 月 6 日欧洲议会和欧洲理事会指令 2009/43/EC 关于简化欧盟内部防务相关产品的转让条件和条款，《欧盟官方期刊》，L146 号，2009 年 6 月 10 日；2009 年 7 月 13 日欧洲议会和欧洲理事会指令 2009/81/EC 关于协调防务和安全领域内合同授权部门或机构授予某些工作合同、供应合同和服务合同的程序，及其修订指令 2004/17/EC 和 2004/18/EC，《欧盟官方期刊》，L216 号，2009 年 8 月；欧盟防务局，补偿行为准则，网址：〈http：//www. eda. europa. eu/offsets/〉。关于欧盟内部转让指令参见本卷第 10 章第 5 节。

〔16〕 J. Hale，“EDA 国家就分担和共享行为准则达成一致”，《防务新闻》，2012 年 11 月 19 日；北约，“精明防务”，网址：〈http：//www. nato. int/cps/en/natolive/78125. htm〉。在分区层面，如日耳曼国家之间、英国和法国之间，以及中欧国家之间也采取类似行动。参见 D. M? ckli，“聪明的分担：在欧洲防务和装备合作中发挥作用的国家”，安全研究中心（CSS）分析，《安全政策》第 126 期，2012 年 12 月，网址：〈http：//www. css. ethz. ch/policy_ consultancy/products_ INT/CSS_ Analysis/index_ EN〉。

〔17〕 Z. Lentowicz，“国防部：国内领导人”，《共和报》，2012 年 11 月 12 日，B7 页，译自波兰语，公开资源中心。

〔18〕 J. Adamowski，“虽然大多数欧洲国家在削减，但波兰的开支在上升”，《防务新闻》，2012 年 10 月 24 日。

第三节　对叙利亚的武器转让

皮埃特·D. 魏泽曼

当2012年叙利亚冲突加剧时，国际社会对于如何应对这一局面陷入僵局。[1] 在处理冲突的基本原则，特别是向冲突双方提供武器方面，未能达成一致。欧盟、土耳其、阿拉伯国家联盟和美国坚持对叙利亚政府实行武器禁运，而伊朗和俄罗斯继续向其供应武器。反对派武装积极寻求国外军事援助，邻国似乎也向其提供了武器或采购武器的资金。

对叙利亚政府军的武器供应

2011年冲突爆发之前，在2001—2005年和2006—2010年间，叙利亚主要常规武器进口量增长了330%。在经历多年经济困难后，叙利亚未能使自己的武装部队跟上现代军事技术的步伐，但是常规武器进口量的增长显示出叙利亚在努力升级其武装部队。2006—2010年，叙利亚进口武器的48%来自俄罗斯，已交付的大部分装备是防空系统和反舰导弹。主要常规武器的其他供应方是伊朗（21%）、白俄罗斯（20%）、朝鲜（9%）和中国（2%）。可能有更多国家参与了其他军事装备的供应，包括在冲突中广泛使用的装备。例如俄罗斯和意大利的公司曾参与升级叙利亚的T-72坦克。[2]

2011年冲突爆发后，各国立场泾渭分明，一些国家反对联合国对叙利亚实施强制性制裁，并继续向叙利亚政府提供武器，另一些国

〔1〕 关于叙利亚冲突问题参见M. Allansson等人，“阿拉伯之春第一年”，《SIPRI年鉴2012》；并参见本卷第1章第1节。

〔2〕 G. Beretta，“叙利亚：部长弗拉蒂尼，那些坦克在哈马的平民中唤起‘意大利制造’”，Unimondo网，2011年8月1日，网址：〈http://www.unimondo.org/Notizie/Siria-ministro-Frattini-quei-carro-armati-sparano-italiano-suicivili-di-Hama-131207〉；和M. Barabanov，“俄罗斯在叙利亚的利益：想象与现实”，《莫斯科防务简报》第4期，2012年，网址：〈http://mdb.cast.ru/mdb/4-2012/〉。

家对叙利亚实行武器禁运，并呼吁联合国对其实施禁运。[3] 俄罗斯官员对前一种立场最为直言不讳，明确宣布 2011—2012 年继续提供武器。然而，也有一些迹象显示出俄罗斯越来越不愿意向叙利亚政府供应武器。俄罗斯联邦军事技术合作司副司长维亚切斯拉夫·吉尔坎 2012 年 7 月宣布，尽管仍会履行现有合同，但是“我们不会（向叙利亚）交付新的武器直到局势稳定”，俄罗斯政府并未批准原先关于向叙利亚销售 36 架雅克 - 130 教练/战斗机的计划。[4] 2013 年初，俄罗斯国防产品出口公司（Rosoboronexport）总裁阿纳托利·伊赛金宣布俄罗斯将继续提供防空系统，并进行“设备维护保养”，但是不再提供战斗机。[5] 尽管目前还不清楚俄罗斯是否仍准备向叙利亚提供其 2007 年前后订购的 12 架米格 - 29M2 战斗机，但是多份报道称俄罗斯 2012 年向叙利亚实际交付的武器并不仅限于防空系统。据报道，2012 年 1 月一艘俄罗斯货船向叙利亚运送了 60 吨弹药和爆炸物。[6] 一家俄罗斯公司称将在 2012 年继续向叙利亚提供 KAB - 500 精确制导炸弹。[7] 此外，俄罗斯还继续向叙利亚返还在俄大修的米 - 24攻击直升机。[8]

据称伊朗和乌克兰也在 2011—2012 年间继续向叙利亚政府提供武器。2011 年，作为落实联合国对伊朗武器出口禁运的实际举措，两艘从伊朗驶向叙利亚的货船被截获，船上载有小武器、迫击炮弹和火箭筒。[9] 还有报道称，“西方情报界”认为 2012 年伊朗通过空运

〔3〕 关于对叙利亚实施多边武器禁运的讨论参见本卷第 10 章第 2 节。关于俄罗斯向叙利亚提供武器的动机背景参见 Barabanov（同注释〔2〕）。

〔4〕 “俄罗斯暂停向叙利亚运送新的武器”，美国有线新闻网，2012 年 7 月 9 日，网址：〈http：//edition. cnn. com/2012/07/09/world/meast/syria-unrest〉。

〔5〕 “俄罗斯武器销售总裁称未向叙利亚提供战斗机”，塔斯社，2013 年 2 月 13 日，网址：〈http：//en. rian. ru/world/20130213/179443688. html〉。

〔6〕 “装载武器的船只停泊在叙利亚港：官方”，《自由报每日新闻》，2012 年 1 月 12 日。

〔7〕 ［KTRV 出口订单材料］，2012 年 7 月 15 日，网址：〈bmpd. livejournal. com/290141. html〉（俄语）。

〔8〕 “俄罗斯将按时向叙利亚交付首批米 - 25 武装直升机——装备官员”，塔斯社，2012 年 6 月 28 日，网址：〈http：//en. rian. ru/military_ news/20120628/174282882. html〉。

〔9〕 联合国，安理会，根据第 1929 号决议（2010 年）成立的专家组的最后报告，S/2012/395，2012 年 6 月 12 日，第 28，64—65 页。

继续向叙利亚提供大量武器。[10] 据报道，2011 年乌克兰政府向叙利亚出口了 4000 支步枪。[11]

欧盟、土耳其和美国对叙利亚实施了武器禁运，并且在法律上可行的情况下竭力防止其他国家向其运送武器。2012 年 10 月，土耳其命令一架由俄罗斯飞往叙利亚的叙利亚飞机在飞越其领空时，先在土耳其降落，经检查后才予以放行。尽管俄罗斯和叙利亚都对此作出了抗议，但是土耳其政府声称在飞机上发现了“非法货物”，据报道是雷达系统零部件，并声称该行动符合 1944 年《国际民用航空公约》(芝加哥公约)[12]。2012 年 6 月，几架大修后的米 -24 攻击直升机装载在一艘货船上从俄罗斯运往叙利亚，一家为该船提供保险的英国公司对其进行了撤保，迫使该船返回俄罗斯，并使俄罗斯不得不为这些直升机选择其他交付途径。[13] 美国曾向伊拉克施压，以违反联合国对伊朗武器出口禁运为由，防止伊朗经伊拉克领空向叙利亚空运武器。[14]

对叙利亚反对派武装的武器供应

叙利亚反对派武装武器的主要来源似乎是从政府军部队缴获及占领政府军弹药库。他们也从伊拉克和黎巴嫩的黑市购买一些小武器和轻武器。[15] 尽管如此，反对派武装在 2012 年反复呼吁各国政府支持

---

〔10〕 L. Charbonneau，“独家新闻：西方报道——伊朗通过伊拉克向叙利亚运送武器和人员”，路透社，2012 年 9 月 19 日。

〔11〕 乌克兰国家出口控制中心，[关于 2011 年乌克兰生产的某些类型武器的国际转运信息]，2012 年 8 月，网址：〈http：//www. dsecu. gov. ua/control/uk/publish/article? art_id = 46460&cat_ id = 46454〉(乌克兰语)。

〔12〕 E. Omanovic，“实行有效禁运：拒绝和限制飞越领空”，《不扩散文集》第 26 期，欧盟不扩散财团，2013 年 2 月，网址：〈http：//www. nonproliferation. eu/activities/activities. php〉，第 10 页。

〔13〕 J. Saul 和 T. Grove，“新的俄罗斯武器运送行动使叙利亚面临愤怒”，路透社，2012 年 6 月 19 日。

〔14〕 Omanovic（同注释〔12〕)，第 11 页。

〔15〕 Z. Constantine，“来自贝鲁特的枪：叙利亚增加了黎巴嫩军火商的利润”，《国家》(阿布扎比)，2012 年 2 月 29 日；L. Stephan，“从黎巴嫩北部走私的武器为叙利亚反对派提供了帮助”，《世界报》，2012 年 3 月 10 日；M. Nichols，“武器在黎巴嫩和叙利亚之间走私：联合国”，路透社，2012 年 5 月 8 日。

他们的事业，向他们提供武器和其他军事装备。[16] 截至 2013 年 1 月，向反对派提供的外国军事援助的实际数量仍难以统计。

各国对反对派武装要求提供武器的呼声反应不一。2012 年，由 70 余个支持叙利亚反对派的国家组成的联盟——“利比亚人民之友”，无法就武器供应政策达成一致。[17] 取而代之，各国分别实施各自政策。多个国家向叙利亚反对派武装提供非致命装备。在美国政府内部，有几位高层决策者赞成向反对派武装提供武器。然而，包括美国总统奥巴马在内的另外一些人反对这个想法，他们担心这将使美国卷入一场代理人战争，而且所提供的武器可能会落入叙利亚国内和国外的其他人之手。[18] 美国因此转而提供设备，包括通讯设备。美国国务卿希拉里·罗德姆·克林顿称此举将：“帮助把活动分子组织起来，躲避政府当局的袭击，并且保持与外界的通联”。[19] 2012 年末，英国提供了非致命装备援助，包括通讯设备和防弹衣。[20] 法国和英国都主张修改欧盟对叙利亚的武器禁运政策，以便向叙利亚反对派提供更多类型的非致命军事装备。[21]

2012 年初，利比亚、卡塔尔和沙特阿拉伯政府代表提议向反对

---

〔16〕 S. L. Myers，“美国参与为叙利亚反对派提供装备和资金的行动”，《纽约时报》，2012 年 4 月 1 日；M. Weaver，“叙利亚之友承认阿萨德反对派，但不向其提供武器”，《卫报》，2012 年 12 月 12 日；M. Karouny，“叙利亚反对派希望将武器供给新的战斗司令部”，路透社，2012 年 12 月 10 日。

〔17〕 A. Barnard，“美国和土耳其逐步增加对叙利亚反对派的‘非致命武器’援助”，《纽约时报》，2012 年 3 月 25 日。

〔18〕 M. Landler 和 M. R. Gordon，“面对阿萨德的强硬掌控，奥巴马将重新考虑是否向叙利亚反对派提供武器”，《纽约时报》，2013 年 2 月 18 日。

〔19〕 N. Gaouette，“克林顿称阿萨德无视联合国旨在结束叙利亚暴力活动的计划”，彭博资讯公司，2012 年 4 月 1 日；以及 Barnard（同注释〔17〕）。

〔20〕 英国外交及联邦事务部，“外交部长在叙利亚之友会议上的讲话”，2012 年 12 月 12 日，网址：〈https://www.gov.uk/government/speeches/foreign-secretaryremarks-at-the-friends-of-syria-meeting〉；L. Loveluck，“什么是对叙利亚反对派的非致命武器援助”，《外交政策》，2012 年 9 月 20 日。

〔21〕 参见本卷第 10 章第 1 节。

派提供武器。[22] 4月中旬卡塔尔首相哈马德·本·贾西姆·本·贾比尔·阿勒萨尼宣称他的国家并没有向叙利亚反对派提供武器。[23]尽管事实上并没有一个政府公开承认向叙利亚反对派提供武器，但是一些报道指出有多个国家直接向其提供武器或从黑市购买武器的资金。[24] 叙利亚“全国委员会”主席2012年3月称该委员会已经收到了“阿拉伯和其他国家”提供的用于购买武器的资金。[25]

2012年6月，有传言称叙利亚反对派接收了由卡塔尔、沙特阿拉伯和土耳其付款的武器。[26] 2012年7月，据称卡塔尔和沙特阿拉伯主张向叙利亚反对派武装提供便携式防空导弹系统（MANPADS)。[27] 然而，也有报道称由于美国的反对，他们没有提供像MANPADS这样的先进武器。[28] 尽管如此，2013年初有报道称MANPADS已经通过土耳其提供给反对派，这显示出土耳其和美国放松了对反对派输送武器的限制。[29]

有关运送武器被截获的报道，以及对叙利亚反对派使用武器的图像进行的分析，进一步证明有外国政府在向反对派武装提供武器。虽然有可能查明这些武器的最初源头，但是无法确定武器的直接供给方

---

〔22〕“海湾国家提议向叙利亚反对派武装提供资金”，法国24，2012年4月2日，网址：〈http：//www.france24.com/en/20120401 – friends-syria-talks-get-underway-istanbul-six-point-annan-peace-planassad〉；E. A. Kennedy，“走私活动受阻使叙利亚反对派感到武器紧张”，美联社，2012年5月25日。

〔23〕“卡塔尔首相：海湾国家没有向叙利亚反对派提供武器”，美联社，2012年4月17日。

〔24〕R. F. Worth，“以美国担心为由，阿拉伯联盟限制了对叙利亚反对派的援助”，《纽约时报》，2012年10月6日。

〔25〕P. Astih，“全国委员会披露已拥有金融资源保证反对派获得大量武器”，沙乌地阿拉伯中东日报在线，2012年3月10日，译自阿拉伯语，公开资源中心。

〔26〕E. Schmitt，“中央情报局称将在武器操作方面为叙利亚反对派提供帮助”，《纽约时报》，2012年6月21日。

〔27〕“叙利亚反对派获得地对空导弹：报道”，路透社，2012年7月31日。

〔28〕J. Dettmer，“叙利亚反对派努力获得防空导弹”，美国之音，2012年8月16日，网址：〈http：//www.voanews.com/content/syrian-rebels-step-up-efforts-to-get-anti-aircraft-missiles/1489899.html〉；Worth（同注释〔24〕）；M. Hosenball，“由于好战分子加入叙利亚反对派，对武器流动的担忧随之增加”，路透社，2012年6月22日。

〔29〕J. Borger，“叙利亚危机：欧洲国家希望开始向反对派提供武器”，《卫报》，2013年3月1日。

及所提供武器的数量。例如，2012 年 4 月黎巴嫩当局从一艘来自利比亚的船上查封了一批托运的火箭推进榴弹和其他弹药，这些武器据信是运给叙利亚反对派的。[30] 但是，无法确定这批武器的幕后推手是利比亚的什么人。瑞士政府的一项调查显示，照片中叙利亚反对派所持的手榴弹最初是 2003—2004 年间从瑞士运至阿联酋的，随后于 2004 年交给了约旦。[31] 但是，仍然无法确定这些手榴弹是怎么到叙利亚反对派手里的。互联网上关于叙利亚冲突的大量视频和照片为分析和研究武器流向提供了机会。例如，2012 年末，互联网视频显示反对派武装正在使用来自前南斯拉夫的武器。[32] 记者的调查报告认为这些武器是由克罗地亚通过约旦向叙利亚反对派提供的，而沙特阿拉伯支付了这笔交易。[33]

（何毅丹　译）

---

〔30〕 Nichols（同注释〔15〕）。

〔31〕 瑞士国家经济事务秘书处，“在叙利亚的瑞士手榴弹：调查和测量的结果”，2012 年 9 月 21 日，网址：〈http：//www. seco. admin〉.

〔32〕 E. Higgins，“来自前南斯拉夫的武器遍布叙利亚战场”，战场博客，《纽约时报》，2013 年 2 月 25 日，网址：〈http：//www. seco. admin. ch/aktuell/00277/01164/01980/index. html？ lang = en&msg-id = 46075〉。

〔33〕 C. J. Chivers 和 E. Schmitt，“沙特向叙利亚反对派援助克罗地亚武器”，《纽约时报》，2013 年 2 月 25 日。

第四节　武器转让的透明度

保尔·霍尔托姆　马克·布罗姆利

官方和公开的数据对于评估各国武器出口和采购政策有重要作用。但对几乎所有国家而言，公开武器交易和采购数据都是敏感问题。本节将对国际、区域和国家层面官方报告机制的最新进展进行分析。这些机制的目的整体或部分在于提高国际武器转让公开信息的数量和质量，其中包括联合国常规武器登记册（UNROCA）以及国家和区域层面的武器出口报告。[1]

联合国常规武器登记册

联合国常规武器登记册建立于1992年，是关于武器转让主要的国际官方透明机制。所有联合国成员国每年均需向登记册报告上一年度出口和进口七大类常规武器的相关信息。[2] 各国还被要求提供各自轻小武器（SLAW）国际转让信息，并报告采购及持有的本国生产的主要常规武器情况。

2012年报告水平较2011年的86国有所下降，是历史最低点(见图5.2)。[3] 截至2012年12月，52国提交了2011年度武器转让报告（包括15份“零报告”，即表明当年没有主要常规武器的进出

〔1〕 本章不包括有关武器转让政府间机密信息的交换，例如在欧洲安全和合作组织、美洲国家组织和瓦森纳安排内部的信息交换。国际武器贸易的另一数据来源是联合国商品贸易统计局数据库（Comtrade）的海关数据。Comtrade的数据不在此进行讨论，因从其本意和设计来看，它都不是旨在增加国际武器转让公开信息数量的工具。Comtrade数据包含于小武器转让挪威倡议（NISAT）中的小武器贸易数据库，网址：〈http://www.prio.no/NISAT/Small-Arms-Trade-Database/〉。

〔2〕 这些类别包括作战坦克、装甲战斗车、大口径火炮系统、战斗机、武装直升机、战舰和导弹或导弹发射器。

〔3〕 联合国常规武器登记册政府专家组背景文件（联合国裁军办：纽约，2013年5月），第3页。

口情况)。[4] 除非洲外，所有区域的报告数量均显著下降（见表5.5)。非洲的报告数量从2011年的1个国家提高为2012年的2个国家，莫桑比克自2007年以来首次提交了7大类武器的“零报告”。中东地区首次没有国家提交报告。

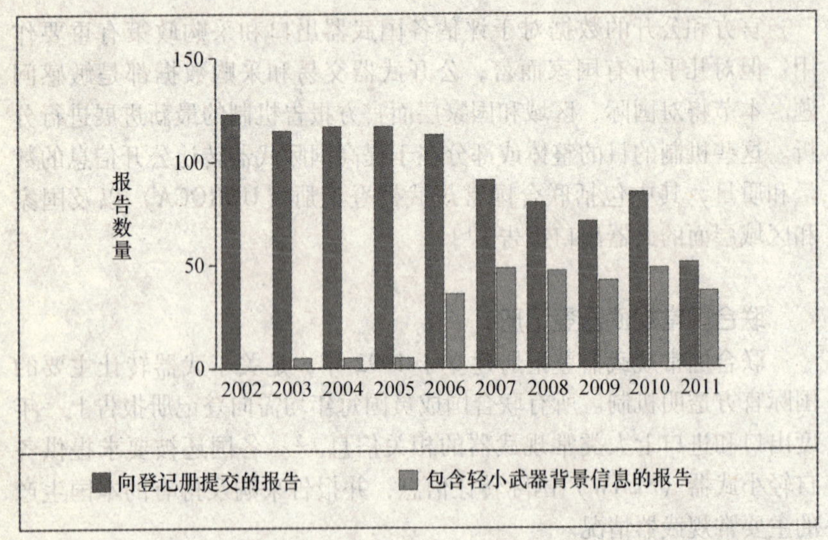

图5.2 2002—2011年向联合国常规武器转让登记册提交报告的国家数

年份系指报告涵盖的年份，而非报告提交的年份

资料来源： 联合国常规武器登记制度数据库，http：//www. un-register. org。

表5.5 2007—2011年向联合国常规武器登记册提交的报告数（按地区分类）

年份系指报告涵盖的年份，而不是报告提交的年份。圆括号内的数字指内容为零的报告数。

地区	2007	2008	2009	2010	2011
非洲	8（7）	4（3）	4（3）	1（0）	2（2）
美洲	13（6）	15（9）	10（2）	19（10）	7（3）

〔4〕 截至2012年12月31日，36国提交的相关信息得以公开。截至2013年1月30日，另外11国提交的信息得以公开。截至2013年5月27日，包括美国在内的5个国家所提交信息尚未公开。

地区	2007	2008	2009	2010	2011
亚洲和大洋洲	21（12）	19（7）	17（9）	19（11）	11（3）
欧洲	46（13）	40（10）	39（15）	45（13）	32（8）
中东	3（1）	2（1）	2（1）	2（1）	0（0）
总计	**91（39）**	**80（30）**	**72（30）**	**86（35）**	**52（15）**

资料来源：联合国常规武器登记册数据库，网址：〈http：//www. un-register. org/〉。

先前的分析认为，零报告国家数量减少和提交报告总体水平密切相关。[5] 然而，2008—2012 年间十大常规武器主要供应国（根据SIPRI 统计）中，只有 7 国提交了 2011 年度报告。以色列、意大利和西班牙首次没有提交报告。十大进口国中的 4 国未提交 2011 年度报告，包括一向定期提交报告的印度和巴基斯坦。报告率的显著下滑很可能成为 2013 年联合国常规武器登记册政府专家组讨论的首要问题，[6] 这一问题同时也值得那些冀望通过《武器贸易条约》提高国际常规武器贸易透明度的人认真思考。[7]

在提交 2011 年度报告的 52 个国家中，32 国（占 63%）提供了轻小武器国际转让的背景信息，其中包括 5 份"零报告"。马来西亚首次提供了轻小武器国际转让的背景信息。然而，过去曾提交此类背景信息的捷克、希腊和乌克兰三国，却没有在 2011 年度报告中再次提供。尽管乌克兰国家出口管制服务局在其网站上公布了根据联合国常规武器登记册表格整理的轻小武器转让数据，但该数据并未出现在向联合国提交的报告中。[8] 澳大利亚提供的国际轻小武器转让信息仅包括出口许可证相关信息，未涵盖授权出口的轻小武器实际数量。

联合国大会 2009 年底曾邀请各国就是否将轻小武器纳入常规武

〔5〕 P. Holton 和 M. Bromley，"武器转让透明"，《SIPRI 年鉴 2010》，第 323 页。

〔6〕 该政府专家组原计划于 2012 年举行会议，后推迟至联合国武器贸易条约最后大会之后举行。

〔7〕 有关武器贸易条约谈判参见本书第十章第 1 节。

〔8〕 乌克兰国家出口控制管理局（2011 年乌克兰特定种类武器国际转让信息），2012 年 8 月，网址：〈http：//www. dsecu. gov. ua/control/uk/publish/article? art_ id = 46460&cat_ id = 46454〉（乌克兰文）。

器登记册提交意见，截至目前已有 11 国提供。[9] 2012 年，德国和美国对扩大登记册范畴以涵盖轻小武器表示了支持。德国并呼吁联合国政府专家组“就相关类别进行实质性讨论”。[10]

关于武器出口的国家和区域报告

自上世纪 90 年代初起，越来越多的国家开始发表武器出口国家报告。[11] 截至 2013 年 1 月，35 国已发表过至少一份自 1990 年以来的武器出口国家报告，其中 32 个国家自 2009 年开始发表报告。[12] 在这 32 国中，27 个在其报告中纳入武器出口许可证发放情况，23 个纳入了武器出口实际情况。2012 年，没有此前未发表报告的国家开始发表的情况。

在不少国家，政府需向议会或议会某个特定委员会报告其武器出口管制的决定。但其中有些国家所报告的信息以保密方式处理，这对提高它们武器出口的总体透明度没有帮助。例如，由瑞典议会指定的瑞典出口控制委员会，定期会面讨论是否给予特定出口许可申请，[13] 但相关磋商是机密的。另外一些国家则将信息公之于众，因而有助于提高其武器出口的透明度。例如，1976 年美国《武器出口控制法案》要求国防部和国务院正式知会国会超出特定金额的武器出口。[14] 上述知会是公开的。

2012 年，向一些欧洲国家议会报告的武器出口信息也对公众公

---

〔9〕 这些国家是布基纳法索、哥伦比亚、德国、以色列、日本、毛里求斯、墨西哥、荷兰、新加坡、瑞士和美国。

〔10〕 联合国大会，常规武器登记册，“德国常规武器及相关技术出口的政策和做法，柏林，2012 年 5 月”，A/67/212/add. 2 决议附件，2013 年 1 月 30 日，第 37 页。

〔11〕 SIPRI 拥有一个已发表的报告的数据库，网址：〈http://www.sipri.org/research/armaments/transfers/transparency/national_reports〉。另见，H. Weber 和 M. Bromley 所著的 SIPRI《情况简报》“武器出口国家报告”，2011 年 3 月，网址：〈http://books.sipri.org/product_info?c_product_id=423〉。

〔12〕 从 1990 年开始提交报告但自 2009 年未再提交的 3 个国家是澳大利亚、白俄罗斯和前南斯拉夫马其顿共和国。

〔13〕 瑞典外交部，2011 年军事装备和双用途产品的战略出口控制，政府通报，Skr. 2011/12：114，2012 年 3 月 15 日向瑞典议会提交，第 19—20 页。

〔14〕 见 M. Schroeder 和 R. Stohl，“美国出口控制”，《SIPRI 年鉴 2005》，第 732—733 页。

开的情况有所增多。自2012年4月，荷兰政府开始将超过200万欧元（260万美元）的武器出口许可通知议会，〔15〕公众可获知相关信息。这适用于除了向欧盟、北约及澳大利亚、日本、新西兰、瑞士以外所有国家的转让。政府应在颁发许可证两周内通知议会，通知内容包括政府根据本国出口许可标准对相关交易进行的评估。2012年7月，英国武器出口控制委员会公布有关英国战略出口控制的年度报告。〔16〕在汇编报告的过程中，该委员会要求并收集了2011年内颁发或拒绝特定出口许可证的原因，还包括向中国出口设备的出口许可证详情及原因。上述信息较英政府的年度报告更为详细，并在委员会最终报告中得以全面采纳。

表5.6 2003—2011年成员国向欧盟提交武器出口年度报告信息情况

年度报告	所涉年份	提交报告成员国数量[a]	全面申报成员国数量	全面申报成员国占比
第14次	2011	27	18	*67*
第13次	2010	27	17	*63*
第12次	2009	27	17	*63*
第11次	2008	27	19	*70*
第10次	2007	27	16	*59*
第9次	2006	25	16	*64*
第8次	2005	25	17	*68*

〔15〕荷兰财产总局二室，“经济事务、农业和创新国务秘书的信函”，武器出口管理政策第192号，海牙，2012年4月12日，网址：〈https://zoek.officielebekendmakingen.nl/kst-22054-192.html〉。

〔16〕英国国会下院，经济、创新和技术，国防，外交和国际发展委员会，“武器出口审查（2012）：英国2010年战略出口控制年度报告”，“2010年7月至12月和2011年1月至9月间的季度报告”，“向中东和北非的武器出口及更广范围武器出口问题的政府审议”，2012年至2013年第一份联合报告，第一卷（文书局，伦敦，2012年7月）。

年度报告	所涉年份	提交报告成员国数量[a]	全面申报成员国数量	全面申报成员国占比
第 7 次	2004	25	13	52
第 6 次	2003	22[b]	6	27

[a] 完整报告是指包含发放的武器出口许可证涉及的金额、实际出口情况，并按目的地和欧盟通用军事清单类别细分。

[b] 由于第 6 次年度报告涉及 2003 年发放的出口许可证和实际出口数据，2004 年 5 月加入欧盟的 10 个成员国无提交报告义务，仅被邀请在方便的情况下提供数据，7 个国家提交了相关数据。

资料来源： 欧盟理事会年度报告，网址：〈http：//eeas. europa. eu/non-proliferation-and disarmament/arms-export-control/index_ en. htm〉。

欧盟关于军事技术和装备出口控制准则的“共同立场”，要求欧盟成员国就其发放的出口许可证所涉金额、实际出口情况及拒绝发放出口许可证等交换信息。[17] 欧盟理事会汇编上述信息并以年度报告方式加以公布。2012 年 12 月发表的第 14 份年度报告包含了 2011 年度转让情况。27 个成员国中的 18 个提交了全面申报，即按目的地和欧盟通用军事清单类别细分的许可证颁发数量、以及许可证和实际出口的金额。与第 12 份和第 13 份报告有 17 个国家相比，参加第 14 次报告的国家有所增加（见表 5. 6）。[18] 瑞典首次进行全面申报。此前，由于其国家控制清单和欧盟通用军事清单有差别，瑞典一直无法将所发放的出口许可证和实际出口所涉金额分类申报。[19] 然而，包

〔17〕 关于军事技术和装备出口控制共同准则的理事会共同立场 2008/944/CFSP，欧盟官方期刊，L335，2008 年 12 月 13 日。有关欧盟共同立场的发展，参见本卷第 10 章第 5 节。

〔18〕 欧盟理事会，根据关于军事技术和装备出口控制共同准则的理事会共同立场 2008/944/cfsp 第 8（2）条提交的第 14 份年度报告，欧盟官方期刊，C386，2012 年 12 月 14 日；欧盟理事会，根据关于军事技术和装备出口控制共同准则的理事会共同立场 2008/944/cfsp 第 8（2）条提交的第 13 份年度报告，欧盟官方期刊，C382，2011 年 12 月 30 日；欧盟理事会，根据关于军事技术和装备出口控制共同准则的理事会共同立场 2008/944/cfsp 第 8（2）条提交的第 12 份年度报告，欧盟官方期刊，C9，2011 年 1 月 13 日。

〔19〕 S. Bauer 和 B. Bromley，“欧盟武器出口行为准则：改进年度报告”，SIPRI 第 8 份政策文件，（SIPRI：斯德哥尔摩，2004），第 24 页。

括法国、德国、英国（欧盟三大武器出口国）在内的一些国家，在按照欧盟通用军事清单分类收集并提交武器实际出口数据方面，仍存在困难。〔20〕

基于许多成员国在这方面依然存在的问题，第14次报告首次未提供关于实际武器出口所有目的地的整合数据。只有当所有欧盟成员国均提供针对某一特定目的地的分类出口信息时，报告才涵盖针对该地区的整合数据。〔21〕第11次报告曾将“尽早采用并协调国家报告”作为对欧盟成员国的“优先指导原则”。〔22〕在此后的报告中，欧盟成员国强调了尽早完成并公布欧盟年度报告的必要性，但未再提及协调国家报告的问题。这一措辞上的变化，以及对所有目的地的实际武器出口整合数据的缺失，反映出要使所有成员国向欧盟年度报告全面申报尚需时日。

（孔 君 译）

〔20〕 P. Holton 和 B. Bromley“武器转让透明”，《SIPRI 年鉴 2012》，第298页。

〔21〕 欧盟理事会第14次年度报告第8页。

〔22〕 欧盟理事会，根据关于军事技术和装备出口控制共同准则的理事会共同立场2008/944/cfsp 第8（2）条提交的第14份年度报告，欧盟官方期刊，C265，2009年11月6日第4页。

第五节　各国武器出口额

马克·布罗姆利

表5.7提供的是关于2002—2011年间武器贸易额的官方数据。表中所列的国家都是在10年中至少有6年提供了“武器出口额”、“武器出口许可额”或“武器出口协议额”的官方数据，并且平均交易额都超过1000万美元。相关数据均直接引用官方报告或是与政府主管官员直接交流得出。在任何情况下，涵盖的统计数据遵从获取数据的官方出版物所用的语言。每个国家的做法有所差别，不过，“武器出口”通常指实际出口额；“武器出口许可额”一般指由国家主管部门签署的武器出口许可证所涉金额；而“武器出口协议额”是指所签署武器出口协议的金额。2011年的美元不变价格是按照报告年份的市场汇率和美国消费者价格指数（CPI）转换得出的。

对于“武器”的构成国际上尚无一致定义，各国收集和报告“武器出口额”、“武器出口许可额”、“武器出口协议额”时使用不同表格。此外，如何收集和报告“武器出口”数据尚无标准方法。有些国家采用发放或使用的出口许可证，而另一些国家则采用海关等收集的数据。因此，表5.7中不同国家的武器出口数据并不具有可比性。

根据SIPRI武器转让数据库，已公布武器出口额官方数据的国家占据全球主要常规武器交付总量的90%。与表5.7中数据相结合，可大致得出全球武器贸易额的数据。然而，以此方法统计，还存在明显缺陷。首先，正如此前指出的，上述数据是根据不同的定义和方法进行统计的，不能直接比对。其次，包括英国在内的一些国家没有公布“武器出口额”，而包括中国在内的一些国家没有公布“武器出口额”、“武器出口许可额”、“武器出口协议额”等数据。通过总计各国已公开的武器出口额数据，可估算出2011年全球武器出口额至少约430亿美元。但实际数据可能更高。

表 5.7 依据国家政府和工业部门统计的 2002—2011 年各国武器出口额

表中数据按照 2011 年的美元不变价格计算。表中所列年份是日历年份，除非另有注明。

国家	2002	2003	2004	2005	2006	2007	2008	2009	2010	2011	数据涵盖内容
奥地利	52	160	6	162	203	184	321	507	510	598	武器出口额
	275	339	24	367	428	2048	1448	3227	2416	2269	武器出口许可额
比利时	1349	919	804	367	1230	1336	2043	1605	1370	1161	武器出口许可额
波黑	..	..	52	92	70	56	89	67	38	..	武器出口许可额
巴西	209	60	339	328	393	174	40	104	..	..	武器出口额
保加利亚	..	..	..	203	157	220	230	211	352	321	武器出口额
	..	..	..	457	615	561	727	460	404	310	武器出口许可额
加拿大	540	632	589	306	354	329	546	497	..	..	武器出口额[a]
捷克	91	115	133	126	130	258	291	255	296	254	武器出口额
	..	146	183	173	255	708	324	568	616	481	武器出口许可额
丹麦	133	110	149	127	182	291	249	367	514	329	武器出口许可额
爱沙尼亚	..	..	—	1	—	4	9	12	3	487	武器出口许可额
芬兰	64	68	62	148	74	111	142	127	81	135	武器出口额
	69	141	485	63	120	85	516	272	83	256	武器出口许可额

国家	2002	2003	2004	2005	2006	2007	2008	2009	2010	2011	数据涵盖内容
法国	5214	5927	10280	5317	5568	6708	4807	5376	5061	5070	武器出口额
	4419	5822	4999	5893	8054	8404	10076	11891	6992	7669	武器出口许可额
德国	374	1840	1669	2335	1923	2242	2184	1950	2895	1786	武器出口额[b]
	3834	6713	5629	6039	5864	5446	8858	7345	6495	7526	武器出口许可额
希腊	61	155	22	42	123	49	73	331	403	314	武器出口许可额
匈牙利	. .	15	13	17	22	25	23	25	26	25	武器出口额
	. .	68	59	46	87	143	182	185	189	217	武器出口许可额
印度	29	115	84	67	106	90	206	72	. .	. .	武器出口额[c]
爱尔兰	42	48	40	43	64	49	47	66	33	38	武器出口许可额
以色列	2501	2874	3096	2995	3347	. .	. .	7235	7427	7000	武器出口额
	5032	3668	4406	4031	5467	6075	6609	7759	7530	6000	武器出口协议额
意大利	573	869	710	1190	1358	1881	2720	3212	842	1422	武器出口额
	1083	1769	2203	1949	3068	7044	8664	9749	4442	7316	武器出口许可额
韩国	180	295	498	302	282	917	1077	1223	1226	2382	武器出口协议额

国家	2002	2003	2004	2005	2006	2007	2008	2009	2010	2011	数据涵盖内容
立陶宛	..	..	..	..	6	65	47	64	20	67	武器出口额
	16	..	4	7	11	94	72	115	31	71	武器出口许可额
荷兰	..	..	..	977	1131	1298	765	826	924	1073	武器出口额
	530	1588	923	1683	1575	1065	1925	1915	1247	578	武器出口许可额
挪威	360	522	356	439	508	592	721	751	626	638	武器出口额
波兰	..	253	389	415	385	426	563	2026	624	1180	武器出口许可额
葡萄牙	7	35	18	10	1	..	109	23	27	35	武器出口额
	..	43	25	17	1	40	116	41	29	43	武器出口许可额
罗马尼亚	55	84	50	53	112	91	127	143	168	182	武器出口额
	..	..	..	114	123	183	182	240	208	256	武器出口许可额
俄罗斯	6028	6848	6883	7056	7253	8028	8724	8912	10316	13700	武器出口额
斯洛伐克	..	..	30	30	45	55	58	64	20	14	武器出口额
	..	52	96	72	90	110	109	156	79	42	武器出口许可额
南非	304	501	504	..	478	616	746	967	1174	1265	武器出口许可额
西班牙	324	529	600	600	1183	1385	1429	1962	1541	3379	武器出口额
	666	368	651	1762	1814	2913	3866	4651	3058	3991	武器出口许可额
瑞典	442	980	1182	1330	1569	1542	2013	1858	1967	2143	武器出口额
	755	1364	1052	2335	2274	1097	1522	1521	1893	1678	武器出口许可额

国家	2002	2003	2004	2005	2006	2007	2008	2009	2010	2011	数据涵盖内容
瑞士	223	344	385	239	354	420	696	701	634	983	武器出口额
土耳其	310	405	233	388	393	456	602	702	654	817	武器出口额
乌克兰	625	611	..	..	..	759	836	839	987	1004	武器出口额
英国	7722	9074	11255	9480	9643	11883	..	..	..	..	武器出口额[d]
	9448	9747	9912	8354	11347	20950	8368	11844	9291	8652	武器出口协议额[d]
	3763	6195	4399	4320	3337	1948	3774	5043	3876	9735	武器出口许可额
美国	12185	13251	13826	13551	13727	13341	12450	14909	12351	16160	武器出口额
	16149	17469	15920	13936	17223	25702	37949	23069	21769	66274	武器出口协议额

a 这些数据不包括向美国的出口。

b 这些数据只包括德国国家立法机构定义的“作战武器”的出口数据。

c 2002—2008 年印度数据的年周期是当年 4 月 1 日至次年 3 月 31 日，2009 年的数据涉及该年 4 月 1 日至 12 月 31 日。

d 这些数据包括出口的防务装备和额外的航空航天装备和服务。

资料来源： 本表数据基于公开资料或直接与政府部门或官方工业体系联系获得。欲获得所有资料和所有可获得的武器出口额数据可登陆网址：〈http://www.sipri.org/research/armaments/transfers/measuring/financial_values〉.

（孔　君　译）

第六章　世界核力量

概　述

香农·N. 基尔　汉斯·M. 克里斯滕森

2013 年初，八个国家拥有约 4400 枚实战部署的核武器。其中，近 2000 枚核武器处于高度作战戒备状态。如果把所有的核弹头——实战部署的弹头、备用的弹头、现役和非现役储存的弹头、计划拆卸的完整弹头——都计算在内的话，美国、俄罗斯、英国、法国、中国、印度、巴基斯坦和以色列共有约 1.727 万枚核武器（见表 6.1）。

所有五个法律上承认的核武器国家，即 1968 年《不扩散核武器条约》（NPT）所界定的核武器国家——中国、法国、俄罗斯、英国和美国——似乎决心无限期保持核大国地位。俄罗斯和美国正在对核运载系统、弹头和生产设施（见本章第一节和第二节）进行大规模的现代化计划。与此同时，通过履行 2010 年双边《俄美关于进一步削减和限制进攻性战略武器的措施的条约》（新 START 条约）和单边核力量削减，它们继续削减其核力量。由于俄罗斯和美国的核武库是目前最大的，因此世界核武器的总数一直在下降。其他三个法律上承认的核武器国家的核武库要小得多，但是它们或者正在部署新的武器系统，或者已经宣布它们打算这样做（见第三节至第四节）。在五个法律上承认的核武器国家中，中国是唯一似乎正在扩大其核武库规模的核武器国家。

关于核武器国家的核武库，所获得的可靠信息极其不同。法国、英国和美国最近已公布了有关其核能力的重要信息。与此相反，由于决定不按照新 START 条约公布其战略核力量的详细数据，俄罗斯的透明度已经降低，即使它与美国分享这些信息。中国仍然极不透明，以此作为其长期执行的威慑战略的一部分，因而很少能公开获得有关其核力量和武器生产综合体的信息。

寻找有关三个从未加入《不扩散核武器条约》的国家印度、巴基斯坦和以色列核武库的部署状态和核能力的可靠信息，是极其困难的。在缺少官方声明的情况下，所获信息往往是矛盾的、不正确的或夸大的。印度和巴基斯坦均在扩大其核武器库以及导弹发射能力，而以色列似乎正在观望伊朗局势如何发展（见第六节至第八节）。第九个国家朝鲜已展示了军事核能力。然而，没有任何公开的信息证明，它拥有实战的核武器（见第九节）。

用于核武器的原材料是裂变材料，要么是高浓铀，要么是分离钚。五个核武器国家既生产高浓铀也生产钚。印度、以色列和朝鲜主要生产钚，而巴基斯坦主要生产高浓铀，用于制造核武器（见第十节）。

本章所给的核力量的数字是基于公开信息的估计数，包含一些不确定性，如表的注释中所反映的那样。

表 6.1　2013 年 1 月世界核力量

所有数字都是大约数。这里所提出的有关核力量的估计是基于公开信息，包含一些不确定性，如表 6.1—6.9 的注释中所反映的那样。

国家	第一次核试验年份	部署的弹头[a]	其他的弹头[b]	总数
美国	1945	2150[c]	5550	~7700[d]
俄罗斯	1949	~1800	6700[e]	~8500[f]
英国	1952	160	65	225
法国	1960	~290	~10	~300
中国	1964	—	~250	~250
印度	1974	—	90—110	90—110
巴基斯坦	1998	—	100—120	100—120
以色列	. .	—	~80	~80

国家	第一次核试验年份	部署的弹头[a]	其他的弹头[b]	总数
朝鲜	2006	..		6—8
总计		~4400	~12865	~17270

[a]“部署的”是指安装在导弹上的弹头或放在有现役力量的基地的弹头。

[b]这些是储备的、等待拆卸的或在它们成为实战部署之前需要一些准备（例如组装或装载在发射架上）的弹头。

[c]除了战略弹头，这个数字还包括约200枚部署在欧洲的非战略（战术）核武器。

[d]这个数字包括美国国防部核武库的约4650个弹头和另外的约3000个正在等待拆卸的退役弹头。

[e]这个数字包括用于正在检修的核动力弹道导弹潜艇和轰炸机上的约700个弹头，由短程海军、空军和空防力量使用的2000枚非战略核武器，约4000个等待拆卸的退役弹头。

[f]这包括一个军用武库的约4500个核弹头和另外的4000个等待拆卸的退役弹头。

（田景梅　译）

第一节　美国核力量

汉斯·M. 克里斯滕森

据估计，截至 2013 年 1 月，美国保持一个由约 2150 个实战部署的核弹头组成的核武库，包括约 1950 个战略和 200 个非战略弹头（见表 6.2）。除了实战部署的武库外，大约 2500 个弹头储备待用，整个武库约有 4650 个弹头。另外的 3000 个退役弹头正在等待拆卸，这使整个库存达到约 7700 个弹头。

实战部署的力量水平与《SIPRI 年鉴 2012》给出的估计相差无几。[1] 总库存的减少反映了带有核弹头的战斧式海射巡航导弹的退役。

截至 2012 年 9 月 1 日，按照 2010 年《俄美关于进一步削减和限制进攻性战略武器的措施的条约》（新 START 条约）的履约要求，美国还拥有 1722 个战略弹头，装配在 806 个部署的导弹和轰炸机上。与 6 个月前的 2012 年 3 月的计数相比，这是一个适度的减少，只削减了 15 个弹头和 6 件发射器。[2] 自该条约从 2011 年 2 月生效以来，总削减数量是 78 个战略弹头和 76 件发射器。[3]

这些削减首先涉及的是，消除所谓的“虚假”发射器（即不再担负核发射任务但在新 START 条约下仍被计数为核发射器的轰炸机），以及在任何给定时间检修的发射器的数量的变动。直到 2015 年美国海军才开始把装载在每艘核动力弹道导弹潜艇上的导弹发射管从 24 个减到 20 个，真正的核发射器的削减才会开始。美国空军在这个十年末将有可能把洲际弹道导弹力量从 450 枚削减到 400 枚。

---

〔1〕 S. N. 基尔、P. 舍尔和 H. M. 克里斯滕森，“世界核力量”，《SIPRI 年鉴 2012》。

〔2〕 要了解新 START 条约的概要和其他细节，参见本卷附件 A。

〔3〕 要了解对 2012 年新 START 条约总数的分析，参见 H. M. 克里斯滕森，“根据新 START 条约所计数的美国核力量的新的详细数据”，战略安全博客，美国科学家联合会，2012 年 11 月 30 日，网址：〈http://blogs.fas.org/security/2012/11/newstart2012-2/〉

核现代化

在今后十年，美国政府计划花费多达2140亿美元对核运载工具、弹头和弹头生产设施进行现代化。这包括设计新级别弹道导弹潜艇、具有核能力的新型远程轰炸机和新型空射巡航导弹；研究下一代陆基洲际弹道导弹的选项；部署具有核能力的新型战斗机；生产三种型号核弹头或使它们现代化；建设新的核武器生产设施。

在今后几十年，美国全部现有的弹头型号都将按预期进行广泛的延寿和现代化计划。用于“三叉戟 II”（被称为D5）潜射弹道导弹（SLBM）的约1200个W76-1弹头的全面生产正在顺利进行，计划在2018年完成。B61-12精确制导核炸弹的生产——B61-3、-4、-7和-10炸弹的整合——计划在2019—2021年进行。这项计划估计花费超过100亿美元。新的“通用性或适应性弹头”的设计工作已经开始，它使用来自多余的W87弹头的部件，可能部署在洲际弹道导弹和潜射弹道导弹上。这些计划中的许多计划在《2012财年武库维护与管理计划》中已有所提及。[4]

2010年《核态势审议》（NPR）报告承诺，美国“将不发展新型核弹头”，但要考虑“全范围”的延寿计划选项，包括“现有弹头的翻新、来自不同弹头的核部件的再使用和核部件的替换”。[5] 这是出于避免恢复核爆炸试验的需要，美国在1992年就已停止这种试验。NPR还决定，任何延寿计划“将只使用基于以前经试验过的设计的核部件，将不支持新的军事任务或提供新的军事能力”。[6] 然而，这将取决于此种能力如何界定，因为安装一个新的解保、引信和点火装

---

〔4〕 美国能源部、国家核安全管理局，《2012财年武库维护与管理计划》，提交国会的报告（美国能源部：华盛顿特区，2011年4月15日）。又见N. 罗斯、H. M. 克里斯滕森和S. 杨格，“核计划与新预算现实相冲突”，“雄心勃勃的弹头延寿计划”，“流体动力学试验：不按比例”和“生产对削减：对冲赌博”，战略安全博客，美国科学家联合会，2011年9月12—19日，网址：〈http://blogs.fas.org/security/2011/09/stockpileplan2011/〉。

〔5〕 美国国防部，《核态势审议报告》（国防部：华盛顿特区，2010年4月），第xiv页。

〔6〕 美国国防部（同注释〔5〕），第xiv页。

置或制导尾部组件都能大大提高弹头摧毁某些类型目标的能力。[7]

核战略和计划

期待已久的核武器打击目标评估（有时被称为后 NPR 评估或 NPR 执行研究）的完成由于 2012 年 11 月美国总统大选而被推迟。这项评估的目的是，确定进一步削减美国核武库的选项，包括打击目标需求和戒备态势的潜在变化。

美将发布一项总统决策指令（PDD），成为由国防部长制定的核武器运用政策的基础和对由参谋长联席会议主席制定的联合战略能力计划的核方面的补充。然后，这些文件将指导美国战略司令部对战略核战计划（现在被称为战略威慑与全球打击，OPLAN 8010）进行修改。这些修改可能需要几年才能完成。

据报道，后 NPR 评估已经确定，美国用 1000—1100 个部署的战略弹头就能满足其国家安全和同盟承诺，这比新 START 条约规定的数量少大约 500 个。[8]

轰炸机

美国空军目前拥有一个由 20 架 "B-2" 轰炸机和 91 架 "B-52H" 轰炸机组成的机群，它们部署在三个空军基地。在这些飞机中，18 架 "B-2" 轰炸机和 76 架 "B-52H" 轰炸机是有核能力的，但是只有 60 架轰炸机（16 架 "B-2" 轰炸机和 44 架 "B-52H" 轰炸机）被认为在任何给定时间都能担负核任务。[9] 根据新 START 条约的规定，单个轰炸机都被计数为只携带一枚核武器，即便每架专用的 "B-2" 轰炸机能携带多达 16 个核炸弹（"B61-7"、"B61-

---

〔7〕 H. M. 克里斯滕森，"小引信——大效果"，战略安全博客，美国科学家联合会，2007 年 3 月 14 日，网址：〈http://www.fas.org/blog/ssp/2007/03/small_fuze_-_big_effect.php〉。

〔8〕 R. J. 史密斯，"奥巴马政府欢迎新的核武器削减"，公共廉政中心，2013 年 2 月 8 日，网址：〈http://www.publicintegrity.org/2003/02/08/12156/obama-administration-embraces-major-new-nuclear-weapons-cut〉。

〔9〕 截至 2012 年 9 月 1 日，新 START 条约计数了 141 架核轰炸机，这是一个由计数了所谓的虚假轰炸机所导致的反常现象，因为这些轰炸机不再担负核任务，但仍携带一些使它们在该条约下被计数为核发射器的设备。

11”和“B83－1”）和每架专用的“B－52H”轰炸机能携带多达20枚空射巡航导弹。

美国空军正在设计一种新型轰炸机，以期从21世纪20年代中期开始替换现有的轰炸机。美国空军预计耗资550亿美元采购80—100架飞机，其中的一些飞机具有核能力。这种新型轰炸机可能装载、发射“B83－1”重力炸弹（如果它仍保留在武库中）或计划中的“B61－12”精确制导炸弹。美国空军也在计划核空射巡航导弹，目前被称为先进远程防区外（LRSO）导弹。现在的空射巡航导弹计划继续服役到21世纪20年代。

陆基弹道导弹

美国空军拥有450枚井基的“民兵III”洲际弹道导弹，被平分在三个空军联队：位于怀俄明州F·E·沃伦空军基地的第90导弹联队；位于北达科他州迈诺特空军基地的第91导弹联队；位于蒙大拿州马姆斯特罗姆空军基地的第341导弹联队。新START条约的数据显示，在2012年9月1日449枚“民兵III”导弹处于实战部署状态，另外的263枚洲际弹道导弹（包括58枚在2003—2005年退役的MX“和平卫士”洲际弹道导弹）处于储备状态。[10]为遵守新START条约关于部署的核运载工具的限制，美国预计将把洲际弹道导弹力量削减到不超过400枚导弹。

每枚“民兵III”导弹或携带335千吨当量的W78弹头，或携带300千吨的W87弹头。几乎所有的导弹都携带一个单弹头，剩余的带有分导式多弹头再入飞行器的导弹的卸载在2012年开始，但尚未宣布卸载已经完成。“民兵”力量仍将把保留分导式多弹头再入飞行器能力作为一个选择，同时把数百个弹头储存起来。

美国空军正在进行一项耗资数十亿美元、为时长达十年的“民兵”导弹现代化计划。尽管美国没有正式部署新型洲际弹道导弹，但是升级改造后的“民兵III”导弹“除了壳以外基本上是新型导

〔10〕克里斯滕森（同注释〔3〕）。

弹”。[11] 这项计划预计在2015年完成，并将把“民兵III”导弹的服役寿命延长到2030年。

美国空军2013财年的预算要求包括940万美元用于研究“民兵III”导弹的替代方案，2012年5月17日“空军需求监管委员会”签署了一份下一代洲际弹道导弹的“初始能力文件”。[12] 一个可能的选项是发展机动洲际弹道导弹，这种导弹将提高生存能力，并减少使导弹处于高度戒备状态的需要。

2012年，美国空军从加利福尼亚州范登堡空军基地成功地进行了两次“民兵”导弹的飞行试验，这和2011年进行的飞行试验的次数是一样的。第一次试验是在2月25日进行的，第二次试验是在11月12日进行的，导弹分别从沃伦空军基地和马姆斯特罗姆空军基地的发射井发射。除了飞行试验外，美国空军在2012年进行了两次模拟发射——被称为“电子模拟发射民兵”，其目的是检验“从最初的警戒传输到模拟的初级点火全过程的人员和设备情况”。[13]

弹道导弹潜艇

美国海军所有14艘“俄亥俄”级核动力弹道导弹潜艇都装载“三叉戟II”潜射弹道导弹。其中的8艘是以太平洋为基地，6艘是以大西洋为基地。在正常情况下，12艘潜艇被认为是现役的，第13和第14艘潜艇在任何给定时间检修。但是，新START条约的数据显示，满载导弹的核动力弹道导弹潜艇的数量不足12艘。例如，截至2012年9月1日，只有239枚导弹被计数为部署的，比12艘潜艇的载弹量少49枚，因此3艘核动力弹道导弹潜艇在计数时未部署。从2015年开始，每艘“俄亥俄”级核动力弹道导弹潜艇上导弹发射管

---

〔11〕 C. 潘帕，“延寿计划使导弹进入未来”，空军全球打击司令部，2012年10月24日，网址：〈http://www.afgsc.af.mil/news/story.asp?id=123323606〉。

〔12〕 E. M. 格罗斯曼，“美国空军批准未来洲际弹道导弹的概念，注视海军合作”，环球安全通讯社，2012年6月1日，网址：〈http://www.nti.org/gsn/article/us-air-force-approves-concept-future-icbm-eyes-navy-collaboration/〉。

〔13〕 M. 泰森，“又一年，又一次‘电子模拟发射民兵’试验完成”，今日空军印刷新闻，2012年10月12日，网址：〈http://www.afgsc.af.mil/news/story_print.asp?id=123322003〉；S. 巴尔肯，“第91MW成功地完成模拟发射”，今日空军印刷新闻，2012年5月9日，网址：〈http://www.minot.af.mil/news/story_print.asp?id=123299257〉。

的数量将从 24 个减到 20 个。这种减少是为了把部署的潜射弹道导弹的数量在任何给定时间减到不超过 240 枚，以满足新 START 条约对部署的战略运载工具所规定的限制。

美国核动力弹道导弹潜艇的实战性能正在改进，每艘核动力弹道导弹潜艇现在每年平均进行 2.5 次海上巡逻，而十年前则是 3.5 次。超过 60% 的海上巡逻是在太平洋进行的。在任何给定时间，12 艘现役核动力弹道导弹潜艇中的大约 8 艘都在海上巡逻，其中约一半潜艇处于“硬警戒状态”（即根据战略战争计划海上巡逻区域是在被选定的打击目标的范围内）。剩下的潜艇都在港口，可能在干船坞，其导弹被卸载下来。

美国海军正在进行雄心勃勃的现代化计划，以用新设计的潜艇来替代“俄亥俄”级核动力弹道导弹潜艇。海军已选择了一种比“俄亥俄”级潜艇大 2000 吨的潜艇，但只装配 16 个导弹发射管，而不是 24 个。[14] 12 艘替代潜艇（暂时被称作 SSBNX）正在计划建造，与现有的 14 艘相比少了 2 艘，估计花费 904 亿美元。第一艘潜艇的采购预计在 2021 年，其部署将于 2031 年开始。[15]

至少在其服役寿命的头十年，SSBNX 将装备现在的“三叉戟 II”潜射弹道导弹的延寿型，此种导弹被命名为 D5LE。D5LE 装有一个新的制导系统，以“提供灵活性来支持新的任务”和使导弹更加精确，它从 2017 年开始还将安装到现有的“俄亥俄”级核动力弹道导弹潜艇上。[16]

2012 年，美国海军进行了一次“三叉戟 II”（D5）潜射弹道导弹的飞行试验。2 月 22 日，美国“田纳西”号潜艇发射了一枚装有新的 D5 延寿制导系统的导弹。此次发射是从佛罗里达的海岸进行

〔14〕 要了解 SSBNX 计划的非密概要，参见 W. J. 布鲁厄姆，“‘俄亥俄’级替代计划”，2012 年海军潜艇联盟的演讲，2012 年 10 月 18 日，网址：〈http://news.usni.org/news-analysis/documents/ohio-replace-ment-program〉。

〔15〕 参见 R. O'Rourke，《海军“俄亥俄”级替代（SSBN [X]）弹道导弹潜艇计划：背景和问题》，国会研究服务局提交国会的报告 R41129（美国国会，国会研究服务局：华盛顿特区，2012 年 12 月 10 日）。

〔16〕 德雷珀实验室，“使‘三叉戟’随时保持准备状态”，《探索》，2006 年春，第 8 页；海军水面战中心克莱恩分部，“水下奇迹，潜艇：一个强大的威慑力量”，《作战人员的解决方案》，2008 年秋，第 14 页。

的，标志着 D5 导弹进行了连续 136 次成功的飞行试验。[17]

非战略核武器

截至 2013 年 1 月，美国保留约 500 枚非战略（战术）核武器和所有 B61 重力炸弹。所有剩余的“战斧式”对地攻击核巡航导弹（TLAM/N）及其 W80 - 0 弹头现在已经退役。[18] 这完成了长达数十年的对美国所有非战略海军核武器的单方面消除。

美国“B61”炸弹中的近 200 个被部署在五个北约欧洲成员国比利时、德国、意大利、荷兰和土耳其的六个空军基地。大约一半的炸弹被指定由美国“F - 15E”和“F - 16”战斗机投掷。比利时、荷兰和土耳其的空军（“F - 16”战斗机）与德国和意大利的空军（PA - 200“旋风式”战斗机）被选定使用美国的核武器担负核打击任务。

2012 年 5 月在芝加哥举行的北约峰会批准了《威慑与防务态势评估》（DDPR）报告的结论，即现有的“核力量态势目前满足了有效威慑和防务态势所需的条件”。[19] 然而，北约计划对其欧洲核力量进行现代化。这将包括部署新型“B61 - 12”核炸弹和隐形“F - 35A”（联合攻击战斗机）战斗机。“B61 - 12”也将由“F - 15E”、“F - 16”和 PA - 200“旋风式”战斗 - 轰炸机以及美国空军的“B - 2”远程轰炸机投掷。

与目前部署在欧洲的“B61 - 3”和“B61 - 4”炸弹相比，“B61 - 12”在 2018 年开始部署时将带来重大的新军事能力。这种新型炸弹将使用“B61 - 4”的核炸药包，具有约 50 千吨的最大当量。

---

〔17〕 T. 本尼迪克特（海军少将），美国海军，战略系统计划，“2013 财年战略系统”，在美国参议院武装部队委员会战略力量小组委员会的陈述，2012 年 3 月 28 日，网址：〈http://www.armed-services.senate.gov/hearings/event.cfm/eventid = be752ef61c2a4052a676d149c98615b9〉，第 5 页。

〔18〕 H. M 克里斯滕森，“美国海军指令确认退役‘战斧式’核巡航导弹”，战略安全博客，美国科学家联合会，2012 年 3 月 18 日，网址：〈http://blogs.fas.org/security/2013/03/tomahawk/〉。

〔19〕 北大西洋公约组织，《威慑和防务态势评估》，2012 年 5 月 20 日，网址：〈http://www.nato.int/cps/en/natolive/official_ texts_ 87597.htm〉，第 8 段。关于《威慑和防务态势评估》，还见本卷第七章第三节。

然而，由于“B61 - 12”还要满足威力更大的战略性“B61 - 7”（360千吨最大当量）的任务要求，它将被安装一个价值10亿美元的制导尾部组件，以提高其精确度。这将增加“B61 - 12”摧毁地下目标的能力，并使打击计划制定者们针对现在的目标能够选择更低的当量，以减少附带损伤。[20]

表6.2 2013年1月美国核力量

型号	名称	部署数量[a]	首次部署年份	射程（公里）[b]	弹头×当量	弹头数量
战略力量						**~1950**
轰炸机		111/60				300
B-52H	Stratofortress	91/44	1961	16000	空射巡航导弹5-150kt	200[c]
B-2A	Spirit	20/16	1994	11000	B61-7，-11，B83-1炸弹	100[d]
洲际弹道导弹		449/500				500
LGM-30G	民兵III					
	MK-12A	200	1979	13000	1-3×335kt	250
	MK-21 SERV	250	2006	13000	1×300kt	250
核动力弹道导弹潜艇/潜射弹道导弹[e]		239/288				1152
UGM-133A	三叉戟II(D5)[f]					
	MK-4	..	1992	>7400	4×100 kt	368
	MK-4A	..	2008	>7400	4×100 kt	400
	MK-5	..	1990	>7400	4×475 kt	384
非战略力量						**200**
B61-3，-4炸弹		..	1979	..	0.3-170 kt	200[g]

〔20〕要了解“B61 - 12”及其影响，参见H. M. 克里斯滕森，“‘B61’延寿计划：提高北约的核能力和精确的低威力打击”，战略安全博客，美国科学家联合会，2011年6月15日，网址：〈http：//www. fas. org/blog/ssp/2011/06/b61 - 12. php〉。

型号	名称	部署数量[a]	首次部署年份	射程（公里）[b]	弹头×当量	弹头数量
部署的弹头总数						**~2150**
储备的弹头						~2500
军用武库总数						**~4650**
退役等待拆卸的弹头						~3000
库存总数						**~7700[h]**

.. = 没有可用或适用的数据；ALCM = 空射巡航导弹；ICBM = 洲际弹道导弹；kt = 千吨；SERV = 安全加强型再入飞行器；SLBM = 潜射弹道导弹；SLCM = 海射巡航导弹；SSBN = 核动力弹道导弹潜艇。

a 在“部署数量”栏中的第一个数字是根据新 START 条约被计数为部署的数量。第二个数字是被指派担负核任务的数量。

b 飞机的航程只用于说明的目的；真正的作战航程根据飞行轨迹和武器载荷将有所不同。

c“B－52H”也能携带“B61－7”和“B83－1”重力炸弹，但目前只被计划投掷空射巡航导弹。空射巡航导弹的总数已削减到 528 枚，其中的 200 枚据估计是部署的。新 START 条约规定每架飞机只被计数为携带一枚武器，对储存在轰炸机基地的武器不计数。

d 只有“B－2A”轰炸机被指派投掷核重力炸弹，担负战略任务。

e 在 14 艘核动力弹道导弹潜艇中，在正常情况下两艘或更多潜艇在任何给定时间都在进行检修。它们携带的导弹和弹头不包括在部署的总数里。

f 尽管根据新 START 条约每枚“D5”导弹被计数为携带 8 个弹头，但是据估计美国海军已经将每枚导弹卸载到平均携带 4—5 个弹头。

g 自 2001 年以来，部署在欧洲的“B61”炸弹的数量已单方面削减了近 2/3，从 480 个削减到近 200 个。另外的 300 个非战略炸弹是备用的。“战斧式”对地攻击核巡航导弹已经退役。

h 除了这 7700 个完整的弹头外，约 15000 个钚芯储存在得克萨斯州的潘特克斯工厂，约 5000 个铀次级储存在田纳西州橡树岭的 Y－12 厂。

资料来源：美国国防部，各种预算报告和新闻稿；美国能源部，各种预算报告和计划；美国国防部，根据信息自由法案所获得的各种档案文件；美国空军、美国海军和美国能源部，个人通信；“核笔记本”，《原子科学家公报》，各期；作者的评估。

（田景梅　译）

第二节 俄罗斯核力量

维达利·费琴科 汉斯·M.克里斯滕森 菲利普·舍尔

截至2013年1月，俄罗斯维持一个由约4500个配备给现役力量的核弹头组成的武库。在这些弹头中，约2500个是战略弹头，包括1800个部署在弹道导弹上和轰炸机基地的弹头和700个储存起来的弹头。俄罗斯还有约2000个非战略（战术）核弹头。4000个弹头已经退役或等待拆卸，这使总库存达到约8500个弹头（见表6.3）。

2012年，俄罗斯和美国完成了两次有关新START条约所涉的战略核力量的数量、位置和技术特征的数据交换。截至2012年9月1日，俄罗斯被计数为部署了总共1499个核弹头，它们配属在491件条约计数的战略发射器上，包括洲际弹道导弹、潜射弹道导弹和重型轰炸机。[1] 这表示自2011年9月1日俄罗斯削减了67个部署的弹头和25件被计数的发射器。[2] 因此，俄罗斯在2012年就满足了新START条约所规定的1550个部署的弹头的上限，这比该条约设定的时间提前了6年。

新START条约所要求的核武器削减使俄罗斯战略力量的现有趋势法律化。俄罗斯继续退役苏联时期的导弹（RS-20V、RS-18和RS-12M），它们已经到了服役寿命的期限。与此同时，俄罗斯一直在发展新型机动洲际弹道导弹和潜射弹道导弹，尽管发展的速度要比退役老旧系统的速度慢。

2009年批准的俄罗斯《国家安全战略》声称，俄罗斯将以最经

〔1〕 美国国务院，军控、核查和履约局，“新START条约战略进攻力量的总数目”，《情况简报》，2012年11月30日，网址：〈http://www.state.gov/t/avc/rls/201216.htm〉。根据新START条约的规定，每架重型轰炸机被计数为只携带一个弹头，即使飞机能够携带更多的核巡航导弹有效载荷或核重力炸弹。

〔2〕 俄罗斯继续不公开发布根据新START条约所交换的全部非密数据，包括在各个基地部署和非部署的导弹和轰炸机以及分属它们的弹头的细目。

济有效的方式保持与美国在进攻性战略武器方面的对等。[3] 根据资深军事专家所说，俄罗斯的战略核力量在目前的军控条约限制下能够确保最低威慑，但是为了确保未来第二次打击能力，俄罗斯需要既提高其导弹的生存能力又提高导弹的规避导弹防御的能力。[4] 通过引入更具生存能力的系统，诸如公路机动洲际弹道导弹和新一代核动力弹道导弹潜艇和潜射弹道导弹，俄罗斯正在努力实现前一个目标。为了达到后一个目标，它正在试验旨在穿透导弹防御的洲际弹道导弹有效载荷和发展新的重型洲际弹道导弹。2012 年，俄罗斯政府在很多场合承诺对这些项目给予有力的财政和组织支持。据报道，俄罗斯 2012 年在核军备方面花费了 274 亿卢布（9.33 亿美元），并计划 2013 年花费 293 亿卢布（9.98 亿美元），2014 年花费 333 亿卢布（11.34 亿美元），2015 年花费 386 亿卢布（13.14 亿美元）。[5]

战略轰炸机

俄罗斯远程航空兵司令部拥有 13 架“图－160”、31 架“图－95MS16”和 28 架“图－95MS6”轰炸机。这些轰炸机的最大载弹量约为 810 枚核武器，其中的 200—300 枚可能储存在轰炸机基地。[6] 2012 年，司令部进行了超过“35 次”战略轰炸机飞行，继续了这一在 1992 年中止而在 2007 年恢复的例行做法。[7] 2012 年 10 月 19 日，轰炸机成功地发射了 4 枚巡航导弹，作为似乎是一个更大的军事演习

[3] “到2020 年俄罗斯联邦国家安全战略”，第537 号俄罗斯总统令，2009 年5 月12 日，网址：〈http://www.scrf.gov.ru/documents/99.html〉。

[4] S. Umnov，“俄罗斯的战略核力量：加强弹道导弹防御穿透能力”，《军工信使》，2006 年3 月8—14 日；V. Esin，“美国：追求全球导弹防御”，《军工信使》，2010 年8 月25—31 日。

[5] “俄罗斯计划到2015 年在核武器方面花费1000 多亿卢布”，俄新社，2012 年10 月17 日，网址：〈http://ria.ru/atomtec_news/20121017/903330028.html〉；V. 普京，“正在强大”，《外交政策》，2012 年2 月12 日；俄罗斯总统，“关于在核威慑领域执行国家武器采购计划的会议”，2012 年7 月26 日，网址：〈http://kremlin.ru/news/16058〉。关于总的俄罗斯军费开支，参见本卷第三章第三节。

[6] H. M. 克里斯滕森，“削减核过剩：进一步削减美国和俄罗斯核力量的选择”，美国科学家联合会专题报告5 号（美国科学家联合会：华盛顿特区，2012 年12 月）。

[7] 俄罗斯国防部，“远程飞行巡逻成为例行程序”，2012 年1 月2 日，网址：〈http://function.mil.ru/news_page/world/more.htm?id=11569911@egNews〉。

的一部分。所有的导弹落到科米共和国的 Pemboi 试验场，一枚导弹被潘特赛尔 - S 移动式防空系统击落。[8]

俄罗斯继续努力改进和延长其老化的“图 - 95MS”轰炸机的服役寿命。俄罗斯国防部长在 2012 年 9 月宣布，该飞机电子设备的现代化将在 2013 年开始。这将使“图 - 95MS”一直服役到新型战略轰炸机开始服役，这种新型战略轰炸机被称为 PAK-DA（远程航空兵未来航空综合体的俄语缩写），预计在 2025 年前不会服役。在剩余的 59 架“图 - 95MS”飞机中，只有几十架将进行现代化，其他的飞机将退役。[9] 俄罗斯还正在对其“图 - 160”轰炸机和“伊尔 - 78”加油机进行现代化。[10]

陆基弹道导弹

截至 2013 年 1 月，俄罗斯战略火箭军（SRF）——控制俄罗斯洲际弹道导弹的武装力量的分支由——12 个导弹师（组成三个导弹集团军）组成，部署了 326 枚不同类型的洲际弹道导弹。“RS - 20V”（北约称为 SS - 18）和“RS - 18”（SS - 19）液体燃料、井基洲际弹道导弹源于苏联时期，预计到 2020 年将被逐步淘汰，其中“RS - 18”将被目前正在研制的新型液体推进剂的导弹所取代。[11] 战略火箭军司令谢尔盖 · 卡拉卡耶夫中将在 2012 年 12 月宣布，“RS - 18”的服役寿命将延长到 2019 年，“RS - 20V”的服役寿命将延长到 2022 年。[12] 固体燃料、公路机动的“RS - 12M 白杨”（SS - 25）也计划到 2019 年退役；同时它正在进行延寿计划。在 2012 年期

〔8〕“轰炸机在一次战略力量演习中发射巡航导弹”，俄罗斯战略核力量，2012 年 10 月 19 日，网址：〈http：//russianforces. org/blog/2012/10/bombers_ launch_ cruise_ missiles. shtml〉。

〔9〕A. 米哈伊洛夫，“‘熊’式战略轰炸机留下来服役”，《消息报》，2012 年 9 月 20 日。

〔10〕“PAK DA 的第一个飞行模型计划在 2017 年建成”，Vzglyad，2012 年 12 月 23 日，网址：〈http：//vz. ru/news/2012/12/23/613368. html〉。

〔11〕D. C. Isby，“俄罗斯演习凸显战略火箭军现代化计划”，《简氏导弹与火箭》，第 16 卷，第 12 期（2012 年 12 月），第 4 页。

〔12〕“俄罗斯的 Voyevoda 洲际弹道导弹再服役 10 年——司令”，Interfax-AVN，2012 年 12 月 15 日，译自俄语，英国广播公司国际监测报道。

间，该计划包括 6 月 7 日和 10 月 19 日的试射（6 月 7 日还试验了导弹防御对抗措施）。[13]

固体燃料的“RS－12 白杨－M”（SS－27Mod1）导弹已发展了公路机动（“RS－12M1”）和井基（“RS－12M2”）两种类型。[14] 2010 年，战略火箭军放弃继续采购“RS－12M1”，转而支持“RS－24 亚尔斯”（SS－27Mod2）的机动型，它是带有分导式多弹头再入飞行器的“RS－12M1”的变体，在 2011 年开始部署。到 2012 年底，战略火箭军拥有 18 枚部署的“RS－24”导弹，所有这些导弹都部署在第 54 近卫导弹师，该师驻扎在伊凡诺沃州杰伊科沃地区。[15] 用“RS－24”的机动型替代第 29 和第 39 近卫导弹师的“RS－12M”的准备工作已经开始，这两个师分别驻扎在伊尔库茨克和新西伯利亚。[16] 停止采购“RS－12M2”的决定已在 2012 年作出；这类导弹的最后 4 枚已交付给驻扎在萨拉托夫州塔吉谢沃导弹基地的第 60 导弹师。用“RS－24”的井基型装备驻扎在卡卢加州科泽尔斯克的第 28 近卫导弹师的准备工作已于 2012 年开始，“RS－24”替代了“RS－18”。[17] 从 2013 年起，所有新型井基洲际弹道导弹都将是“RS－24”。[18]

据报道，战略火箭军在 2012 年 5 月 23 日和 10 月 24 日发射了两枚新型机动洲际弹道导弹，但导弹的型号未加以说明，尽管它们可能

---

〔13〕“‘白杨’从卡普斯京亚尔试射”，2012 年 6 月 7 日，俄罗斯战略核力量，网址：〈http：//russianforces. org/blog/2012/ 06/test_ of_ topol_ from_ kapustin_ ya. shtml〉。

〔14〕 D. Lennox（编辑），《简氏战略武器系统》，第 54 期（HIS 环球有限公司：科尔斯登，2011），第 175 页。

〔15〕“‘白杨－M’和‘RS－24 亚尔斯’部署计划”，2012 年 12 月 14 日，俄罗斯战略核力量，网址：〈http：//russianforces. org/blog/2012/12/topol-m_ and_ rs－24_ yars_ deploym. shtml〉。

〔16〕 俄罗斯国防部，“两个导弹师将装备新型导弹系统‘亚尔斯’”，2011 年 12 月 19 日，网址：〈http：//function. mil. ru/news _ page/country/more. htm？ id ＝ 10854015 @egNews〉。

〔17〕“第五代导弹综合体正部署在卡卢加地区”，TV Zvezda，2012 年 7 月 12 日，网址：〈http：//tvzvezda. ru/news/forces/content/201207122252－8xqt. htm〉。

〔18〕 D. C. Isby，“井基‘亚尔斯’洲际弹道导弹开始服役”，《简氏导弹与火箭》，第 17 卷，第 1 期（2013 年 1 月），第 6 页。

是带有有效载荷改进的“RS－24”。[19]

弹道导弹潜艇和海射弹道导弹

截至2013年1月，俄罗斯海军共有10艘核动力弹道导弹潜艇：7艘在北方舰队，3艘在太平洋舰队。

3艘“667BDR Kalmar型”（被北约称为“德尔塔III”级）潜艇分配给太平洋舰队，每艘潜艇携带16枚RSM－50“波浪”（SS－N－18 M1）潜射弹道导弹。其中的一艘K－433“胜利的圣乔治”号潜艇在2012年10月19日成功地试射了一枚RSM－50潜射弹道导弹。[20] 6艘“667BDRM Delfin型”（“德尔塔IV”级）潜艇分配给北方舰队，每艘潜艇携带16枚RSM－54“轻舟”（SS－N－23）潜射弹道导弹。其中的一艘K－84“叶卡捷琳堡”号在2011年12月损坏，预计到2014年才能重新服役。[21]

2013年1月10日，俄罗斯第一艘955型“北风之神”级核动力弹道导弹潜艇——K－535“尤里·多尔戈鲁基”号——开始在北方舰队服役。这个级别的第二艘潜艇K－550“亚历山大·涅夫斯基”号还在进行海试，第三艘“弗拉基米尔·莫诺马赫”号潜艇在2012年12月30日下水。[22] 第一艘升级的955A型“北风之神”级“弗拉基米尔大公”号核动力弹道导弹潜艇在2012年7月开始建造。[23] 俄罗斯计划建造8艘“北风之神”级核动力弹道导弹潜艇以替代现有的“667BDR Kalmar型”和“667BDRM Delfin型”核动力弹道导

〔19〕 I. Safronov，“‘布拉瓦’出现在普列谢茨克”，《生意人报》，2012年5月24日；“新型洲际弹道导弹在卡普斯京亚尔试验”，俄罗斯战略核力量，2012年10月24日，网址：〈http：//russianforces. org/blog/2012/10/new_ icbm_ tested_ in_ kapustin_ ya. shtml〉。

〔20〕 “俄罗斯成功地试射弹道导弹”，《今日俄罗斯》，2012年10月30日，网址：〈http：//rt. com/news/bulava-sineva-topol-launch/〉。

〔21〕 S. N. 基尔等，“俄罗斯核力量”，《SIPRI年鉴2012》，第320页。

〔22〕 “俄罗斯在2013年建造两艘改进的‘北风之神’级潜艇”，俄新社，2013年1月14日，网址：〈http：//en. rian. ru/military_ news/20130114/178766923/Russia_ to_ Lay_ Down_ Two_ Improved_ Borey_ Class_ Subs_ in_ 2013. html〉。

〔23〕 “普京参加核潜艇仪式”，俄新社，2012年7月30日，网址：〈http：//en. rian. ru/military_ news/20120730/174865317. html〉。

弹潜艇，“北风之神”级核动力弹道导弹潜艇装配 RSM－56“布拉瓦”（SS－NX－32）潜射弹道导弹。

此外，一艘 941 型 Akula（“台风”级）潜艇已改装用作试验平台。外界不认为它是武装的核动力弹道导弹潜艇力量的一部分。[24]

非战略核武器

关于俄罗斯非战略核武库的规模和地点具有相当大的不确定性。这里所作的估计是，有约 2000 个弹头提供给俄罗斯军队，另外还有 2000 个退役和等待拆卸的弹头（见表 6.3）。作出这一估计是基于 1. 对苏联非战略弹头库的先前估计，2. 与 1991—1992 年总统核倡议有关的信息和俄罗斯官员关于在总统核倡议下非战略武器削减的进展所作的说明，3. 对俄罗斯作战序列和额定发射平台弹头载荷的分析。[25] 这个估计与美国国防部在 2011 年 11 月所作的声明是一致的，即据非密估计俄罗斯库存有约 2000—4000 枚非战略核武器。[26]

2012 年所发表的另一项研究提出，俄罗斯实战部署的非战略核弹头的数量可能低至约 1000 个，整个库存约有 1900 个。[27] 这项研究假设，非战略核弹头所分配的不是单个运载工具而是具有核能力的军事单位，这些单位配有固定数量的核弹头。

---

〔24〕“俄罗斯打算把‘台风’级核潜艇一直保留到 2019 年——海军”，俄新社，2010 年 5 月 7 日，网址：〈http：//en. rian. ru/military_ news/20100507/158917310. html〉。

〔25〕要了解更多信息，参见 H. M. 克里斯滕森，《非战略核武器》，美国科学家联合会专题报告 3 号（美国科学家联合会：华盛顿特区，2012 年 5 月），第 51—65 页。还参见克里斯滕森（同注释［6］），第 26—27 页。

〔26〕詹姆斯·米勒，美国国防部负责政策的副部长，在美国众议院武装力量委员会的陈述，2011 年 11 月 2 日，网址：〈http：//armedservices. house. gov/index. cfm/2011/11/the-current-status-and-future-direction-for-us-nuclear-weapons-policy-and-posture〉，第 2 页；基尔（同注释［21］），第 321 页。

〔27〕I. Sutyagin，《原子能衡算：俄罗斯非战略核力量的新估计》，临时论文（英国皇家联合军种研究院：伦敦，2012 年 11 月），第 2—3 页。

表 6.3　2013 年 1 月俄罗斯核力量

型号/俄罗斯名称（北约代号）	部署数量	首次部署年份	射程（公里）[a]	弹头载荷	弹头数量（部署的/配备的）[b]
战略进攻力量					~1800/~2500[c]
轰炸机	72				60/810[d]
图-95MS6（熊式-H6）	29	1981	6500—10500	6×AS-15A 空射巡航导弹，炸弹	24/174
图-95MS16（熊式-H16）	30	1981	6500—10500	16×AS-15A 空射巡航导弹，炸弹	25/480
图-160（海盗旗）	13	1987	10500—13200	12×AS-15B 空射巡航导弹或 AS-16 短程空射导弹，炸弹	11/156
洲际弹道导弹	326				1050/1050
RS-20V（SS-18 撒旦）	55	1992	11000—15000	10×500—800 千吨	550/550
RS-18（SS-19 匕首）	35	1980	10000	6×400 千吨	210/210
RS-12M 白杨（SS-25 镰刀）	140	1985	10500	1×800 千吨	140/140
RS-12M2 白杨-M（SS-27，井基）	60	1997	10500	1×800 千吨	60/60
RS-12M1 白杨-M（SS-27）	18	2006	10500	1×（800）千吨	18/18
RS-24 亚尔斯，机动（SS-27 Mod 2）	18	2010	10500	（4）×（100 千吨）	72/72
RS-24 亚尔斯，井基（SS-27 Mod 2）	—	2013	10500	（4）×（100 千吨）	-/-

型号/俄罗斯名称（北约代号）	部署数量	首次部署年份	射程（公里）[a]	弹头载荷	弹头数量（部署的/配备的）[b]
潜射弹道导弹	160				448/624[e]
RSM－50 波浪（SS－N－18M1 黄貂鱼）	48	1978	6500	3×50 千吨	96/144
RSM－54 蓝天（SS－N－23 小船）	96	1986/2007	9000	4×100 千吨	256/384
RSM－56 布拉瓦（SS－NX－32）	16	2013	>8050	6×（100 千吨）	96/96
非战略力量					－/（**~2000**）[f]
反弹道导弹，空中/沿海防御[g]	~1100				－/（~425）
53*T*6（*SH*－08，*Gazelle*）	68	1986	30	1×10 千吨	－/（68）
S－300（*SA*－10/12/20）	1000	1980	..	1×不足千吨	－/（~340）
SSC－1*B*（*Sepal*）	34	1973	500	1×350	－/（~17）
空军武器[h]	430				－/（~730）
图－22*M*3（逆火式－*C*）	150	1974	..	3×空对地导弹，炸弹	－/（~450）
苏－24*M*/*M*2（*Fencer-D*）	260	1974	..	2×炸弹	－/（~260）
苏－34（*Fullback*）	20	2006	..	2×炸弹	－/（~20）
陆军武器[i]	170				－/（~170）
OTR－21 *Tochka*（*SS*－21 *Scarab*）	140	1981	120	（1×10 千吨）	－/（~140）

型号/俄罗斯名称（北约代号）	部署数量	首次部署年份	射程（公里）[a]	弹头载荷	弹头数量（部署的/配备的）[b]
Iskander (*SS-26 Stone*)	30	2005	500	（1×10 千吨）	–/（~30）
海军武器					–/（~700）
潜艇/水面舰艇/空中[j]	海射巡航导弹，反潜战武器，地对空导弹，深水炸弹，鱼雷				
部署的/配备的弹头总数					**~1800/4500**
退役等待拆卸的弹头总数					~4000
库存总数					**~8500**

.. = 没有可用或适用的数据；（）= 不确定的数字；ABM = 反弹道导弹；ALCM = 空射巡航导弹；ASM = 空对地导弹；ASW = 反潜战武器；ICBM = 洲际弹道导弹；kt = 千吨；SAM = 地对空导弹；SLBM = 潜射弹道导弹；SLCM = 海射巡航导弹；SRAM = 进攻性短程导弹。

[a] 飞机的航程只用于说明的目的；真正的作战航程根据飞行轨迹和武器载荷将有所不同。

[b] 在这一栏里，第一个数字是部署在每个运载系统上的弹头的估计数，而第二个数字是配备给运载系统的弹头的估计数。

[c] 第一个总数包括，根据新 START 条约所计数的弹头数加上被认为放在轰炸机基地的大约 300 枚轰炸机武器。与新 START 条约不同，它还包括全部核动力弹道导弹潜艇载荷。另有 700 个战略弹头据估计储备起来，以供核动力弹道导弹潜艇和轰炸机使用。

[d] 在据估计配备给远程轰炸机的 810 枚武器中，只有 300 枚据估计放在轰炸机基地。剩余的武器被认为储存在中央储存设施里。

[e] 核动力弹道导弹潜艇中的两艘或三艘在任何给定时间都在检修，不携带配备给它们的核导弹和核弹头。

[f] 据俄罗斯政府所说，所有非战略核弹头都是储备的，因此它们未被计入部署的弹头总数里。除了这里所列的用于非战略核力量的 2000 个弹头外，另外的 2000—3000 个弹头据估计已经退役并等待拆卸。

[g] “51T6”（SH-11 Gorgon）不再是实战部署的。“S-300”系统被认为具有某种核能力，但是对于哪类和多少拦截器（SA-10 Grumble，SA-12 Gargoyle，SA-12A Gladiator，SA-12B Giant，SA-21 Growler）具有核能力，存在不确定性。一些空防导弹可能具有对抗某些弹道导弹的有限能力。在 1000 个部署的空防发射器中，只有约三分之一被认为具有核能力。

[h]这些数字假设，俄罗斯陆基攻击机中只有一半担负核任务。

[i]据北约国际军事参谋部所说，俄罗斯在2009年8—9月举行的“西方”和“拉多加”演习包括“导弹发射，其中一些可能模拟了战术核武器的使用”。I. 达尔德，美国驻北约大使，“北约—俄罗斯：北大西洋理事会讨论俄罗斯的军事演习”，给美国国务院的电报USNATO546号，2009年11月23日，网址：〈http://wikileaks.org/cable/2009/11/09USNATO546.html〉。

[j]水面舰艇不被认为配备了核鱼雷。

资料来源：俄罗斯国防部新闻稿；美国国务院，START条约谅解备忘录，1990—2009年7月，新START条约综合数据发布，2012年；美国空军，国家航空航天情报中心（NASIC），《弹道和巡航导弹威胁》（国家航空航天情报中心：赖特—帕特森空军基地，俄亥俄州，2009年6月）；世界新闻连线，国家技术信息服务局（NTIS），美国商务部，各期；俄罗斯新闻媒体；俄罗斯战略核力量，网址：〈http://www.russian forces.org/〉；国际战略研究所，《2010年军事力量对比》（劳特利奇出版社：伦敦，2010年）；T. B. Cochran 等，《核武器数据手册第四卷：苏联核武器》（哈柏和罗出版公司：纽约，1989年）；《简氏战略武器系统》，各期：《会议录》，美国海军研究所，各期；“核笔记本”，《原子科学家公报》，各期；作者的评估。

（田景梅　译）

第三节　英国核力量

香农·N. 基尔　汉斯·M. 克里斯滕森

英国的核威慑力量仅由海基力量组成：装载“三叉戟 II”（被称为 D5）潜射弹道导弹及相关弹头的“前卫”级“三叉戟”核动力弹道导弹潜艇，及其支持性基础设施。英国拥有一个由约 160 个实战部署的核弹头组成的武库，这些弹头提供给由 4 艘“三叉戟”核动力弹道导弹潜艇组成的舰队使用，潜艇的基地是在苏格兰的法斯莱恩（见表 6.4）。在“资产混合拥有”的体系下，英国从美国海军租借 58 枚“三叉戟 II”（D5）潜射弹道导弹。

每艘“前卫”级核动力弹道导弹潜艇装载 16 枚“三叉戟 II”导弹，携带多达 48 个弹头。该弹头类似于美国的“W76”弹头；它已使用美国生产的用于“三叉戟 II”的 MK－4A 再入飞行器的解保、引信和点火系统进行了升级改造，这增加了“三叉戟 II”导弹的精确度和提高了其摧毁硬目标的能力。[1] 尽管每枚“三叉戟 II”导弹都能携带 3 个弹头，但是据认为一些导弹只携带一个弹头，而且弹头可能减小了爆炸当量。这反映了英国国防部在 1998 年所做的决定：赋予“三叉戟”舰队“次级战略”或有限打击任务，以提高核打击目标选择的灵活性——尤其是“不会自动导致全面核冲突的有限打击的选择”。[2] 2002 年的报告把核武器的作用扩大到包括威慑“令人关注的国家的领导人和恐怖主义组织”。[3]

在被称为“持续海上威慑”的态势下，英国一艘核动力弹道导

---

〔1〕 根据某些报道，英国正在为其“三叉戟”导弹采购美国生产的 W76－1 弹头。H. M. 克里斯滕森，“英国潜艇获得美国升级的核弹头”，战略安全博客，美国科学家联合会，2011 年 4 月 1 日，网址：〈http：//blogs. fas. org/security/2011/04/britishw76－1/〉。

〔2〕 英国国防部，《战略防务评估：适应现代世界的现代化力量》，Cm3999（文书局：伦敦，1998 年 7 月），第 63 段。

〔3〕 英国国防部，《战略防务评估：一个新篇章》，Cm5566，第 1 卷（文书局：伦敦，2002 年 7 月），第 21 段。

弹潜艇在任何时候都在巡逻。[4] 尽管第二艘和第三艘核动力弹道导弹潜艇能够迅速地下海巡逻，但是第四艘潜艇由于其全面的检修和维护周期而需要较长的时间。自冷战结束以来，巡逻中的核动力弹道导弹潜艇一直保持在降低了的戒备水平上，其导弹不瞄准目标，且“接到命令开火”需要数天时间。[5]

2012 年 10 月 23 日，英国皇家海军“警惕”号潜艇在远离佛罗里达海岸的大西洋成功地试射了一枚“三叉戟 II”潜射弹道导弹。试射是英国皇家海军“警惕”号潜艇在一个为期三年的寿命中期的检修和反应堆换料的周期后重新服役的演示和试航行动计划的一部分。这是英国皇家海军自 2009 年以来的第一次“三叉戟 II”导弹的飞行试验和该舰的第十次试验。[6]

在 2010 年《战略防务与安全审议》报告中，英国政府承诺将潜基核威慑力量保留到期限不确定的未来。[7] 国防部目前计划用新型潜艇替换 4 艘从 2024 年将到其服役期限的“前卫”级核动力弹道导弹潜艇，新型潜艇将装配改进的“三叉戟 II”（D5）潜射弹道导弹，以 2006 年的价格计算估计最初费用将达 200 亿英镑（370 亿美元）。[8] 作为一项节省开支的措施，新型潜艇将有一个较小的导弹舱，安装 8 个发射管，携带不超过 40 个弹头。[9]《战略防务与安全审议》报告把“最终定案”的决定——何时敲定后续潜艇的详细采购计划、设计和数量——推迟到 2016 年。2011 年，国防部宣布完成了“初步定案”阶段，即为新型核动力弹道导弹潜艇确定大概的设

---

〔4〕 英国国防部和英国外交和联邦事务部，《英国核威慑的未来》，Cm6994（文书局：伦敦，2006 年 12 月），第 27 页。

〔5〕 英国国防部和英国外交和联邦事务部（同注释〔4〕），第 13 页。

〔6〕 英国下议院，问题的书面答复，《英国议会议事录》，2012 年 11 月 19 日，第 238W 卷；“皇家海军进行‘三叉戟’导弹的试射”，核信息服务中心，2012 年 11 月 3 日，网址：〈http://www.nuclearinfo.org/article/uk-trident/royal-navy-conducts-test-firing-trident-missile〉。

〔7〕 英国国防部，《确保英国在一个不确定的时代的安全：战略防务与安全审议》”，Cm7948（文书局：伦敦，2010 年 10 月），第 3.8—3.9 段。

〔8〕 英国国防部（同注释〔7〕），第 3.10 段。

〔9〕 英国国防部（同注释〔7〕），第 3.11—3.12、3.14 段。

计参数。[10] 2012 年 6 月，它批准了一个价值 10 亿英镑（16 亿美元）翻新工厂的合同，这个工厂将为下一代攻击型弹道导弹潜艇建造核反应堆。[11]

拟议中的用对等方法替换现有的三叉戟舰队的计划的费用问题，已引起自由民主党的批评，该党是目前执政联盟中两党中较小的党。作为在 2010 年与保守党联合执政所做交易的一部分，自由民主党要求对“可靠的和令人信服的”核威慑替代方案进行正式评估。[12] 正在考虑的可能替代方案包括获得核巡航导弹或多用途潜艇，或放弃“持续海上威慑”的态势。[13] 尽管“三叉戟”替代方案评估报告在 2013 年 6 月到期，但是批评者们指出，鉴于已经投资的数额，阻止后续潜艇替代计划是困难的。[14] 如果该计划获得最后批准，新型潜艇预计在 2028 年开始服役。

2010 年《战略防务与安全审议》报告披露了削减英国核武库规模的计划。实战部署的核弹头库将从现在不足 160 个削减到不足 120 个，其中的 40 个在任何给定时间都将在巡逻。同样，核库存的总体规模，包括非部署的武器，到本世纪 20 年代中期将从目前的 225 个弹头削减到不足 180 个弹头。[15]

---

〔10〕 英国国防部，《英国的未来核威慑：潜艇初步定案议会报告》（国防部：伦敦，2011 年 5 月），第 4 页。

〔11〕 N. Watts，“联合政府在‘三叉戟’核替换问题上面临分裂”，《卫报》，2012 年 6 月 17 日。

〔12〕 N. Hopkins，“‘三叉戟：不需要对等替换，丹尼·亚历山大说”，《卫报》，2013 年 1 月 23 日。

〔13〕 D. L. Lehrke，“威慑困境：英国审查其核选项”，《简氏情报评论》，2012 年 8 月，第 49—53 页。

〔14〕 “丹尼·亚历山大大臣驳回‘三叉戟’替换”，BBC 新闻，2013 年 1 月 23 日，网址：〈http://www.bbc.co.uk/news/uk-politics-21155000〉；N. Hopkins 和 R. Norton-Taylor，“新的‘三叉戟’核武器似乎确定，尽管自由民主党担忧”，《卫报》防务和安全博客，2012 年 6 月 22 日，网址：〈http://www.guardian.co.uk/uk/defence-and-security-blog/2012/jun/22/trident-nuclear-weapons〉。

〔15〕 英国国防部（同注释［7］），第 3.11 段。

表 6.4　2013 年 1 月英国核力量

型号	名称	部署数量	首次部署年份	射程（公里）[a]	弹头×当量	库存弹头
潜射弹道导弹						
D－5	三叉戟 II	48	1994	＞7400	1—3×100 千吨	225[b]

[a] 射程只用于说明的目的；真正的作战射程根据飞行轨迹和武器载荷将有所不同。

[b] 不足 160 个弹头是实战部署的，约 144 个弹头装配在 4 艘中的 3 艘核动力弹道导弹潜艇上的 48 枚导弹上。只有 1 艘潜艇在任何时候都在巡逻，携带 48 个弹头。

资料来源：英国国防部，白皮书、新闻稿和网站，网址：〈http：//www. gov. uk/goverment/organizations/ministry-of-defence〉；英国下议院，《英国议会议事录》，各期；R. S. 诺里斯等，《核武器数据手册第五卷：英国、法国和中国的核武器》（Westview 出版公司：博尔德，科罗拉多州，1994 年），第 9 页；"核笔记本"，《原子科学家公报》，各期；作者的评估。

（田景梅　译）

第四节 法国核力量

菲利普·舍尔和汉斯·M. 克里斯滕森

法国核武库由约300个弹头组成，这些弹头由潜射弹道导弹和空射巡航导弹发射（见表6.5）。[1]

4艘“凯旋”级核动力弹道导弹潜艇构成法国核威慑力量的核心。法国目前正在升级改造其核动力弹道导弹潜艇，以携带新型“M51.1”潜射弹道导弹，替换老化的“M45”导弹。截至2013年初，两艘潜艇“可畏”号和“警戒”号装载多达16枚“M51.1”潜射弹道导弹。“警戒”号潜艇在2012年10月完成其检修，预计在2013年夏再次全面服役。[2] 第三艘核动力弹道导弹潜艇“凯旋”号正在准备开始检修。所有4艘潜艇的检修预计到2018年完成。[3]“M51.1”潜射弹道导弹的改进型“M51.2”设计携带150千吨当量的新型海基核弹头（TNO），并在2015年后将替代“M51.1”。[4]

法国核力量的空基力量由具有核能力的两种陆基（“幻影2000N”和“阵风F3”）和一种海基（“阵风M F3”）战斗机组成。“幻影2000N”飞机计划在2018年将被“阵风”飞机取代。该飞机装载改进的中程空对地导弹（ASMP-A）。“ASMP-A”导弹携带空基核弹头（TNA），该弹头是一种新型热核弹头，据报道具有20千吨、

---

〔1〕 要了解法国核力量的深入评估，参见H. M. 克里斯滕森：“法国”，R. Acheson（编辑），《保证永远摧毁：全世界核武器现代化》（Reaching Critical Will：纽约，2012年），第27—33页。

〔2〕 “‘警戒’号核动力弹道导弹潜艇返回隆格岛”，Meret Marine，2012年10月22日，网址：〈http：//www. meretmarine. com/fr/content/le-snle-le-vigilant-retrouve-lile-longue〉。

〔3〕 D. Lennox（编辑）：《简氏战略武器系统》，第54期（HIS环球有限公司：科尔斯登，2011），第51页；法国参议院：《代表外交、国防和武装力量委员会提交的关于2013财政法案的意见》，第八卷，国防：装备武装力量，第150号（法国参议院：巴黎，2012年11月22日），第46—47页。

〔4〕 Lennox（编辑）（同注释［3］），第50页。

90 千吨和 300 千吨可选择的当量。〔5〕

表 6.5　2013 年 1 月法国核力量

型号	部署数量	首次部署年份	射程（公里）[a]	弹头 × 当量	弹头数量
陆基飞机					
幻影 2000N	~20	1988	2750	1 × 最高达 300 千吨的空基核弹头	~20
阵风 F3	~20	2010—2011	2000	1 × 最高达 300 千吨的空基核弹头	~20
航母飞机					
阵风 M F3	~10	2010—2011	2000	1 × 最高达 300 千吨的空基核弹头	~10
潜射弹道导弹[b]					
M45	32	1996	6000[c]	4—6 × 100 千吨 TN - 75 弹头	160[d]
M51.1	16	2010—2011	6000	4—6 × 100 千吨 TN - 75 弹头	80
M51.2	—	(2015)	6000	4—6 × 海基核弹头	—
总数					**~290[e]**

( ) = 不确定的数字；kt = 千吨；TNA = 空基核弹头；TNO = 海基核弹头。

[a] 飞机的航程只用于说明的目的；真正的作战航程根据飞行轨迹和武器载荷将有所不同。

[b] 在 20 世纪 90 年代中期法国转变为 4 艘核动力弹道导弹潜艇的态势，这意味着拥有足够的装备 3 艘现役核动力弹道导弹潜艇的潜射弹道导弹，第 4 艘潜艇在检修。

[c] "M45" 导弹的射程在 2001 年法国国民议会国防委员会的报告中被列为只有 4000 公里。

[d] 始于"警戒"号潜艇的导弹升级不影响其弹头，弹头将回装在新的 M51.1 导弹上。

[e] 法国没有储备的弹头，但可能有少量的备份弹头，整个武库约有 300 个弹头。

---

〔5〕"最后的 ASMPA 在 2011 年底交付"，Meret Marine，2012 年 2 月 26 日，网址：〈http：//www.meret-marine.com/fr/content/les-derniers-asmpa-ont-ete-livres-fin - 2011〉；Lennox（编辑）（同注释［3］），第 48 页。

资料来源：尼古拉·萨科齐，法国总统，"关于防务与国家安全的演讲"，凡尔赛官，2008 年 6 月 17 日，网址：〈http：//archives. livreblancdefenseetsecurite. gouv. fr/infor-mation/les_ dossiers_ actualites_ 19/livre_ blanc_ sur_ defense_ 875/livre_ blanc_ 1337/discours_ president_ republique_ 1338〉；尼古拉·萨科齐，法国总统，"'可畏'号核动力弹道导弹潜艇下水仪式"演讲，瑟堡，2008 年 3 月 21 日，网址：〈http：//pastel. diplomatie. gouv. fr/editiorial/actual/ael12/bulletin. gb. asp？liste = 20080321. gb. html〉；法国国防部，各种出版物，网址：〈http：//www. defense. gouv. fr/〉；法国国民议会，各种国防法案；R. S. 诺里斯等，《核武器数据手册第五卷：英国、法国和中国的核武器》（Westview 出版公司：博尔德，科罗拉多州，1994 年），第 10 页；《空军动态》，各期；《航空周刊与空间技术》，各期；"核笔记本"，《原子科学家公报》，各期；作者的评估。

（田景梅　译）

第五节 中国核力量

菲利普·舍尔 汉斯·M. 克里斯滕森

在五个法律上承认的核武器国家中，中国在其核力量透明方面一直是最少的。中国政府没有提供有关其核力量规模和结构的官方信息。据估计，中国整个库存约有250个核弹头，表明其核武库逐步扩大。据普遍认为，在和平时期中国将其核弹头储存在存储设施里，与运载工具分开，它们没有准备立即发射。[1] 在其计划的陆、空、海三位一体核力量中，只有陆基弹道导弹和核配置的飞机目前被认为是实战部署的：在整个库存250个弹头中，大约185个弹头配备给这些力量，但没有一个部署在发射系统上，而是据认为放在中央储存设施里。剩余的弹头配备给非实战部署的力量，包括正在研发的新系统、今后在数量上将有所增加的实战系统以及备用系统（见表6.6）

中国人民解放军第二炮兵通过集中管理系统保持对中国核武库和陆基导弹的严格控制，导弹部队似乎由六个分散在不同地理区域的基地和一个中央储存设施组成。[2] 第二炮兵直接向中国政府中央军事委员会报告，委员会由习近平主席主持。[3] 2012年是一个导弹试验的活跃期：据报道第二炮兵试射了其核导弹库里所有型号的导弹。

中国核武库的现代化和适度扩大是其长远计划的一部分，该计划可能与其他国家在先进的进攻性和防御性非核武器系统方面正在进行的改进有关，因为这些系统可能会威胁到中国的核力量。中国核力量的现代化旨在发展更具生存能力的力量和增强其核报复能力。为了实

〔1〕 H. Zhang："中国"，R. Acheson（编辑），《确保永远摧毁：全世界核武器现代化》（Reaching Critical Will：纽约，2012年），第17页；Li Bin，"追踪中国的战略机动导弹"，《科学和全球安全》，第15卷，第1期（2007年），第11页。

〔2〕 M. A. Stokes：《中国的核弹头储存和管理系统》（2049项目研究所：阿灵顿，弗吉尼亚州，2010年3月12日），第7页。

〔3〕 B. Gill和E. S. Medeiros，"中国"，H. Born、B. Gill和H. Hanggi（编辑），SIPRI：《管控炸弹：核武器的文官控制和民主问责》（牛津大学出版社：牛津，2010年），第147页。

现这些目标，中国正专注于质量上的现代化，而不是核武器数量的简单增加。[4] 2011 年 3 月发布的最新的中国政府两年一次的国防白皮书，重申了关于中国核力量现代化的这个观点。[5] 该文件重申了中国不首先使用核武器政策的承诺和将其核能力限制在国家安全所需的最低水平的意愿。然而，它没有提供任何有关中国核力量规模和结构的信息。

据估计，中国拥有的军用高浓铀和钚库存是法律上承认的核武器国家中最小的（见后面第十节）。尽管中国官方从未宣布正式暂停用于军事目的的裂变材料的生产，但是据认为它在 1987 年和 1989 年间的某个时间已经停止军用高浓铀的生产，在 1991 年已经停止军用钚的生产。现在的库存意味着在不重新启动军用裂变材料生产的情况下，中国不可能大规模地扩大其核弹头库。

在 2011 年和 2012 年，一些美国和俄罗斯学者和前政府官员推测，中国的核武库可能比先前的估计大得多——多达 1600—3000 个弹头——因为它可能把弹头和导弹隐藏在地下设施里。[6] 美国战略司令部司令罗伯特·凯勒将军不同意这些说法。[7]

陆基弹道导弹

中国正在对其陆基弹道导弹进行现代化，用更新型公路机动和固体燃料的导弹替换老化的井基、液体燃料的导弹。通过更加机动和更加快速发射导弹，新型导弹将提高威慑力量的生存能力。这已越来越成为中国计划者们在确保国家核报复能力的可靠性方面的重要考虑。

第二炮兵在 2012 年下半年进行了一系列导弹试验。据未经证实

---

〔4〕 S. Hu：“中国核武器之路”，《环球科学》，第 12 期（2007 年）。

〔5〕 中国国务院：《2010 年中国的国防》（中华人民共和国国务院新闻办公室：北京，2011 年 3 月）。

〔6〕 V. Esin：“在美国和俄罗斯之后第三”，2012 年 5 月 2 日；B. Stephens，“中国拥有多少核武器”，《华尔街日报》，2011 年 10 月 24 日。

〔7〕 H. M. 克里斯滕森：“战略司令部司令不同意高估中国的核武库”，战略安全博客，美国科学家联合会，2012 年 8 月 22 日，网址：〈http：//blogs. fas. org/security/2012/08/china-nukes/〉。

的西方媒体报道，它试射了中国所有型号的具有核能力的洲际弹道导弹。[8] 尽管中国国防部承认了这些试射，但是它没有具体说明所发射的导弹是什么型号。[9]

中国的核弹道导弹库由约 144 枚 6 种不同型号的导弹组成。中国最老的弹道导弹之一，液体燃料、单级的“东风 – 3A”（DF – 3A），正被更新的公路机动、固体燃料、两级的“东风 – 21”中程弹道导弹所替代，用作地区核威慑力量。此外，中国还部署了公路机动、固体燃料、三级的“东风 – 31”洲际弹道导弹，该导弹能够打到美国西部（阿拉斯加）、俄罗斯和欧洲。“东风 – 31”洲际弹道导弹正在替换老化的液体燃料、两级的“东风 – 4”弹道导弹。

液体燃料、两级的“东风 – 5A”和公路机动、固体燃料、三级的“东风 – 31A”据估计具有超过 1 万公里的射程，是中国打击范围最远的洲际弹道导弹。第二炮兵是用“东风 – 31A”替代老化的、最近已升级改造的“东风 – 5A”还是两种导弹都保留，仍不清楚。

2012 年未经证实的西方媒体报道说，中国明显地试验了下一代被称为“东风 – 41”洲际弹道导弹，这重新引发有关中国可能的后续洲际弹道导弹系统的推测。[10] 美国国防部此前报道称，“中国也可能正在发展一种新型公路机动的洲际弹道导弹，它能携带分导式多弹头再入飞行器。”[11] 有关该导弹的状态和技术特征的可靠信息尚

---

〔8〕 B. Gertz：“中国的导弹试验继续进行”，华盛顿自由灯塔，2012 年 9 月 4 日，网址：〈http：//freebeacon. com/chinese-missile-trsts-continue – 2/〉。

〔9〕 “国防部发言人说导弹试验不针对任何特定国家”，新华社，2012 年 8 月 30 日，网址：〈http：//news. xinhuanet. com/english/china/2012 – 08/30/c_ 131818392. htm〉。

〔10〕 G. Kulaki：“纽约时报：歪曲的中国媒体关于导弹能力的报道?”，All Things Nuclear，忧思科学家联盟，2012 年 8 月 27 日，网址：〈http：//allthingsnuclear. org/new-york-times-distorting-chinese-press-report-on-missile-capabilities/〉；B. Gertz：“准备发射”，华盛顿自由灯塔，2012 年 8 月 21 日，网址：〈http：//freebeacon. com/ready-to-launch/〉；B. Gertz：“中国东北的导弹发射”，华盛顿自由灯塔，2012 年 8 月 15 日，网址：〈http：//freebeacon. com/manchu-missile-launch/〉。

〔11〕 美国国防部：《2011 年与中华人民共和国有关的军事与安全发展》，提交国会的年度报告（国防部：华盛顿特区，2011 年 5 月），第 3 页。该报告的 2012 年版没有重复这种说法。

未得到。[12]

在中国人民解放军的导弹试验后，中国国家媒体报道第二炮兵已经完全从“山里的部队”转变为“车轮上的部队”，意思就是中国的陆基核力量已从先前的井基和洞基系统转变为公路机动的运载工具。[13] 越来越多地部署公路机动核导弹反映了第二炮兵注重提升其核力量的生存能力和机动性。然而，据美国国防部所说，第二炮兵在管理机动导弹巡逻方面的经验相对有限，这可能会对中国现在的指挥和控制结构构成严重的挑战。[14]

中国还在扩大其常规的“东风－21”中程弹道导弹计划，并已部署了具有两用能力（既有常规能力又有核能力）的“东风－21C”和“东风－15”短程弹道导弹。常规导弹和核导弹的混合构成一场冲突错误升级的重大危险，因为对手将无法确定发射的导弹是安装了常规弹头还是核弹头。[15]

弹道导弹潜艇

中国在发展海基核威慑力量方面遇到了相当大的困难。中国人民解放军海军已经建造了一艘092型（北约称为“夏”级）核动力弹道导弹潜艇，该潜艇装载12枚固体燃料、两级的“巨浪－1”潜射弹道导弹。“巨浪－1”是“东风－21”的海基型。该潜艇从未进行过威慑巡逻，不被认为完全服役，尽管进行了几次整修。

中国人民解放军海军已发展了下一代核动力弹道导弹潜艇，094型（北约称为“晋”级）潜艇。据美国国防部所说，两艘094型核动力弹道导弹潜艇在服役。[16] 一艘被认为加入中国人民解放军海军

---

〔12〕 要了解有关“东风－41”的全面叙述，参见J. W. Lewis和D. Hua，“中国的弹道导弹计划：技术、战略、目标”，《国际安全》，第17卷，第2期（1992年秋季号），第29—31页。

〔13〕 “中国的战略导弹实现机动发射”，《环球时报》，2012年9月2日。

〔14〕 美国国防部，《2012年与中华人民共和国有关的军事与安全发展》，提交国会的年度报告（国防部：华盛顿特区，2012年5月），第25页。

〔15〕 一些分析家也认为，核和常规的“东风－21”导弹混合放在同一基地。参见J. W. Lewis和L. Xue，“制定中国的核战争计划”，《原子科学家公报》，第68卷，第5期（2012年9月/10月）。其他的分析家认为，核和常规导弹部署在不同的基地。

〔16〕 美国国防部（同注释〔14〕），第24页。

北海舰队，其母港在青岛附近的姜各庄；而另一艘被认为加入南海舰队，其母港在海南的榆林。[17] 正在建造的第三艘潜艇的状况仍不清楚。中国打算建造多少艘 094 型核动力弹道导弹潜艇以及其现在和今后的核动力弹道导弹潜艇舰队的未来作用和任务是什么也仍不确定。

094 型核动力弹道导弹潜艇能装载 12 枚三级、固体燃料的“巨浪 -2”潜射弹道导弹，该导弹是“东风 -31”的海基型。“巨浪 -2”计划由于技术上的困难已遭到了几次延迟。据未经证实的报道，2012 年 1 月和 8 月的试验可能是从 094 型核动力弹道导弹潜艇进行的“巨浪 -2”的一系列最后飞行试验。[18] 在其提交美国国会的年度报告中，美中经济与安全评估委员会在 2012 年预测，094 型与“巨浪 -2”的结合可能在两年内可用于实战。[19] 美国国防部重申了这一评估，并进一步担心中国海基核力量的发展也将对第二炮兵的现有指挥和控制结构形成挑战，因为后者在管理潜艇巡逻方面只有有限的经验。[20] 到目前为止，中国的核动力弹道导弹潜艇从未进行过威慑巡逻。

飞机和巡航导弹

中国人民解放军空军被认为保持少量的重力炸弹，它们由“轰 -6”中程轰炸机，可能还有短程战斗轰炸机投掷。然而，中国人民解放军空军据信并未配有主要任务为投掷核炸弹的机队。[21]

中国人民解放军运用几种类型的巡航导弹。然而，只有地射的“东海 -10”（“DH -10”，也称为“长剑 -10”、“CJ -10”）据报道

---

〔17〕 R. Wu，“中国海基核力量的生存能力”，《科学和全球安全》，第 19 卷，第 2 期（2011 年），第 94—96 页。

〔18〕 D. Richardson，“中国海军进行了一系列‘巨浪 -2’潜射弹道导弹的发射”，《简氏导弹与火箭》，第 16 卷，第 3 期（2012 年 3 月），第 10 页；Gertz，“准备发射”（同注释［10］）。

〔19〕 美中经济与安全评估委员会，2012 年提交国会的报告（美国政府印刷局：华盛顿特区，2012 年 11 月），第 7 页。

〔20〕 美国国防部（同注释［14］），第 24 页。

〔21〕 美国国家安全委员会，“向国会提交的有关中国、印度和巴基斯坦核和弹道导弹计划的报告”，1993 年 7 月 28 日，由美国科学家联合会根据美国信息自由法案获得，网址：〈http：//fas. org/irp/threat/930728 - wmd. htm〉。

可能具有核能力。[22] 关于“DH－10”的技术特征知之甚少，关于该导弹的衍生由来和分类的看法是不一致的。[23] 中国还在发展“DH－10”的空射型，可能由“轰－6”飞机的改进型发射。据2012年未经证实的媒体报道，“DH－10”的海射型也似乎正在发展。[24]

表6.6　2013年1月中国核力量

型号/中国名称（美国名称）	部署数量	首次部署年份	射程（公里）[a]	弹头载荷	弹头数量[b]
陆基导弹[c]	~144				~144
东风－3A（CSS－2）	~12	1971	3100[d]	1×3.3百万吨	~12
东风－4（CSS－3）	~12	1980	5500	1×3.3百万吨	~12
东风－5A（CSS－4）	20	1981	13000	1×4—5百万吨	20
东风－15（CSS－6）	~350	1990	600	1×..	..
东风－21（CSS－5）	~60	1991	2100[e]	1×200—300千吨	~60
东风－31（CSS－10 Mod 1）	~20	2006	>7200	1×200—300千吨?	~20
东风－31A（CSS－10 Mod 2）	~20	2007	>11200	1×200—300千吨?	~20
潜射弹道导弹	(48)				(48)
巨浪－1（CSS－N－3）	(12)	1986	>1770	1×200—300千吨	(12)

〔22〕美国空军把“DH－10”称作“常规的或载核的”导弹，这与俄罗斯的“AS－4”一样，后者据认为具有两用能力。美国空军，国家航空航天情报中心（NASIA），《弹道和巡航导弹威胁》（国家航空航天情报中心：赖特—帕特森空军基地，俄亥俄州，2009年6月），第29页。在其提交美国国会的2012年报告中，美中经济与安全评估委员会认为“DH－10”的空射型可能具有核能力。美中经济与安全评估委员会（同注释［19］），第181页。

〔23〕I. Easton，“雷达下的刺客：中国的‘DH－10’巡航导弹计划”，Futuregram no. 09005，2049项目研究所，2009年10月1日，网址：〈http: //project2049. net/publications. html〉。

〔24〕W. Minnick，“中国新战机一瞥加剧了各种传言”，《防务新闻》，2012年8月5日。

型号/中国名称（美国名称）	部署数量	首次部署年份	射程（公里）[a]	弹头载荷	弹头数量[b]
巨浪-2（CSS-NX-14）	(36)	(2013)	>7400	1×200—300 千吨？	(36)
飞机[f]	>20				(40)
轰-6（B-6）	~20	1965	3100	1×炸弹	(~20)
攻击机	..	1972-..	..	1×炸弹	(~20)
巡航导弹	150—350				..
DH-10	150—350	2007	>1500	1×..	..[g]
总数					**(~250)**[h]

..=没有可用或适用的数据；（）=不确定的数字；kt=千吨；Mt=百万吨；SLBM=潜射弹道导弹。

[a]飞机的航程只用于说明的目的；真正的作战航程将有所不同。

[b]在配备给部署的力量的弹头和配备给非部署的力量的弹头之间能够进行区分。只有中国的陆基弹道导弹和核配置的飞机被认为是部署的，包括约185个配备给部署的力量的核弹头。第二类包括为尚未部署的系统（潜射弹道导弹）生产的弹头、为在数量上将有所增加的部署系统（东风-31/A）生产的弹头、以及备用弹头。

[c]中国把导弹射程界定为短程（<1000公里）、中程（1000—3000公里）、远程（3000—8000公里）和洲际射程（>8000公里）。

[d]"东风-3A"的射程也许比通常报道的更远。

[e]"东风-21A"（CSS-5 Mod 2）改进型被认为具有2500公里的射程。

[f]飞机的数字仅指核配置的飞机。

[g]"DH-10"是否具有核能力尚不清楚，但是美国空军的情报机构把这种武器列为"常规的或核的"，就像对待俄罗斯的具有核能力的"AS-4"那样。然而，美国国防部没把"DH-10"列为核能力的。

[h]另外的弹头被认为是储备的，以装备未来的"东风-31"、"东风-31A"和"巨浪-2"导弹。整个武库被认为由约250个弹头组成。

资料来源：美国国防部，《中华人民共和国军事力量》，每年；美国空军，国家航空航天情报中心（NASIC），各种文件；美国中央情报局，各种文件；H. M. 克里斯滕森、R. S. 诺里斯和 M. G. 麦克金兹，《中国的核力量与美国的核战计划》（美国科学家联合会和自然资源保护委员会：华盛顿特区，2006年11月）；R. S. 诺里斯等，《核武器数据手册第五卷：英国、法国和中国的核武器》（Westview出版公司：博尔德，科罗拉多州，1994年）；"核笔记本"，《原子科学家公报》，各期；谷歌地球；作者的评估。

（田景梅　译）

第六节 印度核力量

香农·N. 基尔 汉斯·M. 克里斯滕森

据估计，印度拥有一个90—110枚核武器的武库，它们由飞机和陆基导弹发射。这个数字是基于对印度武器级钚总量和对现役核运载系统数量的估算。

印度的核武器据认为是基于钚。据估计，印度武器级钚库存在2012年已达400—680公斤（见下面第十节）。钚是由在2010年底关闭的40兆瓦热（MW（t））CIRUS重水反应堆和100兆瓦热Dhruva重水反应堆生产的。两座反应堆均位于马哈拉施特拉邦孟买附近的巴巴原子研究中心（BARC）。一座新的高通量产钚反应堆在安得拉邦港口城市维萨卡帕特南（又称Vizag）附近的新的BARC综合体正在建造。印度计划建造6座快中子增殖反应堆，这将大大提高其生产武器用钚的能力。一座1250兆瓦热原型快中子增殖反应堆在位于泰米尔纳德邦卡尔帕卡姆的英迪拉·甘地原子研究中心已接近建成，并计划在2013年初投入使用。[1] 在75%运行能力的情况下，这座液态钠冷式反应堆可能每年生产大约140公斤武器级钚，足够制造28—35枚核武器，这要取决于武器设计和制造技能。[2] 英迪拉·甘地原子研究中心还有一个未接受国际原子能机构保障监督的后处理厂。

印度在卡纳塔克邦迈索尔附近的Rattehalli稀有材料厂的离心设施中继续进行铀浓缩，以生产高浓铀用作海军反应堆燃料。2010年，印度原子能委员会宣布计划在卡纳塔克邦吉德勒杜尔加地区的一个地点建造一个特种材料浓缩厂，除其他用途外，可能用于生产武器用高

---

〔1〕 印度报业托拉斯，“印度的增殖反应堆将在2013年服役”，《印度斯坦时报》，2012年2月20日。

〔2〕 T. B. Cochran等，《快中子增殖反应堆计划：历史和现状》，国际裂变材料小组研究报告第8号（国际裂变材料小组：普林斯顿，新泽西州，2010年2月），第41、45页。

浓铀。[3]

印度核学说是基于“最低可靠威慑”和“不首先使用核武器”的原则。[4] 没有任何官方声明具体说明“最低可靠威慑”所需的武库的规模，但是据印度国防部所说，它包括“陆基、海上和空中能力的混合”（“三位一体”）。[5] 2012 年 6 月，印度总理曼莫汉·辛格主持了印度核指挥机构的一次会议，据报道他强调了更快地整合基于实战的“三位一体”核力量的印度核威慑态势的必要性。[6] 然而，三位一体中的海上部分是否是实战的，尚不清楚。

攻击机

飞机构成了印度核打击能力的最成熟部分（见表 6.7）。据报道，印度空军已对用来投掷核重力炸弹的“幻影 2000H”多用战斗机进行了认证。印度空军的“美洲虎 IS 沙姆舍尔”和“苏霍伊 Su－30MKI”战斗机也被提到可能担负核任务。

印度战略部队司令部在其指挥下依靠印度空军发射核武器，它是负责管理国家核力量及其指挥和控制的机构。然而，据报道它试图获得两个专门担负核发射任务的战斗机中队。[7]

陆基导弹

“大地”（Prithvi）短程弹道导弹是多年来印度唯一实战的弹道导弹。150 公里射程的“大地－1”导弹是单级、公路机动、液体燃料

---

〔3〕 S. Jha，“浓缩能力足够向核潜艇提供燃料”，IBNLive，2011 年 11 月 26 日，网址：〈http：//ibnlive. in. com/news/enrichment-capacity-enough-to-fuel-nuke-subs/206066－61. html〉。

〔4〕 印度对外事务部，“国家安全顾问委员会关于印度核学说的报告草案”，1999 年 8 月 17 日，网址：〈http：//www. mea. gov. in/mystart. php？ id＝51515763〉。

〔5〕 印度国防部，《2004—2005 年度报告》（国防部：新德里，2005 年），第 14 页。

〔6〕 R. Pandit，“总理估计国家的核武库”，《印度时报》，2012 年 6 月 14 日。核指挥机构由总理主持的政治委员会和由总理的国家安全顾问主持的执行委员会组成。核指挥机构的命令由总司令控制下的战略部队司令部执行。政治委员会是唯一有权下令使用核武器的机构。W. P. S. Sidhu，“印度”，H. Born、B. Gill 和 H. Hanggi（编辑），SIPRI，《管控炸弹：核武器的文官控制和民主问责》（牛津大学出版社：牛津，2010 年），第 180—181 页。

〔7〕 印度报业托拉斯，“战略司令部获得 40 架具有核能力的战斗机”，《印度斯坦时报》，2010 年 9 月 12 日。

的导弹，在 1994 年交付印度陆军开始服役。人们广泛认为，一些“大地 - 1”导弹已被改进担负核任务，尽管这从未得到官方证实。“大地 - 2”是射程更远型，据传也担负核任务。战略部队司令部在 2012 年 8 月 25 日、10 月 4 日和 12 月 20 日成功地进行了三次“大地 - 2”导弹的飞行试验，作为其例行用户准备试验的一部分。[8]

射程更远的“烈火”（Agni）弹道导弹系列被设计提供快速反应的核能力，已在很大程度上取代了“大地”的核发射任务。同“大地”导弹一样，“烈火”导弹也是由印度国防研究与发展组织（DRDO）研发，作为其问题频现的综合制导导弹发展计划的一部分，该计划在 2008 年停止。[9] 700 公里射程的“烈火 - 1”（被印度国防部称为“A1”）是单级、固体燃料的导弹。战略部队司令部在 2012 年 7 月 13 日和 12 月 12 日的例行训练演习期间成功地进行了“烈火 - 1”导弹的试射。[10] 基于“烈火 - 1”的“烈火 - 2”是两级、固体燃料的导弹，能把 1000 公斤的有效载荷发射到 2000 公里的最大射程。2012 年 8 月 9 日，战略部队司令部从位于奥里萨邦沿海的惠勒岛上的综合试验场的铁路机动发射器上成功地发射了一枚“烈火 - 2”。该试验的目的是，验证战略部队司令部发射导弹的战备状态。[11]

国防研究与发展组织一直在发展“烈火 - 2”的改进型，该导弹以前被称为“超级烈火 - 2”，但又被重新命名为“烈火 - 4”。据国防研究与发展组织官员所说，两级的“烈火 - 4”采纳了几项技术革

〔8〕 印度国防部，“‘大地 - 2’导弹成功地试射”，2012 年 12 月 20 日，网址：〈http：//pib. nic. in/newsite/erelease. aspx？ relid = 91072〉；印度国防部，“‘大地 - 2’导弹成功地试射：飞行 350 公里击中靶区”，2012 年 10 月 4 日，网址：〈http：//pib. nic. in/newsite/erelease. aspx？ relid = 88130〉；T. S. Subramanian，“‘大地 - 2’导弹试验，一次成功的试验”，《印度教徒报》，2012 年 8 月 25 日。

〔9〕 B. Verma，“国防研究与发展组织如何使印度军方失望”，雷迪夫新闻网，2008 年 1 月 15 日，网址：〈http：//www. rediff. com/news/2008/jan/15guest. htm〉。

〔10〕 印度国防部，“成功地进行了‘烈火 - 1’的飞行试验”，2012 年 12 月 12 日，网址：〈http：//pib. nic. in/newsite/erelease. aspx？ relid = 90425〉；印度报业托拉斯，“印度试验具有核能力的‘烈火 - 1’导弹”，《印度时报》，2012 年 7 月 13 日。

〔11〕 Y. Mallikarjun 和 T. S. Subramanian，“‘烈火 - 2’发射，一个完美无缺的使命”，《印度教徒报》，2012 年 8 月 9 日。

新，包括复合火箭发动机、改进的级间分离和一个最先进导航系统。[12] 2012 年 9 月 19 日，一枚“烈火 -4”从惠勒岛综合试验场成功地发射，飞行 4000 公里后落到孟加拉湾的一个靶区。[13] 这标志着该导弹自 2010 年首次失败后的第二次成功试验。

国防研究与发展组织已经研发“烈火 -3”，该导弹是两级、固体燃料的导弹，能把 1500 公斤的有效载荷发射到 3000—3500 公里的射程。2012 年 9 月 21 日，战略部队司令部从惠勒岛发射了一枚铁路机动“烈火 -3”导弹，该导弹是从一个生产批次中随机抽取的。这次发射是战略部队司令部在连续三次成功的飞行试验后对该导弹的首次用户试验。[14]

国防研究与发展组织已把发展远程、三级的“烈火 -5”导弹列为优先事项。新的导弹吸收了一些用在“烈火 -4”上的新的自主研发的推进和导航系统技术。2012 年 4 月 19 日，国防研究与发展组织首次试射了一枚“烈火 -5”。该导弹从惠勒岛飞行 5000 公里，击中预先设定的在印度洋的一个靶区。[15] 印度媒体对这次成功的试验欢呼雀跃，把它誉为证明印度已加入仅有的几个拥有洲际弹道导弹国家——中国、法国、俄罗斯、英国和美国的行列。[16] 一些印度分析家强调，“烈火 -5”拥有足以打到遍及整个中国的目标的射程，从而增强了印度的核威慑能力。[17] “烈火 -5”导弹预计在进行四到五次重复试验和用户试用后将在 2014—2015 年开始服役。[18]

---

〔12〕 R. Pandit，“时刻把中国记在心里，印度试验具有高‘杀伤效率’的新一代‘烈火’导弹”，《印度时报》，2011 年 11 月 16 日。

〔13〕 印度国防部，“成功地进行了‘烈火 -4’的飞行试验”，2012 年 9 月 19 日，网址：〈http：//pib. nic. in/newsite/erelease. aspx？ relid = 87855〉。

〔14〕 Y. Mallikarjun，“‘烈火 -3’成功地试射”，《印度教徒报》，2012 年 9 月 21 日；H. K. Rout，“今天‘烈火 -3’用户试验”，《新印度快报》，2012 年 9 月 21 日。

〔15〕 印度国防部，“印度发射新一代战略导弹‘烈火 -5’”，2012 年 4 月 19 日，网址：〈http：//pib. nic. in/newsite/erelease. aspx？ relid = 82371〉。

〔16〕 R. Dixit，“印度成功地试射‘烈火 -5’，加入洲际弹道导弹俱乐部”，《今日邮报》（德里），2012 年 4 月 19 日。

〔17〕 印度报业托拉斯，“‘烈火 -5’成功地试射，能够打到中国”，《印度时报》，2012 年 4 月 19 日。

〔18〕 R. Pandit，“印度试射具有核能力的‘大地 -2’导弹”，《印度时报》，2012 年 8 月 25 日。

海基导弹

印度在发展其三位一体核力量的海基力量方面继续受到推迟之困。印度第一艘国产的核动力潜艇，“歼敌者”号（INS Arihant）按照先进技术舰艇（ATV）计划在2009年得以下水，但由于该潜艇的推进系统出现问题，印度海军在2012年进行海试的计划不得不被推迟。[19]

印度国防研究与发展组织已经试验了水下导弹发射系统的组件，并且正在发展能够从使用充气增压器的水下潜艇发射的两级导弹。印度国防部声明已把该导弹命名为“K－15”或“B－05”，尽管其他资料已把它称作“萨加里卡”（“萨加里卡”是印度国防研究与发展组织研发项目的名称）。[20] “K－15”已被说成是一种“混合式”导弹，把巡航导弹和弹道导弹的一些方面结合起来；与后者不同，其飞行轨道在发射后可以控制。[21] 这种核导弹能把500—600公斤的有效载荷发射到700公里的距离。2013年1月27日，国防研究与发展组织从孟加拉湾的一个水下浮筒成功地发射了一枚“K－15”导弹。这次发射标志着该导弹在与“歼敌者”号潜艇相结合之前的最后研发试验；国防研究与发展组织官员说，该导弹已经投入生产。[22] “K－15”分别在2012年3月11日、3月16日和12月26日进行了试射。

印度国防研究与发展组织正在发展被称为“K－4”的潜射弹道导弹，该导弹可能具有3500公里的射程。[23] “K－4”将最终取代

---

〔19〕 K. Ray，“‘歼敌者’号将错过12月最后期限”，《德干先驱报》，2012年11月10日。

〔20〕 S. Unnithan，“秘密的‘K’导弹家族”，《今日印度》，2010年11月20日；T. S. Subramanian，“国防研究与发展组织计划再进行一次‘K－15’导弹的发射”，《印度教徒报》，2011年1月28日。

〔21〕 H. K. Rout，“下个月‘K－15’在安德拉沿海进行试验”，《新印度快报》，2012年11月27日；S. Sharma，“国防研究与发展组织标题错误促使巴基斯坦发展弹道导弹”，《星期日卫报》（德里），2013年2月16日。

〔22〕 P. Fiddian，“印度海军‘K－15’潜射弹道导弹试射”，武装力量国际新闻，2013年1月28日，网址：〈http：//www. armedforces-int. com/news/indian-navy-k－15－slbm-launched. html〉；Y. Mallikarjun，“印度不久将把‘K－15’导弹与核潜艇结合”，《印度教徒报》，2012年11月20日。

〔23〕 Unnithan（同注释〔20〕）。

"K－15"导弹，装备"歼敌者"号，尽管这可能需要重造该潜艇的船体。

印度还在继续发展"大地－2"的海军型"丹努什"导弹，该导弹从安装在水面舰船上的稳定平台发射。据报道，它能将 500 公斤的弹头发射到 350 公里的最大射程，并且被设计能够打击海基和岸基目标。2012 年 10 月 5 日，一枚"丹努什"导弹从离奥里萨邦海岸不远的印度海军舰艇上成功试射。〔24〕

表 6.7 2013 年 1 月印度核力量

型号	射程（公里）[a]	有效载荷（公斤）	状况
飞机[b]			
幻影 2000H Vajra	1850	6300	据报道已经过投掷核重力炸弹的认证
陆基弹道导弹[c]			
大地－1/2	150/350	800/500	"大地－1"在 1994 年开始服役；"大地－1"据报道具有核能力，"大地－2"也被盛传具有核能力；随着"烈火"的引入，核作用可能减少；部署不足 50 个发射器；最近的飞行试验是在 2012 年 12 月 12 日（"大地－1"）和 2012 年 12 月 20 日（"大地－2"）进行的
烈火－1[d]	~700	1000	最近的印度陆军实战试验是在 2012 年 12 月 12 日进行的；部署在印度陆军 334 导弹团
烈火－2	2000	1000	在印度陆军 555 导弹团服役；2012 年 8 月 9 日试射
烈火－3	~3000	1500	开始服役但不具备完全的实战能力；2012 年 9 月 21 日试射
烈火－4[e]	~4000	1000	正在发展；2012 年 9 月 19 日试射

〔24〕 印度报业托拉斯，"印度成功地试射具有核能力的'丹努什'导弹"，《印度时报》，2012 年 10 月 5 日。

型号	射程（公里）[a]	有效载荷（公斤）	状况
烈火－5	>5000	1000？	正在发展；2012年4月19日试射
海基导弹			
丹努什	350	500	正在引入但可能不是实战的；2012年10月5日试射
K－15[f]	700	500—600	正在发展；最后的试射是在2013年1月27日从水下浮筒进行的；从2013年开始与“歼敌者”号潜艇结合

[a]飞机的航程只用于说明的目的；真正的作战航程根据飞行轨迹和武器载荷将有所不同。为达到最大射程，导弹的有效载荷可能不得不减小。

[b]“美洲虎IS沙姆舍尔”和“苏霍伊Su－30MKI”战斗机也被提到可能担负核发射任务。

[c]印度也已开始研制1000公里射程的亚音速巡航导弹，它被称为“无畏”巡航导弹，可能具有核能力。

[d]最初的“烈火－1，现在被称为“烈火”，是在1996年结束的技术演示弹计划。印度国防部把现在的“烈火－1”称作“A1”。

[e]先前的型号被称为“超级烈火－2”。

[f]国防研究与发展组织正在研发“K－15”的陆基型，它被称为“Shourya”。它在2008年11月和2011年9月试射。

资料来源：印度国防部，年度报告和新闻稿；国际战略研究所，《2010年军事力量对比》（罗德里奇出版社：伦敦，2010年）；美国空军，国家航空航天情报中心（NASIC），《弹道和巡航导弹威胁》（国家航空航天情报中心：赖特—帕特森空军基地，俄亥俄州，2009年6月）；印度新闻媒体报道；“核笔记本”，《原子科学家公报》，各期；作者的评估。

（田景梅　译）

第七节 巴基斯坦核力量

菲利普·舍尔 汉斯·M. 克里斯滕森

据估计，巴基斯坦拥有大约 100—120 枚核武器，它们由飞机和陆基导弹发射（见表 6.8）。人们普遍认为，在和平时期巴基斯坦把核弹头和运载工具分开储存。根据一些报道，也有可能弹头是以拆开的形式储存的。[1] 然而，管理巴基斯坦核力量的战略计划部（SPD）从未证实这种做法。2012 年，巴基斯坦进行了一系列导弹试验，测试了目前正在服役或仍在发展的大部分核导弹型号。

巴基斯坦的目前弹头设计被认为使用高浓铀。然而，巴基斯坦钚生产能力的扩大和更小型核弹道导弹和巡航导弹的发展可能表明，它正朝着部分基于钚的武库方向发展。使用钚弹头可能比使用高浓铀弹头更轻和更紧凑，可以达到同样的威力。然而，到目前为止，基于钚的弹头设计是否进行了成功试验，尚未得到证实。

巴基斯坦正在扩建位于旁遮普省胡沙布的主要钚生产综合体。该综合体目前由 3 座重水反应堆和 1 个重水生产厂组成。第四座重水反应堆的建造工作似乎在 2010 年底已经开始，据报道已经完成一半。[2] 巴基斯坦是否打算在胡沙布建造第五座反应堆，仍不清楚。人们普遍认为，4 座反应堆中的每座容量均达 40 兆—50 兆瓦热。第一座反应堆“胡沙布 -1”自 1998 年以来一直在运行，据估计每年生产 6—12 公斤钚（取决于运行效率），足够制造 1—3 枚核弹头（取决于弹头设计和制造技能）。[3] 第二座反应堆“胡沙布 -2”可

---

〔1〕 B. Tertrais，“巴基斯坦的核和大规模杀伤性武器计划：状况、演变和危险”，防扩散文件第 19 号，欧盟防扩散联盟，2012 年 7 月，网址：〈http：//www. nonproliferation. eu/activities. activities. php〉，第 5 页。

〔2〕 D. Albright 和 R. Avagyan，“在胡沙布核场地的第四座重水反应堆建造进展顺利”，科学与国际安全研究所图像简报，2012 年 5 月 21 日，网址：〈http：//isis-online. org/isis-reports/〉。

〔3〕 国际裂变材料小组，“国家：巴基斯坦”，2013 年 2 月 3 日，网址：〈http：//fissilematerials. org/countries/pakistan. html〉。

能在 2009 年底或 2010 年已经开始运行。在胡沙布的第三座反应堆的建造工作在 2006 年开始，似乎在 2011 年底已经完成。[4] 对商业卫星图像的分析表明，胡沙布反应堆的冷却能力有所提高。这可使反应堆的运行能力得以提高，它生产的钚比先前估计要稍微多些。[5]

巴基斯坦还继续生产军用高浓铀。浓缩工作据认为是在卡胡塔和格德瓦尔的铀离心设施中进行的。据估计，巴基斯坦的高浓铀库存在 2012 年已达 3 吨（见后面第十节）。

胡沙布核综合体，加之巴基斯坦还在继续生产高浓铀，这可使巴基斯坦每年核弹头生产能力提高几倍。然而，这将取决于该国是否具有对乏燃料进行后处理的足够能力和是否拥有供给胡沙布地区反应堆的铀的充足供应。

陆基导弹

巴基斯坦正在扩大其核导弹库。战略计划部目前部署了“加纳维”（也被称为 Hatf－3）和“沙欣 1”（Hatf－4）固体燃料、公路机动的短程弹道导弹。“沙欣 1”的射程加长型“沙欣 1A”正在发展。巴基斯坦唯一部署的中程弹道导弹（液体燃料、公路机动）“高里 1”（Hatf－5），被认为是基于朝鲜的“劳动”导弹。

其他类型的核弹道导弹现在也在研发。“沙欣 2”（Hatf－6）是两级、固体燃料、公路机动的中程弹道导弹，可能最终取代“高里 1”中程弹道导弹。

与印度不同，巴基斯坦正在发展几种具有核能力的短程弹道导弹，它们似乎用于执行战场任务。据巴基斯坦军方所说，在 2012 年 3 月 5 日和 11 日试射的短程“阿卜达力”（Hatf－2）提供了“作战

---

〔4〕 国际裂变材料小组，《2011 年全球裂变材料报告：核武器和裂变材料库存和生产》（国际裂变材料小组：普林斯顿，新泽西州，2011 年），第 19 页；D. Albright 和 P. Brannan，“巴基斯坦在胡沙布核场地好像正在建造第四座军用反应堆”，科学与国际安全研究所图像简报，2011 年 2 月 9 日，网址：〈http：//isis-online. org/isis-reports/〉。

〔5〕 T. Patton，“卫星图像与 3D 绘图工具相结合用于防扩散分析：巴基斯坦胡沙布钚生产反应堆的个案研究”，《科学与全球安全》，第 20 卷，第 2—3 期（2012 年）。

层面能力，是对战略层面能力的补充”。[6] 这可能表明，“阿卜达力”将很快开始服役。同样地，巴基斯坦军方把 60 公里射程、公路机动的“纳赛尔”（Hatf - 9）短程弹道导弹称为一个“快速反应系统”，它给“在较短距离范围内”出现的情形“增加了威慑价值”，以“慑止不断变化的威胁”。[7] 该导弹从移动式多筒发射器发射，能在变化的情况下齐射 4 枚导弹。[8]

巴基斯坦导弹研发机构——国家工程与科学委员会——还在研发两种类型的核巡航导弹：地射的“巴布尔”和空射的“拉德”。

新的具有核能力的短程弹道导弹和巡航导弹的发展可能表示，巴基斯坦对是否能够对抗印度优势的常规力量和刚刚发展的弹道导弹防御的担忧日益增加。它进一步表明，巴基斯坦的战略计划已演变为包括可以使用核武器的更广泛的突发事件，也许是为了回应印度陆军的“冷启动”学说。根据该学说，印度可以利用前沿部署力量对巴基斯坦领土进行快速但有限的常规攻击。

攻击机

人们普遍认为，巴基斯坦空军以前把核发射任务交给 32 架“F - 16A/B”战斗机，但是现在它们是否被赋予核任务，尚不清楚。“F - 16”飞机由美国在 1980 年代提供，组成 3 个飞行中队。它们目前正在进行中期寿命升级，预计在 2014 年完成。土耳其航空航天工业公司承包了该飞机的升级，并在 2012 年 2 月已向巴基斯坦空军交付第一批“F - 16 Block 15”中期寿命升级的飞机。

巴基斯坦空军的“幻影 5”战斗机可能也担负核发射任务。由于巴基斯坦空军利用 Il - 78 飞机发展了空中加油能力，“幻影”飞机的

---

〔6〕 巴基斯坦三军公共关系办公室，新闻稿 PR34/2012 - ISPR，2012 年 3 月 5 日，网址：〈http：//www. ispr. gov. pk/front/main. asp? o = t-press_ release&id = 1979〉；巴基斯坦三军公共关系办公室，新闻稿 PR62/2011 - ISPR，2011 年 3 月 11 日，网址：〈http：//www. ispr. gov. pk/front/main. asp? o = t-press_ release&id = 1689〉。

〔7〕 巴基斯坦三军公共关系办公室，新闻稿 PR94/2011 - ISPR，2011 年 4 月 19 日，网址：〈http：//www. ispr. gov. pk/front/main. asp? o = t-press_ release&id = 1721〉。

〔8〕 巴基斯坦三军公共关系办公室，新闻稿 PR17/2013 - ISPR，2013 年 2 月 11 日，网址：〈http：//www. ispr. gov. pk/front/main. asp? o = t-press_ release& id = 2240〉。

航程已增大。

表 6.8　2013 年 1 月巴基斯坦核力量

型号	射程（公里）[a]	有效载荷（公斤）	状况
飞机			
F－16A/B	1600	4500	正在进行中期寿命升级，2014 年完成
幻影 5	2100	4000	用来试射“雷电”；可能具有核能力
陆基弹道导弹			
阿布达力（Hatf－2）	~180	200—400	正在研发；2012 年 3 月 5 日和 11 日试射
加纳维（Hatf－3）	290[b]	500	2004 年在巴基斯坦陆军开始服役；部署不足 50 个发射器；最近的试射是在 2012 年 5 月 10 日进行的
沙欣 1（Hatf－4）[c]	650[d]	750—1000	2003 年在巴基斯坦陆军开始服役；部署不足 50 个发射器
高里 1（Hatf－5）	>1200	700—1000	2003 年在巴基斯坦陆军开始服役；部署不足 50 个发射器；最近的试射是在 2012 年 11 月 28 日进行的
沙欣 2（Hatf－6）	2500	（~1000）	正在研发；已知最近的试射是在 2008 年 4 月 21 日进行的；预计不久开始服役
纳赛尔（Hatf－9）	~60	..	正在研发；2012 年 5 月 29 日试射
巡航导弹			
巴布尔（Hatf－7）	600[e]	400—500	正在研发；2012 年 9 月 17 日试射；最初是地射型，但是海射和空射型据报道也在研发

型号	射程（公里）[a]	有效载荷（公斤）	状况
雷电（Hatf－8）	350	..	正在研发；空射型；最近的试射是在 2012 年 5 月 31 日进行的

.. ＝没有可用或适用的数据；（ ）＝不确定的数字。

[a]飞机的航程只用于说明的目的；真正的作战航程根据飞行轨迹和武器载荷将有所不同。为达到最大射程，导弹的有效载荷可能不得不减小。

[b]美国政府估计“加纳维”的射程是 400 公里。

[c]“沙欣 1A”（也被称为“Hatf－4”）是“沙欣 1”的射程加长型，目前正在研发。“沙欣 1A”在 2012 年 4 月 25 日试射。

[d]美国政府估计“沙欣 1”的射程是 450 公里或更长。

[e]自 2006 年以来，飞行试验的射程已从 500 公里的基础上有所增加，并且据传目标是 1000 公里。

资料来源：巴基斯坦国防部；美国空军，国家航空航天情报中心，《弹道和巡航导弹威胁》（国家航空航天情报中心：赖特—帕特森空军基地，俄亥俄州，2009 年 6 月）；美国中央情报局，“提交国会的有关获取大规模杀伤性武器和先进常规武器相关技术的非密报告，2002 年 1 月 1 日至 6 月 30 日”，2003 年 4 月，网址：〈http://www.cia.gov/library/reports/archived-reports－1/〉；美国国家情报委员会，《到 2015 年国外导弹发展和弹道导弹威胁》，国家情报评估的非密摘要（国家情报委员会：华盛顿特区，2001 年 12 月）；国际战略研究所，《2006—2007 年军事力量对比》（罗德里奇出版社：伦敦，2007 年）；“核笔记本”，《原子科学家公报》，各期；作者的评估。

（田景梅　译）

第八节　以色列核力量

菲利普·舍尔　汉斯·M. 克里斯滕森

以色列继续坚持其长期奉行的核模糊政策。它既不正式肯定也不正式否定它拥有核武器。[1] 据这里估计，以色列拥有约80枚完整的核武器，其中的50枚由“杰里科2”中程弹道导弹发射；30个是重力炸弹，由飞机投掷（见表6.9）。射程更远的“杰里科3”弹道导弹的部署状况不得而知。以色列也可能已经生产了非战略核武器，包括炮弹和原子爆破弹药。

以色列被普遍认为已经生产了钚，用于迪莫纳附近的内盖夫核研究中心的未宣布的核武器计划。据估计，截至2012年，以色列拥有710—970公斤的武器级钚（见下面第十节）。然而，在这些钚中，只有部分钚可能已被用于核武器。

2012年，有相当多的猜测说，以色列可能正在用国产的具有核能力的海射巡航导弹装备其目前由4艘从德国购买的800型“海豚”级柴油动力潜艇组成的舰队。以色列坚决否认了这些报道。该导弹被认为是基于以色列制造的“水手涡轮”，但是有关该导弹的技术特征没有可靠的信息可以获得。另外的两艘同级别潜艇预计分别在2013年和2017年交付给以色列海军。潜艇正在德国基尔附近的哈德威造船厂建造。第四、第五和第六艘潜艇是先进的“海豚”级潜艇，装有不依赖空气的推进系统，这使潜艇非常安静并使它们在水下保持更长时间。[2]

据媒体报道，德国政府官员长期以来一直认为，以色列拥有未宣布的核能力，并可能将其潜艇用于核发射任务。[3] 在官方层面上，德国政府并没有明确否认这些报道，但是在2006年和2012年它在回

〔1〕关于这项政策在以色列国家安全决策中的作用，参见A. Cohen，“以色列”，H. Born、B. Gill和H. Hanggi（编辑），SIPRI，《管控核武器：核武器的文官控制和民主问责》（牛津大学出版社：牛津，2010年）。

〔2〕Von Bergman等人，“德国制造”，《明镜周刊》，2012年6月4日（德文）。

〔3〕Von Bergman（同注释〔2〕）。

答议会质询时指出，不扩散核武器是德国政府政策的一个主要准则，提供具有核能力的运载工具将永远不会被批准。〔4〕德国政府官员表示，交给以色列的潜艇没有配备任何武器，关于如何装备潜艇完全由以色列政府来决定。〔5〕

表 6.9　2013 年 1 月以色列核力量

型号	射程（公里）[a]	有效载荷（公斤）	状况
飞机[b]			
F-16A/B/C/D/I 猎鹰	1600	5400	在武库里有 205 架；有些据认为已进行核武器发射认证
弹道导弹[c]			
杰里科 2	1500—1800	750—1000	约 50 枚；1990 年首次部署；2001 年 6 月 27 日试射
杰里科 3	>4000	1000—1300	2008 年 1 月 17 日和 2011 年 11 月 2 日试射；状况不详

[a] 飞机的航程只用于说明的目的；真正的作战航程将有所不同。为达到最大射程，导弹的有效载荷可能不得不减小。

[b] 以色列 25 架 "F-15I" 飞机中的有些飞机也可能担负远程核发射任务。

[c] 有人猜测，以色列也可能已经开发出核巡航导弹，用在其攻击型潜艇上。

资料来源： A. Cohen，《最糟糕的保密工作：以色列与核武器交易》（哥伦比亚大学出版社：纽约，2010 年）；A. Cohen 和 W. Burr，"以色列跨过核门槛"，《原子科学家公报》，第 62 卷，第 3 期（2006 年 5 月和 6 月）；A. Cohen，《以色列与核武器》（哥伦比亚大学出版社：纽约，1998 年）；D. Albright、F. Berkhout 和 W. Walker，SIPRI，《1996 年钚和高浓铀：世界总量、能力和政策》（牛津大学出版社：牛津，1997 年）；《简氏战略武器系统》，各期；S. Fetter，"以色列的弹道导弹能力"，《物理学与社会》，第 19 卷，第 3 期（1990 年

---

〔4〕 德国联邦议会（联邦议院），"德国武器出口到以色列"，联邦政府的答复，Drucksache 16/3430，2006 年 11 月 16 日；德国联邦议会（联邦议院），在 2012 年 5 月 7 日当周从联邦政府收到的答复的书面问题，Drucksache 17/9615，2012 年 5 月 11 日，第 50 页。

〔5〕 S. Weiland，"德国武器供应：与以色列棘手的潜艇交易"，《明镜周刊》，2012 年 6 月 3 日，网址：〈http：//www. spiegel. de/politik/deutschland/lieferung-deutscher-u-boote-an-israel-provoziert-kritik-a-836715. html〉；"以色列总理称赞德国的潜艇"，《世界报》，2012 年 6 月 5 日。

7月）－要了解更新的分析，参见未发表的“弹道导弹入门”，网址：〈http：//faculty.publicpolicy. umd. edu/fetter/pages/publications〉；“核笔记本”，《原子科学家公报》，各期；作者的评估。

（田景梅　译）

第九节 朝鲜军事核能力

香农·N. 基尔

朝鲜拥有一个秘密的和高度不透明的军事核计划。没有公开的信息证实它拥有实战的核武器。然而，2012 年 1 月，美国国家情报总监詹姆斯·R. 克拉珀判断朝鲜已经生产核武器，尽管他没有给出该国武器库规模的估计。[1] 2011 年，他曾说朝鲜具有制造核武器的能力，但是美国情报机构不知道它是否已经这样了。[2]

截至 2013 年 1 月，朝鲜已进行了两次核爆炸装置的地下试验：第一次是在 2006 年 10 月，据估计当量不超过 1 千吨，被普遍认为是失败的；第二次是在 2009 年 5 月，据估计当量在 2 千—6 千吨。[3] 2012 年期间，几份非政府组织的报告基于对卫星图像的分析和其他证据得出结论，朝鲜正在为在该国东北部丰溪里核试验场的隧道进行第三次地下核试验做技术准备。[4]

已有很多猜测说，朝鲜正在寻求使用高浓铀而不是钚作为裂变材

〔1〕 J. R. 克拉珀，美国国家情报总监，“美国情报机构给参议院情报委员会的全球威胁评估”，记录归档的非密声明，2012 年 1 月 31 日，网址：〈http：//www. dni. gov/index. php/newsroom/testimonies/〉，第 6 页。

〔2〕 J. R. 克拉珀，美国国家情报总监，“美国情报机构给众议院情报委员会的全球威胁评估”，记录归档的声明，2011 年 2 月 10 日，网址：〈http：//www. dni. gov/index. php/newsroom/testimonies/〉，第 6 页。

〔3〕 V. Fedchenko 和 R. Ferm Hellgren，“核爆炸，1945—2006 年”，《SIPRI 年鉴 2007》；V. Fedchenko，“核爆炸，1945—2009 年”，《SIPRI 年鉴 2010》。要了解用于评估试验的爆炸当量和随之而来的不确定性的方法的描述，参见 F. V. Pabian 和 S. S. Hecker，“思考朝鲜的第三次核试验”，《原子科学家公报》，2012 年 8 月 6 日，网址：〈http：//www. thebulletin. org/web-edition/features/contemplating-third-nuclear-test-north-korea〉。

〔4〕 “朝鲜核试验准备工作：更新”，三八线以北，2012 年 4 月 27 日，网址：〈http：//38north. org/2012/04/punggyeri042712/〉；Pabian 和 Hecker（同注释〔3〕）。2013 年 2 月 12 日，朝鲜在丰溪里进行了第三次核试验爆炸，这将在《SIPRI 年鉴 2014》里进行讨论。

料来制造核武器，而它在2006年和2009年的试验据认为使用的是钚。[5] 虽然还不知道朝鲜是否已经生产了用于核武器的高浓铀，但是它被认为拥有一个积极的铀浓缩计划。2010年，朝鲜给访问平安北道宁边核综合体的一个美国科学家代表团展示了一个以前从未公开的离心浓缩设施，该设施位于一座以前制造金属燃料棒的建筑物里。[6] 一份被泄露的由联合国安理会朝鲜问题专家组在2011年完成的报告判断，在该国其他地方，极有可能还存在一个或更多类似的能够生产低浓铀或高浓铀的秘密设施。[7] 此外，国际原子能机构报告了间接证据，朝鲜在2001年前已获得了生产用于浓缩离心机的六氟化铀原料气的能力。[8]

通过使用高浓铀制造核武器，朝鲜有可能克服由其有限的武器级钚存量所带来的限制。2008年朝鲜宣布在宁边5兆瓦石墨慢化研究反应堆关闭前已从该反应堆生产的乏燃料中分离了31公斤钚；据估计，它随后生产了8—10公斤分离钚（见本章第十节）。在2006年和2009年试验后，并根据这两次试验中所使用的钚的数量，朝鲜拥有足够制造6—8枚简陋核武器的钚，假设每枚核武器使用5公斤钚。朝鲜目前正在宁边建造一座新的自主设计的加压轻水反应堆；尽管这表面上是朝着核能发电能力迈出的一步，但是它可以被用来生产钚，以用于其核武器计划。[9]

有间接证据表明，朝鲜可能对试验钚爆炸装置和高浓铀爆炸装置

---

〔5〕 据报道，朝鲜从巴基斯坦核工程师阿巴杜·卡迪尔·汗获得了秘密的铀弹设计帮助。联合国，安理会，根据1874号决议（2009）成立的专家组的报告，2012年5月11日，annex to S/2012/422，2012年6月14日，第15页。

〔6〕 S. S. Hecker，“返回朝鲜的宁边核设施”，斯坦福大学，国际安全和合作中心，2010年11月20日，网址：〈http：//cisac. stanford. edu/publications/north_ koreas_ yongbyon_ nuclear_ complex_ a_ report_ by_ siegfried_ s_ hecker/〉。

〔7〕 根据1874号决议（2009）成立的专家组，报告，第53段。被泄露的报告在下面网址可以得到，网址：〈http：//www. scribd. com/doc/55808872/UN-Panel-of-Experts-NORK-Report-May－2011〉。

〔8〕 朝鲜被怀疑在2000年和2001年向利比亚的秘密铀浓缩计划转让六氟化铀。国际原子能机构，理事会和大会，“在朝鲜应用保障监督”，总干事提交的报告，GOV/2011/53－GC（55）24，2011年9月2日，第50段。

〔9〕 A. Puccioni，“平壤在新反应堆项目上迈出重要一步”，《简氏防务周刊》，2012年8月22日，第8页。

都感兴趣，或同时进行或接着进行。[10] 钚试验可以提供有关制造这种弹头所需的当量威力比的信息，使弹头达到足够紧和轻的程度而可以安装在远程弹道导弹上；使用高浓铀的试验则可以为未来武库的扩大铺平道路。[11] 然而，如果地下试验被很好地封闭的话，在该国之外的机载采样技术很难确定是使用了高浓铀还是使用了钚。[12] 也一直有猜测说，朝鲜可能试图试验聚变助爆裂变装置或甚至可能热核武器。[13]

（田景梅　译）

〔10〕 Pabian 和 Hecker（同注释［3］）。

〔11〕 S. S. Hecker，“从朝鲜核试验期待什么”，《外交政策》，2013 年 2 月 4 日。

〔12〕 S. Choe，“朝鲜：第三次核试验可能解决不了基本问题”，《纽约时报》，2013 年 2 月 6 日。

〔13〕 J. Lewis，“为朝鲜核试验设定预期”，Arms Control Wonk，2013 年 1 月 29 日，网址：〈http://lewis.armscontrolwonk.com/archive/6200/setting-expectations-for-a-dprk-test〉；Y. Makino，“朝鲜可能试验助爆型裂变弹，能够打到美国”，朝日新闻亚洲日本观察，2013 年 1 月 25 日，网址：〈http://ajw.asahi.com/article/asia/korean_peninsula/AJ201301250058〉。

第十节 2012年全球裂变材料的库存和生产

国际裂变材料专家组

亚历山大·格拉泽 齐亚·米安

从第一代裂变武器到后来高级的热核武器，各种类型核爆炸物都离不开可持续进行爆炸式裂变链式反应的材料。在这些裂变材料中，最普遍的是高浓缩铀（高浓铀，HEU）和几乎各种钚同位素。本节详述目前浓缩铀的库存量（见表6.10）和分离钚的库存量（见表6.11），其中包括核武器里的这些材料，以及当前生产这些材料的能力（分别列于表6.12和表6.13）。这几个表的信息是根据为《2012至2013年全球裂变材料报告》所作的最新估计。[1]

高浓铀和钚的生产都是从天然铀开始。天然铀几乎都是不能进行链式反应的铀-238同位素，只有约0.7%的铀-235，但铀-235的浓度可通过浓缩法提高，通常是使用气体离心机。经过浓缩的铀，若铀-235的含量低于20%（通常是3%—5%），称为低浓铀，适用于核电反应堆。铀-235的含量至少达到20%的浓缩铀称为高浓铀，一般认为这是可用于武器的最低浓度。然而，为最大限度压缩核爆炸物的质量，武器级铀通常要浓缩到含90%以上铀-235。钚的生产是在反应堆里通过中子辐照铀-238，然后以化学后处理办法将其从乏燃料里分离出来。钚的形态是多种同位素混合体，其中大部分可用于武器。武器设计师更愿使用主要含钚-239的混合体，因为它的中子和伽马射线自发放射较低，其放射性衰变产生的热量较少。武器级钚通常含有90%以上的钚-239同位素。核电反应堆乏燃料里的钚（反应堆级钚）一般含50%—60%的钚-239，但已可用于武器，就连第一代核武器设计时也是如此。

1968年《核不扩散条约》的5个核武器缔约国——中国、法国、

[1] 国际裂变材料专家组（IPFM），《2012—2013年全球裂变材料报告：提高核弹头及裂变材料库存量的透明度作为实现裁军的一个步骤》（IPFM：普林斯顿，NJ. 2013年即将出版）。

俄罗斯、英国和美国都生产高浓铀和钚。印度、以色列和朝鲜主要生产钚，巴基斯坦主要生产高浓铀用于核武器。拥有民用核工业的所有国家都具有一定的裂变材料生产能力。

表 6.10 2012 年全球高浓缩铀库存量

国家	国家库存量（吨）[a]	生产状况	说明
中国	16 ±4	1987—1989 年停产	
法国[b]	30 ±6	1996 年停产	包括已宣布的 4.6 吨民用铀
印度[c]	2.4 ±0.3	继续生产	
以色列[d]	0.3	—	
巴基斯坦	3.0 ±0.4	继续生产	
俄罗斯[e]	666 ±120	1987—1988 年停产	包括 50 吨据称是为海军和研究用反应堆保留的燃料；不包括准备稀释的 29 吨
英国[f]	21.2	1962 年停产	包括 1.4 吨宣布为民用
美国[g]	532	1992 年停产	包括 152 吨留作海军反应堆燃料，20 吨用作其他高浓铀反应堆燃料；不包括准备稀释或作为废弃物处理的 63 吨
其他国家[h]	~15		
总量	**~1285**		四舍五入到最接近 5 吨数；不包括准备稀释的 92 吨

a 这些材料的大部分是含量为 90%—93% 的浓缩铀 -235，通常被认为武器级。对一些重大例外情况做了注明，俄罗斯和美国截至 2012 年底分别稀释（即降低铀 -235 的浓度）的过剩武器级高浓铀已计算在内。

b 截至 2011 年底，法国向国际原子能机构宣布了 4.6 吨民用高浓缩铀。此处认为这些是浓度为 93% 的武器级高浓缩铀，虽然其中有些材料是已被辐照的形态。只是对 26 吨军用库存的估量不能确定，而对已宣布的 4.64 吨存量并无不确定的问题。

c 印度生产的高浓缩铀（浓缩至 30%—45% 浓度）据认为是用作海军反应堆的燃料。此处是按浓缩至 30% 的高浓缩铀估量。

d 以色列可能是在 1965 年或之前从美国获得了 300 千克武器级高浓铀。

e 截至 2012 年 12 月 31 日，俄罗斯的 488 吨武器级高浓铀已被稀释。作者是根据俄罗斯舰队的规模估算出俄罗斯为海军反应堆保留的核燃料量。

f 英国宣布，截至 2002 年 3 月 31 日其高浓铀存量为 21.9 吨，平均浓度不详。估计此

后消耗了0.7吨用作海军反应堆燃料。截至2011年底，英国向国际原子能机构宣布了1.4吨民用高浓铀存量。

g 美国高浓铀的数量是实际吨量，并非93%浓缩当量。截至1996年9月30日，美国的高浓缩铀库存量是741吨，包含620吨铀－235。截至2012年底，美国已把141吨过剩高浓缩稀释；然而，这些高浓铀中极少是武器级的。2012年，美国从已宣布的过剩军用库存中提出24吨高浓铀准备稀释，现在这批材料已保留用作海军燃料。另有至少有100吨是辐照过的海军燃料。

[h]国际原子能机构2011年年度报告列出在无核武器国家接受全面安全保障监督的高浓铀较大存量有230项。这些材料大部分是研究性反应堆燃料，为反映其浓缩程度的不确定性，估算其总量为15吨。其中约有10吨在哈萨克斯坦并已被辐照；其初始状态稍高于20%浓缩燃料。

表6.11　2012年全球分离钚的存量

国家	截至2012年的军用存量（吨数）	军用钚生产状况	除非另注明，截至2012年的民用存量（吨数）[a]
中国	1.8±0.8	1991年停产	0.01
法国	6±1.0	1992年停产	57.5（不包括外国拥有的22.8吨）
德国	—	—	5.8（存放在法国、德国和英国）
印度[b]	0.54±0.14	继续生产	4.94（包括不受保障监督的4.7吨）
以色列[c]	0.84±0.13	继续生产	—
日本	—	—	44.3（包括存放在法国和英国的35吨）
朝鲜[d]	0.03	停产	—
巴基斯坦[e]	0.15±0.02	继续生产	—
俄罗斯[f]	128±8（34为申报过剩量）	停产	49.5
英国[g]	3.2	1995年停产	91.2（包括在国外的0.9吨但不包括外国拥有的27.9吨）
美国[h]	83.2（49.3为申报过剩量）	1988年停产	—
其他国家[I]	—	—	11（外国拥有存放在法国和英国）
总量	**~224（83为申报过剩量）**		**~264**

a 有些国家拥有的民用钚存放在境外，大部分在法国和英国，但不按国际原子能机构

INFCIRC/549 文件申报。

b 作为印度—美国 2005 年民用核合作倡议的一部分，印度把从本国核电反应堆乏燃料分离出的钚大部分纳入军用存量。此处虽把这些钚列为民用，因为是拟用作增殖反应堆的燃料，但这批钚未置于印度政府与国际原子能机构 2009 年 2 月 2 日签署的“印度特例”保障协定之下。

c 据信以色列仍在运行迪摩纳钚生产堆，但可能主要用以生产氚。

d 据报道朝鲜于 2008 年 6 月宣称生产了 31 公斤钚；2006 年和 2009 年进行了核试验；并于 2009 年恢复生产，增加了 8—10 公斤。2013 年 2 月，它又进行一次核试验，并于同年 4 月宣称打算恢复生产钚。

e 巴基斯坦正在运行胡沙布 1 号和 2 号钚反应堆。该地还在建造另外两座钚生产反应堆。

f 俄罗斯未将其按 INFCIRC/549 文件规定公布的过剩钚包括在内。此军用库存包括 1994 年至 2010 年期间生产的 6 吨武器级钚，这些钚既不是已申报的过剩量组成部分，也不在已宣布的民用库存量内。

g 英国宣布有 91.2 吨民用钚（不包括在英国的由外国拥有有的 27.9 吨钚）。其中包括宣布为过剩的 4.4 吨军用钚，这些钚接受欧洲原子能联营（Euratom）的保障监督，并指定接受国际原子能机构的保障监督。

h 美国向国际原子能机构所作的 INFCIRC/549 申报宣称，截至 2011 年底 49.3 吨未经辐照的钚（已经分离并形成混合氧化物状态，MOX）为军用过剩量。另有 4.4 吨已送往新墨西哥州的废料隔离中间试验厂处理。

[I]其中包括意大利的 4.5 吨钚放在法国 La Hague 地区。

表 6.10 的资料来源：国际裂变材料专家组（IPFM），《2012—2013 年全球裂变材料报告：提高核弹头及裂变材料库存量的透明度作为实现裁军的一个步骤》（IPFM：普林斯顿，NJ. 2013 年即将出版）。以色列：H. Myers “以色列首批裂变材料的真正来源”，《今日军备控制》，第 37 卷，第 8 期（2007 年 10 月），第 56 页；另见 V. Gilinsky 和 R. J. Mattson，“重温 NUMEC 事件’，《原子科学家公报》第 66 卷，第 2 期（2010 年 3/4 月）；俄罗斯：美国浓缩企业，“百万吨级到百万瓦”，网址：〈http：//www. usec. com/russian-contracts/megatons-megawatts〉；英国：英国国防部，“英国军用高浓缩铀史记”，2006 年 3 月，网址：〈http：//webarchive. nationalarchives. gov. uk/ + /http：/www. mod. uk：80/ < http：//webarchive. nationalarchives. gov. uk/ + /http：/www. mod. uk：80/ < http：//webarchive. nationalarchives. gov. uk/ + /http：/www. mod. uk：80/defenceinternet/aboutdefence/corporatepublications/healthandsafetypublications/uranium/〉；国际原子能机构（IAEA），大不列颠和北爱尔兰联合王国关于钚管理政策的来函，第 INFCIRC/549/Add. 8/15 号文件，2012 年 8 月 3 日；美国：美国能源部（DOE）：“高度浓缩铀，实现平衡：关于美国自 1945 年至 1996 年 9 月 30 日高浓铀生产、获得和使用活动的历史报告”（美国能源部，华盛顿特区，2001 年）；G. Person D. Davis 和 Schmidt 向核材料管理研究所第 53 届年会提交的文件：“稀释过剩高浓缩铀进程”，奥兰多，佛罗里达州，20127 月；无核武器国家：国际原子能机构 2011 年年度报告（IAEA：维也纳，2012 年），表 A.4 第 109 页。

表 6.11 的资料来源：国际裂变材料专家组（IPFM），《2012—2013 年全球裂变材料报告：提高核弹头及裂变材料库存量的透明度作为实现裁军的一个步骤》（IPFM：普林斯顿，NJ. 2013 年即将出版）；美国：国家核安全管理署（NNSA），《1944 年至 2009 年美国的钚衡算》（NNSA，华盛顿特区，2012 年 6 月）；国际原子能机构（IAEA），美国关于其钚的管理政策发给 IAEA 的函，第 INFCIRC/549/Add. 6/15 号文件，2012 年 10 月 29 日；民用库存（印度除外）：各国按照 INFCIRC/549 文件规定向国际原子能机构所作的宣布，网址：〈http：//www. iaea. org/Publications/Documents/〉；朝鲜：G. Kessler，“朝鲜核宣布传达给美国的信息”，《华盛顿邮报》，2008 年 7 月 2 日；俄罗斯：俄罗斯——美国关于管理和处置不再用于防务目的的钚和相关合作的协定（俄—美钚管理和处置协定），2000 年 8 月 29 日和 9 月 1 日签订，2010 年 4 月修订，并于 2011 年 7 月生效，网址：〈http：//www. state. gov/t/isn/trty/〉；无核武器国家：在阿海珐公司博蒙阿盖设施对外国乏燃料进行后处理的情况（阿海珐公司：博蒙阿盖地区，2012 年）。

表 6.12　全球主要铀浓缩设施和能力（截至 2012 年 12 月）

国家	设施名称或所在地	类别	状况	浓缩程序[a]	浓缩能力（千 SWU/年）[b]
阿根廷	皮尔卡尼耶乌	民用	恢复运行	GD	..
巴西	雷森迪浓缩厂	民用	在建	GC	115—200
中国	兰州 2	民用	运行中	GC	500
	兰州（新）	民用	运行中	GC	1000
	陕西	民用	运行中	GC	1000
法国[c]	乔治·贝斯 II 浓缩厂	民用	运行中	GC	7500—11000
德国	Urenco Gronau	民用	运行中	GC	2200—4500
印度	Rattehalli	军用	运行中	GC	15—30
伊朗	纳坦兹	民用	在建	GC	120
	库姆	民用	在建	GC	5—10
日本	六所村[d]	民用	恢复运行	GC	50—1500
朝鲜	宁边[e]	..	..	GC	8
荷兰	Urenco Almelo	民用	运行中	GC	5000—6000
巴基斯坦	加德瓦尔	军用	运行中	GC	..
	卡胡塔	军用	运行中	GC	15—45

国家	设施名称或所在地	类别	状况	浓缩程序[a]	浓缩能力（千 SWU/年）[b]
俄罗斯[f]	安加尔斯克	民用	运行中	GC	2200—5000
	新乌拉尔斯克	民用	运行中	GC	13300
	谢维尔斯卡	民用	运行中	GC	3800
	泽列兹诺戈尔斯克	民用	运行中	GC	7900
英国	卡本赫斯特	民用	运行中	GC	5000
美国	阿海珐 Eagle Rock	民用	已规划	GC	3300—6600
	帕迪尤卡	民用	将关闭	GD	11300
	俄亥俄州派克顿	民用	已规划	GC	3800
	Urenco Eunice	民用	在运行	GC	2000—5900

a 气体分离（GC）是用于提高铀中的铀235 含量的主要同位素分离技术，但少数设施仍在使用气体扩散技术（GD）。

b SWU/yr 是一年的分离功；一个分离功单位是计量浓缩设施中把一定含量的铀 -235 分离成高低两种浓度铀 -235 所作的功。表中标出能力范围处系指该设施在扩大能力。

c 法国乔治·贝斯 I 浓缩厂运行了 33 年之后于 2012 年 2 月永远结束了生产。

d 六所村离心机厂正进行新离心技术改装，以极低能力运行。

e 朝鲜于 2010 年披露其宁边浓缩设施，运行状况不详。

f 安加尔斯克以前称为安加尔斯克 -10。新乌拉尔斯克以前称为斯维尔德洛夫斯克 -44；谢维尔斯卡以前称为托木斯克 -7。泽列诺戈尔斯克以前称为克拉斯诺亚尔斯克 -45；将开始一系列高浓铀生产用作快堆和研究堆的燃料。

资料来源：浓缩能力数据是根据国际原子能机构的“核燃料循环综合信息系统”（INFCIS），网址：〈http：//www-nfcis. iaea. org/〉；国际裂变材料研究小组（IPFM）的《2012—2013 年全球裂变材料报告：提高核弹头及裂变材料库存量的透明度作为实现裁军的一个步骤》（IPFM：普林斯顿，新泽西州，2013 年出版在即）。

表 6.13　全球主要后处理设施（截至 2012 年 12 月）

除了标出外，所有设施均处理轻水堆燃料。

国家	设施名称或所在地	类别	状况	设计能力（tHM/yr）[a]
中国	兰州试验厂	民用	运行中	50—100
法国	La Hague UP2	民用	运行中	1000
	La Hague UP3	民用	运行中	1000

国家	设施名称或所在地	类别	状况	设计能力（tHM/yr）[a]
印度[b]	卡尔巴卡姆（重水堆燃料）	两用	运行中	100
	塔拉普尔－I（重水D堆燃料）	两用	运行中	100
	塔拉普尔－II（重水堆燃料）	两用	运行中	100
	特罗贝（重水堆燃料）	军用	运行中	50
以色列	迪莫纳（重水堆燃料）	军用	运行中	40—100
日本	JNC 东海	民用	暂关闭	200
	六所村	民用	开始运行	800
朝鲜	宁边	军用	待命	100—150
巴基斯坦	杰什瑪（重水堆燃料?）	军用	在建	50—100
	Nilore（重水堆燃料）	军用	运行中	20—40
俄罗斯[d]	奥焦尔斯克市马亚科 RT－1，	民用	运行中	200—400
	谢维尔斯克卡	军用	已关闭	6000
	泽列兹诺戈尔斯克	军用	已关闭	3500
英国	BNFL B205 镁诺克斯反应堆	民用	将关闭	1500
	BNFL 塞拉菲尔德，索普	民用	将关闭[c]	1200
美国	H-canyon，萨凡纳河工厂	民用	运行中	15

a 设计能力系指该后处理厂按设计要求能够处理的最多乏燃料量，以一年的重金属吨位（tHM/yr）计量。tHM是乏燃料中重金属数量的计量单位，在此处的重金属是铀。实际产量往往是设计产能的一小部分，例如，俄罗斯RT－1厂的后处理从未超过130tHM，法国因其与外国的合同不能续签，不久每年将只能处理850 tHM。轻水堆燃料中含有1%的钚，重水堆和石墨堆燃料中含有0.4%的钚。

b 根据2005年签订的《印美核合作倡议》，印度决定，它所有的后处理厂都不接受国际原子能机构保障监督核查。

c 2012年7月英国核退役清理管理局（Nuclear Decommissioning Authority，NDA）宣布将于2018年关闭其位于塞拉菲尔德的索普后处理厂，预期届时该厂将结束后处理合同。

d 马亚科 RT－1以前称为车里雅宾斯克－65。谢维尔斯卡以前称为托木斯－7。泽列兹诺戈尔斯克以前称为克拉斯诺亚尔斯克－26。

资料资源：设计能力的数据系根据国际原子能机构的“核燃料循环综合信息系统”（INFCIS），网址：〈http：//www-nfcis. iaea. org/〉；国际裂变材料研究小组（IPFM）的《2012—2013年全球裂变材料报告：提高核弹头及裂变材料库存量的透明度作为实现裁军的一个步骤》（IPFM：普林斯顿，新泽西州，2013年出版在即）。

（赵 莉 译）

第三部分

2012年不扩散、军控与裁军

第七章　核军备控制与不扩散

概　述

香农·N. 基尔

2012 年，伊朗核计划仍是国际上对核武器扩散问题的关注焦点（见本章第一节）。在解决核计划范畴和性质的长期争论上进展甚微。尽管伊朗与五个联合国安理会常任理事国加上德国（“五常+1 国家”）恢复了谈判，但未能打破伊朗拒绝遵守安理会要求的停止所有铀浓缩及其他敏感核燃料循环活动的僵局。伊朗和国际原子能机构（IAEA）也未能达成框架计划，来解决 IAEA 在伊朗违反其对 1968 年《不扩散核武器条约》（NPT）承诺、进行可能用于军事用途的核活动方面的关切。伊朗核问题僵局使国际社会再次呼吁扩大 IAEA 的法律权力，使其能够对涉嫌违反了条约要求签署的保障监督协议，甚至附加协议书范本规定的 NPT 成员国进行调查。

上述两项分别进行但紧密联系的谈判都未能取得进展，使得人们推测，某些国家——特别是以色列或美国，可能优先考虑法律之外的手段，甚至寻求预防性使用军事力量来应对伊朗涉嫌的核武器计划。重新重视军事手段进一步引发国际社会对国际法律手段是否有效的质疑，特别是怀疑对于使用惩罚性经济制裁来处理一些国家涉嫌或已确认违反重要军控条约义务和规则的行为是否有效。

2012 年，旨在实现朝鲜无核化的六方会谈仍未能复谈，而朝鲜重申其作为拥有核武器国家的地位（见第二节）。朝鲜问题曾取得重大突破，朝方同意停止其核计划和弹道导弹计划以换取美国提供的人道主义援助。然而，朝鲜很快便发射了卫星运载火箭，美国及其地区盟友将此次发射视为伪装的弹道导弹试验，美朝协议即被撕毁。

核不扩散机制也出现了一个亮点。2012 年 11 月，缅甸宣布将签署与 IAEA 保障监督协议的附加议定书，给 IAEA 更大权利以进入该国与核有关的场所、获取与核有关的信息。缅甸还作出保证，在回答关于过去被指称的未申报核活动，包括从朝鲜购买敏感设备的问题时，做到完全透明并与机构进行合作。缅甸令人意外的决定推动了增加核透明度及推广附加议定书范本的国际努力。

随着北大西洋公约组织（NATO，简称“北约”）2012 年完成其《威慑和防务态势报告》（DDPR），欧洲非战略（战术）核武器的未来发展方向开始引起关注（见第三节）。报告重申，正如北约《2010 战略概念》所提出的，核武器仍是北约全面威慑及防御能力的核心组成部分，因而不建议改变美国部署在欧洲的任何力量态势。同时，如果俄罗斯采取对等方式，北约会考虑是否进一步削减非战略核武器。鉴此，DDPR 使得在 2010 年俄美新《削减战略武器条约》之外拓展核裁军措施存在可能性。

2012 年，政界高层继续讨论核恐怖主义以及核与放射性材料非法转移的风险。3 月，53 名国家和政府首脑齐集于韩国首尔举行的核安全峰会。峰会旨在加强用以确保全球核材料和设施安全的法律和规则（见第四节）。领导人回顾了 2010 年华盛顿核安全峰会上达成的自愿承诺的执行情况，发表联合声明确认将加强核及放射性材料安全作为优先任务。鉴于 2011 年日本福岛核电站事故，领导人们还仔细考虑了核安全和核安保之间的关系。各国领导人同意于 2014 年在荷兰召集第三次峰会，讨论如何继续开展核安全合作。

2012 年，已提出近 40 年的在中东建立无核武器及其他大规模杀伤性武器区域的倡议遭遇新挑战。根据 2010 年 NPT 审议大会作出的决定以及按照 1995 年 NPT 审议和延期会议通过的一项决议，发挥特别协调作用的芬兰预定在 12 月就此问题举行国际研讨会。但在 11 月，会议的合办方——俄罗斯、英国和美国宣布将不在 2012 年举行会议，因为某些该地区的国家尚未同意参会。产生分歧的关键问题在于，建立无核武器及其他大规模杀伤性武器区域是使中东更为稳定和安全的手段，还是地区安全环境改善的成果。会议推迟并不使人意外，但却造成失望情绪。推迟的影响之一是，2010—2015 审议周期的 NPT 行动计划的信誉会受到质疑。

（王　羽　译）

第一节 伊朗与核扩散关切

香农·N. 基尔

2012 年，又出现了新的致力于解决伊朗核计划范畴和性质争论的国际外交努力。争论始于 2002 年，当时关于伊朗未申报核设施的证据第一次遭到曝光。[1] 2012 年的讨论取得一些程序上的成果，指出了进一步谈判的方式，但未能在任何实质性关切上取得突破。同时，伊朗及国际原子能机构（IAEA）仍无法为解决机构对伊朗核活动可能具有军事用途的质疑而制订工作计划方面达成一致。

就伊朗核计划进行的新的国际谈判

2012 年，伊朗与“五常 + 1”国家（安理会的五个常任理事国——中国、法国、俄罗斯、英国和美国再加上德国）恢复了为确保伊朗核计划只用于和平目的达成长期协议的谈判。[2] 4 月 14 日，各方在土耳其伊斯坦布尔集齐，这是自 2011 年 1 月以来举行的第一次谈判。欧盟外交与安全政策高级代表凯瑟琳·阿什顿和伊朗最高国家安全委员会秘书赛义德·贾利利主持谈判，双方认为此次谈判是积极而有建设性的。[3] 美国官员认为，谈判气氛改善的原因是伊朗参与谈判的态度发生显著改变，伊朗不再坚持将取消国际制裁作为谈判其核计划的先决条件。[4] 在会议结束发表的声明中，阿什顿称各方同意建立基于 1968 年《不扩散核武器条约》（《核不扩散条约》，NPT）的“持续谈判进程”，“以确保在充分尊重其和平利用核能权

---

〔1〕 关于前几年的情况，参见 S. N. 基尔：“伊朗及核扩散关切”，《SIPRI 年鉴 2012》；以及其他年度出版的年鉴。

〔2〕 K. Davenport：“伊朗核问题官方提案的历史”，情况简报，军备控制协会，2012 年 8 月，网址：〈http：//www. armscontrol. org/factsheets/Iran_ Nuclear_ Proposals〉。

〔3〕 “伊斯坦布尔伊朗问题谈判‘具有建设性’”，BBC 新闻，2012 年 4 月 15 日，网址：〈http：//www. bbc. co. uk/news/world-middle-east－17716241〉。

〔4〕 S. Peterson：“伊朗核谈判：为什么各方都采取积极态度”，《基督教科学箴言报》，2012 年 4 月 15 日。

利的同时，伊朗遵守 NPT 条约规定的所有义务”。[5] 一名伊朗谈判官员称，伊朗在未来谈判中接受 NPT 框架，是因为“五常 +1”国家对伊朗核能力及 NPT 条约赋予伊朗权力表示“尊重”。[6]

伊斯坦布尔会议带来的乐观情绪很快在下一轮伊朗与“五常 +1”国家于 2012 年 5 月 23—24 日在伊拉克巴格达举行的谈判中烟消云散。谈判暴露出双方在目标和期待上的根本性对立，甚至未能就最低水平的建立互信步骤达成一致。[7]

“五常 +1”国家在谈判中的主要目标是使伊朗停止生产 20% 浓度的铀 -235（U -235），并严格限制其核材料库存。伊朗于 2010 年宣布开始生产铀以供应正在老化的德黑兰研究反应堆，该反应堆用来生产医用同位素。伊朗纯度为 19.75% 的浓缩铀库存增加，引起国际社会关切，因为这种材料如果转用作武器用途，将其浓缩为武器级高浓缩铀（HEU）所需的时间远少于将通常用作核能反应堆燃料的纯度 3.5% 的浓缩铀浓缩所用的时间。[8]

巴格达会议期间，“五常 +1”国家提出了所谓的“停止、关闭、运出”提议。[9] 该提议要求伊朗立即停止生产 20% 左右浓度浓缩铀的活动；关闭所有在库姆市附近福尔多修筑的地下浓缩设施进行的浓缩活动；将 20% 左右浓度浓缩铀的大部分库存运出该国。作为回报，伊朗可以得到供德黑兰研究反应堆使用的燃料板、核安全援助以及美国提供给民用航空的零部件。

伊朗几乎立即拒绝了“五常 +1”国家的提议，主要原因是该提

---

〔5〕 欧盟，“欧盟高级代表阿什顿 2012 年 4 月 14 日在伊斯坦布尔与伊朗会谈后代表‘欧盟三国 +3’发表的讲话”，新闻稿 A 173/12，2012 年 4 月 14 日，网址：〈http://www.consilium.europa.eu/press/press-releases/latest-press-releases/newsroomrelated?bid=78&grp=20909〉。NPT 条约的内容概要及其他详细内容，见本卷附件 A。

〔6〕 “‘五常 +1’对伊朗采取新方式”，伊朗新闻电视台，2012 年 4 月 15 日，网址：〈http://www.presstv.ir/detail/236297.html〉。

〔7〕 E. Barry 和 R. Gladstone，“伊朗核计划谈判因‘巨大的不信任’而遭遇挫折”，《纽约时报》，1012（原文如此，应为 2012——译者注）年 6 月 20 日。

〔8〕 O. Heinonen，“20% 纯度的解决方案”，《外交政策》，2012 年 1 月 11 日。将天然铀提纯到纯度为 20% 的铀 -235 远比将 20% 的铀 -235 提纯到核武器所用的武器级铀（通常浓缩达到 90% 以上）更耗时、耗能。

〔9〕 Barry 和 Gladstone（同注释〔7〕）。

议没有包括放松制裁的内容，而制裁正日益严重地损害伊朗经济。[10] 伊朗前核谈判代表侯赛因·穆塞维安将拒绝提议的理由表述为“用花生与伊朗换钻石”。[11] 一些西方分析人士指出，伊朗对巴格达谈判达成协定的预期超出了“五常 +1”国家政治上能够接受的限度。[12] 然而，也有人指出，有效地减少制裁会使伊朗政府能够向公众证明停止浓缩计划是一种胜利，并因此为达成协议奠定基础，但西方国家恰恰不愿意做出这种让步。[13]

尽管巴格达谈判出现僵局，各方又于 2012 年 6 月 18—19 日在莫斯科举行了新一轮谈判。在莫斯科会谈期间，伊朗详细说明了本国已向“五常 +1”国家提交的提议。[14] 伊朗在提议中列出一项五步计划，包括双方应在 NPT 框架下采取的对等措施。[15] 第一步，“五常 +1”国家应承认伊朗提出的有权按照 NPT 规定进行铀浓缩的要求。获得承认后，伊朗将赋予据称是最高领袖哈梅内伊 2004 年签发的宗教法令法律以约束力，该法令谴责伊斯兰教所禁止的生产、拥有或使用核武器。[16] 第二步，某些“五常 +1”国家结束对伊朗的单方面制裁，以回报伊朗与 IAEA 在调查其核活动“可能用于军事目的”问题上的全面合作。第三步，期待在核能和核安全方面的合作。第四步，根据头两步的完成情况，伊朗限制或停止生产 20% 浓度浓缩铀

〔10〕 S. Peterson，“伊朗外交官称，核问题谈判‘全面失败’”，《基督教科学箴言报》，2012 年 5 月 25 日。

〔11〕 F. Dahl，“伊朗前官员称，大国是要‘用花生换钻石’”，路透社，2012 年 6 月 15 日。

〔12〕 M. Fitzpatrick，“德黑兰的期待超出巴格达谈判的可能”，《国家报》（阿布扎比），2012 年 5 月 24 日。

〔13〕 M. Moran，“回到未来的伊朗核外交?”，WMD Junction，2012 年 6 月 15 日，网址：〈http: //wmdjunction. com/120615_ iran_ diplomacy. htm〉。

〔14〕 J. Borger，“莫斯科谈判的‘进展’：伊朗用幻灯片阐述拒绝的理由”，《卫报》全球安全博客，2012 年 6 月 18 日，网址：〈http: //www. guardian. co. uk/world/julian-borger-global-security-blog/2012/jun/18/iran-russia〉。

〔15〕 M. Sadri，“伊朗与‘五常 +1’国家：从莫斯科到阿拉木图发生了什么?”，Iran Review，2013 年 2 月 23 日，网址：〈http: //www. iranreview. org/content/Documents/Iran – P5 – 1 – What-Happened-from-Moscowto-Almaty – . htm〉。

〔16〕 关于宗教法令的简介，参见迈赫尔通讯社，“伊朗在 IAEA 紧急会议上的发言”，2005 年 8 月 10 日，网址：〈http: //www. fas. org/nuke/guide/iran/nuke/mehr080905. html〉。

以建立互信。第五步也是最后一步，呼吁伊朗和“五常 +1”国家在地区安全问题上进行合作。

莫斯科谈判结束时，双方更加坚持各自在解决伊朗核计划僵局问题上的相互抵触的战略。伊朗官员抱怨“五常 +1”国家，特别是西方国家，对讨论伊朗的提议不感兴趣，而只关心伊朗对西方在巴格达提出提议的反应。[17] 伊朗还抱怨“五常 +1”国家未能遵守在伊斯坦布尔会议上作出承诺，即认可伊朗依据 NPT 所享有的权力，将此作为谈判的基础。[18] 对此，一名欧盟发言人表示，NPT 并未明确每个国家都有权进行铀浓缩。[19] 美国外交官强调，“停止、关闭和运出”提议必须继续作为谈判的重点，因为提议要解决的核心问题是使伊朗遵守其国际义务。[20]

外交僵持促使以色列和美国收住了欲对伊朗核设施采取军事行动的声音，因为谈判双方都试图避免谈判破裂。2012 年 7 月 3 日，双方在伊斯坦布尔召集了一次专家会议，从技术角度讨论前几轮谈判所做提议，之后又于 7 月 24 日召开了副部长级会议。[21] 9 月 18 日，阿什顿和贾利利在伊斯坦布尔正式会晤，讨论技术专家为未来谈判建立框架所达成的“共识”。[22] 谈判进行的背景是，美国和欧盟针对伊朗核计划大幅增加了对其商业和经济的制裁，包括自 2012 年 7 月 1 日起欧盟停止从伊朗进口石油。[23]

2012 年秋季，伊朗及“五常 +1”国家都重申开始正式谈判的重要性。“五常 +1”国家达成一致，“更新”在巴格达会议期间向伊朗

〔17〕 Sahimi（同注释［15］）。

〔18〕 “伊朗与大国开始在莫斯科进行核谈判”，《德黑兰时报》，2012 年 6 月 19 日。

〔19〕 J. Borger，“欧盟称，针对伊朗的石油禁运不会推迟”，《卫报》，2012 年 6 月 18 日。

〔20〕 E. Barry，“任何一方都未在紧张的莫斯科伊朗核问题谈判中让步”，《纽约时报》，2012 年 6 月 19 日。

〔21〕 K. Davenport，“伊朗核谈判的未来面临问题”，《今日军控》，第 42 卷，第 7 期（2012 年 9 月）。

〔22〕 “欧盟高级代表凯瑟琳·阿什顿会见伊朗核谈判代表”，BBC 新闻，2012 年 9 月 19 日，网址：〈http：//www. bbc. co. uk/news/world-middle-east-19634052〉。

〔23〕 参见本卷第十章第三节。

提出的提议内容。[24] 然而，直至年底，双方都未能确定新一轮谈判的日期。

伊朗与 IAEA 之间的僵局

2012 年伊朗和 IAEA 未能达成框架计划，来解决 IAEA 在伊朗违反其对 1968 年《不扩散核武器条约》（NPT）承诺、进行可能用于军事用途的核活动方面的关切。2011 年 11 月，IAEA 总干事天野之弥向 IAEA 理事会提交报告，阐述了上述关切。[25] 据称，伊朗从事的武器相关活动包括：使用核武器应用程序的高爆试验；中子源点火器和引爆器试验；将核弹头安装到导弹上以及装备、发射、引爆装置的研发工作；被指称弹头研究的相关采购活动。[26] 多数被指称的武器相关活动发生在 2003 年之前。

2012 年，IAEA 和伊朗高级官员断断续续地举行了几次会见，讨论设定 IAEA 调查特定关切活动条款和条件的“结构性方法”文件。两个程序上的分歧阻碍了讨论进行。第一个分歧是关于 IAEA 解决问题的排序。伊朗坚持按照预先设定的顺序来解决；在对每个问题采取双方同意的步骤后，这个问题就应被认为已经了结。[27] 相反，IAEA 官员倾向同时解决多个问题，理由是核查范围内的很多活动之间似乎存在联系。IAEA 官员强调需要解决后续问题的可能性，后续问题包括澄清特定问题或处理任何新出现的证据。[28]

第二个分歧是关于伊朗要求获得构成 IAEA 关于伊朗被指称核武

---

〔24〕 I. A. R. Lakshmanan，“美国及其伙伴同意修改给伊朗的核提议”，Bloomberg，2012 年 12 月 13 日，网址：〈http：//www. bloomberg. com/news/2012 - 12 - 13/u-s-and-partners-agree-on-revisednuclear-offer-for-iran. html〉。

〔25〕 IAEA 理事会，“伊朗伊斯兰共和国执行 NPT 全面保障监督协议和安理会决议相关规定的情况”，总干事向 IAEA 理事会的报告，GOV/2011/65，2011 年 11 月 8 日。

〔26〕 IAEA 调查结果的内容概要，见 Kile（同注释［1］），第 366—368 页。

〔27〕 M. Hibbs，“伊朗和 IAEA 再次举行谈判”，卡内基国际和平基金会，2012 年 5 月 12 日，网址：〈http：//carnegieendowment. org/2012/05/12/iran-and-iaea-talk-again/apy9〉。

〔28〕 “IAEA 理事会呼吁伊朗与 IAEA 进行合作，但伊朗仍止步不前”，军备控制协会，Issues Briefs，第三卷，第 13 期（2012 年 9 月 18 日），网址：〈http：//www. armscontrol. org/issuebriefs/IAEA-Board-of-Governors-Call-on-Iran-to-Cooperate-with-IAEA-But-Tehran-Continues-to-Balk〉。

器相关活动报告基础的大部分西方情报文件。伊朗拒绝指控也拒绝承认作为指控基础的文件，称这些文件是敌对的外国情报机构捏造的。天野之弥尽管承诺“在合适的时候”接受伊朗的请求，但表示 IAEA 很难兑现承诺，因为成员国都是以保密方式提交的材料，一旦伊朗见到原件，就有可能暴露信息来源。[29]

2012 年 9 月 13 日，由 35 个成员国组成的 IAEA 理事会通过一项决议，其中提到伊朗“必须”与 IAEA 就解决机构对其核武器相关活动关切的“结构性方法”达成共识。[30] 作为“第一步”，理事会要求伊朗允许 IAEA 核查人员进入机构要求参观的场所。

理事会要求伊朗允许核查人员进入该国场所，是因为 2012 年 IAEA 和伊朗一直就前者要求参观位于德黑兰附近帕琴的大型军事生产基地存在分歧。[31] IAEA 再三要求伊朗允许其对该处一建筑进行“透明度参观”，因为机构一成员国提供信息称，伊朗在该建筑中制造了用于高爆试验的大型钢结构容器，高爆试验可能被用于发展核爆炸装置的计划，而部分高爆试验可能已使用了铀。伊朗称，帕琴基地只用于常规军事目的，与核材料无关，IAEA 已对其进行过充分的检查。[32]

12 月 13 日，以 IAEA 保障监督部门领导纳卡尔特为首的 IAEA 代表团与伊朗官员在德黑兰就解决机构未决问题的框架协议进行会谈。双方都称会谈在达成协议方面取得了进展，并将在 2013 年 1 月中旬举行新一轮会谈。[33] 但同时，伊朗仍不允许 IAEA 代表团进入

---

〔29〕 B. Slavin，“IAEA 长官愿意与伊朗就核武器指控分享资料”，Al-Monitor，2012 年 12 月 6 日，网址：〈http：//www. al-monitor. com/pulse/originals/2012/al-monitor/amano-iran-weapons-claims. html〉。

〔30〕 IAEA 理事会，“伊朗伊斯兰共和国执行 NPT 全面保障监督协议和安理会决议相关规定的情况”，IAEA 决议，GOV/2012/50，2012 年 9 月 13 日，第 2 页。

〔31〕 G. Esfandiari，“解释者：为什么联合国核查人员要求进入伊朗帕琴军事基地?”，自由欧洲电台，2012 年 6 月 7 日，网址：〈http：//www. rferl. org/content/explainerwhy-do-un-inspectors-want-access-to-iran-parchin-military-complex/24606630. html〉。

〔32〕 IAEA 核查人员在 2005 年参观了帕琴基地，但没有要求参观据称建设了钢结构容器的建筑。“伊朗学生通讯社称，伊朗允许 IAEA 参观帕琴军事基地”，路透社，2012 年 3 月 6 日。

〔33〕 “IAEA 称核谈判取得‘进展’”，半岛电视台，2012 年 12 月 14 日，网址：〈http：//www. aljazeera. com/news/middleeast/2012/12/2012121414374282954 1. html〉。

帕琴基地。就在伊朗表示拒绝的时候，一些专家根据卫星图像分析，更加担心伊朗可能在对该基地进行“消毒”，以妨碍对其被指称的过去在基地进行的核相关爆炸试验进行核查。[34]

IAEA 总干事对伊朗核计划的评估

2012 年 11 月 16 日，IAEA 总干事天野之弥向 IAEA 理事会提交了最新一份例行报告，内容涉及在伊朗执行保障监督的情况。[35] 天野之弥的报告中称，伊朗继续推进铀浓缩计划和重水反应堆建设，这些都违反联合国安理会五项决议提出的伊朗应停止所有浓缩及其他敏感核燃料循环活动的规定。[36] 报告描述了伊朗在下列领域的技术进步。

离心机数量增加、能力提升

2012 年下半年，伊朗继续加强其铀浓缩能力，在两处已申报的设施——纳坦兹的燃料浓缩厂（FEP）和规模小一些的福尔多燃料浓缩厂（FFEP）安装更多的第一代 IR－1 型离心机。但截至 2012 年 11 月，所有新安装的离心机都未投入运行。[37]

总干事提交的报告中称，伊朗继续开发先进的离心机机型。该国正在纳坦兹燃料浓缩中试厂（PFEP）测试第二代 IR－2m 型和 IR－4 型离心机。新一代离心机仍位于中试厂的研发区域，尚未用于规模生

---

〔34〕 参见“帕琴高爆试验基地大幅变动，可能还有进一步活动”，《科学和国际安全研究所（ISIS）简报》，2012 年 11 月 29 日，见网址：〈http://isis-online.org/isis-reports/〉。关于伊朗在此基地活动的相反观点，参见 R. E. Kelley，“IAEA 和帕琴：质疑和关切”，SIPRI 专家评论，2013 年 1 月 18 日，网址：〈http://www.sipri.org/media/expert-comments/18jan2013_IAEA_Kelley〉。

〔35〕 IAEA 理事会，“在伊朗伊斯兰共和国执行与《不扩散核武器条约》有关的保障协定和安全理事会决议的相关规定”，总干事向 IAEA 理事会提交的报告，GOV/2012/55，2012 年 11 月 16 日。

〔36〕 联合国安理会第 1737 号决议，2006 年 12 月 23 日；第 1747 号决议，2007 年 3 月 24 日；第 1803 号决议，2008 年 3 月 3 日；第 1835 号决议，2008 年 9 月 27 日；第 1935 号决议，2010 年 6 月 9 日。

〔37〕 IAEA，GOV/2012/55（同注释［35］），第 4—5 页。

产。[38] 报告指出，伊朗尚未开始测试其在2010年公布的更高级的离心机机型（IR-5型、IR-6型和IR-6s型离心机）。[39] 部分原因是国际制裁阻止伊朗获取必要的材料和部件，其生产这些先进离心机的能力尚不能确定。[40]

低浓铀库存增加

报告认为伊朗继续在纳坦兹和福尔多生产以六氟化铀气体形式存在的低浓铀。另外，伊朗20%左右浓度浓缩铀库存已增至233千克。这些材料中的约135千克储存在福尔多和纳坦兹的浓缩厂；剩余的96千克被转化为氧化铀（U3O8），氧化铀是一种固体粉末，用来在伊斯法罕附近燃料板加工厂生产核燃料。[41] 一些观察人士指出，根据伊朗的月产量计算，到2013年年中，伊朗将积累200千克—220千克浓度接近20%的浓缩铀，使其有能力生产“有意义的数量”的武器级铀。[42]

这一“数量”具有重要意义，因为2012年9月27日以色列总理内塔尼亚胡在联大一般性辩论发表讲话指出，在伊朗拥有足以制造“一枚核弹”的20%浓度浓缩铀之前，以色列可能对伊朗核设施实施打击。[43] 然而，其他国家警告，不应过分夸大这一“数量”的重要性，因为所有核材料及安装的级联都由IAEA控制和监督，伊朗任何“突破”NPT、生产武器级高浓铀的企图都会令国际社会警觉。[44]

阿拉克研究反应堆取得的进展

总干事报告指出，伊朗在继续修建阿拉克附近的IR-40重水反应堆。反应堆计划启动时间由2013年年中推迟到2014年年初，但报

---

〔38〕 据估计，IR-2m型和IR-4型离心机的浓缩能力是目前IR-1型离心机的3—4倍。W. C. Witt等人，“伊朗的突破性能力正在发展”，《科学和国际安全研究所（ISIS）简报》，2012年10月8日，网址：〈http://www.isis-online.org/isis-reports/〉，第21页。

〔39〕 IAEA，GOV/2012/55（同注释［35］），第5页。

〔40〕 F. Dahl，“伊朗在重要核设施方面进展甚微”，路透社，2012年8月31日。

〔41〕 IAEA，GOV/2012/55（同注释［35］），第4页。

〔42〕 Witt等人（同注释［38］）。IAEA定义的“有意义的数量”为25千克浓缩至90%浓度的铀-235，是一枚核武器所需的数量。

〔43〕 J. Heller，“内塔尼亚胡为伊朗核计划‘划红线’”，路透社，2012年9月27日。

〔44〕 Witt等人（同注释［38］）。

告并未提及延迟的原因。[45] 印度、以色列、朝鲜和巴基斯坦都修建了类似的反应堆，表面上是为了研究，实际上将其用于生产核武器用的钚。[46]

报告称 IAEA 对伊朗与机构签署保障监督协定申报的核设施中尚未转移的核材料继续进行了核查，但指出伊朗并未提供必要合作，包括并未执行附加议定书来使 IAEA 能够确认其不存在未申报的核材料和活动。[47]

2012 年，由伊朗与“五常 +1”国家在一年的紧张停滞后恢复谈判带来的乐观情绪已经消散。很明显，双方所持谈判目标和战略无法取得一致，导致近期内无法取得突破。2012 年，鉴于伊朗仍然坚持不将停止浓缩计划作为谈判协议的前提条件，“五常 +1”国家，尤其是中国和俄罗斯，更加质疑美欧所用“胡萝卜加大棒”的谈判方式是否有效。

（王 羽 译）

---

〔45〕 IAEA，GOV/2012/55（同注释［35］），第 7 页。

〔46〕 “IAEA 称，伊朗阿拉克设备计划 2013 年开始运行”，环球安全通讯社，2012 年 11 月 19 日，网址：〈http：//www. nti. org/gsn/article/iran-arak-plant-begin-operations－2014－iaea/〉。

〔47〕 IAEA，GOV/2012/55（同注释［35］），第 12 页。伊朗从未批准其与 IAEA 于 2003 年 12 月签署的附加议定书，又于 2007 年 2 月通知 IAEA 将不再遵守附加议定书的规定。

第二节　朝鲜核计划

香农 · N. 基尔

2003 年朝鲜民主主义人民共和国（DPRK 或称朝鲜）宣布退出 1968 年《不扩散核武器条约》（NPT）后，针对朝鲜核计划的六方会谈启动。[1] 截至 2009 年 4 月朝鲜宣布退出谈判以抗议联合国针对其核武器及导弹试验实施新一轮制裁，六方会谈共进行了五轮谈判。之后，在重启谈判条件上的分歧阻碍了谈判进行。[2]

2012 年初曾出现打破外交僵局的希望。自 2011 年 7 月举行三轮双边会谈后，2012 年 2 月 29 日，朝鲜和美国分别发表声明称，朝鲜同意停止其铀浓缩计划并自愿暂停更进一步的远程导弹和核武器试验。[3] 朝鲜还决定邀请国际原子能机构（IAEA）核查人员重返宁边核设施，以检查铀浓缩活动的中止情况以及已被部分拆除的用来为朝鲜两次核试验生产钚的核反应堆的关闭情况，这是自 2009 年核查人员被驱逐后的第一次。作为回报，美国宣布将向朝鲜提供 24 万吨食品援助，条件是朝方粮食分配要接受外部监督。[4] 这一所谓“闰日”协议宣布后，受到地区其他国家欢迎，各方认为这是重启六方会谈的一步，也是对朝鲜新任领导人金正恩意向重要的初步推测，其父于 2011 年 12 月过世。[5]

---

〔1〕 六方会谈始于 2003 年 8 月中国的一项外交倡议，其目的是达成一项协议，使朝鲜通过可验证地放弃其核武器能力来换取国际援助。六方为中国、日本、朝鲜、韩国、俄罗斯和美国。NPT 内容概要及其他详细内容，参见本卷附件 A。

〔2〕 关于 2011 年的情况，参见 S. N. 基尔，“朝鲜核计划”，《SIPRI 年鉴 2012》。更早的情况参见其他年度出版的年鉴。

〔3〕 朝鲜中央通讯社，“朝鲜外交部发言人谈朝美会谈结果”，2012 年 2 月 29 日，网址：〈http://www.kcna.co.jp/item/2012/201202/news29/20120229-37ee.html〉。

〔4〕 美国国务院，“美朝双边谈判”，新闻公告，2012 年 2 月 29 日，网址：〈http://www.state.gov/r/pa/prs/ps/2012/02/184869.htm〉。

〔5〕 S. Choe，“在朝鲜协议中，儿子继承了父亲的架构”，《纽约时报》，2012 年 3 月 2 日。

朝美核中止协议被撕毁

实现外交突破的希望是短暂的。3 月 16 日，朝鲜新闻社宣布该国计划发射一枚火箭，将一颗民用地球观测卫星送入轨道，以此作为纪念朝鲜建国者金日成诞辰 100 周年活动的一部分。〔6〕美国、大韩民国（韩国）和日本立即谴责朝鲜的计划，称朝鲜假借发射活动对已经开发了十多年的“大浦洞—2”型远程弹道导弹进行飞行测试。〔7〕美国宣布已暂停食品援助一揽子协议，理由是朝鲜的发射已经违反了其在“闰日”协议中作出的停止导弹发射的承诺。〔8〕

之后，朝鲜于 2012 年 4 月 13 日在国际观察人员在场情况下进行的发射，被广泛认为是一次失败的发射。“银河—3”型三级火箭从靠近朝鲜西部与中国边界的平安北道东仓里西海发射中心升空后不久就发生了爆炸。〔9〕

朝鲜执意进行发射引起国际批评浪潮。4 月 16 日，联合国安理会一致通过一项主席声明，谴责该发射“严重违反”了联合国第 1718 号决议（2006 年）和第 1874 号决议（2009 年）。这两项决议禁止朝鲜进行任何形式的运用导弹技术的发射活动。〔10〕安理会要求其对朝制裁委员会拟定要追加的对朝武器和技术禁运的“个人、实体和物项”，禁运自 2006 年起实施，2009 年又扩大了范围。在联合国要求追加制裁期间，有报告称一家中国企业向朝鲜提供的运输车辆被用作新型移动发射车，违反了联合国对朝武器禁运规定。〔11〕

---

〔6〕 朝鲜中央通讯社，“朝鲜将发射应用卫星”，2012 年 3 月 16 日，网址：〈http：//www. kcna. co. jp/item/2012/201203/news16/20120316 – 20ee. html〉。

〔7〕 “中国对朝鲜火箭发射计划表示‘关切’”，BBC 新闻，2012 年 3 月 17 日，网址：〈http：//www. bbc. co. uk/news/world-asia – 17413054〉。

〔8〕 K. Parrish，美军新闻社，“官方因朝鲜计划中的发射而暂停对其营养品援助”，美国国务院，2012 年 3 月 28 日，网址：〈http：//www. defense. gov/News/NewsArticle. aspx? ID = 67738〉；W. Ide，“美国暂停对朝食品援助”，美国之音，2012 年 3 月 27 日，网址：〈http：//www. voanews. com/content/us-suspends-north-korea-food-aid – 144680865/181146. html〉。

〔9〕 S. Choe 和 R. Gladstone，“朝鲜火箭发射升空后不久即告失败”，《纽约时报》，2012 年 4 月 13 日。

〔10〕 联合国安理会，安理会主席声明，S/PRST/2012/13，2012 年 4 月 16 日。

〔11〕 关于违反对朝禁运的此份报告及其他报告内容，参见本卷第十章第二节。

朝鲜发表措辞强硬的声明作为回应，称不理睬联合国安理会损害其为进行和平外空研究而“发射卫星的合法权利”的“无理行为”。[12] 朝鲜认为美国起草安理会主席声明，是美违背其“（在‘闰日’协议中）承诺”的“尊重（朝鲜）主权并且不对朝鲜怀有敌意”的又一证明。朝方声明称，既然美国一再通过“不加掩饰的敌对行为”违反协议，朝鲜将不再受协议约束。朝鲜还警告将采取尚未明确的“必要报复措施”，这一表述使国际社会担心，该国将再次进行核试验，正如其在2009年火箭发射失败后采取的行动。[13]

关于朝鲜核计划和导弹计划的新的关切

朝鲜宣布取消与美签署的“闰日”协议，还导致国际社会对其长期核意图及其声称愿意“放弃”核计划诚意产生质疑。朝鲜2012年4月批准修订的国家宪法已将该国正式定位为“核国家”。[14] 尽管过去几年朝鲜也自称为核国家，但将核能力写入宪法的行动凸显了该政权对拥有核武器的重视。[15]

2012年下半年，朝鲜弹道导弹能力仍是美国及其东北亚盟国的关切重点。2012年10月，美国同意韩国修改其导弹指针，允许韩国部署射程800千米以内的弹道导弹。该指针本是美国因担心地区军备竞赛而在1979年设定的。修改使韩国导弹能够打击朝鲜境内的任何目标，还允许韩国根据导弹射程突破以前规定的导弹最高载荷500公斤的限额。[16]

---

〔12〕 朝鲜中央通讯社，“朝鲜拒绝接受联合国安理会损害朝鲜发射卫星合法权利的行动”，2012年4月17日，见网址：〈http://www.kcna.co.jp/item/2012/201204/news17/20120417-25ee.html〉。

〔13〕 B. K. Lim，“消息称，中国敦促朝鲜放弃核试验计划”，路透社，2012年5月16日。关于朝鲜核试验的准备情况，见本卷第六章第九节。

〔14〕 “朝鲜将核武装写入宪法”，《朝鲜日报》，2012年5月31日，网址：〈http://english.chosun.com/site/data/html_dir/2012/05/31/2012053100646.html〉；朝鲜民主主义人民共和国宪法，见网址：〈http://naenara.com.kp/ko/great/constitution.php〉，序言（韩文）。

〔15〕 例如，P. Hayes，“朝鲜的核宪法”，Nautilus Peace and Security Weekly，2012年6月14日，网址：〈http://nautilus.org/napsnet/napsnet-weekly/the-dprks-nuclear-constitution/〉。

〔16〕 S. Choe，“美国允许韩国延长导弹射程”，《纽约时报》，2012年10月8日。2001年修订的前一版本的指针不允许韩国部署超过300公里射程的导弹。

12 月 12 日，朝鲜高调宣布已发射“银河—3”型火箭，成功将一颗名为“光明星 3 号”的地球观测卫星送入轨道。[17] 加拿大和美国联合成立的北美防空联合司令部（NORAD）确认该火箭确将卫星送入了轨道，但之后的报告显示，卫星失去控制并应该已失去功能。[18] 但此次发射事件证明，朝鲜已掌握多级火箭技术——这是发展能够携带核弹头的洲际弹道导弹（ICBM）所需步骤之一。[19]

联合国安理会随后即谴责朝鲜火箭发射明显违反了禁止该国进行弹道导弹测试的安理会决议。[20] 几个成员国敦促联合国安理会扩大对朝制裁范围。[21] 然而，2012 年年内，安理会未能就实施新的惩罚性措施或采取其他步骤应对朝鲜火箭发射做出决定。

2012 年朝鲜核计划及弹道导弹计划的发展态势表明，朝鲜新任领导人金正恩会优先实施该国所谓的“先军”政策。“先军”政策的基础是该国核能力和弹道导弹能力的进步。2012 年结束时，在东北亚重启致力于劝导朝鲜放弃其初期核武库以换取国际援助的多边谈判的前景更为悲观。

（王　羽　译）

---

〔17〕 朝鲜中央通讯社，“朝鲜中央通讯社对卫星发射进行报道”，2012 年 12 月 12 日，网址：〈http：//www. kcna. co. jp/item/2012/201212/news12/20121212 - 09ee. html〉。

〔18〕 W. J. Broad 和 S. Choe，“天文学者称朝鲜卫星很可能已不运转”，《纽约时报》，2012 年 12 月 18 日。

〔19〕 D. Richardson，“‘银河—3’大部分由朝鲜制造”，Jane's Missiles and Rockets，2013 年 3 月，第 4—6 页。

〔20〕 联合国安理会，关于朝鲜民主主义人民共和国的新闻公告，2012 年 12 月 12 日，网址：〈http：//www. new-york-un. diplo. de/Vertretung/newyorkvn/en/_ _ pr/press-releases/2012/20121212 - sc-on-dprk. html〉；D. Penn，“安理会谴责朝鲜火箭发射”，联合国电台，2012 年 12 月 12 日，网址：〈http：//www. unmultimedia. org/radio/english/2012/12/security-council-condemns-north-korea-rocket-launch/〉。

〔21〕 “联合国安理会谴责朝鲜火箭发射”，BBC 新闻，2012 年 12 月 13 日，网址：〈http：//www. bbc. co. uk/news/world-asia - 20697922〉。

第三节 北约与非战略核武器

伊恩·安东尼

在北大西洋公约组织（NATO）2012年5月在美国芝加哥举行的峰会上，各成员国批准了《威慑和防御态势报告》（DDPR）。[1] 从表面看，2010年11月举行的北约葡萄牙里斯本峰会要求进行DDPR工作，是为了研究北约在威慑和防御联盟面临的全方位威胁方面的整体态势；而实际上，DDPR是在继续就仍未解决的核武器在北约战略中地位——特别是未来美国以何种方式在欧洲部署非战略核武器问题进行讨论。[2]

里斯本峰会通过的北约《战略理念》试图调和联盟内部的两种不同意见。一种意见是，鉴于欧洲拥有的常规武装力量和良好的安全环境，北约应该对自身核力量态势作出重大调整，以推动国际核裁军势头。例如，德国和挪威通常持有此观点。[3] 另一种观点是，北约应该保持其核态势而不做重大改变，以避免在现在和未知的将来，给外界造成其不再看重有效集体防御的印象。法国及一些包括波罗的海国家在内的中欧国家往往持此立场。[4]

DDPR详细描述了为将来核裁军进行准备的机制，例如，为北约成员国讨论未来与俄就非战略核武器对话可能涉及的问题而设的新的

〔1〕 北约，《威慑和防务态势报告》，2012年5月20日，网址：〈http://www.nato.int/cps/en/natolive/official_ texts_ 87597.htm〉。

〔2〕 在此背景下，非战略核武器可以被定义为不在2010年俄美签署的《进一步削减和限制进攻性战略武器条约》（新START条约）限制范围内的核武器。新START条约适用于洲际弹道导弹、潜射弹道导弹和重型轰炸机，以及这些运载工具所携带的弹头。新START条约的内容概要及其他详细内容，见本卷附件A。

〔3〕 例如，参见德国外交部长韦斯特韦勒在“从核禁试到无核世界”会议上的讲话，阿斯塔纳，2012年8月29日，网址：〈http://www.auswaertiges-amt.de/EN/Infoservice/Presse/Reden/2012/120829 - BM_ Astana.html〉。

〔4〕 Ł. Kulesa 主编，《北约威慑和防卫态势的未来：中欧的观点》（波兰国际事务研究所：华沙，2012年12月）。

咨询论坛。[5] 然而，北约指出“目前联盟的核力量态势符合有效威慑和防御态势的标准”，暗示不会立即改变当前政策。[6]

本节首先阐述在 DDPR 通过前，北约非战略核力量的削减历史。然后识别评估工作中的三个关键问题：使北约宣示的核政策与其有核成员国立场相协调；非战略核力量的现代化；导弹防御与核力量之间的关系。最后，讨论北约在未来军控议程中的角色。

背景：从冷战到 2010 年的《战略理念》

冷战期间，美国在欧洲部署了数千枚非战略核武器。其中一部分专供美驻欧武装力量使用，另一部分供美对北约盟国特别训练和装备的部队。另外，法国和英国拥有多种核武器。

冷战结束后，北约对核力量进行了大幅度的合理化改革。1991 年到 1993 年间，北约将在欧部署的核力量削减了约 85%，并将部署武器的种类从五种减少到一种，即由特殊装备的战斗机投放的核重力炸弹。[7] 北约和美国都未公布关于非战略核武器库存的官方消息，但据称 2009 年美非战略核弹头的总数约为 500 枚，包括 400 枚专门由两用型战斗机（例如，战斗机可以携带常规武器和核武器）投放的 B61 重力炸弹，以及 100 枚“战斧”海上发射巡航导弹（SLCM）。[8] 这些武器中不少存储在美国本土，美国在欧洲部署武器的地点不断减少。自 2001 年从希腊撤出、2008 年从英国撤出，到 2009 年美国部署在五个欧洲国家六个空军基地的武器数量据认为约有 200 枚。这五个欧洲国家为比利时、德国、意大利、荷兰和土耳其。[9]

---

〔5〕 北约（同注释［1］），第 30 段。

〔6〕 北约（同注释［1］），第 8 段。

〔7〕 北约，“新安全环境中的北约核力量”，情况简报，2004 年 6 月，网址：〈http://web.archive.org/web/*/http://www.nato.int/issues/nuclear/sec-environment.htm〉。同时，俄罗斯也在独立进行核武库合理化改革。

〔8〕 S. N. Kile、V. Fedchenko 和 H. M. Kristensen，“全球核力量”，《SIPRI 年鉴 2009》，表 8.2 及第 352 页。

〔9〕 Kile 等人（同注释［8］），第 352 页；H. M. Kristensen，“美国从英国移除核武器”，战略安全博额，美国科学家联盟，2008 年 6 月 26 日，网址：〈http://blogs.fas.org/security/2008/06/us-nuclear-weapons-withdrawn-from-the-united-kingdom/〉。见本卷第六章第一节。

2009 年发生的两个事件引发北约内部对核武器在北约战略中地位的讨论。4 月，在捷克共和国的布拉格，美国总统奥巴马承诺“寻求建立和平安全的无核武器世界”。[10] 9 月，由新当选总理安吉拉·默克尔领导的德国政府在其执政党联盟协议中承诺，将提出把美国核武器撤出德国的问题，作为实现奥巴马布拉格梦想的一步。[11]

对大多数北约成员国来说，要高层领导讨论突然提升核武器的作用问题是不受欢迎的意外之举。多数国家已经在计划排序中将核问题放到靠后位置，对谈判完全没有准备。讨论核问题会分散对更紧迫问题的关注，并可能使联盟在凝聚力和责任分担方面产生分歧。

2010 年北约《战略理念》的文字十分模糊，包含了从保持现状到美国武器从欧洲完全撤走等多种选项。最终文件指出，“基于核能力及常规能力合理配置”的威慑，“仍然是（北约）整体战略的核心要素”，北约成员国要“确保联盟尽可能广泛地参与针对核的集体防御计划、核力量在和平时期的部署以及指挥、控制和磋商活动”，但理念没有说明“合理配置”或“尽可能广泛的参与”在实践中具体指什么。[12] 相反，之前自 1999 年执行的《战略理念》则强调，可靠的核态势要求“欧洲盟友广泛参与针对核的集体防御计划，和平时期在本土部署核力量以及指挥、控制和磋商活动”，指出部署在欧洲、隶属于北约的核力量“在欧洲和北美成员之间建立了必要的政治和军事联系”，还提出北约因此要“在欧洲保持足够的核力量”。[13]

有些成员国认为不需要进一步澄清 2010 年的《战略理念》，但其他国家不认同。DDPR 意图提供一个论坛，使联盟能够继续讨论

---

〔10〕 白宫，“奥巴马总统在捷克共和国布拉格城堡广场发表的演讲”，2009 年 4 月 5 日，网址：〈http://www.whitehouse.gov/the_press_office/Remarks-By-President-Barack-Obama-In-Prague-As-Delivered/〉。

〔11〕《增长、教育、团结》，基督教民主联盟（CDU）、基督教社会联盟（CSU）和自由民主党（FDP）在第 17 个立法阶段的联合执政协议（CDU/CSU/FDP：柏林，2009 年 10 月 26 日），第 169—170 页。

〔12〕 北约，《积极接触，现代防御：北大西洋公约组织成员国的防务与安全战略理念》（北约：布鲁塞尔，2010 年 11 月），第 17 和 19 段。

〔13〕 北约，“联盟的战略理念”，1999 年华盛顿峰会通过，1999 年 4 月 24 日，网址：〈http://www.nato.int/cps/en/natolive/official_texts_27433.htm〉，第 63 段。

2010 年提出的某些问题——不局限于美国在欧部署核武器，还包括北约宣示的核武器政策、威慑和防御之间关系（考虑到北约已决定把导弹防御作为其核心任务）、未来与俄罗斯进行的军控谈判（希望谈判能包括非战略核武器）中北约的地位等问题。[14]

2012 年的威慑和防御态势报告

DDPR 的重点在于三个方面的核政策：协调北约公开核政策与其核武器成员国的立场；非战略核力量的现代化；导弹防御与核力量之间的关系。

协调北约宣示的核政策与其核武器成员国的立场

2010 年北约《战略理念》的开头就对三个拥有核武器的北约成员国——法国、英国和美国核政策进行了国别评估。三国评估中都包括的一个问题是，可能使用核武器的情况。三个国家都强调，出现需要使用核武器情况的可能性极低。[15]

鉴于北约安全环境良好且整体常规力量强于其外围国家，现在的问题，北约是否可以作出一个“唯一用途”的宣言——北约框架下使用核武器的唯一情况是在受到核攻击后进行还击。尽管如此，所有的有核成员国都可以自己设想正当的首先使用核武器的情况。

法国、英国和美国都已做出“消极安全保障”，即承诺几乎在任何情况下都不对签署《不扩散核武器条约》（《核不扩散条约》，NPT）的无核武器国家使用核武器。[16] 三国做出消极安全保障的措辞基本一致。DDPR 确认了这些保障以及“不对签署《核不扩散条约》并遵守不扩散义务的无核武器国家使用或威胁使用核武器”保

---

〔14〕 关于 DDPR 的实施过程，参见 S. Lunn 和 I. Kearns，“北约威慑和防务态势评估：现状报告”，北约政策简报第一期（欧洲领导力网络：伦敦，2012 年 2 月）。

〔15〕 法国政府，《防务和国家安全白皮书》（Odile Jacob：巴黎，2008 年 6 月）；英国政府，《在充满不确定性的时代保卫英国：战略防务和安全审查，Cm 7948》，（国家文书出版署：伦敦，2010 年 10 月）；美国国防部，《核态势评估报告》（国防部：华盛顿特区，2010 年 4 月）。

〔16〕 法国常驻裁军谈判会议代表于 1995 年 4 月 6 日发表的给无核武器国家安全保障的声明，联合国文件 A/50/154 – S/1995/264 的附件，1995 年 4 月 6 日；英国政府（同注释［15］），第 3.7 段；美国国防部（同注释［15］），第 15 页。NPT 条约内容概要及其他详细内容，见本卷附件 A。

证的重要性。[17] 但是，一个无核武器国家是否遵守其义务是由相关的核武器国家来认定，也许会同其北约盟友进行磋商。

非战略核力量的现代化

DDPR 强调，“只要北约还是核联盟”，相关盟国“就要确保北约所有的核威慑力量的安全、可靠和有效”。[18] 北约加强了核武器存储地点的安全措施，部分是为了应对 2010 年曝光的和平主义分子不断侵入安全边界而未被发现的情况。[19] 但是，据一名波兰高级官员称，DDPR 的文本很明显“主要谈的是替换老化的运载工具”。[20]

目前，5 个加入了核共享协定的欧洲国家继续共享两用型战斗机。这些国家可以让这些飞机服役到 2020 年左右，但都清楚在此期限之前将需要进行替换（如果要替换的话）。根据 2010 年《核态势评估》（NPR）框架，美国决定生产可以携带核武器的 F－35 战斗机（联合攻击战斗机，JSF）。[21] 在五国中，意大利、荷兰和土耳其参加了生产联合攻击战斗机的国际计划，而比利时和德国没有参与。

自从美国根据《核态势评估》让“战斧”海发巡航导弹退役，其武器库中就只剩一种非战术核武器——B61 重力炸弹。[22] 在未来几年，美国计划将现有的 B61 升级为 B61－12，后者能由短程两用战斗机和远程 B2 战略轰炸机投送。[23] 升级后，美国是否需要在欧洲部署核武器将遭受更多质疑，因为同一种弹药可以由从美国本土起飞的

〔17〕 NATO（同注释［1］），第 10 段。

〔18〕 NATO（同注释［1］），第 11 段。

〔19〕 例如 E. M. Grossman，“更多活动分子侵入比利时核基地引发担忧”，环球安全通讯社，2010 年 10 月 22 日，网址：〈http://www.nti.org/gsn/article/more-activist-intrusions-at-belgiannuclear-base-stoke-worries/〉。

〔20〕 引自 O. Meier，“北约坚持核政策”，《今日军控》，第 42 卷，第 5 期（2012 年 6 月）。

〔21〕 美国国防部（同注释［15］），第 27—28 页，第 34—35 页。

〔22〕 见本卷第六章第一节；美国国防部（同注释［15］），第 46 页。

〔23〕 见本卷第六章第一节。

B2 战略轰炸机投放至目标。[24]

导弹防御与核力量之间的关系

在 2010 年里斯本峰会上，北约领导人们决定，鉴于更远射程和更大载荷的弹道导弹扩散正接近北约领土，要发展弹道导弹防御能力以加强集体防御。在 2010 年前，北约国家已开始在导弹防御计划上进行合作，以保护领土内的武装力量免受短程导弹袭击。但在里斯本峰会上，防御目标扩大到要能覆盖并保护所有北约欧洲人口、领土和武装力量，使其免受接近欧洲的少数弹道导弹的攻击。[25]

2012 年，北约领导人宣布，基于美国决定将“欧洲分阶段适应路线”（EPAA）用于北约导弹防御，北约导弹防御已具备中期能力。[26]“欧洲分阶段适应路线”是 2009 年美国国家导弹防御计划的修订版本。

2011 年 9 月和 10 月，初步确定了“欧洲分阶段适应路线”未来运作方式：在土耳其部署 AN/TPY－2 移动监测雷达；在罗马尼亚部署 RIM－161“标准—3”型导弹系统的陆基发射场；荷兰将装配 4 艘护卫舰，舰上装配与“欧洲分阶段适应路线”兼容的监测雷达；波兰稍后也会部署“标准—3”型导弹的陆基发射场；西班牙将成为 4 艘装配了宙斯盾弹道导弹防御系统的美国海军驱逐舰的母港。[27] 2015 年后，“欧洲分阶段适应路线”将纳入北约领地内主要是东南地区的重要陆基部署。但是，中期能力还取决于美国舰只的部署情况。[28]

---

〔24〕 美国前驻北约大使顾问 Ted Seay 称，在不太可能发生的需要投送核武器的情况下，使用两用型战斗机是“军事指挥官最不可能做出的选择之一，因为执行任务的飞行员几乎必然会丧生”。E. E. Seay III，《战区核武器及下一轮新 START 条约双边后续谈判》，军备控制协会（ACA）、英美安全信息理事会（BASIC）和汉堡大学和平与安全政策研究所（IFSH），核政策论文第 12 期（ACA/BASI/IFSH：华盛顿/伦敦/汉堡，2013 年 1 月），第 4 页。

〔25〕 北约（同注释［12］），第 19 段。

〔26〕 北约，“北约宣布中期导弹防御能力”，2012 年 5 月 20 日，网址：〈http：//www. nato. int/cps/en/natolive/news_ 87599. htm〉；北约（同注释［1］），第 19 段。

〔27〕 北约，“弹道导弹防御”，2012 年 5 月 8 日，网址：〈http：//www. nato. int/cps/en/natolive/topics_ 49635. htm〉。

〔28〕 美国国务院，“美欧分阶段适应路线（EPAA）及北约导弹防御”，2011 年 5 月 3 日，网址：〈http：//www. state. gov/t/avc/rls/162447. htm〉。

DDPR 强调导弹防御应被视作核武器威慑作用的补充而非替代。这是因为：1. 拥有有限导弹能力的敌人在不能确保成功的情况下，可能不愿意使用这些导弹；2. 有效防御意味着可能不需要在危机中对敌人的弹道导弹力量发动先发制人打击。[29] 报告强调，这种能力“不指向俄罗斯”，也不存在可能损害俄罗斯战略威慑能力的技术因素——尽管俄罗斯政府和军方对此存疑。[30]

2012 年 12 月，应土耳其要求，三个北约成员国——德国、荷兰和美国——同意在土部署爱国者短程导弹，由北约欧洲盟军最高指挥官（SACEUR）进行作战指挥。北约将部署描述为土耳其空防的一部分，而不是导弹防御系统的组成。[31] 然而，美国国防部长帕内塔指出，部署的目的之一是为土耳其提供某种程度的导弹防御能力。[32] 北约秘书长拉斯穆森要各方关注叙利亚政府在其国内冲突中使用短程弹道导弹，以此作为支持土耳其部署的理由之一。[33]

北约与军控议程的未来

奥巴马政府已明确，在 2010 年的《进一步削减和限制进攻性战略武器条约》（新 START 条约）于 2011 年生效后，美国意图进一步削减战略、非战略和非部属的核武器。[34] 如果将此作为下一阶段双边核军备控制的基础，那么美俄之间的谈判将涵盖北约需直接参与的问题。

DDPR 称，“在与俄罗斯实行对等步骤的背景下，考虑到俄部署

---

〔29〕 北约（同注释［1］），第 20 段。

〔30〕 北约（同注释［1］），第 21 段。俄罗斯政府 2012 年 5 月在俄国防部举办的一次国际会议上提出了本国对导弹防御的反对和关切。见俄罗斯新闻社，“莫斯科举行的导弹防御问题国际会议”，2012 年 5 月，网址：〈http：//en. rian. ru/trend/conference_ missile_ defense_ moscow_ 2012/〉；俄罗斯国防部，［导弹防御问题会议］，2012 年 5 月 3—4 日，网址：〈http：//mil. ru/conference_ of_ pro. htm〉（俄语）。之前的情况，参见 S. N. Kile，“俄美核军备控制”，《SIPRI 年鉴 2012》，第 359—361 页。

〔31〕 北约，“‘北约外长’谈在土耳其部署爱国者导弹”，2012 年 12 月 4 日。

〔32〕 C. Pellerin，美军新闻社，“帕内塔签署命令在土耳其部署 400 名美军”，美国国防部，2012 年 12 月 14 日，网址：〈http：//www. defense. gov/news/newsarticle. aspx？id = 118797〉。

〔33〕“北约称，叙利亚政权向叛军发射飞毛腿导弹”，法新社，2012 年 12 月 12 日。

〔34〕 Kile（同注释［30］），第 361—362 页；新 START 条约（同注释［2］）。

在欧洲—大西洋地区的非战略核武器库存更多，北约准备考虑进一步削减其在盟国部署的非战略核武器”。[35] 为此目的，北约将继续研究不同情况产生的影响，“包括北约决定削减其对部署在欧洲的非战略核武器依赖的情况”。[36]

在未来的谈判中，北约很难作为俄罗斯的谈判伙伴。为进行涉及北约直接关切的内部讨论，DDPR 同意设立新的军备控制问题咨询和顾问论坛作为常设委员会，由一名北约国际雇员担任主席，并向北大西洋理事会——北约的最高决策机构汇报。新设的委员会将允许北约成员国彼此之间就未来与俄罗斯就非战略核武器进行谈判的问题，包括建立互信和安全的手段进行讨论。[37] 该机构还是美国向其他北约成员国就与俄罗斯进行双边谈判范围和内容情况——涉及战略稳定各个方面的问题，包括核军备控制、导弹防御和常规军备控制——进行通报的一个咨询论坛。

除了将削减在盟国部署的非战略核武器与俄罗斯的对等措施相关联外，DDPR 支持和鼓励俄美共同努力加强自身核力量的透明度并进一步削减核力量。北约计划与俄罗斯就核军备控制方面的问题开展对话，对话的方式是对俄美双边途径的补充。由于北约与俄罗斯的对话不会直接影响北约核政策或武器态势，DDPR 建议在北约—俄罗斯理事会中讨论加强透明度和建立互信的各种想法，“目的是就俄罗斯和北约分别部署在欧的非战略核武器态势提出具体建议并增进相互了解”。[38] 2012 年，北约盟友开始考虑能够提交给俄罗斯的建议，据称包括就核方针以及通过对等的单方面行动重新安置或拆除特定核武器开展对话。[39]

---

〔35〕 北约（同注释［1］），第 26 段。

〔36〕 北约（同注释［1］），第 12 段。

〔37〕 北约（同注释［1］），第 30 段。2013 年 2 月 8 日授权成立军控、裁军和防扩散特别咨询和顾问委员会。O. Meier，“北约同意建立新的军备控制机构”，Arms Control Now，2013 年 2 月 26 日，网址：〈http：//armscontrolnow. org/2013/02/26/nato-agrees-on-new-arms-control-body/〉。

〔38〕 北约（同注释［1］），第 25 段。

〔39〕 E. M. Grossman，“寻求与俄罗斯接触，北约权衡未来的核态势步骤”，环球安全通讯社，2012 年 9 月 13 日，网址：〈http：//www. nti. org/gsn/article/seeking-kremlin-engagement-nato-weighs-next-nuclear-posture-steps/〉。

如上所述，美国继续提出 2011—2012 年与俄罗斯进行军备控制的后续步骤。当北约成员国试图阐述它们可能会在某些场合提出的建议时，各国认为，任何与俄罗斯之间的认真接触都需要等到 2012 年 11 月美国总统选举结果揭晓之后才能进行。

展望未来，要成功谈判削减非战略核武器需要美国及其北约盟友与俄罗斯一起修正双方在 2012 年表示出的分歧立场。2012 年年底，尚未有迹象表明即将进行这种修正，似乎未来的核力量将更多取决于经济因素以及对威胁环境的内部分析，而不是通过谈判军备控制进行合作。

（王　羽　译）

第四节　打击核恐怖主义的措施

伊恩·安东尼

2012 年 3 月 26—27 日，53 个国家和政府首脑以及联合国、欧盟（EU）、国际原子能机构（IAEA）及国际刑事警察组织的代表参加了在韩国首尔举行的核安全峰会。[1] 此次会议是 2010 年华盛顿核安全峰会的后续会议，2010 年会议有 47 个国家和 3 个国际组织参加。

进入核时代以来，对于可能恶意使用放射性材料的关切就一直存在，而国际核安全标准也从 20 世纪 60 年代以来一直在发展。[2] 但 2001 年“9. 11”对美恐怖袭击的巨大影响导致国际社会更加关注恐怖主义，包括核恐怖主义风险。这种变化在首尔峰会公报中的“全球核安全架构”部分有所反映。[3]

本节首先审视了当前对核安全和核恐怖主义的理解。然后概述首尔峰会讨论的重大问题——特别是核材料和相关设施保护以及阻止非法交易——以及 2014 年在荷兰举行的下一次核安全峰会要优先讨论的问题。

对核安全和核恐怖主义的定义

国际原子能机构（IAEA）将核安全定义为“对偷盗、破坏、未经授权获取、非法转运或其他对核材料及其他放射性物质及相关设施恶意行为进行的阻止、探查及应对”。[4] 该定义涉及除恐怖主义之外

〔1〕 2012 年首尔核安全峰会，“2012 年首尔核安全峰会：重要情况”，网址：〈http://www.thenuclearsecuritysummit.org/userfiles/Key Facts on the 2012 Seoul Nuclear Security-Summit.pdf〉。

〔2〕 在 20 世纪 40 年代就出现了对将含有放射性材料的炸弹用于军事用途的关切。C. A. Ziegler 和 D. Jacobson，《不使用间谍的侦查行动：美国秘密核侦查系统的起源》（Praeger：Westport，CT，1995），第 3 页。

〔3〕 2012 年首尔核安全峰会，“首尔公报”，2012 年 3 月 27 日，网址：〈http://www.thenuclearsecuritysummit.org/userfiles/Seoul Communique_ FINAL.pdf〉。

〔4〕 IAEA，“概念及术语：（核）安全的含义”，2012 年 5 月 29 日，网址：〈http://www-ns.iaea.org/standards/concepts-terms.asp? s = 11&l = 90〉。

的更广泛的关切，包括其他诸如犯罪等恶意行为、心理障碍者的行为以及为了政治目的但不被视为恐怖主义的行为，如反对使用核技术发电。尽管认识到加强核安全需要顾及各个方面，但首尔峰会还是主要关注核恐怖主义风险。

2005年，各国就1980年《核材料实物保护公约》（CPPNM）修订案文本达成一致意见。[5]《核材料实物保护公约》适用于核材料，公约中将核材料定义为并从本质上限定为裂变材料（某些钚的同位素、铀-233和同位素235或233浓缩的铀）。修订后的公约（生效后将更名为《核材料和核设施实物保护公约》）没有提及恐怖主义，但强制各国在各自领土范围内对核材料和设施进行实物保护，对1980年条约中提出的对国际运输过程中核材料的保护措施进行补充。一旦执行公约修正案，各国必须对某种行为定罪并保证犯罪行为一经证实就应接受合理处罚。公约修正案还认可了在防止、侦测、应对、惩罚恶意行为方面开展国际合作的重要性。

2005年《制止核恐怖主义行为国际公约》（ICSANT）将核恐怖主义定义为非法拥有放射性材料、使用放射性材料或放射性装置、或“以意图造成死亡或严重身体创伤，或者对财产或环境造成实质性损害为目的”的致使核设施损坏的行为。[6]公约还将谋划和教唆上述行为定义为违法。

《制止核恐怖主义行为国际公约》对核恐怖主义的定义不仅仅局限在使用裂变材料上，还包括了一系列潜在的恶意行为，包括使用核炸药或放射性“脏弹”，破坏核设施或使用放射性材料投毒等。但公约也未将一些行为划为恐怖主义，例如，违反核安全但并非以伤人或破坏财产为目的的政治抗议。

首尔峰会

首尔核安全峰会的准备工作受到2011年3月11日在日本发生的

[5]《核材料实物保护公约》的内容概要及其他详细内容，见本卷附件A。

[6]《制止核恐怖主义行为国际公约》于2005年4月13日由联合国大会第59/290号决议通过，于2005年9月14日开放供签字，2007年7月7日生效，《联合国条约汇编》，第2445卷（2007年）第2号。

重大核事故的影响，当时海底地震造成15米高的大浪。大浪击毁了福岛核电站的重要安全设施，还摧毁了周边地区，因此妨碍了应急响应工作。事故发生的头三天，当电力供应中断、冷却系统停止工作后，三座反应堆的堆芯几乎完全融毁。尽管此次事故是天灾，但强调了应该减小人为恶意行为导致电站安全系统出现连锁问题的风险。

在首尔峰会上，基于会议之前准备的列举各项进展的一份文件，各方审查了华盛顿峰会签署的《工作计划》的任务执行情况。[7] 首尔峰会还认可了IAEA核安全咨询组在核安全和核安保区分方面的研究成果。[8] IAEA报告建议采取一系列措施加强核设施安全与核安保之间的协作，包括演习和论坛等方式、制定一致和互补的安保指针和安全标准、联合援助计划以及审查和训练工作。

另外，峰会着重就三个问题进行了特别讨论：打击核恐怖主义威胁的合作方式、对核材料及相关设施的保护、阻止核材料非法交易。

保护核材料及相关设施

对核材料的保护包括两个方面：第一，阻止未经授权移动核材料（不管是偷盗还是转移）。多年以来，这种保护被视为降低扩散风险的手段；第二，致力于降低核材料或核设施遭到破坏的风险，由此降低可能造成辐射危害的恶意行为的发生风险。

实物保护系统旨在延迟（作案者）进入关键区域的时间，以使适当的反应力量有充足时间应对并挫败恶意行为。要制定这样的保护系统，国家需要承担一些责任，特别是识别威胁，并通知核设施操作人员他们需要应对的情况，准备好适当的反应力量。操作人员也需要承担部分责任，如确定需要保护的关键地区并确保必要的人员、程序和设备就位。

2011年，IAEA在其《核安保丛书》中公布了一些新的对实物保

---

〔7〕 首尔核安全峰会筹备秘书处，“与会各国在国别进展报告和国别陈述中提出的重要成绩及承诺”，2012年3月26日，网址：〈http：//www. thenuclearsecuritysummit. org/userfiles/Highlights of the Seoul Nuclear Security Summit（120403）. pdf〉；2010年华盛顿核安全峰会，《工作计划》，2010年4月13日，网址：〈http：//www. thenuclearsecuritysummit. org/eng_common/images/fla/12. Work Plan. pdf〉。

〔8〕 IAEA，《国际核安全咨询组（INSAG）关于核电站安全和安保之间区别的报告》，INSAG－24（IAEA，维也纳，2010）。

护的建议。[9] 该建议涉及的重要改变主要涉及需要保护的材料种类。过去，高放射性核材料被认为具有“自我保护”功能，因其会对接近的处理人员造成严重伤害甚至致死。而2011年的文件建议，只要国家风险评估认为敌人可能会不顾生命危险实施恶性行为，因此要对高放射性材料也采取同等级别的保护。[10] 极端分子也许愿意为了实施影响巨大的恐怖行动而付出生命，但执行这项建议也同样会给目前拥有大量被视作能够“自我保护”的材料的国家造成严重的财政和技术负担。首尔峰会的与会者同意在他们的国家系统中“努力落实”这项建议，但是未能对此做出肯定的承诺。[11]

首尔峰会公报敦促各国加快签署并批准2005年《核材料实物保护公约》修正案，以在2014年之前使修正案生效。公报鼓励各国利用IAEA的活动，如国际核安全咨询服务（INSServ）以及国际实物保护咨询服务（IPPAS），以帮助各国建立并加强核安全。[12] 公报还呼吁重视使用最先进的技术工具在转运核材料过程中追踪运输的必要，这样可以在材料丢失时发出警报并迅速追回损失。法国、日本、韩国、英国和美国五国承诺在此次峰会后将推动一项实用行动计划来加强转运中的核及放射性材料的安全。[13]

阻止非法交易

为了阻止核材料非法交易，峰会集中讨论了在符合各国法律和法规基础上进行的所谓“各国能力之间以行动为导向的协作”。[14]

加强探测辐射和出入口监测的技术能力（不管是用于设施四周还是边境出入口）都是自20世纪90年代前期以来美国对外援助的优先项目。通过核心计划及“大港倡议计划”，到2018年，美国能源部国家核安全局将在大约30个国家、超过100个海港的约650个场

---

〔9〕 IAEA，《对核材料和核设施实物保护的核安保建议》，INFCIRC/225/Revision 5，IAEA《核安保丛书》第13号（IAEA：维也纳，2011年）。

〔10〕 IAEA，INFCIRC/225/Revision 5（同注释［9］），第19、20页。

〔11〕 2012年首尔核安全峰会（同注释［3］），第2页。

〔12〕 2012年首尔核安全峰会（同注释［3］），第2、3页。

〔13〕 法国、日本、韩国、英国和美国，“就运输安全发表的联合声明”，2012年首尔核安全峰会，2012年5月27日，网址：〈http://www.thenuclearsecuritysummit.org/eng_media/speeches/speeches_list.jsp〉。

〔14〕 2012年首尔核安全峰会（同注释［3］），第4页。

所装配放射探测设备。[15] 欧盟已经在 14 个国家广泛实施了类似的计划，目前正在向在中东和东南亚的新伙伴国推广。[16]

首尔峰会的参与方鼓励更广泛地参与 IAEA 非法交易数据库计划，并提供监管控制之外的核及其他放射性材料的必要信息。[17] 对于卷入核非法交易的个人信息可通过国际刑警组织放射性和核恐怖主义预防小组等进行分享。

确定 2014 年核安全峰会的优先问题

在首尔峰会结束时，各方决定 2014 年在荷兰召开第三次核安全峰会。此次峰会将讨论以下问题：

产业在促进核安全方面的作用

有效的核安全必须在各国权力机关及产业之间建立伙伴关系。权力机关在通过确定威胁进行预防、应对事故以及弥补损失等方面发挥着重要作用。但设施的操作者必须将实物保护及其他手段落到实处，因为他们极可能是事件的第一发现者并负责确定事件的最初规模以及合适的应对措施。

首尔峰会安排了一项会外活动来鼓励产业提出对法律和技术问题以及产业自身管理方式的观点和立场，鼓励参加者展示其正在实施的实用措施，并确定何种措施和方法能够有助于在可负担的成本范围内改善安全状况。[18]

首尔和华盛顿峰会都难以推动政治领导人和产业资深代表之间进行对话，因为两次的情况都是，峰会和会外产业活动几乎在同一时间举行。由此，2014 年峰会的优先任务是找出一种方式来帮助政府和非政府代表开展对话。

---

〔15〕 美国国家核安全局（NNSA），“国家核安全局的二线防务计划”，情况简报，2011 年 2 月 1 日，网址：〈https：//nnsa. energy. gov/mediaroom/factsheets/nnsassecondlineofdefenseprogram〉。

〔16〕 S. Abousahl 等人，“联合研究中心整合核监督保障和安保”，向 IAEA 监督保障探讨会提交的论文，维也纳，2010 年 11 月 1—5 日，no. IAEA-CN - 184/225，网址：〈http：//www. iaea. org/OurWork/SV/Safeguards/Symposium/2010/Documents/Papers. htm〉。

〔17〕 2012 年首尔核安全峰会（同注释［3］），第 5 页。

〔18〕 2012 年首尔核产业峰会的情况，2012 年 3 月 23—24 日，网址：〈http：//www. seoulnis. org/〉。

信息安全

首尔峰会引入的一个问题是需要保护敏感信息免遭越权访问。此处的敏感信息是指会暴露可被恶意行为者利用的缺陷的信息，包括关于核电站是如何设计、运行的信息，涉及某一设施核材料的类型、数量、位置和保护措施的信息，或是能够有助于组织偷窃或破坏行动的信息，例如访问控制信息或人事记录。

越来越多的敏感信息存储于电子介质中。因此，信息安全讨论的一个重要方面是，如何加强网络安全。首尔核安全峰会与会国中的31个国家就一项信息安全协议达成一致，并决定继续就此新问题开展工作，目的是要在2014年峰会上提出具体想法和提议。[19]

核安全合作的可持续性

很多观察者认为，2014年核安全峰会目前看来可能是最后一次。在荷兰，与会国将讨论如何在不再召开两年一度峰会的情况下，保持和衡量加强核安全的进展。

鉴于IAEA已在应对广泛的核安全问题，2014年峰会将讨论应该在该机构进行的所有活动中给予核安全何等重要性。IAEA高级管理人员强调，尽管核安全现在被视为核心行动，执行约定的核安全活动仍然“高度依赖不确定的预算外捐款”。[20] 而使用IAEA核心预算资助核安全活动的建议已然并且仍会在成员国之间引发争议。

2012年10月，俄罗斯政府宣布，用于管理与美国之间“减少威胁合作”（CTR）计划的某些法律在2013年到期后将不再延续。[21] 1992年俄美签署的减少威胁合作的总协议有效期是7年。[22] 其后对

---

〔19〕“多国就核信息安全发表的声明”，2012首尔核安全峰会，2012年3月，网址：〈http：//www. thenuclearsecuritysummit. org/userfiles/Nuclear Information Security. pdf〉。

〔20〕IAEA，《2012—2013年度机构计划及预算》，GC（55）/5（IAEA：维也纳，2011年8月），第3页。

〔21〕俄罗斯外交部，“俄罗斯外交部新闻司对‘纳恩—卢格减少威胁合作计划’期限问题发表的评论”，2012年10月10日，网址：〈http：//www. mid. ru/brp_ 4. nsf/0/1AA31F580B2ECD5E44257ADF0033E79D〉；D. P. Guarino，“奥巴马团队坚持认为，与俄罗斯的安全合作尚未结束”，环球安全通讯社，2012年10月12日，见网址：〈http：//www. nti. org/gsn/article/obama-team-insists-security-effort-russia-not-dead/〉。

〔22〕俄罗斯联邦与美利坚合众国就安全运输、存储、销毁武器以及防止武器扩散问题签署的协议（减少威胁合作总协议），1992年6月17日在华盛顿特区签署。

原协议进行了续约来延长其寿命；最近一次（2006 年）续约后，协议将在 2013 年 6 月过期。[23] 协议提供了总体框架，其中包含了由美国国防部管理的在俄罗斯及其他苏联成员国实施的多个项目。这些项目的目标包括巩固并确保核武器相关材料和技术的安全，推动防止核武器扩散的防务和军事合作。

在宣布此决定时，俄罗斯外交部强调，俄方希望的是改变双边合作的基础，而不是中止合作。减少威胁合作总协议过期后不续约的决定可能会影响某些项目，但还有其他加强双边核安全合作的框架，俄罗斯和美国还可以在双方都是成员的国际论坛中开展合作。[24]

核安全峰会的主要贡献是将高层的政治关注点集中在执行已经开展多年的计划和项目上。尽管高级别会议增加了在国家和政府首脑会晤之前达成一致目标的可能性，但未来峰会的收获将可能会逐渐减少，因为讨论的重点将从广泛的目标转向更技术性问题和更具体的项目。

（王　羽　译）

〔23〕 S. N. Kile，“核军备控制与不扩散”，《SIPRI 年鉴 2007》，第 504—505 页。

〔24〕 D. P. Guarino，“白宫官员称，俄罗斯对减少威胁合作协议的关切是‘合理的’”，环球安全通讯社，2012 年 11 月 6 日，网址：〈http：//www. nti. org/gsn/article/white-house-aid-russianconcerns-ctr-agreement-are-valid/〉。

第八章　减少生化材料带来的安全威胁

概　述

约翰·哈特

2012 年，各国继续制定战略预防和弥补可能误用有毒生化材料造成的后果。这些活动有的涉及环境和人类健康，有的涉及安全和防卫。关于禁止生化战的主要法律文书，即 1993 年《禁止化学武器公约》和 1972 年《禁止生物武器公约》，介绍如何认识和应对生化威胁，其中包括：了解既往生化战计划、指称使用生化武器、有关后备（生化）计划的性质，以及确保生化科技不被用于战争手段或其他敌意目的。

在叙利亚，针对叙可能存在化武库存（见本章第三节）的大量报道，一位政府官员回应称，叙拥有化武，但仅针对外部力量，不会用来对付本国人民。俄罗斯认为，叙虽非《禁化武公约》缔约国，但系 1925 年《日内瓦议定书》缔约国，根据该议定书有义务不使用化武。据报道，包括以色列、约旦、土耳其、英国和美国的一些国家就监测和确保叙利亚化武的安全进行了协调，以防止这些化武被使用或落入第三方之手。联合国秘书长和禁化武组织总干事依据其授权，对叙化武可能被使用所产生的政治和技术影响进行了研究。

2011 年《禁止生物武器公约》第七届审议大会（见第一节）同意召开四次会间专家和缔约国会议。据此，《禁止生物武器公约》缔约国在 2012 年召开了两次会议，讨论的问题包括：在能力建设措施方面的意见交流和信息共享、科学技术发展对机制的影响、国家对公约条款的有效履行，以及增进国家间的透明和信任。履约支持机构已开始执行一项数据库项目，为援助与合作的供给和需求配对。与

《禁止化学武器公约》相比，《禁止生物武器公约》机制的能力仍有限。

俄罗斯和美国未能在《禁止化学武器公约》规定的最后期限（2012 年 4 月）前完成其已宣布化武（见第二节）的销毁。在利比亚，禁化武组织核查了利此前未宣布的化学武器。在其他地方，老化武、遗弃化武，包括二战期间日本遗弃在华化学武器的销毁仍在继续。《禁止化学武器公约》缔约国还讨论了公约的未来性质和将于 2013 年 4 月举行的《禁止化学武器公约》第三次审议大会的机制重心。但是，对化武销毁进行核查仍是《禁止化学武器公约》的首要工作。

2012 年，安全和生命科学研究界对出版有关禽流感在雪貂间传播的研究材料（2011 年完成）是否恰当进行了辩论（见第四节）。最主要的关切是，上述研究成果可能被用于恶意目的，如使禽流感病毒变异为一种合适的形式，以便通过空气在人类传播。一个由两个研究组织（地点分设在荷兰和美国）专门组成的世界卫生组织（WHO）委员会也讨论了这一问题。荷兰考虑对荷兰组涉及方法论的研究成果施加出口管制，但后来放弃了。美国生物安全国家科学咨询委员会称，研究人员已经对最初的研究成果进行了修改，达到了发表要求，因此它改变了先前反对发表的立场。两项研究报告均在 2012 年发表。

以上列举的威胁仍将是国际和平与安全领域重点关注的问题，而且应当继续在相应的政治、技术、历史和法律背景下受到关注。这有利于维护和增进国际和平与安全。例如，所有受指称的生化武器使用案件均应以权威的方式加以处理（例如，通过联合国秘书长授权调查指称使用或禁化武组织授权现场核查违反《禁化武公约》的行为），这很重要。《禁止生物武器公约》缔约国也要努力了解科技进步对公约产生的影响。最后，两公约的缔约国应对形势的变化保持敏感，因为这些变化可能要求对公约条款如何理解、解释和执行作出相应调整。

（沈　桦　译）

第一节 生物武器的军控与裁军

约翰·哈特

2012年，生物武器军控领域的主要活动是《禁止生物武器公约》[1] 第三次会间会进程中的专家会（7月16至20日）和缔约国会议（12月10至14日）相关工作。会议的三项主要议程是合作和援助、科学和技术评估以及增强国家履约能力。[2] 2012年和2013年会议主要职责是研究"更全面参与"机制化的、具有政治约束力的年度信息交流。这种信息交流是一种建立信任措施。[3]

2012年，一个新的成员加入了公约——马绍尔群岛。此外，还有12个国家已签署公约，但在2012年12月31日前尚未批准公约。[4]

《禁止生物武器公约》履约支持机构根据2011年第七届公约审议大会的决定，继续建设关于援助供给和需求的数据库。[5] 截至2012年11月7日，仅1个国家提供了11项援助，另有1个国家提出了1项援助请求。另外，履约支持机构未收到关于援助供给和需求的

---

〔1〕 关于《禁止生物武器公约》的概述及签约国和成员国名单见本卷附件A。与公约相关的文件见网址：〈http：//www. unog. ch/bwc〉。日常会议总结见防止生武项目"《禁止生物武器公约》会议日常报告"，网址：〈http：//bwpp. org/report. html〉。

〔2〕 第七届《禁止生物武器公约》审议大会最后文件，BWC/CONF. VII/7，2012年1月13日第8段。

〔3〕 第七届《禁止生物武器公约》审议大会，BWC/CONF. VII/7（同注释〔2〕），第9段。

〔4〕 已签署《禁止生物武器公约》但尚未批准的国家有中非、科特迪瓦、埃及、圭亚那、海地、利比里亚、马拉维、缅甸、尼泊尔、索马里、叙利亚和坦桑尼亚。另，17个联合国成员国既未签约也未批约：安道尔、安哥拉、喀麦隆、乍得、科摩罗、吉布提、厄立特里亚、几内亚、以色列、基里巴斯、毛里塔尼亚、密克罗尼西亚、纳米比亚、瑙鲁、萨摩亚、南苏丹和图瓦卢。《禁止生物武器公约》成员国名单见附件A。

〔5〕 第七届《禁止生物武器公约》审议大会，BWC/CONF. VII/7（同注释〔2〕），第20段。

配对请求。[6] 南非在其对会间会进程的评估中呼吁，与会专家应充分利用时间，进行更深度的“技术讨论”（2012 年的会议似乎不是这种情况）。南非同时指出，成员国在对科学和技术的评估上缺乏“实质性参与”，没有“从技术角度”去讨论增强国家履约能力、建立信任措施和增进公约普遍性。[7] 2012 年会议还研究了关于国家履约自我评估和科学研究同行评估问题的建议。[8] 5 个国家呼吁在会间会期间就遵约问题进行概念性讨论，但会议最后文件去掉了开展这种讨论的相关内容。[9] 专家会和成员国会议的共同特点是，（各方）不愿意根据第七届审议大会最后文件的授权就实质文本达成一致。

缔约国会议最后文件对缔约国国家文件的摘要进行了汇编，确定了增强国家履约义务以确保生命科学用于和平目的的 7 项措施，还确定了 6 项关于加强生命科学从业者对设备、技术和知识两用属性认知的国家措施，5 项增强国家生物风险管控能力的方法，以及 6 项关于向履约支持机构提交数据的便利措施。[10] 由于会间会缺乏决策权，各缔约国可以自行决定是否以及怎样执行上述措施。

例如，在缔约国就是否以及如何确保敏感研究仅用于和平目的形成共同理解的问题上，关于科学和技术的讨论提供了一种潜在的机制。但负责审查 2011 年 H5N1 禽流感研究问题的世界卫生组织委员会成员普遍反对（对研究施加）限制。[11] 尽管《禁止生物武器公约》

---

〔6〕 履约支持机构，“履约支持机构报告”第 28 段。这一报告 2012 年 12 月缔约国会议前提交给各成员国，见履约支持机构网站：〈http://www.unog.ch〉。

〔7〕《禁止生物武器公约》，缔约国会议，“南非：会间会进程：评论和建议”。

〔8〕 例如，2013 年日内瓦联合国裁军研究所：《禁止生物武器公约》的同行机制。

〔9〕《禁止生物武器公约》，缔约国会议，“澳大利亚、加拿大、日本、新西兰和瑞士：我们需要讨论遵约”，BWC/MSP/2012/WP.11，2012 年 12 月 12 日。

〔10〕《禁止生物武器公约》，缔约国会议，“缔约国会议报告，文件号 BWC/MSP/2012/5，2012 年 12 月 19 日；联合国驻日内瓦办事处，“《禁止生物武器公约》缔约国会议在日内瓦结束”，新闻稿 DC/12/038E，17DEC.2012，网址：〈http://www.unog.ch/unog/website/news_ media.nsf/（httpnewsbyyear_ en）/D0AF5AE959D406C1C1257AD7005419B5〉。

〔11〕 世界卫生组织“关于 H5N1 研究问题的技术磋商：共识点”，2012 年 2 月 16 至 17 日。网址：〈http://www.who.int/influenza/human-animal_ interface/consensus_ points/en〉。

机制本身重视安全问题，就监控生命科学研究达成共识的政治和技术空间仍然有限。[12]

（沈　桦　译）

〔12〕 有用的背景文件见《禁止化学武器公约》缔约国会议，“使禽流感在哺乳类动物间通过空气传播”，文件号 BWC/MSP/2012/MX/INF. 2，2012 年 6 月 11 日。

第二节　化学武器的军控与裁军

约翰·哈特

2012 年 4 月 29 日，1993 年《禁止化学武器公约》规定的化学武器销毁最后期限已过，但销毁工作仍在 4 个国家进行，化武销毁仍是《禁止化学武器公约》的关注焦点。[1] 2012 年没有新的国家加入公约。截至 2012 年 12 月 31 日，188 个国家已批准公约或加入公约；2 个国家签署公约但未批约，6 个国家尚未签约和批约。[2]

禁止化学武器组织和缔约国大会的动态

第 17 届缔约国大会批准了总数为 6980.38 万欧元（9270 万美元）的 2013 年度项目和预算，其中用于核查的费用达 3216.69 万欧元（4270 万美元）。[3] 会上，许多代表就一些缔约国未全面履行其义务表示遗憾。截至 2012 年 7 月 27 日，88 个国家（47%）通过了履行国家义务的相关立法，涵盖所有关键领域。[4] 由于这一数字只是根据各国提交的报告得来的，实际情况也许会更糟。禁止化学武器组织技术秘书处启动了一个便利于各国履约机构交流（如资金支持和技术建议）的试点项目，随之而来的是各国履约机构之间的“结对”。[5] 为帮助刚开始履约的国家，技术秘书处正继续研究各种示范

〔1〕《禁止化学武器公约》的概述和细节，见本卷附件 A。

〔2〕 签约但未批准的国家有以色列和缅甸；未签约也未批准的联合国成员有安哥拉、埃及、朝鲜、索马里、南苏丹和叙利亚。

〔3〕 禁止化学武器组织：2013 计划和预算开支决议，文件号 C－17/DEC.4，2012 年 11 月 27 日第三段（c）。去除第三届《禁止化学武器公约》审查会议的单项法，2013 年预算开支要比 2012 年少 1.1%。《化学武器公约》相关文件可在禁止化学武器组织网站上查询，网址：〈http：//www.opcw.org/documents-reports/〉。

〔4〕 禁止化学武器组织：缔约国大会，《化学武器公约》第七条实施情况，由总干事报告，文件号 EC－70/DG.4，C－17/DG.4，2012 年 8 月 28 日，第 2 页。还可参见先前版本的《SIPRI 年鉴》，查找前几年的相关数据。

〔5〕 禁止化学武器组织：第 17 届缔约国大会，总干事开幕词，文件号 C－17/DG.16，2012 年 11 月第 99 段。

立法方案。[6]

为提高公约普遍性，该组织的总干事艾哈迈德·尤祖姆居与4个非缔约国（安哥拉、缅甸、索马里、南苏丹）的官员进行了双边磋商。缅甸同意于2013年初接受一次技术支持访问。[7] 朝鲜继续对该组织发展与自己关系的努力视而不见，而该组织先前与叙利亚的非正式联系也因叙国内持续的内战而中止。以色列（《禁止化学武器公约》签署国）表示，它“高度重视《禁止化学武器公约》并支持其宗旨”且“期待继续与禁化武组织开展建设性对话”。以色列通常回避发表正式声明，阐述其在中东实现“无大规模杀伤性武器区”的政策，但其在缔约国大会上表示，它关于地区安全和军备控制的立场“源自这样一个理念，即所有地区成员的安全关切应在地区环境中加以考虑并解决”，并且建立中东“无大规模杀伤性武器区”应包括“域内各国实现全面持久和平并且严格履行军备控制和防扩散义务”。[8] 中东“无大规模杀伤性武器区”国际会议原计划于2012年12月在芬兰召开，但该倡议的共同提议国在11月宣布，鉴于中东地区的一些国家未同意参加，会议将延期。[9] 伊朗拒绝与以色列直接谈判，而多数中东地区国家则希望在具备前提条件的情况下就此问题进行讨论，其中包括将核、生、化武器挂钩。

2012年11月27日，禁止化学武器组织和联合国人道主义事务协调办公室签署了“接口程序”，主要目的是协调应对突发事件的援助活动，包括将有毒化学制品作为战争手段或以此相威胁。[10] 禁止化学武器组织和联合国也对二者的关系协议达成了补充安排，建立了相应“必要模式”，以便在联合国秘书长要求的情况下，对指称使用

---

〔6〕 禁止化学武器组织，文件号C－17/DG.16（同注释〔5〕），第101段。

〔7〕 禁止化学武器组织，文件号C－17/DG.16（同注释〔5〕），第126段。

〔8〕 禁止化学武器组织：第17届缔约国大会，以色列：以色列外交部军控司司长Eyal Propper发言，文件号C－17/NAT.15，2012年11月27日，第1—3页。

〔9〕 比如，俄罗斯外交部，在2012年会议中声明：建立中东“无大规模杀伤性武器地区”，2012年11月24日，网址：〈http://www.mid.ru/bdomp/brp_4.nsf/0/FDB6A81FF09D276A44257AC2004D9362〉。

〔10〕 禁止化学武器组织：与联合国人道主义事务协调办公室签署了“接口程序”，2012年11月27日，网址：〈http://www.opcw.org/news/article/Opcw-Signs-interface-procedures-with-un-ocha/〉。

化学武器展开调查。

2012 年 10 月 1—4 日，禁止化学武器组织在英国开展了一次质疑视察演练工作（称作“麦卡维蒂”）。[11] 10 月 8—20 日，禁止化学武器组织在塞尔维亚进行了一次针对指称使用化学武器的调查。[12] 同年该组织还发行了经过全面修订的视察手册。[13]

2012 年，禁止化学武器组织科学咨询委员会的临时工作小组研究了以下问题：（1）抽样检查和分析协议；（2）生物学和化学的融合；（3）科学和技术领域的教育和外联。[14] 尤祖姆居要求科学咨询委员会建立新的临时工作小组，专门就公约核查机制的特定方面问题进行研究，其中包括化学工业。[15]

2012 年，技术秘书处在援助和保护方面开展了 14 次国际能力建设活动。这也是为了保持和加强与化工行业的联系，因为在此过程中与国际化工协会理事会开展了一次对话。[16] 禁止化学武器组织还参与了多次外联和能力建设方面的会议和演练，包括由乌克兰医学和灾难应急医疗科学和实践中心组织的紧急医疗救助训练课程。[17] 根据 2011 年第 16 届缔约国大会相关决议，技术秘书处建立了信托基金，向化学武器受害者提供国际支持网络。[18] 该组织并继续同世界海关组织和绿色海关计划合作，开发以海关官员为对象的《禁止化学武器公约》电子学习模块，该模块已于 2012 年开发完毕并可于 2013 年初向世界海关组织提供。[19]

世界海关组织下属的一个科学小组委员会，已批准了针对交易量

---

〔11〕 禁止化学武器组织，文件号 C－17/DG.16（同注释〔5〕），第 10 段。

〔12〕 禁止化学武器组织，文件号 C－17/DG.16（同注释〔5〕），第 64 段。

〔13〕 禁止化学武器组织，文件号 C－17/DG.16（同注释〔5〕），第 79 段。

〔14〕 12 月 10 日，科学咨询委员会临时工作小组在《禁止生物武器公约》缔约国会议上召开了周边会议，会议内容包括生物和化学的有机结合以及在科学和技术方面的教育工作和拓展努力。

〔15〕 禁止化学武器组织，文件号 C－17/DG.16（同注释〔5〕），第 71 段。2013 年工作小组完成了抽样及其分析工作。

〔16〕 禁止化学武器组织，文件号 C－17/DG.16（同注释〔5〕），第 112 段。

〔17〕 禁止化学武器组织，文件号 C－17/DG.16（同注释〔5〕），第 110 段。

〔18〕 禁止化学武器组织，文件号 C－17/DG.16（同注释〔5〕），第 114 段。

〔19〕 禁止化学武器组织，文件号 C－17/DG.16（同注释〔5〕），第 55 段。

最大化学品“商品统一说明和编码系统”（HS）的修改。世界海关组织的代码是以上述编码系统为基础，而《禁止化学武器公约》中的代码是以“化学文摘服务”（CAS）编号为基础。化学文摘服务编号可以作为一种辅助手段，用以鉴定《禁止化学武器公约》附件中的化学品，在实践中可用来排除以盐的形式出现的化学品。而编码系统则分为21个部分和96个章节，对于规范性制度和条约机构是否、如何覆盖受控化学品及其前体是有意义的。〔20〕

最后，禁化武组织还开展了一些审查和评估活动，其中部分目的是为《禁止化学武器公约》第三届审议会做准备（2012年6月7日，《禁止化学武器公约》第三届审议会工作组召开了第一次会议），部分目的则是在已宣布的化学武器销毁工作接近完成之际，为公约机制相关活动的平衡和重点等问题的更长期讨论提供信息。〔21〕

化学武器的销毁

截至2012年10月31日，总计5.4258万吨第一类化学武器已经被销毁，占已宣布化武（6.943万吨）的78%。〔22〕截至2012年12月，13个国家宣布了70个化武前生产设施，其中43个已经销毁，21个转用于和平目的。在7个向禁止化学武器组织宣布拥有化学武器的国家（阿尔巴尼亚、印度、伊拉克、韩国、利比亚、俄罗斯和

〔20〕见禁止化学武器组织，执行委员会，2011年作了关于《禁止发展、生产、储存和使用化学武器及销毁此种武器》公约的起草报告，文件号C-17/CRP.1，2012年7月1日，段落2.18。

〔21〕禁止化学武器组织技术秘书处，“顾问小组对禁止化学武器组织日后的工作重点作了报告”（埃克尤斯报告），文件号s/951/2011，2011年7月25日；禁止化学武器组织缔约国大会，第三届缔约国《禁止化学武器公约》审查会科学咨询委员会作了科学技术发展方面的报告，审查了化学武器公约的效力情况，文件号RC-3/DG.1，2012年10月29日；斯莫尔伍德“化学武器公约对科学发展方面的影响”（IUPAC技术报道），2013年第85卷第4号纯碎与应用化学。IUPAC2012年底给禁止化学武器组织提交了一份起草报告，为2012年6月8日的第三届《禁止化学武器公约》审查会议做好了准备工作，网址：〈http：//www.opcw.org/news/article/preparations-begin-for-3rd-review-conference〉。

〔22〕禁止化学武器组织，文件号C-17/DG.16（同注释〔5〕），第18段，《化学武器公约》附件中对化学品分了三类，第一类为少量化学品及其前体，若有的话也要和平应用；第二、三类更须和平应用，包括商业应用；对化学武器的分类定义，在一定意义上是以化学表为基础，在化学武器公约中也已给出（同注释〔1〕），第四部分，第16段。

美国）中，阿尔巴尼亚、印度和韩国已完成销毁。

伊拉克就其储存在穆萨那省化学武器基地两个仓库的化学武器提供了进一步的信息，包括爆炸性、化学性、物理性危害。[23] 2012 年 2 月 16 日，伊拉克国会通过了“国家化学、核和生物武器监控局法”。[24]

同年 7 月 30 日，伊拉克和英国签署协议。根据该协议，来自英国国防科技实验室的专家将在英国波登当对伊拉克技术人员进行培训，使其有能力在穆萨那省化学武器基地安全处理“弹药和化学战剂的残留物。[25] 这会在伊拉克销毁化学武器残余成分过程中降低泄露的可能性，以顾及人们的现实关切。有些人怀疑，在 1991 年 3 月（1990—1991 年海湾战争期间）摧毁伊拉克弹药库的过程中，有残余成分泄露。此过程中，有机磷神经毒剂和沙林毒气被雾化，部队暴露在一团下风向的烟雾中。部分参战的官兵报告患有多种疾病，统称“海湾战争综合症”。2012 年的一份流行病学研究认为：“现有证据表明，（化学污染物）可远距离传输”。对于上述慢性战后疾病的研究，应以老兵是否听到神经毒气的警报为基础，以此确定（化学武器）是否泄露，并确定究竟是轰炸化武基地，还是战后爆破作业更能引发上述疾病。[26]

截至 2012 年 11 月，利比亚已销毁 13.5 吨（占已登记 26 吨化学

---

〔23〕 禁止化学武器组织，文件号 C－17/DG.16（同注释〔5〕），第 34 段，想看更多相关信息，见约翰哈特在《SIPRI 年鉴 2012》中的文章“化学武器在军备上的控制和裁军”，第 399—400 页。

〔24〕 禁止化学武器组织，第 17 届缔约国大会，伊拉克共和国：大使义哈迈德，巴格达，以色列外交部国际组织与合作部长，文件号 C－17/NAT.32，2012 年 11 月 26 日，第 3 页。

〔25〕 英国驻巴格达使馆：“化学武器处理”，2012 年 7 月 30 日，网址：〈http://uki-niraq.fco.gov.uk/en/news/?view=News&id=794635182〉。国防科学与技术实验室，国防部部长帮助伊拉克破坏遗留化学武器，新闻稿，2012 年 7 月 31 日。网址：〈https://www.dstl.gov.uk/downloads/Legacy%20Chemical%20Weapons.pdf〉。

〔26〕 R. W. 海利和 J. J. 图伊特：“早在 1991 年波斯湾战争爆炸中的化学武器放射性尘埃长距离通过，流行病学证明了其健康影响”，《神经流行病学》，第 40 卷第 3 号，第 178—189 页；图伊特和海利，“爆炸中的化学武器放射性尘埃长距离通过对气象和智力的影响”，《神经流行病学》，第 40 卷第 3 号，第 160—177 页。也可以见《SIPRI 年鉴》的先前版本。

武器的51%）芥子气化学武器（一类化武），[27] 并销毁555.7吨二类化武（占其总量的40%）。[28] 2011年11月，利比亚宣布了先前未宣布的化学武器。2012年2月9日，利比亚正式修订其宣布，随后禁止化学武器组织视察员在2012年4月18日对其进行了核查。[29] 此类武器（主要是充满芥子气的空炮弹壳）的销毁工作将从2013年开始。[30] 利比亚目前计划在2013年12月31日之前销毁一类化武，在2016年12月31日之前销毁其二类化武。[31] 利比亚利用稳态爆震燃烧室技术来销毁先前未宣布的化学武器并水解芥子气[32]。加拿大宣布提供600万加元（590万美元）以支持利比亚的计划，这是自1997年《禁止化学武器公约》生效以来缔约国所提供的最高数额的自愿捐款。

截至2012年11月，俄罗斯销毁了2.7653万吨一类化学武器（占宣布总量的61%）和全部二类、三类化学武器。它计划于2015年12月之前销毁其全部库存化学武器。[33] 2012年，它在四个地区运行化学武器销毁设施，分别是奔萨地区、马拉迪科夫斯基、波切普和休奇耶（在坎巴尔卡和戈尔内已运行完毕）。最后一个化武销毁设施在柯兹纳，计划于2013年开始运行。[34] 同年7月，在波切普发生小规模VX神经毒剂泄露。禁止化学武器组织官员当时在场，他们称，此次泄露事件发生在有毒物质区域内，工作人员在现场以专业和高效的方式进行了处理。[35]

截至2012年11月，美国销毁了2.4924万吨一类化学武器（占其宣布总量的90%）和所有二类、三类化学武器。[36] 2012年，犹他

〔27〕 禁止化学武器组织，第17届缔约国大会，利比亚："对遗留储存化学武器销毁工作取得进展的年度报告"，C-17/NAT.2，2012年11月1日，第一段。

〔28〕 禁止化学武器组织，文件号C-17/NAT.2（注释〔27〕），第2段。

〔29〕 禁止化学武器组织，文件号C-17/NAT.2（注释〔27〕），第3段。

〔30〕 禁止化学武器组织，文件号C-17/DG.16（注释〔5〕），第19—24段。

〔31〕 禁止化学武器组织，文件号C-17/NAT.2（注释〔27〕），第5段。

〔32〕 禁止化学武器组织，文件号C-17/NAT.2（注释〔27〕），第7段。

〔33〕 禁止化学武器组织，文件号C-17/DG.16（注释〔5〕），第27段。

〔34〕 禁止化学武器组织，文件号C-17/DG.16（同注释〔5〕），第28段。

〔35〕 G. 温菲尔德，"看守守望者"，《CBRNE世界》（2012年8月），第36页。

〔36〕 禁止化学武器组织，文件号C-17/DG.16（同注释〔5〕），第6页，第13段。

州图埃勒的销毁工作全部完成。[37] 两个化学武器销毁设施分别在肯塔基的蓝草军工厂（里士满）科罗拉多的和普韦布洛继续建造并运行，其中前者储藏 1.7% 美国原有库存化学武器，后者储藏 8.5% 美国原有库存化学武器。[38] 蓝草军工厂和普韦布洛的销毁工作分别计划于 2020 年 4 月和 2015 年 12 月开始。[39] 美国预计 2019 年底在普韦布洛、2023 年在蓝草军工厂可完成销毁工作。[40]

老化武、遗弃化武、海底化武

截至 2012 年，三个国家宣布其境内有被遗弃化学武器，15 个国家宣布自《禁止化学武器公约》对本国生效之时，本国拥有老化学武器。[41] 2012 年，在比利时、德国、意大利、日本和英国进行了老化学武器视察。[42]

5 月 14—16 日，赫尔辛基委员会（HELCOM，波罗的海海洋环境保护委员会）特设专家小组举行第四次会议，该小组的任务是更

〔37〕 最后摧毁的物项是：10 个一吨重的装满糜烂性毒气的集装箱、59 个充满芥子气的 M104 发射筒、139 个充满芥子气的 M110 发射筒。霍普金斯，美国国防部，“美国化学非军事化计划”，2012 年 11 月在禁止化学武器组织第 17 届缔约国大会的演说，第 4 页。图埃勒设备在 1993 年投入使用。

〔38〕 肯塔基设备中包含沙林毒气、芥子气和 VX 神经毒气充入火箭和射弹。此机构会中和超临界水氧化过程摧毁有毒气体。科罗拉多设备有迫击炮和射弹，充满了芥子气，中和技术后再生物处理水解产物就可破坏，霍普金斯（同注释〔37〕），第 5 页。

〔39〕 禁止化学武器组织，文件号 C－17/DG. 16（同注释〔5〕），第 6 页，第 32 段。

〔40〕 霍普金斯（同注释〔37〕），第 17 段，国防部助理部长帮办（减少威胁和军备控制），在第 68 届禁止化学武器组织执行委员会上报告，2012 年 5 月 1 日。

〔41〕 15 个国家已公布了废旧化学武器，分别是：奥地利、澳大利亚、比利时、加拿大、法国、德国、意大利、日本、波兰、俄罗斯、斯洛文尼亚、所罗门群岛、瑞士、英国和美国。中国、伊朗、意大利巴拿马公布了被遗弃化学武器。然而技术秘书处决定伊朗公布的是常规弹药。未经证实、确认、爆炸的化学弹药或其残余物可能出现在伊朗境内。

遗弃化学武器定义：在 1925 年 1 月 1 日之后，前者在未经后者允许，在后者境内遗弃化学武器，《化学武器公约》（同注释〔1〕），第二节，第 6 段。

老化学武器定义：在 1925 年前生产的化学武器或是在 1925—1946 年生产在某些范围已经恶化或不能再使用的化学武器。《化学武器公约》（同注释〔1〕），第二节，第 5 段．更多案例可查看《SIPRI 年鉴》的先前版本。

〔42〕 禁止化学武器组织，文件号 C－17/DG. 16（同注释〔5〕），第 39 段。

新并评估已有被倾倒于波罗的海中化学弹药的信息。[43]

2012 年法国宣布，将从 2016 年开始，在叙伊佩军事基地销毁一战时代的老化武和废旧的常规弹药。[44]

截至 2012 年 11 月，迄今在中国被发现的遗弃化学武器（4.8 万枚）已销毁约 75%（遗弃化学武器是日本在二战期间遗弃在中国的）。[45] 估计共有 30 万—40 万被遗弃化学武器掩埋在吉林省的哈尔巴岭。[46] 2012 年，日本拨款近 2 亿欧元（2.66 亿美元）用于销毁遗弃在中国的化学武器。[47] 两个移动式销毁设施在中国东北地区数个地点使用，而一个固定化学武器销毁设施（包括一个爆震室和静态窑爆炉）在江苏省南京使用。2012 年 6 月 11 日，在南京的移动式销毁设施完成了所有 3.5681 万枚化学武器的销毁（污染物处理工作仍未完成）。[48] 该设施将从南京调运到湖北省武汉以供使用。在河北省石家庄将继续开展销毁工作，在哈尔巴岭将开展挖掘和回收工作。2012 年，在广东省广州、吉林省的珲春和莲花泡进行了挖掘和回收工作。[49] 2012 年，吉林省龙井和山西省寿阳进行了 X 射线鉴定工作，中国和日本对 12 个新的疑似遗弃化学武器地点进行了联合调查。[50]

（沈　桦　译）

---

〔43〕 赫尔辛基委员会，特设专家小组更新并回顾现存关于在波罗的海被倾倒化学弹药的信息，第四届会议，俄罗斯加里宁格勒，2012 年 5 月 14—16 日，赫尔基辛委员会文件号 MUNI4/2012，网址：〈http://meeting.helcom.fi/c/document_library/get_file?p_l_id=18975&folderId=1786543&name=DLFE-49884.pdf〉。

〔44〕 法国会销毁 250 吨化学炸弹，2012 年 2 月 22 日。

〔45〕 禁止化学武器组织，第 17 届缔约国大会，"日本，遗留在中国的化学武器，在 2012 年取得的进展"，在海牙的海报展，2012 年 11 月。

〔46〕 禁止化学武器组织，"日本，遗留在中国的化学武器，在 2012 年取得的进展"（同注释〔45〕）。

〔47〕 禁止化学武器组织，"日本，遗留在中国的化学武器，在 2012 年取得的进展"（同注释〔45〕）。

〔48〕 禁止化学武器组织（同注释〔45〕），3.1；禁止化学武器组织，C-17/DG.16（同注释〔5〕），第 36 段；禁止化学武器组织，第 17 届缔约国大会，"日本：日本大使和常驻代表保正先生发表演讲"，文件号 C-17/NAT.22，2012 年 11 月。

〔49〕 禁止化学武器组织（同注释〔45〕），第 6 节，2005 年在莲花泡进行，2012 年完成。

〔50〕 禁止化学武器组织（同注释〔45〕），第 6.1 节。

第三节　生化武器计划

约翰·哈特

2012 年继续出现对生化武器计划和使用的指称，但少有官方或权威报道对其加以澄清。其中很多指称与叙利亚储藏化学武器相关，并担心这些武器会用于该国内战。此外，关于 1995 年日本邪教奥姆真理教在东京地铁使用沙林毒气的作案手段，出现了一些新信息，关于苏联生物武器计划的确切记录被公诸于世。

叙利亚〔1〕

2012 年 7 月 23 日，叙利亚外交部发表声明称，叙利亚拥有化学武器，但所有武器都处于库存和安全状态，受叙利亚武装部队直接监管，除非遭到外部侵略，否则叙永远不会使用这些化学武器。〔2〕 7 月 24 日，叙利亚试图对上述消息进行澄清。据报道，发布上述消息的新闻发言人马克迪希博士在推特（Twitter）上发表声明称："外交部的声明仅仅是'对大规模杀伤武器相关错误指控的回应以及对防御政策指导方针的解释'。"〔3〕 7 月 24 日，叙利亚国家媒体声明：

> 声明和新闻发布会的目的并不在于宣示，而是对系统性的媒

---

〔1〕 在本卷第一章第一节也介绍了叙利亚冲突的其他情况。

〔2〕 美联社，"叙利亚政权使化学战给人类造成威胁"，《卫报》，2012 年 7 月 23 日；"叙利亚：可能使用化学武器抵御外部侵略"，路透社，网址：〈http：//www. reuters. com/video/2012/07/23/syria-could-use-chemical-arms-Against-ex？ videoId = 236629771〉。关于叙利亚国家电视台 7 月的广播，见 J. Makdisi（外交部发言人），"阿拉伯的恐怖分子在叙利亚被杀"，叙利亚新闻，2012 年 7 月 23 日，网址：〈http：//www. youtube. com/watch？ v = 8WywYnAIzu4〉。外交部声明问题和答案，"化学武器只有在遭受外部侵略时才会使用"，新闻发布会，2012 年 7 月 23 日，网址：〈http：//www. youtube. com/watch？ v = fqjWzG-fOLIE〉。

〔3〕 美国有线新闻网："叙利亚竭力对拥有大规模杀伤性武器发表陈述"，2012 年 7 月 24 日，网址：〈http：//www. phantis. com/news/syria-tries-clarify-comments-about-wmd-possession〉。

> 体宣传活动所作的回应。该宣传活动将矛头指向叙利亚，意在制造世界公众舆论——为在大规模杀伤性武器的虚假前提下（与在伊拉克发生的事件类似），或以可能使用化学武器打击恐怖组织或平民为借口——进行军事干预作准备。[4]

禁止化学武器组织总干事艾哈迈德·尤祖姆居于次日针对7月23日的声明作出回应称，国际法禁止使用化学武器，见诸报道的化学武器储存和可能的部署，是国际社会的严重关切。[5] 联合国秘书长潘基文在同日发表声明说，在叙利亚任何人考虑使用大规模杀伤性武器，比如化学武器，都将受到谴责。[6] 俄罗斯外交部作出反应称，俄罗斯想强调，叙利亚已于1968年加入1925年的《日内瓦议定书》，俄相信“叙利亚当局因此将遵守其国际承诺”。[7]

同一周，俄罗斯外交部副部长嘉提洛夫被要求对叙利亚遭外部侵略时可能会使用化学武器一事发表评论，他表示：

> “我们认为使用化学武器是决不允许的。叙利亚已加入了1925年的《日内瓦议定书》，协议明确禁止在战争中使用窒息性、毒性或其他气体。因此我们认为，叙有义务反对此种作战方法。我们认为，叙应履行1925年《日内瓦议定书》和1993年《禁止化学武器公约》的有关义务。从我方来说，我们已坚持不懈地同叙利亚领导人开展工作，让他们确保化学武器储备地点的安全，而大马士革方面也向我们作了坚决保证，那些军火库将绝

---

〔4〕 官方：“叙利亚最大城市的增援部队”，美国有线新闻网，2012年7月24日，网址：〈http://www.cnn.com/2012/07/24/world/meast/syria-unrest/〉。

〔5〕 禁止化学武器组织宣称了在叙利亚境内的化学武器，2012年7月24日，网址：〈http://www.opcw.org/news/article/opcw-statement-on-alleged-chemical-weapons-in-syria/〉。

〔6〕 联合国新闻中心，联合国秘书长在2012年7月23日阐述道：“叙利亚使用化学武器是遭受谴责的”，网址：〈http://www.un.org/apps/news/story.asp? NewsID=42538&Cr=syria&Cr1=〉。

〔7〕 俄罗斯外交部，（俄外交部信息和新闻评论部发表与叙利亚国际事务部相关的报道），2012年7月24日，网址：〈http://www.mid.ru/bdomp/brp_4.nsf/0/9a789cac921b5a9944257a480045059c〉。1925年的《日内瓦协议》中规定战争中禁止使用窒息性、毒性或其他气体以及细菌作战方法，参见本卷附件A。

对安全。”[8]

2012 年早些时候，据报道称，美国国务院向伊拉克、苏丹、黎巴嫩和沙特阿拉伯递交照会表示，如果巴沙尔·阿萨德总统倒台，可能会有武器从叙利亚通过上述国家的边境向外运出，美国对此感到担忧。[9] 据称，在约旦的沙漠和山区进行了代号为“渴狮”的军事演习，演习项目包括模拟夺取叙利亚至少三个省的武器库（包括化学武器）。春季演习试图对阻止基地组织夺取化学武器库和其他高端或重大战略性武器进行模拟。[10]

据报道，美国还告知以色列，“这些材料”分散在“很多地点”，因此“能否找到所有地点令人怀疑”。[11] 土耳其和美国进行了磋商，前者计划依据叙利亚军官透露的信息，控制这些地点。

叙利亚反对派权力分散，全国 14 个省都有一个单独的委员会负责指挥。[12] 一位匿名的叙利亚反对派叛逃高官对以色列《国土报》披露，反对派军队已制订计划，在阿萨德政权倒台时控制并稳定国家局势。他特别谈及：“我们把阿倒台后的时间划分为四个阶段，每天都有不同的关注点。第一天就是第一段时期，即阿萨德政权倒台最初数小时内，重点之一就是控制化学武器，使之不落入恐怖分子之手。”叛逃者称，化学武器库存是由空军情报局控制，并受阿卜杜勒－法塔赫全面指挥（空军前情报主管，并自 2009 年起总管叙利亚

〔8〕 俄罗斯外交部，（俄通社塔斯社新闻处对外交部副部长贾奇洛夫的采访），莫斯科，2012 年 7 月 25 日，网址：〈http：//www. mid. ru/bdomp/brp_ 4. nsf/0/80f8e1e5e5695fad44257a480028b673/〉。《禁止发展、生产、储存和使用化学武器及销毁此种武器》公约的细节和概述参见本卷附件 A。

〔9〕 J. 罗金，“独家报道：国务院低调警告叙利亚境内的大规模杀伤性武器”，2012 年 2 月 24 日，对外政策，网址：〈http：//thecable. foreignpolicy. com/posts/2012/02/24/exclusive_ state_ department_ quietly_ warning_ region_ on_ syrian_ wmds〉。

〔10〕 “消息来源称：渴狮军事演习想要夺取叙利亚兵工厂”。圣城阿拉比在线，2012 年 5 月 30 日，从阿拉伯语翻译过来，公开信息来源中心，2012 年 4 月 30 日。

〔11〕 “美国向以色列发表报告：不能确定能否全部找到叙利亚境内所有大规模杀伤性武器的缓存处”，特拉维夫，2012 年 6 月 12 日，从希伯来语和阿布哈兹语翻译而来，公开信息来源中心，第 10 页。

〔12〕 A. 普费弗，“叙利亚反政府武装领导人在国土报的报道，阿萨德反对派已经找到化学武器”，《国土报》，2012 年 5 月 28 日。

秘密警察）。[13]

据报道，叙利亚政府方面的叛逃者、少将阿德南·斯洛称，叛军正在组建特别分队以控制化学武器。阿德南·斯洛少将负责制定2008紧急预案，以确保危险武器处于政府控制之下。他在大马士革和拉塔基亚地区监督训练过数以千计的军事人员，以“保护分析家们所认为的这个世界上最大的化学武器储存地，主要包括沙林毒气，芥子气和氰化物”。他说，有两个主要的化学武器储存地，分别在大马士革东部的417仓库和霍姆斯地区的419仓库。每个地点通常都由2—3个将军带领约1500名士兵驻守。阿德南·斯洛少将多次和阿萨德以及其他高级领导人见面，相信阿萨德有能力控制化学武器的使用。阿德南·斯洛少将认为，在霍姆斯地区附近的拉斯坦，政府军在支持叛军的地区上空喷洒了杀虫剂。[14] 此外，叙利亚空军“450部队”控制着航空化学炸弹。[15]

2012年8月20日，美国总统贝拉克·奥巴马表示，叙利亚的化学武器“不仅与叙利亚相关，与该地区亲密盟友包括以色列也相关。我们不能让生化武器落入坏人手里”。2012年12月，北大西洋公约组织（NATO）秘书长安诺斯·福格·拉斯穆森表示：“叙利亚储存的化学武器是个严重关切[16]……整个国际社会绝不允许有使用化学武器的可能性，倘若有人要使用这种可怕的武器，我期望国际社会立即作出回应。”[17] 据估计，控制叙利亚化学武器储存地需要7.5万人的部队。美国国防部长帕内塔表示，叙利亚化学武器的状况要比利比

〔13〕 普费弗（同注释〔12〕）。

〔14〕 R. 夏洛克：“叛军组织夺取化学武器存储地”，《每日电讯报》，2012年7月20日。

〔15〕 E. 施密特和D. E. 桑格：“全球力量开始激起对结束叙利亚化学武器进程的建议”，《纽约时报》，2013年1月7日。

〔16〕 总统向白宫记者团发表评论，新闻发布会，2012年8月20日，网址：〈http://www.whitehouse.gov/the-press-office/2012/08/20/remarks-president-White-house-press-corps〉。

〔17〕 北大西洋公约组织，“北大西洋公约组织秘书长在外交部长会议启动时期发表了门槛声明”，2012年12月4日，网址：〈http://www.nato.int/cps/en/natolive/Opinions92785.htm〉。

亚“糟糕 100 倍”[18]。

以色列表示：“叙利亚仍保存着一个可观的、运行中的化学武器军火库，最近其官方声明承认了这一点。”[19] 伊朗和叙利亚媒体则反过来指控叙利亚叛军使用化学武器。[20] 伊朗称，以色列拥有“发展化学武器的秘密计划”，国际社会应施压敦促其无条件立即加入 1993 年《化学武器公约》。[21]

与此相关的是，“朝鲜民主主义人民共和国问题专家小组”（根据联合国安理会 1874 号决议成立）透露了 2009 年两船化学防护设备从朝鲜运往叙利亚的细节。[22] 2012 年 1 月，专家小组检查了 2009 年 11 月货物，证实 1.3 万件防护服和 23.6 万个气体安瓿指示剂“有清晰线索表明系在朝鲜制造”，而防护服则同 2009 年 10 月从一艘名为“MSC Rachele”的船上查获的防护服一致（上文所述两艘载有防护服的船只是在 2009 年 10 月和 11 月被截获的）。2012 年 3 月，叙利亚表示，2009 年的化学防护装备和安瓿是用于“农业和实验室”。根据货运文件，预定接受者是环境研究中心。委员会认为该中心“似乎与高等应用科学技术研究所有关联……而研究所又为科学调查研究中心培训工程师”。美国认定这两个机构有参与“叙利亚大规模杀伤性武器计划”的嫌疑，而日本则将其称作是“有扩散关切的实体”。[23]

---

〔18〕 B. 斯塔尔，“军队：许多部队需要找到叙利亚化学武器储存地”，美国有线电视新闻网，2012 年 2 月 22 日，网址：〈http://security.blogs.cnn.com/2012/02/22/military-thousands-of-troops-needed-to-secure-syrian-chemical-sites/〉。M. B. 尼基丁、A. 费柯特和克尔在“利比亚化学武器：国会议题”一文中引用帕内塔的话，国会研究部对国会的报告，R42848（国会研究部：华盛顿特区，2012 年 12 月 5 日），第 1 页。

〔19〕 禁止化学武器组织，第 17 届缔约国会议，“以色列：军控政策署外交部部长普洛佩尔发表声明”，文件号 C－17/NAT.15，2012 年 11 月 27 日，第 2 页。

〔20〕 “报道：叙利亚的恐怖组织持有化学武器”，法尔斯新闻社，2012 年 6 月 9 日，第 IAP20120609950087 号文件。

〔21〕 禁止化学武器组织，第 17 届缔约国会议，“伊朗伊斯兰共和国大使和常驻代表卡宰姆·加里卜·阿巴迪发表声明”，文件号 C－17/NAT.24，2012 年 11 月 26 日，第 3 页。

〔22〕 联合国安理会第 1874 号决议，2009 年 6 月 12 日。

〔23〕 联合国安理会，2012 年 6 月信函，依据第 1874 号（2009 年）决议建立的专家小组协调员向安理会主席的报告，文件号 S/2012/422，2012 年 6 月 14 日，第 27—28 页

奥姆真理教

1995 年 3 月，日本邪教奥姆真理教因制造东京地铁沙林毒气事件而震惊世界。2011 年底，对奥姆真理教所有涉案人员的审判似乎已经结束。截至 2011 年 11 月，被起诉的 13 个人中有 12 个人被宣判死刑。但是，2011 年 12 月 31 日，第 14 位日本奥姆真理教成员平田信自首。他这样做很明显是为了延缓处决，因为在执行判决前所有同案被告人都应接受审讯和判决。2011 年，知名化学家安东尼教授采访了被判罪的成员中川智正博士。〔24〕 安东尼曾在东京警察调查 1994 年松本市和 1995 年东京地铁神经毒剂事件时提供技术建议。

据中川智正称，另外两名奥姆真理教成员村井秀夫和土屋雅美在读完《毒药故事》（D. Vachivarov 和 G. Nedelchef 著）日译本（由另一名成员翻译）后，想出使用沙林毒气的点子。中川智正说，使用 VX 神经毒气的点子来自 Tu 在《今日化学》上发表的一篇文章。令人感兴趣的是，制作沙林毒气所用的一种中间产物产生了三氯化磷，杂志中的文章介绍说这是潜在的 VX 毒气前体。中川智正还讲道，俄罗斯参与者提供了帮助，但仅限于提供了吡啶斯的明（一种治疗前预处理剂，可避免神经毒剂暴露）、口罩、防护装备、化学药剂显示器、AK－47 枪支蓝图和一架直升机。〔25〕

中川智正称，媒体报道日本警方从奥姆真理教在上九一色（地名）的“Satyan 7”院落中所取的土壤样本中发现了甲基膦酸，邪教成员正是在这里生产沙林毒气。这一消息促使邪教竭力摧毁所有前体（主要是酸二氟化物）。据中川智正称，新闻报道使邪教成员惶恐，加速了邪教的崩溃，否则会有更多无辜的人死去。〔26〕

---

〔24〕 安东尼讲述了他与日本当局的合作，“见安东尼，化学恐怖：在东京地铁和松本市的恐怖事件”，（阿拉肯：柯林斯堡，CO，2002），安东尼是科罗拉多州立大学生物化学与分子生物学系退休的教授。

〔25〕 安东尼，“对奥姆真理教化学恐怖分子的最终审判”，ASA 通讯，第 144 号（2012 年 3 月 31 日），第 10 页。

〔26〕 安东尼（同注释〔25〕），第 11 页。

苏联生物武器计划

2012 年，米尔顿和雷蒙德发表了关于苏联生物武器计划的研究报告，这被普遍认为是确切的。[27] 俄罗斯驳斥了关于苏联生物武器计划命运安排的不明媒体报道，称“纯属与事实不符的编造”，并称俄罗斯一直都在全面遵守 1972 年《禁止生物和毒素武器公约》。[28]

（沈　桦　译）

---

〔27〕 米尔顿和雷蒙德，“苏联生物武器计划：历史”（哈佛大学出版社，剑桥，2012 年）。英、美、苏联（俄罗斯）高度机密的三边会议，其中一位英国与会者澄清了苏联违反了权威性的《禁止生物和毒素武器公约》（回顾了关乎自身权益的文献）。沃克，米尔顿—雷蒙德的有关苏联生物武器计划的历史，哈弗—苏塞克斯临时文件，第 2 号，2012 年 12 月，网址：〈http：//www. sussex. ac. uk/Units/spru/hsp/Occ-papers. html〉。关于对在哈萨克斯坦的苏联生物战活动参与人员的大量采访情况及相关信息，参见 S. 本 · 奥格兰姆—戈姆莱等人的“炭疽记事本：生物战的人类学”，康奈尔大学，（日期不详），网址：〈http：//russian. cornell. edu/bio/cfm/home. cfm〉。

〔28〕 俄罗斯外交部，外交部信息与出版部对运行纳恩—卢格计划的相关评论，新闻稿 1921 - 10 - 10 - 2012，网址：〈http：//www. mid. ru/brp_ 4. nsf/newsline/3B025187C9313ECE44257A9300604256〉（俄文）。

第四节 对生命科学双用途研究的监管

彼得·克莱夫斯蒂格 约翰·哈特

2012 年，世界卫生组织召开会议，研究是否以及如何限制有关禽流感的研究。[1] 此时，在实验室中创造了一种可在哺乳动物中传播的流感病毒，围绕是否公布相关详情，引起了一场争论。美国当局颁布了一项旨在减少生命科学研究领域生物风险的新政策，试图将生命科学双用途研究的监管和评估程序进一步制度化。世界卫生组织证实了新型冠状病毒的存在，并根据国际卫生条例（IHR）对其成员国发出了警示。

新型冠状病毒

9 月 22 日，英国向世界卫生组织报告了一个病例：9 月 3 日在伦敦有一人发现病毒症状。此人之前去过沙特阿拉伯和卡塔尔旅行，[2] 9 月 7 日在多哈入院，9 月 11 日转院伦敦。[3]

英国健康保护局玛利亚·赞帮教授的实验室，与荷兰鹿特丹伊拉斯谟医疗中心实验室以及世界卫生组织进行会商，对从卡塔尔带来的样本进行了评估。英国的病毒“与荷兰小组的病毒有着 99.5% 的相似性”，而荷兰小组的病毒是从一个由阿拉伯半岛旅行归来的病人处获得。[4] 健康保护局随后证实，这一病毒与一个隔离种群中的病毒相匹配，该隔离种群取自一位 60 岁、于 2012 年去世的沙特公民的肺

---

〔1〕 世界卫生组织：对 H5N1 研究议题的技术咨询，共识点，2012 年 2 月 12—17 日，网址：〈http://www.who.int/influenza/human_animal_interface/consensus_points/en/〉。

〔2〕 世界卫生组织：新型冠状病毒：更新，全球预警和响应（GAR），2012 年 9 月 25 日，网址：〈http://www.who.int/csr/don/2012_09_25/en/index.html〉。

〔3〕 世界卫生组织（同注释〔2〕）。

〔4〕 凯兰，新病毒发现：顺序与运气，路透社，2012 年 9 月 28 日，网址：〈http://www.reuters.com/article/2012/09/28/us-virus-discovery-idUSBRE88R0U620120928〉；世界卫生组织（同注释〔2〕）

组织。[5]

上述病例引起了关注，因为其严重性、数量和地理分布都属未知。而且，此种病毒与另一种冠状病毒相似，后者可引发严重急性呼吸综合症（SARS）。[6]

对生物风险的监管

2012 年 3 月 29 日，美国国家卫生研究院（NIH）颁布了一项旨在减少生命科学研究领域生物风险的新政策，并对需关注的双用途研究作出如下定义：

> 基于现有理解，有理由认为此种生命科学研究所提供的知识、信息、产物或技术，会被直接错误地应用，从而对公共卫生和安全、农作物和其他植物、动物、环境、材料或国家安全构成威胁并带来广泛潜在的后果。[7]

此定义是在美国国家生物安全科学顾问委员会定义基础上形成的。

此项政策部分适用于一份需特别关注的 14 种药剂毒素清单，以及 7 类实验（以美国国家生物安全科学顾问委员会对需关注之研究的分类为基础）。7 类实验分别为：（1）加深药剂或毒素的毒害后果；（2）在没有临床或农业缘由的情况下，破坏对药剂或毒素的免疫系统或免疫效用；（3）使药剂或毒素能抵抗用于临床或农业的预防性或治疗性干预，或使其规避检测方法；（4）增加药剂或毒素的稳定性、遗传性或传播能力；（5）变更药剂或毒素的寄主范围或趋

〔5〕 世界卫生组织（同注释〔2〕）。

〔6〕 Ravechè：国际公共卫生外交和全球禽流感检测，《SIPRI 年鉴 2008》，第 456—469 页，恩朱古纳，SARS 疫情：传染病控制和生物武器威胁，《SIPRI 年鉴 2004》，第 697—712 页。

〔7〕 美国卫生与人类服务部，美国国立卫生研究所（NIH），“美国政府颁布了监管生命科学并解释对双重目的研究的担忧”，（日期不详），网址：〈http：//oba. od. nih. gov/oba/biosecurity/pdf/united_ states_ government_ policy_ for_ oversight_ of_ durc_ final_ version_ 032812. pdf〉。

性；（6）增加寄主种群对药剂或毒素的易感性；（7）生成或改组在第三部分第一条中所列出的已根除药剂或毒素（即，清单中的14种药剂或毒素）。

新政策要求资助者审查当前和未来符合上述标准的研究工作，并为此类研究建立管理标准，包括接受生物安全委员会（IBC）的筛选。筛选程序包括研究人员需回答的8个问题，以及向国家研究理事会提交报告。[8] 对8个问题中任何一个的肯定回答，都将引发双用途研究审查委员会（DURRC）两个阶段的审查。

关于禽流感研究的争论[9]

2011年9月12日，在马耳他的一次会议上首次披露，通过空气在哺乳动物中传播的流感病毒可由实验室产生。[10] 随后，A型人感受高致病性禽流感（A型H5N1）研究在2012年有了重大进展。此项研究是由美国国家过敏和传染病研究所（NIAID）出资，由分别设在荷兰和美国的两个独立小组完成。2011年，两个小组将其研究成果提交至《科学与自然》发表。不过，发表被推迟了，而且引起了国际上对生物安全和科学自由的争论，特别是对A型H5N1传播问题的研究可能会有双重用途，导致对研究工作的监管战略进一步发展。[11]

实验的重要性

2006年，“流感研究蓝丝带小组报告”建议，应将了解流感病毒如何在动物之间传播，以及新的亚型病毒如何在进化压力下产生等问

〔8〕 美国国立卫生研究所，生物安全委员会，（日期不详），网址：〈http：//oba. od. nih. gov/rdna_ ibc/ibc. html〉；波士顿大学，对双重目的研究的担忧（DURC），（日期不详），网址：〈http：//www. bu. edu/orc/durc/〉；国家学会国家研究理事会，恐怖主义年代对生物科技的研究：对抗两用困境，国家学术出版社，华盛顿，2004年。

〔9〕 背景情况参见J. B. 塔克（编辑），《创新、两用、安全：应对新型生化技术风险》（麻省理工学院出版社：剑桥，2012年）。

〔10〕 欧洲流感科学工作小组（ESWI），网址：〈http：//www. eswiconference. org/〉。

〔11〕“科学和安全结合起来的生物研究：在研究机构对双重用途的审查和监管工作”，虚拟生物安全中心，2012年9月，网址：〈http：//virtualbiosecuritycenter. org/library/bridging-science-and-security-for-biological-research-a-discussion-about-dual-use-review-and-overslght-at-research-iustitutions〉。

题作为重要任务。[12] 随后，美国国家过敏和传染病研究所就此征求建议。2009 年，世界卫生组织也建议，应首先研究与传播性相关的病毒特异性因素，以便能够对有潜在流行趋势的新型流感菌株进行快速鉴别。[13]

荷兰和美国研究小组开始对 H5N1 病毒的流行潜力进行评估，主要是考察通过呼吸系统滴液传播的能力，并查明相关的基因和分子变化。研究者对携带 H5 血凝素基因的 A 型流感病毒进行了基因修饰，并通过在雪貂之间的连续传代引起了空气传播。连续传代是病毒感染一系列宿主的过程，结果要么是病毒被削弱，要么是病毒因在宿主免疫系统中突变而毒性增强。雪貂是流感病毒研究的常用对象，因其易受人类和禽类的病毒影响，进而患上与人类相似的呼吸道疾病。[14] A 型 H5N1 流感由于在上呼吸道复制效率不高，导致其不能天然地通过滴液传播到人类呼吸道。人类和禽类的流感病毒在血凝素的识别受体上不同。因此，禽流感病毒难以在人类上呼吸道进行高效复制，而病毒量对于能否在上呼吸道实现滴液（空气）传播十分重要。[15] 禽流感不易在哺乳动物之间传播，原因是共受体偏好的差异。此项研究意义重大，因为微小的基因变化就可使禽流感通过空气传播给雪貂，而人类与雪貂同属哺乳动物。

在威斯康星 - 麦迪逊大学，美国研究小组由河冈义裕带领，从 2009 年流感 A 型 H1N1（猪流感）和 H5N1 病源 H5 亚型血凝素基因

---

〔12〕 美国国立卫生研究所，美国国家过敏和传染病研究所（NIAID），“蓝丝带小组做的关于流感的研究报告”，2006 年 9 月 11—12 日，网址：〈http://www.niaid.nih.gov/topics/flu/documents/influenzablueribbonpanel2006.pdf〉，第 11—12 页。

〔13〕 世界卫生组织，全球流感计划，“世界卫生组织公共健康研究流感议程，第一版，2009”，2010 年，网址：〈http://www.who.int/influenza/resources/Research/2010_04_29_global_influenza_research_agenda_version_01_en.pdf〉；真矢，禽流感，在人体呼吸道中的流感病受体，《自然》，第 440 卷，7083 号（2006 年 3 月 23 日），第 435—436 页。

〔14〕 W. 史密斯等人，“从流感患者中得到一个病毒”，《柳叶刀》（1933），第 66—68 页。

〔15〕 E. M. 索瑞尔等人，“预测在流感病毒空中传播：无法传播?”《病毒学的现有观点》，第 1 卷，第六号（2011 年 12 月），第 635—642 页。

中对7个基因片段进行流感菌株重组。[16] 雪貂感染上病毒，病毒开始在动物中重组。被感染动物和健康的雪貂放在一起，借此检验携带H5血凝素4个变种的重组体的空气中传播能力。2/3的健康动物感染上了病毒，所有暴露于病毒中的动物生成了抗体（这就是血清转化的过程）。[17]

荷兰研究小组由罗恩带领，用从印尼取来的野生型A型H5N1菌株（病原体的性质状态），研究可能导致空气传播的变异。A型/印尼/5/2005流感病毒取自一位人类患者，因其系人类感染病例，且死亡率高。与美国研究小组相似，荷兰研究者使用定点诱变，在H5亚型血凝素基因受体结合部分进行了4次氨基酸置换，而H5亚型血凝素基因在一位感染H5N1的人类患者身上被发现。[18] 研究者是希望获得一种能支配哺乳动物（包括雪貂）受体呼吸道细胞的H5N1病毒变体。此类病毒传播了10次，选择变体并使用了与美国小组类似的技术检测病毒的空气传播能力。研究者总结道，正如此前所假设，高致病性禽流感A型病毒（HPAI）有能力不通过中间宿主，直接演变为可经空气传播的变体。这一发现凸显了此种变体出现并威胁人类的风险。[19]

---

〔16〕 重组信息请看G. 诺依曼等人，“A型流感病毒完全是由克隆cDNA产生”，《国家科学院公报》，第96卷，第16号（1999年8月3日），第9345—9350页。

〔17〕 M. Imai等人，“对H5流感血凝素通过飞沫传播进入呼吸道在雪貂内重组成H5血凝素/H1N1病毒的改编实验”，《自然》，第486卷（2012年6月21日），第420—428页。

〔18〕 定点诱变（也称定点突变），看R. A. 弗拉维尔等人，“基因外突变在体外培养的抗菌素Qbeta RNA上所产生的影响”，《国家科学院公报》，第72卷，第1号（1975年1月），第67—71页。H5亚型血凝素基因受体结合部分，参见S. Chutinimitkul，“带有受体特异性变异的A型H5N1流感的附着模式和复制效率”，《病毒学杂志》，第84卷，第13号（2010年7月），第6825—6833页，以及C. A. 拉塞尔等人，“通过飞沫传入呼吸道A型H5N1流感病毒形成一个哺乳动物宿主”，《科学》，第336卷，第6088号（2012年6月22日），第1541—1547页。H5N1病毒感染患者的案例，参见S. 山田等人，“信件，血凝素基因突变对A型H5N1流感病毒和人类受体结合起关键作用”，《自然》，2006年11月16日，第378—382页。

〔19〕 Herfst等人，“A型H5N1流感病毒在雪貂中通过空气传播”，《科学》，第336卷，第6088号（2012年6月22日），第1534—1541页。

安全方面的影响

涉及活病毒的所有实验都在加强的生物安全三级（BSL-3+）密闭条件下进行，符合现有工作标准和指南。[20] 研究论文在发表之前已提交业内人士，当时没有人对其可能被用于恶意用途表示关切。研究论文提交期刊后，尽管科学家们表示，已就生物安全和安保问题进行了精心规划，并和有关专家进行过会商，[21] 但两个小组的实验还是遭到了安全专家的众多批评。2011 年 12 月，美国国家生物安全科学顾问委员会（负有对双用途研究提供建议和指导的任务），对研究论文的潜在安全影响进行了评估。该委员会的结论是：两个组的论文都包含有方法论方面的潜在敏感信息，建议《自然和科学》在出版之前删掉方法论的关键部分，要对公共健康可能的益处加以进一步说明，并详尽阐述实验过程中所使用的生物安全和安保措施。该委员会特别建议："手稿不要包括方法论和其他细节，以免那些设法行恶的人复制实验过程。"[22]

2012 年 1 月，一组领先的流感研究者在致《科学》杂志的一封信中表示，他们已经同意将对 H5N1 的敏感性研究暂停 60 天，以便国际上能开展讨论，使未来的研究工作在更加安全的环境中进行。[23] 次月，世界卫生组织召开会议，22 位流感研究专家和公共卫生官员，以及来自 11 个国家的杂志编辑与会，对论文进行讨论。与美国国家生物安全科学顾问委员会相反，在世界卫生组织建议在推迟发表后，

---

〔20〕 生物安全防护三级条件是指在适当提高密封实验室的生物安全防护三级条件限定条件，美国卫生和人类服务部（HHS），《微生物和生物医学实验室的生物安全》，第 5 版，美国卫生和人类服务部出版，第（CDC）21-1112 号，美国卫生和人类服务部：华盛顿，2009 年 12 月），第 236—238 页。

〔21〕 R. 鲁斯，"传染性的 H5N1 流感病毒：需要空间？"明尼苏达大学，传染病研究和政策中心（CIDRAP），2012 年 3 月 6 日，网址：〈http：//www. cidrap. umn. edu/cidrap/content/influenza/avianflu/news/mar0612biosafety. html〉。

〔22〕 美国卫生和人类服务部，美国国立卫生研究院（NIH），新闻公报美国国家生物安全科学顾问委员会对 H5N1 流感病毒的研究审查，美国国立卫生研究院新闻，2011 年 12 月 20 日，网址：〈http：//www. nih. gov/news/health/dec2011/od-20. htm〉。

〔23〕 罗恩等人，"信函，考虑研究禽流感传播研究"，《科学》，第 335 卷（2012 年 1 月 27 日），第 400—401 页。

内容应全部发表。[24] 会议总结道：虽不是所有人都同意，但（论文）对公共健康的益处，在改进针对流感流行的应对和预防方面的科学价值，以及试图掌握全部方法论的复杂性，超过了美国国家生物安全科学顾问委员会所表达的生物恐怖主义关切。与此同时，与会者根据将于3月20日到期、为期60天的自愿暂停承诺，支持推迟发表论文。会上，牵头的研究者分发了论文的原始未修订版本和按照美国国家生物安全科学顾问委员会建议修订的版本；随后，分发的所有副本也在整个小组面前销毁。[25]

荷兰和美国的出口控制法律都限制敏感信息输出，但在科学出版物上公开、充分分享的信息例外。作为一个非官方、不具法律约束力的多边贸易控制安排，澳大利亚集团的指导方针并不限制基础性研究，但应用性研究可能会受到转让限制。[26] 鉴于美国国家生物安全科学顾问委员会建议修改论文，且作者已表示同意，因而出口管制法规原则上适用于两篇论文，立即发表也就可能违反这一包含刑事处罚的法律。[27]

最终，美国国家生物安全科学顾问委员会一致同意河冈小组全文发表其论文，但对于罗恩小组论文，投票结果是12票支持发表，6票反对发表。美国病毒学家迈克尔·奥斯特霍尔姆抱怨道，该委员会会议设置的各种条件，“其目的就是为了达到目前这一结果”。[28]

2012年5月2日，在经过修改和美国国家生物安全科学顾问委员会重新审查后，河冈小组的研究论文在《自然》杂志上发表。该

〔24〕 世界卫生组织，“公共卫生，流感专家同意了H5N1流感病毒研究的关键点，但是时间又推延了”，新闻稿，2012年2月17日，网址：〈http：//www. who. int/mediacentre/news/releases/2012/h5n1_ research_ 20120217/en/index. html〉。

〔25〕 J. 科恩：“世卫组织小组：关于H5N1的研究论文应全部发表”，《科学》，第35卷，第6071号（2012年2月24日），第899—900页。

〔26〕 澳大利亚集团的简要叙述参见本卷附件B，及其在2012年的发展情况参见本卷第10章第四节。

〔27〕 N. 松涛博伊斯，“禽流感深陷于不稳定的出口管制条例中”，美国全国公共广播电台，2012年4月10日，网址：〈http：//www. npr. org/blogs/health/2012/04/10/150311034/bird-flu-studies-mired-in-export-control-law-limbo〉；俄亥俄州立大学，研究合规办公室，“出口管制”，网址：〈http：//orc. osu. edu/regulations-policies/exportcontrol/〉。

〔28〕 “在监狱内的禽流感”，《经济学家》，第403卷，第8782号（2012年4月27日—5月4日），第69页。

委员改变了对论文进行修订的建议，出口管制从而得以解除。[29]

4 月 23 日，荷兰小组的研究论文获得了出口许可，之前一直原则上受荷兰的出口限制。6 月 22 日，该论文在《科学》杂志上发表。[30]

（沈　桦　译）

〔29〕 R. 鲁斯，“出口管制限制了罗恩 H5N1 流感研究小组论文的出版”，明尼苏达大学，传染病研究和政策中心（CIDRAP），2012 年 4 月 10 日，网址：〈http：//www. cidrap. umn. edu/cidrap/content/influenza/avianflu/news/apr1012h5n1. html〉。

〔30〕 参见荷兰社会卫生、福利和体育部递交情况说明函给荷兰议会上议院主席，（可在伊拉兹马斯医疗中心研究 H5N1 状态的信函中找到），2012 年 3 月 7 日，网址：〈http：//www. rijksoverheid. nl〉。

第九章 常规军备控制与建立军事信任措施

概 述

伊恩·安东尼

2012 年，军备的透明与克制为避免军事力量用于获取政治利益提供了保障，这是广义上的“建立安全信任措施”（CSBMs）对于减少世界上多个地区的紧张局势，防止冲突升级，作出了有价值的贡献。“建立安全信任措施”不但在防止一些事件升级为更严重的事态方面发挥了重要作用，同时也作为一种积极手段，在世界上多个地区范围内增强国与国之间建立在伙伴关系、相互保证和增加透明度方面的合作得到了长足发展。虽然“建立安全与信任措施”并不可能单独承担起促进安全合作的重任，但是它在多个地区对促进和巩固稳定以及为积极增长与发展创造条件方面作出了有益的贡献。

在南亚，印度与巴基斯坦的作战部长（DGMOs）之间的直接通联“热线”，用于减少印巴双方在查谟与克什米尔地区的实际控制线两侧发生的冲突事件升级为更加严重的军事交战的风险。在东南亚，东南亚国家联盟与中国就达成具有法律约束力的“行为准则”建立了双边磋商机制。“行为准则”将用于规范在南海出现的海上事件，因为这些事件已成为严重紧张形势的根源。近期内，东盟与中国对话将继续讨论执行 2011 年 7 月达成的“南海各方行为宣言的指导原则”。

南美洲国家联盟继续执行 2011 年达成的原有措施，并将制定新的建立安全与信任措施，以此作为对建立南美洲安全共同体的贡献。

在欧洲，参加“欧洲安全与合作组织”（OSCE）的成员国同意执行“赫尔辛基+40进程”，为在2015年前实施“2010年阿斯塔纳宣言”制定实际措施。这一进程包括讨论进一步增加在维也纳文件框架中已经采取的建立安全与信任措施的种类。

至于军备控制领域，有关国家作出具有约束力的承诺，如在军队结构、装备或作战行动方面实施自我克制，2012年的形势则不太令人乐观。

在人道主义军备控制方面（即国家废除具有滥杀滥伤或非人道主义作用的武器能力，不管其是否具有军事用途），现有军备控制协议的执行速度仍然很慢，而且也不平衡。一些有兴趣的国家仍在继续克服困难，以寻求在对杀伤人员地雷和集束弹药以外的地雷采取新的限制措施达成广泛一致。然而，2012年有关国家并没有就今后的前进道路取得共识。

在非洲，军备控制进程必须要考虑到各个次区域所面临不同安全挑战的现状，特别是在采取军备控制措施时要考虑到常规武器在犯罪活动中的使用。当前，许多涉及使用武力的事件具有跨越国境的特点，而且存在多个不同武装派别，其中有一些在政府控制之下，但另一些则是独立行动。与世界其他地区由国家行政当局负责保证军事安全的做法有所不同，在非洲，保证安全的努力则具有地区或次区域组织的特征，而且还涉及到一些执法部门的介入。

在东南欧，20多年来曾经成功减少储存的各种多余常规武器的措施正在越来越多地置于当地国家的完全掌控之下。它们的武装部队在相互实施视察、信息交换和联合执行协议的过程中进行的直接接触能够有效地消除一个国家对其邻国的疑虑，即邻国新的、预料之外的军事进展会令其感到突然。这些措施的意义还体现在这一地区的国家都继续支持和参与实施军备控制的措施，即使这些国家加入了像北约这样能够为它们提供安全保障的组织。

2012年，在欧洲地区层面上，军备控制没有取得重大进展，关于军备控制目标的争论远没有结果。不过，即将担任欧安组织主席的乌克兰在2012年底已把常规军备控制取得进展作为2013年的工作重点之一，并提出了可以作为进展基础的新的想法。乌克兰的建议为彻底审议常规军备控制机制在欧洲安全与合作组织地区的作用提供新的契机，而这一审议不与为阻碍现有军备控制机制取得进展的未决问题找到解决办法相挂钩。

（蒋振西 译）

第一节 人道主义军备控制倡议

莉娜·格里普 塔玛拉·巴顿

《特定常规武器公约》的进展：恢复对杀伤人员地雷之外的地雷实施控制的谈判

在 2012 年，《1981 年特定常规武器公约》缔约国的主要问题是扩大条约范围的可能性，使之涵盖杀伤人员地雷以外的地雷（MOTAPM）的使用、转让和清除的义务。[1] 尽管《特定常规武器公约第二号修改议定书》和 1997 年的《杀伤人员地雷公约》已涉及到杀伤人员地雷（APMs）的问题，但前者没有具体地规范杀伤人员地雷以外的地雷，而后者也没有将此类地雷列入到杀伤人员地雷的禁止范围以内。[2] 一些缔约国与公民社会组织一直倡议在《特定常规武器公约》中建立一个关于杀伤人员地雷以外的地雷的单独议定书。当 2011 年在《特定常规武器公约》机制试图控制集束弹药的谈判遭到失败时，他们对此似乎看到了机会。

至今，对杀伤人员地雷以外的地雷尚未有一个明确的法律定义。当《特定常规武器公约》谈判最初寻求处理现有法律框架尚未涉及的所有遗留地雷时，他们很快就把控制范围缩小到了反车辆地雷（AVMs）这一议题。[3] 因为在许多情况下，只要对反车辆地雷引爆系统施加一定压力就会引起爆炸，而它们无法区别这些地雷是军事目标还是民事目标，况且在冲突结束后很长时间内这些地雷还会对平民

---

〔1〕 关于《禁止或限制使用某些可被认为具有过分杀伤力或滥杀滥伤作用的常规武器公约》（《特定常规武器公约》及其议定书的摘要及详细材料见本卷附件 A。

〔2〕 关于《禁止使用、储存、生产和转让杀伤人员地雷及其销毁公约》（《杀伤人员地雷公约》的摘要及其他详细材料见本卷附件 A。

〔3〕 与反车辆地雷有关的国际法见《特定常规武器公约》，杀伤人员地雷以外的地雷专家组会议文件："适用于反车辆地雷的国际人道主义法法规"，国际红十字会准备的背景文件，2012 年 4 月 2 日至 4 日。与《特定常规武器公约》有关的文件可见联合国日内瓦办事处网站，网址：〈http：//www. unog. ch/ccw/〉。

继续构成威胁。[4] 反车辆地雷对区域造成污染而使得平民无法获得必需品，例如（紧急）援助、食品和基本服务等。

关于在《特定常规武器公约》框架内建立控制杀伤人员地雷以外的地雷的倡议首先是由丹麦与美国在2001年提出的。条约缔约国随后同意为此授权考虑一个单独的《特定常规武器公约》议定书。[5] 2006年，《特定常规武器公约》缔约国由于未能就限制杀伤人员地雷以外的地雷议定书达成协议，无限期地中止了对这一问题的谈判，并将他们的注意力转向了处理集束弹药的议题。[6]

当《特定常规武器公约》缔约国未能就限制集束弹药达成协议，有关谈判再次中止时，它们便决定重新开始对杀伤人员地雷以外的地雷的谈判。[7] 2012年4月召开的一个人数不限的专家组会议向《特定常规武器公约》缔约国2012年大会提交了一份报告。[8] 在专家组会议上，有人提出了这样一些问题，其中包括对杀伤人员地雷以外的地雷的不负责任地使用、向非国家行为体的转让、需要在此类地雷上装配自爆装置和易于探测，以及反车辆地雷只能用于标定的区域，如标识地区、采用隔离设施与追踪手段以保证平民不能进入等。[9]

《特定常规武器公约》缔约国之间对杀伤人员地雷以外的地雷能否达成一致已被证明难以手到擒来，但是它们在这一问题上的观点比

---

〔4〕 国际和平协会战士："杀伤人员地雷以外的地雷，MOTAPM"，网址：〈http：//www. fname. info/aisp/eng/index. php? Itemid =22〉。

〔5〕《特定常规武器公约》第二次审议会，《最后文件》，CCW/CONF。II/2，2001年12月11—21日，第10页。

〔6〕 Z. Lachowski and M. Sjogren 文章："常规军备控制"，《SIPRI年鉴2007》，第621页。

〔7〕 关于《特定常规武器公约》机制内集束弹药的讨论见L. 格里普文章："出于人道主义原因所限制的常规武器：集束弹药案例研究"，《SIPRI年鉴2012》。

〔8〕 日内瓦国际人道主义扫雷中心："杀伤人员地雷以外的地雷"，网址：〈http：//www. gichd. org/international-conventions/convention-on-certain-conventional-weapons-ccw/motapm/〉。

〔9〕《特定常规武器公约》缔约国会议，关于"杀伤人员地雷以外的地雷"2012年专家组会议报告"，文件：CCW/MSP/2012/4，2012年5月29日，第2页；《特定常规武器公约》（同注释〔3〕），第4页。

在集束弹药问题上要接近得多。[10] 多数国家支持采取措施减少杀伤人员地雷以外的地雷的滥杀滥伤和不负责任的使用，但并不主张完全禁止这类武器，也没有任何一个全球性非政府组织运动去禁止杀伤人员地雷以外的地雷。2012 年 4 月，国际红十字委员会在其声明中强调了杀伤人员地雷以外的地雷使用的人道主义后果，但是并没有主张完全禁止。[11] 在当年 4 月举行的杀伤人员地雷以外的地雷的专家组会议上，由于成员国在 2011 年未能在集束弹药问题上形成共同立场，欧盟表示对杀伤人员以外的地雷需要形成一个平衡的做法，即既要考虑到这类地雷带来的人道主义后果，也要考虑军事上的关切，并承认"杀伤人员地雷以外的地雷可以继续作为合法武器使用"。[12] 同样，澳大利亚在关注不负责任使用会造成人道主义后果的同时，宣布"我们当然不寻求或期望禁止所有反车辆地雷"。[13] 以色列也指出希望在《特定常规武器公约》框架内就杀伤人员地雷以外的地雷达成一个协议，以结合继续合法使用这类武器，限制反车辆地雷在标识区以外的使用，引入易于探测机制的责任以及禁止向非国家行为体转让杀伤人员地雷以外的地雷。[14] 韩国在其最初声明中宣布："在当前国家安全形势下，我们不得不依赖部署包括杀伤人员地雷以外的地雷作为防御与威慑的手段，但是它仍然支持通过《特定常规武器公约》机制对杀伤人员地雷以外的地雷进行平衡性地规范"。[15] 作为对其他反车辆地雷制造国与使用国的回应，巴西指出，它强烈地认为对反车辆地雷任何新的义务都"必须做到在资金与技术要求方面不得增加

〔10〕 R. 凯夫文章："裁军是人道主义行动吗？杀伤人员地雷与战争遗留爆炸物谈判的比较"。J. Borrie and V. Martin Randin 合编："裁军作为人道主义行动：从理念到实践"。(日内瓦联合国裁军研究所：日内瓦，2006 年 5 月)，第 62 页。

〔11〕 国际红十字会委员会关于杀伤人员地雷以外的地雷对人道主义的影响的声明，日内瓦，2012 年 4 月。

〔12〕《特定常规武器公约》，关于杀伤人员地雷以外的地雷的专家组会议，欧盟声明，2012 年 4 月 2 日至 4 日，第 1 页。

〔13〕《特定常规武器公约》，关于杀伤人员地雷以外的地雷的专家组会议，澳大利亚常驻联合国代表团 P. Kimpton 在一般性交换意见中的发言，2012 年 4 月 2 日，第 2 页。

〔14〕《特定常规武器公约》，关于杀伤人员地雷以外的地雷的专家组会议，以色列常驻联合国副代表 T. Rahaminof-Honig 的发言，2012 年 4 月 2 日，第 2 页至第 3 页。

〔15〕《特定常规武器公约》，关于杀伤人员地雷以外的地雷的专家组会议，韩国的声明，2012 年 4 月 2 日至 4 日，第 1 页。

新的成本，不然将会给发展中国家带来不合理的负担”。[16]

当制造和使用“杀伤人员地雷以外的地雷”的许多国家宣布支持在《特定常规武器公约》机制内对杀伤人员地雷以外的地雷进行限制的时候，有的国家，特别是俄罗斯并没有看到另外单独制定一项关于杀伤人员地雷以外的地雷议定书的正当理由，说这一类武器对平民的伤害超过其他爆炸装置还缺少证据，比如简易爆炸装置。[17] 这就是《特定常规武器公约》缔约国未能就增加对包括新武器种类的规范达不成协议的主要原因，也是俄罗斯在集束弹药与杀伤人员地雷以外的地雷问题上所坚持的长期争论观点。尽管《特定常规武器公约》的宗旨是防止常规武器可能对平民的滥杀滥伤，而实际上只有当这些军事战略武器对平民造成的严重伤害被完整记录、并公之于众后才能对它们的使用和生产进行限制。

基于缔约国于2012年4月发表的多个声明，看来缔约国在“杀伤人员地雷以外的地雷”向非国家行为体转让进行限制这一问题上似乎取得了一致。2011年至2012年关于在利比亚使用反车辆地雷的报告发表后这一问题变得更加突出，据说抢劫利比亚反车辆地雷倉库的人将这些反车辆地雷走私到苏丹的达尔富尔地区。[18]

杀伤人员地雷以外的地雷是2012年11月《特定常规武器公约》缔约国会议讨论的主要议题，虽然这次会议对在下次会议之前的休会期间的进一步筹备工作没有作出决议，但与会者广泛认为，需要讨论的问题已得到确认，2012年的讨论大多是重复21世纪初得出的结果。尽管《特定常规武器公约》机制缺少一个专门的工作小组，但是它在短期内仍存在一些似乎可信的继续前进的办法：第一，很明显

---

〔16〕《特定常规武器公约》，关于杀伤人员地雷以外的地雷的专家组会议，巴西的声明，2012年4月2日至4日，第1页。

〔17〕《特定常规武器公约》，关于杀伤人员地雷以外的地雷的专家组会议，俄罗斯的声明，2012年4月2日到4日，第1页。

〔18〕 B. Varner 文章：“利比亚武器走私到苏丹威胁到达尔富尔地区，引起新的暴力”，2011年10月6日，彭博社，网址：〈http://www.bloomberg.com/news/2011-10-06/libyan-arms-smuggled-intosudan-threaten-renewed-violence-in-darfur-region.html〉；以及“反坦克与反车辆地雷虽然合法，但其杀伤力极大”，《非洲地雷》，2011年10月11日，网址：〈http://landminesinafrica.wordpress.com/2011/10/11/anti-tank-or-anti-vehicle-mines-perfectly-legal-and-plenty-lethal/〉。关于从利比亚流出武器的问题另见本卷第一章第1节。

它可以为讨论注入新的动力，包括对全球杀伤人员地雷以外的地雷的使用、污染地区和造成人员伤亡情况进行全球描述；支持《特定常规武器公约》议定书的国家和非政府组织可以继续努力，在2013《特定常规武器公约》缔约国大会前做出论证。“禁止地雷运动”在2012年11月指出，它不相信《特定常规武器公约》机制当前在处理这一问题时所采取的立场，也不支持这一进程。然而，它也不会提出反对建议，对是否另辟蹊径的做法目前也没有公开达成一致。[19] 第二，在《特定常规武器公约》缺少反车辆地雷议定书的情况下，一些国家可采取暂停出口反车辆地雷的措施，就像20世纪90年代关于“杀伤人员地雷第二号修正议定书”通过之前在杀伤人员地雷和近年来在集束弹药方面所采取的那些类似措施。[20]

“战争遗留爆炸物”国家报告遇到的挑战

2003年11月通过的《特定常规武器公约》关于“战争遗留爆炸物（ERW）的第五号议定书”，旨在减少未爆炸物及遗弃弹药对平民的伤害。该议定书要求冲突各方在敌对行动结束后在其管辖领土内清除战争遗留爆炸物，同时还要求冲突各方为清除虽不在其管辖区域，但是由于其战争行为而遗留的战争遗留爆炸物提供技术、物质和财政援助。

自2006年11月第五号议定书生效以来，其成员国数目稳定增长。2012年年底，《特定常规武器公约》成员国已达115个，其中81个加入了第五号议定书。[21] 2012年有五个成员加入，它们是：布隆迪、古巴、老挝、南非和土库曼斯坦。其中布隆迪为《特定常规武器公约》唯一的新缔约国。目前，《特定常规武器公约》及其第五号议定书的成员在非洲、中东和东南亚地区都很少（见图表9.1）。

---

〔19〕《特定常规武器公约》缔约国大会，“国际禁雷委员会关于反车辆地雷的声明”，2012年11月16日。

〔20〕关于保加利亚暂停地雷的行动见第一次《特定常规武器公约》大会文件，1996年5月3日保加利亚共和国常驻日内瓦联合国代表处代表的信件，文件：CCW/CONF.1/15，1996年5月6日。关于新加坡与美国的暂停集束弹药的行动见格里普文章（同注释7），第424页。

〔21〕参加国全部名单见本卷附件A。

当前，在实施第五号议定书的过程中，国家报告制度仍是能够显示透明、建立信任的一个重要机制。为此，在朝着普遍性目标推进的过程中，稳步地执行议定仍然是增强议定书的合法性，鼓励更多国家将来加入的一个关键因素。2007 年 11 月，在议定书缔约国举行的第一次会议上决定根据议定书第 10 条第 2 项 b 款的要求，建立关于国家报告执行情况的数据库。这一数据库在《特定常规武器公约》网站上公布。[22] 当前，条约要求缔约国每年向《特定常规武器公约》支援处（ISU）提供 9 种表格，涉及执行第五号议定书第 3 条至第 9 条和第 11 条及其他有关事项。

近年来，缔约国提交的国家报告的数目稳定增加，2012 年提交的报告数量出现新高。截至 2012 年 11 月，《特定常规武器公约》支援处能够评估 52 个国家提交的国家报告，占年初 76 个"第五号议定书"缔约国总数的 68%。[23]《特定常规武器公约》支援处不断鼓励缔约国提供更多的连贯的和更全面的报告。不过，国家报告协调员在 2012 年第五号议定书专家会议上明确指出，填写表格的国家数目虽然较多，但实际上能够提供详细执行情况的国家数目实在有限，两者之间有着相当大的差距。[24]

一些国家报告缺少对第 3 条至第 9 条与第 11 条的具体执行情况，这表明它们对该条款的条约义务缺乏理解，或许是无力履行条约。比如，《特定常规武器公约》支援处特别关注的是根据表格 B 第四条所提供报告的信息性质。为有助于战争遗留爆炸物的清除，这一条呼吁缔约国记录并保留对爆炸物使用或遗弃的信息。2012 年，虽有 30 个国家提交了表格 B，但其中只有 10 个国家报告建立了记录弹药使用情况的数据库，只有 11 个国家提供了关于记录使用和遗弃爆炸弹药的有关部门的责任分工信息，只有 12 个国家报告中提到了在现场负

---

〔22〕 联合国日内瓦办事处，《特定常规武器公约》，"第五号议定书数据库"，网址：〈http://unog.ch/80256EE600585943/（httpPages）/B84B4C205835421DC12574230039C42E?OpenDocument〉。

〔23〕《特定常规武器公约》，第五号议定书第六次缔约国会议，"关于国家报告制度执行情况的报告"，CCW/P.V./CONF/2012/4，2012 年 4 月 21 日，第 2 页。

〔24〕《特定常规武器公约》，第五号议定书的专家组会议："关于对国家报告情况指导原则的评估及对第五号议定书执行进展的专题报告"，2012 年 4 月，第 1 页。

责的有关执行部门和军人是否清楚了解国家数据库和第四条规定使用的通用模板的情况。[25] 此统计表明，第五号议定书的缔约国中只有少数国家执行了第四条。[26] 许多缔约国没有为《特定常规武器公约》“支援处”提供能够判别它们是否执行这一条款提供足够的信息，而有多数国家根本没有提交任何有关信息。

图 9.1 特定常规武器公约关于战争遗留爆炸物五号议定书普遍化的进展情况

注： 一个国家如要成为《1981 年特定常规武器公约》缔约国，必须至少批准公约附属的二个议定书。在 54 个非洲联合国成员国中，有 22 个成为特定常规武器公约缔约国，11 个参加了五号议定书。在 35 个美洲联合国成员国中，有 24 个国家成为公约缔约国，19 个国家参加了五号议定书。在 42 个亚洲与大洋洲联合国成员国中，有 19 个国家成为公约缔约国，9 个国家加入了五号议定书；在 48 个欧洲联合国成员国中，有 42 个成为公约缔

〔25〕《特定常规武器公约》文件，CCW/PV/CONF/2012/4（同注释〔3〕），第 3 页。

〔26〕联合国裁军事务办公室在 2012 年 4 月第五号议定书专家组会议上报告，有以下国家执行了议定书第 4 条：澳大利亚、比利时、加拿大、捷克共和国、法国、德国、爱尔兰、意大利、立陶宛、新西兰、荷兰、挪威、巴基斯坦、罗马尼亚、俄罗斯、斯洛伐克、瑞典、阿拉伯联合酋长国、美国。联合国日内瓦办事处：《特定常规武器公约》：“根据缔约国在其国家年度报告中所提供的材料汇总的有关议定书第 4 条执行情况的现状”，网址：〈http://unog.ch/80256EDD006B954/(httpAssets)/2ECB34574D74A667C12579F20033D8FF/$file/Article+4+Implementation_Rev1_25April.pdf〉。

约国，38个国家加入了五号议定书；在中东14个联合国成员国中，有6个成为公约缔约国，3个加入了五号议定书。此外，梵帝冈虽不是联合国成员国，但它既是公约缔约国，又加入了五号议定书。

资料来源：本卷附件A。

较为广泛和正在进行的国家报告中的重大事项包括对“战争遗留爆炸物”和“已有的战争遗留爆炸物”的区分。第五号议定书中的一些主要条款只适用于“战争遗留爆炸物”而不是“已有的战争遗留爆炸物”，一个国家在议定书生效前就已经存在的战争遗留爆炸物（即已有的战争遗留爆炸物）与议定书生效后才出现的战争遗留爆炸物的含义有着明显不同，这对确定执行的情况有着重要意义，比如清除义务、报告标准、保护平民等等问题，以及缔约国之间进行的合作与支援仅适用于后一类爆炸物。从2012年提交的报告看，一些缔约国似乎并没有明确区分“战争遗留爆炸物”与“已有的战争遗留爆炸物”，这需要更多的调查才能确定它们是否将这些区别融入到了国家执行战略。

2012年11月举行的关于第五号议定书第六届缔约国大会建议缔约国继续执行“国家报告指导原则”。指导原则制定了议定书每一项条款有具体物项清单，比较理想的做法是，这些清单应该包括在每一个国家报告中。[27] 由于这一指导原则在2009年举行的第四届大会已经通过，今后的会议将不得不处理在国家间报告标准的不平衡问题，必须寻求新办法以促进缔约国更透彻地报告它们履行其义务的情况。

《集束弹药公约》的进展情况

2012年，有10个国家批准了2008年《集束弹药公约》。这些国家是：澳大利亚、喀麦隆、科特迪瓦、洪都拉斯、匈牙利、毛里塔尼亚、秘鲁、瑞典、瑞士和多哥，缔约国数目增加到77个，另有34个

〔27〕 联合国日内瓦办事处，《特定常规武器公约》，第五号议定书第6次会议，“最后文件，未定搞”，2012年11月，网址：〈http：//unog. ch/80256EDD006B8954/（httpAssets）/29E5C7B9932C0A26C1257ADA005884DC/$ file/Report _ SixthConf _ ProtocolV _ AdvancedVersion. pdf〉。第6页；及“国家报告的指导原则”，网址：http：//unog. ch/80256EE600585943/（httpPages）/C94A2E8E4FB1EF52C12574080055C8CB?。

国家已经签署但尚未批准。[28] 这与 2011 年有 18 个国家批准该公约相比较有所减少，表明随着一些国家启动国内的批准程序，虽然《集束弹药公约》成员国稳定增加，但在 2011 年《特定常规武器公约》缔约国未能就与该公约有关的措施达成协议之后，2012 年《集束弹药公约》没有出现增加成员的新高潮。[29]

2012 年，有确凿证据表明苏丹和叙利亚使用了集束弹药，但它们都不是《集束弹药公约》缔约国。[30] 2011 年 11 月，"人权观察"和有关组织宣布有足够证据表明叙利亚武装部队对一个橄榄油加工厂使用了集束弹药，另外还对附近的橄榄树林进行了攻击，造成至少 12 人死亡。[31]

2012 年 9 月，在挪威举行了《集束弹药公约》第三届缔约国大会，会上鼓励根据 2011 年《特定常规武器公约》机制的讨论结果进一步讨论《集束弹药公约》在国际人道主义法中的作用。[32] 许多非缔约国参加了会议，但在主要集束弹药生产国中只有中国派代表与会。缔约国提出了有必要将《集束弹药公约》普遍化的问题，但在会上只有比利时要求有一个实现这一目标的现实性的战略。一些非洲缔约国（如赞比亚）宣布希望非洲成为第一个"无集束弹药区"。2012 年 5 月，34 个萨哈拉以南的非洲国家，其中包括 17 个已经签署但尚未批约的国家和另外 3 个尚未签约的国家参加了在加纳阿克拉举行的将公约普遍化的地区会议。会议起草并通过了"阿克拉普遍化行动计划"，其中有 4 个与会国于 2012 年末或 2013 年初批准了《集

---

〔28〕 关于《集束弹药公约》的摘要、缔约国与签署国名单以及其他详细材料见本卷附件 A。

〔29〕 关于 2011 年《特定常规武器公约》机制内对集束弹药的讨论情况参见格利普文章（同注释〔7〕），第 419 页至 422 页。

〔30〕 "地雷与集束弹药观察"组织，《集束弹药观察报》，2012 年，（集束弹药联盟，伦敦，2012 年 9 月），第 5 页。

〔31〕 人权观察："有证据显示叙利亚用特定集束弹药杀害儿童"，2012 年 11 月 27 日，网址：〈http：//www. hrw. org/news/2012/11/27/syria-evidence-shows-cluster-bombs-killed-children－0〉。关于叙利亚冲突另见本卷第 1 章第 1 节，第 2 章第 2 节和第 8 章第 3 节。

〔32〕 《集束弹药公约》："增强国际人道主义的法律"，CCM/MSP/2012，2012 年 8 月 9 日；挪威外长 G. J. Store："在集束弹药公约会议上约的开幕辞"，奥斯陆，2012 年 9 月 11 日，网址：〈http：//www. regjeringen. no/en/dep/ud/whats-new/Speeches-and-articles/speeches_foreign/2012/cluster_ convention. html？ id＝698859〉。第 7 页至第 8 页。

束弹药公约》。[33]

《集束弹药公约》缔约国会议没有就建立一个负责条约执行情况的“支援处”作出决定。会议对履约问题只是泛泛而谈，缔约国在全会上很少讨论对公约的“解释性”问题，比如对禁止行动的援助(即对双用途武器零件的贸易)、过境和对属于非政府行为体在境外的集束弹药储存以及对生产集束弹药公司的投资等。不过，在会场外，“集束弹药联盟”（CMC）这一民间运动为推动将这些问题提上《集束弹药公约》的议事日程而继续增强民众的意识和进行宣传活动。[34]

《杀伤人员地雷公约》的进展情况

2012年12月，在日内瓦举行了《杀伤人员地雷公约》第12次会议。这次会议是在“2010—2014年卡特吉纳行动计划”的“中期审议”期间进行的。卡特吉纳计划是寻求保证快速有效地执行《杀伤人员地雷公约》。[35] 2012年有三个国家批准了这一公约，它们是：芬兰、波兰和索马里。

2012年有4个缔约国请求延长根据《杀伤人员地雷公约》第五条完成全部销毁在布雷区域内的杀伤人员地雷的最后期限。其中阿富汗请求延期10年，安哥拉请求延期5年，塞浦路斯请求延期3年，津巴布韦请求延期2年。尽管这些延期请求都获得批准，但延期时间并不算太长。安哥拉请求延期5年才能完成公约“规定的活动”，之

〔33〕 G. Dube 文章：“非洲率先实现集束弹药公约的普遍化”，安全研究所，2012年6月7日。网址：〈http：//www. issafrica. org/iss_ today. php? ID = 1495 - 10〉。以及“阿克拉普遍化行动计划”，阿克拉，2012年5月29日，网址：〈http：//www. clusterconvention. org/meetings/regional-meetings/accra-regional-conference-on-the-universalization-of-the-ccm - 28 - 30 - may - 2012/〉。喀麦隆、乍得、科特迪瓦和多哥在2012年晚些时候或2013年初批准该公约。另有19个萨哈拉以南国家签署但尚未批准公约。厄立特里亚、毛里求斯和津巴布韦既未签署也未批准公约。

〔34〕 “地雷与集束弹药观察”组织（同注释〔30〕），第3页。

〔35〕《杀伤人员地雷公约》，第12次缔约国大会，2012年12月3日至7日，网址：〈http：//www. apminebanconvention. org/meetings-of-the-states-parties/12msp/〉。以及《杀伤人员地雷公约》第2次审议会，“2010年至2014年卡特吉纳行动计划，结束杀伤人员地雷造成的伤害”，卡特吉纳，2009年11月29日至12月4日，与《杀伤人员地雷公约》有关的文件载于联合国日内瓦办事处网站，网址：〈http：//www. unog. ch/aplc/〉。

后“安哥拉还会提交一份它认为更加符合当时形势的申请”，这表明这个国家远远没有完成公约要求的有关清除地雷的条款，[36] 而津巴布韦已是第三次请求延期。[37] 此外，乌干达尽管没有提出延期，但它已表示不能在 2012 年 8 月 1 日最后期限前完成全部销毁工作。刚果共和国既没有提出要缔约国会议考虑其延期的请求，也没有表示能否在 2013 年 1 月 1 日的最后期限前完成全部销毁工作。[38] 在 2011 年举行的第 11 次会议的会议主席强调，尽管公约生效将近 10 年，但是一些缔约国“对它们管辖或控制区域内的杀伤人员地雷污染或有污染嫌疑的区域的位置仍然情况不明”。[39] 不过，这一问题也取得了积极进展，即丹麦、几内亚—比绍和约旦宣布它们已经在 2012 年完成了销毁的义务。

《杀伤人员地雷公约》缔约国将要继续处理的一个问题是如何应对在一些缔约国内新发现的、过去不知道的雷区。这些缔约国在签约时坚持认为它们没有销毁地雷的义务，而公约对此却一直保持沉默。[40]

人道主义军备控制倡议近况

2012 年，对与人道主义军备控制有关公约的执行继续处于正常速度，尽管每个公约各自都面临着在成长与发展方面的独特挑战。

一些一致同意通过《集束弹药公约》和《杀伤人员地雷公约》的国家却遇到公约执行中一些问题的挑战。在《集束弹药公约》方

---

〔36〕《杀伤人员地雷公约》，缔约国第 12 次会议，“依据条约执行条款第 5 条，请求延长完成销毁杀伤人员地雷的期限：执行总结”，安哥拉，APLC/MSP. 12/2012/WP 7，2012 年 10 月 9 日，第 4 页。

〔37〕《杀伤人员地雷公约》，第 12 次缔约国大会，“根据禁止使用、储存、生产和转让杀伤人员地雷及其销毁公约第 5 条，请求延期完成任务”，津巴布韦，APLC/MSP. 12/2012/WP. 11，2012 年 10 月 22 日，第 7 页。

〔38〕《杀伤人员地雷公约》，第 12 次缔约国大会，“对 2011 年至 2012 年要求延长完成第 5 条义务期限的分析”，APLC/MSP. 12/2012/6，2012 年 11 月 29 日，第 2 页。

〔39〕《杀伤人员地雷公约》，APLC/MSP. 12/2012/6（同注释〔38〕），第 2 页至第 3 页。

〔40〕《杀伤人员地雷公约》，第 12 次缔约国大会，“关于对缔约国在完成期限过后又发现原先未知的雷区合理应对的建议”，清除地雷常设委员会联合主席，印度尼西亚与赞比亚，APLC/MSP. 12/2012/7，2012 年 11 月 26 日。

面，一些看似简单的问题如建立“支援处”却由于对资金支付责任方面的不同意见而受到阻碍。同样，由于投资和在境外储存集束弹药（非国家行为体在缔约国领土上储存）涉及到财政规定以及军事同盟等国家层面的重要问题，一些国家并不愿在《集束弹药公约》框架内对这些问题进行检查。还有一些国家在《杀伤人员地雷公约》规定的时间框架内履行其承诺时遇到了严重挑战。因此在中期内，衡量履约的情况与处理不履约的案件将是《杀伤人员地雷公约》的主要任务。对《特定常规武器公约》而言，尽管“杀伤人员地雷以外的地雷”的问题尚未解决，但是缔约国与《特定常规武器公约》“支援处”一道继续改进对已有承诺的执行保障机制，特别是对国家报告制度方面的承诺。

总而言之，人道主义军备控制机制的未来进展主要依赖于每一项公约缔约国的特定构成，以及能否在财政支持的优先次序、如何处理履约的挑战以及如何采用最适当的方法解决对平民的长期的武器威胁等方面达成一致。

（蒋振西　译）

第二节　非洲的小武器控制

莉娜·格里普

经过将近十年的努力，一个控制非洲地区的小武器与轻武器（SALW）的框架已经逐步建立。这一框架得以发展的部分原因是非洲地区对联合国控制小武器的两个重要文书做出了积极回应，即“2001 年联合国关于防止、打击和消除小武器与轻武器所有方面非法贸易的行动计划”（POA）和 2001 年联合国《火器议定书》。[1] 这个进程的第一步是在 2000 年采取的，当时非洲统一组织汇总了各国在小武器与轻武器走私与扩散方面的共同立场：非洲各国承诺在地区层面和次区域层面对小武器与轻武器的非法扩散、流动和走私进行打击。[2]

自那以后，非洲联盟（于 2002 年取代了非洲统一组织）未能通过任何有关小武器与轻武器的控制措施。2008 年建立的“小武器与轻武器非洲联盟区域指导委员会”被赋予在联合国进程实施前要努力取得非洲国家共同立场的任务，甚至连这一任务也遇到了很大困难。比如，非洲联盟在 2012 年 7 月无法就《武器贸易条约》形成共同立场，其原因主要是由于北非国家与撒哈拉以南国家之间出现了分歧。[3] 由于非洲国家无法在地区一级达成一致，所以就在次区域国

〔1〕 联合国大会：《预防、打击与消除小武器与轻武器所有方面非法贸易的行动计划》，A/CONF. 192/15，2001 年 7 月 20 日，第 7 页至 22 页。以及关于“打击火器及其零部件、弹药的非法制造与走私的议定书”，对联合国打击跨国有组织犯罪公约的补充文件（联合国火器公约），公约于 2001 年 5 月 31 日通过，2005 年 7 月 3 日生效，《联合国条约集》第 2326 卷（2007 年）。

〔2〕 有关小武器与轻武器的非法扩散、流通及走私问题的非洲共同立场的《巴马科宣言》，2000 年 11 月 30 日，网址：〈http://2001 - 2009. state. gov/t/ac/csbm/rd/6691. htm〉。N. 斯科特文章：“实施南非火器议定书：确定面临的挑战与处理的优先次序”，不定期出版的文章：第 83 期，安全研究所，2003 年 11 月，网址：〈http://www. iss. co. za/pubs/papers/83/Paper83. html〉。第 2 页。

〔3〕 G. 兰姆文章：“非洲国家与武器贸易条约谈判”，《今日军备控制》，第 42 卷第 7 期（2012 年 9 月）。

家机构中出现了一些有趣的现象，这些次区域的行动往往超越了全球性文书的进展。〔4〕

目前，在次区域经济体的主持下已经通过了四个军控协议（见表9.1），其中包括：2001年《关于在“南部非洲发展共同体”(SADC）地区控制火器、弹药和其他相关材料的议定书》；2004年关于在大湖区和非洲之角（包括东非共同体）防止、控制和削减小武器与轻武器的内罗毕议定书；2006年西非经济共同体（ECOWAS）关于小武器与轻武器及其弹药和其他相关材料的公约；2010年中部非洲关于控制小武器与轻武器，及其弹药和可用于制造、维修和组装的零部件的公约，这被称为《金沙萨公约》(包括中非国家经济共同体，CEEAC)。〔5〕这些次区域的协议内容十分广泛。它们引入了对武器储存和军备转让的严格控制，促进了对多余武器库存的销毁，覆盖了将小武器与轻武器的非经授权生产和拥有定为犯罪活动。这些军备控制协定的范围要比其他各洲所制定的军备控制协定要深远得多。〔6〕

表9.1 非洲次区域军备控制协定

南部非洲发展共同体地区关于控制火器、弹药和其他相关材料的议定书	
签署时间地点：	2001年8月14日，布兰蒂尔
生效日期：	2004年11月8日
议定书保存人：	南非发展共同体执行秘书
截至2011年7月的缔约国：	博茨瓦纳、莱索托、马拉维、毛里求斯、莫桑比克、纳米比亚、南非、斯威士兰、坦桑尼亚、赞比亚、津巴布韦
签署但未批约国：	民主刚果、塞舌尔[a]
未签未批国：	安哥拉、马达加斯加
议定书文本：	载于SADC网站：〈http：//www. sadc. int/documents-publications/show/796〉

a 塞舌尔在2001年签署议定书，但在其2004年从南非发展共同体退出时仍未批准议定书。2008年它重新加入南非发展共同体。

〔4〕 M. Killander：“非洲国家的立法协调：共同承担，继续向前”。*International Spectator*，第47卷第1期（2012年），第89—90页

〔5〕 G. 兰姆、D. 戴伊：“非洲对国际问题的解决方案：非洲的军备控制与裁军”。Journal of International Affairs，第62卷第2期（2009年），第77页。

〔6〕 兰姆与戴伊文章（同注释〔5〕）

关于在大湖区和非洲之角预防、控制和减少小武器与轻武器的内罗毕议定书

签署时间地点：	2004 年 4 月 21 日，内罗毕
生效日期：	2006 年 5 月 5 日
议定书保存人：	大湖区与非洲之角及邻近国家小武器地区中心（RECSA）
截至 2012 年 7 月的缔约国：	布隆迪、刚果民主共和国、吉布提、厄立特里亚、埃塞俄比亚、肯尼亚、卢旺达、苏丹、乌干达
签署但未批约国：	中非共和国、刚果共和国、塞舌尔、索马里、南苏丹、坦桑尼亚
议定书文本：	载于 RECSA 网站：〈http：//www. recsasec. org/index. php/publications〉

西非经济共同体关于小武器与轻武器及其弹药和其他相关材料公约

通过时间地点：	2006 年 6 月 4 日，阿布贾
生效日期：	2009 年 9 月 29 日
公约保存人：	西非经济共同体委员会主席
截至 2012 年 12 月的缔约国：	贝宁、布基纳法索、佛得角、加纳、利比里亚、马里、尼日尔、尼日利亚、塞内加尔、塞拉利昂、多哥
签署但未批约国：	科特迪瓦、冈比亚、几内亚、几内亚比绍
公约文本：	载于联合国“行动计划”，网址：〈http：//www. poa-iss. org/RegionalOrganizations/7. aspx〉

中部非洲关于控制小武器与轻武器及其弹药和所有可用于制造、维修和装配的零部件的公约（金沙萨公约）

通过时间地点：	2010 年 4 月 30 日，金沙萨
开放签署起始日及地点：	2010 年 11 月 19 日，布拉柴维尔
生效日期：	条约未生效
公约保存人：	联合国秘书长
公约批准书保存提交国（截至 2012 年 12 月）：	中非共和国、乍得、刚果共和国、加蓬
签署但未批约国：	安哥拉、布隆迪、喀麦隆、刚果民主共和国、赤道几内亚、卢旺达、圣多美和普林西比
公约文本：	载于联合国条约集，网站：〈http：//treaties. un. org/Pages/CTCTreaties. aspx？ id = 26〉。

在非洲，一些次区域军备控制协定的通过是一项非常重要的建立信任安全措施（CSBM），在这一地区有着许多政府（包括政府内部

派别）不断被指责向其他国家叛乱分子提供武器和违反多边武器禁运的情况下更是如此。比如，在中非、东非和非洲之角，这一类的指责经常发生在民主刚果与卢旺达之间，民主刚果与乌干达之间，以及埃塞俄比亚与厄立特里亚之间。[7]

这些地区性军控协定与非洲的国家建设和地区一体化的进程密切相连，其目标是要将政府的各个部门，如军队、警察和海关联合到一起。这些部门的密切合作都能直接反聩到国家建设与地区一体化中来。这些军控协议的目的是要增强国家的行政能力（特别是执法能力），而不是要对国家的军事能力加以限制。同样在实现透明度方面，这些协定对核查国家的执行情况采取了一般通用的立场，包括对转让控制和储存武器的销毁。但是，它们并没有要求国防政策、作战理论和国防预算的透明。这一做法的不足之处是缺少对非洲重型常规装备实施控制的共同主动行动。

这些军控协定的缔约国在如何推动立法和制定国家行动计划之间的相互配合，以及缔约国如何在国家各政府部门之间协调行动，落实协议的执行责任等方面，各国执行情况都很不平衡。在条约的执行方面虽然在国家层面有积极的范例，如加纳、肯尼亚和乌干达，但次区域协议面临着三个大的挑战：能力和资源制约、国内领导层的不稳定和过分依赖外部的财政支持。

这些挑战在负责进行协调、提供支持和监督执行的地区机构中有明显感觉。比如，在《联合国小武器与轻武器公约》通过后，西非经济共同体在西非经济共同体委员会内设立了“小武器处”，并与联合国开发署共同建立了一个专门执行项目，即“西非经济共同体小武器控制项目”（ECOSAP）。在外部国家帮助下，西非经济共同体小武器控制项目在以下方面支援成员国执行公约；一是帮助它们对小武器与轻武器的分布情况、储存管理情况和对小武器的认知情况，以及对小武器与轻武器的态度与看法展开调查；二是为成员国武装力量和警察代表举办加强能力建设研讨班，内容是储存武器的管理，包括保

〔7〕兰姆与戴伊文章（同注释〔5〕），第 80 页，P. D. Wezeman、S. T. Wezeman、C. Beraud-Sudreau 文章，武器流向萨哈拉以南的非洲地区，SIPRI 政策文件，第 30 期（SIPRI：斯德哥尔摩，2011 年 12 月）。

存记录和事故预防；三是为在西非国家对小武器与轻武器协调各国立法制定指导原则提供咨询。[8] 2011 年，西非经济共同体投票决定延长这一项目，可惜的是由于赞助国家决定停止资金援助，致使该项目搁浅。此外，由于西非经济共同体的小武器处与西非经济共同体小武器控制项目二者职责重叠，也常常产生纠纷。

2005 年，《内罗毕议定书》缔约国建立了关于在大湖区、非洲之角和与之相邻国家的地区小武器控制中心（RECSA），以支持对议定书的执行。2012 年，该小武器控制中心向成员国提供多个方面的援助，包括武器销毁，帮助制定国家行动计划（民主刚果和马拉维），与性别工作安排有关的能力建设，增强部门间在小武器与轻武器方面的合作；审议国家立法（肯尼亚与坦桑尼亚），在当地国家（肯尼亚）编写小武器与轻武器的普及知识手册；建立研究论坛讨论该地区冲突产生的原因和可能的解决方案。[9] 该中心的活动还扩大到了其他次区域，包括为四个西非国家（科特迪瓦、加纳、马里和多哥）购买了武器标签机；在三个西非国家（科特迪瓦、加纳和多哥）组织武器标识和电子记录保存；关于小武器与轻武器的执法机构、公民社会、媒体与议员的能力建设（包括东非、南非和西非）；为在地区小武器控制中心和南部非洲发展共同体地区范围内建立跨境特别部队提供方便。[10] 该中心的活动主要依靠由外部伙伴国提供资金支持，目前的所有项目是在欧盟支持下实施的。然而，欧盟目前正在对其资助的项目进行审议。过去，该中心一直遭到批评，称其对当地国家的需要反应不敏感，缺乏系统的做法，其表现是它在 2010 年向南苏丹提供的两台武器标识机，由于在交货时没有配备必需的数据库软件，严重影响了这些机器的使用。[11]

与东非和西非的经历不同，“南部非洲发展共同体”在联合国通

〔8〕 联合国：《行动计划，执行支援系统》（PoA-ISS），西非经济共同体，网址：〈http：//www. poa-iss. org/RegionalOrganizations/7. aspx〉。

〔9〕 地区小武器控制中心官员与作者交谈，2012 年 12 月 21 日。

〔10〕 地区小武器控制中心与作者交谈（同注释〔9〕）。

〔11〕 M. 布罗姆利等人文章：“向脆弱国家转让小武器与轻武器：加强监督与控制”。《SIPRI“和平与安全透视”》，第 2013/1 期，2013 年 1 月，网址：〈http：//books. sipri. org/product_ info? c_ product_ id =453〉。第 13—14 页。

过《火器议定书》后主要是制定当地用于防止犯罪目的的火器议定书。其执行机构是"南部非洲地区警察主官合作组织"（SARPCCO）。[12] 2012年11月，"南部非洲发展共同体"启动了关于政治、防务和安全合作机构的修订的五年协调战略指标性计划（SIPO II），试图推动在五个领域的合作：政治、防务、国家安全、公安和警察。[13] 对小武器与轻武器的控制就成了这五个领域的共同议题。[14]

尽管《金沙萨公约》尚未生效，中非国家经济体已经设立了一个机构，以在公约批准前为有关国家实施公约条款提供援助。在欧盟的财政援助下，中非国家经济共同体及其设立的小武器与轻武器工作组正在冲突频发的中部非洲地区极力建立有关国家间的必要信任、稳定与能力，以便推动合作与促进有关国家执行公约。与此同时，成员国的重叠身份意味着至少其他三项地区公约的一项早已适用于《金沙萨公约》的多数签署国。

尽管非洲地区在次区域一级对小武器与轻武器的控制非常重视，非洲地区外的主要伙伴如欧盟仍然更愿意与非洲国家在整个非洲一级进行战略对话。[15] 由于次区域公约执行目前主要依靠域外资金支持，而在非盟内部又难于就小武器与轻武器有关的问题达成共识，因此，找到一个能够促进次区域公约与域外伙伴的合作方式对保证小武器与轻武器公约的执行将是至关重要的。

（蒋振面　译）

---

〔12〕 斯利特文章（同注释〔2〕），第2页。

〔13〕 南部非洲发展共同体，协调政治、防务与安全部门合作的战略指标性计划（SIPO II），2010年8月5日，网址：〈http://www.sadc.int/documents-publications/show/SADC_SIPO_II_ _Final.pdf〉。以及南部非洲发展共同体，"为政府机构合作启动战略指标性计划（SIPO）II，阿鲁沙，坦桑尼亚，2012年11月23日。网址：〈http://www.sadc.int/news-events/news/launch-strategic-indicative-planorgan-sipo-ii-arusha-tanzan/〉。

〔14〕 D. Motsamai文章："南部非洲发展共同体启动修改的SIPO II：新希望，老挑战'，安全研究所，2012年11月22日。网址：〈http://www.issafrica.org/iss_ today.php?ID=1570-2〉。

〔15〕 N. Bagoyoko与. M. V. Gibert文章："安全、治理与发展的关系：欧盟在非洲"。*Journal of Development Studies*，第45卷第5期5（2009年），第794页。

第三节　欧洲的常规军备控制与建立信任安全措施

伊恩·安东尼　莉娜·格里普

欧洲范围的军备控制

2012 年，在就欧洲常规军备控制进一步发展达成一致所遇到的困难继续存在，这些已在 2011 年报告中提及。不过在 2012 年年底，即将在 2013 年就任欧洲安全合作组织主席的乌克兰倡议了一个新进程。这也许会为常规军备控制制定新的立场提供一个未来框架。

2011 年 11 月，《欧洲常规军备控制条约》（CFE，简称欧常裁条约）的 24 个缔约国停止执行条约的某些义务，这是作为应对俄罗斯在 2007 年年底中止执行条约的一个法律反措施。[1] 俄罗斯代表指出，在主要目的达到之前，不对常规军备控制的未来步骤进行正式谈判是完全有可能的。[2]

对美国来说，"11 月决议"是对常规军备控制，包括"欧常裁条约"前途进行"彻底"评估的催化剂。[3] 美国相信，"欧常裁条约"本来想要解决的问题，即能够攫取和占有别国领土的军事能力所造成的不稳定后果问题已经解决。审议就是要确定常规军备控制所能处理的欧洲地区安全关切，然后决定能够最佳处理这些问题的各种措施。在临近 2012 年年底的公开讲话中，一些美国高级官员提出了他们期待的审议应包含的思路：军备控制应有助于"对军事行动和

〔1〕 有关《欧常裁条约》的摘要及详细材料见本卷附件 A。

〔2〕 俄罗斯副外长 Alexander Grushko 提到，"莫斯科不期望欧常裁条约能在近期开始谈判"，RIA Novosti，2012 年 4 月 5 日，网址：〈http：//www. russialist. org/russiacfe-treaty-delayed－787. php〉。不过，常规军备控制仍是俄罗斯与美国定期进行的非正式磋商日程上的议题。

〔3〕 美国负责军备控制与国际安全的代理副国务卿 Gottemoeller 在美国战略司令部 2012 年威慑研讨会上的讲话，奥马哈，内布拉斯加州，2012 年 8 月 9 日，网址：〈http：//www. state. gov/t/us/196354. htm〉。

邻国的意图，特别是在敏感地区的活动提供信任”。[4]

美国认为，常规军备控制应有两个目标：第一，要保证武装部队的发展有足够的可预见性和透明度，以避免“战略突然性”的风险。第二，应有助于稳定欧洲一些次区域的安全形势。已经不再是国务院官员的斯蒂文·皮弗，在其2012年欧洲安全与合作组织安全日的讲话中大概抓到了美国的这一思路。他强调，当前主要问题是“缺少对邻国意图的政治信任加上对次区域的不安全形势，或者是脆弱的安全形势的特别关注，再加上对地区性的军事紧张态势或地区性的军事进攻行动的担心”。[5]

俄罗斯的关注集中在有必要建立军备规则及其他对武装部队越来越重要的有关事项，而这些事项都不在当前军备控制条约的规定范围内。[6] 为此，俄罗斯官员提到了舰载武器和武装的无人空中飞行器（UAV）的问题。

2012年年底，乌克兰政府概述了其在2013年担任“欧洲安全与合作组织”主席期间的工作计划，其中包括重新恢复常规军备控制的活力，并要对持久冲突的解决取得进展。[7] 乌克兰提出的解决办法，以强调需要提出关于常规军备控制未来的根本问题，而不是再抓住现有条约的困难不放，为取得进展提供了一个可能的框架。在散发给欧洲安全与合作组织成员的“思考”文件中，乌克兰提出了有可能在2013年处理涉及到全欧洲地区的许多问题。文件中提出的问题包括：

欧洲安全与合作组织能否为未来军备控制机制制定基本原则及其

---

〔4〕 美国负责军备控制与国际安全的代理副国务卿Gottemoeller在SIPRI的讲话：“重新恢复常规军备控制在欧洲的活力”，斯德哥尔摩，2012年9月4日，网址：〈http://www.state.gov/t/us/197648.htm〉。

〔5〕 S. 皮弗文章：“为常规军备控制制定一个新的立场吗?”欧洲安全与合作组织安全日的的发言，维也纳，2012年6月25日，网址：〈http://www.brookings.edu/research/speeches/2012/06/25-security-pifer〉。

〔6〕 W. 泽尔纳文章：“欧洲常规军备控制：是有最后的机会吗?”，《今日军备控制》，第42卷第2期（2012年3月）。

〔7〕 欧洲安全与合作组织，“持久冲突、军备控制、走私人口为乌克兰接任欧安组织主席后的首要议程”，新闻发布稿，2013年1月1日，网址：〈http://www.osce.org/cio/98443〉。

后制定新的军备控制协议发挥重要作用?

如果可以，什么样的形式可以用于合适的行动：一是建立新的委员会，或成员不限的特设工作组，非正式磋商（比如“安全合作论坛”）?

欧洲安全与合作组织为进行这项工作是否需要特别授权?

对在欧洲安全与合作组织范围内的未来常规军备控制会有哪些期待，而不能有哪些期待?

是否应将限制某些种类的军备作为维持在欧洲安全与合作组织区域内的重要内容加以考虑?[8]

这些问题十分广泛，足以成为彻底评估欧洲层面军备控制的作用的基础。

2012 年 12 月，在“欧洲安全与合作组织”部长理事会上，与会外长们同意启动被称为“赫尔辛基 +40”的进程，其目的是要制定一些实际措施，也包括其他方面的活动，执行《2010 年阿斯塔纳纪念宣言》所做的承诺，以克服目前在欧洲常规军备控制方面的僵局，为谈判新的军备控制协议铺平道路。[9] 这些措施应在 2015 年，即《赫尔辛基最后法案》签署 40 年后进行审议。外长们呼吁欧洲安全与合作组织的安全合作论坛在其职权内继续作出贡献。[10]

东南欧

1996 年达成的《关于次区域军备控制协议》（佛罗伦萨协议）目前主要是限制波黑、克罗地亚、黑山和塞尔维亚的武装力量。[11] 这个协议是《代顿和平协议》的政治军事组成部分之一，作为一整套综合地区稳定措施中的一部分。现在，尽管所有条约缔约国的武器

---

〔8〕 欧洲合作与安全组织：“在欧洲安全与合作组织内启动对话，旨在讨论常规军备控制能够在当今与将来的欧洲安全架构中所发挥的作用”，乌克兰思考文件［日期不详］。

〔9〕 欧洲安全与合作组织，首脑会议，阿斯塔纳 2010：“阿斯塔纳纪念宣言：迈向安全共同体”。文件：SUM. DOC/1/10/Corr. 1 *，2010 年 12 月 3 日，网址：〈http://www.osce.org/cio/74985〉。

〔10〕 欧洲安全与合作组织：“关于赫尔辛基 +40 进程的决议”，文件：MC19EW18，2012 年 12 月 7 日。

〔11〕 有关《佛罗伦萨协议》的摘要及其他材料见本卷附件 A。

拥有量已经低于条约规定的上限，缔约国继续定期进行视察，包括超出条约义务的自愿视察。

自2010年起，已开始将《佛罗伦萨协议》的全部所有权向当地国家转让。虽然《佛罗伦萨协议》的执行涉及到29个欧安组织的成员国派出的视察员和欧安组织当值主席的私人代表，但四个缔约国将于2014年承担条约执行的全部责任。[12] 在条约视察过程中要向当地行政当局，包括军事部门提供有关文件，以详细了解邻国当前的军事政策和行动计划，减少缔约国由于对相互军事计划与发展缺乏了解而引起怀疑所带来的风险。

从1996年到2012年10月底，条约缔约国已根据协议将近10000件各类重武器进行销毁，其中包括约1400辆主战坦克，近700辆装甲作战车辆，7500多门火炮，167架作战飞机和14架直升机。[13] 至2012年年中，缔约国之间进行了670次视察。[14] 尽管《佛罗伦萨协议》减少了主要武器的数量，但东南欧地区在20世纪90年代经历了多种类型的常规武器的大量非法流入以及本地区生产的武器的严重扩散。此外，在这一时期由于现有武器库的安全形势脆弱和采取措施不足导致了大量武器从国家拥有和控制的仓库中丢失。[15] 在外部国家的帮助下，这一地区国家采取了许多措施以减少多余常规武器和弹药的积累。在这一过程中，缔约国之间更愿意采取合作与务实的做法而不是胁迫性战略措施，其中包括通过建立地区机制性架构以指导、支持和监督国家对有关条约的执行，增强信任与相互融合。

---

〔12〕 采访“欧洲安全与合作组织”负责代顿协议附件1B第四条执行情况当值主席的私人代表米歇尔·托里斯少将，RACVIAC通讯，第30期（2011年7月至12月）。“从更长远看来，当地区所有国家都成为北约组织成员国后，这些活动预料将会结束”。

〔13〕 欧洲安全与合作组织当值主席负责代顿协议附件1B第四条执行情况的私人代表米歇尔·托里斯少将：“对代顿和平协议后达成的协议的思考：地区军备控制协议的重要性”，在RACVIAC中心举办的“安全合作军备控制研讨会”上的发言。萨格勒布，2012年11月21日。

〔14〕 “代顿协议第四条执行情况”，*RACVIAC Newsletter*，第32期（2012年4月至6月），第14页。

〔15〕 “地区减少武器储存的国家对立场”（RASR），阿尔巴尼亚国防部长Mr Arben Imami的发言”，“减少武器储存的地区立场会议，都拉斯，2102年4月24日，网址：〈http://www.rasrinitiative.org/pdfs/workshop - 5/RASR-Workshop - 5 - Albania-MOD-Speech.pdf〉。第2页。

2012 年，于 2002 年 5 月在贝尔格莱德启动的“东南欧和东欧控制小武器与轻武器清理行动”（SEESAC）已过了 10 周年。该清理行动是一个地区组织，其任务是支持地区军备控制的实施与发展，是地区“打击小武器与轻武器（SALW）扩散”地区执行计划的组成部分。这一计划是由《东南欧稳定条约》于 2001 年 11 月制定并通过的。[16] 稳定条约是国际社会于 1999 年建立的预防冲突战略，即通过发展与支持一个有力的地区框架，使国际社会可以与东南欧国家就联合项目开展密切合作。自 2006 年以来，稳定条约机制内专门设立了小武器与轻武器的地区指导小组。[17]

根据清理行动组织的安排，有关国家建立了国家武器清理中心和地区小规模裁军的具体标准与指导原则。清理行动组织的重点放在小武器与轻武器的销毁、收集、储存管理，标识、跟踪和登记，以及军备出口控制。该组织向政府、组织机构和其他小武器与轻武器的有关方面提供支持，形式包括能力建设、协调、信息管理与交流活动、训练与研究等等。[18] 清理行动组织的工作提高了军备转让的透明度，包括通过提供国家报告和召开武器出口的年度会议提高透明度。清理行动组织在 2012 年的活动包括召开地区武器出口信息交换进程第 7 次会议，一个有关在安全机构中性别工作安排进行改革的研讨会以及关于性别和女警官安全网络理事会的研讨会。[19]

“减少武器储存的地区立场”（RASR）由东南欧 9 个国家的一项倡议，其目的是要处理本地区的常规武器和弹药储存构成的威胁，避免扩散和发生灾难性爆炸。[20] 该倡议的活动包括印制出版物、对外

〔16〕“东南欧与东欧控制小武器与轻武器清理行动”（SEESAC），网址：〈http：//www. seesac. org/about-seesac/1/〉。

〔17〕《东南欧稳定条约》：“打击小武器与轻武器的扩散及其影响”，《东南欧稳定条约地区执行计划》（修订版，2006），网址：〈http：//www. stabilitypact. org/salw/sp_ rip_ 2006. pdf〉，第 1 页。

〔18〕关于清理行动的战略计划，见 SEESAC（同注释〔16〕）。

〔19〕“东南欧与东欧控制小武器与轻武器清理行动”（SEESAC），“记事表”，网址：〈http：//www. seesac. org/new-events/events-calendar/1/〉。

〔20〕地区国家对减少武器储存的立场（RASR），网址：〈http：//www. rasrinitiative. org/rasr. php〉。这 9 个国家是：阿尔巴尼亚、波黑、保加利亚、克罗地亚、前南马其顿、黑山、罗马尼亚、塞尔维亚和斯洛文尼亚。

宣传和能力建设。其第五次年会于2012年4月在阿尔巴尼亚的都拉斯举行，它汇集了有关国家与非政府组织对减少储存行动的许多议题交流信息和最佳实践经验。[21] 2000年在萨格勒布建立的“地区军备控制、核查和信息中心”（RACVIAC）也就在本地区军备控制的核查与建立信任机制而组织安排了一些训练项目。

参加常规军备控制项目一直是成为欧盟和北约成员的先决条件，这两个组织都不接受大量武器处于国家控制之外和广泛流动的国家成为成员。[22] 然而，一些国家如克罗地亚，它虽已于2009年参加北约，并将于2013年参加欧盟，但它们发现军备控制对其十分有用，以致在加入大范围的欧洲地区组织后仍继续参加次区域的军备控制安排。欧盟在联合国开发署对这一地区的小武器与轻武器项目的资金支持中起带头作用，而东南欧国家的主要战略目标是要与欧盟协调在小武器与轻武器方面的安全政策，从而为东南欧国家成为欧盟成员预做准备。[23]

（蒋振西　译）

〔21〕“地区国家对减少武器储存的立场”（RASR）（同注释〔15〕），第2页。

〔22〕S. Grillot 文章：“巴尔干的枪支：控制7个西巴尔干地区国家的小武器与轻武器”，《东南欧与波罗地海研究》，第10卷第2期（2010年6月），第148期；以及L. Ryabikhin 与 J. Jevgenia 文章：“武器转让成为东欧的软安全问题：合法与非法的层面”。《欧洲安全》，第13卷，第1—2期（2004年），第70、80页。

〔23〕《东南欧稳定条约》（同注释〔17〕），第6、10页。

第四节 亚洲建立信任与安全措施

西蒙·T. 魏泽曼

亚洲是一个存在一系列双边或次区域紧张关系和未解决的冲突导致时有死伤事件发生的地区，也是陆地和海洋边界争端迭起的地区。[1] 尽管如此，虽然已有数个亚洲地区性倡议议程中涉及建立信任与安全措施内容，但总体而言亚洲并没有支撑建立信任与安全措施的强有力授权或机制性架构。[2] 本节主要介绍亚洲的建立信任与安全措施，重点介绍南亚和东南亚。虽然东亚地区也存在类似的紧张和冲突，但其支持建立信任与安全措施的授权和架构远远滞后于亚洲其他地区。

南亚

在南亚，印度和巴基斯坦自 1971 年战争以来就一系列建立信任与安全措施达成一致，其中最重要的是 1972 年的《西姆拉协定》和 1999 年的《拉合尔宣言》所确定的框架。[3] 印巴专家和前官员曾于 2012 年展开一项联合调查，将 9 项已有的军事"信任与安全措施"确定为最重要措施，而印度或巴基斯坦提出的另外 6 项措施未被采纳。[4]

这些已生效的措施包括：在两国"军队作战局长"和负责海上安全的准军事部队之间建立常态化沟通渠道；预先通报某些军事演

〔1〕 关于东亚和东南亚脆弱的和平，请见本卷第 1 章第二节。

〔2〕 此处"建立信任与安全措施"定义为国家采取的通过军事透明、公开、制约与合作促进信任与安全的措施，军事上具重要性，政治上具制约性和可核查性，规则上具对等性。

〔3〕 "西姆拉协定"，1972 年 7 月 2 日签署，1972 年 8 月 4 日生效。网址：〈http：//www. jammu-kashmir. com/documents/simla. html〉；《拉合尔宣言》，1999 年 2 月 21 日签署。网址：〈http：//cns. miis. edu/inventory/pdfs/aptlahore. pdf〉。

〔4〕 大西洋理事会，"印巴军事建立信任与安全措施项目，第一阶段：最终报告"，2012 年 9 月 25 日，网址：〈http：//www. acus. org/files/Final Project report-Phase 1_ Sept 25. pdf〉。

习、兵力调遣和弹道导弹试验；在划定的国际边界延伸线上加强联合边境巡逻；双方边境安全部队每年举行两次会晤。〔5〕然而，这些建立信任和安全措施并没有被始终如一地贯彻实施，并未阻止印度和巴基斯坦之间的军事和准军事部队在边境地区的暴力对抗。〔6〕尚未实施的“建立信任和安全措施”包括双方建立空、海军间常态化沟通渠道及2011年原则上达成的建立内政部长间热线的协议。〔7〕

2012年12月在新德里举行的第六轮“建立常规性信任和安全措施”专家级会谈在以下问题上取得进展：2003年商定的尊重印巴军队在克什米尔控制线沿线的非正式停火的措施。〔8〕自2008年以来，双方都在抱怨对方越来越频繁地违反停火协议，强调需要制止今后此类事件继续发生。在12月召开的会议上，双方同意需要加大协议的执行力度。加上两国利用“军队作战局长（DGMO）”热线进行直接沟通，这些建立信任和安全措施被认为起到了限制2012年底印巴两军冲突产生严重后果的作用。〔9〕

中印边界争议紧张态势最近几年有所上升。两国间达成的建立信任和安全措施很少，虽曾于2007年和2008年举行小规模双边军事演习，但印度于2010年取消了此类演习。中国国防部长梁光烈2012年9月访问印度，引发对两国2013年恢复此类军事演习和达成其他建

---

〔5〕大西洋理事会（同注释〔4〕）；创意联营国际公司，《防止和减力暴力冲突：新实用指南》（创意联营公司：华盛顿特区［1997年］），“工具书C类：军事措施，建立信任与安全措施（CSBM）”，网址：〈http：//www. creativeassociatesinternational. com/CAIIStaff/Dashboard _ GIROAdminCAIIStaff/Dashboard _ CAIIAdminDatabase/resources/ghai/toolbox5. htm〉。

〔6〕史汀生中心：“南亚建立信任与减少核风险措施”，［未注明日期］，网址：〈http：//www. stimson. org/research-pages/confidence-building-measures-in-south-asia -/〉。

〔7〕“印巴不久将建立内政部长间热线”，《印度斯坦时报》，2012年5月13日。

〔8〕印度和巴基斯坦2012年就建立核安全与信任措施举行会谈。2012年2月，两国同意将《减少与核武器有关事故风险协议》再延长5年，该协议于2007年2月21日签署。B. 萨贾德—赛义德，“延长减少与核武器有关事故风险协议”，《黎明》，2012年2月22日。虽然双方在2012年12月的谈判中都提出了新的建立核安全与信任措施的建议，但并未就此达成协议。M. 洛迪，“平衡软事务与硬事务”，《新闻报》（卡拉奇），2013年1月8日。

〔9〕参见“印度军队作战局长向巴基斯坦军队作战局长谈及穿越控制线攻击”《经济时报》（德里）。

立信任与安全措施的某些预期。[10] 但是，直到 2012 年底似乎未取得任何进展。

东南亚

建立信任与安全措施的制定在东盟地区论坛这个处理冲突与紧张态势的主要亚洲组织的发展过程中发挥了重要作用。东盟地区论坛 1994 年建立，参加团包括 23 个亚洲国家、加拿大、欧盟、俄罗斯和美国。直到 2009 年前，该组织重点讨论建立信任与安全措施。[11] 2009 年后，防御性外交和冲突解决成为该论坛的核心目标。该论坛每年举行一次外交部长级会议，并成为组织防务官员工作会议及其他领域的专家会议讨论各种议题的框架和平台。其拥有两个非官方支撑机制——亚太安全合作理事会（CSCAP）和东盟战略和国际问题研究所（ASEAN-ISIS）。[12] 虽其自身也可被认为是一项建立信任与安全措施，但已达成的建立信任与安全措施却为数不多，尽管诸如亚太安全合作理事会等提出了许多供考虑的议案。[13]

东盟申明建立信任与安全措施是东盟内部和处理与非东盟国家关系“重要的预防冲突的手段”。[14] 但是，相关国家间的直接国际仲裁或谈判（双边或多边）在处理和解决区域内领土争端方面比东盟发挥了更大的作用。

近年来，南海各类事件数量上升，总体上加剧了地区国家间海上紧张态势（请参见表 9.2）。这些事件包括各国海军和其他海事安全

---

〔10〕 R. 贝迪：“中国国防部长访问印度以改善两国关系”，《简氏防务周刊》，2012 年 9 月 12 日，第 16 页。

〔11〕 东盟地区论坛所有参加国列表请参见本卷附件 B。

〔12〕 东盟地区论坛，“东盟地区论坛目标”，网址：〈http://aseanregionalforum.asean.org/about/arf-objectives.html〉；澳大利亚外交与贸易部，“东盟地区论坛”，网址：〈http://www.dfat.gov.au/arf/index.html〉。

〔13〕 例如，自 2002 年定期发布国防白皮书协议达成后，发布的此类白皮书屈指可数。东盟地区论坛网站上仅有 5 个国家发布的 6 份白皮书。东盟地区论坛，“东盟地区论坛国防白皮书”，网址：〈http://aseanregionalforum.asean.org/library/arf-activities/arf-defense-white-papers.html〉。

〔14〕 东南亚国家联盟（ASEAN），“东盟政治与安全共同体蓝图”，（东盟秘书处：雅加达，2009 年 6 月）。

机构实施的巡逻和演训活动，干扰争议海域各类资源的商业开发活动企图，以及在争议岛礁、浅滩上建立装置。近期有关分析引起人们关注到此类事件数量上升对地区安全造成的负面影响。随着越来越多的海上资产（涵盖军方和地方所属）被部署到南海，这类事件数量和严重性可能继续上升，“随着时间的推延，任何一个特定事件导致误判或使用武力的风险在增加”。[15]

大多数此类事件涉及东盟成员国为一方和中国为另一方的商船和执法部门。从20世纪90年代末起，“东盟—中国对话”就海上建立信任与安全措施展开讨论。2002年，东盟与中国共同发表《南海各方行为宣言》，旨在为达成有约束力的方行为准则协议开辟途径。[16]之后成立了一个东盟—中国联合工作组讨论实施问题。《南海各方行为宣言》实施指导方针于2011年7月通过。[17] 然而，事实证明各方在一项有约束力的行为准则问题上难以达成一致。

2011年7月后，东盟高级官员开始着手拟定行为准则草案，2012年1月草案文本在东盟国家内部散发，但2012年东盟内部对制定准则的相关程序存在争议。在制定东盟共同草案文本之前，中国主张海洋问题应由当事国进行双边谈判。但联合草案文本散发后，中国又要求加入讨论。东盟各国对中方的要求反应不一：有些国家主张让中国加入讨论，另一些国家则认为首先要形成一个东盟共同的草案文本，然后再一起提交给中国。[18] 2012年7月，东盟各国外交部长就

〔15〕 R. 迈德卡尔夫：“加强南海安全的建议”，“在南海海洋安全会议上的发言稿”，美国战略与国际问题研究中心，华盛顿特区，2012年6月28日，网址：〈http://www.lowyinstitute.org/publications/recom mendations-boost-security-south-china-sea〉；国际危机管理组织（ICG），《搅动南海（Ⅰ）》，亚洲报告：第223期（ICG：布鲁塞尔，2012年4月23日）。向东南亚国家运送军火有关情况请参见S. T. 魏泽曼：“从海上向东南亚运送军火，2007年至2011年”，《SIPRI年鉴2012》。

〔16〕《南海各方行为宣言》，2002年11月4日签署，网址：〈http://www.asean.org/asean/external-relations/china/item/declaration-on-the-conduct-of-parties-in-the-south-china-sea〉。

〔17〕《南海各方行为宣言》实施指导针，2011年7月，网址：〈http://www.asean.org/portal.asean.org/archive/documents/20185 – DOC.pdf〉。另参见A. 卡利克和D. 努尔哈亚提，“南海指导方针已达成”，《雅加达邮报》，2011年7月21日。

〔18〕 行为准则草案出台的详细讨论过程及对文本内容的分析（未公开），请参见C. A. 塞耶，“东盟的南海行为准则：共同体建设的试金石？”《亚太杂志》，2012年8月20日。

南海地区行为准则有关提议内容达成一致，并同意应将该文件作为与中国谈判的基础。[19] 作为回应，中方强调主要优先落实已达成的《南海各方行为宣言》，同时对与东盟国家讨论建议的行为准则持开放态度。2012 年底，即将接任东盟主席国的文莱确认将制定行为准则作为 2013 年的首要优先任务。[20]

表 9.2　2011—2012 年南海主要海上事件

日期	事件
2011 年 3 月	中国海监船在礼乐滩附近干扰菲律宾油气勘测船；菲律宾政府宣布加强南沙群岛驻防及海上资产购置
2011 年 5 月	中国海监船在南沙群岛附近干扰越南油气勘测船
2011 年 5 月—7 月 31 日	中旬中国在南海每年禁渔期[a]
2011 年 6 月	中国海军南沙群岛附近军事演习；菲律宾将南海改名为西菲律宾海
2011 年 7 月 22 日	中国警告位越南南部海域的印度军舰离开中国海域
2012 年 4 月—9 月	中菲黄岩岛对峙
2011 年 5 月中旬—7 月 31 日	中国每年南中国海禁渔期[a]，菲律宾、越南抗议并宣布禁渔无效
2012 年 7 月 11 日	中国军舰在半月礁（南沙群岛的一部分）搁浅
2012 年 7 月	越南国会通过一项海洋边界法案，范围包括南沙和西沙群岛
2012 年 7 月	中国在西沙群岛正式建立三沙警备区

[a] 自 20 世纪 90 年代，中国宣布暂行禁渔期（5 月中旬至 7 月 31 日），禁止中国宣称属于它的南海海域的一切商业捕渔活动（不论中方或外方船只）。中国执法机构骚扰菲律宾和越南捕渔船并逮捕其船员。中国宣称禁渔是为了保护鱼类资源，但其他国家认为其违法。

资料来源：L. 布瑟金斯基："南海：石油、海洋声索和美中战略较量"，《华盛顿季刊》，2012 年春季号，第 139—156 页：媒体综合报道；及本卷附件 C。

---

〔19〕 R. 塞韦里诺："南海行为准则?"，《亚太网》，美国战略与国际研究中心太平洋论坛，2012 年 8 月 17 日。

〔20〕 "东盟新主席国文莱寻求建立南海行为准则"，GMA 新闻，2013 年 1 月 14 日，网址：〈http://www.gmanetwork.com/news/story/290271/news/world/new-asean-chair-brunei-to-seek-south-china-sea-code-of-conduct〉。

在亚洲建立信任与安全措施的前景

虽然亚洲国家强调领土分歧和其他问题需要通过和平方式予以解决，但地区国家间关系日趋紧张和地区加强军队建设，使偶发性或有计划的暴力对峙的可能性增加。在亚洲与在其他地区一样，建立信任与安全措施都被认为是防止、管理和解决这种可能发生的暴力事件的有效机制。但在亚洲，建立信任与安全措施本身及其这些措施能够得以建立的基础结构仍然薄弱。

近来，亚洲部分地区在制定或是讨论批准建立信任与安全措施与机制方面取得一些令人鼓舞的进展。但这些进展大多有赖于在亚洲国家间及与美国间的合作。考虑到当前形势，一个缓慢的渐进式的发展过程似乎是该地区建立信任与安全措施最有效的途径。

（孟　君　译）

第五节　美洲建立信任与安全措施

卡丽娜·索尔米拉诺

与世界其他地区（如亚洲）不同，美洲的边界争端并未导致需要采取军事措施应对的紧张局势。该地区并不面临大的外部军事威胁，并在过去 20 年中在地区和次区域层面建立了一系列建立信任与安全措施。[1] 该节首先概述在美洲国家组织框架下整个地区采取范围内的建立信任与安全措施，然后再介绍南美洲、中美洲和加勒比地区的次区域论坛涉及的建立信任与安全措施。

美洲国家组织

冷战结束、南美独裁政体向民主政体过渡及中美国家内战的终结，为美洲 20 世纪 90 年代建立新的安全架构奠定了基础。1991 年，美洲国家组织成员国在智利首都圣地亚哥举行会议，开始了可以反映新的国际和地区现实的西半球安全的磋商进程。[2] 1994 年首届美洲国家峰会上，美洲国家组织成员国达成一致意见，支持“鼓励地区对话以推动加强互信的行动，为 1995 年建立信任与安全措施召开地区性会议铺平了道路”。[3] 美洲国家组织西半球安全委员会主导了此项工作进程，并就建立信任与安全措施举行了一系列会议，最终形成目前 36 项综合措施；自 2005 年以来，该委员会组织了一系列论坛，就这些措施的实施和进展情况进行讨论。[4]

美洲国家组织成员国被要求就实施建立信任与安全综合措施提供

〔1〕 此处建立信任与安全措施被定义为国家为推动信任与安全通过军事透明、公开、约束和合作采取的措施。这些措施具有军事重要性、政治约束力和可核查性，同时作为遵循的一个原则，具有对等性。

〔2〕 美洲国家组织，常设理事会，西半球安全委员会，“建立信任与安全措施”，网址：〈http：//www. oas. org/csh/english/csbmintro. asp〉。

〔3〕 美洲国家组织，美洲第一次峰会，“美洲行动计划峰会”，1994 年 12 月 9—11 日，网址：〈http：//www. summit-americas. org/miamiplan. htm〉。

〔4〕 美洲国家组织（同注释〔2〕）。

年度报告。美洲国家间防务委员会的一份报告中提到，2001 年至 2011 年间，21 个国家至少提交过一次报告，其中巴西、智利和萨尔瓦多则定期提交报告，表现较为突出。[5]

美洲国家组织强调建立信任与安全措施强化或提高军费开支和武器采购的透明度。例如，1999 年通过的《美洲国家间关于获取常规武器的透明公约》(美洲国家组织透明公约)。[6] 最近一次讨论建立信任与安全措施的美洲国家组织论坛于 2010 年召开，成员国就推进上述公约的普遍化及全面实施达成一致。[7] 截至 2012 年 12 月，16 个国家已批准该公约，但到 2012 年 1 月仅有 13 个国家提交过一次报告。[8]

南美洲

自 2008 年各方就建立南美洲国家联盟（UNASUR）达成协议后，该组织正越来越活跃地参与到南美地区的和平和安全事务中，在 2010 年哥伦比亚与委内瑞拉外交危机中积极斡旋，使其成为合法化的地区性安全机构。[9] 2009 年南美洲国家联盟成员国也同意建立信任与安全措施，以进行信息交换及增加透明度。[10]

2012 年 5 月，由厄瓜多尔国防部、南美洲防务理事会防务战略

---

〔5〕 美洲国家组织（OAS），美洲国家间防务委员会，“建立信任措施：2012 年现有武器数量”，2012 年 3 月，网址：〈http：//iadb. jid. org/secretaria/confidence-building-measures〉。

〔6〕《美洲国家组织透明公约》的总结及详细内容，请参见本卷附件 A。

〔7〕 美洲国家组织（OAS）常设理事会西半球安全委员会，“2010 年建立信任与安全措施第四届论坛”，2010 年 11 月 15—26 日，网址：〈http：//www. oas. org/csh/english/Foro. asp〉。

〔8〕 参见本卷附件 A；又见 M. 布罗姆利和 C. 索尔米拉诺的“拉美和加勒比地区军事开支与武器采购的透明”，《SIPRI 政策报告》第 31 期（SIPRI，斯德哥尔摩，2012 年 1 月）第 29 页，以及美洲国家组织常设理事会西半球安全委员会关于《美洲国家间关于获取常规武器的透明公约》的“报告”，网址：〈http：//www. oas. org/csh/english/conventinal-weapons. asp〉。

〔9〕 J. 伯德曼，“南美洲国家联盟与美洲国家组织”，Infolatam，2010 年 8 月 15 日，网址：〈http：//www. infolatam. com/2010/08/16/unasur-vs-oea-julio-burdam/〉。

〔10〕 H. –J. 施密特和 W. 泽尔纳，“建立信任与安全措施”，《SIPRI 年鉴 2012》，第 447 页。

研究中心（CEED）组织的研讨会提出一份新建立的南美洲国家联盟军费登计表初样，这是为汇编 2006 至 2010 年间每个成员国军费资料的第一个机制。[11] 该登记表是阿根廷、智利、厄瓜多尔、秘鲁和委内瑞拉的国防部专家两年时间工作的产物，它依据通行的方法，使用国际性和地区性文书和经验计算军费。该表登计方法考虑到联合国军费标准报告书和联合国拉美和加勒比地区经济委员会计算阿根廷、智利之间军费所采用的统一标准化军费衡量方法。[12] 2012 年 6 月，南美防务理事会同意公开南美洲国家联盟军费登计，尽管这一步要到当年年底才采取。

南美洲国家联盟行动计划 CDS－2012 建立了一个工作组，任务是建立标准化方法报告现有军事物资数量，包括定期资料更新程序。[13] 这种报告书使别国可以获取各国的现有武器数量信息，因此为在诸如维和等任务上开展合作提供便利。[14] 这也是南美国家第一次共享各自当前拥有的军事物资信息。[15] 智利担任工作组主席国期间曾在智利举行过两次会议，该工作组 2012 年 11 月向设在秘鲁的南美洲防务理事会提交了初步的调查结果。虽然各国国防部长们并未对

〔11〕“南美洲国家联盟有一份军费登记表”，EL Universo（Guayaquil），2012 年 5 月 10 日。

〔12〕联合国拉美和加勒比地区经济委员会项目是第一个旨在提升阿根廷和智利间军事透明度的“建立信任与安全措施”。参见联合国拉美和加勒比地区经济委员会，《军费开支衡量统一标准化方法》（联合国：圣地亚哥，2001 年 11 月）。关于南美洲国家联盟采用的方法，请参见南美洲国家联盟，南美洲防务理事会，“2010—2011 年行动计划，工作组最终报告，衡量国防费统一方法设计”，拉巴斯，2011 年 7 月 29 日，第 2 页。有关联合国军费报告请参见本卷第三章第六节。

〔13〕南美洲国家联盟，南美洲防务理事会，行动计划 CDS－2012，网址：〈http://www.unasurcds.org/index.php?option=com_content&view=article&id=333&Itemid=261&lang=en〉。

〔14〕“南美洲国家联盟庆祝第二届南美现有军事物资数量表工作组会议”，Infodefensa，2012 年 8 月 28 日。

〔15〕联合国常规武器登记表（UNROCA）请各国报告军事资产。因此，南美国家联盟使用的表格似乎复制了联合国常规武器注登记表，此表对南美各国的适用情况不一。有关各国对联合国常规武器登记表提供的材料请参见布罗姆利和索尔米拉诺（同注释〔8〕），第 21—27 页。

工作组提出的方法达成一致，但该方式预计将于 2013 年最终确立。[16]

在该会议上，各国防长们就 2013 年行动计划中新的一揽子建立信任与安全措施达成一致。[17] 秘鲁国防部长佩德罗·卡特里亚诺认为这些达成的措施将巩固南美作为和平区的地位，并表示“这种信任将使我们的军事力量标准化，以应对我们各国面临的潜在威胁”。[18]

中美洲和加勒比地区

在中美洲和加勒比地区，建立信任与安全措施的发展框架与南美相比较差，南美的此类措施都在南美洲国家联盟架构内。次区域范围内推动建立信任与安全措施的努力主要体现在中美洲一体化体系（SICA）和加勒比共同体对此有考虑，但透露的相关信息很少。例如，2006 年，中美洲一体化体系安全委员会通过了中美洲关于建立信任与安全措施的永久计划。[19] 迄今为止，这些建立信任与安全措施有哪些，有没有更正式地加以推进或实施仍不得而知。

作为中美洲和加勒比地区当前主要安全挑战之一，小武器和轻武器（轻小武器，SALW）的走私活动愈来愈引起外界关注。2005 年，中美洲一体化体系成员国通过了《中美洲国家关于武器、弹药、爆炸物和其他相关材料转让的行为准则》。[20] 同样在 2011 年，加勒比

---

〔16〕“南美各国国防部长今天在利马举行会议”，安第斯，2012 年 11 月 28 日，网址：〈http://www.andina.com.pe/ingles/noticia-south-american-defense-ministers-meet-today-in-lima-437638.aspx〉。

〔17〕南美洲国家联盟，南美防务理事会，“行动计划 2013”，网址：〈http://www.unasurcds.org/index.php?option=com_content&view=article&id=567&Itemid=270&lang=en〉。

〔18〕“秘鲁提议南美洲国家联盟实现军事力量标准化”，Guatapurí 电台，2012 年 11 月 29 日，网址：〈http://www.radioguatapuri.com/index.php?option=com_k2&view=item&id=8389:estandarizar-fuerzas-militares-plantea-per%C3%BA-a-unasur&Itemid=240〉。

〔19〕A. E. 比利亚尔塔—比斯卡拉：“中美洲一体化体系（SICA）：2006 年亮点”，美洲国际私法协会，2008 年 3 月 24 日，网址：〈http://asadip.wordpress.com/2008/03/24/sistema-de-la-integracion-centroamericana-sica-aspectos-relevantes-del-ano-2006/〉。

〔20〕《中美洲国家关于武器、弹药、爆炸品和其他相关材料转让的行为准则》，2005 年 12 月 2 日通过并生效，网址：〈http://www.poa-iss.org/RegionalOrganizations/5.aspx〉。

共同体成员国签署了《小武器和轻武器加勒比共同体宣言》，旨在努力改进打击轻小武器以及相关弹药非法贸易的工作。[21] 上述努力寻求提升各国之间的信息共享和合作。

美洲建立信任与安全措施的前景

自冷战结束以来，美洲地区建立信任与安全措施的发展和巩固已经历了各种阶段。建立信任与安全措施不仅仅局限于军控和裁军，而且还包括在打击恐怖主义和毒品走私以及防止和协调应对自然灾害方面的合作。尽管美洲国家组织继续是西半球执行建立信任与安全措施的论坛，新的次区域机构，如南美洲国家联盟，已经采取步骤制订建立信任与安全措施，旨在使南美洲成为和平区。南美洲防务理事会作为组建仅两年的年轻政治实体，已经通过建立军费登计措施证明其有效性。未来该组织各国向该登记措施提交军费情况是否保持高水准仍有待观察。

（孟 君 译）

〔21〕《小武器和轻武器加勒比共同体宣言》，第 32 届共同体成员国政府首脑会议签署，6 月 30—7 月 4 日，巴斯特尔，网址：〈http：//www. caricom. org/jsp/communications/meetings_ statements/declaration_ small_ arms_ light_ weapons_ 2011. jsp〉。

第十章　双用途和武器贸易控制

概　述

西比勒·鲍尔　保尔·霍尔托姆

各国政府愈加意识到，控制常规武器及双用途物项（既可用作民用也可用作军用）的流动是一个复杂的过程，不仅包括出口控制，还包括与之相关的中介、过境、转运及金融活动的管理。该问题的复杂性要求世界各国共同努力与合作。各国因此致力于通过各种多边机制及继续缔结新的文书或修订现有文书，以应对这些挑战。

2012 年，加强双用途物项和常规武器贸易管制的多边努力取得不同的结果。对常规武器贸易管制而言，武器贸易条约（ATT）7 月份未能最终达成，也未就对叙利亚实行联合国武器禁运达成一致（见第一、二节）。安理会五个常任理事国的分歧是产生上述结果的重要原因。同时，限制性措施范围已从控制传统战略武器扩大到限制和禁止不能直接用于核武器或导弹计划的物项（见第三节）。2012 年在双用途物项的出口控制领域取得较多进展，多边出口控制机制就扩大活动范围及受控物项清单达成一致（见第四节）。欧盟讨论了通过在双用途物项管制条例中引入新的“全面控制”（Catch-all）条款从而对监控技术转让加强控制的问题，并扩大了对伊朗和叙利亚的制裁范围（见第五节）。

2012 年 7 月，联合国武器贸易条约大会未能就条约草案达成一致。有些国家，特别是俄罗斯和美国，呼吁给予联合国成员国更多的时间讨论该问题。武器贸易条约的倡导者则寻求将业已存在于区域或各国常规武器贸易管制文书中的原则和标准推至全球范围。

2012 年武器贸易条约谈判中最突出的两个难题是：一是很难在国际人道主义法、人权法同各国武器转让的安全考虑之间找到各方均可接受的平衡，许多国家担心前者将对后者产生消极影响。然而，国际上已就禁止生化武器（某些条件下还包括不扩散核武器）的原则和国际法达成共识。上述国际法不仅赋予多边供应国机制合法性，而且成为联合国安理会第1540号决议的补充。尽管第1540号决议的初始目标是防止向非国家行为体转让，但其措辞中包含了适用于所有行为体关于全方位管制的一般性义务。

二是，2012年武器贸易条约草案确定受转让控制的物项范围包括联合国常规武器登记册（UNROCA）规定的七大类武器，以及轻小武器和部分弹药及零部件。该范围小于“瓦森纳安排”的武器清单。相反，在确定双用途物项是否系受控或禁止物项时，第1540号决议及联合国相关制裁采用非正式的供应国机制的清单。尽管美国作为“瓦森纳安排”成员国坚决反对将弹药问题纳入武器贸易条约而引发高度关注，但其实许多“瓦森纳安排”非成员国也反对武器贸易条约参照“瓦森纳安排”弹药清单来确定范围。

武器贸易条约最后大会将于2013年3月举行，这将是联合国成员国达成该条约的最后机会，以确定常规武器转让的尽可能高的共同国际标准。

2012年，一些非正式供应国机制对受控物项范围进行了审议。“澳大利亚集团”更加关注纳米科学领域，“瓦森纳安排”将现有贸易控制扩大至特定监控技术。“导弹技术控制制度”继续讨论了控制范围，特别是出于管制目的对无人飞行器进行分类的问题。

建立贸易控制体系的国际义务为各国国内和国际加强能力建设提供了合法理由和政策背景。国际援助对于建立有效的贸易控制体系至关重要，特别是当相关法律文书未明确界定标准而导致执行起来很容易存在差异的时候。第1540号决议就充分说明了这一点，武器贸易条约很可能也会这样。履行武器贸易条约的一大优势在于许多国家的常规武器同双用途物项的管制法律、行政程序、机构人员部分重叠。此外，有些物品和技术类型同时出现在常规武器及大规模杀伤性武器控制清单上，有些常规武器可用于运载大规模杀伤性武器。双用途物项和常规武器的管制都依然面临执行方面的挑战。

（孔　君　译）

第一节 《武器贸易条约》谈判

保尔·霍尔托姆 马克·布罗姆利

联合国武器贸易条约（ATT）进程汇聚了所有成员国，努力谈判达成具有法律约束力的武器转让控制国际标准。相关进程始于2006年，原计划止于2012年7月联合国武器贸易条约大会。然而2012年大会未就条约文本达成一致。本节将记录条约谈判过程及2012年大会的两大争议问题，即条约涵盖的武器类型及寻求禁止的转让方式。

《武器贸易条约》进程的背景情况

联合国武器贸易条约进程始于2006年，澳大利亚、哥斯达黎加、芬兰、日本、肯尼亚和英国等7个共提国在联合国大会第一委员会散发了题为“迈向武器贸易条约”的决议草案，〔1〕要求联合国秘书长征集成员国意见并建立政府专家组，审议“就常规武器的进出口、转让达成全面、有法律约束力的国际共同标准的可行性、范围和要素草案”。〔2〕联合国大会以77个国家共提、153个国家赞成、24个国家弃权（包括中国、俄罗斯及大部分阿拉伯国家）、1个国家（美国）反对予以通过。〔3〕

截至2008年初，101个国家向联合国秘书长提交了相关意见。〔4〕2008年8月，阿根廷大使罗伯托·加西亚·莫里坦任主席的政府专

〔1〕“迈向‘武器贸易条约’——建立常规武器进口、出口、转让的国际统一标准”决议草案，A/C. 1/61/L. 55，2006年10月12日。有关该决议的更多信息，见P. Holtom和S. t. Wezeman，《SIPRI年鉴2007》，第431—439页。

〔2〕参见注释〔1〕，第1—2段。

〔3〕联大第61/89号决议，2006年12月18日。

〔4〕联大“迈向‘武器贸易条约’——建立常规武器进口、出口、转让的国际统一标准”，秘书长报告，A/62/278，2007年8月17日，以及2007年9月24日、2007年10月19日、2007年11月27日和2008年2月15日案文的补遗。另见S. Parkr对各国关于“武器贸易条约”意见的分析（联合国裁军研究所：日内瓦，2007年）。

家组建议以循序渐进、公开透明的方式对该问题进一步进行研究。[5] 2008 年 12 月，133 个国家投票支持一项联合国大会决议，要求联合国秘书长建立开放式工作组，召开 6 次、每次为期 1 周的会议，落实政府专家组的有关建议。[6] 美国仍是唯一投反对票的国家，包括中国、俄罗斯在内的 19 个国家投了弃权票。

2009 年 12 月，联合国大会决定于 2012 年召开联合国武器贸易条约大会，要求其就建立"常规武器转让尽可能高的共同国际标准"协商一致达成具有法律约束力的文书。[7] 尚未召开的四次开放式工作组会议成为大会筹备会，另增加了一次筹备会专门决定"所有相关程序性事务"。[8] 151 个国家对该决议投赞成票，中国和俄罗斯等 20 个国家投弃权票。津巴布韦是唯一反对该决议的国家。随着美国政府换届和奥巴马总统上台，美国对该决议投赞成票。但为保留对条约案文的控制权，美国推动写入须以协商一致为基础达成条约的措辞，表明它对武器贸易条约进程的支持是有条件的。[9] 曾担任政府专家组和开放式工作组主席的莫里坦大使继续担任筹备会主席，并被提名为 2012 年大会主席。

2012 年联合国《武器贸易条约》大会

当 2012 年 7 月大会在纽约召开之际，绝大多数国家根据其对谈判的态度可分为"激进派"和"怀疑派"两类。[10] "激进派"阵营推动达成一个限制非法武器贸易的强有力条约，且与人道主义相关军

〔5〕 联大"武器贸易条约"政府专家组报告 A/63/334，2008 年 8 月 26 日，第 27 段。

〔6〕 联大第 63/240 号决议，2008 年 12 月 24 日。

〔7〕 联大第 64/48 号决议，2009 年 12 月 2 日，第 4、6、8 段。

〔8〕 同上。

〔9〕 美国国务院，"希拉里·克林顿国务卿，美国支持'武器贸易条约'" 2009 年 10 月 14 日，网址：〈http://www.state.gov/secretary/rm/2009a/10/130573.htm〉。

〔10〕 2012 年大会因一系列程序上的分歧而推迟开幕。例如，巴勒斯坦权力机构在埃及的支持下，要求完全国家权利。在会议推迟两天后，巴同意作为观察员参加会议。"巴勒斯坦国家地位争议尘埃落定，武器贸易谈判开启" Deutsche Welle，2012 年 7 月 4 日，网址：〈http://www.dw.de/arms-trade-talks-open-after-spat-over-palestinian-status/a-16071068-1〉。

控条约的目标一致。这些国家（代表国家是墨西哥、挪威及其他拉美和加勒比国家）受到民间社会组织联盟的支持。与之相反，“怀疑派”阵营主张条约仅涵盖有限的武器范围，并照顾各国安全关切。代表国家是中国、埃及、印度和俄罗斯。除此之外，另一类重要国家（包括古巴、伊朗、朝鲜、巴基斯坦、叙利亚、委内瑞拉、津巴布韦）一再反对武器贸易条约，这些国家的立场反映出对自身可能遭受武器禁运的担忧，以及对人类安全议程及将其适用于武器出口控制的反对。[11] 美国立场独树一帜，在一些问题上与“怀疑派”相近，而在另一些问题上支持“激进派”的主张。纵观整个谈判过程，很难把美国简单划入“激进派”或“怀疑派”阵营。

随着谈判进展，协商一致达成条约的要求使得各方逐渐意识到，会议只可能达成一个“弱”的条约，在“激进派”看来，“怀疑派”的要求很轻易地就得到了满足。[12] 大会第三周会议结尾时，74 个国家发表声明，呼吁达成一个促进人类安全的强有力条约。[13] 然而，2012 年 7 月 24 日，莫里坦主席提交的条约草案看起来严重倾向于“怀疑派”。[14] 提交这份“弱”条约可能是会议主席做出的战略决定。但当那些最持怀疑态度的国家对草案表示不满后，莫里坦于 7 月 26 日又提交一份大幅修改后的案文，得到更多“激进派”（尽管许多国家表示该案文仍须做大量改进）的支持。[15] 法律专家们就草案术语和前后不一致等提出许多问题。[16] 诚然，很多不一致是由于各方试图达成一致所做的妥协。但显然 7 月 26 日案文在通过前还需做

〔11〕 M. Bromly，N. Cooper 和 P. Holtom “‘武器贸易条约’：武器出口控制、人类安全议程及历史经验教训”，《国际事务杂志》，第 88 期第 1040—1044 页，2012 年 9 月。

〔12〕 “德国支持全球武器贸易条约，中国和俄罗斯弃权”，Deutsche Welle，2009 年 10 月 31 日，网址：〈http：//www. dw-world. de/dw/article/0，4842120，00. html? maca = en-en_ nr – 1893 – xml-atom〉。

〔13〕 74 个国家的完整名单，参见 Control Arms Blog，2012 年 7 月 20 日，网址：〈http：//controlarmsblog. posterous. com/60 – states-stand-up-for-a-strong-armstreaty〉。

〔14〕 莫里坦在会议之初曾提交一份讨论文件，但会议剩余时间都用来讨论案文的特定部分。

〔15〕 ‘武器贸易条约’草案，联合国大会，A/CONF. 217/CRP. 1，2012 年 7 月 26 日。

〔16〕 S. Casey-Maslen 和 S. Parker “武器贸易条约草案”，日内瓦国际人道主义和人权法学会，2012 年 10 月，网址：〈http：//www. geneva-academy. ch/academy-publications/academy-briefings〉。

大量工作。

尽管如此，看起来很有希望包括安理会五个常任理事国（中国、法国、俄罗斯、英国和美国）在内的大多数国家都支持以 7 月 26 日草案为基础的修订案文。[17] 但就在 7 月 27 日即会议的最后一天，美国代表团表示需更多时间研究案文，并建议另行召开一次会议以结束谈判。[18] 古巴、朝鲜、俄罗斯及委内瑞拉附和了美国建议。[19]

谈判进程中阻碍达成协商一致的障碍

尽管 7 月 26 日版条约草案存在缺陷，且若更早散发的话更加有利，但美国代表团呼吁进行更多谈判，可能更主要的原因是基于政治考量而非案文本身。共和党曲解武器贸易条约对美国的潜在影响，并把奥巴马总统描绘成美国公民枪支持有权的反对者。[20]

2012 年大会反映出各国在武器贸易条约主要目标、特别是在如何权衡国家安全利益和人类安全关切方面的关键分歧。该分歧是关于如何确定禁止转让定义，减少特定转让所带来的风险及决定何时授权或拒绝武器出口的核心问题。另一个耗费筹备会及 2012 年大会大量时间的问题是武器贸易条约应涵盖的范围，特别是应否将轻小武器和弹药纳入其中。其他未决问题包括：（1）军援是否应排除在条约之外；（2）是否允许欧盟等区域组织签批条约；（3）条约生效所需国家数；（4）条约的透明机制类型。[21]

2012 年大会后不久，很多国家和非政府组织将美国视为条约谈

---

〔17〕“联合国未能达成全球武器贸易条约”，美联社 2012 年 7 月 28 日。

〔18〕美国国务院，“武器贸易条约会议”新闻稿，2012 年 7 月 27 日，网址：〈http：//www. state. gov/r/pa/prs/ps/2012/07/195622. htm〉。

〔19〕R. Acheson，“社论：停下来思考”，《武器贸易条约观察》第 5 期（2012 年 7 月），第 1—2 页。

〔20〕P. Holtom，“联合国‘武器贸易条约’大会：还没有达成条约?”，IPI 国际观察，2012 年 8 月 16 日，网址：〈http：//the globalobervatory. org/analysis/339 – the-un-conference-o〉。

〔21〕条约草案第 16 条规定，65 国向存约人交存批准、接受、许可或加入相关文书 90 天后，‘武器贸易条约’生效。联合国 A/CONF. 217/CRP. 1（同注释〔16〕），第 16 条。1993 年的《禁止化学武器公约》的生效条件也为 65 国批约。

判失败的主要原因。[22] 尽管美国是否对大会失败负唯一责任有待商榷，但条约谈判进程表明，美国仍是左右多边武器转让控制讨论的主导力量。那些武器贸易条约的长期倡导者为满足美国关切愿做出妥协和让步，也进一步反映了这一现实。重要的是，美国的关切和看法涉及两大最具争议的问题：（1）禁止转让和武器出口的风险评估；（2）“武器贸易条约”的范畴。

禁止转让和武器出口的风险评估

武器贸易条约的长期支持者一直强调，条约应对人类安全产生积极影响，规定各国在授权出口前考虑国际人权和人道主义法及其他人类安全影响的相关义务。[23] 然而，“怀疑派”国家质疑人类安全考量在武器出口决策中的比重。[24] 因此，7 月 26 日案文中纳入人类安全考量就显得特别重要。

从某种程度上讲，7 月 26 日案文中禁止转让的三大类只是重申了现有国际法义务，即：（1）《联合国宪章》第 7 章（特别是武器禁运相关条款）；（2）武器转让和买卖的相关义务；（3）1949 年《日内瓦公约》第 3 条规定的种族灭绝、人道主义犯罪和战争罪等相关国际法。有争议认为，上述第三类采用了狭义战争罪的定义，且包括很高的拒绝贸易的门槛，因此应转而采取基于常识的方法。[25]

禁止向未经其所在国授权的非国家行为体转让武器的观点受到“激进派”和“怀疑派”的广泛支持。[26] 美国在其他多个场合，特别是在《防止、打击和消除小武器和轻武器非法贸易行动纲领》的讨论过程中，均强烈反对上述措辞。[27] 尽管在武器贸易条约的公开谈判过程中，美国未明确提及该问题，但其核心关切的是希望保留向

---

〔22〕 参见注释〔17〕。

〔23〕 参见注释〔11〕，第 1034—1043 页。

〔24〕 参见注释〔11〕，第 1040—1041 页。有关东南亚国家联盟、集体安全条约组织及阿拉伯联盟的基本情况和成员国家，见本书附件 B。

〔25〕 联合国，A/CONF. 217/CRP. 1（同注释〔15〕），第 3 条；Casey-Maslen 和 Parker（同注释〔16〕）第 23 页。

〔26〕 该组包括联合国非洲组成员；巴西、俄罗斯、印度、中国（金砖国家）；加勒比共同体（CARICOM）；西非经济共同体（ECOWAS）；以及土耳其。

〔27〕 P. Holtom：“禁止向非国家行为体转让武器和武器贸易条约”（联合国裁研所：日内瓦，2012 年）。

非国家行为体提供武器的能力，以便后者在遭到“专制国家”武装暴力时具备自卫能力，或是美国自身安全关切存在风险时可以如此行事。[28] 7 月 26 日案文没有明确禁止向未经授权的非国家行为体转让武器。

7 月 26 日案文要求缔约国在授权出口前进行风险评估。评估应聚焦拟出口物项是否存在被用于从事违反国际人道主义法或国际人权法、违反有关恐怖主义国际公约或议定书活动的风险。还应对“拟定出口是否有助或减损和平与安全”进行一般性评估。评估时，供应国和接受国所采取的旨在降低上述风险的措施也应被考虑在内。如出口国认为存在“压倒性风险”，它便不应授权出口。[29] 除风险评估外，各国还须考虑采取可行措施，包括与交易所涉其他国家开展联合行动从而避免使武器：

1. 流入非法市场或被用于未经授权的用途；

2. 被用于从事以性别为基础的暴力或针对儿童的暴力犯罪，或为此类犯罪提供便利；

3. 被用于跨国有组织犯罪；

4. 涉及腐败行为；

5. 对进口国的发展产生负面影响。[30]

为实现保障国家安全的首要目标，美国支持加上“要求出口国考虑武器出口可能对和平和安全产生潜在影响”的措辞。然而，7 月 26 日案文所赋予各国的国家安全利益，在第五条第 2 款有最明确的体现。该条款规定，本条约不应被用于妨碍缔约国防卫合作协议所规定的合同义务。[31] 印度坚持在条约中加入该条款，将其作为确保自身及其他接受国的供应安全之手段。[32]

〔28〕 O. Greene、E. Kirkham、C. Watson：“为限制向非国家行为体转让轻小武器制定国际准则”（咬子弹项目：伦敦，2006 年 1 月）第 2 页。

〔29〕 联合国 A/CONF. 217/CRP. 1（同注释〔15〕），第 4、6 条。

〔30〕 联合国 A/CONF. 217/CRP. 1（同注释〔15〕），第 4 条。

〔31〕 联合国 A/CONF. 217/CRP. 1（同注释〔15〕），第 5 条第 2 款。

〔32〕 Casey-Maslen 和 Parker（同注释〔16〕），第 27 页。

界定武器贸易条约的范畴

在条约谈判过程中，大量时间被用于讨论条约应涵盖的物项类别问题。一些国家主张条约限于联合国常规武器登记册所涵盖的七大类。[33] 另一些国家则主张参照“瓦森纳安排”弹药清单确定范畴，涵盖所有军事设备及相关的零部件和技术。[34] 7 月 26 日条约草案采用范围较窄的“7 +1 模式”，即将范围限定于联合国常规武器登记册的七大类，再加上轻小武器。值得注意的是，根据向会议提交的未公开发表的文件，有些先前反对将轻小武器纳入武器贸易条约范畴的国家转而接受将其纳入条约。

为扩大条约涵盖的物项范围，有些国家推动写入“禁止以许可生产安排和技术转让方式规避条约”的措辞。7 月 26 日案文并未包含上述措辞。然而，草案要求缔约国建立国家出口控制清单，并与其他缔约国交流上述清单信息。清单交流可支持对超出“7 +1 模式”的物项进行控制的做法，这也是采用出口控制体系国家通常的做法。[35]

有关范畴问题最具争议的是 7 月 26 日案文处理弹药问题的方式。尽管美国并非是反对将弹药纳入条约范畴的唯一国家，但大多数注意力都集中在美国立场上。2012 年大会前，美国明确将对报告或标示弹药问题视为不可逾越的标志性红线。[36] 在本次大会上，美国谈判人员表示，“弹药明显不同于在武器贸易条约范畴中讨论的其他物项”，强烈反对将其纳入条约范畴。[37] 尽管监控数量巨大的弹药转让存在的技术困难有助于解释美上述立场，但对美全国枪支协会有能力在全美选民面前将武器贸易条约曲解为限制弹药转让条约的政治担

〔33〕关于联合国常规武器登记册，参见本书第五章第 4 节。

〔34〕关于瓦森纳安排，参见第 4 节，以及本书附件 B 第三部分。

〔35〕联合国 A/CONF. 217/CRP. 1（同注释〔15〕），第 2 条。

〔36〕美国国务院国际安全与防扩散局：“武器贸易条约要素”，2010 年 6 月 4 日，网址：〈http://www.state.gov/t/isn/rls/fs/148314.htm〉。

〔37〕J. Pecquet：“奥巴马政府：联合国武器贸易条约不应该管制弹药”，The Hill，2012 年 7 月 10 日，网址：〈http://thehill.com/blogs/global-affairs/un-treaties/236969-us-says-un-arms-trade-treaty-shouldnt-cover-ammunition〉。

忧，同样是重要原因所在。[38]

加勒比、中西欧、拉美和撒哈拉以南地区的许多国家将弹药视为武器贸易条约范畴的重要因素，竭力推动美国转变立场。对于7月26日案文提出的替代解决方案，大多数“激进派”国家都认为不可接受。该方案提议每一缔约国根据武器贸易条约的范畴，建立和保持用来规范常规武器弹药出口的国家控制体系。它同时要求，如某项弹药出口被列为禁止转让，或存在被用于从事严重违反国际人道主义法、人权法或与恐怖主义相关国际公约或议定书活动的风险，则不应被批准。[39] 然而，武器贸易条约未要求缔约国考虑采取可行措施，防止以下风险发生：（1）转用；（2）用以从事性别相关暴力或针对儿童的暴力；（3）跨国有组织犯罪；（4）交易中的腐败；或（5）对进口国发展产生的负面影响。此外，缔约国也无须就相关转让保留记录或提交报告。

2013年联合国《武器贸易条约》大会

2012年大会后，对于下步行动，谈判者面临三个选项：（1）对7月26日武器贸易条约案文进行微调，并在2012年晚些时候提交联大投票表决；（2）再次召开联合国谈判大会，进一步讨论条约草案；（3）将谈判进程移出联合国框架外，加强条约草案中人类安全相关表述，并在其范畴中纳入弹药。[40]

2012年秋举行的联大第一委员会会议上，武器贸易条约七个原始共提国提交决议草案，要求于2013年初召开最后会议，这与美国和俄罗斯的要求一致。[41] 决议全案以157票赞成，0票反对，18票弃权（包括俄罗斯）通过。关于最后会议采用同样议事规则和以7

---

〔38〕 C. Goodman：“为什么美国反对在武器贸易条约中纳入轻小武器弹药问题?”，武器贸易内幕人士网站，2011年5月1日，网址：〈http：//armstradeinsider. com/2011/03/01/why-the-united-states-is obstinate-on-small-ammunition-in-an-att〉。

〔39〕 关于零部件的问题也以同样方式处理。联合国 A/CONF. 217/CRP. 1（同注释〔15〕），第6条。

〔40〕 Bromley 等人（同注释〔11〕），第1029—1048页。

〔41〕 联合国大会第一委员会，“武器贸易条约，” A/C. 1/67/L. 11，2012年10月18日。

月26日案文作为未来工作基础的分段表决也获通过，仅伊朗对此表示反对，俄罗斯投了弃权票。决议草案还呼吁在2013年3月28日后尽快就最后成果提交报告。[42]

联合国大会于12月24日以133票赞成，0票反对，17票弃权通过该决议。[43] 计划于2013年3月18日召开的会议被视为2012年会议的延续。一个主要改变是莫里坦大使不再担任2013年会议主席。尽管国际社会普遍支持其续任主席，但他没有得到本国（阿根廷）政府的支持。2012年12月，澳大利亚大使彼得·沃尔科特确认将出任会议主席。[44]

（孔 君 译）

〔42〕 联合国，A/C. 1/67/L. 11（同注释〔41〕），第7段。

〔43〕 联合国大会第67/234号决议，2012年12月24日。

〔44〕 澳大利亚外交及贸易部新闻稿："部长们欢迎联合国就武器贸易条约最后会议通过决议"，2012年12月24日，网址：〈http://dfat. gov. au/media/releases/department/2012/draft-release-20121224. html〉。

第二节 多边武器禁运

皮埃特·D. 魏泽曼 克里斯蒂娜·布赫霍尔德

在多边武器禁运方面，2012 年不同于 2011 年，鲜有重要新情况。虽然联合国安理会在 2011 年期间能够迅速地对利比亚发生的武力镇压和平示威行为做出反应，赞同采取武器禁运措施，但安理会在 2012 年却未能同意对叙利亚实行类似制裁，尽管那里的冲突局势进一步恶化。[1] 这一年继续有关于违反联合国禁运的报道，以及专家调查团对一些国家缺乏合作表示沮丧。

2012 年期间实施的共有 13 项联合国武器禁运、19 项欧洲联盟（欧盟）武器禁运和 1 项阿拉伯联盟武器禁运（参见表 10.1）。[2] 欧盟的 19 项禁运中有 9 项是直接执行联合国的决定，3 项是执行联合国的禁运，但在范围或覆盖面上有变动，还有 7 项禁运并无联合国对应行动。[3] 阿拉伯联盟（对叙利亚）的武器禁运没有联合国的对应行动。

2012 年年期间，联合国安理会、欧盟或其他多边组织均未采取新禁运行动或解除禁运。

---

〔1〕 P. D. 魏泽曼、N. 凯利："多边武器禁运"，《SIPRI 年鉴 2012》第 431—435 页。

〔2〕 此外，2012 年仍实施着一项多边自愿禁运，即 1992 年欧洲安全与合作会议（欧安会，现更名为欧洲安全与合作组织）要求全体成员国对亚美尼亚和阿塞拜疆在纳戈尔诺—卡拉巴赫地区交战的武装部队实行武器禁运。这项要求从未废止，但有些欧安组织成员国自 1992 年以来向亚美尼亚和阿塞拜疆提供武器。欧洲安全与合作会议，高官委员会，委员会第七次会议第 2 号公报附件 1，布拉格。1992 年 2 月 27—28 日。另可参见 P. Holtom，"2007 至 2011 年向亚美尼亚和阿塞拜疆的武器转让情况"，《SIPRI 年鉴 2012》第 286—292 页。

〔3〕 3 项有别于联合国的同类行动的禁运是针对伊朗和朝鲜的，比联合国禁运的武器类型范围更宽，另一项是对苏丹的禁运，覆盖其全国，而联合国禁运只涉及达尔富尔地区。没有联合国对应行动的 7 项是针对白俄罗斯、中国、几内亚、缅甸、南苏丹、叙利亚和津巴布韦的禁运。执行联合国决定的 9 项禁运列在表 10.1 中。

叙利亚

继2011年打算对叙利亚威胁采取或强行采取联合国武器禁运的努力失败后，2012年期间再无类似决议草案向安理会提交。尤其是俄罗斯仍断然反对联合国对叙利亚实行任何制裁，并继续向叙利亚提供武器。[4] 2012年7月，俄罗斯与中国共同投票否决一项拟对叙利亚政府威胁实行经济制裁的安理会决议草案，该决议是要对暴力升级，包括叙政府进一步使用重型武器和未能实施联合国和平计划做出反应。[5]

欧盟曾于2011年5月对叙利亚实行制裁，其中包括武器禁运。2012年对下列情况如何实施禁运提出了问题，即：（1）来自非欧盟国家的禁运货物途径欧盟领土运往叙利亚；或（2）涉及的公司和个人是在欧盟。2012年1月，塞浦路斯主管部门在塞浦路斯港口检查了一艘来自俄罗斯装有军品的货轮。塞方得到该船运公司做出该船不会前往叙利亚的保证后，准许其驶离港口。而此船迅即向叙利亚交付了这批货。[6] 欧洲委员会认为塞浦路斯并未违反欧盟制裁。[7] 但为了解决禁运物项经过欧盟运往叙利亚的问题，欧盟理事会于2012年7月决定，如果欧盟成员国有合理理由认为在其领土内前往或据信前往叙利亚的任何船舶和飞机装载的货物可能含有受制裁的物项，则应

---

〔4〕 例如，可参见2012年2月1日俄罗斯新闻社的“俄罗斯将否决叙利亚武器禁运案”；网址：〈http：//en. rian. ru/russia/20120201171072768. html〉。关于向叙利亚提供武器事，参见本卷第五章第三节。关于冲突的其他情况，参见本卷第一章第一节。

〔5〕 联合国安理会第6810次会议，2012年7月19日，第S/PV6810号文件；以及联合国安理会第S/2012/538号决议草案，2012年7月19日。

〔6〕 “塞浦路斯放行疑似叙利亚军火船”，美国之音，2012年1月10日，网址：〈http：//www. voanews. com/content/cyprus-releases-suspected-syrian-arms-ship－137092243/173361. html〉；以及F. K. Brantner：“塞浦路斯共和国涉及叙利亚国内冲突的活动”，向委员会提出需要书面答复的问题（副主席/高级代表），欧洲议会，2012年3月15日，网址：〈http：//www. europarl. europa. eu/sides/getDoc. do？ type＝WQ&reference＝P－2012－002870&language＝EN〉。

〔7〕 阿什顿，高级代表/副主席，代表欧盟委员会所做的答复，2012年5月7日，网址：〈http：//www. europarl. europa. eu/sides/getAllAnswers. do？ reference＝P－2012－002870& language＝EN〉。

经船旗国同意后对其进行检查。[8] 仍然不清楚的是，如果是在前往叙利亚的飞机上发现了禁运货物，或者船旗国拒绝接受检查，那么欧盟成员国能够采取或必须采取什么行动。

法国和英国在 2012 年期间一再呼吁修改对叙利亚的禁运规定，以便能够向武装的反对派团体直接提供帮助。这与 2011 年关于利比亚的武器禁运态势形成鲜明对比。当时曾就联合国禁运的某些修改是否可允许向与利比亚穆阿迈尔·卡扎菲政权作战的反叛者提供武器展开过辩论。[9] 在利比亚的情况下，有些欧盟成员国，包括法国和英国，把修正案解释为可以向反叛方提供军事装备，但它们却不想修订欧盟对叙利亚的禁运，该禁运明确禁止向叙利亚国内的双方提供军事装备。

英国自 2012 年 8 月起扩展对叙利亚反对派里非武装团体提供它称之为的"非致命性实用援助"（其中包括提供通讯设备和护身防弹衣），辩称其符合欧盟的禁运规定。[10] 法国于 2012 年 11 月 13 日正式承认新成立的叙利亚全国联盟是叙利亚人民的唯一代表之后呼吁审议武器禁运，使之允许向反对派力量运送"防卫性武器"。[11] 11 月底，在欧盟对叙利亚的制裁需要延续更新之际，英国要求进行更频繁的审议并大大缩短更新期限，这样就可以使欧盟能够考虑修订制裁，使之能对叙利亚的武装反叛者提供非致命性培训和装备。[12] 于是欧盟就把目前对叙利亚的制裁延续三个月，从 2012 年 12 月 1 日至 2013

---

〔8〕 2012 年 7 月 23 日理事会第 2012/420/CFSP 号决定，修订关于对叙利亚采取限制措施的第 2011/782/CFSP 号决定，《欧盟官方日志》，L196，2012 年 7 月 24 日。

〔9〕 魏泽曼和．凯利，（同注释［1］），第 433 页。

〔10〕 英国外交和联邦事务部："外交大臣关于叙利亚问题的声明"，2012 年 8 月 10 日，网址：〈http：//www. gov. uk/government/news/foreign-secretary-statement-on-syria？ id = 798971582〉；及英国外交和联邦事务部，"外交大臣书面关于叙利亚的声明"，2012 年 11 月 7 日，网址：〈http：//www. gov. uk/government/news/foreign-secretary-written-ministerial-statement-on-syria？ id = 832340182〉。

〔11〕 洛朗·法比尤斯谈叙利亚："巴黎将要求欧盟解除防卫性武器禁运"，RTL 电台，网址：〈http：//www. rtl. fr/actualites/info/politique/article/video-laurent-fabius-sur-la- syrie-paris-va-demander-a- l-ue-la-levee-de-l-embargo-sur-les-armes-defensives – 7754703699〉，2012 年 11 月 15 日；以及法新社"法国建议向叙利亚反叛者提供防卫性武器"，2012 年 11 月 15 日。

〔12〕 "欧盟减少制裁期限以便有可能帮助反叛者"，路透社，2012 年 11 月 28 日。

年3月1日，而不再是通常的一年期限。[13]

阿拉伯联盟曾于2011年12月对叙利亚实施制裁，包括武器禁运，这是该组织破天荒第一次采取这种行动。[14] 随后不久，阿盟内部就是否能够武装叙利亚反对派的讨论浮出水面。[15] 2012年2月12日，阿盟重申2011年12月制裁但增补决定向叙利亚反对派提供“各种形式的政治和物资支持”，这种语言可解读为改变武器禁运的范围。[16] 阿盟外交官证实“物资支持”可包括向反对派提供武器。[17] 尽管有此变化，但没有关于阿盟国家参与这类武器转让的官方正式确认。[18]

其他多边武器禁运

2012年10月，非洲联盟（非盟）和平与安全理事会呼吁“采取紧急措施重组和授权”索马里防务和安全部门，包括解除联合国对索马里政府军队的武器禁运，但仍维持对非国家行为体的武器禁运。[19] 非盟此举的动机不详，因为现行对索马里的武器禁运是允许旨在加强索马里政府军队的武器供应，如果向联合国索马里制裁委员会报告这些供应情况的话。2013年3月，联合国安理会决定，它将于12个月内不对主要用于增强索马里政府安全部队能力和为索马里

---

〔13〕 理事会2012年11月29日关于对叙利亚实行限制性措施的第2012/739/CFSP号决定，《欧盟官方日志》，L330，2012年11月30日。

〔14〕 魏泽曼和凯利，（同注释［1］），第435页。

〔15〕 阿拉伯国家联盟理事会关于叙利亚局势的声明，2011年12月3日，网址：〈http://www.lasportal.org/wps/wcm/connect/b093ad804a246c8985c59d526698d42c/7446.pdf?MOD=AJPERES〉。（阿拉伯文）

〔16〕 阿拉伯国家联盟理事会第7446号决议，2012年2月12日，网址：〈http://www.lasportal.org/wps/wcm/connect/b093ad804a246c8985c59d526698d42c/7446.pdf?MOD=AJPERES〉（阿拉伯文），第九段。

〔17〕 “叙利亚全境冲突大爆发，阿拉伯人考量武器援助”，路透社，2012年2月14日。

〔18〕 关于向叙利亚反叛团体的武器转让，参见本卷第五章第三节。

〔19〕 非洲联盟（非盟）和平与安全理事会第337次会议，新闻公报，2012年10月11日，网址：〈http://www.peaceau.org/en/article/press-statement-of-the-337th-meeting-of-the-peace-and-security-council-on-somalia/〉。

人民提供安全保护的武器装备供货、援助或训练施加限制。[20]

联合国安理会关于刚果民主共和国的专家组认为，2011—2012年期间虽然联合国实行对刚果境内非政府武装力量的武器禁运，但仍有一些团伙继续采购小武器、轻武器和弹药。[21] 专家组尤其认定卢旺达政府继续以包括提供武器的方式支持“3·23 运动”（M23）反叛集团。安理会做出反应，声称要对向“3·23 运动”提供外部支持或违反武器禁运的国家和组织实施针对性制裁。[22]

联合国安理会对几内亚比绍 2012 年 4 月发生的军事政变作出反应，声称要对该国进行制裁，包括武器禁运。[23] 然而，尽管安理会对几内亚比绍的稳定表示关切，但又认为随后的政治形势发展相当积极，从而未采取行动。[24]

欧盟于 2011 年 10 月未作公开解释而将其对几内亚的禁运延长一年，虽然几内亚政治形势自 2009 年遭到禁运以来已经大有好转，并已恢复文官政府。[25] 2012 年 4、5 月份欧盟暂停对缅甸政府的某些制裁，但把武器禁运延长一年。[26]

多边禁运有时会在未到定期审议之前依据对相关技术的新了解和洞察而细化改进。欧盟于 2012 年修订它对伊朗实施的武器禁运，将监控设备也纳入禁运之列，这是它效仿了 2011 年对叙利亚的武器禁运所作的修正（参见下面第五节）。

---

〔20〕 联合国安理会第 6854 次会议，第 S/PV. 6854 号逐字记录，2012 年 11 月 7 日，第 3 页。

〔21〕 联合国安理会，刚果民主共和国问题专家组期中报告，2012 年 5 月 18 日，第 S/2012/348 号文件的附件，第 6—15 页；第 S/2012/348/Add. 1 号文件，2012 年 6 月 27 日；以及联合国安理会刚果民主共和国问题专家组最终报告，2012 年 10 月 12 日，第 S/2012/843 号文件附件，2012 年 11 月 15 日。

〔22〕 联合国安理会第 2078 号决议，2012 年 11 月 28 日，第九段。

〔23〕 联合国安理会第 2048 号决议，2012 年 5 月 18 日，第十二段。

〔24〕 联合国安理会第 2092 号决议，2013 年 2 月 22 日。

〔25〕 理事会 2012 年 10 月 26 日，第 2012/665/CFSP 决定，修订关于对几内亚共和国采取限制性措施的第 2010/638/CFSP 号决定，《欧洲联盟官方日志》L299，2012 年 10 月 27 日。

〔26〕 理事会 2012 年 4 月 26 日第 2012/225/CFSP 号决定，修订关于继续对缅甸实施限制性措施的第 2010/232/CFSP 号决定，《欧洲联盟官方日志》L115，2012 年 4 月 27 日。

违反联合国禁运的情况

像往年一样，2012 年仍有几项关于严重违反联合国武器禁运的报告，这些报告主要是由负责监督禁运情况的联合国专家组提交的。[27]

2012 年初，由苏丹问题两个单独专家组泄露的两份报告描述了苏丹政府如何在 2011 年和 2012 年把近期内进口的武器和军事装备运往达尔富尔地区。[28] 这些活动违反了联合国禁运，而且与苏丹政府对装备供应方所作的保证自相矛盾。

联合国利比亚问题制裁委员会确信从利比亚储备库存里抢劫的武器，特别是小武器和轻武器已大量流往国外。[29] 这违反了联合国关于从利比亚出口武器的禁运规定，但更重要的是，这些武器外流加剧了邻国，特别是马里的国内冲突。[30]

朝鲜人民民主共和国（朝鲜）在 2012 年继续违反联合国安理会要求，制造和发射弹道导弹。这些导弹的一些组件来自外国。例如 2012 年 4 月，在阅兵式首次展示的新型弹道导弹运输举升发射车（TELs）使用的是中国底盘。这些底盘中的六个是中国一家公司在

---

〔27〕 2012 年除针对伊拉克和黎巴嫩境内非政府武装力量的武器禁运之外，联合国各项武器禁运都设有专家组。各专家组的报告可查阅联合国安理会制裁委员会网站：〈http：//www. un. org/sc/committees/〉。

〔28〕 依据第 1591（2005）号决议设立的苏丹问题专家组 2012 年 1 月 24 日写给依据第 1591（2005）号决议设立的安理会苏丹问题委员会主席的信函；以及依据第 1591（2005）号决议设立并按照第 1945（2010）号决议延期的苏丹问题专家组前成员与 2011 年 1 月 24 日（原文如此）写给依据第 1591（2005）号决议设立的安理会苏丹问题委员会主席的信函 2012 年 1 月 24 日，2012 年 1 月 24 日。这两份报告于 2012 年 4 月泄露。“联合国争吵北京子弹问题”，《非洲秘闻（Africa Confidential）》杂志，2012 年 4 月 13 日，网址：〈http：//www. africaconfidential. com/index. aspx？ pageid = 7&articleid = 4417〉。

〔29〕 联合国安理会利比亚问题制裁委员会，关于执行安理会第 2017（2011）号决议第五段情况的综合工作文件，2012 年 3 月 23 日，第 S/2012/178 号文件附件，2012 年 3 月 26 日，第 4 页。

〔30〕 参见本卷第一章第一节。

2011 年提供给朝鲜的，据称得到保证是用于伐木业。[31]

联合国伊朗问题专家组 2012 年报告称，2011 年拦截的两批运往叙利亚途中的武器证实专家组早些时候的看法，即叙利亚是伊朗出口武器的主要接受方，伊朗的武器出口违反了联合国不准其出口武器的禁令。[32]

2012 年 7 月，联合国索马里和厄立特里亚监督团确认也门的武器市场依然是索马里境内非国家团体获得小武器和轻武器的主要外界来源，但厄立特里亚作为军事支持来源的作用呈现下降态势。[33] 监督团表示关切称，在 2011 年下半年和 2012 年上半年期间，埃塞俄比亚、法国、苏丹、土耳其、阿拉伯联合酋长国、美国、几家私人公司以及联合国本身都是在未向制裁委员会报告并得到授权之前就向索马里政府安全部队提供了支持。[34] 监督团在另一份关于联合国对厄立特里亚武器禁运的报告中做出结论：虽然禁运给厄立特里亚的空军战备状态带来不利影响，但迹象表明 2012 年上半年期间曾经有进口零部件和国外援助用于飞机维修。[35]

前几年，对违反武器禁运情况的评估受到安理会成员国的阻挠，它们试图阻止或拖延公布联合国专家组的报告。[36] 但 2012 年只有一

---

〔31〕 联合国安理会，依据第 1874（2009）号决议设立的专家组报告，2012 年 5 月 11 日，第 S/2012/422 号文件附件，2012 年 6 月 14 日，第十九段；以及“联合国专家组探索朝鲜是怎样得到机动导弹发射器的”，《全球安全新闻电讯》，2012 年 11 月 15 日，网址：〈http://www.nti.org/gsn/article/securtity-council-probing-how-north-korea-acquired-large-missile-launchers/〉。

〔32〕 联合国安理会，依据第 1929（2010）号决议设立的专家组最后报告，2012 年 6 月 4 日，第 S/2012/395 号文件附件，2012 年 6 月 12 日，第 4 页和第 27—29 页。

〔33〕 联合国安理会，对索马里和厄立特里亚的监督团依照安理会第 2002（2011）号决议提交的报告，2012 年 6 月 27 日，第 S/2012/544 号文件的附件，2012 年 7 月 13 日，第 51—53 段。

〔34〕 联合国第 S/2012/544 号文件（同注释［33］），第 51—78 段。

〔35〕 联合国安理会，对索马里和厄立特里亚的监督团依照安理会第 2002（2011）号决议提交的报告，2012 年 6 月 27 日，第 S/2012/545 号文件的附件，2012 年 7 月 13 日，第 64 段。

〔36〕 关于 2010 年和 2011 年力图修改或阻挠报告的情况，参见魏泽曼、凯利：“2010 年多边武器禁运”，《SIPRI 年鉴 2011》，第 449—451 页；及魏泽曼和凯利（同注释［1］），第 437 页。

份新报告（关于苏丹的）未向公众发布，虽然有所泄露。[37] 2012 年的一个积极情况是，联合国伊朗问题专家组的报告得以发布，其前两次报告均未能公开发表。[38] 朝鲜问题专家组在 2012 年发布了第三个年度报告，其 2011 年的第二个报告未能公开发表。[39]

然而，像前几年一样，有几个专家组对某些国家政府对提供信息的要求置之不理或答复欠充分的情况表示关切。联合国苏丹问题专家组前成员抱怨说，在调查违反禁运向达尔富尔地区运送武器问题时苏丹毫不合作，中国和俄罗斯回应也欠佳。[40] 关于科特迪瓦、刚果、索马里和厄立特里亚的各专家组也声称它们要求提供的信息得不到的充分回答，或对此表示担忧。[41] 刚果问题专家组报告称，对卢旺达境内违反制裁的调查遭到卢旺达政府的阻挠。[42]

〔37〕 专家组关于苏丹的报告（同注释［28］）。

〔38〕 联合国，第 S/2012/395 号文件（同注释［32］）。

〔39〕 联合国，第 S/2012/422 号文件（同注释［31］）。

〔40〕 苏丹问题专家组前成员，（同注释［28］），第 21—23 页。

〔41〕 联合国安理会，科特迪瓦专家组最后报告，2012 年 3 月 16 日，第 S/2012/196 号文件的附件，2012 年 4 月 14 日，第 29—43 段，第 30—31 页；以及联合国第 S/2012/348 号文件（同注释［21］）。

〔42〕 联合国第 S/2012/348 号文件（同注释［21］）。

表 10.1 2012 年期间执行的多边武器禁运

被禁运方[a]	最早实施禁运的日期	决定或修订禁运的主要文书[b]	2012 年的主要变动
联合国的武器禁运			
基地组织及相关个人和实体	2002 年 1 月 16 日	SCRs 1390，1989	
刚果民主共和国（NGF）	2003 年 7 月 28 日	SCRs 1493，1596，1807	2012 年 11 月 28 日由安理会第 2078 号决议延长至 2014 年 2 月 1 日
科特迪瓦	2004 年 11 月 15 日	SCRs 1572，1946	2011 年 4 月 28 日由安理会第 2045 号决议修订并延长至 2013 年 4 月 26 日[c]
厄立特里亚	2009 年 12 月 23 日	SCR 1907	
伊朗	2006 年 12 月 23 日	SCRs 1737，1747，1929	
伊拉克（NGF）	1990 年 8 月 6 日	SCRs 661，1483，1546	
朝鲜	2006 年 7 月 15 日	SCRs 1695，1718，1874	
黎巴嫩（NGF）	2006 年 8 月 11 日	SCR 1701	
利比里亚（NGF）	2003 年 12 月 22 日[d]	SCRs 1521，1683，1903	2012 年 12 月 12 日由安理会第 2079 号决议延长至 2013 年 12 月 12 日
利比亚（NGF）	2011 年 2 月 26 日	SCRs 1970，1973，2009	
索马里	1992 年 1 月 23 日	SCRs 733，1725	
苏丹（达尔富尔）	2004 年 7 月 30 日	SCRs 1556，1591，1945	

被禁运方[a]	最早实施禁运的日期	决定或修订禁运的主要文书[b]	2012 年的主要变动
塔利班	2002 年 1 月 16 日	SCR 1390，1988	
欧盟的武器禁运			
“基地”组织、塔利班及相关个人和实体 *	1996 年 12 月 17 日	CPs 96/746/CFSP，2001/154/CFSP，2002/402/CFSP	
白俄罗斯	2011 年 6 月 20 日	CD 2011/357/CFSP	2012 年 10 月 15 日由 CD 2012/647/CFSP 延长至 2013 年 10 月 31 日
中国	1989 年 6 月 27 日	欧洲理事会声明	
刚果民主共和国（NGF） *	1993 年 4 月 7 日	声明，CPs 2003/680/CFSP，2005/440/CFSP，2008/369/CFSP	
科特迪瓦 *	2004 年 12 月 13 日	CP 2004/852/CFSP，2010/656/CFSP	2012 年 7 月 10 日由 2012/371/CFSP 修订[e]
厄立特里亚 *	2010 年 3 月 1 日	CD 2010/127/CFSP	
几内亚	2009 年 10 月 27 日	CPs 2009/788/CFSP，2009/1003/CFSP	2012 年 10 月 26 日由 CD 2012/665/CFSP 延长至 2013 年 10 月 27 日
伊朗	2007 年 2 月 27 日	CPs 2007/140/CFSP，2007/246/CFSP	2012 年 3 月 23 日由 CD 2012/168/CFSP 修订[f]
伊拉克（NGF） *	1990 年 8 月 4 日	声明，CPs 2003/495/CFSP，2004/553/CFSP	

被禁运方[a]	最早实施禁运的日期	决定或修订禁运的主要文书[b]	2012 年的主要变动
朝鲜	2006 年 11 月 20 日	CPs 2006/795/CFSP，2009/573/CFSP	
黎巴嫩（NGF）*	2006 年 9 月 15 日	CP 2006/625/CFSP	
利比里亚（NGF）*	2001 年 5 月 7 日	CPs 2001/357/CFSP，2004/137/CFSP，2006/518/CFSP，2010/129/CFSP	
利比亚（NGF）*	2011 年 2 月 28 日	CD 2011/137/CFSP，CD 2011/625/CFSP	
缅甸	1991 年 7 月 29 日[g]	GAC 声明，CPs 96/635/CFSP，2003/297/CFSP，2010/232/CFSP	2012 年 4 月 26 日由 CD 2012/225/CFSP 延长至 2013 年 4 月 30 日
索马里（NGF）*	2001 年 12 月 10 日	CPs2002/960/CFSP，2009/138/CFSP，2010/231/CFSP，	
南苏丹	2011 年 7 月 18 日	CD 2011/423/CFSP	
苏丹	1994 年 3 月 15 日	CPs 94/165/CFSP，2004/31/CFSP，2005/411/CFSP，2011/423/CFSP	
叙利亚	2011 年 5 月 9 日	CD 2011/273/CFSP	2012 年 1 月 18 日由 CR 36/2012，2012 年 6 月 16 日由 CR 509/2012，2012 年 7 月 23 日由 CD 2012/420/CFSP 修订；2012 年 11 月 29 日由 CD 2012/739/CFSP 延长至 2013 年 3 月 1 日[h]

被禁运方[a]	最早实施禁运的日期	决定或修订禁运的主要文书[b]	2012 年的主要变动
津巴布韦	2002 年 2 月 18 日	CP 2002/145/CFSP	2012 年 2 月 17 日由 CD 2012/97/CFSP 延长至 2013 年 2 月 20 日
阿拉伯联盟的武器禁运			
叙利亚	2011 年 12 月 3 日	阿拉伯联盟理事会声明	2012 年 2 月 12 日由阿盟理事会第 7446 号决议修订[i]

*为欧盟执行联合国禁运的禁运；CD 为理事会决定；CP 为理事会共同立场；CR 为理事会规章；GAS 为总务理事会；NGF 为非政府武装；SCR 为联合国安理会决议。

a 自最早实施此项制裁以来，被制裁方可能发生了变化。此处所列的被制裁方系 2012 年底的状况。

b 较早的文书可能已被后来的文书修订或撤销。

c 联合国安理会第 2045 号决议解除了对科特迪瓦安全部队提供与安全和军事活动有关的培训、咨询和专业知识及供应民用车辆的所有限制。

d 利比里亚自 1992 年以来就被联合国为了相关但不同的目标实施武器禁运。

e CD 2012/371/CFSP 执行联合国安理会第 2045 号决议（参见注释 *c*）。

f CD 2012/168/CFSP 禁止提供伊朗政府主要用来在国内监视互联网和电话通讯的设备和软件。

g 欧盟及其成员国最早于 1990 年对缅甸实行武器禁运。

h 理事会第 36/2012 号规章禁止出口供叙利亚政府利用的电信监控设备和服务。理事会第 509/2012 号规章禁止提供可能用以国内镇压或制造和维修可能用以国内镇压的产品所需的设备、货物或技术。理事会第 2012/420/CFSP 号决定宣称，如果欧盟成员国有合理理由相信在它们领土上前往叙利亚的任何船只和飞机装载的货物可能带有受制裁的物项，在征得船旗国同意后应当进行检查。

i 第 7446 号决议可解释为向叙利亚反对派提供武器。

资料来源：联合国安理会，“联合国安理会各制裁委员会”：网址：〈http：//www. un. org/sc/committees/〉；以及欧盟对外行动，“制裁或限制措施”，2013 年 1 月 18 日，网址：〈http：//eeas. europa. eu/cfsp/sanctions/index_ en. htm〉。

（赵　莉　译）

第三节 金融制裁和其他限制措施

伊恩·安东尼

为防止核、生物和化学武器及其导弹运载系统扩散，国际社会已采取了种种限制手段，其中包括贸易限制、金融制裁和旅行限制。贸易限制既可是总体性的，也可以是针对特种货物。金融制裁可包括冻结资金或经济资源、禁止金融交易或要求进行这些交易之前得到许可，以及限制发放出口信贷或投资资金等。旅行限制包括飞行禁令和限制被点名人员入境。2012 年，在国际金融体系管理中发挥主要作用的国家之间就如何运用金融制裁支持防扩散达成一项重要谅解。此外，为试图改变伊朗的国家核政策还采取了新扩充的措施。

金融行动特别工作组

金融行动特别工作组（FATF）是七国集团在 1989 年设立的政府间组织，以打击洗钱和阻止可能资助恐怖主义行为的金融活动。[1]后来，参加这个组织的国家有所增加，工作组的议事日程扩展到其他可被视为威胁整个国际金融体系的非法活动，包括扩散核、生、化武器。

虽然特别工作组早在 2008 年就曾研究过关于扩散问题金融的建议，但直到 2012 年才第一次发布应对这种问题的建议。[2] 此决议在防扩散方面有两个目标：（1）保证连贯和有效地贯彻执行联合国安理会要求的特定金融制裁；（2）协助各国构建有效的国家机制，使各国主管部门“在打击洗钱、恐怖主义金融和大规模杀伤性武器扩

〔1〕 关于金融行动特别工作组，参见本卷附件 B 第三部分和该机构网站：〈http://www.fatf-gafi.org〉。

〔2〕 金融行动特别工作组（FATF），关于打击洗钱、恐怖主义及扩散行为金融的国际标准：金融行动特别工作组的建议（（FATF/经济合作与发展组织：巴黎，2012 年），网址：〈http://www.fatf-gafi.org/media/fatf/documents/recommendations/pdfs/FATF_Recommendations.pdf〉。另可参见 S. Bauer、A. Dunne、I. Mićić：“战略贸易管制：反击大规模杀伤性武器扩散”，《SIPRI 年鉴 2011》，第 441—443 页。

散金融活动方面制订和执行政策，并在采取行动时在各国内部相互合作并在适当情况下协调行动”。[3] 同时，工作组发布了一份详细的指导文件，阐述在国家层面上执行这些建议的最有效方式。[4]

2012 年，参加特别工作组的国家有 34 个，包括几乎所有重要金融中心，并有两个地区性组织——欧洲委员会和海湾合作理事会。[5] 特设工作组还有合作伙伴和观察员。合作伙伴大都是负责监督反洗钱措施的监管部门区域性专门网络。观察员是个多样性的组合，有银行、联合国机构、欧盟机构和政府间专门网络（如涉及打击毒品走私）。相关实体若要成为特别工作组的合作伙伴或观察员，必须承诺执行其建议。因此，关于扩散金融的建议在未来岁月终将通过特别工作组合作网络扩展到全世界。

强化对伊朗的限制措施

联合国安理会从 2006 年到 1012 年通过一系列决议，采取一整套对伊朗的限制措施，作为劝服伊朗调整其国家核计划，减少扩散风险的一部分尝试。[6] 决议中对限制措施的授权面相对较窄，基本只是直接触及那些能够对核武器计划或运载核武器的弹道导弹系统研发计划直接有所帮助的货物和服务贸易。

2010 年 6 月，联合国安理会建议（但并非要求）各国采取更广泛的步骤，例如，检查所有前往伊朗的空运和海运货物，预防可用于敏感核活动的金融服务，总体上对伊朗银行业予以更严密的审查。[7] 可是与以往措施不同的是，这项决议未获得安理会全体成员国支持，两个非常任理事国（巴西和土耳其）投了反对票。对安理会决定拥有否决权的中国和俄罗斯公开声明称，今后提出附加限制措施的提案

---

〔3〕 金融行动特别工作组，（同注释［2］），第 11 页。

〔4〕 金融行动特别工作组，关于第二项建议的最佳做法文件：国内主管部门分享扩散金融的信息情报（FATF：巴黎，2012 年）。

〔5〕 金融行动特别工作组全体成员国的名单，参见本卷附件 B。

〔6〕 关于伊朗的近况，参见本卷第七章第一节。

〔7〕 联合国安理会第 1929 号决议，2010 年 6 月 9 日；及魏德曼和凯利，“多边武器禁运，2010”，《SIPRI 年鉴 2011》，第 447—448 页。

将不会得到必要的支持。[8]

2010 年以来，一些国家和欧盟对伊朗采取的限制措施远远超过联合国安理会能够通过的措施。这些制裁的有些特点尤其值得关注。首先，在一段持续的时期里各国寻求的是打击面狭隘的制裁措施，而 2012 年的制裁范围扩展到了足以使伊朗经济大面积受损。其次，有些措施也适用于在其他国家，依照当地法律组成和建立的任何法人实体。例如，在美国实施的一些措施规定，即使美国国外子公司依照另一个国家的法律组成或建立，它们也得执行这些措施。[9]

传统上，限制措施的域外适用效力备受争议，以至于有些欧洲国家指示按其法律组成的公司不服从美国的限制措施。[10] 但对于伊朗实施的限制措施，这一特色看来日益得到认可。想法一致的国家在执行限制措施和分享执法信息方面的合作似在扩展。[11] 事态发展显示，解决伊朗核计划引发的扩散关切的紧迫性催生了日益增多的共识，至少在欧洲—大西洋共同体内是如此。

---

〔8〕 V. Melnikov：“美国对伊朗制裁危及对俄关系”，俄罗斯新闻社，2012 年 8 月 13 日，网址：〈http：//en. rian. ru/russia/20120813/175189517. html〉；及“中国抨击美国对伊朗的新制裁‘严重违反国际规则’”，《今日俄罗斯》，2012 年 8 月 1 日，网址：〈http：//rt. com/news/iran-fresh-sanctions-obama－552/〉。

〔9〕 2012 年 8 月，当年美国《减少伊朗威胁和叙利亚人权法令》对伊朗的制裁适用于美国掌控的海外子公司。2012 年 10 月，执行伊朗制裁行政令设定“宽限期”至 2013 年 2 月 13 日，在此期间海外子公司可降低它们与伊朗的商务关系。白宫，“总统关于授权执行《2012 年减少伊朗威胁和叙利亚人权法令》颁布的制裁及对伊朗附加制裁的行政令”，2012 年 10 月 9 日，网址：〈http：//www. whitehouse. gov/the-press-office/2012/10/09/executive-order-president-regarding-authorizing-implementation-certain-s〉。

〔10〕 欧盟 1996 年立法指示公司不执行美国 1996 年制裁伊朗和利比亚法令的域外效力部分。理事会 1996 年 11 月 22 日第 2271/96 号规章，防范第三国立法域外适用效力的影响及由此产生的行动。《欧盟官方日志》，L309，1996 年 11 月 29 日，第 1—6 页。

〔11〕 澳大利亚、加拿大、日本、韩国和瑞士也采取了欧盟和美国实行的一些或全部限制措施，参见 K. Katzman：“对伊朗的制裁”，国会研究所（CRS）向国会提交的第 RS20871 号报告（美国国会，CRS，华盛顿特区，2012 年 10 月 15 日）；《2011 年自行制裁条例》，2011 年澳大利亚第 247 号精选立法文书修订本，2012 年 8 月 21 日，网址：〈http：//www. comlaw. gov. au/Details/F2012C00562〉。瑞士经济事务部：“伊朗：联邦委员会采取行动提升司法确定性并预防可能发生的规避行为”，新闻发布，2011 年 1 月 19 日，网址：〈http：//www. seco. admin. ch/aktuell/00277/01164/01980/？lang＝en&msg-id＝37283〉。

欧盟实行限制措施的决定

欧盟除了为更有效地执行联合国安理会决定采取行动之外，还在2012年实施了一些重要的新限制性措施。

鉴于能源产业的收益有可能用于资助敏感核扩散活动，欧盟理事会于2012年决定禁止对伊朗的石油化工产业投资。3月份，限制措施范围大幅度扩展到禁止购买伊朗的原油和石油产品。[12] 12月份，进一步扩大到涵盖天然气。[13]

欧盟限制性措施的第二项新内容是决定对伊朗中央银行实行限制，因为有证据表明它涉及的活动绕开联合国和欧盟的现行制裁。[14]

2012年3月，理事会做出新决定，拒绝向指定的伊朗实体和个人提供用于金融数据交流的金融信息服务。[15] 欧盟此项决定之后，在比利时注册并受欧盟法律管辖的环球银行金融电信协会（SWIFT）随即宣布停止向受欧盟制裁的伊朗金融机构提供电信服务。该协会首席执行官表示，“断绝银行关系是本机构采取的一项没有先例的特别措施。此举直接缘于国际和多边对伊朗采取的强化金融制裁行动”。[16] 一旦进入金融体系的通道受阻，可作为替代支付手段的黄金、钻石和其他贵金属交易随之被禁止。

---

〔12〕 欧盟理事会，理事会2012年3月23日关于限制伊朗措施的第267/2012号（欧盟）条例，并撤销第961/2010号（欧盟）条例，《欧盟官方日志》，L88，2012年3月24日。

〔13〕 欧盟理事会，理事会2012年12月21日第1263/2012号（欧盟）条例，修订关于限制伊朗措施的第267/2012号（欧盟）条例，《欧盟官方日志》，L356，2012年12月22日。

〔14〕 欧盟理事会，理事会2012年1月23日第54/2012号（欧盟）执行条例，执行关于限制伊朗措施的第961/2010号（欧盟）条例，《欧盟官方日志》，L19，2012年1月24日，第1—5页。

〔15〕 欧盟理事会，理事会2012年3月15日第2012/152/CFSP号决定，修订关于限制伊朗措施的第2010/413/CFSP号决定，《欧盟官方日志》，L77，2012年3月16日，第18页。

〔16〕 SWIFT是数字网络，供212个国家的10000多家金融机构交换金融信息，环球银行金融电信协会（SWIFT），“SWIFT遵照欧盟理事会决定指示切断与伊朗受制裁银行的关系”，新闻发布，2012年3月15日，网址：〈http://www.swift.com/about_swift/shownews?param_dcr=news.data/en/swift_com/2012/press_releases_SWIFT_disconnect_Iranian_banks.xml〉。

2012 年 11 月，法国银行的金融管理部门对伊朗银行巴黎分行的经理处以罚金。[17] 这是首例依据欧盟规章对违反限制伊朗措施的银行经理个人实行制裁。这一决定在法国被解读为主管部门对银行业发出的必须提高警惕及合规的重要信号。

欧盟的行动是一些想法相同的国家对伊朗实行更严格金融限制所作的更广泛努力的一部分。例如，依照以往的限制措施，美国人士虽然被要求不得执行与伊朗政府有关的交易，但他们可以驳回，而不去按要求冻结相关资产。然而在美国政府于 2012 年 2 月采取新限制规定后，所有美国人（包括金融机构）都必须冻结与伊朗金融机构相关的任何财务事项。[18]

逐步采取新的和更严格的金融制裁使得伊朗实体更难进入国际金融体系。据报道，这导致伊朗进行外贸交易时要通过一些贸易伙伴的国内银行收取当地货币。[19] 这种制裁有效地迫使伊朗在当地市场以一种易货贸易形式用其出口物项的等值购买食品。

（赵　莉　译）

〔17〕 Autorité de Contrôle Prudentiel, Commission des Sanctions, 'Bank Tejarat Paris, M. Mohammad Mahdian, M. Hossein Fazeli', Procédure n°2011 – 03, 2012 年 11 月 27 日，网址：〈http://www.acp.banque-france.fr/fileadmin/user_upload/acp/publications/registre-officiel/20121127 – Decision-de-la-commission-des-sanctions.pdf〉。

〔18〕 美国总统："冻结伊朗政府和伊朗金融机构的财产"，第 13599 号行政命令，2012 年 2 月 5 日，《联邦纪事》，第 77 卷第 26 号，2012 年 2 月 8 日。

〔19〕 V. Parent、P. Hafezi："伊朗因进口受制裁打击而转向易货贸易换取食物"，路透社，2012 年 2 月 9 日。

第四节　出口控制机制

西比勒·鲍尔　安德烈亚·维斯基

2012 年，澳大利亚集团、导弹及其技术控制制度（MTCR）、核供应国集团（NSG）和有关常规武器和双重用途物品及技术出口控制的瓦森纳安排 4 个非正式、基于共识的出口控制机制在各自领域努力加强贸易控制合作。[1] 2012 年的一个新动向是，各控制机制间有关受控制行为和项目指导原则的讨论范围不断扩大，特别是在中间交易、中转跨境运输、无形技术转让和扩散融资等方面。虽然出口控制仍是各机制的主要组织原则，但相关的贸易活动正日益成为控制的重点。

澳大利亚集团

澳大利亚集团是国际社会对 1980—1988 年伊朗和伊拉克战争期间使用化学武器的担忧成立的。[2] 目前，41 个参加国主要致力于防止有意或无意向有关化学或生物武器计划提供材料、设备和技术。

2012 年 6 月，在巴黎举行的年度全体会议上，澳大利亚集团通过修改指导原则，在加强对中间交易服务控制方面又迈进一步。[3] 在过去 10 年中，国际社会有关战略贸易控制的辩论、政策决定和法律条款不断扩大，并将中间交易、中转、跨境运输和融资等一系列与出口控制相关的活动包括进去。然而，2012 年以前，国际出口控制机制仅限于就这些问题进行讨论和交换经验。因此，澳大利亚集团修改指导原则标志着其不再仅限于出口控制，而是向成为一个贸易控制机制迈出了重大一步。根据新的措词：

---

〔1〕 各出口控制机制参加国名单和概述参见本卷，附件 B 第三部分。

〔2〕 澳大利亚集团，“澳大利亚集团的起源”，［日期不详］，网址：〈http：//www. australiagroup. net/en/oringins. html〉。

〔3〕 澳大利亚集团，“新闻发布 2012 年澳大利亚集团年会”，巴黎，2012 年 6 月 15 日，网址：〈http：//www. austrlaiagroup. net/en/media_ june2012. html〉。

> 澳大利亚集团成员国应针对非法活动制定措施，使其能够对与澳大利亚集团控制清单所列项目有关的中介交易服务采取行动，这种服务可能有助于化学和生物武器活动。澳大利亚集团成员国将根据各自国内相关法律框架和实践，尽全力履行这些措施。

此外，澳大利亚集团还修改了出口申请评估标准，包括：

> 经销商、中间商或其他中介在转让中的作用，包括在适当情况下提供一份经过身份验证的最终用户证书，详细说明拟转让物品的进口商和最后的最终用户，以及物品到达所称最终用户的信誉担保。〔4〕

在这次全体会议上，澳大利亚集团对控制清单做了几处修改。〔5〕特别是在植物病原体出口控制清单上增加了5个病原体，生物制剂出口清单也做了修改。〔6〕2012年12月，在德国波恩召开的会间会议进一步提出建议，要求建议强化有关搅拌器、叶轮和刀片的措词；澄清产气荚膜梭菌毒素进入的范围；加强对一次性使用生物反应器的控制。〔7〕

在全体会议上，澳大利亚集团也讨论了未来需要加强和关注的新领域，如：生命科学和纳米技术与控制清单的相关性、无形技术转让和非国家行为体构成的威胁等。〔8〕成员国注意到叙利亚政府使用生

---

〔4〕澳大利亚集团，“转让敏感化学或生物物品”，2012年6月，网址：〈http://www.austrlaiagroup.net/en/guidelines.june2012.html〉。

〔5〕J. 泰尔曼：“防止化学武器和生物武器扩散：澳大利亚集团”，第20届亚洲出口控制研讨会，东京，2013年2月26—28日，网址：〈http://www.simu-conf.com/outreach/2012/asia_ec/〉。

〔6〕这5个植物病原体是：菲律宾霜霉毒、玉米褐条斑霜霉病、马铃薯癌肿病菌、小麦印度腥黑穗病菌和黑粉病病菌。澳大利亚集团，“植物病原体出口控制清单”，2012年6月，网址：〈http://www.austrlaiagroup.net/en/plants.html〉。

〔7〕泰尔曼（同注释〔5〕）。

〔8〕有关纳米技术的双重用途见K. 埃格尔森：“对双重用途纳米研究的担忧：认识威胁和在H5N1争议后保证纳米生物医学研究进展的动力”，纳米医学：纳米技术，生物学和医学，第9卷，第3期（2013年4月），第316—321页。

物或化学武器的可能性，以及出于扩散目的进口控制清单所列物品和其他双重用途物品所使用的方法。与会国同意对向叙利亚出口双重用途物品提高警惕。[9]

全体会议的另一个成果是，成员国同意通过共享“执法能力、签证审批办法以及实施全面控制条款经验”方面的信息，提高集团内部在一些领域的合作。[10] 该集团重申将致力于走出去。2012 年，澳大利亚集团走出去对50 多个国家进行了宣传，并在2012 年和2013 年初，访问了中国、哥伦比亚、马来西亚、巴基斯坦、泰国和越南。[11] 此外，该集团还注意到学术界不断提高对无形转让和中间交易领域认识的重要性。

2012 年3 月，澳大利亚集团威尔顿庄园会议讨论了集团成员国资格、科学不断进步的挑战以及与非政府行为体进行接触等问题。[12] 会议提出的有关建议被澳大利亚集团年会采纳。[13] 这表明澳大利亚集团不断努力探索与非成员国、工业界和学术界进行接触的方法。虽然一些国家提出申请并表达了加入的兴趣，但澳大利亚集团 2012 年没有接纳新成员国。最后一批加入澳大利亚集团的国家是乌克兰（2005 年）和克罗地亚（2007 年）。[14]

导弹及其技术控制制度

导弹及其技术控制制度 2012 年刚刚庆祝成立 25 年，成立该机制的主要目的是防止能够投送大规模杀伤性武器无人系统的扩散。[15]

---

〔9〕 澳大利亚集团（同注释〔3〕）。

〔10〕 同上。

〔11〕 泰尔曼（同注释〔5〕）。

〔12〕“澳大利亚集团：挑战及未来发展方向”，威尔顿庄园，2012 年 3 月 29—31 日，网址：〈http：//www. wiltonpark. org. uk/confrence/wp1143/〉。

〔13〕 澳大利亚集团（同注释〔3〕）。

〔14〕 见 I. 安东尼、S. 鲍尔：“转让控制”，《SIPRI 年鉴 2006》，780—781 页；I. 安东尼、S. 鲍尔、A. 韦特：“对与安全有关的国际转让进行控制”，《SIPRI 年鉴 2008》，第 494 页；S. 鲍尔、A. 邓恩、I. 米西克：“战略贸易控制：反大规模杀伤性武器扩散”，《SIPRI 年鉴 2011》。

〔15〕 详细内容见导弹及其技术控制制度网站，〈http：//www. mtcr. info〉。

2012 年 10 月，在柏林召开了第 26 届全体会议，德国担任轮值主席。[16] 来自 34 个伙伴国家的大约 250 名代表参加了会议。[17] 在全体会议开幕式上，德国外交部长基多 · 韦斯特韦勒指出了导弹及其技术控制制度需要解决的几个关键问题，包括先进投送系统、轻于空气的运载工具等新技术，以及对伊朗、朝鲜民主主义共和国（北朝鲜）和叙利亚导弹计划的关注。[18]

韦斯特韦勒也谈到成员国扩大问题，他指出，“像印度这样一些尚未参加这一机制的重要技术提供国正在敲导弹及其技术控制制度的大门”，接纳处在这一机制之外的 8 个欧盟成员国是“早该解决的事了”。[19] 美国公开宣布支持印度加入导弹及其技术控制制度。[20] 尽管如此，虽然 2012 年全体会议讨论了个别国家的申请，但未就扩大成员国做出任何决定。[21] 然而，导弹及其技术控制制度与不少非成员国开展了推介活动，以增加这一机制的透明度和目的性，包括 2013 年初访问阿拉伯联合酋长国（UAE）和巴基斯坦。[22] 与阿拉伯联合酋长国的接触表明，不仅生产国和出口国是重要的，转运枢纽也是很重要的。更为重要的是，导弹及其技术控制制度成员国重申，它们愿意帮助其他国家遵守该机制的指导原则和控制清单。韦斯特韦勒

---

〔16〕 导弹及其技术控制制度，“导弹及其技术控制制度全体会议主席声明”，柏林，2012 年 10 月 24—26 日，网址：〈http：//www. mtcr. info/english/press. html〉. 2012 年未发表全体会议声明。阿根廷是 2011 年主席。意大利将是 MTCR 2013 年主席并主持 2013 年全体会议。挪威将是 MTCR 2014 年主席并主持 2014 年全体会议。

〔17〕 德国外交部：“防止导弹技术扩散”，2012 年 10 月 24 日，网址：〈http：//www. auswaertiges-amt. de/DE/Aussenpolitik/Aussenwirtschaftsfoerderung/121024 – MTCR-Plenum. html〉。

〔18〕 德国外交部：“外交部长基多 · 威斯特威勒在导弹及其技术控制制度会议开幕式上的讲话”，2012 年 10 月 24 日，网址：〈htpp：//www. auswaertiges-amt. de/Eninfoservice/Presse/Reden/2012/121024 – BM_ MTCR. html〉.

〔19〕 德国外交部（同注释〔18〕）。2012 年底仍未加入导弹及其技术控制制度的 8 个欧盟成员国是：塞浦路斯、爱沙尼亚、拉脱维亚、立陶宛、马尔他、罗马尼亚、斯洛伐克和斯洛文尼亚。

〔20〕 K. 达文波特、D. 霍纳、D. G. 金布尔：“导弹控制：采访助理国务卿帮办范迪彭”，《今日军控》，第 42 卷，第 6 期（2012 年 6/8 月）。

〔21〕 导弹及其技术控制制度（同注释〔16〕）。

〔22〕 J. 拉纳：“武器贸易条约及国际发展”，在出口控制日的讲演，明斯特，2013 年 3 月 1 日。

也更为广泛地谈到导弹问题，称导弹及其技术控制制度的“努力也应包括鼓励更多国家签署海牙行为准则”。[23]

如以往一样，在全体会议之前，召开了3个专家组会议，即许可证和执法专家会议（LEEM）、信息交换会议（IEM）和技术专家会议（TEM）。[24]

在2012年全体会议上，伙伴国同意对导弹及其技术控制制度控制清单进行更新，以跟上设备、材料、软件以及导弹研发、生产和操作技术的进步。此外，全会还讨论了一些有关导弹扩散的问题，包括：技术的快速发展；无形技术转让（包括由可接触敏感科学技术知识方进行的转让）；基于最终用户对未列入清单物品进行全面控制；以及中间交易、跨境运输和中转等。然而，由于导弹及其技术控制制度网站没有增加新的文件，因此这些讨论似乎未能就新的指导方针或原则达成一致。

导弹及其技术控制制度全会讨论了对中东、东北亚和南亚导弹计划的关注，包括伊朗和北朝鲜。全会结束时发表的主席声明强调了联合国安理会第1874号决议和第1929号决议对导弹及其技术控制制度相关行动的影响，这两项决议分别对朝鲜和伊朗实施制裁，以应对这两个国家的核和导弹计划。[25]

无人机

无人机多年来一直是导弹及其技术控制制度内部争论的一个问题，主要由于许多大型无人机能够携带大规模杀伤性武器。无人机面临的困境广义上讲也存在其他控制机制和国家贸易控制中，反映了试图努力赶上扩散领域出现的变化与保护贸易和市场竞争之间的固有困难。

美国国防部对无人机的定义是：“在大部分飞行中由气动升力保

---

〔23〕 德国外交部（同注释〔18〕）。截至2013年1月1日，海牙反弹道导弹扩散行为准则（HCOC）的签字国共有134个。签字国名单和HCOC总结见本卷第3节，附件B，以及HCOC网站，〈http://www.hcoc.at/〉。韩国在2012年5月31日—6月1日举行的第11次全体会议上从罗马尼亚接过主席国，日本被选为2013—2014年的主席国。刚果共和国和新加坡在罗马尼亚担任主席国期间在行为准则上签字。

〔24〕 导弹及其技术控制制度（同注释〔16〕）。

〔25〕 同上。

持飞行状态并且机上没有乘员引导的动力空中飞行器”。[26] 虽然无人机具有广泛的民用用途，但近年来日益用于情报搜集和侦察等军事目的。无人机技术也是无人作战飞行器（UCAVs）研发技术的一部分，这种飞行器被认为未来很可能用于取代有人驾驶作战飞机和其他飞机。[27] 导弹及其技术控制制度并未区分侦察无人机和无人作战飞行器，因为对无人机的限制是基于认为无人机的有效载荷（常规弹药或侦察装备）能够被用于携带大规模杀伤性武器。

导弹及其技术控制制度的控制范围在 1992 年扩大了，将无人机列入导弹及其技术控制制度第一大类最敏感物品项目。不论用于何种目的，第一大类物品只在极其罕见和特殊情况下才会被批准出口。此外，根本不会批准转让第一大类物品生产设备。[28] 第一大类物品包括能够携带至少 500 公斤有效载荷、最大射程 300 公里的系统，以及生产设备和用于此类物品的主要分系统。如要出口这类物品需要“特殊克制”，并且根据导弹及其技术控制制度准则，适用于“假定强烈拒绝”。相比之下，出口第二大类系统，即飞行在 300 公里以上、但有效载荷少于第一大类尺寸参数的系统，需要持有根据指导原则规定的标准颁发的出口许可证，不受第一大类“假定强烈拒绝”的限制。[29]

在 20 世纪 90 年代初，无人机使用数量少、能力有限，与有人驾驶军用飞机相比作用不大。这种状况已发生了极大变化。无人机现在得到广泛使用，一般估计无人机将逐渐取代有人驾驶飞机。无人机越来越多地被用于民用监视和地球观测。此外，研发远程无人机费用昂贵、技术复杂，这意味着各国需要通过国际合作研发远程无人机，并

〔26〕 美国国防部，“无人机简介”，2003 年 6 月 3 日，网址：〈http://www.defense.gov/specials/uav2002/〉。

〔27〕 导弹及其技术控制制度附录手册在无人机目录中包括巡航导弹系统，但同时强调，与巡航导弹不同，无人机能够返回并重新使用。导弹及其技术控制制度，MTCR 附录手册，2012 年 10 月 23 日，MTCR/TEM/2012/Annex，网址：〈http://www.mtcr.info/english/annex.htm〉。

〔28〕 导弹及其技术控制制度，“与导弹相关敏感物品转让准则”，［日期不详］，网址：〈http://www.mtcr.info/english/guidetext.html〉，第 2 段。

〔29〕 导弹及其技术控制制度（同注释〔28〕），第 3 段。

通过出口交易取得经济规模。[30]

采购和使用无人机及相关技术的日益增长，增加了要求重新评估目前导弹及其技术控制制度限制转让大型无人机的军事和经济压力。许多出口公司将导弹及其技术控制制度的限制视为市场障碍，因此他们设计的用于出口系统的性能刚好低于第一大类物品的最低门槛。一些公司还游说政府促成修改导弹及其技术控制制度指导原则，以便将列在第一大类的无人机物项划入第二大类，这样就可扩大无人机出口。[31]

2008 年至 2012 年期间，非导弹及其技术控制制度伙伴国向导弹及其技术控制制度成员国订购了大量无人机，其中大部分航程不足 300 公里，潜在有效载荷远低于 500 公斤，因此不在导弹及其技术控制制度控制范围之内。唯一受到导弹及其技术控制制度限制的是美国向英国转让的 11 架 MQ－9 无人机、美国向意大利转让的 4 架 MQ－9 无人机和美国向德国转让的 5 架 RQ－4 欧洲鹰无人机。包括非导弹及其技术控制制度伙伴国在内的其他一些国家，也表现出对 MQ－9 无人机和 RQ－4 无人机的兴趣。此外，加拿大已向以色列提供了用于以生产“苍鹭－TP”无人机的发动机（以色列不是导弹及其技术控制制度伙伴国），该无人机的航程和有效载荷远远超过导弹及其技术控制制度的限制范围。[32]

美国政府问责办公室（GAO）2012 的一份报告指出，2005—2011 年间，美国务院向 20 个国家的政府和导弹及其控制制度发出大约 70 多份外交电报，表达对有关无人机的关注。超过 75% 的电报是对“少数受关注国家努力获取用于其无人机计划的控制或非控制技术”做出反应。[33] 美国政府问责办公室得出的结论是，“虽然无人

〔30〕 S. T. 杰克逊：“主要武器生产国家的重要进展”，《SIPRI 年鉴 2012 年》，第 224—227 页。

〔31〕 英国议会：“武器出口控制 2013：英国无人机战争书面证词”，2012 年 10 月 22 日，网址：〈http：//www. publications. parliament. uk/pa/cm201213/cmselect/cmquad/writev/689/m01. htm〉。

〔32〕 SIPRI 武器转让数据库，网址：〈http：//www. sipri. org/database/armstransfers〉。

〔33〕 美国政府问责办公室（GAO），不扩散，GAO－12536（GAO：华盛顿，DC，2012 年 7 月），第 22 页。

机扩散构成威胁，但美国政府认定有选择地转让无人机技术可促进国家安全目标”。[34] 美国在导弹及其技术控制制度方面共提出 6 条有关无人机的建议，只有 1 条被采纳。其余 5 条是将部分无人机从第一大类移到第二大类，但没有达成一致，2008 年以后这些建议便不再被列入议程。[35]

2012 年 12 月 12 日朝鲜试射银河 3 号火箭后，美国政府提出向大韩民国出售无人侦察机。[36] 2008 年，美国防部长提出，为向韩国出售无人机，需要解决有关根据导弹及其技术控制制度承担的义务问题。[37]

核供应国集团

核供应国集团旨在通过控制核及与核有关的材料、设备、软件和技术的转让，防止核武器扩散。[38] 核供应国集团成员国也能够获得许可证颁发和海关风险管理系统内最佳做法和特殊数据的信息。该集团 2012 年 6 月在美国西雅图召开全会，共有 46 个国家以及欧盟委员会和桑戈委员会主席国与会（两者均为永久观察员）。[39] 美国接替荷兰担任主席国直到 2013 年全体会议。

---

〔34〕 美国政府问责办公室（同注释〔33〕），第 19 页。

〔35〕 同上书，第 20—21 页。

〔36〕 韩国专家认为，虽然朝鲜火箭的部分组件是进口的，但并不含有违反导弹及其技术控制制度指导原则的组件。专家组认为，这次试验主要用于试验朝鲜洲际弹道导弹计划。E. 金：“火箭碎片表明北朝鲜试图试验洲际弹道导弹技术”，韩国联合通讯社，2012 年 12 月 23 日，网址：〈http://english. yonhapnews. co. sk/national/2012/12/22/99/0301000000AEN20121222002300315F. HTML〉。又见本卷第六章第九节和第七章第二节。

〔37〕 “美国准备向南朝鲜出售先进侦察无人机”，路透社，2012 年 12 月 25 日；J. 和哈迪，“亚洲天空的新眼睛”，《外交季刊》2013 年 1 月 4 日。2005 年曾正式提出购买全球鹰无人机要求。

〔38〕 有关核供应国集团见 S. 鲍尔：“核供应国集团的发展”，《SIPRI 年鉴 2012》，第 376—386 页；A. 维斯基：“修改后的核供应国集团指导原则：欧盟的看法”，不扩散文件第 15 期，欧盟不扩散联盟，2012 年 5 月，网址：〈http://www. nonproliferation. eu/activities/activites. php〉；L. 安东尼、C. 阿尔斯托姆、V. 费琴科：“改革核出口控制：核供应国集团的未来”，SIPRI 研究报告第 22 期（牛津大学出版社：牛津，2007 年）；本卷附录 B 第三部分；和核供应国集团网站，网址：〈http://www. nuclearsuppliersgroup. org〉。

〔39〕 桑戈委员会简介见本卷附录 B 第三部分；和桑戈委员会网站，〈http://www. zangercommittee. org〉。

在新西兰克赖斯特彻奇举行的2010年全会上，核供应国集团开始对其控制清单进行全面审议，以便跟上科学技术的发展。2012年全会通过了控制清单对有关核反应堆、重水生产、锂同位素分离和铀浓缩内容做出的修改。然而，与会国同意待整个审议程序完成后再正式颁布控制清单修订版。[40]

全体会议通过了核供应国集团指导原则第一部分对出于和平目的获取核材料有关内容的修改：

> 供应国应根据指导原则的目标，促进为和平利用核能获取核材料，在（1968年不扩散核武器条约）第四条规定范围内，鼓励接收国在不破坏全球核燃料市场情况下，最大限度地利用国际商业市场及其他国际核燃料服务机制。[41]

全体会议批准的用以指导核供应国集团推广计划的文件，指出了与工业界接触及“已批准的修订后的指导原则在这方面努力”的重要性。[42] 核供应国集团进一步讨论了与联合国安理会1540委员会、世界核安全研究所和世界核协会等机构建立更为密切联系的问题。[43] 虽然讨论了中间交易和过境问题，但未就这些问题做出决定。如以往一样，仅就许可证和执法措施等问题进行了讨论并交换信息。如同2011年，全体会议声明也提到了伊朗和朝鲜核计划所引起的扩散担忧。[44]

---

〔40〕 核供应国集团（NSG）：“核供应国集团公开声明”，核供应国集团全会，西雅图，2012年6月21—22日，网址：〈http：//www. nuclearsuppliersgroup. org/A_ test/01 - eng/10 - docu. php〉；核供应国集团：“核供应国集团清单基本审议”，2012年6月，网址：〈http：//www. nuclearsuppliersgroup. org/Leng/08 - list. htm〉。

〔41〕 国际原子能机构：“从美国常驻国际原子能机构代表团收到的有关一些成员国出口核材料、设备和技术的指导原则的来文”，INFCIRC254/Rev. 11/Part I，2012年11月12日，第12段。

〔42〕 核供应国集团：“核供应国集团公开声明”，（同注释〔40〕）。

〔43〕 R. 斯特拉特福：“核供应国集团：发展、变革及未来展望”，第20届亚洲出口控制研讨会，东京，2013年2月26—28日。

〔44〕 核供应国集团：“核供应国集团公开声明”（同注释〔40〕）。

2012 年全体会议邀请墨西哥和塞尔维亚作为观察员。[45] 墨西哥在获得 46 个成员国一致批准后，于 2012 年 11 月加入核供应国集团。2011 年，墨西哥出口了价值 10 多亿美元的核供应国集团控制清单上的物品。[46] 加入核供应国集团后，墨西哥可对有关讨论和做出一致决定做出贡献。在 2012 年，印度继续通过外交渠道寻求支持加入核供应国集团。[47] 2012 年，澳大利亚、比利时、法国、俄罗斯和乌克兰等部分核供应国集团成员国，对印度加入核供应国集团表示了支持。[48] 美国和英国此前曾表示支持印度加入核供应国集团。[49] 在 2011 年全体会议上，美国代表团散发了一份"启发思考"文件，声称反对将签署 1968 年不扩散核武器条约（NPT）作为印度加入核供应国集团的前提条件。[50] 然而，虽然这一文件在 2012 年全体会议上又进行了进一步的讨论，但该集团发表的公开声明仅表示，将继续考虑印度加入核供应国集团问题，与 2011 年声明相比没有变化。[51] 这表明与被怀疑拥有核武器计划的国家进行合作受到的影响。

全体会议也讨论了中国未要求核供应国集团批准便向巴基斯坦提

〔45〕 核供应国集团："核供应国集团公开声明"（同注释〔40〕）。

〔46〕 墨西哥外交部："墨西哥正式加入核供应国集团（NSG）"，新闻发布，［日期不详］，网址：〈http：//www. sre. gob. mx/en/index. php？ option = com_ content&view = article&id = 1740〉。

〔47〕 "印度寻求韩国支持其加入核供应国集团"，Zee 新闻，2012 年 9 月 15 日，网址：〈http：//zeenews. india. com/news/nation/india-seeks-korea-support-for-nsg-bid_ 766062. html〉。

〔48〕 S. 迪克西特："印度、乌克兰签署防务合作协定"，《印度教徒报》，2012 年 12 月 10 日；"比利时支持印度加入核供应国集团，寻求经济合作"，《中小企业时报》，2012 年 8 月 9 日，网址：〈http：//www. smetimes. in/smetimes/news/indian-economy-news/2012/aug/09/belgiumm-backs-India-NSG-seeks-economic-cooperation74194. html〉。I. 达斯马纳："俄罗斯支持印度加入核供应国集团"，《商务标准报》（新德里），2012 年 6 月 21 日；"澳大利亚承诺支持印度加入核供应国集团"，《纽约每日新闻》，2012 年 5 月 3 日。

〔49〕 鲍尔（同注释〔38〕）。

〔50〕 美国国务院："美国文件——有关印度加入核供应国集团的"启发思考"文件"，2011 年 5 月 23 日，网址：〈http：//www. armscontrol. org/system/files/nsg1130. pdf〉。1968 年核不扩散条约简介及其他详情见本卷附件 A 第一部分。

〔51〕 D. 霍纳："核供应国集团仍在酝酿印度加入问题"，《今日军控》，第 42 卷第 6 期（2012 年 7 月/8 月）。

供2座反应堆问题，但好像未取得任何进展。[52]

瓦森纳安排

在澳大利亚集团、导弹及其技术控制制度和核供应国集团将重点集中在大规模杀伤性武器及其投送系统时，瓦森纳安排则推动常规武器及相关双重用途物品和技术转让的透明度和信息交换。[53] 它鼓励负责任的行为，寻求防止“不稳定的积累”这类物品。[54]

如往年一样，瓦森纳全体会议于2012年12月在奥地利维也纳举行，德国任主席国。（丹麦于2013年1月1日接任新主席国。）在全体会议准备过程中，一般工作组讨论了政策问题；专家组讨论了与控制清单有关的问题；召开了许可证和执法官员年度会议；安全与情报专家特设组见了面。全体会议声明欢迎来自新西兰的菲利普·华莱士·格里菲思任瓦森纳安排秘书处的新秘书长。来自瑞典的淑娜·丹尼尔森到2012年6月已担任这一职务10年。[55]

同2011年一样，全体会议同意在2013年继续通过全体会议后的情况介绍、与非成员国的互动和双边对话广泛与非成员国、工业界和其他有兴趣的团体进行接触，并就控制清单的最新变化情况向部分非成员国做技术性简报。技术性简报的目的是扩大瓦森纳安排的影响，鼓励非成员国自愿遵守其标准。[56] 该组织过去的接触活动主要集中在一般性情况介绍或争取其他国家自愿承诺遵守该机制的指导方针和原则，现在则努力增加一些技术成分。

---

〔52〕 F. 达尔：“西方担心中国—巴基斯坦核关系：根源”，路透社，2012年7月27日；鲍尔（同注释〔38〕）。

〔53〕 瓦森纳安排简介见本卷，附录B第三部分；瓦森纳安排网站，〈http：//www. wassenaar. org/〉。

〔54〕 瓦森纳安排，“指导原则及程序，包括初始部分”，2011年12月，网址：〈http：//www. wassenaar. org/guidelines/〉。

〔55〕 瓦森纳安排，“瓦森纳安排公开声明”，维也纳，2012年12月11—12日。网址：〈http：//www. wassenaar. org/publicdocuments/index_ PS_ PS. html〉。

〔56〕 瓦森纳安排（同注释〔55〕）。

2012 年 1 月，墨西哥成为瓦森纳安排第 41 个成员国。[57] 这是 1996 年南非加入瓦森纳安排后该组织第一次扩大成员国。其他几个国家的申请仍在审议之中。

瓦森纳安排控制清单做了多处修改，包括航天器和移动通信被动反监视设备。[58] 结果，目前的控制清单包括转让关闭的拦截设备，如国际移动用户身份（IMSI）收集器。[59] 对燃气涡轮发动机和机床的控制放松了，加密技术说明也做了修改。与会国家决定对双重用途物品和军需品清单进行一次全面和系统的审查。[60] 他们同时同意“更多地利用区域审查演习，根据不同的地理区域变换审查重点”。[61]

瓦森纳安排所有文件汇编最新版本于 2013 年 1 月正式公布。[62]

（牟长林 译）

〔57〕 瓦森纳安排（同注释〔55〕）；美国务院：“美国祝贺墨西哥加入瓦森纳安排”，媒体记录，PRN：2012、122，2012 年 1 月 25 日，网址：〈http//www. staye. gov/r/pa/prs/ps/2012/01/182499. htm〉。

〔58〕 关于欧盟监视技术出口控制见下面第五节。

〔59〕 有关涉及的技术类别见国际隐私保护组织，“监视行业指数：科巴姆”，［日期不详］，网址：〈http：//www. privacyinternational. org/sii/cobham/〉。

〔60〕 瓦森纳安排（同注释〔55〕）。关于专家组通过的修改内容见瓦森纳安排，“修改总结，双重用途物品、技术和军需品清单表”，2012 年 12 月 12 日，网址：〈http：//www. wassenaar. org/controllists/〉。

〔61〕 瓦森纳安排（同注释〔55〕）。

〔62〕 瓦森纳安排，“基本文件：汇编”，2013 年 1 月，网址：〈http：//www. wassenaar. org/publicdocuments/index_ BD，html〉。

第五节　欧盟出口控制的发展

西比勒·鲍尔　马克·布罗姆利

2012年，对欧洲联盟（EU）共同立场的审议仍在进行中，该共同立场确定了规范军事技术和设备出口的共同规则，因此欧盟范围内有关武器出口、中间交易、过境运输和中转的控制规则没有大的变化。然而，欧盟成员国在履行欧盟成员国之间国防物品贸易新规定方面取得了一定进展。尽管由于要求欧洲议会介入的新要求推迟了相当长的时间，但根据多边控制机制达成的协议，受控制的双重用途物品的范围有所扩大。欧洲议会努力将欧盟双重用途物品的控制范围扩大至监视技术转让，实际上是2011年和2012年“阿拉伯之春”后在这一领域采取的一系列措施的一部分。由此，欧洲议会成为欧盟制定双重用途贸易控制政策的一个新角色。

欧盟武器出口共同立场回顾

自20世纪90年代以来，欧盟一直努力加强和协调成员国的武器出口控制政策。[1] 这些努力最重要的方面是2008年制定的欧盟共同立场，欧盟共同立场规范了军事技术和设备出口控制的共同规则。[2] 共同立场第15条规定，该文件“将在通过后3年进行审议”。2011年中，欧盟对外行动署（EEAS）作为欧盟理事会常规武器出口工作组（COAEM）主席，主要负责共同立场的实施，为审议开始进行准备。欧盟对外行动署散发了一份调查问卷，征求欧盟成员国对审议的可能范围及涵盖内容的意见。在整个2012年，欧盟理事会常规武器

〔1〕 S. 鲍尔：“武器出口政策欧洲化及其对民主问责的影响”，博士论文，2003年5月和M. 布罗姆利：“欧盟武器出口行为准则对国内政策的影响：捷克共和国、荷兰和西班牙”，SIPRI政策文件第21期（SIPRI：斯德哥尔摩，2008年5月）。

〔2〕 欧盟理事会，2008年12月8日确定规范军事技术和设备出口控制共同规则的理事会共同立场2008/944/CFSP，《欧盟官方议事录》，L335，2008年12月8日。2008年共同立场取代1998年武器出口行为准则。欧盟理事会，“欧盟武器出口行为准则”，8675/2/98第2版，1998年6月5日。

出口工作组对这一问题进行了广泛的讨论。[3] 同时，工作组也与欧洲议会、非政府组织（NGO）和国防工业部门的代表进行了讨论。[4]

审议在非政府组织和欧洲议会议员们广泛批评的背景下开始，他们批评欧盟武器出口控制在国家层面执行不利，主要是由于透露了在“阿拉伯之春”起义前向中东和北非地区国家转让武器。[5] 然而，欧盟及其成员国 2012 年末宣布，欧盟共同立场将继续“恰当地服务于欧盟理事会 2008 年确立的目标，并为成员国协调武器出口政策提供一个坚实的基础”。[6] 这意味着审议最终不会对共同立场内容做任何修改。然而，欧盟同时也宣布，“在实施共同立场和在常规武器出口领域确保成员国最大限度地达成一致方面，仍有可能取得进展”。[7] 欧盟及其成员国实际上被赋予了“根据共同立场审议结果”，适时更新“用户指南和欧盟共同军品清单的任务”。[8] 很可能要对实施共同立场提供指导的用户指南的部分内容做出修改和更新，特别是实施共同立场的 8 条标准以及信息交换、拒绝通报和磋商机制等有关内容。[9]

欧盟成员国间转让指令执行情况

2012 年，欧盟成员国继续将成员国间有关转让国防产品的指令

〔3〕 欧盟理事会，“理事会对审议理事会共同立场的结论 2008/944/CFSP 确定规范军事技术及设备出口控制共同规则”，第 3199 次外交部长理事会会议，布鲁塞尔，2012 年 11 月 19 日。

〔4〕 欧盟理事会（同注释〔3〕）。

〔5〕 见如 A. 兰克斯、F. 斯利基普和 R. 伊斯比斯特（编辑）：“中东和北非的教训：对欧盟向中东和北非转让军事和安全装备的评估”，学林出版社，2011 年 11 月，网址：〈http：//www. saferworld. org. uk/smartweb/resources/view-resource/596〉。

〔6〕 欧盟理事会（同注释〔3〕）。

〔7〕 同上。

〔8〕 欧盟理事会，第 14 期年度报告，根据欧盟共同立场第 8 条（2）2008/944/CFSP 确定规范军事技术及设备出口控制共同规则，《欧盟官方议事录》，C386，2012 年 12 月 14 日，第 3 页。

〔9〕 欧盟理事会（同注释〔4〕）；和欧盟官员与作者的通信，2013 年 1 月 28 日。用户指南最新版本见欧盟理事会，“欧盟共同立场用户指南 2008/944/CFSP 确定规范军事技术及设备出口控制共同规则”，9241/09，2009 年 4 月 29 日，网址：〈http：//register. consilium. europa. eu/pdf/en/09/st09/st09241. en09pdf〉。

(ICT 指令) 纳入国家武器转让控制立法。[10] ICT 指令是欧盟旨在努力减少欧盟内部国防工业领域合作障碍的一部分。[11] 它要求欧盟成员国发放普通或全球许可证，以便允许其接收者在无需额外授权的情况下，在欧盟内部进行部分与国防相关产品的出口。这些出口包括作为欧盟内部合作军备计划的一部分向另一成员国武装力量的转让，或向另一成员国某一"认证公司"的转让。对某一公司进行认证的程序根据欧盟范围内同意的共同标准、由该公司总部所在成员国的国家主管部门处理。[12] ICT 指令也取消了对源自另一个欧盟成员国的国防相关产品的过境运输和中转许可证要求（虽然从公共安全角度应保留这种要求）。

要求欧盟成员国在 2011 年 6 月 30 日前调换指令，并在 2012 年 6 月 30 日前开始付诸实施。[13] 截至 2012 年 6 月，共有 20 个国家正式通知欧盟委员会已将 ICT 指令纳入其国家立法，这表明"按时调换指令对于一些成员国来说还是很困难的"。[14] 欧盟委员会对未能以国家规则取代指令的成员国提出了侵权诉讼。

双重用途贸易控制的发展

2011 年，欧盟委员会就欧盟双重用途产品贸易控制审议发表一

---

〔10〕 欧洲议会 2009/43/EC 指令和欧盟理事会 2009 年 5 月 6 日简化欧盟内部有关国防产品转让的条款和条件，《欧盟官方议事录》，L146，2009 年 6 月 10 日。

〔11〕 I. 安东尼、S. 鲍尔："对与安全有关国际转让的控制"，《SIPRI 年鉴 2009 年》，第 476—478 页。

〔12〕 委员会 2011 年 1 月 11 日关于根据欧洲议会 2009/43/EC 指令第 9 条国防事业认证的建议和理事会简化欧盟内部有关国防产品转让的条款和条件，《欧盟官方议事录》，L11，2011 年 1 月 15 日，第 62—74 页。关于哪些公司已在国家层次认证的信息可见欧洲委员会维护的 CERTIDER 数据库，网址：〈http://ec.europa.eu/enterprise/sectors/defence/certider/index.cfm〉。

〔13〕 欧盟委员会，企业和工业局局长，"国防工业：参考文件"，2012 年 2 月 2 日，网址：〈http://ec.europa.eu/enterprise/sectors/defence/documents/index_en.htm〉。

〔14〕 欧盟委员会，欧盟委员会向欧洲议会提交的报告和欧盟理事会调换指令 2009/43/EC 简化欧盟内部相关国防产品转让条款和条件，2012 年 6 月 29 日，网址：http://eur-lex.europa.eu/LexUriserv/LexUriserv.do?uri=COM:2012:0359:FIN:EN:PDF，第 5 页。

份绿皮书，并编入 2009 年双重用途物品规定之中。[15] 该文件是公共咨询程序的一部分，旨在引发公众就欧盟目前双重用途贸易控制体系如何运作展开讨论。民间社会组织、工业界、学术界和成员国政府提出的大量意见由工作人员汇编成一份工作文件，并于 2013 年 1 月出版。[16] 预计这一文件将成为 2013 年向欧洲议会和欧盟理事会提交文件的基础。[17]

工作人员汇编的工作文件反映了提交意见的多样性，涉及的内容十分广泛，包括实际履行新的过境和中间交易控制过程中面临的挑战；在全欧盟范围内统一实施全面控制；以及在当前贸易、政治和技术环境下，对商业活动和物品进行控制的适当性。瑞典政府的一份报告指出，“共同磋商的结果将……有助于发现目前体系的长处和短处，并为欧盟出口控制框架制定长远规划。”根据这份报告，“最大的愿望是其结果将有助于巩固对现体系做出的改变，有助于做好制定欧盟出口控制长远战略的准备”。[18]

2012 年 4 月，欧盟对双重用途物品控制清单进行了修改，该清

〔15〕 欧盟委员会：“欧盟双重用途出口控制体系：确保在变化世界中的安全和竞争力”，绿皮书 COM（2011）393，2011 年 6 月 30 日，欧盟规定 428/2009 规范双重用途物品的出口，经纪和过境，包括软件和技术，2009 年 8 月 27 日生效。法律极大扩大了受控制双重用途贸易行为的范围，根据联合国安理会有关经纪人、过境和转运控制的第 1540 号决议。理事会规定（EC）2009 年 5 月 5 日第 428/2009 号就控制双重用途物品的出口、转让、经纪、和过境建立了一个共同体机制，《欧盟官方议事录》，L134，2009 年 5 月 29 日。这一规定更新和扩大了原欧盟双重用途物品控制条款，最早的条款可追溯至 1995 年。I. 安东尼等，“多边相关武器出口控制”，《SIPRI 年鉴 1995》，第 616—619 页。

〔16〕 欧盟委员会：“战略出口控制：确保在变化的世界中的安全和竞争力”，根据绿皮书 COM（2011）393 撰写的有关公共咨询的报告，欧盟委员会工作人员工作文件，SWD（2013）7 最后文件，布鲁塞尔，2013 年 1 月 17 日，网址：〈http：//trade. ec. europa. ru/doclib/docs/2013/februray/tradoc_ 150459. pdf〉。

〔17〕 接受咨询的一些组织将其提交的意见公开。见如英国商业创新和技能部，出口控制组织，“英国政府对欧盟委员会有关欧盟双重用途出口控制体系绿皮书的答复”，2012 年 1 月，网址：〈http：//www. bis. gov. uk/assets/biscore/eco/docs/12 - 509 - eco-response-en-green-paper-dual-use. pdf〉。

〔18〕 瑞典政府：“2011 年战略出口控制：军事装备和双重用途产品”，Skr. 2011/12：114，2011 年 3 月 15 日，网址：〈http：//www. isp. se/sa/node. asp？ node = 528〉。

单是双重用途物品规则的一个附件。[19] 经常对清单进行修改，在控制清单上增加、取消或减少对某些物品的控制，并对控制清单的定义和说明做出修改。对控制清单进行的最近一次修改（共有大约 250 处）于 2012 年 6 月 15 日开始生效，使欧盟控制清单与澳大利亚集团、导弹及其技术控制制度（MTCR），核供应国集团（NSG）和瓦森纳安排 2010 年做出的修改相一致。由于技术磋商和翻译过程等原因，履行多边达成的修改总是需要很长时间。此外，出于实际考虑，虽然修改每年只进行一次，但根据不同机制的情况，修改往往在一年内的不同时间做出。

欧洲议会通常不参与控制清单的修订，因为一般说来这是技术性的。在很多情况下，这是政府所承担的国际义务。2010 年修改非正常长时间推迟履行是由于 2007 年通过的里斯本条约，该条约赋予欧洲议会在制定双重用途物品规则中具有共同决定权。[20] 由于必须迅速做出这些修改以跟上技术的发展和变化的采购方式，推迟履行这些修改产生了很大影响。推迟更新欧盟清单造成的更为严重影响是，很多欧盟以外的欧洲国家以及其他地区国家，特别是亚洲国家，都是根据欧盟的修改更新其控制清单，因为欧盟控制清单综合了不同国际机制的要求。[21]

---

〔19〕 规则（EU）第 388/2012 号，欧洲议会和欧盟理事会 2012 年 4 月 19 日修改欧盟理事会 2009 年 5 月 5 日欧盟理事会规则（EU）第 428/2009 号，建立控制双重用途物品出口、转让、经纪、转口的共同体机制，《欧盟官方议事录》，L129，2012 年 5 月 16 日，; 和英国出口控制组织，“附件 1：全面修改欧盟理事会规则（EU）注释概要 2012 年 5 月 25 日第 428/2009 号”，网址：〈http：//trade. ec. europa. eu/doclib/docs/2012/may/tradoc_ 149517. pdf〉。

〔20〕 修改欧盟条约和建立欧洲共同体条约的里斯本条约，2007 年 12 月 13 日签署，2009 年 12 月 1 日生效，网址：〈http：//europa. eu/lisbon_ treaty/〉。

〔21〕 使用与欧盟相同控制清单的国家包括已入盟和潜在入盟东南欧国家：阿尔巴尼亚、波黑、克罗地亚、马其顿、黑山和塞尔维亚，以及亚洲国家，包括新加坡和马来西亚。参见例如，新加坡海关“战略物品控制清单：概览”，2013 年 2 月 18 日，网址：〈http：//www. customs. gov. sg/stge/leftNav/str/〉；和马来西亚政府、国际贸易和工业部：“战略贸易法案 2010”，[日期不详]，网址：〈http：//www. miti. gov. my/cmspreview/content. jsp? id = com. tms. article_ a84fac8e - c0a81573 - f5a0f5a0 - 57df60c6〉。更多信息参见 P. 霍尔特姆、I. 米奇克：“欧盟武器出口控制在东欧和东南欧的扩大活动”，不扩散文件第 14 期，欧盟不扩散联盟，2012 年 4 月，网址：〈http：//nonproligeration. eu/activities/activities. php〉。

为防止今后再发生此类拖延，2011 年底欧盟委员会提出一项建议，欧盟委员会有权根据上述 4 个机制控制清单修改情况，对欧盟双重用途物品规则附件一的内容进行更新。该建议同时还允许欧盟委员会可迅速将某些特定地点和产品排除在欧盟一般出口许可证范围之外。[22] 欧盟委员会因此被赋予了采取行动的权力，这正是里斯本条约所预见的。[23] 欧洲议会在 2012 年 10 月 23 日举行的全体会议上，对欧盟委员会的建议采取了明确立场。欧洲议会提出以下修改意见：（1）在这些领域的授权可默认自动延长 5 年；（2）要求欧盟委员会"在准备和履行授权行动框架内，充分提供与各国专家举行有关会议的信息和文件"。[24]

欧洲议会还对欧盟委员会的建议提出其他修改意见，主要涉及监视和拦截技术（见下面内容），以及所谓的全部控制条款。全部控制条款或最终用户机制允许负责任的欧盟成员国政府提出授权要求，如果物品最终用于或可能被用于大规模杀伤性武器（WMD）计划，或与武器禁运地区所登记的常规军用物品有关。然而，其他成员国即使接到通报也无需这样做。以前，这曾导致欧盟共同市场内对双重用途物品产生不同的授权要求。因此，如果一个成员国决定对某些未登记的物品实施全面控制，欧洲议会的建议则要求所有欧盟成员国都必须"施加相同的授权要求"。[25]

2011 年底，欧洲议会和欧盟理事会批准了建立 5 个新的欧盟一般出口授权（GAEs）的建议，并于 2012 年 1 月生效。这些一般出口授权提供如下便利：向某些地点出口某些双重用途物品；维修或更换后出口；参加展览会和博览会临时出口；电信系统出口以及化学品出口提供便利。对于一些特定物品和出口目的地，无需向欧盟申请单独

---

〔22〕 欧盟委员会，关于欧洲议会法规和欧盟理事会修改规则（EC）第428/2009 号的建议，建立控制双重用途物品出口、转让、经纪的共同体机制，COM（2001）704 最后文件，2011 年 11 月 7 日。

〔23〕 里斯本条约（同注释〔20〕），第 290 条。

〔24〕 欧洲议会，欧洲议会 2012 年 10 月 23 日立法决议，关于欧洲议会和欧盟理事会修改规则（EC）第 428/2009 号，建立控制双重用途物品出口、转让、经纪的共同体机制的建议，（COM（2001）0704 - C7 - 0395、2011 - 2011、0310（COD）），斯特拉斯堡，2012 年 10 月 23 日。

〔25〕 欧洲议会（同注释〔24〕），修订 12。

的出口许可证。[26]

在实施方面，欧盟成员国于2011年启动了出口许可证申请拒绝和全面控制决定通报数据库。[27] 获得授权的执法官员和负责颁发出口许可证的官员都可使用该数据库。

控制转让监视技术

2011年，设在欧盟的公司（以及设在欧洲其他国家和北美地区的公司）被披露卷入向中东和北非地区国家提供安全、监视和审查技术和服务。[28] 在多数情况下，这些技术被国家安全部队用于从事违反国际人权法的行为。现有的欧盟和瓦森纳安排战略贸易控制清单并不包括其中涉及的许多技术，如监听或审查互联网活动及移动电话通信的技术。2011年和2012年间，欧盟探讨了将现有战略物品转让控制系统扩大至包括控制这类物品的方法。瓦森纳安排也提出和讨论了这一问题（见前面第四节）。包括英国在内的一些欧洲国家政府也探讨了如何通过实施现有国家法律和规定对这一领域施加控制。[29] 也曾试图通过提高工业标准，例如借助美国制定的全球网络倡议（GNI），对出口监视技术实行更为严格的控制。[30]

2011年底至2012年初，欧盟对伊朗和叙利亚实施武器禁运的文

---

〔26〕欧洲议会和欧盟理事会2011年11月16日规则第1232/2011号，修改规则（EC）第428/2009号建立控制双重用途物品出口、转让、经纪的共同体机制，《欧盟官方议事录》，L326，2011年12月8日。

〔27〕瑞典政府（同注释〔18〕）。

〔28〕S. 格雷："英国公司否认与埃及进行"网络间谍"交易"，英国广播公司，2011年9月22日，网址：〈http：//www. bbc. co. uk/news/technology - 14981672〉；B. 埃尔金、V. 西尔弗："叙利亚的镇压得到意大利公司提供美国和欧洲间谍设备的援助"，彭博通讯社，2011年11月4日，网址：〈http：//www. bloomberg. com/news/2011 - 11 - 03/syria-crackdown-gets-italy-firm-s-aid-with-u-s-europe-spy-gear. html〉；B. 埃尔金、V. 西尔弗："监视市场及其受害者"，彭博通讯社，2011年12月20日，网址：〈http：//www. bloomberg. com/data-visualization/wired-for-repression/1〉；和B. 瓦格纳："出口审查及监视技术"，与发展中国家合作人文研究所，（Hivos），2012年1月，网址：〈http：//www. academia. edu/2133607/Exporting_ Censorship_ and_ Surveillance_ Technology#〉，第7页。又见M. 布罗姆利、P. D. 魏茨曼："关于向受阿拉伯之春影响的国家出口武器的政策"，《SIPRI年鉴2012》。

〔29〕A. 托平："海关敦促调查英国间谍设备公司"，《卫报》，2012年12月26日。

〔30〕详情见全球网络倡议网站，http：//www. globalnetworkinitiative. org。

件（是前面第二节）都进行了更新，将禁止出售监视技术包括其中。2011 年 12 月，欧盟对叙利亚的禁运文件进行了修订，包括禁止“出售、提供，转让或出口可能被叙利亚政府（或代表叙政府）主要用于监听或截收互联网及移动或固定网络电话通信的设备或软件”，以及提供相关的服务。[31] 2012 年 3 月，对伊朗的禁运文件也增加了同样的内容。[32] 欧盟同时也明确了扩大对伊朗和叙利亚禁运所涉及的技术清单，包括深度数据包检测设备、语义处理引擎设备、讲话人识别或处理设备、模式识别和模式分析设备、语义处理引擎设备、有线等效保密（WEP）和无线网络连接（Wi-Fi）保护访问（WPA）密码破译设备。[33] 上述内容表明，欧盟对于潜在的违反国际人权法行为，首次明确了其所关注的监视技术的种类。

欧盟也研究了将控制监视技术转让扩大至未受欧盟武器禁运国家的方法，特别是通过扩大双重用途物品转让控制。2012 年 5 月，欧洲议会通过了一项非立法决议，谴责了“欧洲公司在向专制政权出口武器和双重用途物品中的作用以及遵从独裁国家安排的技术性中断的情况”。决议呼吁欧盟委员会“为欧盟公司在符合欧盟基本原则情况下行事制定指导原则”。[34] 2012 年 10 月，欧洲议会就欧盟委员会修改 2009 年双重用途物品规定建议提出的一系列修改意见中，包含了相关措词。欧洲议会特别指出，如果政府或欧盟委员会通报出口商，某些物品通过使用“截收技术和数字数据传送装置、监听移动电话和接收短信并有针对性地对互联网实施监视”，可能被用于从事

---

〔31〕 欧盟理事会 2011 年 12 月 1 日 2011/782/CFSP 决定，关于对叙利亚的限制措施及 2011/273/CFSP 撤销决定，《欧盟官方议事录》，2012 年 12 月 2 日。

〔32〕 欧盟理事会 2012 年 3 月 23 日 2012/168/CFSP 决定，修改欧盟理事会 2011/235/CFSP 决定，根据伊朗形势，关于针对一些人员和实体的限制措施，《欧盟官方议事录》，2012 年 3 月 24 日，第 85 页。

〔33〕 欧盟理事会 2012 年 1 月 18 日第 36/2012 号规定（EU），关于根据叙利亚形势采取的限制措施和第 442/2011 号撤销决定，《欧盟官方议事录》，L16，2012 年 1 月 19 日，附件五；欧盟理事会 2012 年 3 月 23 日第 246/2012 号规定，关于根据伊朗形势针对一些人员、实体和机构的限制措施，《欧盟官方议事录》，L87，2012 年 3 月 3 日，附件四。

〔34〕 欧洲议会：“贸易促进变化：阿拉伯之春革命后欧盟南地中海贸易和投资战略（2011/2113（INI））”，决议，2012 年 5 月 10 日，网址：〈http：//www. europarl. europa. eu/sides/getDoc. do? pubRef = //EP//TEXT + TA + P7 – TA – 2012 – 0201 + 0 + DOC + XML + VO//EN〉。

违反人权、民主原则或言论自由的行为，应要求出口商提供未列入清单物品出口授权。[35] 如果增加这一措词（由于能力问题和职责分工，这种可能性不大），这一修改将通过赋予欧盟委员会直接通报出口商需要授权的权力，潜在性地增加欧盟委员会参与控制转让双重用途物品的力度。已经制定了类似的全面法律条款，主要适用于向拥有大规模杀伤性武器计划的最终用户出口双重用途物品，或向武器禁运地点出口清单所列用于常规军事用途的物品。然而，欧盟委员会在这些情况下无需通报任何信息。

欧盟双重用途和武器贸易控制合作计划

许多实体介入了建立和加强跨境武器和双重用途物品流动控制系统合作措施的制定。这些合作措施最初集中在出口控制，但目前也包括过境、转运、中间交易及融资等相关活动。具有国际范围的主要专业计划是欧盟资助的双重用途物品出口控制合作计划、美国国务院出口控制和相关边境安全（EXBS）计划，以及美国能源部等其他政府部门资助的补充计划。[36] 虽然美国的计划比欧盟的计划大，但欧盟的计划目前不仅包括欧洲国家，也包括非洲、亚洲和中东地区国家。[37] 由于机构内部能力的不同，欧盟双重用途物品和武器贸易控制计划由不同的金融机构资助。

---

〔35〕 欧洲议会，关于欧洲议会和欧盟理事会修改建立控制出口、转让、经纪和转运双重用途物品共同体机制第428/2009号规定（EC）建议的立法决议（COM（2011）0704-C7-0395/2011/0310（COD），2012年10月23日）。

〔36〕 德国经济和出口控制办公室（BAFA）："欧盟双重用途出口合作"，［日期不详］，网址：〈http：//www/eu-outreach. info/eu_ outreach/〉；美国国务院，出口控制和相关边境安全（EXBS）计划，"EXBS计划"，网址：〈http：//www/state. gov/t/isn/ecc/c27911. htm〉；美国能源部，国家核安全管理局，"国防计划第二线"，网址：〈http：//nnsa. energy. gov/aboutus/ourprograms/nonproliferation/programoffices/internationalmaterialprotectionandcooperation/se〉。

〔37〕 一些其他国家，包括日本和一定程度上澳大利亚，在地区层次专注于与大规模杀伤性武器有关的贸易控制能力建设。见S. 鲍尔："加强与出口控制有关的合作减少威胁：欧盟的选择"，背景文件第6期，关于加强欧洲在防止大规模杀伤性武器扩散和裁军领域行动的会议，布鲁塞尔，2005年12月7—8日；和S. 鲍尔："武器贸易控制能力建设：双重用途贸易控制的教训"，《SIPRI和平与安全透视》第2013/2期，2013年3月，网址：〈http：//books. sipri. org/product_ info? c_ product_ id=454〉。

在 20 世纪 90 年代，欧盟向化学、生物、辐射和核（CBRN）领域提供了技术援助，如侦查核材料走私等。[38] 然而，这种援助是临时性的，主要集中在前苏联。更为重要的是，它没有共同的战略，也未集中于建立双重用途物品出口控制机制。2005 年前，部分欧盟成员国也提供一些双边出口控制合作，但范围有限。2004 年至 2005 年间，欧盟范围内日益意识到，出口控制是欧盟资助履行 2003 年欧盟防止大规模杀伤性武器扩散战略和联合国安理会第 1540 号决议的一个领域。[39] 2006 年，欧盟通过向非欧盟成员国提供能力建设措施资金支持，组建了应对全球性问题的稳定机制（IFS），包括应对防止大规模杀伤性武器扩散战略中所列举的威胁。[40]

稳定机制为 2007 年至 2013 年双重用途物品出口控制能力建设拨款 1300 万欧元（1780 万美元）。[41] 欧盟双重用途物品出口控制合作计划由德国联邦经济和出口控制办公室负责实施（BAFA），吸纳了全欧盟范围内的法律、许可证、工业扩展和执法从业者。[42] 欧盟成员国（特别是德国和英国）向化学、生物、辐射和核（CBRN）领域提供了实质性的技术援助，战略贸易控制领域的能力建设也几乎完全是在欧盟计划内提供的。这些计划是从欧盟合作减少威胁试验计划的出口控制部分、以及专门向双重用途物品出口控制提供技术援助的两个试验计划演变而来的。虽然 2005 年只有 4 个国家参与第一个试验计划，但此后这些长期计划的地理范围逐渐扩大至近 30 个国家。欧盟计划主要围绕 5 个特定支柱开展活动：法律、工业及其他利益相关

〔38〕 鲍尔："加强与出口控制有关的合作减少威胁计划"（同注释〔37〕）。

〔39〕 欧盟理事会："与大规模杀伤性武器扩散做斗争：欧盟防止大规模杀伤性武器扩散战略"，15708/03，2003 年 12 月 10 日，网址：〈http://europa.eu/legislation_summaries/foreign_and_security_policy/cfsp_and_esdp_implementation/l33234_en.htm〉；和联合国安理会第 1540 号决议，2004 年 4 月 15 日。

〔40〕 欧洲议会和欧盟理事会 2006 年 11 月 15 日关于建立稳定机制的第 1717/2006 号欧盟理事会规定（EC），《欧盟官方议事录》，L327，2006 年 11 月 24 日；欧盟委员会："稳定机制"，网址：〈http://ec.europa.eu/europeaid/how/finance/ifs_en.htm〉。

〔41〕 稳定机制总预算约 21 亿欧元（28 亿美元），包括危机管理、预防冲突和灾难响应资金。稳定机制分配 3.2 亿欧元（4.38 亿美元）用于 2007 年至 2013 年防扩散和化学、生物、辐射和核（CBRN）风险化解活动。

〔42〕 德国经济和出口控制办公室（同注释〔36〕）。

者的意识、许可证、海关的作用、对违反出口控制的犯罪行为进行调查和起诉。[43]

2010 年，欧盟开始大规模扩大与化学、生物、辐射和核（CBRN）问题及防扩散有关的合作计划的地理和资金范围。欧盟化学、生物、辐射和核危机化解示范中心（CBRN COEs）是通过稳定机制预算资助的。[44] 这些计划目前正在北非；非洲大西洋沿岸；中东；东南欧、南高加索、摩尔多瓦、乌克兰；东南亚国家进行。[45] 提出化学、生物、辐射和核危机化解示范中心倡议的目的是在欧盟、其他地区以及区域和国际组织专业人员的帮助下，建立和扩大各地区在化学、生物、辐射和核领域的专业知识。通过实施这一概念和金融框架，伙伴国和各地区可提出欧盟资助计划的范围、种类和问题所在。危机化解示范中心概念旨在将有关化学、生物、辐射和核问题的讨论和行动扩大至大规模杀伤性武器和出口控制以外，包括诸如“犯罪（扩散、盗窃、破坏和非法贩运），意外事件（工业灾难，特别是化学或核、废料处理和运输）或自然事件（主要是流行病）等”。[46]

虽然预计 2013 年以后的行动规模会有所扩大，但目前仅向欧盟

---

〔43〕 第一个试验计划（由 SIPRI 牵头）包括一次实地验证演习，旨在探索提供有效出口控制援助的方法。第 2 和第 3 个试验计划（由德国联邦经济和出口控制办公室牵头，与 SIPRI 合作实施）主要目的是扩大和对这项工作进行研究。德国联邦经济和出口控制办公室还与俄罗斯共同实施了欧盟委员会出口控制合作计划。见德国联邦经济和出口控制办公室（同注释〔36〕）；SIPRI 双重用途和武器贸易控制，“当前计划”，网址：〈http：//www. sipri. org/research/disarmament/dualuse/capacity-building/current〉。

〔44〕 关于欧盟化学、生物、辐射和核危机化解示范中心，见 CBRN COE 网站，〈http：//www. cbrn-coe. eu/〉。2007 年至 2013 年 CBRN COEs 的预算约 9500 万欧元（1.3 亿美元）。联合国区域间犯罪和司法研究所：“CBRN 危机化解和安全治理计划：化学、生物、辐射和核示范中心”，[日期不详]，网址：〈http：//www. unicri. it/topics/cbrn/coe/〉。

〔45〕 非洲大西洋沿岸地区危机化解示范中心潜在国家包括贝宁、加蓬、几内亚、科特迪瓦、利比里亚、毛里塔尼亚、摩洛哥和塞内加尔。

〔46〕 欧盟化学、生物、辐射和核危机化解示范中心倡议：“化学、生物、辐射和核危机化解的一个协调战略”，[日期不详]，网址：〈http：//www. vbrn-coe. eu/ReadMore. aspx〉。

常规武器转让互补行动能力建设提供了有限的经费。[47] 2012 年 11 月，欧盟理事会通过一个决定，支持欧盟继续在欧盟之外努力推动常规武器出口控制，以及欧盟武器出口共同立场规定的原则和标准。[48] 2012 年的决定将为 2013 年和 2014 年间在东南欧、北非、东欧和高加索举行的地区研讨会提供资助，以支持许可证和执法官员对军事技术和装备出口实施有效地控制。这一倡议也对这些地区伙伴国之间的人员交流、欧盟成员国出口控制部门以及法律的起草、实施和执行提供支持。与欧盟理事会此前决定相比，2012 年的决定引入两项新的行动：对单个国家提供支持和建立门户网站以获取技术资源和信息。这一为时两年的计划将由德国联邦经济和出口控制办公室负责实施（BAFA），该办公室也是欧盟资助的双重用途物品和常规武器出口控制能力建设计划的实施机构。[49]

（牟长林 译）

〔47〕 P. 霍尔特姆、M. 布罗姆利："履行武器贸易条约：凝聚支持加强武器转让控制"，《SIPRI 和平与安全透视》第 2012/2 期，2012 年 7 月，网址：〈http：//books. sipri. org/product_ info_ ? c_ product_ id = 447〉；欧盟理事会决议 2012/711/CFSP，2012 年 11 月 19 日，支持欧盟有关行动以推动在第三国中控制武器出口，以及 2008/944/CFSP 共同立场的原则和标准，《欧盟官方议事录》，L321，2012 年 11 月 20 日。

〔48〕 根据欧盟理事会此前两个决定，欧盟理事会决定 2012/711/CFSP 为 24 个月（2012—2014 年）提供 186 万欧元（240 万美元）：1. 2009 年 12 月提供 78. 7 万欧元（110 万美元）用于 2010—2011 年常规推广活动。2. 2008 年 3 月提供 50. 05 万欧元（73. 3 万美元）用于 2008—2009 年常规推广活动。欧盟理事会 2009 年 12 月 22 日决定 2009/1012/CF-SP，支持欧盟有关行动以推动在第三国中控制武器出口，以及 2008/944/CFSP 共同立场的原则和标准，《欧盟官方议事录》，L348，2009 年 12 月 29 日，第 16—20 页；和 2008 年 3 月 17 日欧盟理事会联合行动 2008/230/CFSP，支持欧盟有关行动以推动武器出口控制以及欧盟关于第三国武器出口行为准则的原则和标准，《欧盟官方议事录》，L75，2008 年 3 月 18 日，第 81—85 页。

〔49〕 霍尔特姆和米奇克（同注释〔21〕）。

附　件

附件A　军控与裁军协定

南尼·博德尔

本附件罗列了与军控和裁军相关的多边和双边条约、公约、议定书和协定。除非另外注明，本附件罗列的协定及其缔约国和签约国为截至2013年1月1日的情况。

注释

1. 协定被划分为普遍性条约（即对所有国家开放的多边条约——第一部分）、区域性条约（即对特定区域国家开放的多边协定——第二部分）和双边条约（第三部分）。在每部分内，各项协定按其通过、签署或开放供签署日期（多边协定）或签署日期（双边协定）的顺序排列。协定生效日期及多边协定的保存人也一并列出。

2. 资料主要来自条约保存方提供的签约国和缔约方名单。2012年批准、加入、继承或签署协定的签约国、缔约国或成员国名单以斜体字标明。

3. 国家和组织按照批准国、加入国或继承国的顺序排列。原非自治领地在获得国家地位后，有时会申明其前殖民国家所签署的所有协定继续有效。本附件只列出那些对协定继续生效作出无争议声明或已通知协定保存方要继承协定的新国家。俄罗斯联邦继承苏联承担的国际义务。塞尔维亚继承前塞尔维亚和黑山联邦的国际义务。

4. 除非另外注明，本附件所列的多边协定向所有国家或相关地区（或区域）内的所有国家开放签署、批准、加入或继承。本附件所列签约国或缔约方并不都是联合国会员国。由于国际社会不承认台湾地区为主权国家，它仅被列为其所批准的协定的缔约方。

5. 本附件尽可能提供精确的条约副本的获取地址（出版物和在线网址）。提供者主要是条约的保存方，与条约相关的机构或秘书处，或者是《联合国条约集》（见网址〈http：//treaties. un. org/〉）。

第一部分 普遍性条约

禁止在战争中使用窒息性、毒性或其他气体及细菌作战方法的议定书（1925 年日内瓦议定书）

1925 年 6 月 17 日在日内瓦签署，1928 年 2 月 8 日生效，由法国政府保存。

议定书宣告缔约国同意遵守禁止在战争中使用窒息性、毒性或其他气体武器及细菌作战方法的义务。议定书保留国际上禁止使用化学武器和生物武器的根本依据。议定书的原则、目标和义务得到了 1972 年《禁止生物武器公约》和 1993 年《禁止化学武器公约》的明确支持。

缔约国（139 个）：阿富汗、阿尔巴尼亚、阿尔及利亚、安哥拉、安提瓜和巴布达、阿根廷、澳大利亚、奥地利、巴林、孟加拉国、巴巴多斯、比利时、贝宁、不丹、玻利维亚、巴西、保加利亚、布基纳法索、柬埔寨、喀麦隆、加拿大、佛得角、中非共和国、智利、中国、哥斯达黎加、科特迪瓦、克罗地亚、古巴、塞浦路斯、捷克共和国、丹麦、多米尼加共和国、厄瓜多尔、埃及、萨尔瓦多、赤道几内亚、爱沙尼亚、埃塞俄比亚、斐济、芬兰、法国、冈比亚、德国、加纳、希腊、格林纳达、危地马拉、几内亚比绍、梵蒂冈、匈牙利、冰岛、印度、印度尼西亚、伊朗、伊拉克、爱尔兰、以色列、意大利、牙买加、日本、约旦、肯尼亚、朝鲜、韩国、科威特、老挝、拉脱维亚、黎巴嫩、莱索托、利比里亚、利比亚、列支敦士登、立陶宛、卢森堡、马达加斯加、马拉维、马来西亚、马尔代夫、马耳他、毛里求斯、墨西哥、摩尔多瓦、摩纳哥、蒙古、摩洛哥、尼泊尔、荷兰、新西兰、尼加拉瓜、尼日尔、尼日利亚、挪威、巴基斯坦、巴拿马、巴布亚新几内[1]、巴拉圭、秘鲁、菲律宾、波兰、葡萄牙、卡塔尔、罗马尼亚、俄罗斯、卢旺达、圣基茨和尼维斯、圣卢西亚、圣文森特和格林纳丁斯、沙特阿拉伯、塞内加尔、塞尔维亚和黑山、塞拉利昂、斯洛伐克、斯洛文尼亚、所罗门群岛、南非、西班牙、斯里兰卡、苏丹、斯威士兰、瑞典、瑞士、叙利亚、中国台湾地区、坦桑尼亚、泰国、多哥、汤加、特立尼达和多巴哥、突尼斯、土耳其、乌干达、英国、乌克兰、乌拉圭、美国、委内瑞拉、越南、也门。

注：加入本议定书时，有些国家有所保留，表示将对不遵守本议定书的非国家行为体、含有不遵守本议定书的非国家行为体的联盟以及使用本议定书所禁止武器的违约国，保留使用化学或生物武器还击的权利。其后，特别是 1972 年《禁止生物武器公约》和 1993 年《禁止化学武器公约》后，因为保留内容和公约的义务相矛盾，许多国家撤销了保留。

除了这种“明确”保留以外，有些国家在独立后发表声明继承各自前殖民国家的议定书时，“含糊”地有所保留。例如，从法国和英国独立的国家，在英法撤销或修改其保留之前就有过这种“含糊”保留。加入（而不是继承）议定书的国家不通过此方式继承“保留”。

议定书文本：见法国外交部网址：〈http://www.diplomatie.gouv.fr/traites/affich etraite.do? accord = TRA19250001〉。

关于防止和惩治灭绝种族罪公约（种族灭绝公约）

1948 年 12 月 9 日在巴黎召开的联合国大会上通过，1951 年 1 月 12 日生效，由联合国秘书长保存。

根据该公约，任何意在全部或部分消灭一个民族、部族、种族或宗教团体的行为都是应按国际法进行惩治的罪行。

缔约国（142 个）：阿富汗、阿尔巴尼亚*、阿尔及利亚*、安道尔、安提瓜和巴布达、阿根廷*、亚美尼亚、澳大利亚、奥地利、阿塞拜疆、巴哈马、巴林*、孟加拉国*、巴巴多斯、白俄罗斯*、比利时、伯利兹、玻利维亚、波黑、巴西、保加利亚*、布基纳法索、布隆迪、柬埔寨、加拿大、佛得角、智利、中国*、哥伦比亚、科摩罗、刚果民主共和国、哥斯达黎加、科特迪瓦、克罗地亚、古巴、塞浦路斯、捷克共和国、丹麦、厄瓜多尔、埃及、萨尔瓦多、爱沙尼亚、埃塞俄比亚、斐济、芬兰、法国、加蓬、冈比亚、格鲁吉亚、德国、加纳、希腊、危地马拉、几内亚、海地、洪都拉斯、匈牙利*、冰岛、印度*、伊朗、伊拉克、爱尔兰、以色列、意大利、牙买加、约旦、哈萨克斯坦、朝鲜、韩国、科威特、吉尔吉斯斯坦、老挝、拉脱维亚、黎巴嫩、莱索托、利比里亚、利比亚、列支敦士登、立陶宛、卢森堡、前南斯拉夫马其顿共和国、马来西亚*、马尔代夫、马里、墨西哥、摩尔多瓦、摩纳哥、蒙古*、黑山*、摩洛哥*、莫桑比克、缅甸*、纳米比亚、尼泊尔、荷兰、新西兰、尼加拉瓜、尼日利亚、挪威、巴基斯坦、巴拿马、巴布亚新几内亚、巴拉圭、秘鲁、菲律宾*、波兰*、葡萄牙*、罗马尼亚*、俄罗斯*、卢旺达*、圣文森特和格林纳丁斯、沙特阿拉伯、塞内加尔、塞尔维亚*、塞舌尔、新加坡*、斯洛伐克、斯洛文尼亚、南非、西班牙*、斯里兰卡、苏丹、瑞典、瑞士、叙利亚、坦桑尼亚、多哥、汤加、特立尼达和多巴哥、突尼斯、土耳其、乌干达、英国、乌克兰*、阿拉伯联合酋长国、乌拉圭、美国*、乌兹别克斯坦、委内瑞拉*、越南*、也门*、津巴布韦。

* 批准、加入和继承时表示有所保留和/或发表声明。

签署但未批约国（1个）： 多米尼加共和国

公约文本：见联合国条约汇编，网址：〈http：//treaties. un. org/Pages/CTCTreaties. aspx? id =4〉。

关于战争时期保护平民的日内瓦第四公约

1949年8月12日在日内瓦签署，1950年10月21日生效，由瑞士联邦委员会保存。

公约规定了在战争地区和被占领土保护平民的原则。公约在1949年4月21日到8月12日召开的外交会议上制定（同时，其他三个公约相继出台。第一公约旨在改善战地武装部队伤者、病者境遇；第二公约旨在改善海上武装部队伤者、病者及舰艇失事人员的境遇；第三公约涉及战俘待遇）。

缔约国（194个）： 阿富汗、阿尔巴尼亚*、阿尔及利亚、安道尔、安哥拉*、安提瓜和巴布达、阿根廷、亚美尼亚、澳大利亚*、奥地利、阿塞拜疆、巴哈马、巴林、孟加拉国*、巴巴多斯*、白俄罗斯、比利时、伯利兹、贝宁、不丹、玻利维亚、波黑、博茨瓦纳、巴西、文莱、保加利亚、布基纳法索、布隆迪、柬埔寨、喀麦隆、加拿大、佛得角、中非共和国、乍得、智利、中国*、哥伦比亚、科摩罗、刚果民主共和国、刚果共和国、库克群岛、哥斯达黎加、科特迪瓦、克罗地亚、古巴、塞浦路斯、捷克共和国*、丹麦、吉布提、多米尼克、多米尼加共和国、厄瓜多尔、埃及、萨尔瓦多、赤道几内亚、爱沙尼亚、厄立特里亚、埃塞俄比亚、斐济、芬兰、法国、加蓬、冈比亚、格鲁吉亚、德国*、加纳、希腊、格林纳达、危地马拉、几内亚、几内亚比绍*、圭亚那、海地、梵蒂冈、洪都拉斯、匈牙利、冰岛、印度、印度尼西亚、伊朗*、伊拉克、爱尔兰、以色列*、意大利、牙买加、日本、约旦、哈萨克斯坦、肯尼亚、基里巴斯、朝鲜*、韩国*、科威特*、吉尔吉斯斯坦、老挝、拉脱维亚、黎巴嫩、莱索托、利比里亚、利比亚、列支敦士登、立陶宛、卢森堡、前南斯拉夫马其顿共和国*、马达加斯加、马拉维、马来西亚、马尔代夫、马里、马耳他、马绍尔群岛、毛里塔尼亚、毛里求斯、墨西哥、密克罗尼西亚、摩尔多瓦、摩纳哥、蒙古、黑山、摩洛哥、莫桑比克、缅甸、纳米比亚、瑙鲁、尼泊尔、荷兰、新西兰*、尼加拉瓜、尼日尔、尼日利亚、挪威、阿曼、巴基斯坦*、帕劳、巴拿马、巴布亚新几内亚、巴拉圭、秘鲁、菲律宾、波兰、葡萄牙*、卡塔尔、罗马尼亚、俄罗斯*、卢旺达、圣基茨和尼维斯、圣卢西亚、圣文森特和格林纳丁斯、萨摩亚、圣马力诺、圣多美和普林西比、沙特阿拉伯、塞内加尔、塞尔维亚、塞舌尔、塞拉利昂、新加坡、斯洛伐克、斯洛文尼亚、所罗门群岛、索马里、南非、西班牙、斯里兰卡、苏丹、苏里南*、斯威士兰、瑞典、瑞士、叙利亚、塔吉克斯坦、坦桑尼亚、泰国、东帝汶、多哥、汤加、特立尼达和多巴哥、突尼斯、土耳其、土库曼斯坦、图瓦卢、乌干达、英国*、乌克兰*、阿拉伯联合酋长国、乌拉圭*、美国*、乌兹别克斯坦、瓦努阿图、委内瑞拉、越南*、也门*、赞比亚、津巴布韦。

*批准、加入或继承时表示有所保留和/或发表声明。

注：1989 年，巴勒斯坦解放组织（PLO）通知公约保存方已决定遵守四项日内瓦公约和 1977 年的两个议定书。

公约文本：见瑞士联邦外交部网站：〈http：//www. eda. admin. ch/eda/fr/home/to pics/intla/intrea/chdep/warvic/gvaciv. html〉。

1949 年日内瓦公约关于保护国际性武装冲突受害者的附加议定书 I

1949 年日内瓦公约关于保护非国际性武装冲突受害者的附加议定书 II

1977 年 12 月 12 日在伯尔尼开放供签署，1978 年 12 月 7 日生效。由瑞士联邦委员会保存。

议定书确保了成员国在卷入国际性武装冲突和非国际性武装冲突中，选择作战方法和手段不是无限制的，禁止使用引起过分伤害和不必要痛苦的武器和作战方法。

议定书 I （172 个）和议定书 II （166 个）的缔约国：阿富汗、阿尔巴尼亚、阿尔及利亚*、安哥拉[1]*、安提瓜和巴布达、阿根廷*、亚美尼亚、澳大利亚*、奥地利*、巴哈马、巴林、孟加拉国、巴巴多斯、白俄罗斯*、比利时*、伯利兹、贝宁、玻利维亚*、波斯尼亚和黑塞哥维那*、博茨瓦纳、巴西*、文莱、保加利亚*、布基纳法索*、布隆迪、柬埔寨、喀麦隆、加拿大*、佛得角*、中非共和国、乍得、智利*、中国*、哥伦比亚*、科摩罗、刚果民主共和国*、刚果共和国、库克群岛*、哥斯达黎加*、科特迪瓦、克罗地亚、古巴、塞浦路斯*、捷克共和国*、丹麦*、吉布提、多米尼克、多米尼加共和国、厄瓜多尔、埃及*、萨尔瓦多*、赤道几内亚、爱沙尼亚、埃塞俄比亚、斐济、芬兰*、法国*、加蓬、冈比亚、格鲁吉亚、德国*、加纳、希腊*、格林纳达、危地马拉、几内亚*、几内亚比绍、圭亚那、海地、梵蒂冈、洪都拉斯、匈牙利*、冰岛*、伊拉克[1]、爱尔兰*、意大利*、牙买加、日本*、约旦、哈萨克斯坦、肯尼亚、朝鲜[1]、韩国*、科威特、吉尔吉斯斯坦、老挝*、拉脱维亚、黎巴嫩、莱索托、利比里亚、利比亚、列支敦士登*、立陶宛*、卢森堡*、前南马其顿共和国*、马达加斯加*、马拉维、马尔代夫、马里*、马耳他*、毛里塔尼亚、毛里求斯*、墨西哥[1]、密克罗尼西亚、摩尔多瓦、摩纳哥、蒙古*、黑山、摩洛哥、莫桑比克、纳米比亚*、瑙鲁、荷兰*、新西兰*、尼加拉瓜、尼日尔、尼日利亚、挪威*、阿曼、帕劳、巴拿马*、巴拉圭*、秘鲁、*菲律宾**、波兰*、葡萄牙*、卡塔尔*、罗马尼亚*、俄罗斯*、卢旺达*、圣基茨和尼维斯、圣卢西亚、圣文森特和格林纳丁斯、萨摩亚、圣马力诺、圣多美和普林西比、沙特阿拉伯*、塞内加尔、塞尔维亚*、塞舌尔*、塞拉利昂、斯洛伐克*、斯洛文尼亚*、所罗门群岛、南非、西班牙*、苏丹、苏里南、斯威士兰、瑞典*、瑞士*、叙利亚*[1]、塔吉克斯坦*、坦桑尼亚、东帝汶、多哥*、汤加*、特立尼达和多巴哥*、突尼斯、土库曼斯坦、乌干达、英国*、乌克兰*、阿拉伯联合酋长国*、乌拉圭*、乌兹别克斯坦、瓦努阿图、委内瑞拉、越南[1]、也门、赞比亚、津巴布韦。

*批准、加入或继承时表示有所保留和/或发表声明。

1. 只是议定书I的缔约国。

注：2012 年 3 月 30 日菲律宾批准了议定书I。它已于 1986 年 12 月 11 日批准了议定书Ⅱ。

议定书文本：见瑞士联邦外交部网站：〈http://www.eda.admin.ch/eda/fr/home/topics/intla/intrea/chdep/warvic.html〉。

南极条约

1959 年 12 月 1 日在华盛顿签署，1961 年 6 月 23 日生效，由美国政府保存。

条约宣布南极地区只能用于和平目的。禁止在南极地区采取任何有军事性质的措施，诸如建立军事基地和要塞，进行军事演习或任何种类武器的试验。条约禁止在南极进行任何核爆炸和抛置放射性废料。条约赋予对南极所有站点和设施进行现场视察的权利，以确保对条约规定的遵守。

根据条约第 9 条规定，定期举行会议交换信息，就有关南极问题进行磋商，为促进本条约的宗旨和目标向有关国家政府提出举措建议。

条约须经各签字国批准，向联合国会员国，或经有资格参加本条约第九条规定的磋商会议的所有缔约国同意而邀请加入本条约的任何其他国家开放入约。对南极感兴趣，在那里从事真实的科学研究的国家，如建立科学考察站和派遣探测队，都可以成为条约协商国。

缔约国（50 个）：阿根廷*、澳大利亚*、奥地利、白俄罗斯、比利时*、巴西*、保加利亚*、加拿大、智利*、中国*、哥伦比亚、古巴、捷克共和国、丹麦、厄瓜多尔*、爱沙尼亚、芬兰*、法国*、德国*、希腊、危地马拉、匈牙利、印度*、意大利*、日本*、朝鲜、韩国*、马来西亚、摩纳哥、荷兰*、新西兰*、挪威*、*巴基斯坦*、巴布亚新几内亚、秘鲁*、波兰*、葡萄牙、罗马尼亚、俄罗斯*、斯洛伐克、南非*、西班牙*、瑞典*、瑞士、土耳其、英国*、乌克兰*、乌拉圭*、美国*、委内瑞拉。

*根据条约第九条有资格参加磋商会议的国家。

条约文本：见南极条约秘书处网站：〈http：//www. ats. aq/e/ats. htm〉。

《南极条约环境保护议定书》（1991 年马德里议定书）于 1998 年 1 月 14 日生效。

议定书文本：见南极条约秘书处网站：〈http：//www. ats. aq/e/ep. htm〉。

禁止在大气层、外层空间和水下进行核武器试验条约（部分禁试条约，PTBT）

1963 年 8 月 5 日三个原始缔约国在莫斯科签署，1963 年 8 月 8 日在伦敦、莫斯科和华盛顿对其他国家开放签署。条约于 1963 年 10 月 10 日生效，由英国、美国和俄罗斯三国政府保存。

条约禁止缔约方在下列地方进行任何核武器试验爆炸或任何其他核爆炸：

（一）在大气层；在它的范围以外，包括外层空间；或水下，包括领海水域或公海。

（二）在任何其他环境中，如果这种爆炸所产生的放射性尘埃出现于在其管辖或控制下进行这种爆炸的缔约方领土界限以外的地方。

缔约国（126 个）：阿富汗、安提瓜和巴布达、阿根廷、亚美尼亚、澳大利亚、奥地利、巴哈马、孟加拉国、白俄罗斯、比利时、贝宁、不丹、玻利维亚、波黑、博茨瓦纳、巴西、保加利亚、加拿大、佛得角、中非共和国、乍得、智利、哥伦比亚、刚果民主共和国、哥斯达黎加、科特迪瓦、克罗地亚、塞浦路斯、捷克共和国、丹麦、多米尼加共和国、厄瓜多尔、埃及、萨尔瓦多、赤道几内亚、斐济、芬兰、法国、加蓬、冈比亚、德国、加纳、希腊、危地马拉、几内亚比绍、洪都拉斯、匈牙利、冰岛、印度、印度尼西亚、伊朗、伊拉克、爱尔兰、以色列、意大利、牙买加、日本、约旦、肯尼亚、韩国、科威特、老挝、黎巴嫩、利比里亚、利比亚、卢森堡、马达加斯加、马拉维、马来西亚、马耳他、毛里塔尼亚、毛里求斯、墨西哥、蒙古、黑山、摩洛哥、缅甸、尼泊尔、荷兰、新西兰、尼加拉瓜、尼日尔、尼日利亚、挪威、巴基斯坦、巴拿马、巴布亚新几内亚、秘鲁、菲律宾、波兰、罗马尼亚、俄罗斯、卢旺达、萨摩亚、圣马力诺、塞内加尔、塞尔维亚、塞舌尔、塞拉利昂、新加坡、斯洛伐克、斯洛文尼亚、南非、西班牙、斯里兰卡、苏丹、苏里南、斯威士兰、瑞典、瑞士、叙利亚、中国台湾地区、坦桑尼亚、泰国、多哥、汤加、特立尼达和多巴哥、突尼斯、土耳其、乌干达、英国、乌克兰、乌拉圭、美国、委内瑞拉、也门、赞比亚。

签署但未批约国（11 个）：阿尔及利亚、布基纳法索、布隆迪、喀麦隆、埃塞俄比亚、海地、马里、巴拉圭、葡萄牙、索马里、越南。

条约文本：见联合国《条约集》第 480 卷（1963 年）。

关于各国探索和利用包括月球与其他天体在内的外层空间活动的原则条约（外空条约）

1967 年 1 月 27 日在伦敦、莫斯科、华盛顿开放签署，1967 年 10 月 10 日生效，由英国、俄罗斯和美国三国政府保存。

条约禁止在环绕地球的轨道放置任何载有核武器或任何其他种类的大规模杀伤性武器的物体，禁止以任何其他方式在天体上或外层空间安置此种武器。同时，也禁止在天体上建立军事基地、装置和要塞，或试验任何种类的武器和进行军事演习。

缔约国（110 个）：阿富汗、阿尔及利亚、安提瓜和巴布达、阿根廷、澳大利亚、奥地利、巴哈马、孟加拉国、巴巴多斯、白俄罗斯、比利时、贝宁、巴西、文莱、保加利亚、布基纳法索、加拿大、智利、中国、古巴、塞浦路斯、捷克共和国、丹麦、多米尼克、多米尼加共和国、厄瓜多尔、埃及、萨尔瓦多、赤道几内亚、爱沙尼亚、斐济、芬兰、法国、德国、希腊、格林纳达、几内亚比绍、匈牙利、冰岛、印度、印度尼西亚、伊拉克、爱尔兰、以色列、意大利、牙买加、日本、哈萨克斯坦、肯尼亚、朝鲜、韩国、科威特、老挝、黎巴嫩、利比亚、卢森堡、马达加斯加、马里、毛里求斯、墨西哥、蒙古、黑山、摩洛哥、缅甸、尼泊尔、荷兰、新西兰、尼日尔、尼日利亚、挪威、巴基斯坦、巴布亚新几内亚、秘鲁、波兰、葡萄牙、罗马尼亚、俄罗斯、圣基茨和尼维斯、圣卢西亚岛、圣文森特岛和格林纳丁斯、圣马力诺、沙特阿拉伯、塞舌尔、塞拉利昂、新加坡、斯洛伐克、所罗门群岛、南非、西班牙、斯里兰卡、斯威士兰、瑞典、瑞士、叙利亚、中国台湾地区、泰国、多哥、汤加、突尼斯、土耳其、乌干达、英国、乌克兰、阿拉伯联合酋长国、乌拉圭、美国、委内瑞拉、越南、也门、赞比亚。

签署但未批约国（27个）：玻利维亚、博茨瓦纳、布隆迪、喀麦隆、中非共和国、哥伦比亚、刚果民主共和国、刚果共和国、埃塞俄比亚、冈比亚、加纳、圭亚那、海地、梵蒂冈、洪都拉斯、伊朗、约旦、莱索托、卢森堡、前南斯拉夫马其顿共和国、马来西亚、尼加拉瓜、巴拿马、菲律宾、卢旺达、塞尔维亚、索马里、特立尼达和多巴哥。

条约文本：见联合国《条约集》第610卷（1967年）。

不扩散核武器条约（核不扩散条约，NPT）

1968年7月1日在伦敦、莫斯科、华盛顿开放签署，1970年3月5日生效，由英、俄、美三国政府保存。

条约禁止核武器国家（在此条约中，界定为1967年1月1日以前制造并爆炸了核武器或其他核爆炸装置的国家）向任何接受者转让核武器或其他核爆炸装置，或此种武器或爆炸装置的控制权；禁止其协助、鼓励、诱导任何无核武器国家制造或以其他方法获得这种武器或装置；禁止无核武器国家从任何转让者获取此种武器；禁止无核武器国家制造或以其他方式获得核武器或其他核爆炸装置。

缔约方承诺为和平利用核能而进行设备、原料以及科技信息的交换提供便利，并确保条约的无核武器缔约方也能享有和平利用核爆炸带来的潜在好处。缔约方还承诺就早日停止核军备竞赛和进行核裁军的有效措施，以及就全面彻底裁军条约进行有诚意的谈判。

为了防止用于和平目的的核能转用于制造核武器或其他核爆炸装

置，无核武器国家承诺与国际原子能机构签定保障监督协定。附加于该协定用于强化措施的议定书范本于1997年通过，附加保障监督议定书由各国分别与国际原子能机构签署。

1995年召开的《不扩散核武器条约》审议与延期大会决定，该条约无限期有效。

缔约国（190个）：阿富汗*、阿尔巴尼亚*、阿尔及利亚*、安道尔、安哥拉、安提瓜和巴布达*、阿根廷*、亚美尼亚*、澳大利亚*、奥地利*、阿塞拜疆*、巴哈马*、巴林、孟加拉国*、巴巴多斯*、白俄罗斯*、比利时*、伯利兹*、贝宁、不丹*、玻利维亚*、波黑*、博茨瓦纳、巴西*、文莱*、保加利亚*、布基纳法索*、布隆迪、柬埔寨*、喀麦隆*、加拿大*、佛得角、中非共和国、乍得、智利*、中国*+、哥伦比亚、科摩罗、刚果民主共和国*、刚果共和国、哥斯达黎加*、科特迪瓦*、克罗地亚*、古巴*、塞浦路斯*、捷克共和国*、丹麦*、吉布提、多米尼克*、多米尼加共和国*、厄瓜多尔*、埃及*、萨尔瓦多*、赤道几内亚、厄立特里亚、爱沙尼亚*、埃塞俄比亚*、斐济*、芬兰*、法国*+、加蓬、冈比亚*、格鲁吉亚、德国*、加纳*、希腊*、格林纳达*、危地马拉*、几内亚、几内亚比绍、圭亚那*、海地、梵蒂冈*、洪都拉斯*、匈牙利*、冰岛*、印度尼西亚*、伊朗*、伊拉克*、爱尔兰*、意大利*、牙买加*、日本*、约旦*、哈萨克斯坦*、肯尼亚、基里巴斯*、韩国*、科威特*、吉尔吉斯斯坦*、老挝*、拉脱维亚*、黎巴嫩*、莱索托*、利比里亚、利比亚*、列支敦士登*、立陶宛*、卢森堡*、前南斯拉夫马其顿共和国*、马达加斯加*、马拉维*、马来西亚*、马尔代夫*、马里*、马耳他*、马绍尔群岛、毛里塔尼亚、毛里求斯*、墨西哥*、密克罗尼西亚、摩尔多瓦、摩纳哥*、蒙古*、黑山、摩洛哥*、莫桑比克、缅甸*、纳米比亚*、瑙鲁*、尼泊尔*、荷兰*、新西兰*、尼加拉瓜*、尼日尔、尼日利亚*、挪威*、阿曼、帕劳、巴拿马、巴布亚新几内亚*、巴拉圭*、秘鲁*、菲律宾*、波兰*、葡萄牙*、卡塔尔、罗马尼亚*、俄罗斯*+、卢旺达、圣基茨和尼维斯*、圣卢西亚*、圣文森特和格林纳丁斯*、萨摩亚*、圣马力诺*、圣多美和普林西比、沙特阿拉伯、塞内加尔*、塞尔维亚*、塞舌尔*、塞拉利昂、新加坡*、斯洛伐克*、斯洛文尼亚*、所罗门群岛*、索马里、南非*、西班牙*、斯里兰卡*、苏丹*、苏里南*、斯威士兰*、瑞典*、瑞士*、叙利亚*、中国台湾地区、塔吉克斯坦*、坦桑尼亚*、泰国*、东帝汶、多哥、汤加*、特立尼达和多巴哥*、突尼斯*、土耳其*、土库曼斯坦、图瓦卢*、乌干达、英国*+、乌克兰*、阿拉伯联合酋长国*、乌拉圭*、美国*+、乌兹别克斯坦*、瓦努阿图、委内瑞拉*、越南*、也门*、赞比亚*、津巴布韦*。

＊根据条约要求同国际原子能机构所签保障监督协定已生效的国家，或依据条约规定，在自愿基础上签署这种协定的核武器国家。

+核武器国家。

条约文本：见国际原子能机构 1970 年 4 月 22 日 INFCIRC140 号文件，网址：〈http://www.iaea.org/Publications/Documents/Treaties/npt.html〉。

保障监督附加议定书生效的缔约国（120 个）：阿富汗、阿尔巴尼亚、安道尔、安哥拉、亚美尼亚、澳大利亚、奥地利、阿塞拜疆、巴林、孟加拉国、比利时、博茨瓦纳、保加利亚、布基纳法索、布隆迪、加拿大、中非共和国、乍得、智利、中国、哥伦比亚、科摩罗、刚果民主共和国、刚果共和国、哥斯达黎加、克罗地亚、古巴、塞浦路斯、捷克共和国、丹麦、多米尼加共和国、厄瓜多尔、萨尔瓦多、爱沙尼亚、欧洲原子能共同体、斐济、芬兰、法国、加蓬、冈比亚、格鲁吉亚、德国、加纳、希腊、危地马拉、海地、梵蒂冈、匈牙利、冰岛、印度尼西亚、*伊拉克*、爱尔兰、意大利、牙买加、日本、约旦、哈萨克斯坦、肯尼亚、韩国、科威特、吉尔吉斯斯坦、拉脱维亚、莱索托、利比亚、立陶宛、卢森堡、前南马其顿共和国、马达加斯加、马拉维、马里、马耳他、马绍尔群岛、毛里塔尼亚、毛里求斯、墨西哥、*摩尔多瓦*、摩纳哥、蒙古、黑山、摩洛哥、莫桑比克、*纳米比亚*、荷兰、新西兰、尼加拉瓜、尼日尔、尼日利亚、挪威、帕劳、巴拿马、巴拉圭、秘鲁、菲律宾、波兰、葡萄牙、罗马尼亚、俄罗斯、卢旺达、塞舌尔、新加坡、斯洛伐克、斯洛文尼亚、南非、西班牙、斯威士兰、瑞典、瑞士、塔吉克斯坦、坦桑尼亚、*多哥*、土耳其、土库曼斯坦、乌干达、英国、乌克兰、阿拉伯联合酋长国、乌拉圭、美国和乌兹别克斯坦、*越南*。

注：2007 年 2 月 6 日伊朗通知国际原子能机构，它不再执行其未批准的附加保障监督议定书的规定。中国台湾地区已同意采用 1997 年保障监督议定书范本中包含的措施。

保障监督附加议定书范本：见国际原子能机构 1997 年 9 月 INFCIRC540 号文件（已修正），网址：〈http：//www. iaea. org/Pubilications/Factsheets/English/sg_ overview. html〉。

禁止在海床洋底及其底土安置核武器及其他大规模杀伤性武器条约（海床条约）

1971 年 2 月 11 日在伦敦、莫斯科和华盛顿开放签署，1972 年 5 月 18 日生效，由英国、俄罗斯和美国三国政府保存。

条约禁止在 12 海里（19 公里）海床区外部界限以外的海床、洋底及其底土安装或设置任何核武器和其他任何类型的大规模杀伤性武器，以及专为储存、试验或使用此种武器而设计的建筑物、发射装置或任何其他设备。

缔约国（97 个）：阿富汗、阿尔及利亚、安提瓜和巴布达、阿根廷、澳大利亚、奥地利、巴哈马、白俄罗斯、比利时、贝宁、波黑、博茨瓦纳、巴西*、保加利亚、加拿大*、佛得角、中非共和国、中国、刚果共和国、科特迪瓦、克罗地亚、古巴、塞浦路斯、捷克共和国、丹麦、多米尼加共和国、赤道几内亚、埃塞俄比亚、芬兰、德国、加纳、希腊、危地马拉、几内亚比绍、匈牙利、冰岛、印度*、伊朗、伊拉克、爱尔兰、意大利*、牙买加、日本、约旦、韩国、老挝、拉脱维亚、莱索托、利比亚、列支敦士登、卢森堡、马来西亚、马耳他、毛里求斯、墨西哥*、蒙古、黑山、摩洛哥、尼泊尔、荷兰、新西兰、尼加拉瓜、尼日尔、挪威、巴拿马、菲律宾、波兰、葡萄牙、卡塔尔、罗马尼亚、俄罗斯、卢旺达、圣基茨和尼维斯、圣文森特和格林纳丁斯、圣多美和普林西比、沙特阿拉伯、塞尔维亚*、塞舌尔、新加坡、斯洛伐克、斯洛文尼亚、所罗门群岛、南非、西班牙、斯威士兰、瑞典、瑞士、中国台湾地区、多哥、突尼斯、土耳其*、英国、乌克兰、美国、越南*、也门、赞比亚。

*批准、加入或继承时有所保留和/或发表声时。

签署但未批约国（20 个）：玻利维亚、布隆迪、柬埔寨、喀麦隆、哥伦比亚、哥斯达黎加、冈比亚、几内亚、洪都拉斯、黎巴嫩、利比里亚、马达加斯加、马里、缅甸、巴拉圭、塞内加尔、塞拉利昂、苏丹、坦桑尼亚、乌拉圭。

条约文本：见联合国《条约集》第955卷（1974年）。

禁止细菌（生物）及毒素武器的发展、生产及储存以及销毁这类武器的公约（禁止生物武器公约，BTWC）

1972年4月10日在伦敦、莫斯科、华盛顿开放签署，1975年3月26日生效，由英国、俄罗斯、美国三国政府保存。

公约禁止发展、生产、储存或以其他方法取得或保有在类型和数量不能证明用于预防、保护或其他和平目的的微生物剂或生物战剂或毒素，不论其来源或生产方法如何。公约还禁止将生物战剂或毒素用于敌对目的或武装冲突而设计的武器、设备或运载工具。各缔约方应最迟于本公约生效后九个月内将其所拥有的物剂、毒素、武器、设备和运载工具销毁或转用于和平目的。

缔约国每年举行政治和技术年度会议，以加强履约工作。设在日内瓦的一个三人小组（履约支持小组）对各缔约国履约工作给予支持，包括为年度信任措施建立情况的收集和传播提供方便以及为争取实现公约普遍性的努力提供支持。

缔约国（167个）：阿富汗、阿尔巴尼亚、阿尔及利亚、安提瓜和巴布达、阿根廷、亚美尼亚、澳大利亚、奥地利*、阿塞拜疆、巴哈马、巴林*、孟加拉国、巴巴多斯、白俄罗斯、比利时、伯利兹、贝宁、不丹、玻利维亚、波黑、博茨瓦纳、巴西、文莱、保加利亚、布基纳法索、布隆迪、柬埔寨、加拿大、佛得角、智利、中国*、哥伦比亚、刚果民主共和国、刚果共和国、库克群岛、哥斯达黎加、克罗地亚、古巴、塞浦路斯、捷克共和国*、丹麦、多米尼克、多米尼加共和国、厄瓜多尔、萨尔瓦多、赤道几内亚、爱沙尼亚、埃塞俄比亚、斐济、芬兰、法国、加蓬、冈比亚、格鲁吉亚、德国、加纳、希腊、格林纳达、危地马拉、几内亚比绍、梵蒂冈、洪都拉斯、匈牙利、冰岛、印度*、印度尼西亚、伊朗、伊拉克、爱尔兰*、意大利、牙买加、日本、约旦、哈萨克斯坦、肯尼亚、朝鲜、韩国*、科威特*、吉尔吉斯斯坦、老挝、拉脱维亚、黎巴嫩、莱索托、利比亚、列支敦士登、立陶宛、卢森堡、前南斯拉夫马其顿共和国、马达加斯加、马来西亚*、马尔代夫、马里、马耳他、*马绍尔群岛*、毛里求斯、墨西哥*、摩尔多瓦、摩纳哥、蒙古、黑山、摩洛哥、莫桑比克、荷兰、新西兰、尼加拉瓜、尼日尔、尼日利亚、挪威、阿曼、巴基斯坦、帕劳、巴拿马、巴布亚新几内亚、巴拉圭、秘鲁、菲律宾、波兰、葡萄牙、卡塔尔、罗马尼亚、俄罗斯、卢旺达、圣基茨和尼维斯、圣卢西亚、圣文森特和格林纳丁斯、圣马力诺、圣多美和普林西比、沙特阿拉伯、塞内加尔、塞尔维亚、塞舌尔、塞拉利昂、新加坡、斯洛伐克、斯洛文尼亚、所罗门群岛、南非、西班牙、斯里兰卡、苏丹、苏里南、斯威士兰、瑞典、瑞士*、中国台湾地区、塔吉克斯坦、泰国、东帝汶、多哥、汤加、特立尼达和多巴哥、突尼斯、土耳其、土库曼斯坦、乌干达、英国*、乌克兰、阿拉伯联合酋长国、乌拉圭、美国、乌兹别克斯坦、瓦努阿图、委内瑞拉、越南、也门、赞比亚、津巴布韦。

*批准、加入或继承时有所保留和/或发表声明。

签署但未批约国（12 个）： 中非共和国、科特迪瓦、埃及、圭亚那、海地、利比里亚、马拉维、缅甸、尼泊尔、索马里、叙利亚、坦桑尼亚。

注： 截至 2013 年 1 月 1 日共有 167 个缔约国，此外，喀麦隆于 2013 年 1 月 18 日、瑙鲁于 2013 年 3 月 5 日加入公约。

条约文本：见联合国《条约集》第 1015 卷（1976 年）。

禁止为军事目的或任何其他敌对目的使用改变环境的技术的公约（禁止改变环境公约，Enmod 公约）

1977 年 5 月 18 日在日内瓦开放签署，1978 年 10 月 5 日生效，由联合国秘书长保存。

公约禁止为军事目的或其他任何敌对目的使用能造成广泛的、持久的或严重影响的改变环境的技术，作为给条约缔约方造成破坏、损害或伤害的手段。“环境改造技术”指用于以下目的的技术：通过故意改变自然进程改变地球的动态、组成和构造，包括其生物圈、岩石圈、水圈、大气层，或外层空间。通过谈判达成的但未写入公约的谅解对“广泛”、“持久”和“严重”等词作出解释。

缔约国（76 个）：阿富汗、阿尔及利亚、安提瓜和巴布达、阿根廷、亚美尼亚、澳大利亚、奥地利、孟加拉国、白俄罗斯、比利时、贝宁、巴西、保加利亚、喀麦隆、加拿大、佛得角、智利、中国*、哥斯达黎加、古巴、塞浦路斯、捷克共和国、丹麦、多米尼克、埃及、爱沙尼亚、芬兰、德国、加纳、希腊、危地马拉、洪都拉斯、匈牙利、印度、爱尔兰、意大利、日本、哈萨克斯坦、朝鲜、韩国*、科威特、立陶宛、老挝、马拉维、毛里求斯、蒙古、荷兰*、新西兰、尼加拉瓜、尼日尔、挪威、巴基斯坦、巴拿马、巴布亚新几内亚、波兰、罗马尼亚、俄罗斯、圣卢西亚、圣文森特和格林纳丁斯、圣多美和普林西比、斯洛伐克、斯洛文尼亚、所罗门群岛、西班牙、斯里兰卡、瑞典、瑞士、塔吉克斯坦、突尼斯、英国、乌克兰、乌拉圭、美国、乌兹别克斯坦、越南、也门。

*批准、参加或继承时发表声明。

签署但未批约国（16 个）：玻利维亚、刚果民主共和国、埃塞俄比亚、梵蒂冈、冰岛、伊朗、伊拉克、黎巴嫩、利比里亚、卢森堡、摩洛哥、葡萄牙、塞拉利昂、叙利亚、土耳其、乌干达。

公约文本：见联合国条约汇编，网址：〈http：//treaties. un. org/Pages/CTCTreaties. aspx？id=26〉。

核材料的实物保护公约

原始公约于 1980 年 3 月 3 日在纽约和维也纳开放签署，1987 年 2 月 8 日生效，2005 年修订，由国际原子能机构总干事保存。

原始公约要求缔约国为用于和平目的的核材料的国际运输提供保护。

修订后的公约——核材料和核设施的实物保护公约——要求缔约国为用于和平目的的核设施和核材料的贮存和运输提供保护。修订后的公约将在 2/3 的原始公约缔约国批准、加入或批约后 30 天生效。

原始公约缔约国（148 个）：阿富汗、阿尔巴尼亚、阿尔及利亚*、安道尔*、安提瓜和巴布达、阿根廷*、亚美尼亚、澳大利亚、奥地利*、阿塞拜疆*、巴哈马、巴林*、孟加拉国、白俄罗斯、比利时*、玻利维亚、波黑、博茨瓦纳、巴西、保加利亚、布基纳法索、柬埔寨、喀麦隆、加拿大、佛得角、中非共和国、智利、中国*、哥伦比亚、科摩罗、刚果民主共和国、哥斯达黎加、*科特迪瓦*、克罗地亚、古巴*、塞浦路斯*、捷克共和国、丹麦、吉布提、多米尼克、多米尼加共和国、厄瓜多尔、萨尔瓦多*、赤道几内亚、爱沙尼亚、欧洲原子能联营*、斐济、芬兰*、法国*、加蓬、格鲁吉亚、德国、加纳、希腊*、格林纳达、危地马拉*、几内亚、几内亚比绍、圭亚那、洪都拉斯、匈牙利、冰岛、印度*、印度尼西亚*、爱尔兰*、以色列*、意大利*、牙买加、日本、约旦*、哈萨克斯坦、肯尼亚、韩国*、科威特*、老挝*、拉脱维亚、黎巴嫩、莱索托*、利比亚、列支敦士登、立陶宛、卢森堡*、前南斯拉夫马其顿共和国、马达加斯加、马里、马耳他、马绍尔群岛、毛里塔尼亚、墨西哥、摩尔多瓦、摩纳哥、蒙古、黑山、摩洛哥、莫桑比克*、纳米比亚、瑙鲁、荷兰*、新西兰、尼加拉瓜、尼日尔、尼日利亚、纽埃、挪威*、阿曼*、巴基斯坦*、帕劳、巴拿马、巴拉圭、秘鲁*、菲律宾、波兰、葡萄牙*、卡塔尔*、罗马尼亚*、俄罗斯*、卢旺达、圣基茨和尼维斯、*圣卢西亚**、沙特阿拉伯*、塞内加尔、塞尔维亚、塞舌尔、斯洛伐克、斯洛文尼亚、南非*、西班牙*、苏丹、斯威士兰、瑞典*、瑞士*、塔吉克斯坦、坦桑尼亚、多哥、汤加、特立尼达和多巴哥、突尼斯、土耳其*、土库曼斯坦、乌干达、英国*、乌克兰、阿拉伯联合酋长国、乌拉圭、美国、乌兹别克斯坦、*越南**、也门。

*在批准、加入或继承时有所保留和/或发表声明。

签署但未批约国（1个）：海地。

公约文本：见国际原子能机构，1980年5月 INFCIRC/274/Rev. 1 号文件，网址：〈http://www.iaea.org/Publications/Documents/Conventions/cppnm.html〉。

提交修订后公约的批准、加入或批约的国家（61个）：阿尔及利亚、安提瓜和巴布达、阿根廷、澳大利亚、奥地利、巴林、波黑、保加利亚、智利、中国、克罗地亚、捷克共和国、丹麦*、爱沙尼亚、斐济、芬兰、加蓬、*格鲁吉亚*、德国、*加纳*、希腊、匈牙利、印度、印度尼西亚、*以色列**、约旦、哈萨克斯坦、肯尼亚、拉脱维亚、*莱索托*、利比亚、列支敦士登、立陶宛、*卢森堡*、前南斯拉夫马其顿共和国、马里、毛里塔尼亚、*墨西哥*、摩尔多瓦、瑙鲁、荷兰、尼日尔、尼日利亚、挪威、波兰、葡萄牙、罗马尼亚、俄罗斯、*圣卢西亚*、沙特阿拉伯、塞舌尔、斯洛文尼亚、西班牙、*瑞典*、瑞士、突尼斯、土库曼斯坦、英国、乌克兰、阿拉伯联合酋长国、*越南*。

＊在批准、加入或继承时有所保留和/或发表声明。

修订后条约文本：见国际原子能机构理事会第 GOV/INF/2005/10 - GC（49）/INF/6 号文件，2005 年 9 月 6 日，网址：〈http://www.iaea.org/Publications/Documents/Conventions/cppnm.html〉。

禁止或限制使用某些可被认为具有过分杀伤力或滥杀滥伤作用的常规武器公约（特定常规武器公约，CCW）

公约及三个议定书于 1981 年 4 月 10 日在纽约开放签署，1983 年 12 月 2 日生效，由联合国秘书长保存。

公约属“总的条约”，即可根据公约以议定书形式签订具体协议。要成为缔约国必须批准三个议定书中的两个。

修订的 1981 年公约原始条款 I 于 2001 年 11 月 21 日在日内瓦开放签署。它将公约的运用范围扩大到非国际间武装冲突。修订后的公约于 2004 年 5 月 18 日生效。

议定书 I 禁止使用其主要作用是碎片伤人且碎片在人体内无法用 X 射线检测的武器。

议定书 II 禁止或限制使用地雷、饵雷和其他装置。

修订后的议定书 II 进一步限制使用地雷。它于 1998 年 12 月 3 日生效。

议定书 III 限制使用燃烧武器。

议定书Ⅳ 禁止使用能使人眼永久性失明的激光武器。1998 年 7 月 30 日生效。

议定书 V 于 2006 年 11 月 12 日生效。该议定书认为需要采取普遍性措施，将战争遗留爆炸物的危害和影响减到最小。

原始公约和议定书的缔约国（115 个）：阿尔巴尼亚、安提瓜和巴布达[1]、阿根廷*、澳大利亚、奥地利、孟加拉国、白俄罗斯、比利时、贝宁[2]、玻利维亚、波黑、巴西、保加利亚、布基纳法索、*布隆迪*[4]、柬埔寨、喀麦隆、加拿大*、佛得角、智利[2]、中国*、哥伦比亚、哥斯达黎加、克罗地亚、古巴、塞浦路斯*、捷克共和国、丹麦、吉布提、多米尼加共和国、厄瓜多尔、萨尔瓦多、爱沙尼亚[2]、芬兰、法国*、加蓬[2]、格鲁吉亚、德国、希腊、危地马拉、几内亚比绍、梵蒂冈*、洪都拉斯、匈牙利、冰岛、印度、爱尔兰、以色列*[2]、意大利*、牙买加[2]、日本、约旦[2]、哈萨克斯坦[2]、韩国[3]、老挝、拉脱维亚、莱索托、利比里亚、列支敦士登、立陶宛[2]、卢森堡、前南斯拉夫马其顿共和国、马达加斯加、马尔代夫[2]、马里、马耳他、毛里求斯、墨西哥、摩尔多瓦、摩纳哥[3]、蒙古、黑山、摩洛哥[4]、瑙鲁、荷兰*、新西兰、尼加拉瓜[2]、尼日尔、挪威、巴基斯坦、巴拿马、巴拉圭、秘鲁[2]、菲律宾、波兰、葡萄牙、卡塔尔[2]、罗马尼亚*、俄罗斯、圣文森特和格林纳丁斯[1]、沙特阿拉伯[2]、塞内加尔[5]、塞尔维亚、塞舌尔、塞拉利昂、斯洛伐克、斯洛文尼亚、南非、西班牙、斯里兰卡、瑞典、瑞士、塔吉克斯坦、多哥、突尼斯、土耳其*[3]、土库曼斯坦[2]、乌干达、英国*、乌克兰、阿拉伯联合酋长国[2]、乌拉圭、美国*、乌兹别克斯坦、委内瑞拉。

*批准、加入或继承时有所保留和/或发表声明。

1. 只是 1981 年议定书 I 和 III 的缔约国。

2. 只是 1981 年议定书 I 和 II 的缔约国。

3. 只是 1981 年议定书 I 的缔约国。

4. 只是 1981 年议定书 II 的缔约国。

5. 只是 1981 年议定书 III 的缔约国。

签署但未批准公约和原始议定书的国家（5 个）：阿富汗、埃及、尼日利亚、苏丹、越南。

修订后的公约和原始议定书的缔约国（76 个）：阿尔巴尼亚、阿根廷、澳大利亚、奥地利、白俄罗斯、比利时、波黑、巴西、保加利亚、布基纳法索、加拿大、智利、中国、哥伦比亚、哥斯达黎加、克罗地亚、古巴、捷克共和国、丹麦、多米尼加共和国、厄瓜多尔、萨尔瓦多、爱沙尼亚、芬兰、法国、格鲁吉亚、德国、希腊、危地马拉、几内亚比绍、梵蒂冈*、匈牙利、冰岛、印度、爱尔兰、意大利、牙买加、日本、韩国、拉脱维亚、利比里亚、列支敦士登、立陶宛、卢森堡、前南马其顿共和国、马耳他、墨西哥*、摩尔多瓦、黑山、荷兰、新西兰、尼加拉瓜、尼日尔、挪威、巴拿马、巴拉圭、秘鲁、波兰、葡萄牙、罗马尼亚、俄罗斯、塞尔维亚、塞拉利昂、斯洛伐克、斯洛文尼亚、*南非*、西班牙、斯里兰卡、瑞典、瑞士、突尼斯、土耳其、英国、乌克兰、乌拉圭、美国。

* 批准、加入或继承时有所保留和/或发表声明。

修改后的议定书 II 的缔约国（98 个）：阿尔巴尼亚、阿根廷、澳大利亚、奥地利*、孟加拉国、白俄罗斯*、比利时*、玻利维亚、波黑、巴西、保加利亚、布基纳法索、柬埔寨、喀麦隆、加拿大、佛得角、智利、中国*、哥伦比亚、哥斯达尼加、克罗地亚、塞浦路斯、捷克共和国、丹麦*、多米尼加共和国、厄瓜多尔、萨尔瓦多、爱沙尼亚、芬兰*、法国*、加蓬、格鲁吉亚、德国*、希腊*、危地马拉、几内亚比绍、梵蒂冈、洪都拉斯、匈牙利*、冰岛、印度、爱尔兰*、以色列*、意大利*、牙买加、日本、约旦、韩国*、拉脱维亚、利比里亚、列支敦士登*、立陶宛、卢森堡、前南马其顿共和国、马达加斯加、马尔代夫、马里、马耳他、摩尔多瓦、摩纳哥、黑山、摩洛哥、瑙鲁、荷兰*、新西兰、尼加拉瓜、尼日尔、挪威、巴基斯坦*、巴拿马、巴拉圭、秘鲁、菲律宾、波兰、葡萄牙、罗马尼亚、俄罗斯*、圣文森特和格林纳丁斯、塞内加尔、塞尔维亚、塞舌尔、塞拉利昂、斯洛伐克、斯洛文尼亚、南非*、西班牙、斯里兰卡、瑞典、瑞士、塔吉克斯坦、突尼斯、土耳其、土库曼斯坦、英国*、乌克兰*、乌拉圭、美国*、委内瑞拉。

* 提交时有所保留和/或发表声明。

议定书 IV 的缔约国（101 个）：阿尔巴尼亚、安提瓜和巴布达、阿根廷、澳大利亚*、奥地利*、孟加拉国、白俄罗斯、比利时*、玻利维亚、波黑、巴西、保加利亚、布基纳法索、柬埔寨、喀麦隆、加拿大*、佛得角、智利、中国、哥伦比亚、哥斯达黎加、克罗地亚、*古巴*、塞浦路斯、捷克共和国、丹麦、多米尼加共和国、厄瓜多尔、萨尔瓦多、爱沙尼亚、芬兰、法国、加蓬、格鲁吉亚、德国*、希腊*、危地马拉、几内亚比绍、梵蒂冈、洪都拉斯、匈牙利、冰岛、印度、爱尔兰*、以色列*、意大利*、牙买加、日本、哈萨克斯坦、拉脱维亚、利比里亚、列支敦士登*、立陶宛、卢森堡、前南斯拉夫马其顿共和国、马达加斯加、马尔代夫、马里、马耳他、毛里求斯、墨西哥、摩尔多瓦、蒙古、黑山、摩洛哥、瑙鲁、荷兰*、新西兰、尼加拉瓜、尼日尔、挪威、巴基斯坦、巴拿马、巴拉圭、秘鲁、菲律宾、波兰*、葡萄牙、卡塔尔、罗马尼亚、俄罗斯、圣文森特和格林纳丁斯、沙特阿拉伯、塞尔维亚、塞舌尔、塞拉利昂、斯洛伐克、斯洛文尼亚、南非*、西班牙、斯里兰卡、瑞典*、瑞士*、塔吉克斯坦、突尼斯、土耳其、英国*、乌克兰、乌拉圭、美国*、乌兹别克斯坦。

*提交时有所保留和/或发表声明。

议定书V的缔约国（81个）：阿尔巴尼亚、阿根廷*、澳大利亚、奥地利、白俄罗斯、比利时、波黑、巴西、保加利亚、*布隆迪*、喀麦隆、加拿大、智利、中国*、哥斯达黎加、克罗地亚、*古巴*、塞浦路斯、捷克国合国、丹麦、厄瓜多尔、萨尔瓦多、爱沙尼亚、芬兰、法国、加蓬、格鲁吉亚、德国、危地马拉、几内亚比绍、梵蒂冈*、洪都拉斯、匈牙利、冰岛、印度、爱尔兰、意大利、牙买加、韩国、*老挝*、拉脱维亚、利比里亚、列支敦士登、立陶宛、卢森堡、前南斯拉夫马其顿共和国、马达加斯加、马里、马耳他、摩尔多瓦、荷兰、新西兰*、尼加拉瓜、挪威、巴基斯坦、巴拿马、巴拉圭、秘鲁、波兰、葡萄牙、罗马尼亚、俄罗斯、圣文森特和格林纳丁斯、沙特阿拉伯、塞内加尔、塞拉利昂、斯洛伐克、斯洛文尼亚、*南非*、西班牙、瑞典、瑞士、塔吉克斯坦、突尼斯、*土库曼斯坦*、乌克兰、阿拉伯联合酋长国、乌拉圭、美国*。

*提交时有所保留和/或发表声明。

条约和议定书文本（原始和修订后）：见联合国条约汇编，网址：〈http：//treaties. un. org/Pages/CTCTreaties. aspx？ id =26〉。

关于禁止发展、生产、储存和使用化学武器及销毁此种武器的公约（禁止化学武器公约，CWC）

1993年1月13日在巴黎开放签署，1997年4月29日生效，由联合国秘书长保存。

公约禁止发展、生产、获得、转让、储存和使用化学武器。公约的精髓由四大支柱支柱构成：针对化学武器的裁军、防扩散、援助和防护，以及化学品和平利用的国际间合作。

各缔约国承诺在2012年4月29日之前销毁其化学武器库存。在此日期前，在 7 个已经宣布了化学武器库存的缔约国中，3 个国家已经销毁，伊拉克、利比亚、俄罗斯和美国在继续销毁。老的或者废弃的化学武器一旦发现，比如从原来战场发现的化学武器，将继续被销毁。

缔约国（188 个）：阿富汗、阿尔巴尼亚、阿尔及利亚、安道尔、安提瓜和巴布达、阿根廷、亚美尼亚、澳大利亚、奥地利、阿塞拜疆、巴哈马、巴林、孟加拉国、巴巴多斯、白俄罗斯、比利时、伯利兹、贝宁、不丹、玻利维亚、波黑、博茨瓦纳、巴西、文莱、保加利亚、布基纳法索、布隆迪、柬埔寨、喀麦隆、加拿大、佛得角、中非共和国、乍得、智利、中国、哥伦比亚、科摩罗、刚果民主共和国、刚果共和国、库克群岛、哥斯达黎加、科特迪瓦、克罗地亚、古巴、塞浦路斯、捷克共和国、丹麦、吉布提、多米尼克、多米尼加共和国、厄瓜多尔、萨尔瓦多、赤道几内亚、厄立特里亚、爱沙尼亚、埃塞俄比亚、斐济、芬兰、法国、加蓬、冈比亚、格鲁吉亚、德国、加纳、希腊、格林纳达、危地马拉、几内亚、几内亚比绍、圭亚那、海地、梵蒂冈、洪都拉斯、匈牙利、冰岛、印度、印度尼西亚、伊朗、爱尔兰、意大利、牙买加、日本、约旦、哈萨克斯坦、肯尼亚、基里巴斯、韩国、科威特、吉尔吉斯斯坦、老挝、拉脱维亚、黎巴嫩、莱索托、利比里亚、利比亚、列支敦士登、立陶宛、卢森堡、前南斯拉夫马其顿共和国、马达加斯加、马拉维、马来西亚、马尔代夫、马里、马耳他、马绍尔群岛、毛里塔尼亚、毛里求斯、墨西哥、密克罗尼西亚、摩尔多瓦、摩纳哥、蒙古、黑山、摩洛哥、莫桑比克、纳米比亚、瑙鲁、尼泊尔、荷兰、新西兰、尼加拉瓜、尼日尔、尼日利亚、纽埃、挪威、阿曼、巴基斯坦、帕劳、巴拿马、巴布亚新几内亚、巴拉圭、秘鲁、菲律宾、波兰、葡萄牙、卡塔尔、罗马尼亚、俄罗斯、卢旺达、圣基茨和尼维斯、圣卢西亚、圣文森特和格林纳丁斯、萨摩亚、圣马力诺、圣多美和普林西比、沙特阿拉伯、塞内加尔、塞尔维亚、塞舌尔、塞拉利昂、新加坡、斯洛伐克、斯洛文尼亚、所罗门群岛、南非、西班牙、斯里兰卡、苏丹、苏里南、斯威士兰、瑞典、瑞士、塔吉克斯坦、坦桑尼亚、泰国、东帝汶、多哥、汤加、特立尼达和多巴哥、突尼斯、土耳其、土库曼斯坦、图瓦卢、乌干达、英国、乌克兰、阿拉伯联合酋长国、乌拉圭、美国、乌兹别克斯坦、瓦努阿图、委内瑞拉、越南、也门、赞比亚、津巴布韦。

签署但未批约国（2 个）：以色列、缅甸。

条约文本：见联合国条约汇编，网址：〈http：//treaties. un. org/Pages/CTCTreaties. aspx？ iD =26〉。

全面禁止核试验条约（CTBT）

1996 年 9 月 24 日在纽约开放签署，尚未生效，由联合国秘书长保存。

条约禁止进行任何核武器试验爆炸或任何其他核爆炸，敦促各缔约国防止在自己管辖或控制的任何地方进行任何核爆炸，并避免引发、鼓励或以任何方式参与任何核武器试验爆炸或其他核爆炸。

条约将在附录所列的 44 个国家交存批准书 180 天后生效。这 44 个国家都拥有核能反应堆和/或核研究反应堆。

条约要生效必须得到下列 44 国的批准：阿尔及利亚、阿根廷、澳大利亚、奥地利、孟加拉国、比利时、巴西、保加利亚、加拿大、智利、中国*、哥伦比亚、刚果民主共和国、埃及*、芬兰、法国、德国、匈牙利、印度*、印度尼西亚、伊朗*、以色列*、意大利、日本、朝鲜*、韩国、墨西哥、荷兰、挪威、巴基斯坦*、秘鲁、波兰、罗马尼亚、俄罗斯、斯洛伐克、南非、西班牙、瑞典、瑞士、土耳其、英国、乌克兰、美国*、越南。

*尚未批约的国家。

已交存批准书的 157 个国家：阿富汗、阿尔巴尼亚、阿尔及利亚、安道尔、安提瓜和巴布达、阿根廷、亚美尼亚、澳大利亚、奥地利、阿塞拜疆、巴林、孟加拉国、巴巴多斯、白俄罗斯、比利时、伯利兹、贝宁、玻利维亚、波黑、博茨瓦纳、巴西、保加利亚、布基纳法索、布隆迪、柬埔寨、喀麦隆、加拿大、佛得角、中非共和国、智利、哥伦比亚、刚果民主共和国、库克群岛、哥斯达黎加、科特迪瓦、克罗地亚、塞浦路斯、捷克共和国、丹麦、吉布提、多米尼加共和国、厄瓜多尔、萨尔瓦多、厄立特里亚、爱沙尼亚、埃塞俄比亚、斐济、芬兰、法国、加蓬、格鲁吉亚、德国、加纳、希腊、格林纳达、危地马拉、几内亚、圭亚那、海地、梵蒂冈、洪都拉斯、匈牙利、冰岛、印度尼西亚、爱尔兰、意大利、牙买加、日本、约旦、哈萨克斯坦、肯尼亚、基里巴斯、韩国、科威特、吉尔吉斯斯坦、老挝、拉脱维亚、黎巴嫩、莱索托、利比里亚、利比亚、列支敦士登、立陶宛、卢森堡、前南斯拉夫马其顿共和国、马达加斯加、马拉维、马来西亚、马尔代夫、马里、马耳他、马绍尔群岛、毛里塔尼亚、墨西哥、密克罗尼西亚、摩尔多瓦、摩纳哥、蒙古、黑山、摩洛哥、莫桑比克、纳米比亚、瑙鲁、荷兰、新西兰、尼加拉瓜、尼日尔、尼日利亚、挪威、阿曼、帕劳、巴拿马、巴拉圭、秘鲁、菲律宾、波兰、葡萄牙、卡塔尔、罗马尼亚、俄罗斯、卢旺达、圣基茨和尼维斯、圣卢西亚、圣文森特和格林纳丁斯、萨摩亚群岛、圣马力诺、塞内加尔、塞尔维亚、塞舌尔、塞拉利昂、新加坡、斯洛伐克、斯洛文尼亚、南非、西班牙、苏丹、苏里南、瑞典、瑞士、塔吉克斯坦、坦桑尼亚、多哥、特立尼达和多巴哥、突尼斯、土耳其、土库曼斯坦、乌干达、英国、乌克兰、阿拉伯联合酋长国、乌拉圭、乌兹别克斯坦、瓦努阿图、委内瑞拉、越南、赞比亚。

注：截至 2013 年 1 月 1 日共有 157 个国家交存批准书。2013 年 1 月 14 日文莱交存了批准书；2013 年 2 月 11 日乍得交存了批准书。

签署但未批约国（25 个）：安哥拉、文莱、乍得、中国、科摩罗、刚果共和国、埃及、赤道几内亚、冈比亚、几内亚比绍、伊朗、伊拉克、以色列、缅甸、尼泊尔、巴布亚新几内亚、圣多美和普林西比、所罗门群岛、斯里兰卡、斯威士兰、泰国、东帝汶、美国、也门、津巴布韦。

条约文本：见联合国条约汇编，网址：〈http：//treaties. un. org/Pages/CTCTreaties. aspx？ iD =26〉。

禁止使用、储存、生产和转让杀伤人员地雷及销毁此种地雷的公约（禁雷公约，APM）

1997 年 12 月 3—4 日在渥太华、1997 年 12 月 5 日在纽约开放签署，1999 年 3 月 1 日生效，由联合国秘书长保存。

公约禁用杀伤人员地雷（APMs），系指有人出现、接近或接触而爆炸并使一人或多人致残、致伤和致死的地雷。

每个缔约国承诺尽快并不晚于公约生效 4 年内销毁其储存的所有杀伤人员地雷。各缔约国还承诺在公约生效 10 年之内销毁部署在其管辖或控制的雷区内的杀伤人员地雷。

缔约国（161个）：阿富汗、阿尔巴尼亚、阿尔及利亚、安道尔、安哥拉、安提瓜和巴布达、阿根廷*、澳大利亚*、奥地利*、巴哈马、孟加拉国、巴巴多斯、白俄罗斯、比利时、伯利兹、贝宁、不丹、玻利维亚、波黑、博茨瓦纳、巴西、文莱、保加利亚、布基纳法索、布隆迪、柬埔寨、喀麦隆、加拿大*、佛得角、中非共和国、乍得、智利*、哥伦比亚、科摩罗、刚果民主共和国、刚果共和国、库克群岛、哥斯达黎加、科特迪瓦、克罗地亚、塞浦路斯、捷克共和国*、丹麦、吉布提、多米尼克、多米尼加共和国、厄瓜多尔、萨尔瓦多、赤道几内亚、厄立特里亚、爱沙尼亚、埃塞俄比亚、斐济、芬兰、法国、加蓬、冈比亚、德国、加纳、希腊*、格林纳达、危地马拉、几内亚、几内亚比绍、圭亚那、海地、梵蒂冈、洪都拉斯、匈牙利、冰岛、印度尼西亚、伊拉克、爱尔兰、意大利、牙买加、日本、约旦、肯尼亚、基里巴斯、科威特、拉脱维亚、莱索托、利比里亚、列支敦士敦、立陶宛*、卢森堡、前南马其顿共和国、马达加斯加、马拉维、马来西亚、马尔代夫、马里、马耳他、毛里塔尼亚、毛里求斯*、墨西哥、摩尔多瓦、摩纳哥、黑山*、莫桑比克、纳米比亚、瑙鲁、荷兰、新西兰、尼加拉瓜、尼日尔、尼日利亚、纽埃、挪威、帕劳、巴拿马、巴布亚新几内亚、巴拉圭、秘鲁、菲律宾、波兰、葡萄牙、卡塔尔、罗马尼亚、卢旺达、圣基茨和尼维斯、圣卢西亚、圣文森特和格林纳丁斯、西萨摩亚、圣马力诺、圣多美和普林西比、塞内加尔、塞尔维亚*、塞舌尔、塞拉利昂、斯洛伐克、斯洛文尼亚、所罗门群岛、索马里、南非*、南苏丹、西班牙、苏丹、苏里南、斯威士兰、瑞典*、瑞士*、塔吉克斯坦、坦桑尼亚、泰国、东帝汶、多哥、特立尼达和多巴哥、突尼斯、土耳其、土库曼斯坦、图瓦卢、乌干达、英国*、乌克兰、乌拉圭、瓦努阿图、委内瑞拉、也门、赞比亚、津巴布韦。

*批准、加入或继承时有所保留和/或发表声明。

签署但未批约国（1个）：马绍尔群岛。

公约文本：见联合国条约汇编，网址：〈http://treaties.un.org/Pages/CTCTreaties.aspx?id=26〉。

集束弹药公约

2008 年 5 月 30 日在都柏林通过，2008 年 12 月 3 日在奥斯陆开放供签署，2010 年 8 月 1 日生效。由联合国秘书长保存。

公约旨在禁止使用、制造、转让和储存对平民造成不可接受伤害的集束弹药；建立一个合作和援助框架来帮助受害人康复，清除受污染区域，进行降险教育和销毁所有库存集束弹。公约不适用于地雷。

缔约国（77 个）：阿富汗、阿尔巴尼亚、安提瓜和巴布达、*澳大利亚*、奥地利、比利时*、波黑、博茨瓦纳、保加利亚、布基纳法索、布隆迪、*喀麦隆*、佛得角、智利、科摩罗、库克群岛、哥斯达黎加、*科特迪瓦*、克罗地亚、捷克共和国、丹麦、多米尼加共和国、厄瓜多尔、萨尔瓦多*、斐济、法国、德国、加纳、格林纳达、危地马拉、几内亚比绍、梵蒂冈*、*洪都拉斯*、*匈牙利*、爱尔兰、意大利、日本、老挝、黎巴嫩、莱索托、立陶宛、卢森堡、前南斯拉夫马其顿共和国、马拉维、马里、马耳他、*毛里塔尼亚*、墨西哥、摩尔多瓦、摩纳哥、黑山、莫桑比克、荷兰、新西兰、尼加拉瓜、尼日尔、挪威、巴拿马、*秘鲁*、葡萄牙、萨摩亚、圣文森特和格林纳丁斯、圣马力诺、塞内加尔、塞舌尔、塞拉利昂、斯洛文尼亚、西班牙、斯威士兰、*瑞典*、*瑞士*、*多哥*、特立尼达和多巴哥、突尼斯、英国、乌拉圭、赞比亚。

*批准、加入或继承时有所保留和/或发表声明。

签署但未批约国家（34 个）：安哥拉、贝宁、玻利维亚、加拿大、中非共和国、乍得、哥伦比亚、刚果民主共和国、刚果共和国、塞浦路斯、吉布提、冈比亚、几内亚、海地、冰岛、印度尼西亚、伊拉克、牙买加、肯尼亚、利比里亚、列支敦士登、马达加斯加、纳米比亚、瑙鲁、尼日利亚、帕劳、巴拉圭、菲律宾、卢旺达、圣多美和普林西比、索马里、南非、坦桑尼亚、乌干达。

公约文本：见联合国条约汇编，网址：〈http：//treaties. un. org/Pages/CTCTreaties. aspx？ id＝26〉。

第二部分　区域性条约

拉丁美洲和加勒比地区禁止核武器条约（特拉特洛尔科条约）

原始条约于1967年2月14日在墨西哥联邦区开放签署，1968年4月22日生效。1990年、1991年和1992年三次修改，由墨西哥政府保存。

条约禁止拉丁美洲和加勒比海国家通过任何方式试验、使用、制造、生产或获得，以及接受、储存、安置、部署或以任何形式拥有核武器。

缔约国应与国际原子能机构就其核活动签订保障监督协定。国际原子能机构享有进行特别视察的专有权。

条约向条约规定的拉丁美洲和加勒比海地区的所有独立国家开放签署。

根据**附加议定书I**，在本地区拥有领土的国家（法国、荷兰、英国和美国）承诺使这些领土适用军事非核武化法规。

根据**附加议定书II**，公认的有核国家［中国、法国、俄罗斯（签署时为苏联）、英国和美国］承诺尊重拉丁美洲和加勒比海地区的军事非核武化法规，不从事违反条约的行为，也不对缔约国使用或威胁使用核武器。

原始条约的缔约国（33个）：安提瓜和巴布达、阿根廷[1]、巴哈马、巴巴多斯[1]、伯利兹[2]、玻利维亚、巴西[1]、智利[1]、哥伦比亚[1]、哥斯达黎加[1]、古巴[1]、多米尼克、多米尼加共和国[3]、厄瓜多尔[1]、萨尔瓦多[1]、格林纳达[4]、危地马拉[1]、圭亚那[1]、海地、洪都拉斯、牙买加[1]、墨西哥[1]、尼加拉瓜[3]、巴拿马[1]、巴拉圭[1]、秘鲁[1]、圣基茨和尼维斯、圣卢西亚、圣文森特和格林纳丁斯、苏里南[1]、特立尼达和多巴哥、乌拉圭[1]、委内瑞拉[1]。

[1] 批准了1990年、1991年和1992年修改条约的国家。

[2] 仅批准了1990年和1992年修改条约的国家。

[3] 仅批准了1992年修改条约的国家。

[4] 仅批准了 1990 年修改条约的国家。

附加议定书 I 签署国（4 个）：法国*、荷兰、英国*、美国*。

附加议定书 II 签署国（5 个）：中国*、法国*、俄罗斯*、英国*、美国*。

*批准、加入或继承时有所保留和/或发表声明。

原始条约文本：见联合国《条约集》第 634 卷（1968 年）。

修改条约文本：见拉丁美洲和加勒比海地区禁止核武器机构网站：〈http：//www. poanal. org/opanal/Tlatelolco/P-Tlatelolco-i. htm〉。

南太平洋无核区条约（拉罗汤加条约）

1985 年 8 月 6 日在库克群岛的拉罗汤加岛开放签署，1986 年 12 月 11 日生效，由太平洋岛国论坛秘书处保存。

条约禁止缔约国在附录所述区域内外的任何地方制造或以其他方式获得任何核爆炸装置，或拥有或控制这类装置。缔约国还作出以下承诺：只有在符合国际原子能机构保障监督措施的前提下才提供核原料或设备；防止在其领土上安置或试验任何核爆炸装置；以及不向区域内的任何海域倾倒并防止倾倒放射性废料或其他放射性物质。每个缔约国保有允许外国船只或飞机停靠或过境的自由。

条约开放供太平洋岛国论坛的成员国签署。

根据议定书 I，法国、英国和美国承诺遵守条约关于禁止在位于区域内的三国负有国际责任的领土上生产、安置和试验核爆炸装置的规定。

根据议定书 II，中国、法国、俄罗斯、英国和美国承诺不对条约缔约国或议定书 I 的缔约国负有国际责任的、位于区域内的领土使用或威胁使用核爆炸装置。

根据议定书 III，中国、法国、英国、美国和俄罗斯保证不在区域内的任何地方试验任何核爆炸装置。

缔约国（13 个）：澳大利亚、库克群岛、斐济、基里巴斯、瑙鲁、新西兰、纽埃、巴布亚新几内亚、萨摩亚、所罗门群岛、汤加、图瓦卢、瓦努阿图。

议定书 I 的缔约国（2 个）：法国、英国；**签署但未批准国（1 个）**：美国。

议定书Ⅱ的缔约国（4个）：中国、法国*、俄罗斯、英国*；**签署但未批准国（1个）**：美国。

议定书Ⅲ的缔约国（4个）：中国、法国、俄罗斯、英国；**签署但未批准国（1个）**：美国。

*批准、加入或继承时有所保留和/或发表声明。

条约文本：见联合国《条约集》第1445卷（1987年）。

欧洲常规武装力量条约（欧常裁条约，CFE）

原始条约于1990年11月19日在巴黎签署，1992年11月9日生效，由荷兰政府保存。

条约为从大西洋到乌拉尔山脉区域（大西洋至乌拉尔区，ATTU区）五个种类的受条约限制的军备（作战坦克、装甲战斗车、口径不小于100mm的火炮、作战飞机和攻击直升机）规定了数量上限。

条约由华约（WTO）和北约（NATO）成员国在欧洲安全与合作会议（从1995年起更名为欧洲安全与合作组织，OSCE）的框架内谈判达成协议并签署。

1992年《塔什干协议》由领土位于ATTU区域内的各前苏联共和国（爱沙尼亚、拉脱维亚和立陶宛除外）签署。1992年签署的《奥斯陆文件》（CFE条约缔约国非常会议最后文件）对条约作了修正，原因是苏联解体后出现了许多新国家。

缔约国（30个）：亚美尼亚、阿塞拜疆、白俄罗斯、比利时[2]、保加利亚[2]、加拿大[2]、捷克共和国[2]、丹麦[2]、法国、格鲁吉亚、德国[2]、希腊、匈牙利[2]、冰岛[2]、意大利[2]、哈萨克斯坦、卢森堡[2]、摩尔多瓦[2]、荷兰[2]、挪威、波兰、葡萄牙[2]、罗马尼亚、俄罗斯[1]、斯洛伐克[2]、西班牙、土耳其[2]、英国[2]、乌克兰、美国[2]。

[1] 2007年7月14日，俄罗斯宣布有意暂停执行《欧洲常规武装力量条约》及相关的协定，并于2007年12月12日生效。

[2] 2011年11—12月，这些国家通知保存方，他们将停止履行条约规定下针对俄罗斯的义务。

1996年召开的CFE条约首次审议会议，通过了《侧翼文件》。该文件从地理方面和数量上重新规划了侧翼区域，允许俄罗斯和乌克兰沿各自的边界少受约束情况下，部署更多受条约限制的军备。

原始（1990 年）条约文本：见欧洲安全与合作组织网站：〈http：//www. osce. org/library/14087〉。

加固条约（1993 年）文本：见荷兰外交部网站：〈http：//www. minbuza. nl/en/treaties/004285〉。

侧翼文件文本：见欧洲安全与合作组织网站：〈http：//www. osce. org/library/14099〉，附件 A。

关于欧洲常规武装力量员额谈判的结束文件（CFE－1A 协定）

1992 年 7 月 10 日在赫尔辛基由 CFE 条约缔约国签署，与 CFE 条约同时生效，由荷兰政府保存。

该协定具有政治约束力，规定了缔约国在 ATTU 区域内常规陆基武装部队的兵力最高限额。

协定文本：见欧洲安全与合作组织网站：〈http：//www. osce. org/library/14093〉。

欧洲常规武装力量条约修改协定

1999 年 11 月 19 日由欧洲常规武装力量条约的缔约国签署，尚未生效。由荷兰政府保存。

协定以区域军力平衡代替了 CFE 条约的集团对集团的军力平衡，在条约限制的军备问上，建立了一个新的限额结构和新的军事灵活机制以及侧翼次限额，并提高了透明度。协定将 CEF 条约机制对所有欧洲国家开放。所有签约国都批准后，协定正式生效。1999 年的《最后文件》及其附件含有关于格鲁吉亚、摩尔多瓦和中欧地区有政治约束力的各项安排和从外国撤军的内容。

修改协定批准书交存国（3 个）：白俄罗斯、哈萨克斯坦、俄罗斯 *[1]。

＊批准时有所保留和/或发表声明。

[1]2007 年 7 月 14 日，俄罗斯宣布有意暂停执行《欧洲常规武装力量条约》及相关的协定，并于 2007 年 12 月 12 日生效。

注：乌克兰批准了 1999 年的修改协定，但尚未将批准书递交给保存国。

协定文本：见欧洲安全与合作组织网站：〈http：//www.osce.org/library/14108〉。

1999 年协定后条约修订文本：见《SIPRI 年鉴 2000》，第 627—642 页。

最后文件文本：见欧洲安全与合作组织网站：〈http：//www.osce.org/library/14114〉。

开放天空条约

1992 年 3 月 24 日在赫尔辛基开放签署，2002 年 1 月 1 日生效，由加拿大和匈牙利政府保存。

条约要求缔约国允许临时通知的、非武装的观察飞行穿越其领空。条约适用范围从加拿大的温哥华向东至俄罗斯的符拉迪沃斯托克。

条约由华约组织（WTO）和北约组织（NATO）的成员国谈判达成。条约供北约成员国和前华约成员国、苏联解体后成立的国家签署（爱沙尼亚、拉脱维亚、立陶宛除外）。条约生效 6 个月后，欧洲安全和合作组织的任何其他国家都可以申请加入该条约。从 2002 年 7 月 1 日起，任何国家都可以加入该条约。

缔约国（34 个）：白俄罗斯、比利时、波黑、保加利亚、加拿大、克罗地亚、捷克共和国、丹麦、爱沙尼亚、芬兰、法国、格鲁吉亚、德国、希腊、匈牙利、冰岛、意大利、拉脱维亚、立陶宛、卢森堡、荷兰、挪威、波兰、葡萄牙、罗马尼亚、俄罗斯、斯洛伐克、斯洛文尼亚、西班牙、瑞典、土耳其、英国、乌克兰、美国。

签署但未批约国（1 个）：吉尔吉斯斯坦。

条约文本：见加拿大条约信息网站：〈http：//www.treaty-accord.gc.ca/text-texte.asp？id = 102747〉。

东南亚无核武器区条约（曼谷条约）

1995 年 12 月 15 日在曼谷签署，1997 年 3 月 27 日生效，由泰国政府保存。

条约禁止在本区域内外发展、制造、获得或试验核武器，并禁止在区域内或经过区域安置或运输核武器。每个缔约国自行决定是否允许外国船只和飞机停靠或过境。缔约国保证不向区域内的海域倾倒或向区域内的大气层排放任何放射性物质或废料，或在区域内陆地上抛置放射性物质。缔约国应与国际原子能机构达成协议，以为其和平利用核活动提供全面保障监督。

本区域不仅包括缔约国的领土，还包括其大陆架和专属经济区。

条约对所有东南亚国家开放签署。

根据条约一项议定书的规定，中国、法国、俄罗斯、英国和美国将承诺不对任何缔约国使用或威胁使用核武器。五国应进一步承诺不在东南亚无核区内使用核武器。议定书将在各缔约国交存批准书之时起生效。

缔约国（10 个）： 文莱、柬埔寨、印度尼西亚、老挝、马来西亚、缅甸、菲律宾、新加坡、泰国、越南。

议定书： 无签署国，无缔约国。

条约和议定书文本：见东南亚国家联盟秘书处网站，网址：〈http://www.asean.org/news/item/treaty-on-the-southeast-asia-nuclear-weapon-free-zone〉。

非洲无核武器区条约（佩林达巴条约）

1996 年 4 月 11 日在开罗签署，2009 年 7 月 15 日生效，由非洲联盟秘书长保存。

条约禁止研究、发展、生产、获得、试验或安置核爆炸装置。每个缔约国有权允许外国船只和飞机停靠和过境的自由。条约还禁止对核设施的任何攻击。缔约国承诺不在区域内的任何地方倾倒或允许倾倒放射性废料和其他放射性物质。缔约国应同国际原子能机构（IAEA）就为和平利用核活动提供全面保障监督达成协议。

非洲无核区指非洲大陆、非洲联盟（AU）岛屿成员国和非洲联盟认为属于非洲的所有岛屿。

该条约向所有非洲国家开放签署。

根据议定书 I，中国、法国、俄罗斯、英国和美国应承诺不对缔约国使用或威胁使用核爆炸装置。

根据议定书 II，中国、法国、俄罗斯、英国和美国应承诺不在区域内任何地方试验核爆炸装置。

根据**议定书 III**，对区域内领土负有国际责任的国家应承诺执行条约中有关这些领土的规定。本议定书向法国和西班牙开放签署。

对已提交批准书的议定书签署国，议定书将与条约同时生效。

缔约国（36 个）：阿尔及利亚、贝宁、博茨瓦纳、布基纳法索、布隆迪、喀麦隆、*乍得*、*科摩罗*、科特迪瓦、赤道几内亚、埃塞俄比亚、加蓬、冈比亚、加纳、几内亚、*几内亚比绍*、肯尼亚、莱索托、利比亚、马达加斯加、马拉维、马里、毛里塔尼亚、毛里求斯、莫桑比克、*纳米比亚*、尼日利亚、卢旺达、塞内加尔、南非、斯威士兰、坦桑尼亚、多哥、突尼斯、赞比亚、津巴布韦。

签署但未批约国（18 个）：安哥拉、佛得角、中非共和国、刚果民主共和国、刚果共和国、吉布提、埃及、厄立特里亚、利比里亚、摩洛哥、尼日尔、撒哈拉阿拉伯民主共和国（西撒哈拉）、圣多美和普林西比、塞舌尔、塞拉利昂、索马里、苏丹、乌干达。

议定书 I 批准国（4 个）：中国、法国*、俄罗斯*、英国*；**签署但未批准国（1 个）**：美国*。

议定书 II 批准国（4 个）：中国、法国、俄罗斯*、英国*；**签署但未批准国（1 个）**：美国*。

议定书 III 批准国（1 个）：法国。

*批准、加入或继承时有所保留和/或发表声明。

条约文本：见非洲联盟网站，网址：〈http://au.int/en/treaties〉。

次区域军控协定（佛罗伦萨协定）

1996 年 6 月 14 日在佛罗伦萨签署并生效。

达成协定的谈判是根据 1995 年《波黑和平总框架协定》（《代顿协定》）附件 1－B 第四款在欧安组织（OSCE）主持下进行的。该协定为以下前交战国的军备数量规定了上限，所涉武器包括以下 5 个种类的重型常规武器：作战坦克、装甲战斗车、重型火炮（75 毫米及 75 毫米以上口径）、作战飞机和攻击直升机。截至 1997 年 10 月 31 日，已按照协定限额完成削减。到此日为止，共有 6580 件武器，或 1996 年 6 月前拥有武器量的 46%，已经被销毁。截至 2010 年 1 月 1 日，另有 2650 件武器已自愿销毁。

欧洲安全与合作组织轮值主席的私人代表、联络小组（法国、德国、意大利、俄罗斯、英国和美国）监督和帮助协定执行，履约行为也得到欧安组织其他国家的支持。根据 2009 年 11 月达成的两个阶段行动计划，履约的职责将在 2014 年底被移交到缔约国。

缔约国（4 个）：波黑、克罗地亚、黑山、塞尔维亚。

协定文本：见欧洲安全与合作组织波黑特派团网站，网址：〈http：//www. oscebih. org/Download. aspx？ id = 100〉。

美洲国家间关于反对非法生产和走私火器、弹药、爆炸物和其他相关材料公约（CIFTA）

1997 年 11 月 13 日在华盛顿通过，1997 年 11 月 14 日在华盛顿开放签署。1998 年 7 月 1 日公约生效，由美洲国家组织总秘书处保存。

公约的宗旨是：预防、反对和彻底制止非法生产、走私火器、弹药、爆炸物和其他相关材料；推动和促进缔约国之间的合作、信息和经验交流。

缔约国（30 个）：安提瓜和巴布达、阿根廷*、巴哈马、巴巴多斯、伯利兹、玻利维亚、巴西、智利、哥伦比亚、哥斯达黎加、多米尼克、多米尼加共和国、厄瓜多尔、萨尔瓦多、格林纳达、危地马拉、圭亚那、海地、洪都拉斯、墨西哥、尼加拉瓜、巴拿马、巴拉圭、秘鲁、圣基茨和尼维斯、圣卢西亚、苏里南、特立尼达和多巴哥、乌拉圭、委内瑞拉。

*批准、加入或继承时有所保留。

签署但未批约国（4 个）：加拿大、牙买加、圣文森特和格林纳丁斯、美国。

公约文本：见美洲国家组织网站，网址：〈http：//www. oas. org/juridico/english/treaties/a - 63. html〉。

美洲国家间关于获取常规武器透明度公约

1999 年 6 月 7 日在危地马拉城通过，2002 年 11 月 21 日生效，由美洲国家组织总秘书处保存。

公约的宗旨是：为了促进美洲国家间的相互信任，通过交换关于获取常规武器的信息，有助于提高本地区在获取这类武器方面的公开性和通明度。

缔约国（16）： 阿根廷、巴巴多斯、巴西、加拿大、智利、*哥斯达黎加*、多米尼加共和国、厄瓜多尔、萨尔瓦多、危地马拉、*墨西哥*、尼加拉瓜、巴拉圭、秘鲁、乌拉圭、委内瑞拉。

签署但未批约国（6 个）： 玻利维亚、哥伦比亚、多米尼克、海地、洪都拉斯、美国。

公约文本：见美洲国家组织网站，网址：〈http://www.oas.org/juridico/english/treaties/a-64.html〉。

南部非洲发展共同体（SADC）内关于管制火器、弹药和相关材料的议定书

2001 年 8 月 14 日在布兰太尔签署，2004 年 11 月 8 日生效。由南部非洲发展共同体执行秘书处保存。

议定书的目标是在南部非洲发展共同体区域内防止、打击和根除火器、弹药和相关材料的非法生产，以及防止火器、弹药和相关材料过分地、不稳定地积累及非法交易、持有和使用。

截至 2011 年 7 月的缔约国（11 个）： 博茨瓦纳、莱索托、马拉维、毛里求斯、莫桑比克、纳米比亚、南非、斯威士兰、坦桑尼亚、赞比亚、津巴布韦。

签署但未批约的国家（2* 个）： 刚果民主共和国、塞舌尔**。

*两个南部非洲发展共同体国家——安哥拉和马达加斯加没有签署也没有批准议定书。

**2001 年塞舌尔签署了议定书，但直到其于 2004 年退出南部非洲发展共同体前也没有批约。2008 年它再次加入共同体。

议定书文本：见南部非洲发展共同体网址：〈http://www.sadc.int/documents-publications/show/796〉。

大湖区和非洲之角关于防止、管控和减少轻小武器的内罗毕议定书

2004 年 4 月 21 日在内罗毕签署，2006 年 5 月 5 日生效。由大湖区、非洲之角和接壤地区国家的小武器地区中心（RECSA）保存。

议定书目标是防止、打击和根除小武器和轻武器在次地区的非法生产、交易、拥有和使用。

缔约国（9 个）： 布隆迪、刚果民主共和国、吉布提、厄立特里亚、埃塞俄比亚、肯尼亚、卢旺达、苏丹、乌干达。

签署但未批约国（6 个）： 中非共和国、刚果共和国、塞舌尔、索马里、南苏丹、坦桑尼亚。

议定书文本：见大湖区、非洲之角和接壤地区国家小武器中心网站：〈http://www.recsasec.org/publications/Nairobi_ Protocal.pdf〉。

西非国家经济共同体关于小武器、轻武器及其弹药和相关材料公约

2006 年 6 月 14 日在阿布贾由西非国家经济共同体（ECOWAS）成员国通过。2009 年 9 月 29 日生效，由西非国家经济共同体委员会主席保存。

公约要求缔约国在西非国家经济共同体范围内防止和打击小武器和轻武器过量和失衡的积聚。公约从第九个批约书递交时开始生效。

缔约国（11 个）： 贝宁、布基纳法索、佛得角、加纳、利比里亚、马里、尼日尔、尼日利亚、塞内加尔、塞拉利昂、多哥。

签约但未批约的国家（4 个）： 科特迪瓦、冈比亚、几内亚、几内亚比绍。

公约文本：见联合国行动实施支撑系统项目，网址：〈http://www.poa-iss.org/RegionalOrganizations/7.aspx〉。

中亚无核武器区条约（塞米巴拉金斯克条约）

2006 年 9 月 8 日在塞米巴拉金斯克市签署，2009 年 3 月 21 日生效。由吉尔吉斯斯坦政府保存。

条约要求缔约国不再研究、发展、制造、储存或通过任何其他方

式获得、拥有或控制任何核武器或核爆炸装置。

根据一项议定书的规定，中国、法国、俄罗斯、英国和美国承诺将不对任何缔约国使用或威胁使用核爆炸装置。议定书将在每个缔约国交存批准书之时起生效。

缔约国（5 个）： 哈萨克斯坦、吉尔吉斯斯坦、塔吉克斯坦、土库曼斯坦、乌兹别克斯坦。

议定书： 无签署国，无缔约国。

条约文本：见联合国裁军事务办公室，多边军备法规和裁军协定状况，网址：〈http：//disarmament. un. org/treaties/t/canwfz/text〉。

中部非洲关于控制小武器和轻武器及其弹药以及所有能用于制造、修理和装配的零部件的公约（金沙萨公约）

2010 年 4 月 30 日在金沙萨通过，2010 年 11 月 19 日在布拉柴维尔开放签署，尚未生效，由联合国秘书长保存。

公约的目标是要在中部非洲（范围定义为中非经济共同体的十个成员国和卢旺达）防止、打击和根除小武器和轻武器（SALW，轻小武器）的非法贸易和走私，加强控制本地区轻小武器的制造、买卖、转让和使用，打击本地区由轻小武器引起的武装暴力活动，减轻人道主义苦难，以及促进缔约国之间的合作与信任。公约将在第六个国家的批准书提交保存之日的 30 天后生效。

提交批约书的国家（4 个）： 中非共和国、乍得、刚果共和国、加蓬。

签约但未批约国家（7 个）： 安哥拉、布隆迪、喀麦隆、刚果民主共和国、赤道几内亚、卢旺达、圣多美和普林西比。

条约文本：见联合国条约汇编，网址：〈http：//treaties. un. org/Pages/CTCTreatiesaspx？ id =26〉。

2011 年关于建立信任与安全措施的维也纳文件

2011 年 11 月 30 日在维也纳由欧洲安全与合作组织成员国通过，2011 年 12 月 1 日生效。

2011 年维也纳文件是在欧洲建立信任与安全措施（CSBMs）和裁军的 1986 年斯德哥尔摩文件，以及之前的三个维也纳文件（1990

年、1992 年和 1994 年）的基础上制定的。1990 年维也纳文件要求缔约国通报军事情报、军费预算、减少危险程序、建立直接通信网，并且每年举行一次会议评估信任与安全措施的执行情况。1992 年维也纳文件和 1994 年维也纳文件扩大了范围，对军事活动、防务计划和军事交流制定了新的机制和参数。1999 年维也纳文件提出了一些区域性措施，旨在双边、多边和地区层面上增加透明度和信任，并特别就约束措施提出了一些改进意见。

2011 年维也纳文件包含对核查活动时间和新型武器及装备系统展示等事宜的修订，建立了每五年更新维也纳文件的制度。

文件文本：见欧洲安全与合作组织网站：〈http：//www. osce. org/fsc/86597〉。

第三部分 双边条约

美苏关于限制反弹道导弹系统条约（反导条约，ABM）

美国和苏联于 1972 年 5 月 26 日在莫斯科签署，1972 年 10 月 3 日生效。2002 年 6 月 13 日失效。

缔约方——俄罗斯和美国——保证不建立全国性反弹道导弹防御系统，限制发展和部署得到允许的战略导弹防御系统。条约禁止为防空导弹、雷达和发射架提供反战略弹道导弹的技术能力，并禁止以战略反弹道导弹（ABM）模式对其进行试验。

1974 年签署的 ABM 条约议定书从数量上进一步限制了得到允许的弹道导弹防御系统。

1997 年白俄罗斯、哈萨克斯坦、俄罗斯、乌克兰和美国签署了一份谅解备忘录，指定白俄罗斯、哈萨克斯坦和乌克兰与俄罗斯一样作为苏联的继承者，成为条约的缔约国，并签署了一组协商一致的声明，明确区别条约不允许的战略导弹防御系统和条约允许的非战略或战区导弹防御系统的技术参数。2000 年 4 月俄罗斯批准了 1997 年签署的这些协定，但由于美国拒绝批准而使这些协定未能正式生效。2001 年 12 月 13 日，美国宣布退出反导条约（ABM），2002 年 6 月 13 日退约生效。

条约和议定书文本：见联合国《条约集》第 944 卷（1974 年）。

美苏限制地下核武器试验条约（限当量条约，TTBT）

美国和苏联于 1974 年 7 月 3 日在莫斯科签署，1990 年 12 月 11 日生效。

缔约国——俄罗斯和美国——承诺不进行任何爆炸当量超过 15 万吨的地下核试验。1990 年新的核查议定书替代了 1974 年核查议定书。

条约和议定书文本：见联合国《条约集》第 1714 卷（1993 年）。

和平利用地下核爆炸条约（和平核爆炸条约，PNET）

苏联和美国于 1976 年 5 月 28 日在莫斯科和华盛顿签署，1990 年 12 月 11 日生效。

缔约国——俄罗斯和美国——承诺不进行任何用于和平目的、其爆炸当量超过 15 万吨的单个地下核爆炸，或任何其总当量超过 15 万吨的系列爆炸；不进行任何总当量超过 150 万吨的系列爆炸，除非其单个核爆炸根据已确立的核查程序能被识别和测量。1976 年核查议定书被 1990 年新的议定书所取代。

条约文本：见联合国《条约集》第 1714 卷（1993 年）。

销毁中短程导弹条约（中导条约，INF）

苏联和美国于 1987 年 12 月 8 日在华盛顿签署，1988 年 6 月 1 日生效。

条约要求原始缔约国——美国和苏联——到 1991 年 6 月 1 日为止销毁所有的射程为 500—5500 公里的陆基导弹（射程 1000—5500 公里为中程导弹；射程 500—1000 公里为短程导弹）及其发射装置。到 1991 年 5 月为止，共销毁了 2692 枚导弹。1994 年条约成员国扩大到包括白俄罗斯、哈萨克斯坦和乌克兰。1991 年 6 月 1 日之后的十年内进行了现场核查以确认履约情况；2001 年 5 月 31 日现场核查终止后，为收集相关数据，会继续使用侦察卫星。

条约文本：见联合国《条约集》第 1657 卷（1991 年）。

美苏关于削减和限制进攻性战略武器条约（START I 条约）

苏联和美国于 1991 年 7 月 31 日在莫斯科签署，1994 年 12 月 5 日生效，2009 年 12 月 3 日期满。

条约要求原始缔约国——美国和苏联——在七年内分阶段削减各自的进攻性战略核武器。条约规定了各自部署的洲际弹道导弹、潜射导弹和重型轰炸机等战略核运载工具及其携带核弹头的数量限制。在促进执行 START 条约的议定书（《1992 年里斯本议定书》，1994 年 12 月 5 日生效）中，白俄罗斯、哈萨克斯坦和乌克兰也继承了前苏联承担的条约义务。

一项后续条约，即“新 START 条约”，于 2011 年 2 月 5 日生效。

条约和议定书文本：见美国国务院网站，网址：〈http：//www. state. gov/t/avc/trty/146007. htm〉。

美苏关于进一步削减和限制进攻性战略武器条约（START II 条约）

俄罗斯和美国于 1993 年 1 月 3 日在莫斯科签署，尚未生效。

条约要求缔约国在 2003 年 1 月 1 日以前销毁各自的多弹头分导式洲际弹道导弹，并将已部署的战略核弹头的数量，削减至不超过 3000—3500 枚（其中部署在潜射导弹上的核弹头不得超过 1750 枚）。1997 年 9 月 26 日，两国签署了该条约的议定书，将条约执行期限延长至 2007 年底。

注：美国参议院、俄罗斯杜马均批准该条约，但两国未交换批准文书，故条约从未生效。2002 年 6 月 13 日美国退出反导条约（ABM 条约）。作为回应，俄罗斯于 2002 年 6 月 14 日宣布不再受 START II 条约的约束。

条约和议定书文本：见美国国务院网站，网址：〈http：//www. state. gov/t/avc/trty/102887. htm〉。

美俄削减进攻性战略武器条约（SORT 条约、莫斯科条约）

2002 年 5 月 24 日俄罗斯和美国在莫斯科签署，2003 年 6 月 1 日生效。2011 年 2 月 5 日起不再有效。

条约要求缔约国削减各自实战部署的战略核弹头，截至 2012 年 12 月 31 日以前各自拥有的该类核弹头总数不超过 1700—2200 枚。2011 年 2 月 5 日，该条约被“新 START 条约”所取代。

条约文本：见联合国《条约集》第 2350 卷（2005 年）。

美俄关于进一步削减和限制进攻性战略武器条约（新 START 条约，布拉格条约）

2010 年 4 月 8 日俄罗斯和美国在布拉格签署，2011 年 2 月 5 日生效。

条约要求缔约国—俄罗斯和美国—各自将下列武器数目减至：（1）部署的洲际弹道导弹、潜射导弹和重型轰炸机不超过 700 件；（2）部署的洲际弹道导弹、潜射导弹安装的弹头数和部署的重型轰炸机携带的弹头数不超过 1550 枚；（3）部署的和非部署的洲际弹道导弹发射装置、潜射导弹发射装置和重型轰炸机不超过 800 件。截至 2018 年 2 月 5 日必须达到削减目标。一个双边顾问委员会将处理遵约和其他履约问题。条约的议定书包含了核查机制的问题。

条约承接《美苏关于削减和限制进攻性战略武器条约》（START I 条约），并取代《美俄削减进攻性战略武器条约》（SORT 条约）。除非期满之前有后续条约所取代，该条约将在 10 年内有效。

条约和议定书文本：见美国国务院网站，网址：〈http：//www.state.gov/t/avc/newstart/c44126.htm〉。

（琦 灵 译）

附件B 国际安全合作机构

南尼·博德尔

本附件罗列了旨在促进安全、稳定、和平或军备控制的主要国际组织、政府间机构、履约机构和转让控制机制，所列的成员国或参加国为截至2013年1月1日的情况。这些组织机构被分成三部分：全球性机构及成员国（第一部分）、区域性的机构及成员国（第二部分）和战略贸易控制机制（第三部分）

联合国会员国和联合国系统内的组织被列在前面，其他组织依字母顺序排列在后。这些组织的成员国和参加国并非都是联合国会员国。2012年间加入或首次参加组织的国家用斜体字注明。各组织如有互联网网址，则提供于后。所提及的军备控制和裁军协议，参见本卷附件A。

第一部分　全球性机构及成员国

联合国（UN）

系世界范围的政府间组织。1945年通过《联合国宪章》，联合国宣告成立，总部设在美国纽约。它的6个主要机构分别是大会、安全理事会、经济和社会理事会、托管理事会（1994年暂停实际工作）、国际法院和秘书处。

联合国大会设有6个主要委员会：第一委员会（裁军和国际安全委员会）处理裁军和相关估计安全问题；第四委员会（特殊政治和非殖民化委员会）处理大量问题，包括非殖民化、巴勒斯坦难民以及人权、维和、排雷、外空、公共信息、原子能放射以及和平大学。

联合国裁军事务办公室是联合国秘书处的一个部门，目的是推动核武器、生物武器、化学武器和常规武器的裁军。联合国还包括许多专门机构和自治组织。

联合国会员国（193 个）及加入时间

阿富汗，1946；阿尔巴尼亚，1955；阿尔及利亚，1962；
安道尔，1993；安哥拉，1976；安提瓜和巴布达，1981；
阿根廷，1945；亚美尼亚，1992；澳大利亚，1945；
奥地利，1955；阿塞拜疆，1992；巴哈马，1973；巴林，1971；
孟加拉国，1974；巴巴多斯，1966；白俄罗斯，1945；
比利时，1945；伯利兹，1981；贝宁，1960；不丹，1971；
玻利维亚，1945；波斯尼亚和黑塞哥维那，1992；博茨瓦纳，1966；
巴西，1945；文莱，1984；保加利亚，1955；布基纳法索，1960；
布隆迪，1962；柬埔寨，1955；喀麦隆，1960；加拿大，1945；
佛得角，1975；中非共和国，1960；乍得，1960；智利，1945；
中国，1945；哥伦比亚，1945；科摩罗，1975；
刚果民主共和国，1960；刚果共和国，1960；哥斯达黎加，1945；
科特迪瓦，1960；克罗地亚，1992；古巴，1945；塞浦路斯，1960；
捷克共和国，1993；丹麦，1945；吉布提，1977；
多米尼克国，1978；多米尼加共和国，1945；厄瓜多尔，1945；
埃及，1945；萨尔瓦多，1945；赤道几内亚，1968；
厄立特里亚，1993；爱沙尼亚，1991；埃塞俄比亚，1945；
斐济，1970；芬兰，1955；法国，1945；加蓬，1960；
冈比亚，1965；格鲁吉亚，1992；德国，1973；加纳，1957；
希腊，1945；格林纳达，1974；危地马拉，1945；几内亚，1958；
几内亚比绍，1974；圭亚那，1966；海地，1945；洪都拉斯，1945；
匈牙利，1955；冰岛，1946；印度，1945；印度尼西亚，1950；
伊朗，1945；伊拉克，1945；爱尔兰，1955；以色列，1949；
意大利，1955；牙买加，1962；日本，1956；约旦，1955；
哈萨克斯坦，1992；肯尼亚，1963；基里巴斯，1999；
朝鲜民主主义人民共和国，1991；大韩民国，1991；科威特，1963；

吉尔吉斯斯坦，1992；老挝，1955；拉脱维亚，1991；
黎巴嫩，1945；莱索托，1966；利比里亚，1945；利比亚，1955；
列支敦士登，1990；立陶宛，1991；卢森堡，1945；
前南斯拉夫马其顿共和国，1993；马达加斯加，1960；
马拉维，1964；马来西亚，1957；马尔代夫，1965；马里，1960；
马耳他，1964；马绍尔群岛，1991；毛里塔尼亚，1961；
毛里求斯，1968；墨西哥，1945；密克罗尼西亚，1991；
摩尔多瓦，1992；摩纳哥，1993；蒙古，1961；黑山，2006；
摩洛哥，1956；莫桑比克，1975；缅甸，1948；纳米比亚，1990；
瑙鲁，1999；尼泊尔，1955；荷兰，1945；新西兰，1945；
尼加拉瓜，1945；尼日尔，1960；尼日利亚，1960；挪威，1945；
阿曼，1971；巴基斯坦，1947；帕劳，1994；巴拿马，1945；
巴布亚新几内亚，1975；巴拉圭，1945；秘鲁，1945；
菲律宾，1945；波兰，1945；葡萄牙，1955；卡塔尔，1971；
罗马尼亚，1955；俄罗斯，1945；卢旺达，1962；
圣基茨和尼维斯，1983；圣卢西亚，1979；
圣文森特和格林纳丁斯，1980；萨摩亚，1976；圣马力诺，1992；
圣多美和普林西比，1975；沙特阿拉伯，1945；塞内加尔，1960；
塞尔维亚，2000；塞舌尔，1976；塞拉利昂，1961；新加坡，1965；
斯洛伐克，1993；斯洛文尼亚，1992；所罗门群岛，1978；
索马里，1960；南非，1945；南苏丹，2011；西班牙，1955；
斯里兰卡，1955；苏丹，1956；苏里南，1975；斯威士兰，1968；
瑞典，1946；瑞士，2002；叙利亚，1945；塔吉克斯坦，1992；
坦桑尼亚，1961；泰国，1946；东帝汶，2002；多哥，1960；
汤加，1999；特立尼达和多巴哥，1962；突尼斯，1956；
土耳其，1945；土库曼斯坦，1992；图瓦卢，2000；乌干达，1962；
英国，1945；乌克兰，1945；阿拉伯联合酋长国，1971；
乌拉圭，1945；美国，1945；乌兹别克斯坦，1992；
瓦努阿图，1981；委内瑞拉，1945；越南，1977；也门，1947；
赞比亚，1964；津巴布韦，1980。

网址：〈http：//www. un. org〉。

联合国安全理事会

常任理事国（P5）： 中国、法国、俄国、英国、美国

非常任理事国（10 个）： *阿根廷***、*澳大利亚***、阿塞拜疆*、危地马拉*、*韩国***、*卢森堡***、摩洛哥*、巴基斯坦*、*卢旺达***、多哥*

注： 非常任理事国由联合国大会选举产生，任期两年。

*2012—2013 年非常任理事国。

**2013—2014 年非常任理事国。

网址：〈http：//www. un. org/sc/〉。

裁军谈判会议（CD）

系多边军备控制谈判机构，旨在成为国际社会的一个单独的多边裁军论坛。1959 年以来它曾多次扩大成员国和更名。它不是联合国机构，但向“联合国大会”报告工作。该机构设在瑞士日内瓦。

成员国（65 个）： 阿尔及利亚、阿根廷、澳大利亚、奥地利、孟加拉国、白俄罗斯、比利时、巴西、保加利亚、喀麦隆、加拿大、智利、中国、哥伦比亚、刚果民主共和国、古巴、厄瓜多尔、埃及、埃塞俄比亚、芬兰、法国、德国、匈牙利、印度、印度尼西亚、伊朗、伊拉克、爱尔兰、以色列、意大利、日本、哈萨克斯坦、肯尼亚、朝鲜、韩国、马来西亚、墨西哥、蒙古、摩洛哥、缅甸、荷兰、新西兰、尼日利亚、挪威、巴基斯坦、秘鲁、波兰、罗马尼亚、俄罗斯、塞内加尔、斯洛伐克、南非、西班牙、斯里兰卡、瑞典、瑞士、叙利亚、突尼斯、土耳其、英国、乌克兰、美国、委内瑞拉、越南、津巴布韦

网址：〈http：//www. unog. ch/disarmament/〉。

国际原子能机构（IAEA）

系联合国体系内的政府间组织。机构在其《规约》于 1957 年生效后正式成立。其宗旨是促进和平利用原子能，并保证核活动不用于促进任何军事目的。根据 1968 年《不扩散核武器条约》和各无核区条约，无核武器国家必须接受机构的核保障监

督，以表明其履行了不制造核武器的义务。总部设在奥地利首都维也纳。

成员国（158 个）：阿富汗、阿尔巴尼亚、阿尔及利亚、安哥拉、阿根廷、亚美尼亚、澳大利亚、奥地利、阿塞拜疆、巴林、孟加拉国、白俄罗斯、比利时、伯利兹、贝宁、玻利维亚、波斯尼亚和黑塞哥维那、博茨瓦纳、巴西、保加利亚、布基纳法索、布隆迪、柬埔寨*、喀麦隆、加拿大、中非共和国、乍得、智利、中国、哥伦比亚、刚果民主共和国、刚果共和国、哥斯达黎加、科特迪瓦、克罗地亚、古巴、塞浦路斯、捷克共和国、丹麦、*多米尼克*、多米尼加共和国、厄瓜多尔、埃及、萨尔瓦多、厄立特里亚、*爱沙尼亚*、埃塞俄比亚、*斐济*、芬兰、法国、加蓬、格鲁吉亚、德国、加纳、希腊、危地马拉、海地、梵蒂冈、洪都拉斯、匈牙利、冰岛、印度、印度尼西亚、伊朗、伊拉克、爱尔兰、以色列、意大利、牙买加、日本、约旦、哈萨克斯坦、肯尼亚、韩国、科威特、吉尔吉斯斯坦、老挝、拉脱维亚、黎巴嫩、莱索托、利比里亚、利比亚、列支敦士登、立陶宛、卢森堡、前南斯拉夫马其顿共和国、马达加斯加、马拉维、马来西亚、马里、马耳他、马绍尔群岛、毛里塔尼亚、毛里求斯、墨西哥、摩尔多瓦、摩纳哥、蒙古、黑山、摩洛哥、莫桑比克、缅甸、纳米比亚、尼泊尔、荷兰、新西兰、尼加拉瓜、尼日尔、尼日利亚、挪威、阿曼、巴基斯坦、帕劳、巴拿马、*巴布亚新几内亚*、巴拉圭、秘鲁、菲律宾、波兰、葡萄牙、卡塔尔、*卢旺达*、罗马尼亚、俄罗斯、沙特阿拉伯、塞内加尔、塞尔维亚、塞舌尔、塞拉利昂、新加坡、斯洛伐克、斯洛文尼亚、南非、西班牙、斯里兰卡、苏丹、瑞典、瑞士、叙利亚、塔吉克斯坦、坦桑尼亚、泰国、*多哥*、*特立尼达和多巴哥*、突尼斯、土耳其、乌干达、英国、乌克兰、阿拉伯联合酋长国、乌拉圭、美国、乌兹别克斯坦、委内瑞拉、越南、也门、赞比亚、津巴布韦。

注：朝鲜在 1994 年 6 月以前曾是国际原子能机构的成员国。除以上所列国家外，佛得角、圣马力诺、斯威士兰和汤加经国际原子能机构大会批准已获得成员国资格，一旦这些国家交存必需的法律文书，将成为正式成员国。

网址:〈http: //www. iaea. org/〉。

国际法院(ICJ)

根据联合国宪章于 1945 年建立,是联合国主要司法机构。作用是对各国自愿向其提交的争端做出裁决,并对经授权的联合国其他机关和专门机构的任何法律问题提供咨询意见。法院有 15 名法官,由联合国大会和安理会选举,任期 9 年。秘书处设在荷兰的海牙。

网址:〈http: //www. icj-dij. org/〉。

双边磋商委员会(BCC)

根据 2010 年俄美新的 START 条约成立的一个论坛,讨论履约中的相关问题。它取代 1991 年 START 条约的联合履约和视察委员会。除非缔约国有异议,委员会每年在瑞士日内瓦最少召开两次会议。它的工作是不公开的。

网址:见美国国防网站,〈http: //www. acq. osd. mil/tc/treaties/NST/BCC_ statements. htm〉。

英联邦

1949 年成立的包括发达国家和发展中国家的组织,其目的是推动成员国内外的民主、人权,促进经济和社会的可持续发展。秘书处设在英国首都伦敦。

成员国(54 个):安提瓜和巴布达、澳大利亚、巴哈马、孟加拉国、巴巴多斯、伯利兹、博茨瓦纳、文莱、喀麦隆、加拿大、塞浦路斯、多米尼加、斐济*、冈比亚、加纳、格林纳达、圭亚那、印度、牙买加、肯尼亚、基里巴斯、莱索托、马拉维、马来西亚、马尔代夫、马耳他、毛里求斯、莫桑比克、纳米比亚、瑙鲁、新西兰、尼日利亚、巴基斯坦、巴布亚新几内亚、卢旺达、圣基茨和尼维斯、圣卢西亚、圣文森特和格林纳丁斯、萨摩亚、塞舌尔、塞拉利昂、新加坡、所罗门群岛、南非、斯里兰卡、斯威士兰、坦桑尼亚，汤加、特立尼达和多巴哥、图瓦卢、乌干达、英国、瓦努阿图，赞比亚。

＊2009 年 9 月 1 日，斐济被暂时中止英联邦的成员国资格。

网址：〈http：//www. thecommonwealth. org/〉。

全面禁止核试验条约组织（CTBTO）

在 1996 年的《全面禁止核试验条约》生效后，该组织将开始运行解决遵守条约方面的问题，同时也是缔约国之间进行磋商与合作的一个论坛。已设立的筹委会为组织未来的工作进行准备，特别是通过建立国际监控体系，包括建立地震监测站、水声探测站、次声波监测站、放射性核素监测站，来收集数据并传回到组织的国际数据中心。秘书处设在奥地利首都维也纳。

CTBT 缔约国（182 个）：见附件 A。

网址：〈http：//www. ctbto. org/〉。

八国集团（G8）

8 个主要工业国家组成的集团（原先为 7 个国家）。该集团自 20 世纪 70 年代以来举行国家元首或政府首脑级的非正式会晤。“八国集团反对大规模毁灭性武器及其材料扩散的全球伙伴关系”于 2002 年建立，旨在处理防扩散、裁军、反恐和核安全问题。2011 年 5 月，该伙伴关系延长一个不特定期限。

成员国（8 个）：加拿大、法国、德国、意大利、日本、俄罗斯、英国、美国。

网址：〈http：//www. g8. gc. ca/〉。

国际刑事法院（ICC）

一个独立的、永久性的国际刑事法院，审理种族灭绝罪、战争罪和反人类罪等犯罪案件。《国际刑事法院规约》于 1998 年在罗马通过，2002 年 7 月 1 日生效。法院设在荷兰的海牙。

成员国（121个）： 阿富汗、阿尔巴尼亚、安道尔、安提瓜和巴布达、阿根廷、澳大利亚、奥地利、孟加拉、巴巴多斯、比利时、伯利兹、贝宁、玻利维亚、波斯尼亚和黑塞哥维那、博茨瓦纳、巴西、保加利亚、布基纳法索、布隆迪、柬埔寨、加拿大、佛得角、中非共和国、乍得、智利、哥伦比亚、科摩罗、刚果民主共和国、刚果共和国、库克群岛、哥斯达黎加、克罗地亚、塞浦路斯、捷克共和国、丹麦、吉布提、多米尼克、多米尼加共和国、厄瓜多尔、爱沙尼亚、斐济、芬兰、法国、加蓬、冈比亚、格鲁吉亚、德国、加纳、希腊、格林纳达、*危地马拉*、几内亚、圭亚那、洪都拉斯、匈牙利、冰岛、爱尔兰、意大利、日本、约旦、肯尼亚、韩国、拉脱维亚、莱索托、利比里亚、列支敦士登、立陶宛、卢森堡、前南斯拉夫马其顿共和国、马达加斯加、马拉维、马尔代夫、马里、马耳他、马绍尔群岛、毛里求斯、墨西哥、摩尔多瓦、蒙古、黑山、纳米比亚、瑙鲁、荷兰、新西兰、尼日尔、尼日利亚、挪威、巴拿马、巴拉圭、秘鲁、菲律宾、波兰、葡萄牙、罗马尼亚、圣基茨和尼维斯、圣卢西亚、圣文森特和格林纳丁斯、萨摩亚、圣马力诺、塞内加尔、塞尔维亚、塞舌尔、塞拉利昂、斯洛伐克、斯洛文尼亚、南非、西班牙、苏里南、瑞典、瑞士、塔吉克斯坦、坦桑尼亚、东帝汶、特立尼达和多巴哥、突尼斯、乌干达、英国、乌拉圭、瓦努阿图、委内瑞拉、赞比亚。

网址：〈http://www.icc-cpi.int/〉。

不结盟运动（NAM）

成立于1961年，是不结盟国家之间在联合国内就政治、经济和军备控制问题进行磋商和协调立场的论坛。

成员国（120个）： 阿富汗、阿尔及利亚、安哥拉、安提瓜和巴布达、阿塞拜疆、巴哈马、巴林、孟加拉国、巴巴多斯、白俄罗斯、伯利兹、贝宁、不丹、玻利维亚、博茨瓦纳、文莱、布基纳法索、布隆迪、柬埔寨、喀麦隆、佛得角、中非共和国、乍得、智利、哥伦比亚、科摩罗、刚果民主共和国、刚果共和国、科特迪瓦、古巴、吉布提、多米尼克、多米尼加共和国、厄瓜多尔、埃及、赤道几内亚、厄立特里亚、埃塞俄比亚、斐济、加蓬、冈比亚、加纳、格林纳达、危地马拉、几内亚、几内亚比绍、圭亚那、海地、洪都拉斯、印度、印度尼西亚、伊朗、伊拉克、牙买加、约旦、肯尼亚、朝鲜、科威特、老挝、黎巴嫩、莱索托、利比里亚、利比亚、马达加斯加、马拉维、马来西亚、马尔代夫、马里、毛里塔尼亚、毛里求斯、蒙古、摩洛哥、莫桑比克、缅甸、纳米比亚、尼泊尔、尼加拉瓜、尼日尔、尼日利亚、阿曼、巴基斯坦、巴勒斯坦、巴拿马、巴布亚新几内亚、秘鲁、菲律宾、卡塔尔、卢旺达、圣基茨和尼维斯、圣卢西亚、圣文森特和格林纳丁斯、圣多美和普林西比、沙特阿拉伯、塞内加尔、塞舌尔、塞拉利昂、新加坡、索马里、南非、斯里兰卡、苏丹、苏里南、斯威士兰、叙利亚、坦桑尼亚、泰国、东帝汶、多哥、特立尼达和多巴哥、突尼斯、土库曼斯坦、乌干达、阿拉伯联合酋长国、乌兹别克斯坦、瓦努阿图、委内瑞拉、越南、也门、赞比亚、津巴布韦。

网址：〈http：//www. name. org. ir/〉。

经济合作与发展组织（OECD）

成立于1961年，宗旨是通过协调成员国之间政策，促进经济发展和社会福利。总部设在法国首都巴黎。

成员国（34个）： 澳大利亚、奥地利、比利时、加拿大、智利、捷克共和国、丹麦、爱沙尼亚、芬兰、法国、德国、希腊、匈牙利、冰岛、爱尔兰、以色列、意大利、日本、韩国、卢森堡、墨西哥、荷兰、新西兰、挪威、波兰、葡萄牙、斯洛伐克、斯洛文尼亚、西班牙、瑞典、瑞士、土耳其、英国、美国。

网址：〈http：//www. oecd. org/〉。

禁止化学武器组织（OPCW）

根据1993年的《禁止化学武器公约》成立的机构，目的是监督公约履行情况和解决履约过程中产生的问题。该组织设在荷兰海牙。

《禁止化学武器公约》缔约国（188个）： 见附件A。

网址：〈http：//www. opcw. org/〉。

伊斯兰会议组织（OIC）

1969 年由伊斯兰国家成立。目的是促进成员国之间的合作，支持和平、安全和巴勒斯坦人民及所有穆斯林人民的斗争。秘书处设在沙特阿拉伯的吉达。

成员国（57 个）：阿富汗、阿尔巴尼亚、阿尔及利亚、阿塞拜疆、巴林、孟加拉国、贝宁、文莱、布基纳法索、喀麦隆、乍得、科摩罗、科特迪瓦、吉布提、埃及、加蓬、冈比亚、几内亚、几内亚比绍、圭亚那、印度尼西亚、伊朗、伊拉克、约旦、哈萨克斯坦、科威特、吉尔吉斯斯坦、黎巴嫩、利比亚、马来西亚、马尔代夫、马里、毛里塔尼亚、摩洛哥、莫桑比克、尼日尔、尼日利亚、阿曼、巴基斯坦、巴勒斯坦、卡塔尔、沙特阿拉伯、塞内加尔、塞拉利昂、索马里、苏丹、苏里南、叙利亚、塔吉克斯坦、多哥、突尼斯、土耳其、土库曼斯坦、乌干达、阿拉伯联合酋长国、乌兹别克斯坦、也门。

网址：〈http://www.oic-oci.org/〉。

特别核查委员会（SVC）

该委员会系根据 1987 年苏—美《销毁中短程导弹条约》成立，目的是作为一个论坛来解决履约问题及采取必要措施来提高条约的可行性和有效性。

《销毁中短程导弹条约》的缔约国（5 个）：见附件 A。

第二部分 区域性机构及成员国

非洲联盟（AU）

2001 年非洲联盟正式成立，2002 年非盟取代了“非洲统一组织”。成员国资格向所有非洲国家开放。其宗旨是促进非洲团结、安全和解决冲突、民主和人权，促进非洲政治、社会和经济一体化。“和平与安全理事会”（PSC）是预防、控制和解决冲突的一个常设决策机构。非洲联盟总部设在埃塞俄比亚首都亚的斯亚贝巴。

成员国（54个）：阿尔及利亚、安哥拉、贝宁、博茨瓦纳、布基纳法索、布隆迪、喀麦隆、佛得角、中非共和国、乍得、科摩罗、刚果民主共和国、刚果共和国、科特迪瓦、吉布提、埃及、赤道几内亚、厄立特里亚、埃塞俄比亚、加蓬、冈比亚、加纳、几内亚、几内亚比绍*、肯尼亚、莱索托、利比里亚、利比亚、马达加斯加**、马拉维、马里、毛里塔尼亚、毛里求斯、莫桑比克、纳米比亚、尼日尔、尼日利亚、卢旺达、西撒哈拉（阿拉伯撒哈拉民主共和国，SADR）、圣多美和普林西比、塞内加尔、塞舌尔、塞拉利昂、索马里、南非、*南苏丹*、苏丹、斯威士兰、坦桑尼亚、多哥、突尼斯、乌干达、赞比亚、津巴布韦。

*2012 年 4 月几内亚比绍被暂停了非盟成员国的资格。

* *2009 年 3 月马达加斯加被暂停了非盟成员国的资格。

网址：〈http：//www. au. int/〉。

亚太经济合作组织（APEC）

成立于 1989 年，其宗旨是推动亚太地区的开放贸易和经济繁荣。自 20 世纪 90 年代中期起，该组织越来越多地在安全和政治问题，诸如反恐、防止大规模杀伤性武器扩散和建立有效的转让控制体系等领域进行讨论。秘书处设在新加坡。

成员经济体（21个）：澳大利亚、文莱、加拿大、智利、中国、中国香港、印度尼西亚、日本、韩国、马来西亚、墨西哥、新西兰、巴布亚新几内亚、秘鲁、菲律宾、俄罗斯、新加坡、中国台湾、泰国、美国、越南。

网址：〈http：//www. apec. org/〉。

东南亚国家联盟（ASEAN）

成立于 1967 年，目的是促进东南亚地区的经济、社会和文化发展以及和平与安全。秘书处设在印度尼西亚首都雅加达。

成员国（10个）：文莱、柬埔寨、印度尼西亚、老挝、马来西亚、缅甸、菲律宾、新加坡、泰国、越南。

网址：〈http：//www. aseansec. org/〉。

东盟地区论坛（ARF）

该论坛成立于 1994 年，目的是处理安全问题。

参加国（27 个）： 东盟成员国加上澳大利亚、孟加拉国、加拿大、中国、欧盟、印度、日本、朝鲜、韩国、蒙古、新西兰、巴基斯坦、巴布亚新几内亚、俄罗斯、斯里兰卡、东帝汶、美国。

网址：〈http：//www. aseanregionalforum. org/〉。

东盟+3（APT）

论坛开始于亚洲经融危机产生后的 1997 年，1999 年机制化。目的是促进成员国经济、政治和安全合作及金融稳定。

参加国（13 个）： 东盟成员国加上中国、日本和韩国。

网址：〈http：//www. aseansec. org/asean/external-relations/asean-3〉。

东亚峰会（EAS）

东亚峰会于 2005 年开始，是一个就战略、政治和经济问题进行对话的区域论坛。目的是推动东亚地区和平、稳定和经济繁荣。年度会议的时间与东盟峰会相关连。

参加国（18 个）： 东盟成员国加上澳大利亚、中国、印度、日本、韩国、新西兰、俄罗斯、美国

网址：〈http：//www. asean. org/asean/external-relations/east-asia-summit-eas/〉。

集体安全条约组织（CSTO）

由 1992 年《集体安全条约》的 6 个签署国于 2002—2003 年正式建立，其宗旨是推动成员国间的合作。该组织的一个目标是就区域内的恐怖主义和毒品走私等战略问题制订更有效的对策。该组织设在俄罗斯首都莫斯科。

成员国（6 个）： 亚美尼亚、白俄罗斯、哈萨克斯坦、吉尔吉斯斯坦、俄罗斯、塔吉克斯坦

网址：〈http：/www. odkb-csto. org/〉。

注：2012 年 6 月乌兹别克斯坦被暂停了成员国资格。

独立国家联合体（独联体，CIS）

成立于 1991 年，作为苏联各共和国之间多边合作的框架。总部设在白俄罗斯首都明斯克。

成员国（11 个）：亚美尼亚、阿塞拜疆、白俄罗斯、哈萨克斯坦、吉尔吉斯斯坦、摩尔多瓦、俄罗斯、塔吉克斯坦、土库曼斯坦、乌克兰、乌兹别克斯坦

网址：〈http：//www. cis. minsk. by/〉。

中部非洲国家经济共同体（法文 CEEAC，英文 ECCAS）

成立于 1983 年，目的是在推动中部非洲地区政治对话，建立关税联盟和制定共同政策。秘书处设在加蓬首都利伯维尔。中部非洲和平与安全理事会（COPAX）是一个为推动政治和军事共同战略，在中部非洲地区进行冲突预防、控制和解决的机制。

成员国（10 个）：安哥拉、布隆迪、喀麦隆、中非共和国、乍得、刚果民主共和国、刚果共和国、赤道几内亚、加蓬、圣多美和普林西比

网址：〈http：//www. ceeac-eccas. org/〉。

亚洲相互协作与建立信任措施会议（亚信会议，CICA）

1992 年发起，根据 1999 年《指导亚信会议成员国间关系原则的声明》正式建立。亚信会议作为一个论坛促进成员国之间安全合作和建立信任措施，并推动成员国在经济、社会和文化领域的合作。该组织秘书处设在哈萨克斯坦首都阿拉木图。

成员国（24 个）：阿富汗、阿塞拜疆、巴林、柬埔寨、中国、埃及、印度、伊朗、伊拉克、以色列、约旦、哈萨克斯坦、韩国、吉尔吉斯斯坦、蒙古、巴基斯坦、巴勒斯坦、俄罗斯、塔吉克斯坦、泰

国、土耳其、阿拉伯联合酋长国、乌兹别克斯坦、越南

网址:〈http://www.ctbto.org/〉。

欧洲委员会（COE）

1949 年成立，委员会向所有接受法治原则及保障其公民的人权和基本自由的欧洲国家开放。委员会设在法国的斯特拉斯堡。“欧洲人权法院”和“欧洲发展银行理事会”是“欧洲委员会”的下属机构。

成员国（47 个）: 阿尔巴尼亚、安道尔、亚美尼亚、奥地利、阿塞拜疆、比利时、波斯尼亚和黑塞哥维那、保加利亚、克罗地亚、塞浦路斯、捷克共和国、丹麦、爱沙尼亚、芬兰、法国、格鲁吉亚、德国、希腊、匈牙利、冰岛、爱尔兰、意大利、拉脱维亚、列支敦士登、立陶宛、卢森堡、前南斯拉夫马其顿共和国、马耳他、摩尔多瓦、摩纳哥、黑山、荷兰、挪威、波兰、葡萄牙、罗马尼亚、俄罗斯、圣马力诺、塞尔维亚、斯洛伐克、斯洛文尼亚、西班牙、瑞典、瑞士、土耳其、英国、乌克兰

网址:〈http://www.coe.int/〉。

波罗的海国家委员会（CBSS）

1992 年成立的区域性政府间组织，目的是推动波罗的海区域内国家的合作。秘书处设在瑞典首都斯德哥尔摩。

成员国（12 个）: 丹麦、爱沙尼亚、欧盟委员会、芬兰、德国、冰岛、拉脱维亚、立陶宛、挪威、波兰、俄罗斯、瑞典

网址:〈http://www.cbss.org/〉。

西非国家经济共同体（ECOWAS）

成立于 1975 年，宗旨是促进贸易发展与合作，为西非的发展做出贡献。该组织于 1981 年通过了《防务事务互助议定书》。执行秘书处设在尼日利亚的拉各斯。

成员国（15 个）: 贝宁、布基纳法索、佛得角、科特迪瓦、冈比亚、加纳、几内亚、几内亚比绍、利比里亚、马里、尼日尔、尼日利亚、塞内加尔、塞拉利昂、多哥

网址:〈http://www.ecowas.int/〉。

欧洲联盟(欧盟,EU)

欧洲国家的组织,在广泛领域进行合作,包括具有人员、货物、服务和资本自由流动的单一市场,部分成员国通用的共同货币,共同外交和安全政策(CFSP)。主要机构包括:欧洲理事会、欧盟理事会、欧洲委员会和欧洲议会。“共同外交和安全政策”及“共同安全和国防政策”(CSDP)由欧盟对外事务和安全政策高级代表在欧盟对外事务部(EEAS)的协助下进行协调。2007 年的《里斯本条约》促进欧盟运作方式现代化,该条约于 2009 年 12 月 1 日生效。欧盟总部设在比利时首都布鲁塞尔。

成员国(27 个): 奥地利、比利时、保加利亚、塞浦路斯、捷克共和国、丹麦、爱沙尼亚、芬兰、法国、德国、希腊、匈牙利、爱尔兰、意大利、拉脱维亚、立陶宛、卢森堡、马耳他、荷兰、波兰、葡萄牙、罗马尼亚、斯洛伐克、斯洛文尼亚、西班牙、瑞典、英国

网址:〈http://europa.eu/〉。

欧洲原子能联营(Euratom 或 EAEC)

根据 1957 年《建立欧洲原子能联营条约》(《欧洲原子能条约》)创立。目的是在欧盟成员国内部促进和平利用核能的发展和在成员国领土范围内(与国际原子能机构的合作下)实施多国区域性保障监督措施。“欧洲原子能联营供应局”设在卢森堡,任务是确保向欧盟成员国定期、合理地供应矿石、原始材料和特殊裂变材料。

成员国(27 个):“欧盟”成员国。

网址:〈http://ec.europa.eu/euratom/〉。

欧洲防务局(EDA)

欧盟下属的一个局,受欧盟理事会领导。2004 年建立,目的是帮助发展欧洲的防务能力,推动欧洲军备合作,致力于建立强大的欧洲国防技术和国防工业基地。欧洲防务局的政策制定机构是一个指导委员会,由欧盟成员国国防部长和欧盟对外和安全

政策高级代表组成，高级代表担任机构领导。欧洲防务局设在比利时首都布鲁塞尔。

参加的成员国（26 个）： 奥地利、比利时、保加利亚、塞浦路斯、捷克共和国、爱沙尼亚、芬兰、法国、德国、希腊、匈牙利、爱尔兰、意大利、拉脱维亚、立陶宛、卢森堡、马耳他、荷兰、波兰、葡萄牙、罗马尼亚、斯洛伐克、斯洛文尼亚、西班牙、瑞典、英国

网址：〈http://eda.europa.eu/〉。

海湾国家合作委员会（GCC）

全称为海湾地区阿拉伯国家合作委员会，于 1981 年创立，目的是推动经济、金融、贸易、政府管理和立法等方面的区域一体化，促进科学和技术进步。成员国也在对外政策、军事和安全事务等领域进行合作。最高理事会是该委员会的最高权力机构。总部设在沙特阿拉伯首都利雅得。

成员国（6 个）： 巴林、科威特、阿曼、卡塔尔、沙特阿拉伯、阿拉伯联合酋长国

网址：〈http://www.gcc-sg.org/〉。

政府间发展组织（IGAD）：

1986 年发起的政府间抗旱和发展组织。1996 年正式成立，目的是促进非洲之角的和平与稳定，建立冲突预防、控制和解决的机制。秘书处设在吉布提的首都吉布提市。

成员国（7 个）： 吉布提、埃塞俄比亚、肯尼亚、索马里、南苏丹、苏丹、乌干达

注： 2007 年厄立特里亚因政府间发展组织支持埃塞俄比亚干预索马里暂停参加该组织活动；2011 年厄立特里亚试图重启成员国活动，但不被其他成员国接受。

网址：〈http://www.igad.int/〉。

非洲大湖地区国际会议组织（ICGLR）

2004 年发起，旨在促进大湖地区的和平、安全、政治和社会稳

定、增长和发展。2006 年成员国通过了《大湖地区和平、稳定和发展公约》，该公约 2008 年生效。执行秘书处设在布隆迪首都布琼布拉。

成员国（11 个）：安哥拉、布隆迪、中非共和国、刚果共和国、刚果民主共和国、肯尼亚、乌干达、卢旺达、苏丹、坦桑尼亚、赞比亚

网址：〈http：//www. icglr. org/〉。

联合协商小组（JCG）

根据 1990 年的《欧洲常规武装力量条约》（CFE 条约）成立。通过调解在解释和履行条约方面出现的含糊之处，推动条约的履行和其宗旨的实现。该小组设在奥地利首都维也纳。

《欧洲常规武装力量条约》缔约国（30 个）：见附件 A。

网址：〈http：//www. osce. org/jcg/〉。

阿拉伯国家联盟

亦称阿拉伯联盟，成立于 1945 年。主要目标是在阿拉伯国家之间组成更加紧密的联盟，促进政治和经济合作。1950 年，联盟成员国签署了集体防御和经济合作协定。总部设在埃及首都开罗。

成员国（22 个）：阿尔及利亚、巴林、科摩罗、吉布提、埃及、伊拉克、约旦、科威特、黎巴嫩、利比亚*、毛里塔尼亚、摩洛哥、阿曼、巴勒斯坦、卡塔尔、沙特阿拉伯、索马里、苏丹、叙利亚、突尼斯、阿拉伯联合酋长国、也门

*2011 年 11 月 16 日叙利亚被暂停参加阿拉伯国家联盟的活动。

网址：〈http：//www. lasportal. org/〉。

北大西洋公约组织（NATO）

根据《北大西洋公约》（即《华盛顿条约》）于 1949 年建立的西方防御联盟。公约第五条规定：任何一个成员国受到武装攻击时，所有成员国有义务作出反应。总部设在比利时首都布鲁塞尔。

成员国（28 个）：阿尔巴尼亚、比利时、保加利亚、加拿大、克罗地亚、捷克共和国、丹麦共和国、爱沙尼亚、法国、德国、希腊、

匈牙利、冰岛、意大利、拉脱维亚、立陶宛、卢森堡、荷兰、挪威、波兰、葡萄牙、罗马尼亚、斯洛伐克、斯洛文尼亚、西班牙、土耳其、英国、美国

网址:〈http://www.nato.int/〉。

欧洲—大西洋伙伴关系理事会(EAPC)

旨在促进北约与其“和平伙伴关系计划”的伙伴国之间对话和磋商,是双边“和平伙伴计划”项目的总的政治架构。

成员国(50个): 北约成员国及亚美尼亚、奥地利、阿塞拜疆、白俄罗斯、波黑、芬兰、格鲁吉亚、爱尔兰、哈萨克斯坦、吉尔吉斯斯坦、前南斯拉夫马其顿共和国、马耳他、摩尔多瓦、黑山、俄罗斯、塞尔维亚、瑞典、瑞士、塔吉克斯坦、土库曼斯坦、乌克兰、乌兹别克斯坦

网址:〈http://www.nato.int/cps/en/natolive/topics_49276.htm〉。

北约—格鲁吉亚合作委员会(NGC)

2008年9月成立的为进行政治磋商和实际合作的一个论坛,旨在帮助格鲁吉亚达到加入北约的目标。

成员国(29个): 北约成员国和格鲁吉亚

网址:〈http://www.nato.int/cps/en/natolive/topics_52131.htm〉。

北约—俄罗斯理事会(NRC)

2002年成立,是北约和俄罗斯就安全问题进行磋商、增加共识、开展合作、做出共同决定和采取联合行动的一个机制,重点是根据1997年的《北约—俄罗斯关于相互关系、合作与安全的基本文件》确定共同感兴趣的领域,以及诸如反恐、危机处理和防扩散等新领域。

参加国(29个): 北约成员国和俄罗斯

网址:〈http://www.nato-russia-council.info/〉。

北约—乌克兰委员会（NUC）

1997 年成立，目的是双方就政治和安全问题、预防和解决冲突、防扩散、武器出口和技术转让以及其他共同关心的问题进行磋商。

参加国（29 个）：北约成员国和乌克兰

网址：〈htttp：//www. nato. int/cps/en/natolive/topics_ 50319. htm〉。

开放天空咨询委员会（OSCC）

根据 1992 年的《开放天空条约》成立，宗旨是解决履约方面的问题。

开放天空条约缔约国（34 个）：见附件 A。

网址：〈http：//www. osce. org/oscc/〉。

军备合作联合组织（OCCAR）

1996 年由法国、德国、意大利和英国建立，2001 年起具有法人资格。目的是对特定的协作性军备项目进行有效且高效的管理。总部设在德国波恩。

成员国（6 个）：比利时、法国、德国、意大利、西班牙、英国

网址：〈http：//www. occar. int/〉。

拉丁美洲和加勒比地区禁止核武器组织（OPANAL）

根据 1967 年的《特拉特洛尔科条约》建立。目的是与“国际原子能机构”一道解决条约执行方面的问题。该组织设在墨西哥的首都墨西哥城。

《特拉特洛尔科条约》缔约国（33 个）：见附件 A。

网址：〈http：//www. opanal. org/〉。

民主和经济发展组织（GUAM，古阿姆集团）

四个国家组成的集团，目的是促进稳定和加强安全。该集团历史可以追溯到 1997 年，于 2006 年正式成立。成员国通过 8 个工作组来

合作推动社会和经济发展，促进贸易。秘书处设在乌克兰首都基辅。

成员国（4 个）： 阿塞拜疆、格鲁吉亚、摩尔多瓦、乌克兰

网址：〈http：//www. guam-organzition. org/〉。

欧洲安全与合作组织（OSCE）

1973 年发起，当时称为“欧洲安全与合作会议”（CSCE），1995 年更名为“欧洲安全与合作组织”，意在成为一个全面安全合作的主要机构，负责区域内预警、冲突预防、危机处理和后冲突期恢复。总部设在奥地利首都维也纳。它的三驾马车包括轮值主席、前任主席和后任主席。其设在维也纳的“安全合作论坛”（FSC）负责处理军备控制和建立信任与安全措施。欧洲安全与合作组织由若干机构组成，它们全部设在欧洲。

参加国（57 个）： 阿尔巴尼亚、安道尔、亚美尼亚、奥地利、阿塞拜疆、白俄罗斯、比利时、波斯尼亚和黑塞哥维那、保加利亚、加拿大、克罗地亚、塞浦路斯、捷克共和国、丹麦、爱沙尼亚、芬兰、法国、格鲁吉亚、德国、希腊、梵蒂冈、匈牙利、冰岛、爱尔兰、意大利、哈萨克斯坦、吉尔吉斯斯坦、拉脱维亚、列支敦士登、立陶宛、卢森堡、前南斯拉夫马其顿共和国、马耳他、摩尔多瓦、摩纳哥、蒙古、黑山、荷兰、挪威、波兰、葡萄牙、罗马尼亚、俄罗斯、圣马力诺、塞尔维亚、斯洛伐克、斯洛文尼亚、西班牙、瑞典、瑞士、塔吉克斯坦、土耳其、土库曼斯坦、英国、乌克兰、美国、乌兹别克斯坦。

网址：〈http：//www. osce. org/〉。

明斯克集团

系一个支持“明斯克进程”的集团，组成一个为和平解决纳戈尔诺—卡拉巴赫地区冲突进行谈判的论坛。

成员国： 亚美尼亚、阿塞拜疆、白俄罗斯、芬兰、法国*、德国、意大利、俄罗斯*、瑞典、土耳其、美国*、欧安组织三驾马车

*三个国家的代表为该集团的共同主席。

网址：〈http：//www. osce. org/mg/〉。

美洲国家组织（OAS）

系美洲的国家集团。该组织于 1948 年通过宪章，宗旨是加强西半球的和平与安全。总秘书处设在美国首都华盛顿。

成员国（35 个）：安提瓜和巴布达、阿根廷、巴哈马、巴布达、伯利兹、玻利维亚、巴西、加拿大、智利、哥伦比亚、哥斯达黎加、古巴*、多米尼克、多米尼加共和国、厄瓜多尔、萨尔瓦多、格林那达、危地马拉、圭亚那、海地、洪都拉斯、牙买加、墨西哥、尼加拉瓜、巴拿马、巴拉圭、秘鲁、圣基茨和尼维斯、圣卢西亚、圣文森特和格林纳丁斯、苏里南、特立尼达和多巴哥、乌拉圭、美国、委内瑞拉

*根据 2009 年 6 月 3 日决议，将古巴被排除在该组织之外的 1962 决议停止生效。根据 2009 年决议，古巴能否参加该组织“将是一项对话进程的结果”。古巴拒绝参加美洲国家组织活动。

网址：〈http：//www. oas. org/〉。

黑海经济合作组织（BSEC）

1992 年成立，宗旨是保障黑海地区的和平、稳定和繁荣，推动和促进经济合作与进步。常设秘书处在土耳其的伊斯坦布尔。

成员国（12 个）：阿尔巴尼亚、亚美尼亚、阿塞拜疆、保加利亚、格鲁吉亚、希腊、摩尔多瓦、罗马尼亚、俄罗斯、塞尔维亚、土耳其、乌克兰

网址：〈http：//www. bsec-organization. org/〉。

太平洋岛国论坛

1971 年成立，由一些提议建立南太平洋无核区的南太平洋国家组成。该提议后来体现在 1985 年的《拉罗汤加条约》之中。论坛不仅监督该条约的履约情况，而且为一系列更广泛问题进行非正式讨论提供场所。秘书处设在斐济首都苏瓦。

成员国（16 个）：澳大利亚、库克群岛、斐济、基里巴斯、马绍尔群岛、密克罗尼西亚、瑙鲁、新西兰、纽埃、帕劳、巴布亚新几内亚、萨摩亚、所罗门群岛、汤加、图瓦卢、瓦努阿图

网址：〈http：//www.forumsec.org〉。

区域合作理事会（RCC）

由欧盟在1999年东南欧会议上发起，2008年开始组建，取代东南欧稳定公约组织。目的是推动多边合作与东南欧同欧洲及欧洲大西洋的一体化，促进区域发展，造福人民。主要集中在6个优先领域：经济和社会发展、能源和基础设施建设、司法和内政建设、安全合作、人力资源建设及议会合作。秘书处设在萨拉热窝，其联络处设在布鲁塞尔。

成员国（46个）：阿尔巴尼亚、奥地利、波黑、保加利亚、加拿大、欧洲委员会、欧洲发展银行理事会、克罗地亚、捷克共和国、丹麦、欧洲复兴与发展银行、欧洲投资银行、欧盟、德国、芬兰、法国、希腊、匈牙利、国际移民组织、爱尔兰、意大利、拉脱维亚、前南斯拉夫马其顿共和国、摩尔多瓦、黑山、北大西洋公约组织、挪威、经济合作和发展组织、欧洲安全和合作组织、波兰、罗马尼亚、塞尔维亚、斯洛伐克、斯洛文尼亚、东南欧合作倡议、西班牙、瑞典、瑞士、土耳其、英国、联合国、联合国欧洲经济委员会、联合国开发计划署、联合国科索沃临时行政机构、美国、世界银行

网址：〈http：//www.rcc.int/〉。

上海合作组织（SCO）

前身是“上海五国机制”，于1996年成立。2001年更名为“上海合作组织”，向所有支持其宗旨的国家开放。成员国在建立信任措施、地区安全以及经济领域等方面开展合作。上海合作组织秘书处设在中国首都北京。

成员国（6个）：中国、哈萨克斯坦、吉尔吉斯斯坦、俄罗斯、塔吉克斯坦、乌兹别克斯坦

网址：〈http：//www.sectsco.org/〉。

中美洲一体化体系（SICA）

根据1991年签署的《特古西加尔巴议定书》而成立。该组织的一个目的是在合理的武力平衡基础上建立一种新型的区域安全模式，

加强公民权力，解决极度贫困问题，推动可持续发展，保护环境，根除暴力、贪腐、恐怖主义及毒品和武器的非法交易。秘书处设在萨尔瓦多的首都圣萨尔瓦多。

参加国（7 个）：伯利兹、哥斯达黎加、萨尔瓦多、危地马拉、洪都拉斯、尼加拉瓜、巴拿马

网址：〈http：//www. sica. int/〉。

六方会谈

一个就朝鲜核问题进行多边磋商的论坛。会谈在北京举行，中国担任主席国。

参加国（6 个）：中国、日本、朝鲜、韩国、俄罗斯、美国

南部非洲发展共同体（SADC）

成立于 1992 年，宗旨是促进地区经济发展和维护主权、和平与安全、人权与民主的基本原则。其政治、国防和安全合作机构（OPDS）的目的是推动区域内和平与安全。秘书处设在博茨瓦纳首都哈博罗内。

成员国（15 个）：安哥拉、博茨瓦纳、刚果民主共和国、莱索托、马达加斯加*、马拉维、毛里求斯、莫桑比克、纳米比亚、塞舌尔、南非、斯威士兰、坦桑尼亚、赞比亚、津巴布韦

*2009 年 3 月马达加斯加被暂停在南共体内所有机构的活动。

网址：〈http：//www. sadc. int/〉。

次地区磋商委员会（SRCC）

根据 1996 年的《关于南斯拉夫的次地区军控协定》（《佛罗伦萨协定》）建立，是作为成员国解决协定遵守问题的论坛。

《佛罗伦萨协定》缔约国（4 个）：见附件 A。

网址：〈httt：//www. osce. org/item/43725〉。

南美洲国家联盟（UNASUR）

系一个政府间组织，目的是加强区域一体化，在成员国内部增进

政治对话，促进经济发展，协调防务问题。2008 年《宪章条约》在 2011 年 3 月 11 日生效，南美国家联盟将逐步取代安第斯共同体和南方共同市场。总部设在厄瓜多尔首都基多。

成员国（12 个）：阿根廷、玻利维亚、巴西、智利、哥伦比亚、厄瓜多尔、圭亚那、巴拉圭、秘鲁、苏里南、乌拉圭、委内瑞拉

网址：〈http：//www. unasursg. org/〉。

南美洲防务理事会（CDS）

2008 年 12 月由南美洲国家联盟成员国批准成立，2009 年 3 月举行第一次理事会议。理事会目标是巩固南美洲区域和平，创建区域形象和加强区域内防务合作。

成员国（12 个）：南美洲国家联盟成员国。

网址：〈http：//www. unasurcds. org/〉。

第三部分　战略性贸易控制机制

澳大利亚集团（AG）

成立于 1985 年的国家集团。目的是通过共享扩散案件情报和分享管理策略，包括转让控制的协调，来防止与生化武器项目相关的物项和设备的有意或无意供应。

参加国（41 个）：阿根廷、澳大利亚、奥地利、比利时、保加利亚、加拿大、克罗地亚、塞浦路斯、捷克共和国、丹麦、爱沙尼亚、欧洲委员会、芬兰、法国、德国、希腊、匈牙利、冰岛、爱尔兰、意大利、日本、韩国、拉脱维亚、立陶宛、卢森堡、马耳他、荷兰、新西兰、挪威、波兰、葡萄牙、罗马尼亚、斯洛伐克、斯洛文尼亚、西班牙、瑞典、瑞士、土耳其、英国、乌克兰、美国

网址：〈http：//www. australiagroup. net/〉。

反金融洗钱特别工作小组（FATF）

政府间政策制定机构，旨在通过在国家和国际层面建立国际标准，制定和促进相关金融政策。1989 年由七国集团设立，最初旨在

检查和发展打击金融洗钱活动的措施。2001 年它的职责扩展到包括反恐融资，2008 年又扩展到包括针对大规模杀伤性武器扩散的融资。秘书处设在法国巴黎。

成员（36 个）：阿根廷、澳大利亚、奥地利、比利时、巴西、加拿大、中国、丹麦、欧盟委员会、芬兰、法国、德国、希腊、海湾国家合作委员会、中国香港、冰岛、印度、爱尔兰、意大利、日本、韩国、卢森堡、墨西哥、荷兰、新西兰、挪威、葡萄牙、俄罗斯、新加坡、南非、西班牙、瑞典、瑞士、土耳其、英国、美国

网址：〈http://www.fatf-gafi.org/〉。

防止弹道导弹扩散海牙行为准则（HCOC）

2002 年，由一批认同其原则、认识到防止和制止运载大规模杀伤性武器的弹道导弹系统扩散的必要性和加强多边裁军和防扩散体制的重要性的国家签署。维也纳的奥地利外交部作为该准则的秘书处。

签署国（134 个）：阿富汗、阿尔巴尼亚、安道尔、阿根廷、亚美尼亚、澳大利亚、奥地利、阿塞拜疆、白俄罗斯、比利时、贝宁、波斯尼亚和黑塞哥维那、保加利亚、布基纳法索、布隆迪、柬埔寨、喀麦隆、加拿大、佛得角、中非共和国、乍得、智利、哥伦比亚、科摩罗、刚果共和国、库克群岛、哥斯达黎加、克罗地亚、塞浦路斯、捷克共和国、丹麦、多米尼加共和国、厄瓜多尔、萨尔瓦多、厄立特里亚、爱沙尼亚、埃塞俄比亚、斐济、芬兰、法国、加蓬、冈比亚、格鲁吉亚、德国、加纳、希腊、危地马拉、几内亚、几内亚比绍、圭亚那、海地、梵蒂冈、洪都拉斯、匈牙利、冰岛、伊拉克、爱尔兰、意大利、日本、约旦、哈萨克斯坦、肯尼亚、基里巴斯、韩国、拉脱维亚、利比里亚、利比亚、列支敦士登、立陶宛、卢森堡、前南斯拉夫马其顿共和国、马达加斯加、马拉维、马尔代夫、马里、马耳他、马绍尔群岛、毛里塔尼亚、密克罗尼西亚、摩尔多瓦、摩纳哥、蒙古、黑山、摩洛哥、莫桑比克、荷兰、新西兰、尼加拉瓜、尼日尔、尼日利亚、挪威、帕劳、巴拿马、巴布亚新几内亚、巴拉圭、秘鲁、菲律宾、波兰、葡萄牙、罗马尼亚、俄罗斯、卢旺达、萨摩亚、圣马力诺、塞内加尔、塞尔维亚、塞舌尔、塞拉利昂、新加坡、斯洛伐克、斯洛文尼亚、南非、西班牙、苏丹、苏里南、瑞典、瑞士、塔吉

克斯坦、坦桑尼亚、东帝汶、汤加、突尼斯、土耳其、土库曼斯坦、图瓦卢、乌干达、英国、乌克兰、乌拉圭、美国、乌兹别克斯坦、瓦努阿图、委内瑞拉、赞比亚

网址:〈http://www.hcoc.at/〉。

导弹及其技术控制制度(MTCR)

系非正式的国家集团,协调国家出口许可的控制,以防止有能力携带大规模杀伤性武器的弹道运载系统的扩散。成员国遵循《与导弹相关的敏感物项转让的指导原则》。

伙伴国(34 个):阿根廷、澳大利亚、奥地利、比利时、巴西、保加利亚、加拿大、捷克共和国、丹麦、芬兰、法国、德国、希腊、匈牙利、冰岛、爱尔兰、意大利、日本、韩国、卢森堡、荷兰、新西兰、挪威、波兰、葡萄牙、俄罗斯、南非、西班牙、瑞典、瑞士、土耳其、英国、乌克兰、美国

网址:〈http://www.mtcr.info/〉。

核供应国集团(NSG)

成立于 1975 年,以前也称作“伦敦俱乐部”。该集团根据《核转让指导原则》(即《伦敦指导原则》,1978 年首次通过)和《转让核相关的两用设备、材料、软件及相关技术的指导原则》(即《华沙指导原则》)来协调核材料的国家转让控制措施。《伦敦指导原则》包含有一个材料的“触发清单”。在向任何无核武器国家出口用于和平目的的有关材料时,应根据“触发清单”启动国际原子能机构的保障监督。

参加国(47 个):阿根廷、澳大利亚、奥地利、白俄罗斯、比利时、巴西、保加利亚、加拿大、中国、克罗地亚、塞浦路斯、捷克共和国、丹麦、爱沙尼亚、芬兰、法国、德国、希腊、匈牙利、冰岛、爱尔兰、意大利、日本、哈萨克斯坦、韩国、拉脱维亚、立陶宛、卢森堡、马耳他、墨西哥、荷兰、新西兰、挪威、波兰、葡萄牙、罗马尼亚、俄罗斯、斯洛伐克、斯洛文尼亚、南非、西班牙、瑞典、瑞士、土耳其、英国、乌克兰、美国

网址:〈http://www.nuclearsuppliersgroup.org/〉。

防扩散安全倡议（PSI）

根据2003年美国发起的倡议，成为一个进行执法合作的多边论坛，旨在拦截和没收通过陆地、空中和海洋转运的非法大规模杀伤性武器、导弹技术和相关材料。2003年发表防扩散安全倡议拦截原则声明。该组织没有秘书处，其活动由一个行动专家组协调。

参加国（102个）：阿富汗、阿尔及利亚、安道尔、安哥拉、安提瓜和巴布达、阿根廷*、亚美尼亚、澳大利亚*+、奥地利、阿塞拜疆、巴哈马、巴林、白俄罗斯、比利时、伯利兹、波黑、文莱、保加利亚、柬埔寨、加拿大*、智利、哥伦比亚、克罗地亚+、塞浦路斯、捷克共和国+、丹麦*、吉布提+、*多米尼克*、*多米加共和国*、萨尔瓦多、爱沙尼亚、斐济、芬兰、法国*+、格鲁吉亚、德国*+、希腊*、梵蒂冈、洪都拉斯、匈牙利、冰岛、伊拉克、爱尔兰、以色列、意大利*+、日本*+、约旦、哈萨克斯坦、韩国*+、吉尔吉斯斯坦、科威特、拉脱维亚、利比里亚、利比亚、列支敦士登、立陶宛+、卢森堡、前南斯拉夫马其顿共和国、马耳他、马绍尔群岛、摩尔多瓦、蒙古、黑山、摩洛哥、荷兰*+、新西兰*+、挪威*+、阿曼、巴拿马、巴布亚新几内亚、巴拉圭、菲律宾、波兰*+、葡萄牙*+、卡塔尔、罗马尼亚、俄罗斯*、*圣卢西亚*、圣文森特和格林纳丁斯、萨摩亚、圣马力诺、沙特阿拉伯、塞尔维亚、新加坡*+、斯洛伐克、斯洛文尼亚+、西班牙*+、斯里兰卡、瑞典、瑞士、塔吉克斯坦、*泰国*、突尼斯、土耳其*+、土库曼斯坦、乌克兰+、阿拉伯联合酋长国+、英国*+、美国*+、乌兹别克斯坦、瓦努阿图、也门

*行动专家组成员。

+2003—2012年期间主办过PSI演习的东道国。

网址：美国国务院网站〈http://www.state.gov/t/isn/c10390.htm〉。

瓦森纳安排（WA）

《关于常规武器和两用物项及技术出口控制的瓦森纳安排》于1996年正式成立。宗旨是防止其行为受到成员国关注的国家获取武器和可转军用的敏感两用物项和技术。秘书处设在奥地利首都维也纳。

参加国（41个）：阿根廷、澳大利亚、奥地利、比利时、保加利亚、加拿大、克罗地亚、捷克共和国、丹麦、爱沙尼亚、芬兰、法国、德国、希腊、匈牙利、爱尔兰、意大利、日本、韩国、拉脱维亚、立陶宛、卢森堡、马耳他、*墨西哥*、荷兰、新西兰、挪威、波兰、葡萄牙、罗马尼亚、俄罗斯、斯洛伐克、斯洛文尼亚、南非、西班牙、瑞典、瑞士、土耳其、英国、乌克兰、美国

网址：〈http：//www. wassenaar. org/〉。

桑戈委员会

成立于1971—1974年的核出口国委员会，称为桑戈委员会。这个由核供应国组成的集团，一年举行两次非正式会议，协调核材料的出口控制，即根据定期更新的触发清单，核材料出口时必须实施国际原子能机构的保障监督措施。该委员会的工作是核供应国集团的补充。

成员国（38个）：阿根廷、澳大利亚、奥地利、*白俄罗斯*、比利时、保加利亚、加拿大、中国、克罗地亚、塞浦路斯、捷克共和国、丹麦、芬兰、法国、德国、希腊、匈牙利、爱尔兰、意大利、日本、韩国、卢森堡、荷兰、挪威、波兰、葡萄牙、罗马尼亚、俄罗斯、斯洛伐克、斯洛文尼亚、南非、西班牙、瑞典、瑞士、土耳其、英国、乌克兰、美国

网址：〈http：//www. zanggercommittee. org/〉。

（琦 灵 译）

附件C 2012 年大事记

南尼·博德尔

此大事记罗列了2012年与军备、裁军和国际安全有关的重大事件。事件发生的日期为当地时间。关键词标在右侧一栏。缩略语的定义可在第18—21页查找。

1月1日	伊朗原子能机构宣布，伊朗已制造出第一根国产核燃料棒。伊朗1月2日在波斯湾举行海上军事演习时，试射了中程和远程弹道导弹。在美国于2011年12月31日对伊朗中央银行和金融部门实施新的制裁后，该地区的紧张局势升级。	伊朗；美国
1月3日	约6000—8000名彪悍的卢—努尔族武装分子袭击了南苏丹琼莱州皮博尔小镇。部署在该地区的联合国南苏丹共和国特派团（UNMISS）和南苏丹军队（苏丹人民解放军）的人员称，他们在人数上不敌武装分子。自12月以来，卢—努尔族和穆勒族部落之间的种族暴力冲突已造成数千平民死亡，成千上万的人流离失所。	南苏丹

1 月5 日	美国总统贝拉克·奥巴马为国国防部提出一份新的战略指导文件，明确阐述了21 世纪美国国防建设的重点，内容包括加强在亚太地区和中东地区的军事存在，削减核武库，加强情报、监视与侦察能力以及反恐能力。	美国；军事战略
1 月8 日	据伊朗《世界报》报导，伊朗已经在福尔道一处新的地下设施开始进行铀浓缩活动，该处距库姆城不远。与纳坦兹的主要浓缩设施相比，福尔道设施规模要小一些，但效率更高。	伊朗；核计划
1 月11 日	一位伊朗核科学家在德黑兰的一次“恐怖分子的炸弹袭击”中身亡，事发时，连接在他汽车里的磁爆装置爆。这是第四位被杀害的伊朗核科学家；伊朗官方员们表示，他们确信是以色列所为。	伊朗；核计划；恐怖主义
1 月20 日	在尼日利亚的卡诺城，至少有200 人在激进的伊斯兰组织博科圣地（“禁止西方教育”）发动的一系列爆炸和袭击中丧生。该组织自2011 年8 月袭击阿布贾联合国总部以来，已导致数百人丧生。	尼日利亚；恐怖主义
1 月22 日	阿拉伯联盟提出一项和平计划建议，结束叙利亚长达10 个月之久的冲突。根据该协议，巴沙尔·阿萨德总统将向一位副手移交权力并开始与反对派进行谈判，在两个月内组建民族团结政府，随后举行总统和议会选举。叙利亚于1 月23 日拒绝该计划，称其是对叙利亚主权的侵犯。	阿拉伯联盟；叙利亚

1 月24 日	联合国索马里政治办公室重新恢复在摩加迪沙的存在，自 1995 年以来，该办公室一直位于肯尼亚首都内罗毕。	联合国；索马里
1 月28 日	阿拉伯联盟暂停在叙利亚的监督任务。数日以来，叙利亚国内暴力活动不断升级，政府军对大马士革郊区的反政府武装发起进攻，巴沙尔·阿萨德总统拒绝下台及将权力移交给民族团结政府。	阿拉伯联盟；叙利亚
2 月3—4 日	叙利亚政府军炮轰霍姆斯，据极道约 300 人被杀身亡，这是 2011 年 3 月爆发反政府抗议活动以来最致命的攻击行动。联合国安理会在4 月 2 日未能就支持阿拉伯联盟提出的和平计划达成一项决议。13 个安理会成员国投票赞成该决议，但是中国和俄罗斯投了否决票。	联合国；叙利亚
2 月6 日	英国和美国各自召回驻叙利亚大使，以抗议叙政府对平民的暴行。政府军在2 月 6—7 日重新炮轰霍姆斯；作为主要反对党的叙利亚全国委员会宣称至少有50 人身亡。	叙利亚；英国；美国
2 月8 日	达尔富尔地区当局（DRA）在首府法希尔宣告成立。达尔富尔地区当局旨在推动达尔富尔的发展和促进和平；这是部分落实苏丹政府和反政府组织—解放和正义运动（LJM）于 2011 年 7 月 14 日签署的《多哈和平协议》。	苏丹；达尔富尔

2月10日	在埃塞俄比亚首都亚的斯亚贝巴召开的联合政治与安全机制（JPSM）会议上，南苏丹和苏丹两国政府官员签署了《互不侵犯和合作谅解备忘录》。这份谅解备忘录呼吁两国相互尊重主权和领土完整、互不干涉内政和互不使用武力。非洲联盟和联合国均对此协议表示欢迎。	南苏丹；苏丹
2月16日	联合国大会以137票赞成、12票反对（中国和俄罗斯投了反对票）、17票弃权，通过一项决议，强烈谴责叙利亚当局持续“广泛和有计划、有步骤”地践踏人权，并呼吁叙利亚各方“立即停止一切暴力或报复活动”。	联合国；叙利亚
2月22日	联合国安理会一致通过第2036号决议，要求非洲联盟在2012年10月31日前最多将非盟索马里特派团（AMISOM）的兵力增加到17731人，并决定扩大联合国对非盟索马里特派团的后勤支持。	联合国；非洲联盟；索马里
2月22—27日	北约领导的国际安全支援部队（ISAF）士兵2月22日在阿富汗巴格拉姆机场焚烧《古兰经》后，暴力抗议活动席卷阿富汗，超过20人被杀害，其中包括国际安全支援部队士兵。2月23日，美国总统贝拉克·奥巴马致信阿富汗总统哈米德·卡尔扎伊，表示“深感遗憾”，并发誓要追究巴格拉姆事件的责任人。	国际安全支援部队；阿富汗；美国；伊斯兰教

2 月23 日	联合国和阿拉伯联盟任命前联合国秘书长科菲·安南为叙利亚问题联合特使。特使将提供良好的斡旋，以结束叙利亚所有的暴力行径和对人权的践踏，并促使叙利亚危机的和平解决。	联合国；阿拉伯联盟；叙利亚
2 月23 日	来自索马里及其他 38 个国家和国际社会的代表在伦敦索马里问题会议上，同意支持索马里的政治进程；加强非盟索马里特派团并帮助索马里建立自己的安全部队；帮助当地建立稳定的局面；并加强打击海盗和恐怖主义活动。	索马里
2 月24 日	约 60 个国家的外长在突尼斯首都出席“叙利亚人民之友”国际会议。与会者就宣言达成一致意见，呼吁叙利亚立即实现停火并停止一切暴力；叙利亚政府以允许人道主义援助组织进入作为回应。	叙利亚
2 月29 日	在参加中国首都北京会谈后，朝鲜同意停止核武器试验和铀浓缩活动，并允许国际原子能机构核查人员对位于平壤北部宁边的大型核反应堆进行核查和监督活动。朝鲜还同意暂停发射远程导弹。朝鲜的让步是一大笔交易的一部分，交易还包括美国援助 24 万吨粮食。	朝鲜；美国；核计划

3月4日	与阿拉伯半岛基地组织分支（AQAP）有联系的安萨尔伊斯兰教义组织（伊斯兰教游击队）的武装分子对也门津吉巴尔市的军事基地实施了自杀性袭击，造成100多名士兵身亡、许多人受伤。在袭击中，武装分子还把士兵扣为人质并缴获有重型武器。约30名反叛者被杀。	也门；基地组织
3月11日	一名美军士兵在对阿富汗南部赞加巴德军事基地附近的两个村庄的夜袭中，屠杀并焚烧了16位阿富汗平民。塔利班发誓将对“不人道的袭击”进行报复。自2月22日发生焚烧《古兰经》的事件以来，阿富汗的反美情绪持续升温。	美国；阿富汗
3月14日	荷兰海牙国际刑事法院在其2002年成立以来的首次判决中，裁决刚果爱国者联盟领导人托马斯·卢班加·迪伊洛犯有战争罪。罪行包括征招年龄不足15岁的儿童，并利用他们参与2002年至2003年之间在刚果民主共和国的敌对行动。托马斯·卢班加·迪伊洛于2006年被捕，2009年受审。国际刑事法院于7月10日判处其14年监禁。	国际刑事法院；刚果民主共和国；战争罪
3月22日	政府军与阿扎瓦德全国解放运动（MNLA）图阿雷格叛军之间自1月中旬在马里北部发生暴力冲突后，总统阿马杜·图马尼·杜尔在军事政变中被推翻。国际社会对这场政变予以了谴责。	马里

3 月26 日	联合国—阿拉伯联盟叙利亚联合特使科菲·安南收到叙利亚政府正式接受旨在结束该国正在发生的暴力的6点建议。该计划3月21日获得联合国安理会的一致赞成，内容包括联合国监督下的停火以及叙利亚政府军和炮兵部队从居民点撤出。	联合国；阿拉伯联盟；叙利亚
3 月26—27 日	第二届核安全峰会在韩国首尔举行，超过53个国家的元首和国际组织与会。这次峰会聚焦于针对核恐怖主义威胁的合作措施、保护核材料及相关设施、以及防止核材料走私。下一届核安全峰会将于2014年在荷兰举行。	核安全
4 月8 日	据报道，中国渔船出现在南海的斯卡伯勒浅滩（即中国黄岩岛——译者注）后，菲律宾海军派出其最大的军舰与中国海洋监视船形成对峙。两国均声称浅滩是其领土“不可分割的一部分”。双方的争执一直持续到12月；菲律宾呼吁国际社会支持以多边会谈的形式解决问题。	中国；菲律宾
4 月12 日	一场军事政变罢黜了几内亚比绍共和国的民选政府（参见5月11日）。	几内亚比绍
4 月12 日	叙利亚国内的暴力活动在过去一周不断升级后，根据联合国—阿拉伯联盟叙利亚问题联合特使安南的和平计划，停火开始生效。联合国估计，超过9000人在过去一年的战斗中被杀害。叙利亚政府声称，叛军杀死了2600多名安全人员。	联合国；阿拉伯联盟；叙利亚

4 月13 日	为了庆祝国家的缔造者金日成诞辰 100 周年，朝鲜发射一枚火箭，打算将卫星送入轨道。火箭升空不到两分钟发生爆炸并坠入黄海。这次发射受到国际社会的谴责，被指违反了联合国安理会的决议。朝鲜宣布发射计划后，美国于 3 月 28 日终止了对朝粮食援助计划。	朝鲜
4 月14 日	联合国安理会一致通过第 2042 号决议，授权在叙利亚部署一个个先遣组，由 30 名不携带军事装备的军事观察员组成。这个先遣组在联合国停火监督团到来之前，负责报告落实全面停止武装冲突的情况。（另见 4 月 21 日）	联合国；叙利亚
4 月15 日	塔利班武装分子向阿富汗首都喀布尔的外交官驻地和议会以及东部 3 个省份发起协调一致的袭击。塔利班发言人声称，这次袭击是其春季攻势的开始。	阿富汗；恐怖主义
4 月19 日	印度成功试射一枚可携带核弹头的烈火 -5 型远程弹道导弹。导弹射程为 5000 公里，因而能够打到中国的北京和上海。	印度；导弹
4 月20 日	南苏丹和苏丹在两国边界的石油重镇黑格里爆发数周不断升级的暴力冲突后，南苏丹从该地区撤军。南苏丹宣称黑格里是其领土的一部分，国际社会对在该地区爆发冲突予以了谴责。	南苏丹；苏丹

4 月21 日	联合国安理会一致通过第 2043 号决议，授权组建联合国叙利亚监督特派团（UNSMIS），初期为时 90 天，负责监督停止暴力活动，并监督和支持全面落实联合国的“六点和平计划”。该特派团将包括 300 名不携带武器的军事观察员和“适量的文职人员”。	联合国；叙利亚
4 月26 日	设在荷兰海牙的塞拉利昂特别法庭经过 4 年的庭审，指控利比里亚前总统查尔斯·泰勒在 1991—2002 年塞拉利昂内战期间，犯有 11 项帮助和教唆战争罪。泰勒是二战以来被国际法庭宣判犯有战争罪的第一位前国家元首。他在 5 月 30 日被判处 50 年监禁。	塞拉利昂特别法庭；利比里亚；塞拉利昂；战争罪
5 月1 日	美国总统贝拉克·奥巴马与阿富汗总统卡尔扎伊在阿富汗首都喀布尔签署了“阿富汗—美国持久战略伙伴关系协议”，一份具有法律约束力的行政协议，界定美国军队于 2014 年撤走后，两国之间的伙伴关系将如何继续发展。	阿富汗；美国
5 月2 日	取消出版禁令后，《自然杂志》刊登了美国一个研究小组的文章，内容涉及在实验室的哺乳动物之间进行流感毒株的空中传播实验。在获得荷兰的出版许可证后，《科学杂志》于 6 月 22 日亦登出荷兰一个研究小组的一篇类似文章。2011 年 9 月 12 日宣布允许发表此类研究文章的问题引发了一场辩论，即在安全与生命科学领域，对生物恐怖主义的担心是否比公共卫生价值观和为做好应对流感大流行的准备更重要。	生物安全；出版控制；恐怖主义

5月5日	位于古巴关塔那摩基地的美国军事法庭开始审判被指控策划“基地”组织2001年9月11日对美国发动袭击的嫌犯哈立德·谢赫·穆罕默德以及其他被指控的4个恐怖分子。这5名男子被指控谋杀了近3000人，制造恐怖主义、劫持、谋反和毁坏财产。	美国；恐怖主义
5月10日	在大马士革发生的两场连续爆炸，导致55人身亡，近400人受伤。叙利亚政府指责其是“恐怖分子”所为，反对派指责爆炸是政府导演的。自从联合国—阿拉伯联盟联合特使科菲·安南于4月调解停火后，双方均多次违反停火协议。	叙利亚
5月11日	几内亚比绍4月12日发生军事政变后，经西非国家经济共同体调解并就组建过渡政府达成妥协。西共体几内亚比绍特派团（ECOMIB）将于5月18日抵达几内亚比绍，负责在2013年4月大选后，主导向文官统治过渡，协助改革安全部门和促使撤出“安哥拉几内亚比绍技术和军事援助团”(MISSANG)。	西非国家经济共同体；几内亚比绍
5月16日	荷兰海牙前南斯拉夫国际刑事法庭(ICTY)开始审判波黑塞族军事领导人拉特科·姆拉季奇。姆拉季奇于2011年5月被捕，被指控在1995年进行斯雷布雷尼察大屠杀和在1992—1995年的波黑战争中犯有其他战争罪行。	前南斯拉夫国际刑事法庭；波黑；战争罪

5 月 18—19 日	八国集团领导人在美国马里兰州戴维营开会并通过了《戴维营宣言》。宣言提到食品安全问题，重申不扩散和裁军是八国集团关注的头等问题。	八国集团
5 月 20—21 日	在美国伊利诺伊州芝加哥举行的 2012 年峰会上，北大西洋公约组织（北约）通过了“面向 2020 年的北约部队”的防务能力宣言；批准并公布了威慑与防务态势评估报告；宣布已具有“暂时性的”北约弹道导弹防御（BMD）能力；批准了北约反恐政策指南；重申国际安全支援部队在阿富汗的作战任务将于 2014 年年底前完结，并着手筹划 2014 年后协助阿富汗安全部队的任务。	北约；阿富汗；弹道导弹防御；恐怖主义
5 月 21 日	在也门萨那，针对阅兵排练士兵的自杀性炸弹袭击造成超过 100 人死亡、数百人受伤。与“基地”组织阿拉伯半岛分支（AQAP）有联系的武装组织—伊斯兰教教法（伊斯兰教游击队员）在脸谱（Facebook）帖子中称对此次袭击负责，谓之为报复政府在 5 月初开始的针对“基地”组织的行动。	也门；“基地”组织
5 月 25 日	在政府军对叙利亚霍姆斯城胡拉村的炮击中，有超过 100 人身亡，其中包括 30 多个儿童，数百人受伤。5 月 27 日，联合国安理会一致谴责这一屠杀行径，并要求叙利亚政府立即停止在居民点使用重型武器。	叙利亚

6 月 16 日	鉴于叙利亚各地 10 天来暴力活动不断升级，联合国叙利亚监督特派团（UNSMIS）决定暂停活动。在得到另行通知前，观察员将留在原地待命，但不进行巡逻。	联合国；叙利亚
6 月 22 日	土耳其的一架 F－4 型战斗机在地中海进行训飞时，被叙利亚军队击落。叙利亚称该飞机在其领海上空飞行。欧盟谴责叙利亚击落土飞机。土耳其要求北约就此事件于 6 月 26 日举行会议。	叙利亚；土耳其
6 月 30 日	联合国—阿拉伯联盟叙利亚联合特使科菲·安南领导的叙利亚行动小组在瑞士日内瓦举行的会议同意，为了确保全面落实联合国“六点和平计划”和安理会第 2042 号及第 2043 号决议，叙利亚冲突各方必须采取的步骤和措施。这些步骤包括立即停止各种形式的暴力活动。该行动小组对叙利亚领导过渡的原则和指导方针亦表示认同。反对派团体对协议反应消极。	叙利亚
6 月 30 日	欧盟波黑警察特派团（EUPM）被赋予的任务结束。该特派团于 2003 年 1 月进行部署，是在“欧洲安全与防务政策”（ESDP，现在被称为“共同安全与防务政策”）框架下的第一个欧盟民事危机处理团。	欧盟；波黑；危机管理
7 月 2—27 日	联合国武器贸易条约（ATT）会议在美国纽约联合国总部举行。至会议结束时也未能就条约文本达成共识。12 月 24 日，联合国大会决定于 2013 年 3 月就该条约举行后续会议。	武器贸易条约

7 月12 日	叙利亚政府军和支持政府的夏比哈民兵组织对叙利亚哈马市附近的特列伊穆斯村发动迫击炮和火炮攻击，有超过200人丧生，其中多数是平民。	叙利亚
7 月16 日	为了提高尼日尔安全部队（宪兵、国家警察和国民警卫队）打击恐怖主义和有组织犯罪的效能和协调能力，欧盟理事会根据共同安全与防务政策，组建了“欧盟尼日尔能力建设特派团”（EUCAP 尼日尔萨赫勒地区）。为可能需要在萨赫勒地区部署民事特派团，该理事会已经于3 月23 日批准了危机管理理念。部署时间于8 月开始。	欧盟；尼日尔；和平行动
7 月16 日	根据共同安全与防务政策，欧盟理事会决定建立“欧盟非洲之角地区海上能力建设特派团”（EUCAP 内斯特）。于2011 年12 月获准成立的特派团将是一个民事特派团，并将配合“欧盟索马里海军部队”（EUNAV-FOR 索马里，又称“亚特兰大任务”）和欧盟索马里训练特派团（EUTM 索马里）。部署时间于9 月初开始。	欧盟；非洲之角；印度洋；和平行动
7 月18 日	一枚炸弹在大马士革的国家安全大楼爆炸，炸死包括国防部长在内的三位高官，炸伤多人。叛乱分子称对此负责。这是该市历经数天严重的暴力活动之后发生的又一起袭击行动。	叙利亚

7月23日	叙利亚外交部发言人首度承认叙利亚拥有“大规模毁伤性武器”，特别是化学武器，他指出，“所有这类武器均处于存储状态并在叙利亚武装部队的安全保管和直接监督下，这些武器永远不会被使用，除非叙利亚面临来自外部的侵略”。叙利亚发表这一声明，是因为其面临国际孤立和以色列为防止此类武器落入叛军之手而威胁要入侵叙利亚。	叙利亚；生化武器
7月23日	发生在伊拉克境内的一系列相互协调的炮弹和炸弹袭击，导致至少116人身亡，约300人受伤。伊拉克伊斯兰国（ISI）—“基地”组织在伊拉克的分支声称对此负责，袭击主要针对的是什叶派穆斯林。	伊拉克；“基地”组织；恐怖主义
8月2日	在领命6个月而未能促成临时停火协议后，联合国—阿拉伯联盟叙利亚问题联合特使科菲·安南宣布辞职。他称他的和平使命已经成为一个“不可能完成的任务”。8月17日，阿尔及利亚外交官、前联合国特别代表卜拉希米被任命为联合国特使，接替安南。	联合国；阿拉伯联盟；叙利亚
8月8日	在伊斯兰主义者于8月5日袭击西奈和以色列边境的一处埃及检查站并造成16名埃及士兵身亡后，埃及军方对犯罪嫌疑人进行了空中和地面打击。埃及还关闭了连接加沙地带的拉法口岸，直到另行通知，使加沙地带几乎与外界隔绝。这是1973年与以色列交战以来，埃及军队首次向西奈半岛发射导弹。8月11日，埃及总统穆罕默德·穆尔西下令坦克沿西奈半岛边境部署就位。	埃及；西奈半岛；恐怖主义

8 月19 日	在联合国安理会8 月 16 日决定组建联络处以支持政治解决叙利亚危机后，联合国叙利亚监督特派团（UNSMIS）的任务于午夜结束。150 名观察员从叙利亚撤离。	联合国；叙利亚
8 月27 日—9 月7 日	联合国全面预防、打击和根除小武器和轻武器非法贸易行动纲领落实进展情况第二届审议大会在美国纽约举行。与会各方就最终文件达成共识，强调国际社会重申其预防、打击和根除小武器和轻武器非法贸易的承诺。	联合国；小武器和轻武器
9 月11—14 日	为抗议一部被视为侮辱伊斯兰先知穆罕默德的电影，抗议者袭击了美国驻埃及开罗大使馆。9 月 12 日，美国驻利比亚班加西领事馆遭到枪手袭击，美国外交人员被杀身亡。抗议活动席卷了整个阿拉伯世界，有几个国家的西方大使馆9 月 14 日受到袭击。	美国；伊斯兰教
9 月11—17 日	继日本政府宣布已经从一个私人买家手中购买了东海尖阁诸岛（即中国钓鱼岛及其附属岛屿——译者注）的3 个岛屿后，中日之间围绕钓鱼岛的领土争端升级。中国海洋巡逻船驶入日本声称的该诸岛附近水域。中国爆发大规模反日示威游行，日本在中国公司于9 月 17 日关闭了工厂和办公室。	中国；日本
9 月13 日	2012 年裁军谈判会议（CD）闭幕，大会未就禁止生产裂变材料条约达成任何实质性结果。	裁谈会；军备控制

9 月27 日	在非洲联盟高层落实小组和联合国安理会的主持下，南苏丹总统和苏丹总统在埃塞俄比亚首都亚的斯亚贝巴与会，并签署合作协议——《亚的斯亚贝巴协议》。该协议承诺，两国将贯彻落实涉及安全、石油资源管理和边界划分等问题的一系列安排。	南苏丹；苏丹
9 月28 日	作为非洲联盟索马里特派团（AMISOM）的组成部分，肯尼亚军队对伊斯兰“青年圣战者运动”的最后堡垒——基斯马尤市发起空中和海上打击。经过激烈的战斗，“青年圣战者运动”退出该市。	肯尼亚；索马里；和平行动
10 月3—4 日	从叙利亚境内发射的一枚迫击炮弹越境进入土耳其境内并导致土耳其平民丧生后，土耳其军队对叙利亚境内的目标予以回击。在同日晚些时候讨论叙利亚冲突不断升级的紧急会议上，北约大使谴责叙利亚的攻击，土耳其正式向联合国投诉。10 月 4 日，联合国安理会一致通过声明，谴责叙利亚炮击土耳其小镇。同日，作为对叙利亚攻击行为的回应，土耳其议会授予军队发动越境袭击叙利亚的合法权力。	叙利亚；土耳其
10 月7 日	在马来西亚首都吉隆坡召开的会议上，菲律宾政府和摩洛伊斯兰解放阵线（MILF）达成和平框架协议，据此，称为帮萨摩洛的新地区被给予相当大的自治权。该地区是棉兰老岛的一部分，居民主要为穆斯林。菲律宾政府将继续拥有对国防、外交政策和宏观经济政策的控制权。协议于 10 月 15 日在菲律宾马尼拉签署，从而结束了为期 40 年的冲突。	菲律宾

10 月10 日	俄罗斯政府宣布，将不再续签将于2013 年初到期的合作减少威胁（CTR）项目（也称为纳恩—卢格项目）。该项目自1992 年以来一直在运行，据此项目，俄罗斯和美国负责保护和拆除苏联境内的核武器和化学武器。	俄罗斯；美国；裁军
10 月10 日	一架叙利亚客机从俄罗斯首都莫斯科飞往叙利亚大马士革的途中，因为被怀疑载有军事装备被土耳其战斗机拦截并迫降在安卡拉机场。2011 年土耳其曾表示，对违反土耳其单方面武器禁运原则，向叙利亚空运或海运任何军事物资的飞机或船只，都将会采取“拦截和没收”措施。	叙利亚；土耳其
10 月12 日	联合国安理会要求非洲联盟、西非国家经济共同体和联合国秘书长必须在45 天内提交部署一支军队的计划，以备一旦外交努力失败，用以对抗马里北部地区伊斯兰教主义者的叛乱。（另参见11 月11 日）	联合国；西共体；马里；和平行动
10 月18 日	哥伦比亚政府和哥伦比亚革命武装力量（FARC）在挪威的许达尔开始正式谈判，旨在结束始于1964 年的冲突。先前的三次尝试都以失败告终。	哥伦比亚

10 月24 日	苏丹首府喀土穆的耶尔穆克军工联合企业遭到 4 架飞机的轰炸，引起剧烈的爆炸。苏丹官员指责以色列应对此负责，并声明“苏丹保留反击以色列的权利”。以色列对这一指控不予置评。	以色列；苏丹
11 月11 日	在尼日利亚首都阿布贾召开的紧急会议上，西非国家经济共同体成员国领导人商定在马里北部部署一支由 3300 人组成的强大军事力量，以对抗伊斯兰教主义者的叛乱。非洲联盟于 11 月 13 日批准了该计划。尽管联合国安理会要求于 11 月 25 日前提交这一计划，联合国秘书长潘基文 11 月 28 日指出，该计划需要在“基本问题”上进一步加以完善，诸如：将如何领导、训练和装备这支部队。尽管如此，他建议安理会批准这一部署计划。(另参见 12 月 20 日)	联合国；非盟；西共体；马里；和平行动
11 月12 日	海湾合作委员会（GCC）成员国承认叙利亚革命和反政府军全国联盟为叙利亚人民的合法代表。作为第一个西方国家，法国在 11 月 13 日也承认了该联盟，并称正在考虑向反政府组织提供武器。11 月 15 日，土耳其也正式承认了该联盟。	海合会；法国；土耳其；叙利亚

11 月 14—21 日	以色列对加沙地带遂行了空中打击，死者中包括哈马斯最高军事指挥官艾哈迈德·贾巴里。这次袭击是哈马斯 10 月单方面退出停火、巴勒斯坦从加沙地带不断向以色列发射火箭之后进行的。以色列的袭击行动使其与哈马斯的敌意不断升级，以色列准备对加沙地带进行地面入侵。国际社会对暴力予以了谴责，联合国秘书长潘基文呼吁立即实现停火。在埃及首都开罗，经由埃及总统穆罕默德·穆尔西的居间调解和密集的谈判之后，以色列和哈马斯之间的停火协议于 11 月 21 日宣布。在 8 天的战斗中，超过 160 人丧生。	以色列；加沙地带
11 月 15—20 日	刚果武装力量（FARDC）与“3·23 运动”（M23）反政府组织在刚果民主共和国东部爆发冲突，破坏了三个月的停火。卢旺达和乌干达被指责援助“3 月 23 日运动”，但两国坚决予以否认。联合国刚果民主共和国稳定特派团（MONUSCO）未能阻止叛军继续向前推进之后，“3 月 23 日运动”在未受到抵抗的情况下，于 11 月 20 日夺取了刚果民主共和国东部最大的城市戈马。“3 月 23 日运动”成立于 2012 年 4 月，由刚果武装力量的逃兵组成。	联合国；刚果民主共和国
11 月18 日	在柬埔寨金边举行的第 21 届东盟峰会上，东南亚国家联盟领导人发起成立东盟和平与和解研究所（AIPR）。该研究所将回顾东盟在解决冲突上的合作，以有助于东南亚地区的和平与和解。	东盟

11 月28 日	发生在叙利亚首都大马士革的4起连环爆炸，导致数10人丧生，其中多数是平民。叙利亚政府和反对派均就此相互指责对方。	叙利亚
11 月29 日	联合国大会以138票赞成、9票反对、41票弃权通过决议，给予巴勒斯坦在联合国的非会员国地位。以色列和美国在投反对票的国家之列。此前，巴勒斯坦解放组织（PLO）为永久观察员国。巴勒斯坦成为联合国非会员国，其地位的提升将使其获准参与联合国大会的辩论，但不能投票，并可以申请加入联合国机构和国际刑事法院。	联合国；巴勒斯坦
12 月3 日	使土耳其政府和库尔德人之间恢复对话的一项国际和平倡议在比利时首都布鲁塞尔启动。该倡议得到德斯蒙德·图图大主教以及数位国际名人的支持，其中包括诺贝尔和平奖得主和前国家元首。启动对话恰逢700多个库尔德人囚犯结束绝食之际。	土耳其；库尔德人
12 月7 日	欧洲安全与合作组织部长理事会在爱尔兰首都都柏林召开会议，与会各国外长提出启动“赫尔辛基+40”进程，即更加有效应对安全挑战的战略路线图，通过研拟具体措施，落实2010年阿斯塔纳纪念宣言关于到2015年“走向安全共同体”中达成的承诺。这是“赫尔辛基最后法案”签署40年后采取的行动。	欧安组织；建立信任与安全措施

12 月 10 日	塞雷卡反对派联盟发动攻势，以推翻中非共和国总统弗朗索瓦·博齐泽岑。经过数日的谈判，于 2013 年 1 月 11 日在加蓬首都利伯维尔签署了停火协议。根据该协议，将筹建民族团结政府。	中非共和国
12 月 12 日	据加拿大—美国北美联合防空司令部（NORAD）称，朝鲜成功发射一枚银河 -3 型火箭，“火箭似乎要在轨道上部署一个物体”。这次发射立即受到国际社会的谴责。联合国秘书长潘基文指出，这违反了联合国安理会第 1874 号决议（2009 年），决议要求朝鲜不得运用弹道导弹技术进行发射活动。朝鲜此前的 4 次远程导弹发射均告失败。（另见 4 月 13 日）	朝鲜；导弹
12 月 17—19 日	脊髓灰质炎疫苗接种计划的 9 名卫生保健工作者在巴基斯坦卡拉奇和白沙瓦的一系列攻击行动中被枪杀身亡。自从美国利用巴基斯坦疫苗接种人员收集情报并于 2011 年 5 月 1 日在阿伯塔巴德暗杀奥萨马·本·拉登以来，一直有传言说，疫苗接种免疫活动被用于掩饰间谍行为。在信德省和开伯尔巴图克瓦省的脊髓灰质炎疫苗接种计划一直处于搁置状态。	巴基斯坦；保健；恐怖主义

12月20日	联合国安理会根据《联合国宪章》第7章，一致通过第2085号决议，授权在马里部署由非洲领导的国际支援特派团（AFISMA），“以向这个国家正在进行中的政治和安全进程提供协调一致的支持”。西非国家经济共同体（西共体）已于11月11日同意该计划。安理会还强调，“在军事进攻行动开始前，需要对计划进一步加以完善”。	联合国；西共体，马里；和平行动
12月31日	联合国安理会制裁刚果民主共和国委员会将“3月23日运动”这一反政府组织及其所谓的卢旺达盟友—解放卢旺达民主力量（FDLR）添加到对刚果民主共和国东部地区进行武器禁运和其他制裁措施的组织名单之中。	联合国；刚果民主共和国；武器禁运
12月31日	联合国东帝汶综合特派团（UNMIT）完成了被赋予的使命。该团作为一支多面性、综合性的联合国和平行动，在东帝汶发生重大的政治、人道和安全危机后于2006年成立。	联合国；东帝汶；和平行动

（高俊敏 译）

作者简介

瓦埃勒·阿卜杜勒·沙菲（Wael Abdul-Shafi）（德国/巴勒斯坦）：SIPRI 研究所“军费开支和竣工生产项目”实习生。他现正在 Gothenburg 大学攻读硕士学位。

玛丽·阿兰松（Marie Allansson）（瑞典）：乌普萨拉大学和平与冲突研究部的“乌普萨拉冲突数据库项目”（UCDP）助理研究员兼新闻官。在参加该项目之前，她在联合国开发计划署（UNDP）伊拉克办事处（设在约旦）任实习员，工作重点是了解小武器和轻武器。她自 2012 年以来一直为《SIPRI 年鉴》撰稿。

伊恩·安东尼（Ian Anthony）博士（英国）：SIPRI 研究所“军备控制与不扩散项目”主任。他在 SIPRI 的著作有：SIPRI《研究报告》2007 年第 22 期《改革核出口控制制度：核供应国集团的未来》（2007 年，与人合写）、《北约核武器的未来》（Friedrich-Ebert-Stiftung 出版社，2010 年，与人合写）。他自 1988 年以来一直为《SIPRI 年鉴》撰稿。

西比勒·鲍尔（Sibylle Bauer）博士（德国）：SIPRI 研究所的“军民两用品和军火贸易控制项目”主任。加入 SIPRI 研究所之前，她系布鲁塞尔欧洲问题研究所（ULB）研究员。从 2005 年开始，她在欧洲，近来也在东南亚研究加强过境贸易、中间贸易和出口贸易控制的相关法律和执法问题，并帮助这些地区开展能力建设活动。她的著作包括 SIPRI《和平与安全观察》第 2013/2 期《军火贸易控制的能力建设：两用品贸易控制的教训》（2003 年 3 月）。她自 2004 年以来一直为《SIPRI 年鉴》撰稿。

埃琳·比亚内加德（Elin Bjarnegård）博士（瑞典）：乌普萨拉大学政府部副教授，同时又是该大学和平与冲突研究部“东亚和平项目”的核心成员。她撰写或与人合写过许多关于性别、冲突和泰国政治方面的著作。她的近著包括《性别、非正式机构与政治招募》（麦克米伦，2013）和与人合写的“重新探讨东亚地区共产主义、妇女政治地位和冲突减少的表现”，《互动国际》（即将出版）。

南尼·博德尔（Nenne Bodell）（瑞典）：SIPRI 研究所“图书和文件部”及“军控与裁军文件搜录项目”负责人。她自 2003 年以来一直为《SIPRI 年鉴》撰稿。

文森特·布拉宁（Vincent Boulanin）（法国）：SIPRI 研究所“军工生产项目”的客座研究员（2008 年至今）。他目前正在巴黎的社会科学高等研究学校（EHESS）攻读博士学位，研究安全领域的欧洲国防工业的发展趋势。他的其他兴趣包括军事与安全技术的发展及其对安全领域专业人士具体实践以及对威胁与危机的社会含义的影响。他还研究瑞典的国防工业和国防政策，并发表过相关著作。

马克·布罗姆利（Mark Bromley）（英国）：SIPRI 研究所的“武器转让项目”资深研究员，重点研究欧洲武器出口、欧洲武器出口控制、南美洲武器采购以及规范国际军火贸易等问题。之前，他在英美安全信息委员会（BASIC）担任政策分析员。他的近作包括：SIPRI《政策报告》第 31 期《拉丁美洲与加勒比地区军费开支和武器采购的透明度》（2012 年 1 月，与人合写），以及 SIPRI《防扩散研究报告》第 7 期《回顾欧盟关于武器出口的共同立场：强化控制的前景》（2012 年 1 月）。他自 2004 年以来一直为《SIPRI 年鉴》撰稿。

蒂尔曼·布吕克（Tilman Brück）教授（德国）：SIPRI 研究所所长。他是一位发展领域的经济学家，其主要研究兴趣包括和平、安全与发展之间的相互关联（特别是在微观层面上）、战后重建经济学、恐怖主义与安全政策经济学。他还收集并分析家庭层面的各种调查，用来研究贫穷和就业问题以及两者如何与冲突相联系的。他是“家庭网络”的创建人之一，也是该网络的两主任之一。他还是“全球青年学会”的一位创始成员。他以前曾是柏林 Humbolt 大学的一名发展经济学的全职教授，还担任过德国经济研究所（DIW）的部门负责人。

克里斯蒂娜·布赫霍尔德（Christina Buchhold）（德国）：SIPRI 研究所所长及“军民两用品和军火贸易控制项目”的研究助理。加入 SIPRI 研究所之前，她曾是 Kroc 国际和平研究所和一个乌干达非政府组织的研究助理。

彼得·克莱夫斯蒂格（Peter Clevestig）博士（瑞典）：SIPRI 研究所“军备控制与不扩散项目”生化安全分项的资深研究员。他的研究专长是生物材料、生物技术的安全与安保及相关政策。他撰写过关于生物恐怖主义、生命科学安全方面和传染病威胁的若干文章和书刊章节。他还是《生命科学实验室生物应用手册》的作者（2009年）。他自 2008 年以来一直为《SIPRI 年鉴》撰稿。

简·邓登（Jane Dundon）（爱尔兰）：SIPRI 研究所“武装冲突与冲突控制项目”副研究员。加入 SIPRI 研究所之前，她曾在“透明国际”组织工作过，并为“大赦国际”当过多年志愿者。她的研究兴趣包括和平行动、危机管理和国际人权法。

维达利·费琴科（Vitaly Fedchenko）（俄罗斯）：SIPRI 研究所的“军备控制与不扩散项目”资深研究员，负责核安全问题和核军控与不扩散的政治、技术及教育层面。以前，他是 SIPRI 研究所的访问学者，工作于俄罗斯政策研究中心和莫斯科国际问题应用研究所。

他撰写或与人合写了多部有关核法医学、核安全与核查以及国际核燃料循环等方面的著作，包括 SIPRI《研究报告》2007 年第 22 期《改革核出口控制：核供应国集团的未来》（与人合写）。他自 2005 年以来一直为《SIPRI 年鉴》撰稿。

亚历山大·格拉泽（Alexander Glaser）博士（德国）：美国伍德罗·威尔逊公共与国际事务学院和普林斯顿大学机械与航天工程系副教授。他还是该大学的“科学与全球安全项目”研究团队成员，并参与“裂变材料国际小组”（IPFM）的工作，该小组每年发表《全球裂变材料报告》。他从事核能与安全政策研究，重点是核不扩散和军备控制。他是《科学与全球安全》杂志的两编辑之一。他自 2007 年以来一直为《SIPRI 年鉴》撰稿。

莉娜·格里普（Lina Grip）（瑞典）：SIPRI 研究所“军备控制与不扩散项目”研究员，以及该所与欧盟防扩散团体的协调员。她目前还是赫尔辛基大学政治学博士研究生。她的研究领域包括地区和多边防扩散与军控政策及进展，重点放在欧盟。她的近作有：《防扩散研究报告》第 6 期中的“评估欧盟在防止大规模杀伤性武器扩散方面选择性的对外援助和合作项目”（2011 年 12 月），以及《防扩散研究报告》第 22 期中的“欧盟在提供安理会第 1540 号决议履行援助中的作用”（2012 年 10 月）。

约翰·哈特（John Hart）（美国）：SIPRI 研究所“军备控制与不扩散项目”的“化学与生物战”分项资深研究员和负责人。他还是芬兰国防大学的军事学博士研究生。他的著作包括 SIPRI《政策报告》第 35 期《化武公约的前景：政策和计划方面》（2013 年 4 月，与人合写）。他自 1997 年以来一直为《SIPRI 年鉴》撰稿。

保尔·霍尔托姆（Paul Holtom）博士（英国）：SIPRI 研究所的“武器转让项目”主任。以前，他曾是英国 Glamorgan 大学“边界研究中心”的研究员。他的研究方向包括监督国际常规武器转让、提高国际武器转让透明度，以及加强常规武器转让控制，以防止武器走私。他的近作包括《国际事务》中的“联合国武器贸易条约：武器出口控制、人的安全议程及历史教训”（2012 年，与人合写）。他自 2007 年以来一直为《SIPRI 年鉴》撰稿。

苏珊·T. 杰克逊（Susan T. Jackson）博士（美国）：2013 年 5 月之前任 SIPRI 研究所“军费与军工生产项目”的“军工生产”分项负责人，目前在 Malmo 大学担任国际关系副教授。她工作的重点是研究军事化与全球化之间的联系。她发表过关于国家安全例外和推行尚武主义方面的著作。她自 2010 年以来一直为《SIPRI 年鉴》撰稿。

香农·N. 基尔（Shannon N. Kile）（美国）：SIPRI 研究所“军备控制与不扩散项目”的“核武器”分项资深研究员和负责人。他的主要研究领域是核军控和核不扩散，特别关注伊朗和地区安全问题。他为 SIPRI 多种出版物撰写了大量文章。他的著作有：主编了 SIPRI《研究报告》第 21 期《欧洲和伊朗：对不扩散的看法》（2005 年），以及 SIPRI《政策报告》第 33 期《裂变材料禁产条约的核查：技术和组织因素》（2012 年）。他自 1993 年以来一直为《SIPRI 年鉴》撰稿。

汉斯·M. 克里斯滕森（Hans M. Kristensen）（丹麦）：美国科学家联合会（FAS）“核信息项目”主任。他为许多媒体和机构在核武器问题上经常提供咨询，并与人一起负责《原子科学家公报》杂志“核笔记本”专栏文章的撰写。其近作包括《非战略核武器》（美国科学家联合会，2012 年）、《剪修赘肉：美俄核力量进一步削减的选择》（美国科学家联合会，2012 年），以及《降低核武器的警戒等级》（联合国裁军研究所，2012 年，与人合写）。他自 2001 年以来一直为《SIPRI 年鉴》撰稿。

雅伊尔·范德·里金（Jaïr van der Lijn）博士（荷兰）：SIPRI 研究所“武装冲突与冲突控制项目”资深研究员，牵头研究维持和平、建设和平及冲突控制问题。以前，他曾是荷兰国际关系研究所

(Clingendael) 的资深研究员和 Nijmegen 的 Radboud 大学副教授。他的研究兴趣包括和平行动的前景、和平行动成败因素的评估，以及行动特派团的综合举措等。他的近作包括“2014 年后的阿富汗：在黑暗中摸索?”(Clingendael，2013 年 5 月)、“和平行动的未来”(Clingendael，2013 年 1 月)。

埃里克·默兰德尔 (Erik Melander) 教授 (瑞典)：乌普萨拉大学和平与冲突研究部教授、东亚和平研究项目副主任、乌普萨拉冲突研究项目 (UCDP) 副主任。他的研究兴趣包括武装冲突的模式、性别与战争、种族冲突的地理因素，以及大屠杀预防。

尼尔·梅文 (Neil Melvin) 博士 (英国)：SIPRI 研究所的“武装冲突与冲突控制项目”主任。加入 SIPRI 研究所之前，他在能源组织秘书处和欧洲安全合作组织担任高级顾问，还在欧洲的许多主要政策研究机构工作过。他在冲突问题上发表过许多著作。他的近作包括“不要过分强调‘人口过剩’：阿富汗及中亚的新冲突”，《中亚政策简报》第 6 期 (国际事务学校，2012 年 12 月)。他于 2006—2007 年和 2011—2012 年曾为《SIPRI 年鉴》撰稿。

齐亚·米安 (Zia Mian) (巴基斯坦/英国)：普林斯顿大学伍德罗·威尔逊公共与国际事务学院“科学与全球安全项目”的物理学家，领导其中的“南亚和平与安全课题”。他是裂变材料国际研究小组的两位副主席之一，也是《科学与全球安全》杂志两位编辑之一。他重点研究巴基斯坦和印度的核武器、军备控制与裁军以及核能问题。他在 2003 年以及 2007 年以来一直为《SIPRI 年鉴》撰稿。

塔玛拉·巴顿 (Tamara Patton) (美国)：SIPRI 研究所“军备控制与不扩散项目”研究员。她的研究兴趣包括与核武器和常规武器相关的不扩散和裁军问题，特别侧重于对透明和核查技术的研究。她的近作有：《核裁军透明的一个新的战略武器削减条约模式》(联合国裁军研究所，2013 年，与人合写)，以及“核查设计中使用 3D 模式”(《信任与核查》，2012 年 4—6 月刊)。

萨姆·珀洛—弗里曼（Sam Perlo-Freeman）博士（英国）：SIPRI 研究所“军费与军工生产项目”主任。以前，他曾是西英格兰大学经济系的高级讲师，主讲防务与和平经济。他的近作包括《新黩武主义时代对战争的推动》一书中的“军费开支与全球的尚武文化”一节（Routledge，2012 年），以及 SIPRI《和平与安全观察》2011/2 号中的《拉丁美洲预算的优先项目：军事、卫生和教育开支》（2011 年 12 月）。他自 2003 年以来一直为《SIPRI 年鉴》撰稿。

苏珊·沙夫滕纳尔（Suanne Schaftenaar）（荷兰）：乌普萨拉大学和平与冲突研究部东亚和平研究项目的研究助理。她的主要研究兴趣是非武装暴乱和战后民主化建设。

菲利普·舍尔（Philip Schell）（德国）：SIPRI 研究所“军备控制与不扩散项目”研究员。他的研究重点是与军控、裁军及防止大规模杀伤性武器扩散有关的安全问题，侧重于东亚和南亚地区。他的近作包括《核裁军透明的一个新的战略武器削减条约模式》（联合国裁军研究所，2013 年，与人合写）。他自 2012 年以来一直为《SIPRI 年鉴》撰稿。

伊丽莎白·申斯（Elisabeth Sköns）博士（瑞典）：SIPRI 研究所的“非洲安全与治理课题”主任。她的近作包括 SIPRI《和平与安全观察》2008 年第 1 期中的“私营军事服务行业”（2008 年 9 月，与人合写）、《暴力、和平与冲突百科全书》中的“军火生产经济学”（Elsevier，2008 年，与人合写）、《全球军火贸易》中的“军火工业综合企业”（Routledge，2010 年，与人合写），以及《全球军火贸易》中的“冷战后的美国国防工业”（Routledge，2010 年）。她自 1983 年以来一直为《SIPRI 年鉴》撰稿。

玛格丽塔·索伦伯格（Margareta Sollenburg）博士（瑞典）：乌普萨拉冲突数据项目（UCDP）研究员、乌普萨拉大学和平与冲突研究部助理教授。1994—2003 年，她是 UCDP 的项目前头人。她与人合写过许多有关武装冲突的文章和书刊章节。她在 1995—2003 年间一直为《SIPRI 年鉴》撰稿。

卡丽娜·索尔米拉诺（Carina Solmirano）（阿根廷）：SIPRI 研究所“军费与军工生产项目”的资深研究员，负责跟踪拉丁美洲、中东和南亚地区的军费开支情况。在加入 SIPRI 之前，她曾在科罗拉多州丹佛大学约瑟夫·考贝尔国际问题学院工作。她的近作包括 SIPRI《政策报告》第 31 期《拉丁美洲和加勒比地区的军费开支与武器采购的透明度》（2012 年 1 月，与人合写），以及“拉丁美洲军费开支与武器采购中的政治”（《出口控制》，2012 年 7/8 月刊）。她自 2010 年以来一直为《SIPRI 年鉴》撰稿。

伊萨克·斯文松（Isak Svensson）（瑞典）：乌普萨拉大学和平与冲突研究部副教授。以前，他曾担任 Otago 大学和平与冲突研究中心研究部主任。他专长于研究国内战争中的国际调停和冲突解决进程中的宗教因素。他的近作有：《Jan Eliasson 大使与国际调停风格之间的区别》（USIP 出版社，2010 年，与人合写）、《结束圣战：内战中的宗教因素与冲突解决》（昆士兰大学出版社，2012 年）。

洛塔·特姆纳（Lotta Themnér）（瑞典）：乌普萨拉大学和平与冲突研究部的“乌普萨拉冲突数据库项目”（UCDP）研究协调人。她已编撰了 9 卷乌普萨拉的《武装冲突中的国家》刊物，并撰写或与人合写了许多有关武装冲突的文章和书刊章节。她自 2005 年以来一直为《SIPRI 年鉴》撰稿。

斯泰因·滕内松（Stein Tønnesson）博士（挪威）：奥斯陆和平研究所的研究教授和乌普萨拉大学特聘教授，领导该大学的“东亚和平项目”。他的著作主要涉及民族主义和民族建设、战争史和印度支那革命，以及南中国海争端等。

安德烈亚·维斯基（Andrea Viski）博士（匈牙利）：SIPRI 研究所“军备控制与不扩散项目”及“军民两用品和军火贸易控制项目”研究员。她发表过许多关于出口控制、国际核问题法律、贸易控制制度和其他相关领域的文章，包括《世界出口控制评论》中的“持续25 年的导弹技术控制制度”（2012 年6 月）和《核法国际杂志》中的“国际法与核出口控制”（2011 年）。

彼得·瓦伦斯腾（Peter Wallensteen）教授（瑞典）：2012 年以来任乌普萨拉大学和平与冲突研究部资深教授，2006 年以来还任 Notre Dame 大学和平研究所“理查德·G. 斯塔尔曼”资深研究教授。1985—2012 年，他持有乌普萨拉大学和平与冲突研究部的“哈马舍尔德坐椅”头衔，领导乌普萨拉的“冲突数据库项目”（UCDP）和关于实施有针对性制裁的特别项目（SPITS）。他的著作包括《了解冲突的解决：战争、和平和全球体系》（Sage，第三版，2012 年）、《和平研究：理论与实践》（Routledge，2011 年）。他自 1988 年以来一直为《SIPRI 年鉴》撰稿。

皮埃特·D. 魏泽曼（Pieter D. Wezeman）（荷兰）：SIPRI 研究所的“武器转让项目”资深研究员。在 2006 年再次加入 SIPRI 研究所之前，他在荷兰国防部担任常规武器与核武器技术扩散方面的资深分析家。他的近作包括 SIPRI《政策报告》第 30 期《流向撒哈拉以南非洲的武器》（2011 年12 月，与人合写）。他自 1995 年以来一直为《SIPRI 年鉴》撰稿。

西蒙·T. 魏泽曼（Siemon T. Wezeman）（荷兰）：SIPRI 研究所“武器转让项目”的资深研究员。他的研究领域包括对武器转让（尤其是亚太地区和北美的武器转让）的监督、冲突中武器的使用以及武器转让的透明度等。他的近作包括《政策报告》第 30 期《流向撒哈拉以南非洲的武器》（2011 年 12 月，与人合写）。他自 1993 年以来一直为《SIPRI 年鉴》撰稿。

海伦·维兰德（Helén Wilandh）（瑞典）：SIPRI研究所“军费开支与军工生产项目”的助理研究员，一直参与SIPRI研究所的“非洲安全、民主化和良政”课题的研究工作。她的主要研究领域是非洲安全问题。

（徐家雄　译）

勘　误

《SIPRI 年鉴 2012：军备、裁军和国际安全》

第 331 页（中文版第 448 页）
"'轰 -6'战斗轰炸机"应为"'轰 -6'轰炸机"。

《SIPRI 年鉴 2013：军备、裁军和国际安全》

《SIPRI 年鉴 2013》印刷版中的勘误将会在网址〈http://www.sipri.org/yearbook/〉上和《SIPRI 年鉴 2014》中登出。在网址〈http://www.sipriyearbook.org/〉上刊登的《SIPRI 年鉴 2013》网络版，一经发现有错就会立即更正。

1987年以前出版的各年鉴书名为：
《世界军备与裁军：斯德哥尔摩国际和平研究所【出版年号】》

图书在版编目（CIP）数据

SIPRI年鉴：军备、裁军和国际安全.2013/斯德哥尔摩国际和平研究所著；中国军控与裁军协会译.—北京：时事出版社，2014.5
ISBN 978-7-80232-711-5

Ⅰ.①S… Ⅱ.①斯… ②中… Ⅲ.①军备控制－世界－2013－年鉴 ②裁军问题－世界－2013－年鉴 ③国家安全－世界－2013－年鉴 Ⅳ.①D815-54

中国版本图书馆CIP数据核字（2014）第055479号

著作权登记号：01-2014-2335号

责任编辑：协　力

出版发行：时事出版社
地　　址：北京市海淀区巨山村375号
邮　　编：100093
发行热线：（010）82546061　82546062
读者服务部：（010）61157595
传　　真：（010）82546050
电子邮箱：shishichubanshe@sina.com
网　　址：www.shishishe.com
印　　刷：北京百善印刷厂

开本：880×1230　1/32　印张：22.5　字数：668千字
2014年5月第1版　2014年5月第1次印刷
定价：98.00元